Schottland

Mit Orkney, Shetland und Hebriden

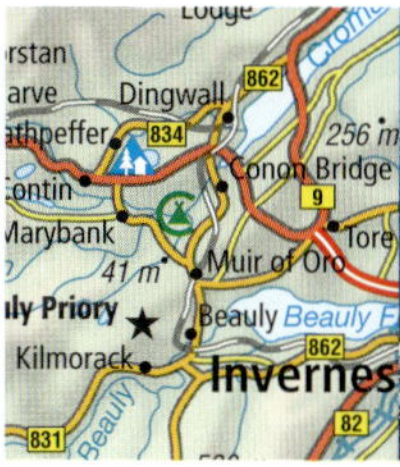

Susanne Tschirner

DUMONT RICHTIG REISEN

Inhalt

Wissenswertes über Schottland

Wissenswertes für die Reise

Unterwegs in Schottland

Kapitel 1 Edinburgh und Umgebung

Kapitel 2 Glasgow und Umgebung

Kapitel 3 Die Lowlands

Inhalt

Kapitel 6 Die Inseln

Inhalt

Themen

Alle Karten auf einen Blick

Eines der schönsten Täler Schottlands: das geschichtsträchtige Glencoe

Wissenswertes über Schottland

Schottland: Land der Highlands and Islands

»Und dies war der beständige Zauber des Landes: Wenn immer du genau hinsiehst, erblickst du Liebreiz in zerbrechlichen, winzigen Formen, und wenn du den Blick in die Ferne schweifen läßt, ergreift dich seine hohe, strenge Schönheit, die steinernen Rippen seiner Berge, die wolkenumhüllte Erhabenheit seiner Gipfel.« (E. Linklater: ›Magnus Merriman‹)

Mythos Schottland

Welcher Schottland-Reisende hätte nicht den Highland-Mythos im Kopf, markige Clankrieger im Kilt, Heldenballaden, die das Bild windumtoster Hochmoore heraufbeschwören? Und wo könnte dieser Mythos wirkungsvoller in Szene gesetzt werden als im Film? 1986 drehte Russell Mulcahy den ›Highlander‹, den schottischen Kultfilm schlechthin. Wie Connor MacLeod alias Christopher Lambert mit wehenden Haaren über die Brücke von Eilean Donan Castle reitet, das ist Schottland pur mit Gänsehautgarantie. Und der Mentor des Unsterblichen, Sean Connery, war damals zwar noch nicht ›Sir‹, aber immer schon ein echter, ja geradezu ein Paradeschotte.

Mit der von VisitBritain herausgegebenen ›Movie Map‹ kann man Drehorte internationaler Blockbuster besuchen und vor Ort sehen, wie Schottland sich selbst spielt. Tourismuswerbung und Leinwandlegenden arbeiten hier Hand in Hand. Mit sicherem Gespür wählte Mulcahy für den ›Highlander‹ einige von Schottlands grandiosesten Regionen aus, die westlichen Highlands: die Hebrideninsel Skye mit ihren nebelverhangenen Gebirgszügen, Glencoe, das einsame grüne Tal, wo vor Jahrhunderten der Clan MacDonald massakriert wurde, das erhabene Torridon-Massiv.

Berge und Lochs, jene blauen, lang gestreckten, tiefen Eiszeitseen, bedecken mehr als die Hälfte des Landes. Senkrecht abfallende Steilklippen, an denen sich die Wellen von Atlantik und Nordsee brechen, kilometerlange einsame Sandstrände oder sanft ins Meer abfallende grüne Hänge: So vielseitig ist die Küste. Auberginefarbene herbstliche Heidemoore, gelbe, nach Kokos duftende Ginsterbüsche, rosa Grasnelkenpolster in den sommerlichen Salzmarschen des *machair,* lila Rhododendronwälder: So farbenprächtig ist die Pflanzenwelt.

Klippen und Watt sind Brutstätten für eine immens reiche Vogelwelt, Wale und Delfine kann man mit dem Boot besuchen, Lachse angeln oder auch nur im klaren Flusswasser springen sehen. Vielleicht gleitet ein Goldadler über die Felsgipfel. Überall weiden bunt markierte Schafe oder die wolligen Hochlandrinder mit den langen Hörnern.

Schottland ist ein Paradies für alle, die einen naturnahen Urlaub suchen. Die Vögel beobachten oder Moorhühner jagen wollen. Die auf den weltberühmten *links* in salziger Meerluft golfen wollen. Die zu Fuß oder im Fahrradsattel herausfinden wollen, ob es wirklich so oft regnet. Ja, es regnet, aber genauso schnell bricht die Sonne auch wieder durch die Wolken und taucht das Land in ein geradezu unwirklich leuchtendes Licht.

Cairns und Castles

Jeder noch so abgelegene Winkel in Schottland ist getränkt mit Geschichte, mit der Erinnerung an grausame, rührende, heldenhafte

Ereignisse. Hier kämpften Clankrieger gegen die englische Übermacht, da entfloh Maria Stuart ihren Wärtern, dort liegt das Herz des großen Bruce begraben.

Vier, fünf Jahrtausende haben ihr Erbe hinterlassen. Cairns, Steinkreise, Brochs und Piktensteine ruhen in menschenleeren Mooren, stimmungsvolle Friedhöfe umgeben viel besungene Abteien, Burgruinen thronen auf Küstenklippen, üppig-feuchte Gärten umgeben zinnenbekrönte Herrenhäuser.

Global Players im Kilt

Hinter dem Mythos von Whisky und Dudelsack leben die Schotten ein ganz normales modernes Leben. Da ist die zukunftsorientierte, trendige Stadtkultur in Edinburgh und Glasgow, da sind Landhaushoteliers und Highland-Unternehmen, die ganz selbstverständlich mit dem Internet arbeiten. Da sind das Klonschaf Dolly und das post-postmoderne Parlament von Enric Miralles. Wenn die Theateravantgarde im August die Herrschaft in Edinburgh übernimmt, wenn man in einem Trendrestaurant Kokos-Ingwer-Muscheln bestellt oder mit der Jeunesse dorée einen Cappuccino in der Style Bar trinkt, dann hört man die kosmopolitischen, zeitgenössischen Herzschläge Schottlands besonders deutlich.

Und wieder das Wetter

Was jedoch ihre *Scottishness* anbelangt, da sind sie sich einig, der Glasgower *Dotcom*-Chef und der *crofter* aus Eynhallow: Auf der BBC-Wetterkarte sah Schottland kleiner aus, als es ist. Aus der südlichen, Londoner Perspektive wirkte das Land der Highlands and Islands wie der Blinddarmfortsatz Englands. Die Schotten protestierten, und die British Broadcasting Corporation gab klein bei. Schottland ist jetzt größer.

Crovie in den Highlands. Typisch für die noch sehr ursprünglichen Fischerorte an der Grampianküste sind die zum Meer gewandten Hausgiebel

Steckbrief Schottland

Daten und Fakten

Name: Scotland. Skoten hießen die Iren, die in Westschottland im 5. Jh. n. Chr. das Königreich von Dalriada gründeten.

Fläche: 78 722 km^2, das ist ein Drittel der Fläche Großbritanniens. Die maximale Nord-Süd-Ausdehnung des Festlands beträgt 440 km, die maximale Ost-West-Ausdehnung 248 km.

Hauptstadt: Edinburgh, sprich: Edinboro
Amtssprache: Englisch
Einwohner: 5,06 Mio.
Bevölkerungswachstum: – 0,2 %
Lebenserwartung: Frauen 78,2 Jahre, Männer 72,9 Jahre
Zeitzone: MEZ – 1 Std.
Landesvorwahl: 0044
Währung: Britisches Pfund (£), herausgegeben von schottischen Banken
Landesflagge: Weißes Andreaskreuz auf blauem Grund, der Saltire. Seit 1400 Jahren ist das diagonale Kreuz des Nationalheiligen Schottlands Symbol.

Geographie

Schottland liegt zwischen dem 54. und 61. Grad nördlicher Breite, etwa auf der Höhe von Südgrönland. Kein Ort ist weiter als 64 km vom Meer entfernt. Im Osten bilden die Nordsee, im Westen der Atlantik, im Süden die Cheviot Hills und der Tweed Schottlands Grenzen.

Die Küstenlinie ist über 10 000 km lang, wenn man den zahlreichen im Westen bis zu 50 km ins Land einschneidenden Fjorden und Seebuchten folgt. Die größten Ästuare – trichterförmige, lange Flusseinmündungen – sind der Firth of Forth bei Edinburgh, der Firth of Tay bei Dundee, der Moray Firth bei Inverness, der Firth of Clyde bei Glasgow und der Solway Firth bei Dumfries.

Fast zwei Drittel Schottlands sind Hügelland über 120 m bis zum höchsten Berg Großbritanniens, dem Ben Nevis mit 1343 m. Über 30 000 Lochs (*loch* gälisch für ›See‹), und über 6000 Flüsse mit einer Gesamtlänge von fast 50 000 km bedecken das Land. Die größten Flüsse sind Clyde, Dee, Don, Forth, Spey, Tay und Tweed, die größten Seen Loch Lomond (71 km^2), Loch Ness (56 km^2) und Loch Awe (39 km^2, mit 41 km ist er der längste See). Schottland besitzt mit den von Eiszeitgletschern in die Erde gegrabenen Lochs einige der tiefsten Inlandgewässer der Welt. Der tiefste See ist mit 371 m Loch Morar.

Zu Schottland gehören außerdem 790 Inseln, 130 von ihnen sind bewohnt. Die größten Archipele sind Orkney und Shetland im Norden und die Hebriden im Westen.

Die drei großen Regionen sind Lowlands, Central Belt sowie Highlands and Islands. Im Süden hinter der Grenze zu England beginnen die Lowlands, ein etwa 600–800 m hohes

Hügelland (Southern Uplands). In seinen fruchtbaren Senken ist intensive Landwirtschaft möglich.

Zwischen den Meeresarmen Firth of Clyde und Firth of Forth dehnt sich das dicht besiedelte mittelschottische Tiefland aus, der Central Belt. Hier konzentrieren sich Bodenschätze, Großstädte, fruchtbare Ackerbaulandschaften, Industrie, und hier leben 80 % aller Schotten.

Im Osten etwa bei Perth, im Westen bereits ein Stück nördlich von Glasgow, beginnt die raue, wirtschaftlich unterentwickelte Bergwelt der Highlands mit den höchsten Gipfeln, den schönsten Lochs und der dünnsten Besiedlung.

Geschichte

Schottland war im Mittelalter ein eigenständiges Königreich. Auseinandersetzungen mit dem englischen Königreich prägten seine Geschichte. 1603 erbte James VI. von Schottland die englische Königskrone, 1707 wurden auch die Parlamente zusammengelegt: Stationen eines allmählichen Aufgehens in einem größeren Britannien. Heute verläuft der Prozess in umgekehrter Richtung, Schottland strebt im Zuge der *Devolution* wieder nach mehr Unabhängigkeit. Seit 1999 haben die Schotten ein eigenes Regionalparlament, das seit 2004 im neu errichteten Parlamentsgebäude in Edinburgh tagt.

Staat und Politik

Als Teil von Großbritannien hat Schottland eine parlamentarische Monarchie. Die Schotten wählen sowohl 59 Abgeordnete ins britische Parlament von Westminster als auch 129 Abgeordnete für das schottische Regionalparlament in Edinburgh. Schottland ist eine Labour-Hochburg. In Edinburgh regiert Labour mit den Liberaldemokraten, First Minister ist Jack McConnell.

Wirtschaft und Tourismus

Obwohl nur noch 2 % der Bevölkerung im Agrarsektor beschäftigt sind, ist das ländliche Leben ein wichtiger Bestandteil der schottischen Identität. Industrie (Nahrungsmittel, Öl) und Wirtschaft setzen auf Zukunftsbranchen wie Gen-, Computer- und Medientechnologie. Fast zwei Drittel der Arbeitsplätze liegen im Dienstleistungssektor. Der Tourismus ist der wichtigste einzelne Industriezweig.

Bevölkerung und Religion

Die 5,06 Mio. Schotten machen nur etwa ein Elftel der britischen Bevölkerung aus. Mit durchschnittlich 65 Einwohner pro km^2 ist Schottland eines der am dünnsten besiedelten Länder Europas. Ein Drittel aller Schotten lebt in den vier Metropolen Glasgow, Edinburgh, Aberdeen und Dundee. Die Unterschiede zwischen den am dünnsten besiedelten Highland-Regionen mit 8 Einwohnern/km^2 und den am dichtesten besiedelten Glasgower Vierteln mit 3493 Einwohnern/km^2 sind eklatant.

42 % der Bevölkerung gehören der calvinistischen Church of Scotland an. Die zweitstärkste Kirche ist die katholische, 18 % der Schotten sind römisch-katholisch. Andere Religionen wie Judentum oder Hinduismus spielen statistisch gesehen nur eine geringe Rolle. Auch der Islam liegt mit 0,84 % deutlich unter dem gesamtbritischen Anteil von 2,5 %. Die Church of Scotland kennt keine Hierarchie; ihre Gemeindeorganisation besteht aus dem Geistlichen, den Kirchenältesten *(presbyter)* und der stark von ihnen kontrollierten Gemeinde.

Natur und Umwelt

Tiefblaue Lochs, karge Hochlandhänge und purpurne Heidemoore, flach abfallende Sandstrände, schroffe Felsklippen und sanfte Hügel: Schottlands Landschaften sind ebenso unverwechselbar wie vielfältig. In zwei neu geschaffenen Nationalparks will die schottische Regierung das fragile Naturerbe schützen.

Prägend: die Erdgeschichte

Der Grund, warum die schottische Landschaft so abwechslungsreich ist, sind die verschiedenen Gesteinsarten, die erdgeschichtliche Prozesse hinterlassen haben. Auf den nordwestlichen Inseln und in den Highlands herrscht Lewis Gneis vor, der mit seinen 2,2 Mrd. Jahren zu den ältesten Gesteinen der Erde gehört. Der harte, witterungsbeständige Granit, Ergebnis vulkanischer Aktivitäten, sorgt dafür, dass die Cairngorms noch heute so hoch sind und nicht von den Eiszeitgletschern abgeschliffen wurden. Roter, leicht erodierender Sandstein aus dem Jura an den nordöstlichen Küsten von Caithness und Orkney verleiht der Region ihren fotogenen Purpurhauch. Vulkangesteine wie jene von Arthur's Seat, die isolierten Kegel der Eildon Hills in den Borders oder die prismatischen Basaltsäulen auf Staffa sind zu unverwechselbaren Orientierungspunkten geworden.

Im Zuge der kaledonischen Gebirgsbildung im frühen Devon – vor etwa 400 Mio. Jahren – entstanden drei geographische Verwerfungslinien. Sie verlaufen, wie auch die meisten Täler im Westen, von Nordosten nach Südwesten. Die *Highland Boundary Fault* von Stonehaven an der Ostküste bis zur Arran-Insel an der Westküste trennt Highlands und Lowlands voneinander. Der tiefe Bruch des *Great Glen* wird durch die Seenkette Loch Ness, Loch Oich, Loch Lochy und Loch Linnhe ausgefüllt, die von Inverness nach Fort William verläuft; das ›Große Tal‹ trennt die südöstlichen Grampians von den nordwestlichen Highlands. Die weniger offensichtliche *Southern Uplands Fault* verläuft entlang der südlichen Hügelketten der Regionen von Borders und Dumfries and Galloway, ungefähr von Edinburgh nach Ayr.

Am nachhaltigsten geprägt wurde die schottische Landschaft von der letzten Eiszeit, die vor etwa 10 000 Jahren zu Ende ging. Die unvorstellbaren Geröllmassen, die die Gletscher transportierten, änderten Flussläufe, schliffen Bergkuppen ab und höhlten Täler wie das des Loch Lomond oder des Loch Ness aus. Auch ohne Nessie ist der bis zu 240 m tiefe See spektakulär: In ihm befindet sich mehr Wasser als in allen Seen von Wales und England zusammen. Gletscher schufen auch die charakteristischen *Corries,* schüsselförmige, oft mit einem See gefüllte Gebirgskare in Gipfelnähe. In Mittel- und Südschottland hinterließen die Gletscher so genannte *Drumlins,* in länglicher Hügelform abgelagertes Moränenmaterial. Da sich die britische Insel recht früh vom Kontinent trennte, sind die schottische Flora und Fauna artenärmer als jene in Zentraleuropa.

Keine Sonderentwicklung kann Schottland in puncto Erderwärmung beanspruchen: Dass Schottland im Winter 2004 einmal mehr von einer Regenflut heimgesucht wurde, halten Wetterkundler weniger für ›typisch schottisch‹ als für den Indikator einer globalen Klimaveränderung.

Vom kaledonischen Urwald zum Nutzwald

Die menschenleeren Berghänge, die ausgedehnten Moor- und Heidegebiete könnten den Eindruck erwecken, Schottland sei eine einzige unverdorbene Naturlandschaft. Doch die Ödnis ist von Menschenhand gemacht. Schon die steinzeitlichen Siedler begannen mit der Abholzung des ursprünglichen kaledonischen Waldes – das römische *Caledonia* bedeutet ›Wald auf den Höhen‹. Holzkohle- und Eisenproduktion sowie Schiffsbau gaben ihm den Rest. Heute zeugen nur noch kümmerliche Reste von diesem Ur-Wald (s. S. 277 und 324). Vor allem Überweidung durch Schafe und Rotwild, das für den lukrativen Jagdtourismus in viel zu hohen Zahlen gehalten wird, führte und führt zu einem ökologisch verhängnisvollen Kahlfraß.

Mit groß angelegten Aufforstungen nach dem Zweiten Weltkrieg versuchte man, der zunehmenden Erosion und Versauerung der Böden Einhalt zu gebieten. Der Waldanteil liegt heute immerhin wieder bei 17 % der Landesfläche. Die schnell und auch auf sauren Böden wachsende Sitkafichte ist der Lieblingsbaum der auf Ertrag bedachten Forstindustrie, die einen wichtigen wirtschaftlichen Faktor darstellt. Bei Ökologen als ›Stangenspargel‹ verschrien (›Willst du einen Wald vernichten, pflanze Fichten!‹), sind diese Nadelbaummonokulturen höchst anfällig für Schäden durch Windschlag und laugen den Boden aus.

Sie haben den einzigen genuin schottischen Nadelbaum, die Schottische Kiefer *(Scots Pine)*, weitgehend verdrängt. Mischwald aus Kiefern und Birken oder reiner Laubwald findet sich fast nur noch in geschützten Reservaten, so in den feuchten, mit Moosen und Flechten bewachsenen Eichenwäldern von Argyll. Wer in Schottland üppigen alten Baumbestand sehen will, muss in die Parks der Herrenhäuser gehen, denn die Adligen haben vom 18. Jh. an viel für die Aufforstung des Landes getan.

Die Waldtiere Elch, Ren und Wolf, die wir aus gälischen Gedichten und von den Piktensteinen kennen, sind schon lange aus-

Wald gibt es in Schottland kaum noch, der im 18. Jh. importierte Rhododendron gedeiht dagegen so gut, dass er heimische Pflanzen verdrängt

gerottet. Für die Tierarten, die einen natürlichen Wald als Lebensraum benötigen, wird es immer enger: für das von seinen aggressiveren grauen Vettern verdrängte Rote Eichhörnchen oder den fast bis zum Aussterben bejagten Auerhahn, eine große Moorhuhnart.

Die scheue Wildkatze lebt fast nur noch nördlich des Great Glen. Von den vielen verwilderten Katzen unterscheidet sich der braunschwarz gestreifte, unter Artenschutz stehende ›schottische Tiger‹ durch seine größere Gestalt mit breiterem Schädel und längeren Beinen, den schwarzen Rückenstreifen und den buschigen, geringelten Schwanz mit der charakteristischen schwarzen Spitze. Recht ungefährdet ist der *Pine Marten,* ein Baummarder, der von kleinen Vögeln und Nagetieren lebt und sich auch im Nutzforst wohl fühlt.

Rhododendron und andere Ausreißer

Ende Mai und Juni ist das lila Blütenmeer eine wahre Augenweide. Das ursprünglich in der Türkei und in Südspanien beheimatete *Rhododendron ponticum* wurde 1763 von Conrad Loddiges aus Cadiz importiert und im Verlauf des 19. Jh. massiv von britisch-schottischen Landbesitzern gepflanzt. Pech für die heimischen Habitate Eichenwald, Moor und Heide war und ist, dass die immergrünen, fast baumhohen Sträucher im Land ideale Lebensbedingungen vorfanden. Vor allem im Westen und hier in Argyll wuchert das attraktive Unkraut und erstickt die heimische Vegetation. Zudem droht eine frostresistente Wildkreuzung mit *Rhododendron catawbiense* den kühleren Osten Schottlands zu erobern.

Die Förster werden der Plage kaum noch Herr. Ganze Heere Freiwilliger, z. B. aus dem British Trust for Conservation Volunteers, ziehen alljährlich zum *rhody bashing* aus, um die Biodiversität ihrer Heimat zu erhalten. Mit Stumpf und Stiel muss das zähe Gestrüpp ausgerissen werden. Zurzeit wird eine Herbizid-Injektion in den Stamm erprobt, die sich womöglich als zukunftsträchtig erweist.

Nicht so gefährlich für die heimische Artenvielfalt sind weitere Pflanzen, die, aus Gärten und Parks ausgewildert, inzwischen das schottische Habitat besiedeln: die teppichartig blühenden *Blue Bells* – weiße oder blaue Traubenhyazinthen –, Montbretien und Fuchsien.

Das Bergland

Die Baumgrenze in den schottischen Bergen liegt mit 500 m vergleichsweise niedrig. Meist ersetzen jedoch ohnehin Sträucher wie Heide, Heidel- oder Preiselbeere, Wacholder,

Einer der höchsten Berge Schottlands: der Buachaille Etive More (1022 m)

Bärentraube oder Ginster die im übrigen Europa an dieser Stelle anzutreffende Krüppelbaumvegetation. In der Felswüste der höchsten Gipfel gedeiht neben Moosen und Flechten auf besseren Böden auch eine sonst nur in noch größeren Höhen vorkommende arktisch-alpine Pflanzenwelt, z. B. Enzian, Vergissmeinnicht, Azaleen, Vogelmiere oder Steinbrech.

Hier ziehen seltene Raubvögel wie der Goldadler mit seinen mehr als 2 m breiten Schwingen oder der Wanderfalke ihre majestätischen Kreise, stürzen zum Beutemachen jäh und zielsicher hinab. Menschliche Eierdiebe, das mittlerweile verbotene DDT, das die Eierschalen der Falken brüchig machte, und giftige Farben zum Markieren der Schafe (der Goldadler frisst Schaf- und Hirschaas) führten in den 1960er Jahren beinahe zu ihrem Aussterben. Heute besitzt Schottland die stärkste Population von Goldadlern in Europa. Sie ernähren sich von Gebirgshasen, Moor- und Schneehühnern. Letztere tarnen sich im Sommer mit einem braun-scheckigen, im Winter mit einem weißen Federkleid und sind extrem kälteunempfindlich.

Das müssen sie auf den Gipfeln der Cairngorms auch sein, denn hier, wo der Einfluss des Golfstroms einem trocken-kalten Festlandklima weicht, ist mit starkem Schneefall

Munros – Berge zum Sammeln

Thema

Die schottische Bergwelt erreicht zwar keine alpinen Höhen, hat es aber trotzdem in sich. Bergsteiger mit einem Hang zur Obsession klassifizieren sie in Munros, das sind Gipfel über 3000 Fuß (914 m), Corbetts – Berge über 2500 Fuß (700 m) – und Donalds, Lowland-Hügel über 2000 Fuß (610 m).

Die Munros sind also die Elite unter Schottlands Bergen. Der Nachteil: Sie müssen sich vermehrt besteigen und von sammelwütigen Gipfelstürmern ›einsacken‹ lassen. *Munrobagging* heißt der Sport, und er treibt seltsame Blüten: Im Jahr 1900 ging Reverend Archibald Eneas Robertson in die vom Scottish Mountaineering Club geführten Annalen ein als Erster, der alle 277 Munros bestiegen hatte. Es folgten die erste Munroistin, Kathy Murgatroyd, der erste zehn- und der erste 70-jährige Munroist, der erste Hund auf allen Munros (mit Begleitung) und schließlich der schnellste Munroist, Mark Elsegood, der alle Gipfel in 66 Tagen knackte. Über 2600 Munroisten gibt es mittlerweile in der Welt, Tendenz steigend.

Tragisch mutet da das Schicksal des Namengebers an. Sir Hugh T. Munro, viktorianischer Offizier, Gentleman und Schottlandliebhaber, hatte gegen Ende des 19. Jh. jenes vielbändige Mammutwerk verfasst, das alle Dreitausender auflistete. Nicht genug damit, dass seine ursprünglich 277 Munros auf 284 korrigiert wurden. Er scheiterte auch an zwei Objekten der Begierde: Den Sgurr Dearg auf Skye und den Carn Cliochmhulinn in den Cairngorms konnte er sich nur aus der Ferne ansehen wie Moses das Gelobte Land.

Ein Munro ist bezwungen: auf dem Gipfel des Lochnagar

zu rechnen. In der An Gharbh Coire, einem Corrie in den Cairngorms, soll der Schnee im 20. Jh. nur zweimal aufgetaut sein.

Moorland

Am nachhaltigsten wird das schottische Landschaftsbild von sumpfigen Hochmooren, etwas trockeneren Heidemooren und dem sauren Grasland der Rauweide *(rough grazing)* geprägt. Vermutlich ersetzen sie alle frühere Waldgebiete. Im Juli blüht als erste Art der Leitpflanze Heide die dunkelviolette Glockenheide, im August dann das hellere Heidekraut. Hunderte von verschiedenen *Ericaceae* – so der botanische Name für die Heidekrautgewächse – sind im Botanischen Garten von Edinburgh zu bewundern (s. S. 124). Auf feuchteren Böden wachsen nur noch die anspruchslosen Torf- und Sumpfmoose, Sumpfmyrte und -affodill oder Riedgräser. Die Sumpfschwertlilie blüht leuchtend gelb in Wassergräben und an Seeufern. Vor allem im niederschlagsreichen Westen werden die Farne bis zu 2 m hoch. An den Insektenschwärmen der Moorlandschaften labt sich im Sommer ein bekannter Zugvogel, die Schwalbe.

Heidemoor ist Moorhuhnland. Das wohlschmeckende *grouse* mit dem lateinischen Namen *Lagopus scoticus* ernährt sich von Heideschösslingen und nutzt ihre Deckung gegen Raubtiere. In der Balzzeit hört man sein meckerndes Gackern, den Anlassgeräuschen eines Motors nicht unähnlich, über die Heide schallen. Die Männchen tragen als Hochzeitskleid einen roten Oberkopf und Hinterhals, ansonsten sind die rundlichen, eher unscheinbaren Tiere braunschwarz mit weiß gesäumten Federn. Die übermäßige Bejagung stellt eine große Gefahr für die Population dar.

Plagegeister Stechfliegen

Fast jeder Schottland-Reisende hat ihnen die eine oder andere juckende Pustel zu verdanken: den berüchtigten schottischen *midges.* Sie sind nur etwa 2 mm groß, schwarz und kommen in Schottland in 34 Arten vor, von denen fünf den Menschen stechen: Die bisswütigste ist *Culicoides impunctatus* in den Highlands, *Culicoides halophilus* macht die Küsten unsicher. Nur die Weibchen stechen, da sie unser Blut für ihre Nachkommen brauchen. Hauptstechzeit ist Mitte Mai bis Mitte September. Besonders gefährlich sind feuchte Gebiete wie Wiesen, Moor und nasser Sand bei schwülem Wetter. Selbst wenn die oft schwarmweise auftauchenden Insekten nicht stechen, ist das Gekrabbel auf der Haut ausgesprochen lästig. Angler und andere, die die freie Natur auch in der Schwarmzeit nicht missen mögen, tragen häufig Kopfbedeckungen mit Mückennetzen, die es überall zu kaufen gibt. Am besten hilft eine frische Brise, dann werden die Miniblutsauger vom Winde verweht.

Das Tiefland

Die Tiere und Pflanzen, deren Lebensraum vor 100 Jahren der Acker war, sind wie überall in der europäischen Intensivlandwirtschaft durch Monokulturen, Pflanzenschutzmittel und Kunstdünger weitgehend vertrieben worden. Am Wegesrand und in den oftmals unter ökologischen Gesichtspunkten bewirtschafteten Ländereien der großen Herrensitze trifft man noch am ehesten ein reiches Tier- und Pflanzenleben an: Dachs, Wiesel und Hermelin, wilde Nelken oder Wildorchideen. Schottlands Nationalblume, die Distel, passt sich wie der Kulturfolger Fuchs oder die auf vielen Orkney-Inseln zur Plage gewordenen Kaninchen dagegen gut an die moderne Umwelt an.

Im Frühling und Frühsommer überzieht ein bunter Teppich das Land: grellgelber Stechginster, der intensiv nach Kokos duftet, blaue Traubenhyazinthen, duftende Weißdornhecken, lila Rhododendron, der weiß blühende Bärlauch mit seinem intensiven Geruch, rosa Grasnelkenkissen an den Felsküsten. Im *machair,* den Salzmarschen des Westens, entfaltet sich eine einzigartige Blütenpracht.

Flüsse und Seen

In den 200 schottischen Lachsflüssen, als deren berühmteste Spey, Tay, Tweed und Dee gelten, kämpfen alljährlich Lachse und Forellen gegen Strömung und Angler. Der begehrte Speisefisch Lachs, der in Süß- und Salzwasser lebt, schwimmt am Ende seines Lebens Tausende von Kilometern zu den Laichgründen zurück, in denen er selbst aus dem Rogen geschlüpft ist. Nur in absolut sauberen Gewässern legt er seinen Laich ab – ein Expertenlob für das schottische Wasser, das zu 97 % als unverschmutzt eingestuft wird.

Der Charakter der Flüsse wird maßgeblich durch das Gestein bestimmt: Die meisten Ströme des Westens und Nordens fließen durch sauren, nährstoffarmen Quarzit, was sie ungewöhnlich klar und ebenfalls leicht sauer und nährstoffarm macht; die charakteristische bräunliche Färbung bekommen sie durch Torfgrund und Moore. Die Flüsse des Ostens wie Tweed und Don fließen auch durch Sandstein- und Kalkschichten und sind daher nährstoffreicher und trüber.

Küste und Meer

In den Seen, Salzmarschen, Ästuaren und Grasländern der westlichen Dünenstrände überwintern vom Herbst bis in den April nicht nur arktische und subarktische Arten wie Schwäne, Enten und Wildgänse aus Grönland oder Island. Auch heimische Arten wie der Austernfischer mit seinem langen, orangefarbenen Schnabel, Kiebitze und andere Watvögel oder der wieder eingebürgerte Fischadler nisten hier; etwa 50 Paare, die gesamte britische Population, lebt in Schottland.

Über 300 Vogelarten sind in Schottland heimisch. Etwa 50 Naturschutzgebiete der Royal Society for the Protection of Birds (www.rspb.org.uk) verteilen sich über das Land mit Schwerpunkten auf den nördlichen Archipelen. Ihre Brutfelsen wie Noss auf Shetland üben enorme Anziehungskraft auf Vogelbeobachter und Ornithologen aus.

Das Vogelparadies der Küsten steht möglicherweise kurz vor dem Sündenfall. Millionen von Seevögeln wie Trottellummen, Tordalke, Papageitaucher, Möwen, Tölpel und Kormorane nisten in den Klippen und vorgelagerten Felsinseln. Doch Überfischung und Verschmutzung der Meere, besonders der Nordsee, bedrohen die Artenvielfalt bei Vögeln und Meeressäugern. 2005 trafen beunruhigende Nachrichten von den Seevögeln der schottischen Inselwelt ein. Kaum ein Paar hatte es geschafft, Junge großzuziehen. Der Grund ist Nahrungsmangel durch die Erwärmung der Meere und die Konkurrenz der internationalen Trawlerflotte, deren Schleppnetze die Meere leer fischen.

Gefährdet sind auch die Populationen von Ottern, die in Süß- und Salzwasser vorkommen, von Walrössern sowie Seehunden, in Schottland hauptsächlich die größeren Kegelrobben und der kleinere Gemeine Seehund mit seinem hundeähnlichen Profil. Alle Robben, im Wasser elegante Taucher, kommen zur Geburt der Jungen an Land, wo sie sich nur schwerfällig und unbeholfen bewegen können. Seehunde und Otter verfangen sich rettungslos in Hummerreusen oder engmaschigen Schleppnetzen. Mit Fischern und Fischfarmern treten die Tiere in eine manchmal tödlich endende Fresskonkurrenz um den Lachs.

Seehunde kann man an Schottlands Küsten relativ häufig sichten, seltener, z. B. auf Skye, die scheuen Otter. Im Moray Firth bei Inverness sieht man mit ein bisschen Glück Delfine oder sogar Wale. Von verschiedenen Küstenorten vor allem im Westen und auf den nördlichen Inseln wird *whale watching* angeboten, z. B. von Mull/Oban, Stornoway, Gairloch, Lochinver und vor allem Lerwick.

Wissenschaftler geben derweil schottlandweit alarmierende Prognosen ab: Ein Drittel aller Tierarten – besonders stark ist die Insektenwelt betroffen – werde um die Mitte des 21. Jh. ausgestorben sein, wenn nicht, einhergehend mit einer radikalen Wende im Denken und im Umweltschutz, wieder ausreichende seminatürliche Lebensräume geschaffen würden.

Noch sind Schottlands Küsten und Inseln Vogelparadiese: Papageitaucher *(puffin)*

Die Nationalparks Loch Lomond und Cairngorms

Bald nach seiner Konstituierung schuf das schottische Parlament 2002 den ersten Nationalpark, Loch Lomond and the Trossachs National Park (www.lochlomond-trossachs.org). Auf der 1865 km² großen Fläche mit Wald, Bergland und Seen leben abgesehen von rund 15 600 Menschen seltene Tiere wie Goldadler, Grönlandgänse und Laubsänger. Steinbrech, Bergnelkenwurz und alte Eichenwälder sind zu bewundern.

2003 folgte der zweite, der Cairngorms National Park (www.cairngorms.co.uk). Mit einer Fläche von 3800 km² ist er der größte der Britischen Inseln. 17 000 Menschen leben innerhalb der Parkgrenzen, die von Grantown-on-Spey im Norden bis zum Rand der Angus Glens im Süden und von Ballater im Osten bis einige Kilometer westlich der A 9 reichen. Seine Besonderheit sind die weiten Hochgebirgslandschaften des Cairngorm-Massivs. 25 % aller gefährdeten britischen Tier- und Pflanzenarten fühlen sich hier heimisch, so Schottischer Kreuzschnabel, Goldadler, Baummarder, Dachse, Wildkatzen, Otter und die weltweit vom Aussterben bedrohte Frischwassermuschel. Die letzten größeren Gebiete des kaledonischen Kiefernwaldes haben hier überdauert. Nur auf den Waldlichtungen der Cairngorms kann man zur Balzzeit noch die aufgefächerten Schwanzfedern des Schottischen Auerhahns sehen, dessen Weltpopulation auf 1000 zurückgegangen ist.

Da es sich bei beiden Nationalparks um riesige Areale mit ausgedehnten Siedlungen handelt, kam ein strenger Naturschutz nur in kleinen Teilgebieten in Frage. Die Bedürfnisse von Mensch und Natur sollen in Einklang gebracht werden, ein Konzept, das dem der französischen Regionalparks ähnelt und überdies noch in einer Entwicklungs- und Erprobungsphase steckt. Ein 2005 veröffentlichter ›National Park Plan‹ steht zur Beratung an.

Der Fremdenverkehr ist für die Bewohner beider Parks die Haupteinnahmequelle. So kommt es vor allem darauf an, Hunderttausende von Besuchern – allein in den Cairngorms pro Jahr 500 000 – auf möglichst umweltverträgliche Weise an die Schönheiten der Natur heranzuführen. Dazu dienen Rangerdienste für geführte Wanderungen, die Förderung eines so genannten Grünen Tourismus, eingeschränkter Zugang für besonders fragile Gebirgshabitate und pädagogische Aktivitäten.

Wirtschaft

Zwischen dem Banker in Edinburgh und dem Highland-Crofter mit Boot, Acker und kleiner Schafherde liegt die ganze Bandbreite der schottischen Wirtschaft. Schottlands Zukunft aber liegt wohl eher beim Klonschaf Dolly als bei seinen Millionen im Land grasenden natürlichen Verwandten.

Tendenz steigend

Der schottischen Wirtschaft geht es, seit das eigene Parlament mit der Behörde Scottish Development International aktiv Wirtschaftsentwicklung betreibt und die Kontrolle über Landwirtschaft, Forst- und Fischereiwirtschaft innehat, so gut wie nie zuvor. Was noch nicht heißt, dass es ihr gut ginge. Das Nord-Süd-Gefälle auf den Britischen Inseln bleibt weiterhin bestehen. Wenn Englands Wirtschaft einen Schnupfen hat, bekommt Schottland gleich eine Lungenentzündung, sagt man hier oben.

Außerdem besteht im Land selbst ein eklatantes Ungleichgewicht zwischen der prosperierenden Wirtschaftszone des Central Belt und den strukturschwachen Regionen der Highlands and Islands, die traditionell EU-Subventionen empfangen. Im Zuge eines Förderprogramms baut die schottische Regierung eine University of the Highlands and Islands mit Colleges an verschiedenen Orten auf, z. B. ein millionenschweres Meeresforschungsinstitut bei Oban.

Fischerei und Fischwirtschaft

Auch von schottischen Häfen aus rücken Trawler mit Sonardetektor und Beutelnetz den bereits gefährlich reduzierten Fischbeständen zu Leibe. Im Vergleich mit dem Goldenen Zeitalter der Fischerei, dem 18. und 19. Jh., als Herings- und Walfang boomten, ist die drastisch geschrumpfte schottische Fangflotte mit ihren etwa 8000 hauptberuflichen Fischern und knapp 2500 Schiffen nur noch ein ›kleiner Fisch‹. Trotzdem gehen an die zwei Drittel aller gefangenen britischen Flossentiere schottischen Fischern ins Netz. Die Fischereiaktivitäten verlagern sich langsam von der hoffnungslos überfischten Nordsee nach Westen. Die Hauptfanggründe liegen um die Hebriden und westlich von Orkney und Shetland.

In vielen Häfen, vor allem an der Ostküste, geht der Trend weg von der Hochseefischerei zum lukrativeren Hummer-, Krabben- und Muschelfang: Qualität statt Quantität für die Feinschmecker vor Ort und in aller Welt. Die größten Fischereihäfen, wo Massen von Weißfisch angelandet werden, sind Peterhead und an zweiter Stelle Aberdeen an der Ostküste. Als Makrelenmekka gilt Ullapool.

Der Fang von Wildlachs und Forellen ist strikt limitiert und bringt über die saftigen Angelgebühren mehr Geld in Schottlands öffentliche Kassen als alle Weißfische.

Zwölfmal so viele Fische, wie in Netz und Angel zappeln, werden in hoch technisierten Fischfarmen gezüchtet. Das zukunftsträchtige, expandierende und viele Arbeitsplätze schaffende *fish farming* nutzt bevorzugt das saubere Wasser und die geschützte Lage der westlichen Fjorde. Pestizide, Antibiotika und Fischgülle stellen allerdings eine wachsende

Gefahr für deren Sauberkeit dar. Da der Lachs in den fünf Jahren, die er bis zur Verzehrreife leben darf, erst Süß- und dann Salzwasser benötigt, lebt er zunächst in kleineren Fischfarmen in Inlandseen und später in größeren in Meeresarmen. Während im Westen Lachs und Forelle gezogen werden, baut man auf Orkney und Shetland hauptsächlich Mies- und Jakobsmuscheln oder zunehmend auch Austern an. Norwegische Dumpingpreise setzen den Lachsfarmern jedoch schwer zu: »Schottischen Lachs auf schottische Tische«, fordern sie.

Crofting

Obwohl mehr als zwei Drittel der Landfläche auf die eine oder andere Weise landwirtschaftlich genutzt werden, sind nur verschwindende 2 % der Bevölkerung im immer weiter schrumpfenden Agrarsektor beschäftigt. In den Highlands and Islands herrschen kleine Betriebsgrößen und Nebenerwerbslandwirtschaft vor, das so genannte *crofting:* ein paar Schafe und Rinder, die auf der gemeinschaftlich genutzten Rauweide grasen, ein wenig Ackerbau mit Futterpflanzen, Rüben und Kartoffeln, ergänzt durch Fischerei oder Heimindustrie wie die Tweed-Weberei auf Harris oder Zimmervermietung an Touristen. Das in lange Streifen aufgeteilte Crofting-Land reicht von der fruchtbaren Küstenmarsch, wo Seetang als Dünger zur Verfügung steht, bis zum Hochmoor, dem ›schwarzen Land‹, wo gemeinsam Torf für den Eigenbedarf gestochen wird.

Diese *crofting communities,* einzelne, entlang der Küstenstraße aufgereihte Gehöfte, prägen auch heute noch 10 % des Landes, vor allem auf den Inseln und an den Küsten Nordschottlands. Sie entstanden als Folge der *Clearances,* als die mächtigen Landbesitzer immer mehr Bauern von ihrem Land vertrieben, um es als Schafweide zu nutzen. Die Bauern verschlug es an die Küste, wo sie gezwungen waren, von der Fischerei und dem Sammeln von Tang *(kelp)* für die chemische Industrie zu leben. Groß ist die Solidarität der *crofter* untereinander, das Gemeinschaftsgefühl, das sie gegen die harte, feindliche Umwelt und den Landbesitzer, den *laird,* zusammenschweißt: *Crofting* ist eher eine Lebensanschauung als ein schnödes Bewirtschaftungssystem.

Ackerbau

Im Gegensatz zu diesem fast autarken, ökologischen *mixed farming,* das fast ohne Pestizide und Kunstdünger auskommt, wird auf den fruchtbaren Böden der Lowlands, hauptsächlich im mittelschottischen Tiefland, ein hoch mechanisierter, intensiver und spezialisierter Ackerbau auf größeren Höfen betrieben. Vor allem an der Ostküste begünstigen mildes Klima und fruchtbare Böden den Anbau von Weizen, Gerste, Hafer, Raps oder Rüben auf riesigen Monokulturfeldern. Gerste als Futterpflanze und für die Whisky- und Bierherstellung steht an erster Stelle, doch auch Hafer, die klassische Getreidesorte Schottlands, kommt wieder vermehrt zu Ehren.

Viehzucht

Die Schotten sind Fleischesser, daran hat auch der Rinderwahn nichts geändert. Milch geben die importierten holsteinischen und friesischen Rinder und das einheimische Ayrshire-Rind; Fleisch das hübsche, gedrungene Galloway-Rindvieh mit seinem dichten, schwarzlockigen Fell. Die wohl älteste Rinderrasse der Welt ist Gegenstand eines Züchterkults mit religiösen Dimensionen, über den die Galloway Cattle Society seit dem 19. Jh. mit Argusaugen wacht: *Sire* und *Dame* heißen die Zuchtstiere und -kühe. Die ausschließlich draußen lebenden robusten Vierbeiner sind ideal für eine artgerechte, natürliche Tierhaltung – Urviecher für eine zukunftsweisende Landwirtschaft.

Die zotteligen, langhörnigen Hochlandrinder mit ihrer fotogenen Stirntolle waren wegen des geringen Fleischertrags schon fast

Dass Schafzucht ein knallhartes Geschäft ist, wird bei einer Schafauktion (hier in Lairg) besonders deutlich

vom Aussterben bedroht. Sie werden aufgrund ihrer Fleischqualität und Widerstandsfähigkeit in letzter Zeit aber im Zuge eines ökologischen Umdenkens vermehrt gezüchtet und auch zur Landschaftspflege eingesetzt.

Von der Rauweide der Highlands, die flächenmäßig den größten Teil des Landes ausmacht, ernähren sich von alters her die anspruchslosen Schafe. Durch Überweidung entstehen irreparable Schäden, denn der karge Hochlandboden kann nur eine geringe Anzahl von Weidevieh vertragen. Oft werden die Schafe kurz vor dem Schlachten oder zum Überwintern auf die fetteren Weiden der südlichen Lowlands gebracht. Den schottischen Bauern geht es dabei weniger um Wolle als vielmehr um Fleisch, weshalb die nördliche, widerstandsfähige Blackface-Rasse und die gute Wolle gebenden Shetlands zunehmend dem fleischigen Cheviot-Schaf das Gras überlassen müssen.

Jagd

Als in den 1870er Jahren die Wollpreise wegen Überangebots fielen, vertrieben die Großgrundbesitzer nach den Menschen auch die Schafe aus den Highlands und siedelten statt dessen Rotwild an. Seitdem geht die High Society Großbritanniens in Schottland auf die Jagd, eine höchst lukrative Einnahmequelle für den Jagdherren und ein nicht zu unterschätzender Wirtschaftsfaktor im Land – etwa 60 000 Stück Rotwild werden jährlich geschossen. Längst mischen sich Mr. Neureichs aus Londons Bankerriege oder gar aus Texas unter die erlauchte, aber etwas geldknappe Gesellschaft. »Früher hätte die Oberschicht noch auf solche Leute geschossen, heute muss sie mit ihnen schießen«, titelte der ›Sunday Telegraph‹.

Die Hirsche vermehren sich derweil ungehindert, eine Plage, gegen die man Aufforstungen und ganze Dörfer mit Stacheldraht schützen muss. Ganz anders geht es *dem* schottischen Jagdwild, dem Moorhuhn, das aufgrund von Überbejagung und Epidemien stark dezimiert ist. Traditionell beginnt mit den Parlamentsferien am 12. August, dem *Glorious Twelfth,* die Jagdsaison, verbunden mit zahlreichen gesellschaftlichen Ereignissen auf den Herrensitzen Albas. Über 2000 Arbeitsplätze hängen direkt und indirekt vom *›famous grouse‹* ab. Möglicherweise aus Protest stürzte sich ein angeschossenes Moorhuhn 1995 kamikazegleich auf Elizabeth II. und verletzte sie.

Industrie

Schottland war im britischen Verbund eines der ersten Länder, in denen sich die Industrielle Revolution voll entwickelte, mit all ihren negativen Auswirkungen wie Ausbeutung, Massenverelendung, Slumbildung und ungehemmter Raubbau an der Natur. Zwei Schotten legten wichtige Grundsteine für die modernen Zeiten: James Watt erfand 1765 die erste Niederdruck-Dampfmaschine und schuf so die technische Voraussetzung für den Boom der Textilindustrie um Glasgow und Dundee. Adam Smith begründete 1776 mit ›An Inquiry into the Nature and Causes of the Wealth of Nations‹ die klassische Nationalökonomie und den wirtschaftlichen Liberalismus, gleichsam den ideologischen Unterbau des Kapitalismus. Doch die Zeiten, als Schottland oder genauer die Clyde-Region um Glasgow mit ihrer Schwerindustrie die ›Schmiede des Königreichs‹ war, sind längst vorbei.

Der Niedergang der Schwerindustrie begann nach der dem Ersten Weltkrieg folgenden Weltwirtschaftskrise und setzte sich mit der nicht zu unterbietenden Konkurrenz der Billiglohnländer nach dem Zweiten Weltkrieg fort. Die europaweite Stahlkrise der 1970er gab Kohlegruben und Stahlwerken den Rest. Gegen den Widerstand der Belegschaft wurde 1992 Schottlands letzter Stahlriese, das legendäre Ravenscraig bei Motherwell, stillgelegt. Noch heute gibt es riesige Industriebrachen, umgeben von Gebieten mit hoher Arbeitslosigkeit.

Neben Öl und Ölindustrie (s. S. 26f.) ist die Nahrungsmittelherstellung ein klassischer schottischer Industriezweig. 1200 Unternehmen produzieren Kulinarisches vom traditionellen Whisky bis zu Nestlé-Fertigprodukten. Die lokale verarbeitende Agrarindustrie nimmt heute mit 70 000 Beschäftigten den ersten Platz des Fertigungssektors ein. Heidehonig, Whisky oder Räucherlachs haben eben ein genuin schottisches Flair.

Zukunftstechnologien

Eine tiefgreifende Strukturkrise seit den 1950er Jahren führte zu einer totalen Umorientierung der schottischen Wirtschaft. Wie überall in den alten Industrienationen verläuft die Entwicklung weg von der Fertigungs-

Schottlands Ölquellen

Nachdem 1976 das erste Öl angelandet wurde, hat sich Großbritannien zu einem der größten Ölexporteure der Welt entwickelt. Aber wie profitiert Schottland von dem internationalisierten Ölgeschäft? Wie hoch sind die Gefahren einzuschätzen? Und: Wie lange reicht das Öl noch?

Das Nordseeöl hat seit den späten 1970er Jahren Zehntausende neuer Arbeitsplätze in Schottland geschaffen. Zur Zeit sind 100 000 Menschen und 2000 Gesellschaften im Ölgeschäft tätig, vor allem in Aberdeen, der Hauptstadt des Offshore-Öls, wo täglich zig Helikopter die Arbeiter auf die Bohrinseln im Atlantik bringen. Auch am Hound Point im Firth of Forth und in Grangemouth mit seiner Raffinierie und chemischen Industrie leben viele vom Öl. In besonderem Maße sind die notorisch schwachen Inselökonomien vom Öl abhängig. Die riesigen Ölstandorte Flotta auf Orkney und Sullom Voe auf Shetland sind die größten Arbeitgeber auf den Archipelen mit ihrer schützenswerten Natur. Interessenkonflikte sind also vorprogrammiert.

Die Öl- und Gasreserven in den Tiefen des Kontinentalshelfs liegen in den *Central Fields* von Edinburgh bis Stornoway, den *Northern Fields* östlich und nordöstlich von Shetland und den Atlantik-Feldern im Westen und Norden Shetlands. Global Players wie BP und ExxonMobil halten den Löwenanteil des Geschäfts mit dem schottischen Öl in den Händen. Doch selbst von Schottland aus operierende Gesellschaften wie Cairn Energy aus Edinburgh spielen weltweit mit. Da sind Schottlands Interessen eher Nebensache.

Die hat dagegen die Scottish National Party fest im Blick. Nach norwegischem Vorbild fordert sie seit langem einen Fonds, in den Gelder für die Zeit nach dem Öl fließen sollen. Denn Schottlands Reserven an fossilen Brennstoffen haben ihren Zenit 1999 überschritten. Das Öl des Brent-Feldes nordöstlich von Shetland soll 2010 erschöpft sein. Große Firmen wie BP beginnen unrentabel gewordene Felder wie das berühmte Forties Field an kleinere Unternehmen zu verkaufen. In Zukunft will man die Atlantik-Ölfelder, die ein Drittel der gesamten schottischen Ölreserven ausmachen, erschließen. Doch die sind als besonders stürmisch berüchtigt.

Die der Ölindustrie innewohnenden Gefahren sind durch zwei Namen mit Schottland verbunden: Piper Alpha und Brent Spar sind prominente Einträge im Welt-Katastrophen-Gewissen. Das bislang schwerste Unglück der Offshore-Ölförderung ereignete sich 1988 auf der Bohrinsel Piper Alpha und kostete 167 Menschen das Leben. Mangelhafte Sicherheitsvorkehrungen der Betreibergesellschaft waren die Ursache. Auf der Nachfolgerplattform Piper Bravo soll alles besser gemacht werden. In 145 m Tiefe sind die Fundamente von Piper Bravo am Meeresboden verankert, 23 m hoch erhebt sich die ›Stadt auf Stelzen‹ über die oft rauen Wellen, aus mehr als 3 km Tiefe holen die Bohrgestänge das Rohöl. 180 qualifizierte, für den Notfall geschulte Arbeiter halten sich auf dem Hightech-Pfahlbau auf. Auf harte, gut bezahlte zwei Wochen Arbeit folgen zwei Wochen Landurlaub. »Don't let's have any bloody accidents here«, fordern wohlmeinende Schilder. Aber tun die Betreiber wirklich alles, um einen weiteren Unfall zu verhin-

Thema

dern? Gewerkschafter beklagen seit langem mangelnde Sicherheitsvorkehrungen, veraltetes Material und schlecht ausgebildete Arbeiter. Das sinkende Investitionsvolumen in der schottischen Ölindustrie tut sein Übriges.

Ein ›verfluchter Unfall‹ ereignete sich auch am 5. Januar 1993 auf Shetland, als der einer New Yorker Reederei gehörende Öltanker Braer auf den Klippen von Garth's Ness (s. S. 366) auseinander brach. 84 700 t Rohöl flossen ins Meer oder verteilten sich als Sprühfilm über die Insel. Der Kapitän nahm, um Zeit zu sparen, nicht die sichere Nordroute, sondern die als tückisch bekannte Meerenge zwischen Shetland und Fair Isle – so wie Tausende anderer Tanker vor und nach dem Unglück, die diese Abkürzung zum Ölterminal Sullom Voe bevorzugen (s. S. 370). Hinzu kamen Koordinationsschwierigkeiten innerhalb der für Niedrigstlöhne angeheuerten philippinischen Crew, technische Mängel und der schlechte Allgemeinzustand des alten, unter liberianischer Flagge fahrenden Tankers sowie lückenhafte Sicherheitsbestimmungen des internationalen Seerechts – weit verbreitete Mängel der ›Welt-Schrott-Armada‹. Die Katastrophe sei vorprogrammiert gewesen und könne sich jederzeit wiederholen, mahnen Umweltschützer wie der shetländische Schriftsteller Jonathan Wills.

Bohrinseln vor der Küste von Inverness

industrie hin zu Dienstleistung und Hochtechnologie. Finanzdienstleistung und Bankensektor sind in Schottland traditionell stark. Vor allem im Geschäft mit den *Emerging Markets* Osteuropas und Südostasiens ist Edinburgh – nach London das bedeutendste Finanzzentrum Großbritanniens – führend.

Den *Industrial Belt* zwischen Edinburgh und Glasgow nennt man aufgrund der vielen Elektronikbetriebe *Silicon Glen*. Eine exzellente Infrastruktur und gut ausgebildete Arbeitskräfte sind die Standortvorteile der mittelschottischen Senke, die auch ausländische Investoren anlocken. Man bemüht sich aber auch um die Ansiedlung von Betrieben z. B. der Computerbranche oder der Forschungshochtechnologie in den Highlands und Islands.

E-Business, Medientechnologie, Creative Industries und Pharmatechnologie sind weitere schottische Standbeine mit Potenzial. Und die Gentechnologie. In Großbritanniens größter Tierforschungsstation, dem Roslin-Institut südlich von Edinburgh, wurde 1996 ›Klon-Schaf Dolly‹ geboren (s. S. 43). Und an der Universität von Edinburgh arbeiten Stammzellenforscher wie Austin Smith mit menschlichen Embryonen, denn die britischen Gesetze erlauben das.

Energiegewinnung

Die Natur ist nicht nur die Basis für Schafzucht und Tourismus, sie liefert auch die nötigen Ressourcen für eine ausgeglichene Energiebilanz: Wasser, Wind, Gezeiten. Zahlreiche Wasserkraftwerke, zum größten Teil in den Highlands, produzieren eine saubere Energie und sind wie das Ben Cruachan-Projekt (s. S. 329) oder der Staudamm von Pitlochry (s. S. 286f.) zur Touristenattraktion geworden.

In den letzten Jahren sieht man immer mehr Windparks auf den Bergkämmen. Da sie oft ohne Rücksicht auf Landschaftsschutz gebaut wurden, sind sie in Schottland selbst unpopulär. Auch die Nutzung der Meeresenergie wird vorangetrieben: In Islay wurde 2000 der Prototyp einer Wellenkraftanlage in Betrieb genommen, der alle Insel-Destillerien mit Strom versorgen könnte. Orkney- und Shetland-Inseln sowie die Westküste des Festlands wären ergiebige Standorte für Gezeitenkraftwerke, riesige Unterwasser-Windmühlen. Vor Stromness auf Orkney gibt es eine derartige Versuchsanlage. Ein Konzept mit Zukunft erprobt derzeit die Orkney-Insel Westray. Bis 2012 soll erneuerbare Energie aus Wind, Wellenkraft, Sonne und Biomasse die kleine Gemeinschaft autark machen.

Drei Atomkraftwerke sind noch in Betrieb: Hunterston B in Ayrshire und Torness in East Lothian, die die Hälfte des schottischen Energiebedarfs decken, sowie Chapelcross in Dumfries, das Strom nach England exportiert. Der mit Milliardenbeträgen subventionierte Atomstrom ist indes dreimal so teuer wie andere Energieträger. »Wir wollen nicht mehr Englands nukleare Müllhalde sein«, lautet ein Wahlslogan der Scottish National Party. Die Entsorgungsprobleme beim abgeschalteten AKW in Dounreay, das immer wieder mit haarsträubenden Sicherheitsmängeln Schlagzeilen machte, geben den Gegnern der Atomkraft Recht.

Tourismus

Schottlands wichtigster einzelner Industriezweig ist der Fremdenverkehr. Die Besucher aus Übersee, England und Kontinentaleuropa bringen einen milliardenschweren Pfundsegen vor allem in die strukturschwächste Region, die Highlands. Das ist auch kein Wunder, denn der Löwenanteil der Urlauber nennt die landschaftlichen Schönheiten als Hauptgrund für einen Schottlandbesuch. Einen Nachteil für die Beschäftigten stellt der saisonale Charakter des Tourismus dar. Im Winter müssen sich die Bootsbesitzer, Cafébetreiber und B & B-Wirte nach zusätzlichen Verdienstmöglichkeiten umsehen. Mit Angeboten für Skiurlaub und winterliche Städtereisen sowie mit Rabatten im Frühling und Herbst versucht man die Nebensaison für Gäste attraktiv zu machen.

Geschichte

Zwischen der ersten Besiedlung durch mesolithische Jäger und Sammler und der Eröffnung des schottischen Parlaments liegen acht turbulente Jahrtausende: William Wallace, Maria Stuart, Bonnie Prince Charlie, Schlachten um Schlachten. Das beherrschende Thema in historischer Zeit war das Ringen um die schottische Selbstständigkeit.

Frühzeit und Römer

Die schottische Vor- und Frühgeschichte wird durch eine Abfolge von Einwanderungsbewegungen vom Kontinent geprägt, die die jeweils ›modernsten‹ Gesellschafts- und Lebensentwürfe in das geographisch entlegene Nordland brachten. So wanderten um 6000 v. Chr. die ersten Menschen, mesolithische Jäger und Sammler, vom Kontinent her in das vom Eis befreite Schottland ein.

Um 4200 v. Chr. beglückten neue Siedler vom Kontinent die Ureinwohner mit den Errungenschaften der so genannten Neolithischen Revolution: Durch die Übernahme von Ackerbau, Haustierhaltung und Töpferei wurden die Nomaden zu sesshaften jungsteinzeitlichen Bauern. Auf Orkney stehen die eindruckvollsten Gräber, Steinkreise und Dörfer dieser Kultur.

Um 2300 v. Chr. schwangen sich die neu eingewanderten Glockenbecherleute – der Name geht auf die Form ihrer Tongefäße zurück – mit Hilfe ihrer Bronzewaffen zu Herrschern über die bisherigen Siedler auf, die nur Steinwaffen und -werkzeuge kannten. Es scheint, als hätten die jeweils neuen, technisch überlegenen Ankömmlinge die Oberschicht gebildet und sich allmählich mit der Urbevölkerung vermischt.

Etwa 800–100 v. Chr., in der späten Bronze- und frühen Eisenzeit, wanderten dann keltische Völkerschaften ein. Dies ging, wie die zahlreichen Hügelfestungen zeigen, nicht ohne Kämpfe mit den Alteingesessenen ab.

Im 2. Jh. v. Chr. veröffentlichte der Geograph Ptolemäus die erste Karte von Schottland mit den Namen der dort lebenden Stämme wie den *Brigantes* und den *Caledonii.* Nach dem Süden der Britischen Insel geriet nun auch Schottland in den vereinnahmenden Blick des Römischen Weltreichs. 79–83 v. Chr. stieß der Provinzstatthalter Agricola vom römisch besetzten Britannien nach Schottland vor. In der legendären Schlacht am Mons Graupius schlug er Calgacus, den Anführer der einheimischen Stämme. Trotzdem fasste die mal stärker, mal schwächer auftrumpfende römische Macht nie nördlich der Lowlands Fuß. »Sie schaffen eine Wüste und nennen es Frieden«, ließ der römische Historiker Tacitus Calgacus im ›Agricola‹ sagen.

Die Römer sicherten ihre britische Provinz mit zwei Limes-ähnlichen Bollwerken gegen die wilden Stämme Caledoniens: Um 120 n. Chr. bauten sie den Hadrianswall zwischen Tyne und Solway, 142/143 den Antoninuswall zwischen Firth of Forth und Firth of Clyde. Doch auch spätere Eroberungszüge wie die des römischen Kaisers Septimius Severus im Jahr 209 konnten die römische Herrschaft im heutigen Schottland nicht dauerhaft etablieren. Um das Jahr 400 wurde mit der Aufgabe des Hadrianswalls die römische Präsenz an Schottlands südlicher Grenze beendet.

Steinkreis aus prähistorischer Zeit: der Ring of Brodgar auf Orkney

Die Pikten und die Geburt der Nation

Ab dem 3. Jh. lassen sich die keltischen Pikten im Norden des heutigen Schottland nachweisen. Spätestens vom 6. Jh. an, als sich ihr Reich in seiner endgültigen Form herauskristallisierte, beherrschten sie unter vermutlich zwei Hochkönigen Schottland nördlich des Firth of Forth. Das piktische Königtum bildete den Grundstein für das mittelalterliche Königtum sowie die Geburt Schottlands als Nation (s. ›Das Rätsel der Pikten‹ S. 240f.).

Um 500 gründeten aus Irland eingewanderte Kelten im Südwesten und auf den Hebriden das Reich der Skoten von Dalriada (Argyll), das in ständigem Konflikt – und Heiratskontakt – mit den Pikten stand. Der irische Abt und Klostergründer Columban, der ein Jahrhundert nach dem eher sagenhaften hl. Ninian die Mission der Pikten begann, gab dem Dalriada-König Fergus Mór 573 kirchliche Rückendeckung und Weihe. Zum eigentlichen Apostel der Pikten wurde jedoch Columbans Nachfolger und Biograph Adomnan, Abt von Iona von 679 bis 704.

685 besiegte der piktische Hochkönig Bridei mac Bile die aggressiv nach Norden drängenden Northumbrier bei Dunnichen Moss. Ihr anglisch-germanisches Reich im Osten der Lowlands sowie das keltisch-britonische Reich von Strathclyde im Westen der Lowlands verschmolzen in den folgenden Jahrhunderten mit Pikten und Skoten zum schottischen Reich.

Während der langen Regierung Nechtans in der ersten Hälfte des 8. Jh. konstruierten christliche Kleriker der streng königstreuen piktischen Kirche mit Hilfe einer Königsliste und Legenden um Cruithne, den sagenhaften und gerechten ersten Piktenkönig, einen Herrschermythos und -kult.

Die Regierungen von Konstantin (789–820) und Oengus (820–834) stellten das Goldene Zeitalter der Pikten dar. Es endete, als Kenneth mac Alpin, der König von Dalriada, das Piktenreich um die Mitte des 9. Jh. eroberte und die Dynastie der MacAlpins begründete. Sein Nachfolger Donald II. (889–900) nannte sich erstmals *rí Alban,* König von Alba (d. i. Schottland). Kirchenmänner halfen den Herrschern bei der weiteren Konsolidierung der Monarchie. Den Königen gelang es allerdings nicht, den Verlust des Nordens und des Westens an die Wikinger zu verhindern.

Schottland im Mittelalter – die MacMalcolm-Dynastie

Blutige Machtkämpfe standen am Beginn der ersten schottischen Königsdynastie, der MacMalcolms. Der von Shakespeare unsterblich gemachte Macbeth (1040–1057) ermordete seinen Vorgänger Duncan I. und wurde dann seinerseits von Duncans Sohn Malcolm III. getötet.

Während der langen Regierung von Malcolm III. (1058–1093) hielten das Lehnswesen kontinentaler Prägung und die romanische Kunst in Schottland Einzug. Die so genannte Normannisierung vor allem Südschottlands und eine wachsende Abhängigkeit von England begannen. Die Kirche erwies sich wie schon zuvor als die stärkste Stütze des Königtums. Malcolms englische Frau Margaret, eine große Förderin der Kirche, wurde nach ihrem Tod sogar heilig gesprochen.

Der am englischen Hof erzogene David I. (1124–1153) brachte zahlreiche Normannen als neue Lehnsherren nach Schottland, so die Bruces und die Stuarts. Das erstarkte Königtum prägte erstmalig seine eigenen Münzen und gründete verstärkt königsfreie Städte *(Royal Burghs),* die einen prosperierenden Handel mit Agrarprodukten trieben, hauptsächlich Wolle und Häute. David förderte kontinentale Orden und gründete Abteien, so die berühmten vier Borders-Abteien, an denen sich stilgeschichtlich der Übergang von der Romanik zur Gotik beobachten lässt. In den Lowlands setzte eine schleichende Anglisierung ein: *the bloodless Norman Conquest.*

William I. (1165–1214), der Löwe, versuchte, periphere Regionen wie die westlichen Inseln, die von Regionalkönigen, *rís,* beherrscht wurden, unter königliche Kontrolle zu bekommen. Dazu setzte er normannischstämmige Familien wie die Stuarts und Bruces ein, die immer mehr an Macht gewannen. Ein System von königlichen Festungen entstand. In der Auseinandersetzung mit seinem mächtigen englischen Rivalen zog William den Kürzeren. Der gedemütigte König musste im Vertrag von Falaise 1174 Heinrich II. den Lehnseid schwören. Hieraus leitete die englische Krone in Zukunft ihren Suprematieanspruch über Schottland als Vasallenreich ab.

Streitigkeiten mit dem englischen Königreich prägten die schottische Geschichte. 1237 fixierte der Vertrag von York die umstrittene englisch-schottische Grenze zwischen dem Tweed und dem Firth of Solway, so wie sie im Prinzip heute noch gilt. Die Regierung Alexanders III. (1249–1286) brachte Schottland ein Goldenes Zeitalter. 1263, nach dem schottischen Sieg über die Norweger in der Schlacht von Largs, wurden die Hebriden endgültig dem Reich einverleibt – das zentralistische Königtum hatte den Sieg über die Regionalherrscher davongetragen.

Unabhängigkeitskriege gegen England

Mit dem Tod von Margaret, der *Maid of Norway,* erlosch 1290 die Linie der MacMalcolm-Könige (s. S. 359). England versuchte nun vehement, seinen Einfluss auf den durch die Erbfolgestreitigkeiten geschwächten nördlichen Nachbarn zu vergrößern, ja diesen zu annektieren. 1292 entschied der englische Erobererkönig Edward I., ›*The Hammer of the Scots*‹, im Thronstreit zugunsten John Balliols. Sein Preis: Balliol musste Schottland von ihm zu Lehen nehmen.

1295 schlossen die Schotten einen Vertrag mit Philipp IV. von Frankreich – der Beginn der *Auld Alliance,* der traditionellen politisch-kulturellen Verbindung mit Englands Gegner auf dem Festland. Sie verhinderte nicht, dass Edward Schottland eroberte, was zu einer nationalen Erhebung unter William Wallace führte. Schottlands Nationalheld siegte zwar in der Schlacht bei Stirling Bridge 1297, wurde aber später gefangen genommen und in London gevierteilt. Mel Gibsons ›Braveheart‹ hat ihm ein filmisches Denkmal gesetzt.

Die Früchte dieser Erhebung erntete Robert the Bruce (König 1306–1329), der die Engländer 1314 in der legendären Schlacht bei Bannockburn schlug (s. S. 216). Ein Mei-

Hexenwahn in Schottland

Thema

Aus dem katholischen Mittelalter Schottlands ist nicht eine einzige Hexenverbrennung überliefert. Doch mit der ›vernunftbetonten‹ Reformation setzte eine vom puritanischen, sexualfeindlichen Geist des schottischen Calvinismus geprägte Hexenhysterie ein, der Tausende von Frauen zum Opfer fielen.

Eine kalte Januarnacht im Jahr 1705 im stillen Fischerdorf Pittenweem an der Küste von Fife. Ein Mob aufgebrachter Dorfbewohner zerrt Janet Corphat aus ihrem Haus. Die junge Frau ist verletzt, blutet noch von der Folter. Der Pfarrer Patrick Cowper hat es sich nicht nehmen lassen, sie persönlich auszupeitschen. Mangels Beweisen hat man sie wieder freigelassen. Am Hafen bindet der Pöbel sie an eine Schiffstrosse und steinigt sie. Der endgültige Tod wird herbeigeführt, indem man schwere Steinbrocken auf ihre Brust legt. Um aber ganz sicher zu gehen, fährt schließlich ein Mann mit Pferd und Karren mehrmals über die Leiche. Hochwürden Cowper, der keine Anstalten unternimmt, dem Lynchopfer beizustehen, verweigert das christliche Begräbnis. Keiner der Mörder wird angeklagt. Denn in den Augen der frommen Pittenweemer war Janet Corphat eine Hexe.

Tausende von Frauen erlitten dasselbe Schicksal in der Zeit von 1563, als das bibelfeste schottische Parlament ein Gesetz gegen Hexerei verabschiedete, bis 1727, als die letzte ›Hexe‹ Schottlands im friedlichen Küstenstädtchen Dornoch in einem Teerfass verbrannt wurde. Viele Historiker haben den teils heute noch existierenden Aberglauben an Übernatürliches, an Gespenster oder Wiedergänger, der tief in der schottischen Nationalpsyche verwurzelt ist, für dieses Phänomen des religiösen Massenwahns verantwortlich gemacht. Dabei beschränkte sich der Hexenwahn keineswegs auf das unwissende Volk, sondern trieb die kuriosesten Blüten unter Gelehrten, gebildeten Kirchenmännern und dem Adel.

In schwarze Ponys und Katzen sollen die Frauen sich verwandelt, Nachbarn und Ernten verhext, Tote beschworen haben. Vor allem aber sollen sie einen Pakt mit dem Teufel eingegangen sein. Der war und ist in Schottland sehr lebendig, wie Ortsnamen zeigen, so die ›Teufelstreppe‹ in Glencoe oder der ›Teufelsellbogen‹ bei Braemar. Zum Verhängnis werden konnte einer weisen Frau, die die noch auf vorchristliche Zeiten zurückgehende ›weiße‹ Kräutermagie praktizierte, auch eine Krankenheilung. Die allgemeine Überzeugung einer Dorfgemeinschaft, nachbarliche Missgunst und vor allem die von Beschuldigten unter Folter hervorgestoßenen Selbstbezichtigungen reichten aus, um eine Hexe zu überführen. Die Beschuldigten gestanden, was ihnen Folterer und Richter in den Mund legten.

Der Gemeindeverband der *Kirk* tat sein Übriges: Gemeindeversammlung und Pfarrer mischten sich in die banalsten und intimsten Angelegenheiten der Gemeindemitglieder ein; Kirchenbriefkästen für Denunzierungen und ein ausgeklügeltes Spionagenetz sollten Rechtgläubigkeit und Gehorsam erzwingen helfen. Kinder wurden angehalten, ihre Eltern zu bespitzeln. Deutlich erkennbar fielen die ärgsten Phasen der Hexenverfolgung mit den Zeiten zusammen, in denen sich der Presbyterianismus am fanatischsten gebärdete.

lenstein des sich allmählich entwickelnden schottischen Nationalbewusstseins war die Erkärung von Arbroath von 1320. Markig schrieben die schottischen Prälaten an den Papst: »So lange wie noch hundert schottische Männer leben, werden wir uns unter keinen Umständen der Herrschaft der Engländer beugen. Nicht für Ruhm oder Reichtum oder Ehre streiten wir, sondern nur für unsere Freiheit, die jeder ehrenwerte Mann sich selbst um den Preis seines Lebens nicht wird nehmen lassen.«

Im Friedensvertrag von Edinburgh (1328) erkannte England Schottland dann als selbstständiges Reich an. Wer nun meint, die Auseinandersetzungen wären damit beigelegt gewesen, der irrt. Auch in den folgenden Jahrhunderten tobte der Kampf zwischen Schottland und England.

Die Zeit zwischen der Mitte des 14. und der Mitte des 15. Jh. wurde von den großen Pestzügen beherrscht. Die Seuche, von den Schotten ›der widerwärtige Tod aus England‹ genannt, dezimierte die Bevölkerung. Inflation, wirtschaftliche Not, öd fallende Dörfer und ein zurückgehender Wollhandel waren die Indizien einer anhaltenden Krise von Wirtschaft und Gesellschaft.

Die Stuarts

Mit Robert II. kam 1371 der erste Stuart-König (englisch Stewart) auf den schottischen Thron. Die Familie leitete ihren Thronanspruch von der Heirat Walter Stuarts mit Robert Bruces ältester Tochter Marjorie her. Mit Unruhen im Hochland, dem so genannten Highland-Problem, hatten die Stuarts ebenso zu kämpfen wie mit dem englischen Rivalen. James I. (1406–1437) verlebte sogar die ersten 18 Jahre seiner Regierung in englischer Gefangenschaft.

James I. wurde von unzufriedenen Adligen ermordet – auch die schottischen Adelsrebellionen waren eine Konstante der Stuart-Regierungen. Keiner von James' Nachfolgern bis zu Maria Stuart sollte eines natürlichen Todes sterben. James II. kam wie alle Könige bis zu James VI. minderjährig auf den Thron. Thronrat, Regenten, mächtige Regionalherrscher und ehrgeizige Königinwitwen kämpften um die Macht. Die vielen Minderjährigkeitsregierungen stellten einen Grund für die permanente Schwäche des schottischen Königtums und die traditionelle Stärke der Feudalherren dar.

1455 konnte James II. die mächtige Familie der *Black Douglases* ausschalten, nachdem er den 8. Earl eigenhändig erdolcht hatte. James' Frau Maria von Geldern brachte burgundische Kultureinflüsse ins Land, den Kult des Ritter- und Königtums wie auch die Bettelmönchsorden der Franziskaner und Dominikaner: das elegante und das asketische Gesicht des Spätmittelalters.

Die Macht der Stuarts erreichte ihren Zenit, als der Papst 1472 der ›besonderen Tochter Roms‹ mit dem Erzbistum St. Andrews endlich Metropolitanstatus verlieh. Durch die Heirat James' III. (1460–1488) mit der Tochter des dänischen Königs fielen die Orkney- und Shetland-Inseln zurück an Schottland: Damit hatte das Land in etwa seine heutige Ausdehnung erreicht. Dennoch musste James III. sich wie jeder Herrscher nach ihm mit ständigen Erhebungen auf den Hebriden und mit den mächtigen *Lords of the Isles* (s. S. 371) auseinander setzen.

Das Jahr 1513 markiert einen der Tiefpunkte der schottischen Geschichte. Zusammen mit etwa 10 000 seiner Soldaten und vielen Magnaten fiel James IV. in der Schlacht von Flodden gegen die Engländer: »Die Blüte des Landes ist abgemäht«, übersetzte Fontane die schottische Totenklage ›Flowers of the Forest‹.

Reformation, Revolution, Restauration

Die Periode zwischen 1500 und 1650, von Historikern das ›lange sechzehnte Jahrhundert‹ genannt, sah einen rapiden Bevölkerungsanstieg. Der Außenhandel nahm zu, die Städte, allen voran Edinburgh, wurden zu Zentren der schottischen Wirtschaft. Die *gentry,* Land besitzende kleine Adlige oder reiche Bürger, Juristen und protestantische Geistliche waren die ›Aufsteigerklassen‹ des 17. Jh., in dem sich der englische Einfluss endgültig durchsetzen sollte.

1542 starb James V., wahrscheinlich vor Gram nach der verlorenen Schlacht von Solway Moss gegen die Engländer. Eine Woche zuvor hatte die Königin Maria von Guise seine einzige Erbin geboren: *Mary, Queen of Scots.* Heinrich VIII. versuchte die Schwäche des schottischen Königreichs auszunutzen. Durch das so genannte *Rough Wooing,* einen brutalen Zerstörungsfeldzug in den Borders, wollte er Maria als Braut für seinen Sohn bekommen – vergeblich. Die junge schottische Thronerbin heiratete den französischen Dauphin und wurde nach Frankreich gebracht. Heinrich II. von Frankreich erklärte sie aufgrund von Erbansprüchen zur Königin von England – eine ständige Bedrohung für Elizabeth I. von England und letztendlich der Grund für Marias Hinrichtung.

Im Jahr 1560 beschlossen die Adligen der Kongregation die Einführung der Reformation in Schottland. Der Calvinist John Knox war ihre graue Eminenz. Ein Jahr später starben Marias Mann, der französische König Franz II., und ihre Mutter, die Regentin von Schottland. Maria kehrte nach Schottland zurück und übernahm persönlich die Regierung. In ihrer Begleitung befanden sich Künstler und Höflinge aus Frankreich, die die Kultur der Renaissance nach Schottland brachten.

Maria Stuarts unaufhaltsamer Abstieg begann mit der unglücklichen Heirat mit Lord Darnley, seiner bald darauf folgenden Ermordung und der dritten Heirat mit dem Emporkömmling Bothwell. Die öffentliche Meinung schlug gegen Maria um, die man der Mittäterschaft an dem Mord bezichtigte. Die *Confederate Lords* nahmen die Königin gefangen und krönten ihren kleinen Sohn als James VI. – eine waschechte Revolution. Die Reformation schlug eine radikale, calvinistische Richtung ein – treibender Motor der Generalversammlung der *Kirk* war George Buchanan.

1568 floh Maria aus ihrem Gefängnis, der Burg von Loch Leven, und wenig später nach England, wo sie jedoch nicht die erwartete Hilfe von Elizabeth erhielt, sondern erneut ge-

Mary was here: königliche Gemächer in Edinburgh Castle

Allerorten in Schottland – Maria Stuart

Thema

Ob man durch die Gemächer im Holyrood Palace pilgert, wo David Rizzio ermordet wurde, oder das Zimmer in der Festung von Edinburgh bestaunt, wo sie den späteren James VI. zur Welt brachte – Mary, Queen of Scots, ist heute weder aus dem schottischen Nationalbewusstsein noch aus dem schottischen Fremdenverkehr wegzudenken.

Schön soll sie gewesen sein, die Tochter des schottischen Königs James V. und der Französin Maria von Guise: blond, mit goldbraunen Augen und zarter Haut. Getanzt, musiziert und geflirtet hat sie gern, gejagt, Gedichte verfasst, französische und lateinische Klassiker gelesen – eine liebenswerte, gebildete Renaissancedame. Unzucht und Gotteslästerung warfen ihr die protestantischen Eiferer vor, allen voran der schottische Reformator John Knox. Die junge Königin, die 1561 nach 13 Jahren Aufenthalt am eleganten französischen Hof in ihre raue Heimat zurückkehrte, war in den Augen der überwiegend protestantischen Lords mit dem Makel des Katholizismus behaftet.

Charmant, aufbrausend, rachsüchtig – so erscheint die schottische Königin im Spiegel zeitgenössischer Quellen und ihrer eigenen Briefe. Oft brach sie öffentlich in Tränen aus, auf der anderen Seite intrigierte sie, konnte listig und verschlagen sein. Eine ›Tochter des Widerspruchs‹ nannte ihre ›liebe Verwandte‹ und gnadenlose Rivalin, Elizabeth I. von England, sie einmal. Trotz engster Feindschaft sind sich die beiden nie persönlich begegnet.

Maria Stuart und die Männer: Der französische Kindkönig Franz II. starb jung – nicht einmal eineinhalb Jahre war Maria an seiner Seite glücklich und Königin von Frankreich. Die junge Witwe zeigte sich empfänglich für Galanterien, was Missverständnisse provozierte.

Ehemann Nummer zwei, Lord Darnley, stammte aus königsfähigem schottischem Adel, war schön, sportlich und charakterlos. Für Maria scheint es eine Liebesheirat gewesen zu sein, die jedoch in Abneigung umschlug. Darnley betrog seine Frau und strebte selbst nach der Macht. Bald nach der Ermordung David Rizzios (s. S. 110) fand man seine nackte Leiche auf einem Feld vor Edinburgh. Die Mörder wurden nie überführt. Hatte Maria das Mordkomplott gebilligt? War sie Lord Bothwell hörig, Ehemann Nummer drei und Drahtzieher des Attentats? Jüngere Forschungen legen nahe, dass sie am Tode Darnleys unschuldig war. In den Augen des damaligen Adels galt ihre Ehe mit Bothwell aber als Mesalliance. Bothwell floh und starb geistig umnachtet in einem dänischen Gefängnis. Maria wurde gefangen genommen und von ihrem Halbbruder Moray im Tower House von Loch Leven zur Abdankung gezwungen.

Und dann floh sie ein letztes Mal: über den Solway Firth nach England, in die vermeintlich hilfreichen Arme ihrer lieben Verwandten Elizabeth. Die aber dachte nicht daran, ihr zu helfen, denn die Schottin konnte dynastische Ansprüche auf den englischen Thron geltend machen, sie war also eine ständige Gefahr für die Tochter Anne Boleyns, ein möglicher Kristallisationspunkt für aufständische katholische Kräfte in England. Und so hielt sie Maria für den Rest ihres Lebens im Schloss von Fotheringhay gefangen – 19 lange Jahre – und ließ sie am Ende hinrichten.

Der lange Weg zum eigenen Parlament

Thema

Fast sieben Jahrhunderte lang war Schottland ein eigenständiges Königreich, von 1707 an dann Teil des britischen Königreichs. Doch die Schotten hatten politisch schon immer ihren eigenen Kopf, und im Jahr 1999 erhielten sie endlich ihr eigenes Parlament und ihre eigene Regierung.

Ein schottisches Nationalgefühl bildete sich erstmals in den Befreiungskriegen gegen den *Auld Enemy* England im 13./14. Jh. heraus. Die Erklärung von Arbroath 1320, William Wallace und Robert the Bruce, der Sieger von Bannockburn, sind Meilensteine des schottischen Nationalbewusstseins. Doch nach der Union der Kronen drohte Schottland zunehmend in einem ›größeren Britannien‹ aufzugehen.

Erst um die Wende zum 20. Jh., verstärkt nach dem Ersten Weltkrieg, gewannen nationale Strömungen wieder an Kraft. Die 1886 gegründete Scottish Home Rule Association forderte eine eigene parlamentarische Versammlung und die Kontrolle über genuin schottische Fragen: *Devolution,* ›Dezentralisierung‹, hieß das Schlagwort. 1934 fusionierten unter der Federführung von John MacCormick die National Party of Scotland (1928 gegründet) und die Scottish Party (1932 gegründet) zur Scottish National Party. Doch die aus Mittelständlern rekrutierte SNP galt zunächst als elitäre Gruppierung, die die Massen nicht zu mobilisieren verstand.

In den 1950er Jahren kamen die spektakulären Aktionen denn auch nicht von der SNP, sondern von einer fantasievollen ›außerparlamentarischen Opposition‹. 1950 wurde der Stone of Scone entwendet (s. S. 284). Im skurrilen Briefkastenkrieg ließen schottische Nationalisten einen (!) der roten Briefkästen der *Royal Mail* explodieren. Dann erst machte die britische Post aus der zweiten Elizabeth die schottisch korrekte erste.

All das änderte sich ab den 1970er Jahren, als die SNP wirtschaftliche Themen anzusprechen begann: Warum ist die Arbeitslosigkeit in Schottland höher als in England? Warum sollen englische Beamte über schottische Finanzen entscheiden? Warum fließen die Ölmilliarden nur zum Teil ins Land zurück?

Erst Labour machte Ernst mit der Devolution. In London sprach man schon von einer ›keltischen Mafia‹, da Tony Blair nicht nur selbst Schotte ist, sondern sich auch im Kabinett mit manch einem Landsmann umgibt. Im Mai 1999 jedenfalls durften Schotten und Waliser ihre eigenen Regionalparlamente wählen.

Labour machte vor der SNP das Rennen und regiert heute unter dem First Minister Jack McConnell zusammen mit den Liberaldemokraten. Die SNP kam mit sechs Abgeordneten nur auf den dritten Rang.

Die Königin hatte in den letzten Jahren viele offizielle Auftritte in Schottland zu absolvieren: So eröffnete sie im Oktober 2004 das neue Parlamentsgebäude in Edinburgh. Der Regierung *(Scottish Executive)* unterstehen die Bereiche Gesundheit, Bildung, Sozialwesen, Wirtschaft, Justiz, Stadtplanung, Kunst und Kultur, Transportwesen, Steuergesetzgebung; Außenpolitik und innere Sicherheit sind weiterhin Londons Sache. Schottland hat den Mittelweg zwischen britischem Zentralismus und völliger Loslösung gewählt. Der wirtschaftliche und kulturelle Impetus, den die Machtverschiebung bewirkt hat, scheint die Richtigkeit des schottischen Wegs zu beweisen.

fangen gesetzt und 1587 aufgrund eines Komplotts gegen Elizabeth hingerichtet wurde. In Schottland tobte bis zum Fall des Maria-treuen Edinburgh 1573 der Bürgerkrieg.

James VI. ergriff 1585 die Macht. Er und der Großteil der schottischen Magnaten waren Pensionäre von Elizabeth' Gnaden. James' Konfrontation mit dem Kirchenführer Andrew Melville markierte den Beginn einer Entfremdung von Monarchie und Kirk – am Ende sollte die Kirk und nicht das Königtum die schottische Identität verkörpern. Als James 1603 die englische Krone erbte, betraten die Stuarts eine andere, weiter gespannte Bühne. Ihr ursprüngliches Königreich Schottland geriet ins Abseits.

Unter der Führung der Magnaten Argyll und Rothes formierte sich 1638 die presbyterianische Opposition gegen Bestrebungen Charles I., nach englischem Vorbild durch vom König ernannte Bischöfe Kontrolle über die Kirk zu erlangen. Tausende begeisterte Schotten unterschrieben auf dem Greyfriars-Friedhof in Edinburgh das von Nationalstolz und presbyterianischen Überzeugungen getragene Manifest des *National Covenant*. Die Bischöfe wurden abgesetzt, das von Charles eingeführte Gebetbuch nach englischem Vorbild wurde abgeschafft. Die folgenden bewaffneten Auseinandersetzungen kulminierten schließlich im ›Krieg der drei Königreiche‹ (Schottland, England, Irland).

Dieser Bürgerkrieg zwischen Königstreuen und Königsgegnern bescherte Schottland eine lange Reihe grausamer Kriegszüge mit wechselnden Allianzen, an deren Ende die Hinrichtung Charles' I. und der Sieg des radikalen Presbyterianers Oliver Cromwell standen. Schottland wurde besetzt und Teil des *Commonwealth,* der englischen Republik. Das schottische Parlament wurde aufgelöst, eine Besatzungsarmee kontrollierte das Land.

Der Wind drehte sich 1660 erneut: Die Inthronisation Charles' II., des Sohns von Charles I., markiert den Beginn der Restauration. Die Bischöfe wurden wieder eingesetzt, die radikalen Presbyterianer in der schottischen Kirche vor allem in den 1680er Jahren, den *Killing Times,* blutig verfolgt. Doch das Ende der katholischen Stuarts und ihres absolutistischen Anspruchs zeichnete sich ab. 1688 musste der Bruder von Charles II., James VII. (als englischer König James II.), die Herrschaft über Großbritannien dem Protestanten Wilhelm von Oranien überlassen, der mit Mary, der Tochter von James VII., verheiratet war. Die Schotten akzeptierten diese *Glorious Revolution* unter der Bedingung, dass die Kirk presbyterianisch bleiben durfte.

Schon die letzten Stuarts hatten mit Hilfe des Campbell-Clans begonnen, die unbotmäßigen und von Clanführern beherrschten Highlands zu unterjochen. 1692 erreichte diese antigälische ›Befriedungspolitik‹ mit dem Massaker von Glencoe (s. S. 312f.) ihren Höhepunkt. Bis heute unvergessen, hat es das Bewusstsein der Hochlandbewohner wie kaum ein anderes Ereignis geprägt. Glencoe, das ist das Trauma der Highlands.

Zeitalter der Jakobitenaufstände und der Aufklärung

Unter Anne, der Schwester Marys, kam es 1707 zum Unionsvertrag: Die Zusammenlegung der englischen und schottischen Krone schloss den Prozess des Aufgehens Schottlands im Staatsgebilde Großbritannien ab. Das schottische Parlament wurde aufgelöst, statt dessen entsandten die Schotten 45 Parlamentarier und 16 *Peers* nach Westminster. Eigenständige Bereiche blieben, großteils bis heute, die presbyterianische Kirk, das niederländisch beeinflusste Recht und das ausgezeichnete demokratisch-humanistische Erziehungswesen. Mit der Abschaffung des Kronrats in Edinburgh verlor Schottland seine eigene Verwaltung, die es erst 1999 mit der Installation der *Scottish Executive* wieder erhalten sollte.

Doch die Unzufriedenheit in Schottland wuchs. Der vertriebene James VII. war 1688 ins Exil nach Frankreich gegangen, das die jakobitische Sache unterstützte, um England zu schwächen. Die Exil-Stuarts hielten weiterhin Verbindung mit ihren Anhängern in den Highlands.1715 brach anlässlich des Todes von Königin Anne und der hannoveranischen Thronfolge eine jakobitische Erhebung in den Highlands los. James VIII. Stuart, wie sich der Sohn von James VII. nannte, wurde in Aberdeen zum König ausgerufen, musste jedoch nach der verlorenen Schlacht von Sherriffmuir das Land verlassen.

Wiederum in den Highlands begann 30 Jahre später die zweite jakobitische Erhebung: Prinz Charles Edward Stuart, genannt Bonnie Prince Charlie, landete mit französischer Unterstützung in Schottland und beanspruchte nicht nur den schottischen, sondern auch den englischen Thron für sich. Die Erhebung wurde 1746 in der Schlacht von Culloden niedergeschlagen. Der Name ist bis heute unvergessen und markiert einen weiteren traumatischen Tiefpunkt der schottischen Geschichte. Wie Bannockburn, die Stätte des Triumphs, und Glencoe, die Stätte des Massakers, hat Culloden ein Besucherzentrum erhalten. Wer Einblick in das kollektive Gedächtnis der Schotten bekommen will, sollte sich die drei vom National Trust geführten Sehenswürdigkeiten nicht entgehen lassen.

Während Bonnie Prince Charlie mit Hilfe der Highland-Heroine Flora MacDonald (s. S. 391) ins französische Exil fliehen konnte, traf die Highlands die ganze Härte des Siegers. Der Herzog von Cumberland ging mit äußerster Grausamkeit gegen die Aufständischen vor. Dudelsack, Kilt und Tartans wurden verboten, viele Clans von ihrem angestammten Land vertrieben.

Das 18. Jh. war für die Highlands eine Zeit der Aufstände und der Unterdrückung, für Edinburgh und die eher pro-britisch gesinnten Lowlands jedoch das Goldene Zeitalter schlechthin, das *Age of Improvement.* Die bekanntesten Geister der schottischen Aufklärung waren Adam Smith, der Vater der modernen Volkswirtschaftslehre, David Hume, der Philosoph des rationalen Empirismus, und der Historiker William Robertson. Eine Blüte in Kunst, Literatur und Wissenschaften machte Edinburgh zu einem der bedeutendsten intellektuellen Zentren Europas. Mit der georgianischen New Town gab Edinburgh sich auch baulich einen passenden Rahmen.

Highland-Romantik und Industrialisierung

Der von Sir Walter Scott angeregte Besuch König Georges IV. in Edinburgh im Jahr 1822 bildete das Fanal einer schottischen Renaissance: Plötzlich waren Kilt und Dudelsack wieder ›in‹. Königin Victoria und Prinzgemahl Albert liebten Schottland besonders und lockten Tausende Briten an die *beauty spots* des Hochlands. Braemar und Balmoral sind noch heute Synonyme für die Schottland-Begeisterung der königlichen Familie.

Tartanry und Highlandromantik waren die Gegenströmung zur Industriellen Revolution, die 1790 mit der ersten maschinellen Spinnerei in Schottland Einzug hielt und das Land wie kaum ein anderes Phänomen veränderte. Glasgow wurde das Zentrum der Industrie mit all den negativen Begleiterscheinungen.

Man unterscheidet die von weiblichen Arbeitskräften dominierte Epoche der Baumwolle (1780–1830), die ›männliche‹ des Eisens (1830–1870) und die des Schiffbaus (1870–1914). Mit der Eröffnung des Forth-Clyde-Kanals 1790, Telfords Caledonian Canal 1822 und der ersten Eisenbahnstrecke 1848 wurden die infrastrukturellen Voraussetzungen geschaffen.

Im selben Zeitraum vertrieben die Großgrundbesitzer in den so genannten *Clearances* Hunderttausende von Pächtern von ihrem Land, um es für die profitablere Schafweidewirtschaft zu ›räumen‹. Wieder waren es die Highlands, die am härtesten getroffen wurden. Zahllose Schotten wanderten nach Übersee aus oder vergrößerten das Heer der billigen Fabrikarbeiter und der Arbeitslosen in den Slums der großen Städte.

Nach einem Aufstand der Kleinbauern auf Skye, den so genannten *Crofters' Wars,* wurde 1883 die Napier-Untersuchung eingesetzt, die die Missstände auf dem Land verstärkt ins öffentliche Bewusstsein rückte. Mehrere Gesetze zur Linderung des durch mangelhafte Schulbildung, Hungersnöte, überhöhte Pachtzinsen und willkürliche Vertreibungen entstandenen Elends auf dem

Inbegriff der königlichen Sehnsucht nach Highlandromantik: Balmoral Castle

Lande wurden verabschiedet. In den Städten organisierten sich die Arbeiter zunehmend in der 1888 gegründeten Scottish Labour Party, in Gewerkschaften, Gesellschaften und kooperativen Bewegungen.

20. Jahrhundert: Devolution

Die Kriegsbegeisterung in Schottland war zu Beginn des Ersten Weltkriegs sehr groß. Zahllose Schotten fielen auf den Schlachtfeldern in Belgien und Frankreich. Allein aus Glasgow starben 18 000 Soldaten, ein Zehntel der männlichen Bevölkerung. Die auf das Kriegsende folgende Depression traf Schottland und seine Schwerindustrie besonders hart. Ein blutiger kommunistischer Arbeiteraufstand in Glasgow unter John MacLean schuf den Mythos von der *Red Clydeside*. Schottland ist bis heute eine Labour-Hochburg.

In den 1950er Jahren kamen die seit 1911 einsetzenden so genannten zweiten *Clearances* in den Highlands zum Abschluss, die noch einmal einen Bevölkerungsrückgang um gut ein Viertel zur Folge hatten. Die Hälfte der in der Landwirtschaft Beschäftigten wurde arbeitslos. Bis heute ist die Abwanderung aus den Highlands aufgrund fehlender Arbeitsplätze eines der Hauptprobleme Schottlands. Das 1965 unter einer Labour-Regierung gegründete Highlands & Islands Development Board bemüht sich um eine Einebnung des Ungleichgewichts zwischen den strukturschwachen Highlands und dem boomenden Central Belt.

Dem Niedergang der Schwerindustrie konnten die Schotten mit einem Ausbau der Ölförderung und der Ölindustrie von 1975 an begegnen. Heute hat der Ölboom seine *peak time* jedoch schon überschritten (s. S. 26f.).

Innenpolitisch war die Frage der schottischen Unabhängigkeit das beherrschende Thema des 20. Jh. (s. S. 36). Die 1934 gegründete Scottish National Party (SNP) hat viel dazu beigetragen, das Nationalbewusstsein ihrer Landsleute zu wecken. 1999 erreichten die Anhänger der *Devolution*, der Dezentralisierung Großbritanniens, mit der Wahl des ersten schottischen Parlaments seit 300 Jahren ihr – vorläufiges – Ziel. Schottland befindet sich zur Zeit im Auf- und Umbruch und sucht nach einer bedeutenden Rolle in einem Europa der Nationen.

Zeittafel

Ab 6000 v. Chr.	Die ersten Menschen wandern vom Kontinent her ein. Die neolithische Revolution um 4200 v. Chr. bringt Ackerbau und Töpferei. Um 650 v. Chr. besiedeln Kelten die Region.
80 v. Chr.– 400 n. Chr.	Die Römer dringen nach Schottland vor. 120 n. Chr. errichten sie als Bollwerke gegen die Skoten den Hadrianswall, doch sie können sich nicht dauerhaft behaupten und ziehen um 400 ab.
Ab 3. Jh.	Die Pikten beherrschen das Land. 679–704 werden sie vom hl. Adomnan christianisiert. Die Regierungen von Konstantin und Oengus 789–834 stehen für das Goldene Zeitalter der Pikten.
500–900	Das Reich der Skoten von Dalriada wird gegründet. Um die Mitte des 9. Jh. erobert der Skotenkönig Kenneth mac Alpin das Piktenreich. Sein Nachfolger Donald II. (889–900) nennt sich *rí Alban,* König von Alba, später Scotia.
1263–1290	1263 Sieg der Schotten über die Wikinger, die Hebriden kommen zu Schottland. 1290 endet die MacMalcolm-Dynastie. England versucht sich Schottland einzuverleiben. Beginn der Unabhängigkeitskriege.
1296–1320	1296: Raub des ›Stone of Scone‹ durch den englischen König. 1297 siegt William Wallace bei Stirling Bridge über die Engländer. 1314 besiegt Robert the Bruce (Robert I.) die Engländer bei Bannockburn. Mit der ›Erklärung von Arbroath‹ 1320 wollen die Prälaten die Anerkennung der schottischen Unabhängigkeit durch den Papst erwirken.
Ab 1371	Robert II., ein Enkel von Robert the Bruce, wird erster Stewart-König. Erst 1714 endet die Herrschaft der Stewarts (später Stuarts).
16. Jh.	1513 unterliegen die Schotten den Engländern in der Schlacht von Flodden. 1542 Niederlage der Schotten in der Schlacht von Solway Moss. Im gleichen Jahr stirbt James V. Seine Tochter Maria Stuart wird im Alter von einer Woche Königin von Schottland. 1560 Einführung der Reformation in Schottland. 1587 lässt Elizabeth I. von England Maria Stuart hinrichten.
1. Hälfte des 17. Jh.	James VI. von Schottland, der Sohn von Maria Stuart, wird 1603 als James I. König von England. 1625 folgt ihm sein Sohn Charles I. auf dem Thron. In England bricht ein Bürgerkrieg zwischen Königs-

treuen und Parlamentsanhängern aus. Letztere werden von den schottischen *National Covenanters* unterstützt. 1649 lässt Oliver Cromwell Charles I. hinrichten, 1650 besiegt er die königstreuen Schotten in der Schlacht von Dunbar.

2. Hälfte des 17. Jh.

1660 Restauration durch Charles II. 1688: *Glorious Revolution.* Das Haus Oranien regiert in England und Schottland. 1692: Massaker von Glencoe.

1707–1745

Unter Königin Anne kommt es 1707 zur Union der schottischen und englischen Krone. 1715: erste jakobitische Erhebung unter der Führung eines Sohnes von James VII./II. 1745: zweite jakobitische Erhebung unter Charles Edward Stuart, dem Enkel James VII./II., genannt Bonnie Prince Charlie. 1746 unterliegen die Jakobiten den Engländern in der Schlacht von Culloden.

19. Jh.

Die Großgrundbesitzer vertreiben in den *Clearances* Hunderttausende Bauern von ihrem Land. 1883 kämpfen Schottlands Kleinbauern in den *Crofters' Wars* für bessere Lebensbedingungen. Die Industrielle Revolution zieht Millionen von Menschen in den Central Belt um Glasgow.

20. Jh.

Die zweiten *Clearances* in den 1950er Jahren entvölkern die Highlands noch mehr. Die Entdeckung des Forties Field in der Nordsee 1970 markiert den Beginn des Ölbooms. Glasgow wird 1990 europäische Kulturhauptstadt. 1996: Rückgabe des ›Stone of Scone‹ durch die Engländer. 1997 entscheiden sich die Schotten in einem Referendum für ein eigenes Regionalparlament. Erster First Minister wird Donald Dewar, der ein Jahr später überraschend stirbt.

2001/2002

Jack McConnell löst 2001 Henry McLeish als First Minister ab. 2002 verwüstet ein großer Brand Teile der Edinburgher Altstadt.

2004

Die schottischen Parlamentarier ziehen in ihr neues Parlament in Edinburgh ein. Edinburgh wird UNESCO-Welt-Literaturstadt.

2005

Bei den britischen Unterhauswahlen bleibt Labour in Schottland mit 41 Sitzen stärkste Kraft, gefolgt von den Liberaldemokraten mit elf, der Scottish National Party mit sechs und den Konservativen mit einem Abgeordneten – Schottland entsendet jetzt nur noch 59 Parlamentarier nach Westminster; der G8-Gipfel findet in Gleneagles statt.

Gesellschaft und Alltagskultur

Kilt und Clan, Dudelsack und Whisky, Golf und, ja, Geiz scheinen unverzichtbare Bestandteile des Schottenklischees und gute *selling points* für den Fremdenverkehr zu sein. Die Gälen stehen außerdem allgemein in dem Ruf, Feste feiern zu können. Allerdings hat ihnen die calvinistische Religion diese und andere Gelüste auszutreiben versucht.

Schottisch, britisch, europäisch?

Auch wenn der Rest der Welt sich einen Schotten als langhaarigen Highlander im Kilt vorstellen mag, der durch eine einsam-romantische Gebirgslandschaft reitet, so leben die Schotten und die Schottinnen von heute doch zum überwiegenden Teil als moderne Stadtmenschen wie der Großteil der Bevölkerung in der westlichen Hemisphäre. Eine im Vergleich zu Deutschland niedrige Arbeitslosigkeit, ein EU-Standards entsprechendes Einkommen, die attraktive Umwelt, ein hoher sozialer Zusammenhalt in den ländlichen Gebieten sowie exzellente kulturelle Angebote und Freizeitmöglichkeiten sorgen für eine hohe Lebensqualität.

Was den Schotten dann doch zum Schotten macht, ist das ausgeprägte Geschichtsbewusstsein. In Jahrhunderten des Widerstands gegen England erprobt und bewahrt, hat es kurz vor dem Ende des 2. Jt. mit der Installation des Regionalparlaments einen dynamischen Aufschwung genommen. Man ist stolz auf das schottische Erbe in Geschichte und Kultur, auf die gälischen Traditionen und Eigenheiten. Die Nationaltracht Kilt ist ein Paradebeispiel hierfür. In trautem Einklang wird er von bürgerlichen Festgästen und modischen Avantgardisten getragen, ohne je ins volkstümelnde Abseits zu geraten.

Ebenso stolz sind die Schotten auf ihren Nationaldichter Robert Burns, ihr Nationalgericht Haggis, ihre Fußball- und die siegesgewohnte Rugbynationalmannschaft, ihre stachlige Nationalblume, die Distel, ihren Nationalheiligen St. Andrew, ihre Nationalflagge, das weiße Andreaskreuz *(Saltire)* auf blauem Grund, ihr Nationalgetränk Whisky und ihr Nationalmusikinstrument, den Dudelsack. Um das schottische Glück vollkommen zu machen, existieren gleich mehrere (inoffizielle) Nationalhymnen: Zur Auswahl stehen Burns getragenes ›For Auld Lang Syne‹, dessen erste Zeilen jeder Schotte rezitieren kann und jeder Englischsprachige zu Silvester singt, das schmissigere ›Scotland the Brave‹, Runrigs Pophit ›Alba‹ und Hamish Hendersons Folk-Evergreen ›The Freedom Come-All-Ye‹.

Geiz und calvinistische Arbeitsmoral

In der Sauregurkenzeit 2005 hatten die Briten viel Spaß beim Rätselraten: Bei welchem reichen Freund würde Tony Blair, Premierminister und gebürtiger Schotte, diesmal kostenlos urlauben? »Wie beginnen schottische Rezepte? Man leihe sich ...«, geht einer der nicht mehr ganz taufrischen Schottenwitze. Fazit: »Schotten sind geizig«. Sagen wir lieber, sie wissen ihre Ressourcen zu nutzen.

Die Armut des Landes hat bei der Entstehung dieses Klischees sicher Pate gestanden. Tatsache ist, dass die calvinistische

Religion mit ihrer Prädestinationslehre eine puritanische, arbeitsame, erfolgsorientierte Gesellschaftsmoral gepredigt und durchgesetzt hat. Noch heute wird in Schottland länger und härter gearbeitet als anderswo. Wo der statistische EU-Durchschnittsbürger 40 Stunden pro Woche malocht, bringen die Schotten es auf gute vier bis fünf Stunden mehr.

Der im ärmlichen Edinburgher Arbeitervorort Fountainbridge geborene und aufgewachsene Schauspieler Sean Connery darf in dieser Hinsicht als so etwas wie ein Paradeschotte gelten. (Übrigens auch in Hinsicht auf die dunklen Haare und Augen, die gälisches Stammeserbe sind, auf Whisky- und Golfleidenschaft.) Zielstrebigkeit und Ehrgeiz, mit denen er seine berufliche Karriere verwirklichte, verweisen auf die im Grunde calvinistische Überzeugung, dass jeder seines Glückes Schmied ist. Connery, der die entbehrungsreiche Zeit seiner Kindheit nie vergessen hat, gilt in Gelddingen als geschickt und penibel, ja äußerst sparsam. Was ihn nicht davon abhielt, eine schottische Stiftung zur Förderung talentierten Schauspielernachwuchses zu gründen und millionenschwer auszustatten.

Auch die schottischen Abgeordneten gönnten sich, durchaus nicht geizig, ein *State of the Art*-Parlament, das die ursprünglichen Kosten um das Zehnfache überstieg. Mindestens zwei Seelen wohnen also in der schottischen Brust.

Schottischer Erfindergeist

Vermutlich auch eine Folge von calvinistischem Ethos und mangelnden Ressourcen ist die Tatsache, dass Schottland gemessen an seiner Einwohnerzahl überproportional viele Erfinder, Forscher und Genies hervorgebracht hat.

Der wetterfeste Regenmantel (Charles MacIntosh), der Straßenbelag (John McAdam), das Fahrrad, Golf, Farbfotografie, Teleskop, Logarithmen, Insulin, Gasmasken und die selbst klebende Briefmarke verdankt die Welt Schotten. Adam Smith, der Vater der modernen Volkswirtschaftslehre, der legendäre Afrika-Forscher David Livingstone, John Muir, der Begründer des Nationalparkgedankens, Alexander Graham Bell, der Erfinder des Telefons, John Logie Baird, der Erfinder des Fernsehens, und Andrew Carnegie, der in den USA ein Industrieimperium aufbaute: Sie alle waren gebürtige Schotten.

Das späte 18. und frühe 19. Jh. waren das Goldene Zeitalter der schottischen Erfindungen. James Watt ermöglichte mit seinen Modifikationen an der bereits zuvor von einem Engländer erfundenen Dampfmaschine die Industrielle Revolution. Die Edinburgher Medizinschule besaß Weltrang. Hier entdeckte James Young Simpson das Chloroform, Alexander Fleming das Penicillin, zwei Errungenschaften, die die Medizin weltweit revolutionierten.

Und auch das Klonschaf Dolly, 1996 im Roslin-Institut bei Edinburgh geboren und 2003 gestorben, ist eine schottische Erfindung. Inwieweit die Genforschung von Ian Wilmut unser Leben revolutionieren wird, bleibt abzuwarten. Ausgereift ist die Klon-Technologie jedenfalls noch nicht, denn Dolly starb früher als das Durchschnittsschaf. 2005 gelang es schottischen Forschern außerdem, durch elektrische Stimulierung einer Eizelle einen 50 Zellen großen menschlichen Embryo zu schaffen – ohne männliches Zutun.

Glaubensgemeinschaften

Was die Religiosität der Schotten angeht, so sind sie nicht frömmer als die Bevölkerung anderer Industrienationen. Fast ein Drittel antwortete bei der großen Bevölkerungszählung von 2001, überhaupt keine religiöse Überzeugung zu besitzen. Nur etwa 7 % besuchen sonntags regelmäßig die Kirche, in den großen Städten gibt es die wenigsten Kirchgänger. Auf den Äußeren Hebriden spielt die Religion noch eine große Rolle im Alltagsleben: Hier bleiben am Tag des Herrn nicht nur die Gechäfte geschlossen, sondern teil-

Tartan und Kilt

Schottland, Tartan und Kilts, das ist eins. Was die Engländer im 18. Jh. verboten, wurde für jeden echten Schotten erst recht zur Nationaltracht. Und diese hat den Sprung in die zeitgenössische Alltags- und Modewelt mühelos geschafft, wie zahlreiche prominente Kiltträger beweisen.

*»Antiquity contains
a certain spell,
To make ev'n things of
little worth excel.
To smallest subjects gives a glaring dash,
Protecting high-born idiots from
the lash.«*
Allan Ramsay: ›Tartana‹

Das Wort Tartan verweist auf die *Auld Alliance: Tiretaine* nannten die Franzosen jene bunten Wollstoffe, die schon knapp zwei Jahrtausende zuvor den Römern ein Dorn im Auge waren, weniger wegen der bunten Farben als wegen der wilden Kelten, die darunter steckten. Der karierte *breacan feile,* ein ellenlanges Tuch, das gefältelt und gegürtet von jedem Highlander spätestens seit dem 16. Jh. getragen wurde, bildete nach unten den Kilt und nach oben, über der Schulter von einer Brosche gehalten, das Plaid. In stürmischen Hochlandnächten diente es als Zelt oder Decke. Aus dem Abscheu, den Lowland-Schotten dem Kleidungsstück entgegenbrachten, und dem nationalen Impetus, den es bei Gegnern der Union nach 1707 erweckte, kann man schließen, dass es spätestens zu dieser Zeit ein Symbol der Highlands, ihrer politischen Identität und ihrer Bewohner geworden war.

Das dachten sich auch die Engländer nach der Schlacht von Culloden und verboten 1747 bei Androhung von Gefängnis und Deportation, »den Männern und Knaben jenes Teils von Großbritannien, der Schottland genannt wird«, die gälische Sprache, Dudelsäcke, Waffen und ihre angestammte Kleidung.

Ein englischer König war schuld daran, dass der Tartan wie ein Phönix aus der Asche stieg. George IV., der romantische Hannoveraner, besuchte 1822 als erster Monarch seit Charles' I. Visite im Jahr 1633 Schottland. Er ließ sich im rotkarierten Hochlanddress als Clansman und *Chief of the Chiefs* feiern und von Sir David Wilkie malen. So initiierte er die später von seiner Nachfolgerin Victoria weiter entwickelte *tartanry*, die Tartanmanie. Wer ihn auf die Idee brachte und als Zeremonienmeister fungierte? Kein Geringerer als Sir Walter Scott.

Erst um die Mitte des 19. Jh. wurde jene strenge Wissenschaft geboren, die jedem Clan ›seinen‹ höchst eigenen Tartan zuweist. Der wegweisende Wälzer ›Vestiarium Scoticum‹ von 1842 wird denn heute auch zu allererst wegen seiner kühnen Erfindungsgabe gepriesen. Historisch sind die Clantartans nicht. Gleichwohl: Wer heute nach langwieriger Suche Ahnen aus dem Menzies-Clan ausgemacht hat, trägt rot und weiß, zur Jagd rot und grün und in Trauer schwarz und weiß. Und wer keinem Clan angehört, darf den allen freistehenden jakobitischen Tartan tragen: gelb-blau-rot-grün-weiß.

Längst als Politpropaganda entlarvt ist das Märchen, der ›kleine‹ Kilt oder *feile beag* (der Wickelrock, wie er heute getragen wird) sei

Thema

1717 ausgerechnet von einem Engländer, Thomas Rawlinson, erfunden worden, weil sich die langen Stoffbahnen der Arbeiter immer in den Maschinen seines Eisenwerks verfingen.

Heute gibt es zwei Arten, den karierten Wickelrock zu tragen: Traditionell mit dem Strumpfdolch *sgian dubh*, dem schwertähnlichen *dirk* mit Messer und Gabel darauf, der Jagdtasche mit Fellüberhang, *sporran*, mit Spitzenjabot und schwarzer Jacke. So macht es Sir Sean Connery, so machen es immer mehr schottische Männer auf Hochzeiten und Familienfesten. Andere tragen den Kilt als avantgardistisches Kleidungsstück. Popstars wie Axl Rose oder Madonna verleihen ihm Kultstatus. Madonna, mit einem Schotten verheiratet, bekam zum Dank für ihre Schottland-Werbung gar einen eigenen Tartan – blau-gelb-weiß-violett – vermacht. Treibende Kraft dieser Richtung ist Howie Nicholsby, der im Traditionsgeschäft Geoffrey (Tailor) Kiltmakers die Marke 21st Century Kilts einführte. Nicht nur Vin Diesel, Robbie Williams und andere *metrosexual men* tragen seitdem die Designer-Schottenröcke in Leder, Nadelstreifen oder Jeans, dazu einen lässig-brutalen Turnschuh-, Schnürstiefel- und Motorradjacken-Mix. Sogar die Tatsache, dass die gesamte Osbourne-Familie Howies Kilts trug, konnte den Trend nicht stoppen.

Eine Frage erhitzt die Gemüter seit Königin Victorias Zeiten: Was trägt der Schotte unterm Kilt? Die Trendsetter Spitzenunterwäsche vom Designer, die große Masse Feinripp oder Boxershorts. Der echte Schotte jedoch hat auf diese Frage nur eine Antwort: »Scotland's future, Madam«.

Neue Stoffe, neue Kreationen – so bleibt der Kilt auch für junge Leute attraktiv

weise auch die Busse im Depot und die Fähren im Hafen.

42 % aller Schotten bekennen sich zur Presbyterian Church of Scotland, jener gemäßigt calvinistisch und gemeindlich geprägten Form des Protestantismus, die sich in den Kriegen des 17. und 18. Jh. gegen die episkopale englische Variante durchgesetzt hat. Da die Church of Scotland keine Bischöfe hat, gewinnen Pfarrer und Presbyter, das sind von der Gemeinde in den Kirchenrat gewählte Vertreter oder Kirchenälteste, an Macht und Einfluss. In diesen Gemeinden herrschte (und herrscht), wie man sich vorstellen kann, ein hohes Maß an Kontrolle, Sinnenfeindlichkeit und kompromisslose Eigenverantwortung des Einzelnen gegenüber Gott waren prägende Elemente. Die aus dieser Gesinnung geborene Hexenverfolgung, die vor allem im 17. und frühen 18. Jh. tobte, ist eines der dunkelsten Kapitel der *Kirk* (s. S. 32).

Alljährlich tritt in Edinburgh die Versammlung von Pfarrern und Kirchenältesten, die *General Assembly,* zusammen. Sie wählt für ein Jahr einen Moderator, der 2004 zum ersten Mal in der Geschichte eine Frau war, Dr. Alison Elliot. Die Kirk erlaubt die Frauenordination, ist unabhängig vom Staat und nimmt inzwischen keine Aufgaben im Erziehungswesen mehr wahr. Sie war schon immer eine Verfechterin der schottischen Eigenständigkeit und eine der treibenden Kräfte der *Devolution:* Von 1999 bis 2004 tagte das schottische Parlament in der Assembly Hall der Kirk an der Royal Mile, bis es sein eigenes Haus beziehen konnte.

Mehrfach spalteten sich fundamentalistische freikirchliche Gruppen von der Kirk ab. Die *Wee Frees,* die ›kleinen Freien‹, zählen fast ein halbes Dutzend, so die 1843 abgespaltene Free Church of Scotland und die noch in den 1990ern wiederum von dieser abgespaltene Free Church of Scotland Continuing.

Die zweitgrößte Glaubensgemeinschaft bilden mit 18 % die römisch-katholischen Schotten, konzentriert in den Industriegebieten in und um Glasgow mit ihrem hohen Anteil an irischen Einwanderern.

Gälisches Erbe

Das gälisch-keltische Erbe des Landes bot und bietet der frommen calvinistischen Verbissenheit Paroli. Gälen gelten traditionell als großspurig, gastfreundlich, rauflustig, rede-, sanges- und trinkfreudig. Die zahlreichen Feste des Landes von den nahezu 100 Highland Games bis zum Hogmanay (s. S. 49) scheinen es zu bestätigen, die ausgeprägte Pub- und Trinkkultur ebenso. Zwar trinken die Schotten rein statistisch betrachtet weniger Alkohol als beispielsweise die Franzosen, dafür aber ungeheure Mengen am Wochenende. *Binge drinking* heißt der ungesunde Sport, dem auch immer mehr Frauen frönen. Zweifelhaft ist allerdings, ob das noch gälisch ist, denn diese Trinkgewohnheiten haben schottische *Twenty-* und *Thirtysomethings* mit ihren englischen Altersgenossen gemein.

Bevor romantische Naturen wie Sir Walter Scott und Königin Victoria das Klischee jener rauen, aber herzlichen und edlen berockten Wilden kreierten, hatten die gälischen Highlander einen denkbar schlechten Ruf. Als »ein wildes und ungezügeltes Volk, ungeschlacht und unabhängig, dem Raub verfallen und äußerst grausam« diffamierte der Lowlander John of Fordun die Highlander. *Sassenachs* schimpfen die Hochländer im Gegenzug dafür seit Jahrhunderten ihre tiefländischen Landsleute, die schon immer und nicht zu Unrecht in dem Ruf standen, ihren Vorteil bei England zu suchen und zu finden. Der auch heute noch aktuelle, viel zitierte Gegensatz zwischen gälischen Highlandern und anglisierten Lowlandern ist eine Konstante der schottischen Geschichte und Kultur.

Das Clanwesen

Die Grundlage der alten gälischen Kultur, die in gewisser Weise bis heute überlebt hat, ist der Clan. Er hat sich in den Sprachen der Welt als Synonym für ›Sippe‹, ›Interessengemeinschaft‹ eingebürgert. Nichts anderes, nämlich ›Kinder‹, ›Nachkommen‹, ›Gefolgsleute‹, bedeutet auch das gälische *clann.* Seit dem frühen Mittelalter hatte sich in den abgelegenen Hochlandtälern das Clansystem herausgebildet. Diese sehr persönliche Herrschaftsform basierte auf gegenseitiger Treue und Waffenhilfe zwischen Clanchef – Frauen waren von der Erbfolge ausgeschlossen – und Gefolgsleuten. Am Anfang mögen wirkliche Verwandtschaftsbeziehungen bestanden haben, doch ist es unwahrscheinlich, dass alle Clanmitglieder, die sich traditionell als Nachkommen des Clangründers betrachteten, tatsächlich miteinander verwandt waren. Das Land wurde in dieser selbst versorgenden Clanwirtschaft gemeinschaftlich verwaltet und vom Clanchef, der auch Recht sprach und Schutz gewährte, auf Pachtbasis *(calpe)* an seine Mannen weitergegeben.

Die mächtigsten Solidargemeinschaften, denen sich kleinere Clans oft anschlossen, konnten um die 1000 Mann ins Feld führen. Viehdiebstähle und lustvoll über mehrere Generationen verfolgte Fehden prägten diese kriegerische Gesellschaft, in der das Recht des Stärkeren herrschte und Mord und Blutvergießen an der Tagesordnung waren. So tischten die berüchtigten MacGregors zum Dank für ihre Gastfreundschaft der Lady von Ardvorlich das Haupt ihres Vaters mit Käse und, ganz schottisch, Haferkeksen im Mund auf. Keine idyllischen Zustände, aber eine leistungs- und lebensfähige Gesellschaft, die die Engländer, die Feinde *south of the border,* im 17. und 18. Jh. auf dem Weg in ein einheitliches Großbritannien zerstörten.

Die Clans von heute sind eher lockere kulturelle Gemeinschaften. Viele Clanchefs verfügen als Großgrundbesitzer noch über beträchtlichen regionalen Einfluss. Da schätzungsweise 60 Mio. Nachkommen schottischer Auswanderer in aller Welt leben, ist der touristische Aspekt des Clanwesens kaum zu überschätzen. Millionen von Macs aus Übersee kamen schon zu den *gatherings* ihres Clans in die alte Heimat und suchten in den exzellent erhaltenen schottischen Archiven nach ihren Wurzeln.

Gälisch, eine aussterbende Sprache

Das schottische Gälisch gehört wie das Irische, Walisische und Bretonische zur keltischen Sprachenfamilie. Als König Malcolm III. Canmore und seine englische Frau Margaret Englisch anstelle von Gälisch zur Hofsprache machten, begann der langsame Niedergang dieser Sprache in Schottland. Im 14. Jh. hatte sich die so genannte *Highland Line* herauskristallisiert: Nördlich vom Forth, im *Gàidhealteachd,* wurde im Gegensatz zum anglisierten Süden Gälisch gesprochen und gelebt.

Die Zerschlagung der Highland-Kultur nach der Schlacht von Culloden 1746 führte über ein Verbot des Gälischen fast zu seiner Auslöschung. In beiden von England unterworfenen keltischen Ländern, Irland und Schottland, ist dasselbe Vorgehen der Besatzungsmacht zu beobachten: Über die Sprache sollte die nationale Identität vernichtet werden. Beide Male wurden die Gälischsprechenden an den unwirtlichen westlichen Landesrand gedrängt. In Schottland gibt es heute nur knapp 59 000 *native speakers*, vor allem auf den Hebriden. Lillian Beckwith stellt in ihrem Hebriden-Roman ›In der Einsamkeit der Hügel‹ einfühlsam dar, wie sehr das Gälische das Zusammengehörigkeitsgefühl der verschworenen Inselgemeinschaft stärkt.

Obwohl das schottische Parlament 2005 ein Gesetz verabschiedete, das dem Gälischen »gleiche Achtung« wie dem Englischen zubilligt, und ein Amt für Gälisch gründete, das Bord na Gaidhlig, darf der Erfolg bezweifelt werden. Die keltische Nachbarinsel Irland hat seit Jahrzehnten mit ähnlichen Institutionen und sogar einem Schulzwang für Gälisch nicht verhindern können, dass die Sprache ausstirbt. Allein im letzten Jahrzehnt ging die Zahl der Gälischsprechenden in Schottland um 7000 zurück, was vor allem an der Überalterung der Inselbevölkerung liegt. Auch die Scottish National Party, eine vehemente Fürsprecherin des Gälischen, wird die Uhren nicht zurückdrehen können.

In den Ortsnamen ist Gälisch noch schottisches Allgemeingut, so in *ben* von gälisch *beinn,* was Berg oder Hügel bedeutet. »... thank God our Place-Names/Antedated our Anglicization«, schrieb Hugh MacDiarmid in seinem Gedicht ›Scotland‹, nachdem er den sarkastischen Vorschlag gemacht hatte, zu Ehren König Georges V. den Firth of Forth in ›Firth of Fifth‹ umzubenennen.

Sprechen Sie Scots?

Das Scots entwickelte sich aus demselben Stamm wie seine südliche Sprachschwester, nämlich aus dem Altenglischen. Im Mittelalter verbreitete es sich von seinen Ursprüngen in den Borders über Südwest- und Ostschottland und wäre um ein Haar eine völlig eigenständige Sprache geworden – wenn die politische Annäherung an England im 17. Jh. nicht auch sprachliche Konsequenzen gehabt hätte.

Vor allem im Wortschatz unterscheidet sich das Scots heute vom Englischen. Etwa 50 000 Vokabeln von *kirk* statt *church* bis *wee* statt *small* beweisen, dass die Schotten auch sprachlich ihren eigenen Kopf haben. Der Reisende wird sich einhören müssen in das eigenwillige, harte, gutturale schottische Englisch, in dem z. B. das ›r‹ gerollt und nicht wie englisch ›ar‹ ausgesprochen wird. Überhaupt wird vieles hier oben ähnlich wie im Deutschen ausgesprochen. Hört man sein Schulenglisch von einem Schotten gesprochen, wird es sich um einen *white settler* aus England handeln.

Sport in Schottland

Im Ausland wird Schottland vor allem als Heimat des Golfs wahrgenommen, Herz und Leidenschaft der Schotten jedoch gehören dem Fußball und dem Rugby. Bei Fußballspielen oder Rugbyturnieren schlagen die Wogen der Erregung in den Pubs hoch, von denen sich viele mit Riesenbildschirmen auf Fans eingerichtet haben. Glasgow ist mit den beiden Spitzenmannschaften Glasgow Rangers und Celtic Glasgow das Zentrum des Fußballs, das dem *soccer* sogar ein eigenes Fußballmuseum gewidmet hat.

Im Februar ist Edinburgh pickepackevoll, wenn die sechs großen Rugbynationen England, Frankreich, Irland, Italien, Schottland und Wales im Six Nations Rugby um den Sieg bolzen. Und im April finden in den Borders verschiedene *Sevens* statt, das größte davon in Melrose: Hier wird eine verkürzte Form des internationalen Rugby gespielt, *seven-a-side,* das in Melrose Ende des 19. Jh. erfunden wurde.

Die gälischen Regionen des Westens sind die Heimat des *shinty* oder auf Gälisch *camanachd,* eine dem irischen *hurling* verwandte Hockey-Art (www.shinty.com).

Curling soll wie Golf und *seven-a-side* in Schottland erfunden worden sein. Es wird heute eher in überdachten Eisarenen, z. B. in Inverness oder Perth, als auf zugefrorenen Teichen gespielt. Die Goldmedaille der schottischen Damen bei den Olympischen Winterspielen 2002 gab dem Eisboccia großen Auftrieb.

Schottisch feiern: Burns Supper, St. Andrew's Day

Am 25. Januar, dem Geburtstag des Nationaldichters Robert Burns, bieten die landauf, landab veranstalteten *Burns Supper* reichlich Gelegenheit zum Trinken und Feiern. Weil Rabbie, schottisch für Robert, gerne (?) Haggis aß und ein Gedicht ›To a Haggis‹ verfasste, erheben sich beim Burns Supper alle Anwesenden, rezitieren die acht Strophen und verzehren die feierlich hereingetragenen Innereien samt Hafermehl im prallen, footballförmigen Schafsmagen. *Haggis, Tatties and Neeps,* ›Haggis, Kartoffeln und Rüben‹, lassen sich angeblich nur mit viel Whisky herunterspülen, eine Beschäftigung, der der Rest des Abends gehört. In Edinburgh und anderen Städten bieten Buchhandlungen, Restaurants und Theater entsprechende Veranstaltungen an. Im Internet finden Sie unter www.rabbie-burns.com genaue Hinweise.

Am 30. November ist St. Andrew's Day, der Tag des Nationalheiligen. Es ist ein Tag mehr oder weniger stillen Besäufnisses in den Pubs, mehr private Andacht als der berühmte irische St. Patrick's Day. Ein SNP-Gesetzesantrag, St. Andrew's Day zum offiziellen Nationalfeiertag zu machen, scheiterte im Parlament.

Highland Games, Lowland Games

Von Mitte Mai bis Anfang August finden im ganzen Land, auch in den Lowlands, rund 100 Highland Gatherings oder Games statt. Grundgedanke war eine Zusammenkunft auch im Ausland lebender Clanmitglieder und deren sportlich-kriegerische Ertüchtigung. Heute geht es mehr ums Feiern an sich und um die Wettkämpfe. Braemar am Dee veranstaltet die bedeutendste dieser Hochlandolympiaden (s. S. 260f.), weitere Highlights sind das Cowal Gathering in Dunoon Mitte August (www.cowalgathering.com) sowie das Argyllshire Gathering in Oban (www.obangames.com). Am letzten Augustmittwoch spielen hier die besten Dudelsackspieler der Welt im Ceol Mor-Wettbewerb um den Sieg, am Donnerstag schleudern, rennen und ziehen die Athleten um die Wette. Eine besonders familiäre Atmosphäre und viele Attraktionen für die kleinen Kiltträger zeichnen dieses Gathering aus, eine Zusammenkunft im schönsten Sinne des Wortes.

Richtig Reisen-Tipp: Edinburgh Hogmanay

Wer die Schotten einmal völlig ausgelassen bei einem ihrer typischsten Feste erleben will, der sollte zum Jahreswechsel nach Schottland kommen, wenn Hogmanay gefeiert wird.

Das größte Fest steigt in Edinburgh. Wer hier mitfeiern will, muss sehr früh Karten und (die in dieser Zeit oft doppelt so teuren) Hotels vorbestellen. Am 29. Dezember findet ab 18.30 Uhr eine stimmungsvolle Fackelprozession statt, die mit einem Freudenfeuer auf dem Calton Hill endet. Die Veranstaltung ist frei, doch wer selbst eine Fackel tragen will, muss sich anmelden und 5 £ zahlen. Tags darauf findet von 11 bis 23 Uhr auf der George Street ein Straßenkarneval mit Theater, Pipe Bands und Musik statt.

Silvester läuten alle Glocken, Hunderttausende feiern in den Straßen und bei der beliebten Royal Bank Street Party von 22 bis 1 Uhr: Die Herren tragen schwarze Krawatten, die Damen festliche Kleidung, und dann wird getanzt und gefeiert. Um Mitternacht beginnt das weltgrößte ›Auld Lang Syne‹: Man singt, sich über Kreuz die Hände reichend, die Silvesterhymne, gefolgt von ausgiebigem Herzen und Küssen. Das Kerzenlicht-Konzert in St. Giles um 19.30 Uhr, das Gartenkonzert in den Princes Gardens von 22 bis 1 Uhr sowie das fantastische mitternächtliche Feuerwerk auf allen sieben Hügeln der Stadt sind die Höhepunkte des viertägigen Konzert- und Aufführungsmarathons.

Die Quintessenz von Hogmanay ist das *First Footing*. Man klopft bei Fremden (oder Freunden) an, überall dort, wo noch Licht brennt, denn der erste Besucher im Neuen Jahr soll Glück bringen.

Luft schöpfen und Sich-Erholen ist das Motto des Neujahrstages. Ganz Mutige stürzen sich beim *Loony Dook* in die eisigen Fluten des Firth of Forth.

Karten: The Hub, Castlehill, Royal Mile, Edinburgh EH1 2NE, Tel. 031/473 2000, Fax 0131/473 2003, www.edinburghshogmanay.org. Für die Royal Bank Street Party ab 2. Oktober, für das Gartenkonzert ab 16. Oktober, für alle anderen Veranstaltungen ab Mitte November. First Foot Club: Für 17,50 £ kann man Mitglied in diesem Club werden, was einem neben Buchungsvorteilen garantiert eine der begehrten Karten für die Royal Bank Street Party bringt.

Dudelsack, Ceilidhs, Rockmusik

Bei der Frage nach Schottlands Nationalinstrument besteht kein Zweifel: Es ist der Dudelsack. Noch immer gibt es hinsichtlich seiner Herkunft höchst unterschiedliche Theorien. Heute nutzen sowohl traditionelle Musiker und Pipe Bands als auch moderne Popgruppen wie Runrig seine Klanggewalt.

Ein Mann im Kilt steht auf einem Plateau über dem Loch Garry und entlockt seiner *bagpipe* klagende, weithin hallende Laute, die den Zuhörern durch Mark und Bein gehen. Seine Augen sind geschlossen, Schweiß perlt auf seiner Stirn von der körperlichen Anstrengung: Abwechselnd presst er mit dem Ellbogen Luft aus dem aus Tierhaut gefertigten und mit Tartanstoff überzogenen Sack, dem *piob mor,* in die drei über seine Schulter stehenden Bordunpfeifen oder Brummer – eine Tenor- und zwei Basspfeifen aus afrikanischem Hartholz –, oder bläst durch das Mundstück; mit beiden Händen wird die blockflötenähnliche Spielpfeife betätigt. Im Hintergrund Hochlandberge, die dunstig blauen Wasser des Hochlandlochs. Den Zuhörern stehen Tränen in den Augen. Das ist Schottland.

Die Herkunft des schottischen Nationalinstruments ist Gegenstand leidenschaftlicher Kontroversen. Haben schon römische Soldaten eine sacklose Pfeifenvorstufe auf dem Hadrianswall gespielt? Haben mittelalterliche Fahrensleute oder Kreuzfahrer die Sackpfeife aus dem Nahen Osten in den hohen Norden gebracht? Wie dem auch sei, wegen der beträchtlichen und nicht zu drosselnden Lautstärke kann man einen Dudelsack nur draußen richtig spielen und genießen.

Seine kriegstaugliche Lautstärke war es, die ihn ab etwa dem 15. Jh. zum Lieblingsinstrument der gälischen Clanführer machte: Der wilde, mächtige Klang ließ die Feinde in der Schlacht erzittern und verzagen. Die Dudelsäcke, die im Jahr 1314 in Bannockburn gespielt wurden, hatten allerdings nur eine Bordunpfeife; die zweite wurde im 16., die dritte erst im 18. Jh. hinzugefügt, um den Klang noch mehr zu steigern. Bei allen festlichen Angelegenheiten spielten die erblichen *pipers* der Clanchefs: die ›kleine Musik‹, *ceol beag,* bestehend aus Märschen und Tänzen, und die ›große Musik‹, *ceol mor* oder *piobaireachd*, eine feierliche, zunehmend komplizierte Variation eines Grundthemas, des *urlar.*

Nach der jakobitischen Erhebung von 1745 verboten die Engländer das ›Kriegsinstrument‹ Dudelsack. Retter der *bagpipe* wurde neben den ausgewanderten Schotten in der Diaspora ironischerweise die britische Armee: Den im 18. Jh. aufgestellten schottischen Regimentern erlaubte man ihre *pipers.* Eine *pipe band* besteht aus mindestens fünf Trommlern und sechs Dudelsackspielern, doch sind die meisten Formationen, deren Bekanntschaft der heutige Tourist auf Highland Games, bei Festivals oder vor den Adelssitzen macht, wesentlich umfangreicher. Sie werden von einem *pipe major* angeführt, dem in den Regimentern die Aufgabe obliegt, die Offiziere in der Kunst des Hochlandtanzes zu unterweisen.

Eine ›zivilere‹, volkstümliche Bühne für gälisch-schottische Volksmusik boten und bieten die *ceilidhs.* Die ›Besuche‹, so die

Thema

wörtliche Übersetzung, sind ursprünglich nachbarliche Treffen am Abend, bei denen Geschichten erzählt, gesungen, getanzt, auf Fiddle oder Clarsach-Harfe gespielt wurde, neben dem Dudelsack die beiden wichtigsten schottischen Instrumente. Heute erfreuen sich auch kommerziellere, organisierte *ceilidhs* großer Beliebtheit.

Im Zuge einer gälischen Renaissance, die in den 1960er Jahren einsetzte, bringen Radio- und Fernsehsender, Clubs, Gesellschaften und Schulprogramme die gälische Folkmusik einem breiteren Publikum nahe. Das Glasgower Folkfestival Celtic Connections (s. S. 165) und die Wettbewerbe des National Mod (s. S. 53) sind die beiden größten Veranstaltungen der gälischen Musik und Kultur.

Auch der schottische Folk erlebt einen Boom. Ian Anderson, der Querflötenmagier der Rockgruppe Jethro Tull und gebürtiger Edinburgher, das Harfnerinnenduo Sileas, Catherine-Ann MacPhee, die gälische Sängerin aus Barra, oder Folk-Rock-Gruppen wie Tannahill Weavers, Battlefield Band, Ceolbeg, Capercaillie, Mac-Talla oder Ossian feierten und feiern nationale wie internationale Triumphe. Den größten Bekanntheitsgrad in Deutschland dürfte seit drei Jahrzehnten die Gruppe Runrig haben. Ihre Version des Traditionals ›Loch Lomond‹ oder die ›Rocknationalhymne‹ ›Alba‹ (gälisch für Schottland) sind Dauerbrenner. Durch die Verbindung von Rock und Folk wollen sie vor allem junge Menschen für die gälische Kultur gewinnen.

Naturgemäß kommt das schottische Nationalinstrument am ehesten unter freiem Himmel zum Einsatz

Die Lowlands halten dagegen mit dem Riding of the Marches, das im Frühsommer in mehreren Borders-Städten begangen wird. Heute farbenprächtige Spektakel für Touristen und Einheimische, erinnern sie an mittelalterliche Zeiten, als die Bürger der Grenzprovinz zum Schutz gegen marodierende Banden und Engländer an den Grenzen ihrer *burgh* patrouillierten. Reiter folgen der Stadtstandarte auf einem festgelegten Weg, im Rahmenprogramm gibt es Tanz, Musik und Sportveranstaltungen. Die bekanntesten Common Ridings sind Hawick und Selkirk Common Riding, beide Mitte Juni, sowie das Jethart Callant Festival Ende Juni/Anfang Juli in Jedburgh.

Das ländliche Schottland: Royal Highland Show

Vier Tage am letzten Juniwochenende feiert das ländliche Schottland sich selbst. Gebeutelt, aber letztlich unbeeindruckt von Rinderwahn und Fuchsjagdverbot steht die konservative *countryside* zu ihren Überlieferungen und ihrem Stil. Die Leistungsschau im Royal Highland Centre in Ingliston hat zwar ein buntes, kinderfreundliches Rahmenprogramm mit dem weltgrößten Schafscherwettbewerb, Vorführungen von Hütehunden und Falknereidarbietungen. Aber die alljährlich 150 000 Zuschauer wollen vor allem eines: Hochlandrinder, Shetlandponys, Schafe und alles, was auf Schottlands Bauernhöfen kreucht und fleucht, prämiert sehen (Edinburgh EH28 8NF, Tel. 0131/335 6200, Fax 0131/333 6236, www.royalhighlandshow.org).

Keltische Musikfestivals

Keine Frage, die Kelten sind gefragt. Gälische Musik und Kultur erfreuen sich in Schottland und bei Fans in aller Welt wachsender Beliebtheit. 1994 gegründet, hat sich das in den letzten drei Januarwochen in Glasgow stattfindende Fest der keltischen Musik zu einem von Publikum und Presse frenetisch gefeierten Treffpunkt für die berühmtesten schottischen, irischen und bretonischen Folkinterpreten entwickelt. Neben Konzerten kann man an Workshops und *ceilidhs* teilnehmen, den traditionellen Tanz- und Gesangsabenden in kleinerem Kreis (Royal Concert Hall, 2 Sauchiehall St., Glasgow G2 3NY, Tel. 0141/353 8000, Fax 0141/353 8006, www.celticconnections.com).

**Alljährlich ein Ereignis:
Military Tattoo vor Edinburgh Castle**

Während Celtic Connections auf der modernen Folkwelle schwimmt, ist das National Mod Sache der Traditionalisten. Es findet mehrere Tage im Oktober an wechselnden Orten statt. Schottlands zweitgrößtes Fest ist ganz der gälischen Kultur in Form von Literatur, Musik und Tanz gewidmet. 20 000 Besucher, die keineswegs alle der gälischen Sprache mächtig sind, genießen die Darbietungen der Chöre und Sänger, Harfenspieler und Tänzer sowie das festliche Drumherum dieser ein wenig spöttisch, ein wenig liebevoll ›Whisky-Olympiade‹ genannten Veranstaltung. Das Wettbewerbsgeschehen ist so breit gefächert – Lyrikrezitationen, (Bibel-)Lesungen, Gesprächsrunden oder Geschichtenerzählen für Erwachsene, Jugendliche und Kinder –, dass man fast meinen könnte, hier müsse eigentlich jeder Teilnehmer einen Preis nach Hause tragen (National Mod, 109 Church St., Inverness IV1 1EY, Tel. 01463/709 705, Fax 01463/709 706, www.the-mod.co.uk).

Internationale Musikfestivals

Das weltgrößte Theater- und Musikfestival steigt im August in Edinburgh. Edinburgh International Festival, Festival Fringe und das traditionelle Military Tattoo verwandeln die Stadt in eine einzige Bühne (s. S. 132f.).

Großbritanniens zweitwichtigstes Kunst- und Musikfestival verdankt seinen intimeren, von Kennern gepriesenen Charakter der abgeschiedenen Lage auf den Orkney-Inseln. Das St. Magnus Festival Mitte/Ende Juni

Neben neuen Events behaupten sich die traditionellen Highland Games

wurde 1977 von dem auf Orkney lebenden zeitgenössischen Komponisten Sir Peter Maxwell Davies begründet. Jahr für Jahr zieht es hochkarätige Künstler der internationalen Musikszene, aber auch aus Theater, Tanz, Literatur und den bildenden Künsten an. Ganz wichtig ist den Veranstaltern die Beteiligung der Orkadier, und so führten Inselkinder über die Jahre von Sir Peter komponierte Kinderopern, Musiktheaterstücke oder Liederzyklen auf. Im Licht von Orkneys magischen Mittsommernächten treffen sich jeden Abend ab 22 Uhr Künstler und Zuschauer im Festival Club im Albert Hotel (Box Office, 60 Victoria St., Kirkwall, Orkney KW15 1DN, Tel. 01856/871 445, Fax 01856/871 170, www.stmagnusfestival.com).

Ende April/Anfang Mai lockt Schottlands bedeutendstes Jazzfestival Enthusiasten jeden Alters auf die kleine Insel Bute vor den Toren Glasgows (s. S. 173). Auf dem 1988 gegründeten Isle of Bute Jazz Festival treten internationale Größen, aber auch Neuentdeckungen der Jazzszene auf. Durch die intime Inselatmosphäre befördert, herrscht eine lockere, gesellige Stimmung bei der exzentrischen Regenschirmparade, den Sessions in allen Inselpubs oder dem Jazz-Picknick in Rothesay Castle. Samstagnacht wird mit dem traditionellen Jazz Club Crawl bis früh in den Morgen gefeiert (c/o Jan McKirdy, Cherry Trees, Grosvenor Rd., Isle of Bute PA20 9LE, Tel. 01700/502 151, Fax 01700/505 156, www.butejazz.com).

Popgruppen aus Schottland

Die schottische Musikszene hat Glück: Frank McAveety, der Kultur- und Tourismusminister, ist ein Fan der Popmusik und tut viel für die Förderung lokaler Bands von der Schule an. Schottische Interpreten mit Weltruhm waren bzw. sind z. B. ›Nazareth‹, Gerry Rafferty, ›Simple Minds‹ aus Glasgow oder Annie Lennox, die aus Aberdeen kommt. Als das Musikmagazin ›List‹ die Schotten 2004 zur Wahl ihrer Lieblingsband aufrief, kam die Indie-Band ›Belle & Sebastian‹ auf Platz 1 vor den Glasgowern ›Travis‹, den Edinburghern ›Idlewild‹ und den wiederum aus Glasgow stammenden ›Wet Wet Wet‹. ›Franz Ferdinand‹, die zurzeit Preise über Preise einheimsen, kommen ebenfalls aus der Glasgower Musikszene, die wohl die dynamischste von Schottland ist.

Architektur und Kunst

Von neolithischen Steinkreisen bis zum postmodernen Parlamentsgebäude in Edinburgh spannen sich über vier Jahrtausende reicher schottischer Kulturgeschichte. Sir Walter Scott prägte mit seinen historischen Romanen das Bild vom romantischen schottischen Mittelalter, das in den letzten Jahren auch Filme wie ›Highlander‹ und ›Braveheart‹ bedienten.

Steinkreise und Gemeinschaftsgräber

Vor allem der Norden Schottlands ist übersät mit den Überresten herausragender prähistorischer Kult- und Begräbnisstätten. Auf den Inseln können Liebhaber megalithischer Kunst in ihr Geheimnis einzudringen versuchen. Beispiele sind die Steinkreise von Callanish (auf Lewis), Brodgar/Stenness, das Steinzeitdorf Skara Brae und die Ganggräber von Maes Howe und Isbister (alle auf Orkney). Die Steinsetzungen wurden bewusst auf verschiedene Himmelskörper bzw. die Sonnenwenden und Tagundnachtgleichen ausgerichtet, die für die Ackerbaugesellschaften lebenswichtige Bedeutung hatten. Ohne eine Spezialistenkaste von Priestern oder Priesterinnen ist die Präzision dieser Steinsetzungen kaum denkbar.

In den Ganggräbern der Jungsteinzeit (etwa 3800–2300 v. Chr.) wurden die zuvor entfleischten Gebeine einer ganzen Sippe beigesetzt. Toten- und Ahnenkult müssen eine zentrale Bedeutung im Glauben und Leben dieser Menschen eingenommen haben. Wie genau die Riten ausgesehen haben, wird die Archäologie wohl nie rekonstruieren können. Genau das macht den Reiz dieser Steinbauten aus.

Nicht minder geheimnisvoll sind die Pikten-Bildsteine, eine nur in Schottland vorkommende Gattung archäologischer Funde (s. S. 240f.).

Vom Broch zum Baronialschloss

Schottlands Wehrarchitektur spiegelt die langen Jahrhunderte der Unruhe und militärischen Bedrohung. Ab etwa 100 v. Chr. entstanden, wahrscheinlich als Reaktion auf eine Völkerinvasion aus Südengland, die Brochs. Sie sind der technisch ausgeklügelte Höhepunkt der schon in der Jungsteinzeit perfektionierten Trockenbaukunst, bei der die Steine ohne Mörtel aufeinander geschichtet werden. Mousa auf Shetland, Dun Carloway auf Lewis und die Glenelg Brochs sind die am besten erhaltenen Exemplare. Da die am wenigsten entwickelten Brochs auf den Hebriden stehen, spricht einiges dafür, dass sie sich von hier über das Land verbreitet haben. Nur in Schottland findet sich diese Form der Fluchtburg, in der eisenzeitliche Sippen Schutz vor Plünderern suchten: ein bis zu 13 m hoher, sich nach oben leicht verjüngender Turm mit hohlen, doppelschaligen Wänden, in deren Kammern Vorräte gelagert wurden. Durch Galerien und eine Treppe sind sie miteinander verbunden. Den eigentlichen ›Wohnraum‹, heute nicht mehr erhalten, bildeten Holzgerüste und Hütten im Innern des Turmrunds. Neben dem niedrigen, leicht zu verteidigenden Eingang findet man eine oder zwei Kammern, in denen vielleicht Hunde wachten.

Die Canmore-Könige, ihre Nachfolger und die großen Magnaten errichteten vom 12. Jh. an steinerne Burgen zur besseren strategischen Beherrschung des Landes. In den folgenden Jahrhunderten weiter ausgebaut und den neuesten militärischen Entwicklungen angepasst, sind die meisten heute romantische Ruinen. Tantallon, Caerlaverock, Hermitage, Kildrummy, Rothesay, Urquhart und Dunnottar Castle zählen zu den bedeutendsten.

Besonders typisch für Schottland sind die zahllosen *Tower Houses,* die vom Verteidigungsbedarf des niederen Adels in den unruhigen Zeiten des Spätmittelalters zeugen. Die quadratischen Wehrtürme sind teilweise von einer Mauer umschlossen und besitzen einen rechteckigen, später dann auch L- oder Z-förmigen Grundriss.

Höhepunkt und Ausklang fand der mittelalterliche Burgenbau im Baronialstil des 16. und 17. Jh., konzentriert in der Dee-Region. Die mit Türmchen, Erkern, Giebeln, Kegelhelmen, Zinnen und jeder Menge Zierat geschmückten Tower Houses von Crathes, Fraser und vor allem Craigievar verbanden das nostalgische, wehrhafte Zitat mit einem modernen, luxuriösen Innenleben. Auch die *Tolbooths,* die Rathäuser der königlichen Burgflecken, haben meist eine wehrhafte Gestalt.

Traditionsverbundenheit als Hauptmerkmal der schottischen Kultur bestimmt auch die Architektur – das Tower House als Urform schottischen Wohnens wird über den Neobaronialstil des 19. Jh. bis zu den genialen Entwürfen Charles Rennie Mackintoshs (s. S. 156f.) immer wieder zitiert.

Das Goldene Zeitalter der georgianischen Kunst

Der Kunststil des 18. Jh., der Blütezeit der schottischen Aufklärung, wird nach vier Georgs auf dem englischen Königsthron (1714–1830) als georgianisch bezeichnet. Ihre Stararchitekten und -designer waren die Adams. Ihr berühmtester Spross, Robert Adam (1728–1792), steht für den Klassizismus in seiner schwerelosen palladianischen Spielart. Die Adelssitze Mellerstain House oder Culzean Castle und der Charlotte Square in Edinburgh sind seine Meisterwerke: die Fassaden zurückhaltend mit klassizistischen Zitaten wie Säulen und Tempelfronten geschmückt, im Innern verspielte

Understatement pur: georgianisches Stadthaus in Edinburghs New Town

Stuckdecken und Räume in verschiedenen Pastellfarben. Mit der New Town in Edinburgh entstand zum ersten Mal eine planmäßig angelegte Stadt, Straßenzug um Straßenzug eleganter, harmonisch einheitlicher Stadthäuser im georgianischen Stil.

Zum ersten Mal in Schottlands Kunstgeschichte erfuhr auch die Malerei eine hohe Blüte. Die Porträtmaler Sir Henry Raeburn (1756–1823) und Allan Ramsay (1713–1784) bannten mit leichten Pinselstrichen die adligen Familien Schottlands auf die Leinwand. Von den Wänden der großen Herrensitze, zwischen exquisiten Möbeln und kostbarem Porzellan, blicken sie und die von ihren zeitgenössischen englischen Kollegen Sir Joshua Reynolds und Thomas Gainsborough Porträtierten heute auf die zahlenden Besucher herab. Wer die Wahl hat, hat die Qual: Dunrobin, Drumlanrig, Glamis, Cawdor, Floors, Bowhill, Inveraray, Blair, Scone oder Hopetoun House?

Zeitgenössische Kunst

2003 nahm Schottland zum ersten Mal unter eigenem Namen an der Biennale in Venedig teil, mit einer Installation von Clare Barclay, Simon Starling und Jim Lambie: ein deutlicher Ausdruck des Selbstvertrauens als künstlerische Nation. Unter den zeitgenössischen schottischen Künstlern erfreuen sich viele internationaler Reputation.

John Bellany (geb. 1942) ist der Sohn eines Fischers. Sein Werk lebt von einem ganz persönlichen, aus der maritimen Bilderwelt entlehnten Mythos. Von Sean Connery und Sir Peter Maxwell schuf er kraftvolle expressionistische Porträts, die in der National Portrait Gallery in Edinburgh hängen.

Der Künstler und Dichter Ian Hamilton Finlay (geb. 1925) steht in der Tradition von Dadaismus und Konkreter Poesie. Vielschichtige Bedeutungsinhalte werden bei ihm zu einem gewollt einfachen, künstlichen Bild verdichtet. In seinem ›Dichtergarten‹ Stonypath in den Pentland Hills stellt er neoklassizistische oder provozierende symbolhafte Objekte und Zitate in die ›unschuldige‹ Natur.

Für das Werk von Eduardo Paolozzi (1924–2005), Mitbegründer der Pop Art, spielten die Bildwelten der modernen Populärkultur wie Kino und Fernsehen eine bedeutende Rolle. Die Edinburgher Dean Gallery widmet sich zum großen Teil seiner Kunst.

Ein erfolgreiches Enfant terrible der internationalen Kunstszene, Peter Howson (geb. 1958), wurde zwar in London geboren, wuchs aber in Ayrshire auf und studierte an der Glasgower Kunsthochschule. Berühmt wurde er mit seinen eindringlich-provokanten Bildern aus dem Balkankrieg und den symbolistisch-realistischen Aktporträts von Madonna. Die Sängerin, obwohl sehnig und nicht unbedingt schmeichelhaft getroffen, sammelt den Künster dennoch.

In Glasgows Gallery of Modern Art sowie der City Arts Gallery und der Scottish Gallery of Modern Art in Edinburgh sind alle Größen der zeitgenössischen schottischen (und internationalen) Kunst versammelt.

Sir Walter Scott – der Romantiker

Noch eine Erfindung geht auf das Konto eines Schotten: der historische Roman. Sir Walter Scott (1771–1832) wuchs in den Borders auf, vollgesogen mit den heldischen, romantischen Balladen seiner Heimat. Und er starb auch dort, auf seinem ›Xanadu‹ Abbotsford, ein Mann des eklektizistischen Sammelns, des Sowohl-als-auch. Ein Grenzgänger zwischen England und Schottland, zwischen realistischer Erzählkunst und dem Geist der Romantik, zwischen schriftstellerischem Genie und abgegriffenen Klischees.

Schon seine frühen Versepen, die Balladen- und Gedichtsammlung ›Minstrelsy of the Scottish Borders‹, ›The Lay of the Last Minstrel‹, ›Marmion, a Tale of Flodden Field‹ und der Welt erster Bestseller in Versform, ›The Lady of the Lake‹, verarbeiten wie die späteren Romane Stoffe aus der schottischen Geschichte, mit Vorliebe aus den Borders.

Wo der Genius dichtete: Sir Walter Scotts Arbeitszimmer in Abbotsford House

Sir Walters Erzählkunst machte die Schönheiten seiner Heimat in ganz Europa bekannt und zog scharenweise Touristen an jene Orte, an denen seine Helden und Heldinnen litten und liebten. So verschaffte ›The Heart of Midlothian‹ der Heroine Jeanie Deans und dem finstren Edinburgher Tolbooth-Gefängnis Weltgeltung und Besucher aus aller Welt. Das Gleiche gilt für ›Rob Roy‹ und die Trossachs, für ›The Fair Maid of Perth‹. Da der schon zu Lebzeiten hoch geschätzte Scott auch gekrönte Häupter wie George IV. mit Schottischem zu bezaubern wusste, gab er gleichsam den Startschuss für die hannoveranische Tartanmanie. In jeder schottischen Schlossbibliothek finden Sie heute die 29 Bände der zur Zeit der Jakobitenaufstände spielenden Waverley-Romane. Da Scott in seinen letzten sechs Lebensjahren endgültig zum Vielschreiber wurde, um den finanziellen Ruin abzuwenden, füllen seine Werke ganze Bücherregale.

Robert Burns – der Nationaldichter

Zum schottischen Nationaldichter aber avancierte nicht Scott, sondern der Lyriker Robert Burns (1759–1796). Wo Scott von Schottlands Vergangenheit zehrte und Erfolge im Ausland und vorrangig unter den gebildeten Zeitgenossen einfuhr, nahm der in Dumfries and Galloway geborene Burns seine bäuerliche Lebensumwelt zum Thema und wurde auch von den einfachen Leuten außerordentlich verehrt. Für den schottischen Tourismus hat er ebenso viel getan wie Scott. Der für die Französische und Amerikanische Revolution entflammte Freigeist, Frauenheld und Spötter gegen Obrigkeit und presbyterianische Bigotterie war der Sohn eines Bauern und führte den Großteil seines Lebens selbst ein bäuerliches Leben, abgesehen von dem Intermezzo als Steuereinnehmer und Schmugglerjäger auf der Ellisland Farm nördlich von Dumfries.

Im Gegensatz zum Anwaltssohn Scott stilisierte sich Burns gern als ungekünstelten Naturburschen und -dichter, vor allem in Edinburgher Intellektuellenkreisen. Noch heute gilt er vielen Kritikern fälschlicherweise als provinzieller Schmied von kernigen Versen auf den Whisky und unflätigen auf die *lassies* (Scots für ›Mädchen‹). Völlig untypisch für seine Zeit, lehnte er Angeln und Jagen ab und verfasste eine ergreifende Ode auf den ›Wounded Hare‹, einen angeschossenen Hasen – Burns, ein früher Tierschützer und Grüner.

Sein bedeutendstes Werk, die Verserzählung ›Tam o'Shanter‹, berichtet von einem Bauern, der sich nach dem Markt in Ayr so lange in Kneipen herumtreibt, dass er nächtens auf dem Kirchhof von Alloway in einen Hexensabbat stolpert (s. S. 181f.). Was man vordergründig für eine volkstümliche Burleske halten könnte, erweist sich als ein durchgestaltetes satirisches Meisterwerk der Gesellschafts- und Sittenschilderung, das von den verschiedenen Sprachebenen genial Gebrauch zu machen versteht: Im umgangssprachlichen Scots sind die anarchischen, sinnenfrohen Passagen um Suff und Weiber gehalten, zum hochsprachlichen schottischen Englisch greift der distanziert-ironische Erzähler, wenn moralische Sentenzen und puritanische Sittenstrenge gefordert sind.

Robert Louis Stevenson – der Abenteurer

In Braemar, wo er mehrere Wochen Genesungsurlaub verbrachte, fand der Dritte im Bunde der großen schottischen Schriftsteller (1850–1894) nicht die gewünschte Heilung von seinem Lungenleiden. So trieb seine Krankheit ihn aus der Heimat fort in südlichere Gefilde, am Ende gar nach Samoa, wo er als hoch verehrter *tusitala,* als Geschichtenerzähler, starb. Ebenso weit entführen seine mitreißenden Abenteuerromane den Leser, die Scotts Vorbild viel verdanken. Jeder Jugendliche kennt ›Kidnapped‹, dessen Fortsetzung ›David Balfour‹ oder die berühmte ›Schatzinsel‹, ›Treasure Island‹.

Am schottischsten blieb der Sohn eines Edinburgher Anwalts in ›The Strange Case of Dr. Jekyll and Mr. Hyde‹. Der beunruhigend realistische Schauerroman um eine körperlich vollzogene Bewusstseinsspaltung zehrt von der düsteren Edinburgher Kriminalhistorie, insbesondere vom Fall des Deacon Brodie, der tags ein ehrbarer Bürger war und nachts auf mörderische Raubzüge ging. Am Ende wird, wie jeder weiß, Dr. Jekyll, eine Stütze der Gesellschaft, seines verbrecherischen, hässlichen Selbst in Gestalt von Edward Hyde nicht mehr Herr. Mit großem psychologischem Spürsinn stellte Stevenson hier die verlogene Bürgermoral bloß.

Hugh MacDiarmid – der Poet

Auf ihre schottischen Wurzeln wollten die Schriftsteller der ›Schottischen Renaissance‹ in den 1920er Jahren literarisch zurückgreifen. Hugh MacDiarmid alias Christopher Murray Grieve (1892–1978), der von 1922 an Lyrik auf Scots schrieb, war ihr einflussreichster Vertreter. In seinem Hauptwerk, dem langen Gedicht ›A Drunk Man Looks at the Thistle‹, verstand er es, die verschiedenen mündlichen Scots-Dialekte zu einer neuen, nationalen Kunstsprache zu vereinigen. Sein Werk ist schier unübersetzbar, so dass er außerhalb Schottlands kaum bekannt ist. Der streitbare Autor, der jahrelang unter ärmlichsten Verhältnissen u. a. auf Shetland lebte, forderte seine Landsleute auf, über ihre rückwärtsgewandte Gartenzaunperspektive hinweg europäisch und fortschrittlich zu denken. In diesem Rahmen wollte er die Wiedergeburt der *Scottishness* in die Wege leiten.

Moderne Literatur: von Junkies und Zauberprinzen

Die zeitgenössische schottische Literaturszene konzentriert sich in Edinburgh und Glasgow. Edinburgh wurde 2005 sogar zur ersten Welt-Literaturstadt der UNESCO ausgerufen – als ›Stadt der Eingebung und der Dichter‹ pries Delegationsmitglied und Bestsellerautor Ian Rankin (geb. 1960) seine Heimatstadt. Der ›König des Tartan Noir‹ schildert keine heile Mittelklassewelt, sein Inspektor Rebus ermittelt in einem düsteren, korrupten Edinburgh und trinkt in der schäbig-kultigen Oxford Bar. Auf Deutsch sind Rankins Krimis bei Goldmann erschienen.

Irvine Welsh (geb. 1958) wuchs im Edinburgher Arbeiterviertel Muirhouse auf und porträtiert in seinen Romanen wie dem erfolgreich verfilmten ›Trainspotting‹ die Welt der Malocher und Junkies. Auch der Glasgower James Kelman (geb. 1946) widmet seine deftig-provozierende Prosa den Verlierern des modernen Lebens und zeichnet eine pessimistische Momentaufnahme des großstädtischen Schottland.

Iain Banks (geb. 1954) wurde in Dunfermline geboren und lebt in North Queensferry. Seine Science Fiction-Romane um die so genannte Kulturwelt und seine Thriller stürmen in Großbritannien regelmäßig die Bestsellerlisten, in Deutschland ist ihm weniger Erfolg beschieden. Blutrote Gesinnung, pechschwarzer schottischer Humor, ein Feuerwerk von Ideen, absurden Verwicklungen und Gewaltszenen kennzeichnen seine Romane von seinem ersten großen Erfolg ›Wespenfabrik‹ an.

Joanna K. Rowling (geb. 1966), die literarische Mutter von Zauberlehrling Harry Potter, ist gebürtige Engländerin, lebt jedoch seit 1993 in Schottland. Als sie noch eine arbeitslose, allein erziehende Mutter war, schrieb sie u. a. im alternativen Edinburgher Café Elephant House an ihrem Mega-Bestseller. Das Scottish Arts Council gewährte ihr den höchsten Druckkostenzuschuss, den je ein Kinderbuch erhalten hat. 2006 las sie auf Edinburgh Castle aus ihrem sechsten Harry-Potter-Band.

Scotland – the Movie

Dass Schottland auf der Landkarte der internationalen Filmindustrie als markanter Punkt erscheint, ist weniger eigenen Produktionen als seiner Beliebtheit als Location zuzuschreiben. Vor allem die Highlands and Islands um Glen Nevis und Glencoe boten und bieten romantische Landschaften zuhauf.

Zwei Filme haben das Schottland-Bild in die Welt transportiert, wie kaum eine Fremdenverkehrswerbung es vermag: ›Local Hero‹ vom schottischen Regisseur Bill Forsyth (1983), gedreht u. a. in Pennan an der Nordküste von Grampian mit Burt Lancaster, und ›Highlander‹ von Russell Mulcahy (1986) mit Christopher Lambert in der Titelrolle und Sean Connery als seinem Mentor. Bilder wie die, wenn der langmähnige Highlander über die Brücke ins Eilean Donan Castle einreitet, dürften mehr Besucher nach Schottland gelockt haben als alle kunstgeschichtlichen Highlights zusammen. Wahre Kassenschlager waren die Blockbuster ›Braveheart‹ von Mel Gibson (1995), ›Rob Roy‹ von Michael Caton-Jones (1995), der Nessie-Film ›Loch Ness‹ von John Henderson (1995) und natürlich die Harry-Potter-Verfilmungen der letzten Jahre.

Andere Filme wie die Dr. Jekyll and Mr. Hyde-Adaptation ›Mary Reilly‹ von Stephen Frears (1996) mit Julia Roberts und John Malkovich nutzen Edinburghs düstere Kriminalgeschichte und nicht minder düstere *closes,* ›Shallow Graves‹ von Danny Boyle (1994) die hintergründige Fassade von Edinburghs New Town. Hier wie in ›Trainspotting‹ (1996), der Geschichte um Glasgower Junkies und Loser, spielte der Star-Schotte Ewan McGregor die Hauptrolle. Das Produzententeam bestand aus dem Engländer Danny Boyle und den Schotten Andrew Macdonald und John Hodge. ›Breaking the Waves‹ von Lars von Trier (1996) setzt vor Locations in Nordwestschottland und Skye in Szene, wie Bess, gespielt von Emily Watsons, nach und nach in einen tödlichen Sog gerät. Ölindustrie und freikirchlicher Puritanismus sind dominante (schottische) Themen in diesem Meisterwerk.

Auf der von VisitBritain herausgegebenen ›Movie Map‹ sind Drehorte von Filmen verzeichnet, die in Schottland (und Großbritannien) entstanden sind. Eine Karte und Informationen führen u. a. zu den Schauplätzen von ›The Prime of Miss Jean Brodie‹ und ›Greystoke‹ (www.scotlandthemovie.com).

Essen und Trinken

Die schottische Küche hat mehr zu bieten als Haggis und Whisky. Frische Produkte – vom Fleisch des Aberdeen-Angus-Rinds über fangfrische Meeresfrüchte bis zu Beeren – werden auf traditionelle schottisch-französische Weise oder im trendigen Fusion-Stil zubereitet und lassen Gourmets aus aller Welt das Wasser im Mund zusammenlaufen.

Schottisches Frühstück

Einen guten Tagesanfang garantiert das reichhaltige *cooked* oder *Scottish breakfast.* Die Standardversion wird von jeder B & B-Wirtin serviert: Auf Obstsaft und *cereals* (Müsli etc.) folgen Spiegelei, Würstchen, Speck, Pilze, Tomate, Leber- und Blutwurst, dann Toast mit gesalzener Butter und Orangenmarmelade sowie Tee oder Kaffee. In teureren Unterkünften gibt es außerdem Grapefruitschnitze, eingelegte Dörrpflaumen, Minutensteaks, Lachs mit Rührei u. a. m.

Auf alte Fischertraditionen gehen die *kippers* (Räucherheringe) und *smoked haddock* (in Milch gegarter Räucherschellfisch). Hotels in den Städten gehen immer mehr dazu über, das Frühstück in Büfettform zu servieren. In manchen Country House Hotels ist das Frühstück eine Offenbarung: selbst gemachte Marmeladen, geräucherter Schinken, duftende Pfannküchlein und Heidelbeer-Muffins künden von exzellentem *home cooking*. Die meisten Unterkünfte bieten auch Frühstücksvarianten für Vegetarier an, u. a. den traditionellen britischen *porridge,* einen warmen Haferbrei.

Traditionelle schottische Küche

Während man vor einem Jahrzehnt noch Probleme hatte, traditionelle schottische Gerichte in den Restaurants zu bekommen, zeigt die Besinnung auf *Scottishness* nun auch auf dem kulinarischen Sektor Wirkung. Immer mehr Restaurants bieten Haggis und andere regionale Spezialitäten an. *Cock-a-leekie* ist eine Suppe mit Hühnerfleisch, Lauch und Backpflaumen, die *Scotch broth,* eine Graupen-Gemüsesuppe mit Hammelschulter oder -hals. Die sahnige Räucherfisch-Kartoffelsuppe *Cullen skink* stammt von der Nordostküste Grampians, die geräucherten Schellfische *Arbroath smokies* schmecken am köstlichsten an der Ostküste nördlich von Dundee.

Am häufigsten essen die Schotten jedoch schmackhaft mit Zwiebeln und Möhren zubereitetes Hackfleisch mit Bratensauce und gebuttertem Kartoffelpürree, *mince and tatties.* Zum Hack wird gern ein Mus aus Kartoffeln und Zwiebeln gegessen: *stovies.* Auch Fleischpasteten – *pies* oder *bridies* – erfreuen sich großer Beliebtheit.

Eine uralte schottische bzw. britische Institution ist der *high tea* zwischen 17 und 18.30 Uhr. Die Kombination aus Kaffeetrinken und Abendessen mit Kuchen, Sandwiches und warmen Tellergerichten ist eine interessante Art von Mahlzeit, wenn auch kulinarisch nicht besonders hochstehend.

Hafer und Haggis

Das traditionelle schottische Getreide ist der Hafer. Er findet sich in den beliebten Haferkeksen *(oatcakes, bannocks),* in dem Dessert *cra-*

nachan, einer süßen Versuchung aus Sahne, geröstetem Haferschrot und Himbeeren, und in der *Atholl brose,* einem sämigen Nachtisch aus Honig, Whisky und passiertem Haferflockenbrei – und im Nationalgericht Haggis. Das ›große Oberhaupt des Presswurst-Clans‹ (Robert Burns) ist traditionell ein etwa fußballgroßer Schafsmagen, gefüllt mit Hafermehl, Zwiebeln und Innereienhack – *haggis* kommt von französisch *haché,* gehackt. Dazu isst man Kartoffelpürree mit Butter und Rübenpürree. *Haggis, tatties and neeps* heißt die pürierte Dreieinigkeit auf Schottisch. In Delikatessen- und Lebensmittelläden bekommt man Haggis aber auch in handlicheren Größen. Viele Restaurants sind dazu übergegangen, zeitgenössische Varianten zu kreieren, die Innereien durch Fleischhack oder Gemüse und den Schafsmagen durch Wan-Tan-Blätter zu ersetzen oder die Wurst scheibchenweise scharf anzubraten. Die pure alte Variante jagt angeblich auch manchem Schotten Schauer über den Rücken.

Die Schätze des Landes

Die schottische Küche stellt auch den verwöhntesten Gourmet zufrieden, vorausgesetzt, man wählt die richtigen Restaurants. Vor allem Edinburgh und Glasgow bieten eine zeitgenössische, hoch entwickelte Restaurantszene. Die seit dem Mittelalter bestehende *Auld Alliance* zwischen Schottland und Frankreich hat generell eine erfreuliche Distanz zur englisch-britischen Gasthausküche mit großen Fleischlappen, salzlosem Gemüse und Fritten ergeben. Die gibt es zwar auch noch, aber meist in Pubs oder touristischen Nepplokalen.

Basis der schottischen Küche ist die Frische und Qualität ihrer Zutaten. In den empfehlenswerten Restaurants werden zartes Borders-Lamm, Wild und Wildgeflügel aus den Highlands und die berühmten Aberdeen-Angus-Rinder auf schmackhafte Weise zubereitet. Die Bratensaucen sind meist reichhaltig, mit Sahne gebunden und mit Whisky oder Beeren aromatisiert. Beliebte Kombinationen sind Süßes und Fleisch wie Ente mit Orange, Schwein mit Apfel, Hase mit Beeren und Thymian oder Hirsch mit Aprikose.

Fluss oder Meer sind nirgendwo weit, und die schottischen Köche verstehen es ganz besonders, Mies- und Jakobsmuscheln, Austern, Garnelen, Petersfisch, Hecht, Forelle und Engelbarsch zuzubereiten. Die Palette der Fischgerichte, die aus der fangfrisch angelieferten Ware gezaubert werden, reicht vom ›einfachen‹ Räucherlachs bis zu komplizierten Hummerkreationen.

Farmhouse cheese, von Bauern aus der Milch der eigenen Herde in Handarbeit hergestellte Käse, werden mit Obst und *oatcakes*, den trockenen kleinen Hafermehlbiskuits, serviert. Auf manchem *Scottish cheese board* eines Landhaushotels stehen Köstlichkeiten wie ein *Farmhouse Cheddar* vom Mull of Kintyre, Käse aus Orkney, Mull oder Arran, ein neun Monate gereifter, im Tuch eingebundener Dunlop, ein milder, organisch produzierter *Loch Arthur-Cheddar* oder ein läufigweicher *Bishop Kennedy,* dessen Rinde mit Whisky eingerieben wird.

Aus fernen Ländern

Fusion oder *crossover cooking* ist der kulinarische Trend der letzten Jahre, der vor allem in den Großstädten ein breites Marktsegment erobert hat. Aber auch aus der innovativen Landhausküche sind fernöstliche Zutaten wie Koriander, Chili und Wan Tans oder mediterrane Spielereien um Ziegenkäse, Knoblauch und Olivenöl kaum noch wegzudenken.

Aus der britischen kolonialen Vergangenheit heraus erklärt sich die Vielzahl von indischen Restaurants im Land. Sie bieten in der Regel eine wesentlich authentischere Küche, als man es meist von den Restaurants aus Deutschland gewöhnt ist.

›China-Syndrom‹ nannten manche Gastrokritiker die Welle von Thai-Restaurants und preiswerten chinesischen Kantinen für den Lunch, die in den letzten zwei, drei Jahren den preiswerten Sektor der Edinburgher und Glasgower Restaurantszene bereicherten.

Zum schottischen Afternoon Tea werden z. B. Scones oder Tartes gereicht

Darüber hinaus haben längst auch Pizza, Pasta und Bruschetta die schottischen Küsten erreicht. Die italienische Küche mit ihren Anmutungen von Wärme und Mittelmeer ist bei den Schotten sehr beliebt, und in den Städten gibt es exzellente Restaurants.

Tea und Coffee Houses, Bistros und Bars

Ein unseren Cafés entsprechendes Tea House gibt es in jeder kleineren Stadt, auf dem Land oft abgelegen in einem B & B oder neben einem Laden oder einer Tankstelle. Hier nimmt man den *afternoon tea* ein, traditionell mit Tee oder Kaffee, in den Städten immer öfter auch mit *caffè latte* oder Cappuccino. Häufig sind die Karotten-, Ingwer-, Kokos- oder Schokoladen-Küchlein selbst gebacken. Die Schotten sind als Liebhaber von süßen Sachen und Kuchen bekannt, so der *fudges,* karamellartiger Zuckerriegel, oder des salzigen Buttermürbegebäcks *shortbread*. *Scones* mit oder ohne Rosinen werden in Schottland mit gesalzener Butter und fruchtiger, roter Marmelade *(jam)* meist ohne die in England übliche Sahne verzehrt. Viele *tea rooms* offerieren auch eine kleine Lunchkarte mit warmen Gerichten.

Dies gilt auch für die vor allem in den Städten anzutreffenden Cafés und Bistros, die nicht allzu teure, modern und frisch zubereitete Speisen anbieten. Das kann von kleinen Snacks wie Sandwiches und Tacos bis zu ausgefeilten Menüs mit Fisch und Fleisch reichen. Die Übergänge zwischen Café-Bars, Bar-Restaurants und DJ-Bars sind fließend. Tagsüber Espresso und Lunch, abends Wein und Dinner, später legen DJs auf und es wird getanzt – dieses Allround-Programm ist der neueste urbane Trend.

Wasser des Lebens: Whisky

Fromme mittelalterliche Mönche sollen das Rezept des *uisce beatha* aus dem keltischen Nachbarland Irland herübergebracht haben, drei Berufe sollen nach den englischen Brennverboten im 18. Jh. in Schottland entstanden sein: Steuereintreiber, Schwarzbrenner und Schmuggler. Die Geschichte des schottischen Whiskys ist voll von mehr oder weniger frommen Legenden.

Tropische Hitze und ein atemberaubender Geruch nach Gülle mit Maggi herrschen in der Halle mit den 159 000 l fassenden Eichenfässern der Destillerie Glenfiddich in Dufftown (s. S. 272f.). Was so riecht, ist die Maische in den riesigen *mash tuns*. In ihnen wird das getrocknete Malz, zu Malzschrot *(grist)* gemahlen, mit heißem Wasser versetzt, so dass sich die Stärke des Getreides in Zucker verwandelt. Die so entstandene süße Würze, *wort*, kommt in andere Riesenbottiche, die *washbacks*. Hier wird dann durch Zusatz von Hefe der Gärungsprozess eingeleitet. Am Ende scheint ein lebendiger, brodelnd weißer Bakterienschaum aus den Bottichen hochzukriechen.

Bevor es dazu kommt, muss jedoch, die unabdingbare Zutat für einen schottischen Whisky, die Gerste gemälzt werden. Da viele Brauer das heute nicht mehr selbst machen, wechseln wir zur Highland Park Distillery (s. S. 346) bei Kirkwall auf Orkney. Auf der von Säulen getragenen Mälztenne, den *floor maltings*, wird die in Wasser eingeweichte Gerste zum Keimen ausgebreitet und regelmäßig gewendet. Was bis 1959 per Hand und Schaufel geschah und noch ab und zu für Besucher geschieht, erledigt heute eine Wendemaschine. In gusseisernen Öfen brennen die im nahen Torfstich gewonnenen *Peat*-Soden. Ihr charakteristischer, würzig-milder Duft zieht durch den durchlässigen Boden der *kilns*, der unter jenen typischen Pagodendächern angesiedelten Darren, trocknet und aromatisiert die gekeimte Gerste: voilà, das Malz.

Nun muss die bierähnliche, schwach alkoholhaltige braune *Wash*-Brühe gebrannt werden. Zweimal läuft der präsumptive Whisky durch dickbauchige Kupferbirnen, die Destillierkolben *(pot stills)*, die oben in unproportional mickrige Stummelärmchen auslaufen. Nur der mittlere Teil eines Destillationslaufs zwischen Vorlauf *(foreshot)* und Nachlauf *(feints)*, der durchsichtige Branntwein, kommt zur Reifung in die Eichenfässer, wo er länger als drei Jahre gelagert wird, eine bräunliche Farbe annimmt und seine Schärfe verliert. Durch Verdunstung, den ›Anteil der Engel‹, setzt sich auf allen Gebäuden der Umgebung der charakteristische dunkelgraue Schimmelbelag ab.

Whiskybrennen ist eine Wissenschaft, eine Kunst, ja eine Philosophie, deren Eigenheiten von jeder Destillerie als kostbares Geheimnis gehütet werden. Hier spielt eine Rolle, welches (echt schottische) Quellwasser, welcher (echt schottische) Torf genommen wird, welche Form die *pot stills* haben, wie erfahren der Brennmeister beim Trennen des wertvollen Mittelteils ist, ob Sherry- oder Bourbonfässer verwendet werden, wie lange und in welcher (echt schottischen) Luft der Goldfusel reift.

Single Malt darf sich nur das Erzeugnis aus einer einzigen Brennerei nennen. Anders als

Thema

Whisky-Destillerie auf Islay

beim Wein schmeckt der Single Malt einer Marke immer gleich. Dies wird durch eine Mischung verschiedener Fässer erreicht. Noch teurer ist eine *Single Cask*-Abfüllung, die wie beim Wein die Unterschiede je nach Jahrgang bewahrt und für die wahren Connaisseure gedacht ist. Die *cask strength* kann schon mal bis zu 60 % Alkohol reichen, für den Verkauf wird er durch Wasserbeimischung stets auf 40–43 % verdünnt. Ein Großteil der Produktion geht indes als Verschnitt vor allem in die USA, in den *Blended Whisky* wie Johnnie Walker, der teils aus Gerste, hauptsächlich aber aus anderem Getreide gebrannt wird.

Der Malt in den fantasievoll gestalteten Flaschen der jeweiligen Destillerie – etwa 120 gibt es in ganz Schottland – kann geschlossen bis in alle Ewigkeit, geöffnet nicht länger als ein halbes Jahr aufbewahrt werden. Er wird nie mit Eis, sondern mit einem Schuss Wasser genossen, ›aufgeschlossen‹ heißt das in der Whisky-Fachsprache. Im Allgemeinen schmeckt ein Lowland-Malt milde, ein Islay-Malt kräftig nach Torfrauch, ein Highland-Malt würzig und ein Speyside Malt ein wenig süßlich nach Sherry.

Whisky probieren kann man z. B. in Edinburgh bei Cadenhead's (s. S. 111) und im Scotch Whisky Heritage Centre (s. S. 116), in Glasgow in der Lismore Lounge (s. S. 164), in Elgin bei Gordon & MacPhail (s. S. 269), in Dufftown im Whisky Shop (s. S. 273), in Fort Augustus im Lock Inn (s. S. 299f.), in Inverarnan im Drover's Inn (s. S. 312), in Glencoe im Clachaig Inn (s. S. 313) und auf Islay im Lochside Hotel (s. S. 403).

Pub Grub und Bar Food

Preiswerter und schneller als in Restaurants isst man, vor allem mittags, in Pubs. Das klassische *pub grub* ist eine deftige, internationale Küche, zu der Burger, Pasta, Steaks, Fleischpasteten, Suppen und Nachtisch gehören. Pommes gibt es zu allem, oft auch zu Pizza und Spaghetti Bolognese. In vielen Pubs herrscht noch das britische Einheitsmenü aus Steak, Pommes und salzfreiem Gemüse vor. Doch vor allem in den Städten haben viele Pubs ihr Menü entrümpelt und kochen leichter und zeitgemäßer oder servieren internationale Standardkost wie Tacos, Curries, Salate. Alles läuft über Selbstbedienung an der Theke: Dort bestellt man, zahlt und holt sich die Teller ab.

Daneben bieten auch zahlreiche Hotels neben ihren Restaurants in der Bar eine preiswertere, vereinfachte Variante aus derselben Küche *(bar menu).*

Fast Food

Der *Chippy* ist eine (britisch-)schottische Institution. Für wenig Geld erhält man *fish 'n' chips,* das sind große, in Fett ausgebackene Weißfischstücke in Panade, dazu Pommes, wenn man nicht aufpasst, mit Essig *(vinegar).* Wenn man eine der Kult-Fischbrätereien wie

Viele Pubs bieten neben Getränken auch Speisen an, Pub Grub genannt

Ashvale in Aberdeen besucht, kann der fangfrische Fisch durchaus schmecken.

Bis hinein in die kleineren Orte haben sich Hamburger- und sonstige Fast Food-Ketten sowie chinesische oder indische Takeaways ausgedehnt.

Please wait to be seated!

Man steuert im Restaurant nicht direkt auf einen Tisch zu, sondern wendet sich an den Ober, der einen dann platziert. In renommierten Restaurants sollte man unbedingt vorher reservieren. In manchen Country House Restaurants studiert man die Speisekarte *(menu)* bei einem Gin Tonic in der Bar, manchmal vor einem prasselnden Kaminfeuer, bevor man an den gedeckten Tisch gebeten wird. Die Gänge werden auch in den guten Restaurants recht rasch hintereinander serviert. Lange Pausen wie in französischen Restaurants sind unüblich.

Nach dem Essen trinken die Damen traditionell Kaffee – normalen Milchkaffee, keinen Espresso – oder Tee, die Herren dasselbe oder Whisky. In Landhaushotels steht einem die Möglichkeit offen, dies im Salon *(drawing room)* einzunehmen und einen höflichen Small Talk mit den anderen Gästen zu führen.

Wenn Sie in der Rechnung *(bill)* den Passus *service included* finden, sind bereits 10–15 % Bedienung eingerechnet. Wenn nicht, sollte man diesen Betrag in etwa hinzufügen, vorausgesetzt der Service war zufriedenstellend. Feste Regeln gibt es jedoch in Schottland nicht, was einen gewissen Spielraum lässt.

Lunch gibt es in Restaurants und Pubs meist zwischen 12 und 14, Dinner zwischen 18 und 21 Uhr. Die Restaurants schließen recht früh, gegen 21.30/22 Uhr – sogar in Edinburgh –, auf dem Land, auch im Sommer, manchmal noch früher. Hier ist der Takeaway oft die einzige Möglichkeit, nach 20 Uhr noch etwas zu essen zu bekommen. Häufige Schließtage sind Sonntag und Montag.

Beim Restaurantbesuch kann man sparen: Lunch ist stets billiger als das Abendessen. Mittags und abends steht man sich preislich mit einem Menü *(fixed menu)* besser als à la carte, allerdings bieten nicht alle Restaurants Menüs an. In Städten mit Theater, vor allem Edinburgh, steht häufig ein abgespecktes Pre oder Post Theatre-Menü (17.30–19 bzw. ab 21.30 Uhr) auf der Speisekarte.

Pubs

Die zahlreichen Pubs sind einer der touristischen Pluspunkte Schottlands. Hier kommt man leicht mit den Schotten ins Gespräch, entspannt bei einem Single Malt, einem *Drambuie,* das ist ein Likör auf Whiskybasis, oder einem Bier vom Zapfhahn *(draught)*. Man trinkt ein *pint* (0,586 l) oder ein *half*. Es gibt Stout (Starkbier, z. B. das irische Guinness), Lager (vergleichbar dem Exportbier), das dünne, helle Ale oder seltener Scottish Heather Ale: Das schon für das Neolithikum nachgewiesene, bernsteinbraune, würzige Gerste-Heide-Gesöff mit der Honignote kann nur zwischen Juni und Oktober gebraut werden.

Viele Pubs bieten eine Auswahl starker, frisch gebrauter Real oder Cask Ales aus dem Fass an. Das Orkney-Bier ›Skullsplitter‹ haut mit 8,5 % Alkoholgehalt – wie sein Name verspricht – mächtig rein, die üblichen Marken ›Tennent's‹, ›McEwans‹ oder ›Youngers‹ haben um die 4 %.

Alkoholfrei ist der orangefarbene, kohlensäurehaltige Softdrink ›Barr's Irn-Bru‹ (von *iron brew,* ›eisernes Gebräu‹), den die Schotten häufiger als Coca Cola trinken und den man unbedingt probieren sollte!

Meist ist das *public house,* so der offizielle Name, in einen Barbereich und eine Lounge mit Hockern, Bänken und Tischen unterteilt. Wenn ein Schild im Pubfenster ›Music tonight‹ verkündet, kann man im Allgemeinen ab etwa 21/22 Uhr Liveklängen lauschen – geboten wird alles von Country über Rock zu Folk. Die Lounge-Bars der Hotels sind meist etwas feiner und teurer, in vielen abgelegenen Orten aber der einzige und gar nicht steife Treffpunkt.

Kulinarisches Lexikon

Beim Frühstück

bacon	gebratener Speck
baked beans	weiße Bohnen in Tomatensauce
black pudding	Blutwurst mit Hafergrütze, in Scheiben
cereals	Müslisorten
coffee	Kaffee
cooked breakfast	gebratenes Frühstück
egg, boiled	Ei, gekocht,
egg, scrambled/fried	Spiegelei, Rührei
jam	Marmelade
juice	Obstsaft
kipper	heißer Hering
milk	Milch
marmelade	Orangenmarmelade
mushrooms	Pilze
porridge	warmer Haferbrei
prunes	süß eingelegte Trockenpflaumen
rolls	Brötchen aus weichem Weißbrot
sausages	kleine Würstchen
smokies	heißer Räucherfisch
sugar	Zucker
tea	Tee
tomatoe	gebratene Tomate
white pudding	gebratene helle Wurst, meist als Hack

Im Restaurant

Aberdeen-Angus-Beef	Fleisch von schottischen Rindern, beliebt bei Gourmets
asparagus	Spargel
basil	Basilikum
beef	Rindfleisch
betroot	Rote Beete
Brussels sprouts	Rosenkohl
cabbage	Kohl
cheddar	Hartkäse zwischen Gouda und Gryerzer
cheeseboard of Scottish farmhouse cheeses	Käseplatte aus schottischen Käsespezialitäten
chicken (supreme)	Hähnchen(filet)
chutney	Würzpaste aus Essig, Zucker, Gewürzen und Früchten
celeriac puree	Selleriepürree
duck	Ente
gammon steak	schwach gepökelter Schinken
garlic	Knoblauch
ginger	Ingwer
goat's cheese	Ziegenkäse
gravy	Fleischfond, Bratensauce
hare with chestnut	Hase mit Kastanien
horseraddish	Meerrettich
lemon	Zitrone
liver	Leber
mains	Hauptgerichte
mash	Kartoffelpürree
minced beef	Rinderhack
mint sauce	Pfefferminzsauce
mustard	Senf
onion marmelade	süß eingelegte Zwiebeln
pheasant	Fasan
pepper	Paprika
pie	Pastete, z. B. mit Steak, Pilzen, Huhn gefüllt
poached	gedämpft
pork chops with apple sauce	Schweinekoteletts mit Apfelsauce
potatoes	Kartoffeln
rack of lamb	Lammrücken
rowanberry	Vogelbeere
side dishes	Beilagen
starters	Vorspeisen
sun-dried tomatoes	getrocknete Tomaten
veggie mains	vegetarische Hauptgerichte
venison	Wild

Fisch und Meeresfrüchte (Seafood)

catch of the day	Tagesfang
cod	Kabeljau
crab claws	Krabbenscheren
fishcake	Fischpastete
fish 'n' chips	Weißfisch in Panade ausgebacken mit Pommes Frites
haddock	Schellfisch
lobster	Hummer
monkfish	Mönchsfisch
mussels	Miesmuscheln
oysters	Austern
plaice	Scholle
razor clams	Schwertmuscheln
prawns	Garnelen
salmon	Lachs
scallops	Jakobsmuscheln
sea bass	Seebarsch
smoked salmon	Räucherlachs

Süßspeisen

carot cake	Karottenküchlein
cheesecake	Käsekuchen
chocolate cake	Schokoladenkuchen
crannachan	Himbeeren, Schlagsahne und gerösteter Hafer
fudge	karamelartige Süßigkeit
ginger cake	Küchlein mit Ingwer
muffins	kleine Rührteigkuchen
pancake	kleine Pfannkuchen
pudding	generell für Dessert, auch für süße oder salzige Pastete
rhubarb tart	gedeckter Rhabarberkuchen
scones	runde, hohe Küchlein, aus Mehl, Butter, Zucker, manchmal mit Rosinen
shortbread	salziges Buttermürbegebäck

Schottische Spezialitäten

bannocks	runde, flache Haferkekse
bridie	Pastete mit Fleisch, Kartoffeln und Zwiebeln
cock-a-leekie	Suppe mit Hühnerfleisch, Lauch und Backpflaumen
Cullen skink	Räucherfischsuppe
haggis	Presswurst aus Innereien und Hafermehl
neeps	Scots für Rüben
oatcakes	Haferkekse
Scotch broth	Graupen-Gemüsesuppe
tatties	Scots für Kartoffeln

Im Pub

ale	rötliches bitteres leichteres Bier
cask ale	starke, frisch gebraute Ales
cidre	Apfelbier
drambuie	Likör auf Whiskybasis mit Honig
draught	Bier vom Zapfhahn
half	ein halbes Pint oder ein Glas
heather ale	Heide-Ale aus Gerste, Heide und Honig
high stool	Barhocker
Irn-Bru	die schottische Antwort auf Coca-Cola: alkoholfreier, orangefarbener, kohlensäurehaltiger Soft Drink
lager	Art Exportbier
real ale	starkes, frisch gebrautes Ale
single malt	Malzwhisky einer Destillerie
stout	dunkles Starkbier

Ein lohnendes Ziel für ornithologisch Interessierte: die Isle of Skye

Wissenswertes für die Reise

Infos im Internet

Landeskennung für ganz Großbritannien: .uk

Websites in Deutsch

www.visitscotland.com/de
Die offizielle Website von VisitScotland bietet eine Fülle von Infos in den Rubriken Unterkünfte (mit Online-Buchung), Sehenswürdigkeiten, Veranstaltungen, Reisen nach und in Schottland, dazu Online-Shop, Routenplaner, Bücherkauf im Britain Shop und einen Währungsrechner.

www.schottlandportal.de
Ständig aktualisierte Seite von einem privaten Anbieter mit Informationen über Wirtschaft, Natur, Politik und Kultur, Schwerpunkt: Inseln und Nordschottland.

Websites in Englisch

www.scotland-info.co.uk
Jede Menge touristische Infos zu ganz Schottland – Unterkunft, Einkauf, Reise, Kultur, Aktivitäten – und zahlreiche Links; man sucht nach Schlagwörtern oder Orten.

www.travelscotland.co.uk/index.htm
Vielerlei nützliche Tipps – von Autovermietung bis zu *stag and hen parties* (s. S. 91). Der Schwerpunkt liegt auf der Unterkunftssuche.

www.undiscoveredscotland.co.uk
Ein erstaunlich kompletter Schottland-Reiseführer mit Forum, Wandervorschlägen und Rezepten, Schwerpunkt: Unterkunft. Man wählt einen Ort per Karte aus und bekommt ausführliche, fundierte Infos.

www.nts.org.uk
Website des National Trust for Scotland, in dessen Obhut über 100 Sehenswürdigkeiten und über 70 000 ha Naturlandschaft sind, mit Bildern, Öffnungszeiten, Preisen.

www.historic-scotland.gov.uk
Website von Historic Scotland, in deren Obhut die meisten prähistorischen und mittelalterlichen Denkmäler sind, mit Bildern, Öffnungszeiten und Preisen.

www.scotland.gov.uk
Website der schottischen Regierung mit vielen Infos u. a. zu Kultur, staatlicher Organisation, Wirtschaft, Parlament und aktuellen politischen Fragen, Tourismus, Umwelt, Fischerei.

www.ceolas.org/ceolas.html
Die Website widmet sich der keltischen Musik weltweit, also auch der Musik von Irland, der Bretagne, Galicien etc. Neben Noten, Tanz, Instrumenten und Tipps zu Livemusik-Events gibt es eine Liste schottischer Folkinterpreten.

www.metoffice.com
Diese Website bringt einem das schottische Wetter auf den Computerbildschirm.

www.scotweb.co.uk
Hier bieten mehrere Firmen ihre schottischen Produkte an: Kilts, Tartans, Golfausrüstung, keltischen Schmuck und Mackintosh-Design. Bemerkenswert sind die ausführlichen historischen Erläuterungen. So steht bei Lion Rampant, einem Kiltfabrikanten, ein Exkurs zu dem heraldischen Löwen in der schottischen Flagge.

www.stonepages.com/scotland
Führer zu den wichtigsten prähistorischen Denkmälern wie Brochs, Siedlungen, Gräbern, Steinkreisen und Steinreihen.

www.scotchwhisky.net
Neben Geschichte, Herstellung und Neuigkeiten aus der Whiskyindustrie führt die Website eine A–Z-Liste der Single Malts und Destillerien sowie Bezugsquellen für das ›Wasser des Lebens‹ auf.

www.yell.co.uk
Das britische Online-Telefonbuch mit Firmen- und Privatanschlüssen und Lokalisierung auf einer Karte; zu beachten ist, dass bei Einträgen die Apostrophe weggelassen werden.

www.travelinescotland.com
Reiseplaner mit Links zu allen Verkehrsanbietern (Flug, Bahn, Bus, Fähre, Radfahren).

Fremdenverkehrsämter

In Deutschland

VisitBritain
Hackescher Markt 1, 10178 Berlin
Tel. 018 01/46 86 42
Fax 030/31 57 19 10
gb-info@visitbritain.org
www.visitbritain.com/de

In Österreich

Britain Visitor Centre
Siebensterngasse 21, 1070 Wien
Tel. 08 00/007 007 007 (kostenlos)
Fax 01/533 26 16 85
a-info@visitbritain.org
www.visitbritain.com/at

In der Schweiz

VisitBritain
Badenerstr. 21, 8004 Zürich
Tel. 08 44/007 007 (Ortstarif)
Fax 043/322 20 01
ch-infovisitbritain.org
www.visitbritain.com/de

In Schottland

Visit Scotland
23 Ravelston Terrace
Edinburgh EH4 3TP
Tel. 0131/332 2433
www.visitscotland.com
Der Reservierungsservice und Informationsdienst für ganz Schottland ist nur telefonisch (oder postalisch) zu erreichen – kein Besucherservice. Dieser wird von einem Netz von 170 Touristenbüros in Schottland betrieben. Ihre Mitarbeiter helfen dem Urlauber vor Ort mit Unterkunftsbuchung (gegen geringe Gebühr), Broschüren, Landkarten, Büchern, Auskünften zu Veranstaltungen, Rundreisen, Ausflügen u. v. m. Sehr gut sind auch die Infos zu Aktivitäten wie lokalen Wanderungen, Fahrradtouren, Angeln und Golf. Meist gibt es eine Souvenirabteilung. Die Büros sind in der Regel Mo–Fr 9–16 Uhr geöffnet, im Sommer oft abends und an Wochenenden länger, kleinere Büros nur während der Saison (meist Ostern–Okt.).

Karten

Die Kümmerly+Frey-Karten im Maßstab 1 : 250 000 decken mit vier Blättern ganz Schottland ab und ermöglichen das Auffinden selbst kleinerer Orte. Für Wanderer oder Leute, die eine bestimmte Region ganz genau erkunden wollen, sind in Tourist Offices oder Buchhandlungen die Karten des Ordnance Survey im Maßstab 1 : 50 000, Landranger, sowie 1 : 25 000, Explorer, erhältlich.

Lesetipps

Sachbücher

Eickhoff, Mathias: ›Wandern in Schottland‹, DuMont Reiseverlag, Köln 2003.

Herman, Arthur: ›How the Scots invented the modern world‹, Fourth Estate Ltd., London 2003. Ein leidenschaftlicher Bewunderer des schottischen Erfindungsgeistes mit Schwerpunkt auf dem 18./19. Jh.

Lerner, Daniel: ›Schottischer Whisky‹, Tandem, Königswinter 2005.

Ohff, Heinz: ›Gebrauchsanweisung für Schottland‹, Piper, München 2002. Eine Bestandsaufnahme der schottischen Seele und schottischer Eigenheiten.

Seehase, Hagen/Oprotkowitz, Axel: ›Die Highlander‹. Mit vielen Anekdoten gewürzte Geschichte der größten Highland-Clans. Dieselb.: ›Schottische Geschichte‹ (5 Bde.), beide Mediengruppe König, Greiz 2005.

Zweig, Stefan: ›Maria Stuart‹, Fischer TB, Frankfurt 2000. Die romantische Biographie entspricht in ihrer Parteinahme für die schottische Königin nicht dem neuesten Forschungsstand, liest sich aber fast wie ein Roman.

Belletristik & Reiseberichte

Banks, Iain: ›Verschworen‹, Goldmann, München 2000. Der Edinburgher Reporter Cameron Colley klärt bizarre Morde auf – ein weiterer unter die Haut gehender Thriller des schottischen Subkulturstars.

Barker, Elspeth: ›O Caledonia‹, Residenz Verlag, Salzburg, 2000. Der traurige Roman über eine Kindheit in Schottland ist eine Art Kontrastprogramm zu Rosamunde Pilchers Country Style-Welt.

Boswell, James: ›Dr. Samuel Johnson‹, darin ›Tagebuch einer Reise nach den Hebriden‹, C.H. Beck Verlag, München, 1985 (antiquarisch). Der bärbeißige ›englische Goethe‹ bereiste mit seinem Adlatus Boswell 1773 die Hebriden und urteilte ganz ohne romantische Verklärung über die ›unzivilisierten‹ Highlands. Sein ätzender Humor trifft das schottische Wetter und Essen auf erfrischende Weise.

Brown, George Mackay: ›Greenvoe‹, Polygon, Edinburgh 2004 (engl.). Der große Dichter der Orkney-Inseln (1921–1996) schöpfte die Inspiration für seine kunstvoll-schlichten Romane und Erzählungen aus der Natur und den Menschen des nördlichen Archipels. Er schildert auf unnachahmliche poetisch-geheimnisvolle Weise, wie das fiktive Orkney-Dorf Greenvoe von einem geheimen unterirdischen Militärprojekt verschlungen wird.

Buchan, John: ›Die neununddreißig Stufen‹, Diogenes, Zürich 2004. In dem klassischen Thriller flieht Richard Hannay vor deutschen Spionen durch die Bergmoore von Dumfries.

Damm, Sigrid: ›Diese Einsamkeit ohne Überfluss‹, Suhrkamp, Frankfurt 2000. Sehr persönlicher Reisebericht der Bestsellerautorin.

Fontane, Theodor: ›Jenseits des Tweed‹, Aufbau Verlag, Berlin 2002. 1860 veröffentlicht, ist dieser Reisebericht noch heute unverzichtbar. Fontanes Beschreibungen von Holyrood Palace, Loch Lomond und Abbotsford sind romantisch und ironisch zugleich. Nach eigenem Bekunden »ging er mit Maria Stuart ins Bett und stand mit Archibald Douglas auf«.

Gabaldon, Diana: ›Feuer und Stein‹, Goldmann, München 2002. Die Highlandsaga mit Fortsetzungen versetzt eine Frau aus dem 20. Jh. in die Zeit der Jakobiterkriege, ein Bestseller mit Herz und viel Schmerz. Vor allem der Geliebte der Heroine, der rothaarige Rebellenführer James Fraser, hat schier Unglaubliches zu erdulden.

Gunn, Neil: ›The Silver Darlings‹, Faber and Faber, London 1999 (engl.). Einer von Schottlands bekanntesten Autoren (1891–1973) berichtet vom Kampf einer verschworenen Gemeinde gegen das Meer und den Großgrundbesitzer. Im Beginn der Heringsfischerei Ende des 19. Jh. sahen viele die einzige Überlebensmöglichkeit in den von den Clearances heimgesuchten nördlichen Highlands.

Hetmann, Frederik: ›Märchen aus Schottland‹, Fischer TB, Frankfurt 2001.

Kelman, James: ›Spät war es, so spät‹, Liebeskind, München 2004. Der 1994 mit dem Booker Prize ausgezeichnete Roman erzählt die tragikomische Geschichte des Glasgower Kleinganoven Sammy, der von der Polizei blind geprügelt wird.

McCall Smith, Alexander: ›In Edinburgh ist Mord verboten‹, Karl Blessing, München 2005. Trotz des blöden Titels ein spannender, humorvoller Krimi des Edinburgher Professors für Medizinrecht; seine ›Detektivin‹ ist Philosophin und ermittelt in Edinburgh. »Miss Marple für Akademiker«, titelte der Spiegel.

Scott, Walter: Trilogie ›Ivanhoe. Das Herz von Midlothian. Quentin Durward‹, Voltmedia, Paderborn 2004. Sir Walters Meisterwerk ›Das Herz von Midlothian‹ (1818) spielt im Schottland der 1730er Jahre. Die aus den Lowlands stammende Kleinbauerntochter Jeanie Deans wächst über sich selbst hinaus, um ihre zu Unrecht verurteilte Halbschwester – das ›Herz‹ ist das Gefängnis von Edinburgh – zu retten.

Spark, Muriel: ›Die Blütezeit der Miss Jean Brodie‹, Diogenes, Zürich 2003. Die Lehrerin Brodie stellt hohe, zu hohe Ansprüche an ›ihre‹ Mädchen. Sie unterteilt die Welt in die

Crème de la crème und den Rest. Absolut mitreißender Meisterroman der in Edinburgh geborenen Autorin von Weltrang.

Torrington, Jeff: ›Schlag auf Schlag‹, Fischer TB, Frankfurt 1997. Der 1935 in dem berüchtigten Arbeiterghetto der Glasgower Gorbals geborene Autor wurde für seinen melancholisch-witzigen Abgesang auf das Glasgow der 1960er Jahre mit dem angesehenen Whitbread-Preis geehrt.

Tschirner, Susanne: ›Lasra und das Lied der Steine‹, Rütten & Loening 2006. Die Steinzeitsaga spielt 2353 v. Chr. auf den Orkney-Inseln. Während der harmonische Lebens- und Gesellschaftsentwurf der neolithischen Bauernsippen seinem Ende entgegengeht, sucht die Heilerin Lasra den Mörder ihres Helden Sihrus (www.susanne-tschirner.de).

Urquhart, Emma Maree: ›Dragon Tamers‹, Aultbea Publishing Company, Inverness 2005 (engl.). Die 13-jährige schottische Bestseller-Autorin beschreibt, wie ein Teenager in ein Computerspiel gerät, das zur Realität wird.

Schottland als Reiseland

Die meisten Reisenden kommen vor allem wegen der Naturschönheiten nach Schottland. Man kann die Berge und Seen, Heidelandschaften und Felsküsten mit dem Auto auf Panoramastraßen, per Bus oder Zug erkunden. Man kann der Natur aber auch ganz nah kommen als Wanderer, Radfahrer, Wassersportler, Golfer oder geduldiger Vogelbeobachter auf den nördlichen Inseln. Sogar baden kann man an fantastischen Stränden – wenn man ein bisschen abgehärtet ist. Aktivurlaub ist also angesagt.

Die große Anziehungskraft dieses Reiselandes für Individualisten beruht aber auch auf seiner langen Geschichte, deren Zeugnisse in reichem Maße erhalten sind. Mittelalterliche Burgen und prächtige Königsschlösser, Steinkreise und Piktensteine sprenkeln die Landschaft. Kaum ein Fleck in Schottland weckt keine historischen oder romantischen Assoziationen.

In den beiden Metropolen Edinburgh und Glasgow lässt sich ein hipper Städteurlaub in Boutiquehotels, Style Bars und Weltklasse-Museen verbringen. Viele Besucher kommen wegen der vielen Festivals, insbesondere in der Hauptstadt Edinburgh.

Schottlands touristische Infrastruktur ist perfekt ausgebaut, sowohl auf dem preiswerten Sektor mit Hostels und B & B-Pensionen als auch für das gehobene Budget. Hier befriedigen traditionelle Landhaus- und Schlosshotels, Jagd- und Golfferienangebote sowie Gourmetrestaurants höchste Ansprüche.

Reif für die Insel? Drei große Inselgruppen – Hebriden, Orkney, Shetland – bieten magische, in sich abgeschlossene Welten mit eigenständigen kulturellen Gemeinschaften. Auf den Hebriden kommen Liebhaber der gälischen Kultur auf ihre Kosten.

Was ist sehenswert?

In der Hauptstadt **Edinburgh** muss man einmal über die von Geschäften, Restaurants und Museen gesäumte Royal Mile geschlendert sein, vom Palace of Holyroodhouse am neuen Parlament vorbei und hinauf zum Castle. Die Nationalmuseen und -galerien beherbergen das Beste von Schottlands Kunst, die georgianische New Town ist der größte geschlossene Gebäudekomplex aus dem 18. Jh.

Glasgow ist eine Stadt des Designs, der Museen und mit dem futuristischen Science Centre am Clyde der *State of the Art*-Technik. Charles Rennie Mackintoshs Erbe besitzt ebenso Weltrang wie die Burrell Collection, das Kelvingrove Museum und die Gallery of Modern Art.

Das sanfthügelige, pastorale Tiefland haben Dichter wie Scott und Burns unsterblich gemacht. Romantische mittelalterliche Abteien und Burgen in den **Borders,** ländliche Orte mit allen touristischen Einrichtungen und in **Dumfries and Galloway** eine abwechslungsreiche Küste laden zum Wandern, Radfahren und gemütlichen Landurlaub ein. Um Dumfries und Alloway erinnern zahlreiche Gedenkstätten an Schottlands Nationaldichter Robert Burns.

Im landschaftlich nicht sehr reizvollen **Central Belt** zwischen den beiden großen Städten liegen viele der kunsthistorischen Höhepunkte wie das Königsschloss von Stirling, denn hier befand sich das Kernland des mittelalterlichen schottischen Königtums. Auch technische Sehenswürdigkeiten wie die Forth Bridges oder das Falkirk Wheel ziehen die Besucher an.

Die relativ flache Halbinsel **Fife** wird wegen der pittoresken Fischerorte wie Anstruther und Crail sowie wegen des Renaissancepalastes von Falkland besucht. Die historische Universitätsstadt St. Andrews gilt als die Heimat des Golfs.

Im Zentrum der nordöstlichen Highlands, der Halbinsel **Grampian,** recken sich die kahlen, schroffen Cairngorms mit Höhen von über 1300 m empor. Um die alte Industriestadt Dundee liegt Piktenland mit vielen Bildsteinen in freier Natur oder in Museen. Von der grauen Granitstadt Aberdeen, der Ölmetropole, führt ein Ausflug an die Royal Deeside: viktorianische Dörfer, mit der britischen Königsfamilie verbundene Stätten und eine Vielzahl von Schlössern im schottischen Baronialstil. In der Whisky-Region Speyside laden Destillerien zum Probetrunk ein.

Der **Norden** kommt auf Rundreisen meist zu kurz. Zu Unrecht, denn neolithische Denkmäler, Burgen und Schlösser liegen hier in einer grandios einsamen Berg- und Küstenlandschaft.

Im **Nordwesten** häufen sich die landschaftlichen Höhepunkte wie das Tal von Glencoe, die *Road to the Isles* und die Halbinsel Applecross. Üppige Gärten wie Inverewe oder Highlander-Burgen wie Eilean Donan Castle liegen an tiefblauen Lochs und wilden Küsten. Von Inverness, der adretten Metropole der Highlands, führt das Great Glen an weltberühmten Seen wie dem Loch Ness entlang nach Fort William, der Sport- und Touristenhauptstadt des Westens.

Auch der **Südwesten** bietet mit Lochs und Bergen Highland-Erlebnis pur und zudem sehenswerte Gärten und Burgen. In Volkslied und Dichterversen besungen, sind Loch Lomond und die Trossachs, Schottlands erster Nationalpark, große Publikumsmagneten in unmittelbarer Nähe zu Glasgow.

Auf den Inseln hat sich aufgrund der Randlage eine Vielzahl prähistorischer Highlights erhalten. Die nördlichen Inseln zeichnen sich durch eine halb skandinavische Prägung aus. **Orkney** besitzt mit Skara Brae, Maes Howe und dem Ring of Brodgar einzigartige neolithische Denkmäler im Rang eines UNESCO-Weltkulturerbes.

Auf **Shetland** gibt es nicht nur kleine Ponys und Öl, sondern auch die prähistorischen Sehenswürdigkeiten Jarlshof und Broch of Mousa sowie die größten Seevogelkolonien Europas.

Skye ist die am leichtesten zugängliche Insel und landschaftlich eine der schönsten. Cuillins und Quiraing ziehen Wanderer an, der Mythos von Flora MacDonald und Bonnie Prince Charlie romantische Gemüter.

Auf den rauen, gälisch geprägten Äußeren Hebriden **Lewis** und **Harris** kann man mit den Standing Stones of Callanish und dem Dun Carloway Broch wiederum Höhepunkte aus vorgeschichtlicher Zeit besichtigen, Tweed kaufen und lange, einsame Wanderungen unternehmen.

Mulls meistbesuchte Attraktionen sind die frühchristliche Mönchsinsel Iona und Staffa, ein Naturwunder aus Basaltsäulen. **Jura** und die Whisky-Insel **Islay** sind Geheimtipps für Urlauber auf der Suche nach einsamer Natur.

Vorschläge für Rundreisen

2 Wochen: Die klassische Schottland-Tour

1. Tag: Edinburgh

Schlendern Sie über die Royal Mile und besichtigen Sie den Palace of Holyroodhouse, das schottische Parlament, die historische Grusel-Unterwelt Real Mary King's Close und Edinburgh Castle. Eine halbstündige Wanderung auf Arthur's Seat belohnt mit einem fantastischen Blick.

2. Tag: Edinburgh

Das Museum of Scotland und die National Gallery sind die wichtigsten Museen Schottlands. Flanieren Sie durch die georgianische New Town mit Robert Adams Charlotte Square und lassen Sie sich im Hafenort Leith vom königlichen Flair der ›Royal Yacht Britannia‹ umwehen.

3. Tag: Glasgow

Ein kurzer Rundgang auf Charles Rennie Mackintoshs Spuren führt zur Glasgow School of Art und in den Willow Tea Room. Die

Für einen Städteurlaub mit Abstecher aufs Land bieten sich an: 3 Tage Edinburgh, 1 Tag Glasgow und eine 2–3-tägige Rundreise durch die Highlands: Über die A 9 geht es nach Inverness mit Zwischenstopps an Scone Palace, Blair Castle, Highland Wildlife und Cairngorm National Park und zurück nach Glasgow über Loch Ness, Urquhart Castle, Fort William, Glencoe und Loch Lomond.

Gallery of Modern Art ist das bedeutendste zeitgenössische Kunstmuseum Schottlands. St. Mungo's Cathedral und die viktorianische Nekropolis stehen für das alte, das Science Centre mit Aussichtsturm und das neu gestaltete Clyde-Ufer für das Glasgow des 21. Jh.

4. Tag: Im Loch Lomond and the Trossachs National Park schnuppert man Highland-Luft und entspannt aktiv.

5. Tag: Nun geht es in die Highlands, nach Glencoe und in die Touristenstadt Fort William, anschließend fährt man über die Panoramastraße *Road to the Isles* und mit der Fähre von Mallaig nach Skye.

6. Tag: Skye-Rundfahrt
Auf der landschaftlich schönsten Hebrideninsel sollte man mindestens Portree, Dunvegan Castle und die Trotternish-Halbinsel gesehen haben.

7. Tag: Über die Skye-Brücke geht es aufs Festland zurück, zur Highlander-Burg Eilean Donan Castle, dem Monstersee Loch Ness mit Castle Urquhart und in die Metrople der Highlands, Inverness.

8. Tag: Cawdor Castle hat Verbindungen zu Macbeth, Fort George ist ein Militärstützpunkt des 18. Jh., Brodie Castle das vielleicht persönlichste Schloss Schottlands. In Elgin steht eine beeindruckende Kathedralruine, von hier lässt sich die Whisky-Route fahren.

9. Tag: Deeside
Am ›königlichen Deeufer‹ besichtigt man das Königsschloss Balmoral, die Burgen im Baronialstil Craigievar Castle, Crathes Castle und Castle Fraser und fährt weiter nach Aberdeen.

10. Tag: Von der Ölstadt Aberdeen sollte man die Altstadt mit Uni und Kathedrale sehen, dann geht es die Küste nach Süden zurück über Dunnottar Castle, und die Piktenstätten Aberlemno und Meigle sowie das prächtige Glamis Castle nach Dundee.

11. Tag: In Dundee sind die beiden Museumssschiffe ein Muss, in der Universitätsstadt St. Andrews Kathedrale und Golfmuseum sowie an der Fischerküste East Neuk die pittoresken Häfen Crail und Anstruther.

12. Tag: Der Renaissance-Königspalast von Falkland ist einzigartig. Über die romanische Kathedrale von Dunfermline und das Renaissancestädtchen Culross geht es nach Stirling.

13. Tag: Weitere ›königliche‹ Highlights sind Stirling, das Schlachtfeld von Bannockburn, Falkirk Wheel, Linlithgow und Hopetoun House.

14. Tag: Borders
Die romantischsten Orte der Borders sind Melrose, Abbotsford, Jedburgh und Mellerstain House.

Variante für eine 10-Tage-Tour

Bei einer 10-Tage-Reise fährt man nicht nach Grampian und Fife, sondern am neunten Tag von Inverness die A 9 zurück nach Edinburgh.

9. Tag: Höhenluft bieten Cairngorm National Park und Highland Wildlife Park, das traditionelle Blair Castle und Perth mit guter Infrastruktur.

10. Tag: Den Abschluss bilden Scone Palace, Dunfermline, Stirling und Linlithgow.

Varianten für längere Reisen

Haben Sie mehr als zwei Wochen Zeit, finden Sie hier nach dem Baukastenprinzip einige Zusatzrouten, die man wahlweise an die 2-Wochen-Rundreise anschließen kann. Vor allem die Inseln lohnen eine Erkundung.

1 zusätzlicher Tag Edinburgh: Man kann National Portrait Gallery, National Gallery of Modern Art, Dean Gallery, Royal Botanic Garden und Zoo besuchen.

1 zusätzlicher Tag Glasgow: Schauen Sie sich die Burrell Collection, Pollok House, Hunterian Art Gallery, den Botanischen Garten und (ab Juni 2006) das Kelvingrove Museum an.

2–3 Tage Dumfries and Galloway (von Glasgow oder den Borders): Man steuert von Glasgow aus New Lanark und von den Borders aus Traquair House an, ferner Drumlanrig Castle, Dumfries, Caerlaverock Castle, New Abbey und Kircudbright.

1–2 Tage Mull (von Oban): Man fährt über Tobermory und Duart Castle, dann geht es mit der Fähre nach Iona und Staffa.

3 Tage Norden (von Inverness oder Kyle of Lochalsh gegenüber von Skye): Empfehlenswert ist eine Rundfahrt über Plockton, Bealach-na-Bá, Gairloch, Inverewe Gardens, Ullapool, Loch Assynt, Cape Wrath, Durness, Thurso, Dunnet Head, Stacks of Duncansby, Grey Cairns of Camster und Dunrobin Castle nach Dornoch.

2–3 Tage Lewis und Harris (mit der Fähre von Ullapool): von der Inselmetropole Stornoway zum Butt of Lewis, dem Black House Museum, Dun Carloway Broch und den Standing Stones of Callanish. Den Abschluss bildet eine Fahrt über die Golden Road auf Harris.

2 Tage Orkney (von Scrabster bei Thurso): Jedem Fan von Megalithmonumenten seien diese Ziele wärmstens ans Herz gelegt: Von der Inselhauptstadt Kirkwall geht es nach Maes Howe, zu den Standing Stones of Steness, dem Ring of Brodgar, Stromness und zum ›Grab der Adler‹ nach Isbister.

2 Tage Shetland (von Kirkwall auf Orkney oder Aberdeen): Von der Inselhauptstadt Lerwick fährt man zur Vogelinsel Noss, zum Broch of Mousa und zum Jarlshof, dann geht es auf die Nordinsel, wo man sich am Ende der Welt wähnt.

Reisen mit Kindern

Schottland ist im Allgemeinen ein angenehmes Reiseland für Familien mit Kindern, vor allem in den ländlichen Gegenden der Highlands and Islands. Hin und wieder trifft man aber auch auf *No children*-Etablissements oder erntet böse Blicke in steifen Restaurants. Besondere gesundheitliche Vorsorge muss man nicht treffen, aber ein kinderverträgliches Mückenschutzmittel, warme Kleidung, Gummistiefel und Regenschutzkleidung sollte man unbedingt einpacken. Bei allen Sehenswürdigkeiten gibt es Kinderermäßigung, mit der Bahn fahren Kinder unter 5 Jahre kostenlos, 5- bis 15-Jährige zum halben Preis.

Die Toiletten der größeren Sehenswürdigkeiten und Einkaufszentren haben Wickeltische *(nappy changing facilities)*. Stillen in der Öffentlichkeit ist in Schottland nicht so verbreitet wie in Deutschland. Die meisten lokalen Tourist Offices haben eine Broschüre oder Tipps für kinderspezifische Attraktionen, z. B. ganz vorbildlich auf Orkney, wo es gratis die Broschüre ›Child Friendly Orkney‹ gibt.

In den Hotels und B & B übernachten ganz kleine Kinder meist kostenlos, etwas ältere preisreduziert im Zimmer der Eltern. Die meisten Unterkünfte stellen Babybetten, die gehobenen Hotels einen Babysitter-Service.

In den Restaurants ist von Vorteil, dass die Gänge schnell hintereinander serviert werden. In Pubs mit Essen dürfen sich Kinder in Begleitung Erwachsener bis 20 Uhr aufhalten. Die meisten Restaurants haben Hochstühle. Einige Landhaushotels bieten Spielecken oder vorgezogenes Kinder-Abendessen – um 20 Uhr können die Eltern dann ganz entspannt das Dinner genießen.

Auf der Website www.kids-scotland.co.uk finden Sie einige kinderfreundliche Unterkünfte, Pubs mit Biergarten und Spielareal oder Verleiher von Fahrrädern mit Kindersitz.

Einreise- und Zollbestimmungen

Deutsche, Österreicher und Schweizer benötigen einen Personalausweis oder Reisepass. Deutsche und österreichische Kinder können bis zum 15. Lebensjahr im Reisepass der Eltern eingetragen sein, ein Kinderausweis ohne Lichtbild wird bis zum zehnten, mit Lichtbild bis zum 16. Lebensjahr anerkannt. Schweizer Kinder brauchen einen eigenen Reisepass oder eine Identitätskarte.

Im Verkehr zwischen EU-Ländern bestehen keine Mengenbegrenzungen für Waren, die zum persönlichen Verbrauch bestimmt sind. Es gibt jedoch so genannte Indikativmengen: Wer mehr als 3200 Zigaretten, 400 Zigarillos, 200 Zigarren oder 3 kg Tabak oder 10 l Spirituosen, 20 l weinhaltige Getränke, 90 l Wein oder 110 l Bier mitführt, muss die private Verwendung mit Belegen nachweisen.

Für Schweizer sowie für Waren aus dem Duty Free Shop gelten als Mengenbegrenzungen: 200 Zigaretten oder 100 Zigarillos oder 50 Zigarren oder 250 g Tabak, 2 l Tafelwein plus 1 l alkoholische Getränke über 22 %, 60 ml Parfüm oder 250 ml Eau de Toilette.

Mitnahme von Haustieren

Das Pet Travel Scheme erlaubt es, sein Haustier mitzubringen, wenn man auf bestimmten Routen einreist. Die Bedingungen sind recht kompliziert, das Prozedere beginnt sechs Monate vor der Einreise: Einpflanzung von Mikrochips, Impfung gegen Tollwut, Blutprobe durch den Tierarzt, EU-Heimtierausweis. Genaue Informationen erhalten Sie auf Deutsch im Internet unter www.britischebotschaft.de/de/embassy/agriculture/pets.htm oder telefonisch auf Englisch bei der PETS Helpline, Tel. 00 44/870/241 1710, bzw. per Mail an pets@ahvg.defra.gsi.gov.uk.

Anreise

Mit dem Flugzeug

Billigcarrier **Germanwings** fliegt täglich vom Flughafen Köln/Bonn nach Edinburgh (www.germanwings.com, Tel. 018 05/95 58 55), **Hapag Lloyd Express** dreimal wöchentlich von Hamburg (www.hlx.com, Tel. 018 05/09 35 09).

Linienflüge bieten **Lufthansa** (www.lufthansa.com, Tel. 018 05/838 42 67) und **British Airways** (www.ba.com, Tel. 018 05/26 65 22) nahezu täglich von mehreren europäischen Flughäfen – z. B. Düsseldorf, Frankfurt, München, Zürich – nach Edinburgh und Glasgow, manchmal mit Zwischenlandung in Manchester oder London. Eine Direktverbindung besteht z. B. mit Lufthansa dreimal täglich von Frankfurt nach Edinburgh.

Edinburgh Airport liegt 13 km westlich der City im Vorort Ingliston, Tel. 08 70/040 0007. Die Doppeldecker-Flughafenbusse Airlink fahren rund um die Uhr alle 10–15 Min., nachts alle 60–30 Min. zur City, sie halten direkt vor dem Haupteingang. Fahrtdauer: 25 Min. Ein Taxi kostet ca. 15 £. Im Flughafengebäude sind Bars, Restaurants, Bank, Tourist Information und fast alle nationalen und internationalen Autoverleiher vorhanden.

Billigcarrier **Ryanair** (www.ryanair.com) fliegt von Düsseldorf/Weeze, Hamburg/Lübeck und Frankfurt/Hahn nach Glasgow Prestwick, das 46 km südwestlich vom Zentrum liegt. Busse fahren stündlich von der Haltestelle vor dem Terminal zur Busstation Buchanan Street in der City. Fahrtdauer: 50 Min. Mit der Bahn neben dem Terminal braucht man 45 Min. nach Glasgow Central Station (Mo–Sa halbstündlich, So stündlich) – das Bahnticket ist kostenlos! Ein Taxi kostet ca. 45 £.

Die Linienflüge von Lufthansa und British Airways landen in **Glasgow International** 12 km südwestlich vom Zentrum. Alle 15 Min.

fahren Busse in ca. 25 Min. bis Buchanan Street, Glasgows Hauptbusbahnhof. Ein Taxi kostet ca. 17 £. An beiden Glasgower Flughäfen sind internationale und nationale Autovermieter vorhanden.

Mit Auto/Fähre

Es gibt eine verwirrende Vielfalt von Fährverbindungen vom Kontinent nach Großbritannien. Eine Direktverbindung bietet **Superfast Ferries** von Zeebrugge nach Rosyth nahe North Queensferry auf der Edinburgh gegenüber liegenden Seite des Firth of Forth, Fahrtdauer 17,5 Std. (www.superfast.com, Tel. 04 51/88 00 62 00). Es bestehen regelmäßige Busverbindungen nach Edinburgh Hauptbahnhof. Ein Taxi kostet ca. 12 £.

Die kürzeste Fährverbindung über den Kanal, durchgängig auf kostenlosen deutschen, belgischen und französischen Autobahnen zu erreichen, ist die Autofähre Calais–Dover. Die Überfahrt dauert 75–90 Min., die Fähren verkehren auch nachts ungefähr im halb- bis dreiviertelstündigen Turnus. Buchungen und Info: **P&O Ferries,** Tel. 018 05/00 94 37, www.poferries.com. Man kann auch das Auto auf **Le Shuttle** aufladen lassen und von Calais nach Folkestone den Kanaltunnel benutzen (Kundenrufzentrale Tel. 018 05/00 02 48, www.eurotunnel.com).

Die von Dover etwa zehnstündige Nordfahrt (ausgeschildert: The North) über den Londoner Cityring M 24 und weiter auf der M 6 bis Carlisle kann man mit mehreren Fährverbindungen abkürzen. Beispielsweise fährt **DFDS Seaways,** Tel. 018 05/30 43 50, Fax 040/38 90 31 20, www.dfdsseaways.de, von Hamburg nach Harwich (19 Std., 3x wöchentlich) oder von Amsterdam nach Newcastle (15,5 Std., Mitte Feb.–Dez. tgl.).

Eine empfehlenswerte Anreisemöglichkeit für Leute mit Kindern und ein bisschen Zeit ist die **Luxusfähre ›Pride of Hull‹** (s. S. 182) von P&O Ferries von Zeebrugge und Rotterdam nach Hull (14 bzw. 11 Std.; tgl. abends).

Mit der Bahn

Alle Verbindungen vom Festland führen über London. Man kommt in Victoria Station an, fährt mit der U-Bahn nach King's Cross Station und von dort in ca. 5 Std. nach Edinburgh oder von London Euston nach Glasgow. Im Schlafwagen erreicht man von Euston Station Aberdeen, Edinburgh, Fort William, Glasgow und Inverness. Der Hochgeschwindigkeitszug Thalys verkehrt von Köln mit Zusteigemöglichkeit in Aachen nach Brüssel bzw. Paris, wo man in den Eurostar nach London umsteigen kann. Buchung in allen Bahnreisecentern (www.bahn.de). Radfahrerhotline: Tel. 018 05/15 14 15.

Mit dem Bus

Die **Deutsche Touring GmbH** (Tel. 069/790 32 40, www.touring.de) fährt von mehreren Städten – von Köln z. B. in 16 Std. – nach London, von dort geht es mit Bussen von National Express (www.nationalexpress.com) weiter nach Edinburgh oder Glasgow.

Verkehrsmittel im Land

Flugzeug

British Airways/Loganair (Tel. 0870/850 9850, www.loganair.co.uk, www.ba.com) bieten innerschottische Flüge zwischen den drei großen Flughäfen Edinburgh, Glasgow, Aberdeen und den kleineren wie Inverness, Kirkwall auf Orkney, Sumburgh auf Shetland und den Hebriden (s. Infos zu den einzelnen Orten im Reiseteil dieses Buches, S. 100ff.). Der Sondertarif Airpass ermöglicht fünf innerschottische Flüge innerhalb von drei Monaten für 169 £ plus ca. 40 £ Steuern und Gebühren.

Bahn

Infos und Fahrpläne gibt es bei Scotrail, schottlandweite Auskunft: Tel. 0845/748 4950, Reservierung unter Tel. 0845/755 0033, www.

Infos zu allen öffentlichen Verkehrsmitteln: Traveline, Tel. 0870/608 2608, ist Ansprechpartner für alle Fragen rund ums Reisen mit Bahn und Bus. Für die Abfahrtszeiten von Bussen gibt es einen 24-Stunden-SMS-Auskunftservice: Man sendet den Code der jeweiligen Abfahrtshaltestelle per SMS an die Nummer 0777/608 2608 und erhält die Abfahrtszeiten der nächsten Busse als Textmessage (Details: www.travelinescotland.com).

scotrail.co.uk. Es existieren verwirrend viele Sondertarife, von denen u. a. der Freedom of Scotland Travel Pass interessant ist; er gewährt freie Benutzung der Bahn, preisreduzierte Benutzung bestimmter Calmac- und P&O-Fähren und einiger Busse (z. B. für 4 innerhalb von 8 Tagen 89 £), Außerdem gibt es ermäßigte ›Guide Friday-Stadtrundfahrten‹ in Edinburgh, Glasgow (Hauptsaison) und Dundee. Der Pass Highland Rover (für 4 innerhalb von 8 Tagen auf den Hauptstrecken in den Highlands) kostet 59 £.

Fahrräder werden kostenlos mitgenommen. Für junge Leute von 16 bis 25, Senioren über 60, Behinderte und Studenten gibt es Ermäßigungen. Kinder unter 5 Jahren fahren kostenlos, Kinder von 5 bis 15 Jahren zum halben Preis. Die 1. Klasse kostet 30–50 % mehr als die Standard-Klasse.

Wo das Schienennetz in den Highlands Lücken aufweist, muss man auf Busse ausweichen. Besonders lohnende Panorama-Strecken führen von Glasgow nach Fort William, von Fort William nach Mallaig und von Inverness nach Kyle of Lochalsh.

Wesentlich tiefer muss in die Tasche greifen, wer mit dem noblen Nostalgie-Zug Royal Scotsman durchs Land reist (Tel. 0131/555 13 44, www.royalscotsman.com).

Mitten in den Highlands aussteigen: an Rannoch Moor Station

Bus

Busse sind meist billiger als die Bahn. Die wichtigen Städte sind in einem gut ausgebauten Express-Busnetz verbunden. Hauptanbieter ist Scottish Citylink, Tel. 0870/550 5050, www.citylink.co.uk. Für junge Leute und Senioren gibt es Ermäßigungen, der Explorer Pass erlaubt unbegrenzte Busbenutzung, z. B. an drei aufeinander folgenden Tagen für 39 £ oder an 5 von 10 Tagen für 59 £.

Im regionalen und im Stadtverkehr existieren eine Vielzahl von Busgesellschaften. Konkrete Fahrpläne und Tarife erfragt man in den Touristenbüros oder bei Traveline (s. S. 82).

Post-, Schul- und lokale Busse bedienen die entlegenen Gegenden. Es gibt meist nur einen Bus morgens hin und einen abends zurück. Gestoppt wird per Handzeichen irgendwo an der Strecke. Beliebt bei Rucksackreisenden sind die privaten *Hop on hop off*-Minibus-Services in den Highlands, etwa zwischen allen Hostels von Haggis Backpackers (Tel. 0131/557 9393, www.haggisadventures.com) oder Macbackpackers (Tel. 0131/558 99 00, www.macbackpackers.com).

Fähren

Die Fährgesellschaft NorthLink Orkney and Shetland Ferries (Kiln Corner, Ayre Rd., Kirkwall, Orkney KW15 1QX, Tel. 0845/6000 449, Fax 01856/879 588, www.northlinkferries.co.uk) bedient Orkney und Shetland. Den Inner-Orkney-Fährverkehr betreibt Orkney Ferries Ltd. (s. S. 348). Caledonian MacBrayne verbindet die Hebriden miteinander (Head Office, The Ferry Terminal, Gourock, PA19 1QP, Tel. 08705/650 000, Fax 01475/635 235, www.calmac.co.uk).

Auto

Als Papiere genügen der nationale Führerschein, die Fahrzeugpapiere und die grüne Versicherungskarte.

Mietwagen: Für das Ausleihen eines Mietwagens muss man älter als 23 (bei Minibussen 25) und jünger als 70 sein und seit mindestens einem Jahr den Führerschein haben. An den Flughäfen und in den größeren Städten sind alle internationalen Firmen vertreten. Preiswerter sind meist nationale Anbieter wie der landesweit operierende Arnold Clark, Tel. 0131/228 4747, www.arnoldclark.com (Kleinwagen ab 20 £/Tag).

Mautgebühren werden fällig auf den Forth, Tay und Erskine Bridges. Die Autobahnen sind kostenlos.

Benzin: Treibstoffarten sind Unleaded Premium (95 Oktan) = bleifrei, Super Unleaded (98 Oktan) = bleifrei, Super Plus, Premium 4-star (97 Oktan) = verbleit, Diesel.

Verkehrsregeln

Wichtigste Grundregel: Es wird links gefahren und rechts überholt. **Höchstgeschwindigkeit** ist in den Orten 48 km/h, auf Autobahnen und Straßen mit mindestens zwei Fahrstreifen in jeder Richtung 113, mit Anhänger 97 km/h, sonst 97, mit Anhänger 80 km/h. Kreisverkehr *(roundabout)* hat Vorfahrt. Auf einspurigen Straßen *(single track road)* fährt derjenige, der einem Ausweichplatz *(passing place)* am nächsten ist, auf diesen (nie als Parkplatz benutzen, sehr wohl aber, um schnellere Fahrzeuge überholen zu lassen!). Selbst auf Nationalstraßen kreuzen oft Schafe – Vorsicht!

Parken ist verboten bei doppelter gelber Linie, auf einfacher nur zu angegebenen Zeiten. Die Schotten selbst fahren zügig, aber rücksichtsvoll. Es herrscht Gurtpflicht, für Motorradfahrer Helmpflicht. Die Promillegrenze liegt bei 0,8.

Mitreisen in Minibussen der Postboten: Diese gemächliche Art des Reisens ist ein besonderes Erlebnis. Fahrpläne: Royal Mail, Customer Services, Tel. 08457/740 740, www.royalmail.com/postbus. Meist beginnt die Auslieferungstour gegen 8 Uhr am Postamt.

Buchung

Vor allem in der Hauptreisesaison Juli/August muss man im Voraus buchen, aber auch, wenn man unbedingt bestimmte, empfehlenswerte und daher begehrte Unterkünfte bekommen will. Buchung bei VisitScotland, Tel. 00 44 (0) 845/22 55 121, Fax 00 44 (0)1506/832 222, online auf www.visitscotland.com.

Die meisten Tourist Offices haben einen so genannten *Book a bed ahead*-Service, sie buchen gegen eine Gebühr von 3 £ Ihre nächste Unterkunft im Voraus.

Visit Scotland prüft die Hotels, Guest Houses, B & B, Ferienwohnungen und Campingplätze und bewertet sie mit 1 bis 5 Sternen, aber manche Etablissements – und durchaus nicht nur die schlechteren – nehmen nicht an dieser Klassifizierung teil. Die Einteilung erfolgt nach standardisierten Ausstattungskriterien, nicht nach Schönheit. Ob man ein B & B mit verblichenen Kunstdrucken an den Wänden und Möbeln vom Sperrmüll bekommt oder ein geschmackvoll mit Antiquitäten eingerichtetes altes Pfarrhaus, kann man anhand der Sterne nicht immer erkennen.

In allen Kategorien vom Hotel bis zur Ferienwohnung fällt die starke saisonale Staffelung der Tarife auf. Zu Boomzeiten – z. B. Edinburgh Festival oder Hogmanay – werden bis zu 100 % aufgeschlagen.

Spukhotels: Geister fühlen sich in Schottland seit jeher heimisch, wobei auffällt, dass die treuen Hunde, unerlösten gemeuchelten Kinder und Grey, Green oder auch White Ladies, wenn sie nicht eine der zahlreichen Burgruinen heimsuchen, bevorzugt in Schlosshotels spuken. Das Scottish Tourist Board hält eine Liste mit Adressen von ›Spukhotels‹ bereit.

Hotels

Sehr schottisch und empfehlenswert, aber nicht billig sind die traditionellen Herrenhaushotels. Aber *four poster beds* (Baldachinbetten), Salons mit Kaminfeuer und altes Tafelsilber gibt es nicht nur in luxuriösen Schlosshotels, sondern auch in kleineren Landhäusern mit privatem Flair und durchaus erschwinglichen Preisen. Auch den rustikalen Charme eines typischen Landgasthofs sollte man einmal kennen lernen. In ländlichen Gegenden ist seine Bar oft der einzige Treffpunkt. Bei der unteren Preiskategorie steht man sich oft mit einem guten Guest House oder B & B besser als mit einem Hotel. Der durchschnittliche Hotelpreis liegt selten unter 35 £ pro Person im Doppelzimmer.

In den Städten herrschen meist internationale Kettenhotels vor, moderne, standardisierte Häuser, in den großen Städten auch viele im Budget-Bereich. Zeitgenössische Boutique- und Designhotels finden Sie in Edinburgh und Glasgow.

B & B und Guest Houses

Die spezifisch britische Tradition des Bed and Breakfast bietet Übernachtung und Frühstück bei Privatpersonen, oft mit sehr persönlichem Empfang – eine empfehlenswerte Unterkunftsform, die auch von einheimischen Reisenden häufig genutzt wird. Der Übergang zu den professionelleren, etwas teureren Guest Houses mit mehr Zimmern ist fließend. *Restaurants with rooms* haben oft sehr individuell eingerichtete Zimmer.

In allen Zimmern in B & B-Unterkünften und Guest Houses (wie auch in den meisten Hotels) sind so genannte *tea and coffee making facilities* vorhanden d. h. ein Heißwasserboiler, Tassen, Teebeutel und Instantkaffee.

Einfache B & B (die aber immer seltener werden) kosten in der Regel nicht unter 17 £

pro Person, komfortablere mit Privatbad und WC *(ensuite)* ab 24 £, die ganz luxuriösen – kleine Country Houses in historischen Häusern mit opulentem Frühstück – ab ca. 35 £.

B & B und Guest Houses liegen oft konzentriert an den Ausfallstraßen der Siedlungen, seltener im Zentrum. Schilder an der Straße weisen auf Ausstattung und Belegung hin: frei *(vacancies)*, belegt *(no vacancies)*.

Auf dem Land öffnen manche Pensionen nur in der Saison, etwa von April bis Oktober, doch irgendetwas findet man immer.

Auch Farmhouse B & B auf Bauernhöfen sind teils recht komfortabel und eine lohnende Alternative, vor allem für Reisende mit Kindern.

Viele B & B in abgelegenen Gebieten bieten eine Abendmahlzeit an, für die man meist einen Tag im Voraus reservieren muss. Da die B & B in der Regel keine Alkoholausschanklizenz besitzen *(not licensed)*, gilt: ›Bring your own wine!‹ Das kann eine ›Entkorkgebühr‹ *(corkage)* von 1–3 £ kosten.

Jugendherbergen und Hostels

Die offiziellen Jugendherbergen und die privaten Hostels werden hauptsächlich von jungen Leuten genutzt. Der bescheidene Komfort wird durch eine kosmopolitische, kommunikative Atmosphäre wettgemacht. Besonders für Alleinreisende sind die Hostels Treffpunkte.

Voraussetzung für die Übernachtung in einem *youth hostel* ist ein internationaler Jugendherbergsausweis, den man für 9 £ auch vor Ort bekommen kann. Die meisten größeren Herbergen haben Tagesräume mit Fernseher und Internetanschluss, kleine Schlafsäle, Familienzimmer, Küchen für Selbstversorger und bieten Frühstück und Mahlzeiten an. Die in jüngster Zeit modernisierten Häuser haben auch oft 2- oder 4-Bett-Zimmer *ensuite*. Die Schlafsäle sind in der Regel nach Geschlechtern getrennt. Die Stadt-Hostels sind bis 2 Uhr nachts geöffnet und kosten um die 15 £. In einfachen Hostels auf dem Land wird man meist tagsüber ausgeschlossen, um 23 Uhr ist Zapfenstreich, Kosten: ab 8 £. Buchen Sie in den Städten auf alle Fälle im Voraus.

Zentrale Reservierung für die rund 80 Hostels: Tel. 0870/155 3255, Fax 01786/891 350, reservations@syha.org.uk.

Eine Liste aller Hostels und ein informatives Büchlein mit näheren Beschreibungen gibt es bei der Hauptniederlassung: SYHA National Office, 7 Glebe Crescent, Stirling FK8 2JA, Tel. 01786/891 400, Fax 01786/891 333, www.syha.org.uk, sowie in den meisten Hostels und in Touristenbüros.

Mit den offiziellen Jugendherbergen konkurrieren an die 100 *Independent Hostels* ohne die einschränkenden Bestimmungen der Jugendherbergen. Für sie benötigt man keinen Herbergsausweis. Sie können sehr einfach sein oder alle modernen Annehmlichkeiten in umgebauten Croft-Häusern oder Kirchen anbieten. Kosten: 7–16 £. Der größte der Zusammenschlüsse ist Independent Backpackers' Hostels Scotland, PO Box 7024, Fort William PH33 6YX, www.hostel-scotland.co.uk.

Universitätsunterkünfte

Während der Semesterferien von Juni bis September bieten die Universitäten in Edinburgh, Glasgow, Aberdeen und Dundee ihre

Room ensuite: Wird ein Zimmer ›*ensuite*‹ angeboten, schließen sich Privatbad und WC an den Schlafraum an. Bei einem *room with private facilities* muss man sein Bad/WC zwar mit niemandem teilen, aber über den Flur gehen, was bei historischen Gemäuern, sogar Schlosshotels, vorkommen kann.

leer stehenden Studentenzimmer an, meist funktionale Einzel- oder Doppelzimmer auf B & B- oder Selbstversorgerbasis. Kosten: 20–25 £, einige luxuriöse auch um die 30 £. Manchmal gibt es auch Familienzimmer oder ganze Apartments (Adressen s. unter den einzelnen Orten im Reiseteil ab S. 100).

Ferienwohnungen und -häuser

... können bessere Gartenschuppen, moderne Bungalows, romantische Cottages oder gar mittelalterliche Tower Houses sein. Pro Woche zahlt man je nach Saison, Lage und Qualität 150–700 £. In der Hauptsaison muss man in der Regel wochenweise mieten, in der Nebensaison und in den Städten geht es manchmal auch auf Tage- oder Drei-Tage-Basis.

Der National Trust for Scotland, Tel. 0131/ 243 9331, www.nts.org.uk, vermietet historische, komfortabel renovierte Apartments und Häuser. Auch der Landmark Trust, Tel. 01628/ 825 925, www.landmarktrust.co.uk, hat ganz besondere historische Häuser im Angebot, die entsprechend kosten. Qualitätvolle Cottages kann man über Country Cottages in Scotland mieten, Tel. 0870/444 1133, www.countrycottagesinscotland.co.uk.

Camping

Wer diese Art des Urlaubs bevorzugt, hat in Schottland keine Schwierigkeiten schön gelegene Plätze zu finden. Hilfreich ist das von VisitScotland herausgegebene Buch ›Scotland: Caravan & Camping‹ (ca. 5 £), das rund 400 klassifizierte Plätze verzeichnet. Plätze der höchsten Qualitätsstufe sind am Distelsymbol *(thistle)* zu erkennen. Diese Plätze sind in der Regel auf Wohnwagen und Campmobile und weniger auf Zelte eingestellt.

Viele Campingplätze sind nur in der Saison – von April bis Oktober – geöffnet. Eine Übernachtung mit Zelt kostet ca. 6–12 £. Auf Campingplätzen werden oft Wohnwagen für um die 100 £ pro Woche vermietet.

Das neue Landreformgesetz der schottischen Regionalregierung erlaubt wildes Zelten, allerdings mit Einschränkungen: nicht auf umzäuntem Privatland, in der Nähe von Straßen und Gebäuden oder in Naturschutzgebieten. Am besten fragt man den Landbesitzer um Erlaubnis, die in der Regel gewährt wird.

Bothies, Bunkhouses, Böds

Diese preiswerteste und elementarste Form der Unterkunft ist nur etwas für Naturburschen und -mädels. Man braucht eine Campingausrüstung, um hier überleben zu können. Kosten: ca. 5 £. Die mehr als einfachen Hütten/Häuser (kaltes Wasser, Toiletten, meist Elektrizität) liegen in der Regel einsam in spektakulärer Natur wie die ehemaligen Heringsfischer-*Böds* auf Shetland (Infos: Shetland Amenity Trust, Garthspool, Lerwick, Tel. 01595/694 688, www.camping-bods.com.) oder die *Black Houses* des Gatliff Trust auf Lewis (nicht im Voraus buchbar, Infos s. S. 375).

Preisangaben

Die **Übernachtungspreise im Reiseteil dieses Buches** beziehen sich – sofern nicht anders angegeben – auf ein Doppelzimmer mit Frühstück.

Wenn man sich ein Doppelzimmer mit jemandem teilt, versteht sich in Schottland der Preis – vor allem in Privatpensionen – pro Person mit Frühstück (B & B *per person sharing*). Einzelzimmer sind wesentlich teurer, oft muss man den Doppelzimmerpreis zahlen.

Angeln

Schottland ist ein Eldorado für Angler, ob Hochseeangeln vor der Küste, Angeln auf Friedfische *(game fishing)* in stillen Binnenseen oder Angeln auf Raubfische *(coarse angling)* in den tief ins Land schneidenden Lochs. Hauptsächlich werden Lachs, Forelle und Hecht beangelt. Lachsfischen hat im Allgemeinen von Februar bis Oktober Saison, eine Lizenz kann auf den ›Königsflüssen‹ wie Spey, Tweed und Tay unbezahlbar sein. Auch für kleinere Lochs und Flüsse, die meist in Privatbesitz sind, muss man bei Hotels, Touristenbüros, Angelshops, Lebensmittelläden oder Postämtern eine Lizenz für eine Gebühr von 15 £ an aufwärts kaufen. Eine staatliche Genehmigung ist dagegen nicht erforderlich. Viele Hotels bieten Pauschalangebote, teilweise mit Angelkursen und Leihausrüstung. Das Hochseeangeln – Boote kann man in fast allen Häfen chartern – hat das ganze Jahr über Saison. Broschüre: ›Fish Scotland‹ von VisitScotland mit detaillierten Adressen, Saisonzeiten für die einzelnen Fischarten, Angelrevieren u. v. m.

Felsklettern

Beliebte Reviere sind Isle of Arran, Ben Nevis, Cairngorms, Cuillins auf Skye und Glencoe oder die vielen steilen Felsküsten. Infos: Mountaineering Council of Scotland, Old Granary, West Mill Street, Perth PH1 5QP, Tel. 01738/638 227, www.mountaineering-scotland.org.uk.

Golf

470 Golfplätze locken im Heimatland des Golfsports. Die meisten nehmen Gäste an – ein Telefonat oder eine schriftliche Reservierung beim *Secretary* des gewünschten Clubs reicht meist –, ein Handikapzertifikat und ein Empfehlungsschreiben des heimischen Clubs sind hilfreich. Auf die berühmten Plätze wie Old Course St. Andrews, Royal Dornoch, Gleneagles oder Turnberry und generell Championship Courses, auf denen die British Open ausgetragen werden, kommt man nicht so leicht. An Wochenenden herrscht meist Hochbetrieb, so dass sich für den Gast die übrigen Tage empfehlen. *Links* heißen die Dünenplätze, von denen es in Schottland besonders viele gibt.

Obwohl der Volkssport Golf in Schottland lockerer gehandhabt wird als anderswo – der schottische Spieler pflegt seine Schläger selbst zu tragen –, werden Jeans auf dem Rasen nicht gern gesehen, ohne Jackett und Krawatte kommt man meist nicht ins Clubhaus. Für Frauen gibt es hin und wieder noch Beschränkungen hinsichtlich Spielzeit, Barzutritt und Umkleiden, z. B. in Muirfield bei Edinburgh. Auf den kleineren kommunalen Plätzen kann man schon ab 10 £ Green Fee spielen, die berühmtesten Clubs nehmen meist über 60 £. Golfspielen ist in Schottland billiger als auf dem Kontinent. Die meisten Clubs bieten Ausrüstungsverleih und Lehrstunden an. In manchen Regionen ermöglicht ein Golfpass Zutritt zu mehreren Plätzen, auch viele Golfhotels bieten sich an. Broschüren: ›Golf in Scotland‹ und ›Golfing Holidays‹ von VisitBritain.

http://golf.visitscotland.com: Auf dieser Website finden Golfreunde Adressen, Platzbeschreibungen, Buchungsvorschriften etc.

Kanalboote

Bootstourismus ist möglich auf Forth and Clyde Canal (56 km zwischen Grangemouth und Bowling) und Union Canal (50 km zwischen Edinburgh und Falkirk), die mit Hilfe eines Millenniumprojekts restauriert werden und mit dem Falkirk Wheel verbunden sind. Ferner auf Crinan Canal und Caledonian Canal (96 km zwischen Fort William und Inverness). Infos, Bootsführer-Guide und Benutzercode bei: British Waterways Board, Canal House, 1 Applecross St., Glasgow G4 9SP, Tel. 0141/332 6936, www.scottishcanals.co.uk. Für die Boote wird kein besonderes Können verlangt, Vermieter für den Caledonian Canal ist z. B. Caley Cruisers, Canal Rd., Inverness IV3 6NF, Tel. 01463/236 328, www.caleycruisers.com.

Radfahren

Die Highlands eignen sich für konditionsstarke Biker, die flachere Solway-Küste, das durch zahlreiche Routen erschlossene Fife oder die ›Vier-Abteien-Route‹ in den Borders auch für Hobby-Radler. Gut erschlossen ist die Glasgower Region; Routen verlaufen von Glasgow zum Loch Lomond, nach Greenock entlang des Clyde und nach Edinburgh.

Fast 2000 km angelegte Routen für Mountainbiker führen durch Wälder und Wanderregionen in den Highlands, z. B. rund um Fort William.

Das eigene Rad wird meist kostenlos oder gegen geringe Gebühr von Flugzeugen, Fähren und Bahn transportiert (vorbuchen!).

Bei Sustrans (s. Tipp) sowie in Buch- und Schreibwarenläden ist ›Cycle Route Maps and Guides‹ erhältlich. Broschüre: ›Cycling in Scotland‹ von VisitScotland mit Touren und Adressen von Reiseveranstaltern, Verleihern u. v. m.

Auskunft für Radfahrer: Sustrans ist für den Ausbau des National Cycle Network zuständig und die wichtigste Kontaktadresse für Radfahrer (16 a Randolph Crescent, Edinburgh EH3 7TT, Tel. 0131/539 8122, Fax 0131/539 8123, www.sustrans.org.uk).

Reiten

Schottland ist ein ideales Land für Reiter. An sandigen Hochlandstränden, durch Heide und um spektakuläre Lochs herum kann man Pony Trekking betreiben, z. B. den viertägigen Bucchleuch Country Ride in den Borders, einen angelegten Weg. Bei mehr als 60 Pferdesportzentren kann man Reitunterricht nehmen und Ausritte von einem halben Tag bis zu mehreren Tagen mit Ponys oder Pferden für Anfänger und Könner buchen. Ein halber Tag Ausritt kostet ca. 15 £. Broschüre: ›Trekking and Riding‹ von VisitScotland.

Ski und Snowboard

Schottlands Berge sind spektakulär, aber nicht so schneesicher und hoch wie die Alpen. Die Saison reicht etwa von Januar bis April. An den Wochenenden wird's oft voll. Schottlands fünf Skizentren mit Schulen und Ausrüstungsverleih sind Cairngorm, Glencoe, Glenshee, The Lecht und Nevis Range. Skiverleih ca. 15 £ pro Tag, Skipass ca. 15–20 £. Infos: http://ski.visitscotland.com. Schneewetterbericht: Tel. 09001/654 654.

Tauchen

Eine reiche Unterwasserflora und -fauna, z. B. an der Westküste oder im Meeresschutzgebiet vor St. Abb's Head in den Borders, entschädigt für das ziemlich kalte Wasser. Europas spektakulärste Wrack-Tauchgründe mit untergegangenen deutschen Kriegsschiffen liegen bei Scapa Flow, Orkney, aber spannende Wracks gibt es auch vor den anderen Küsten. Tauchvereinigung: Scottish Sub Aqua Club, Cockburn Centre, 40 Bogmoor Pl., Glasgow G51 4TQ, Tel. 0141/425 1021, www.scotsac.com.

Vogelbeobachtung

Vor allem die Inseln sind ein Eldorado für Ornithologen. Folgende Organisationen managen Vogel- (und Natur)schutzgebiete und geben Infos: Scottish Wildlife Trust, Cramond House, 16 Cramond Glebe Rd., Edinburgh EH4 6NS, Tel. 0131/312 7765, www.swt.org.uk. Royal Society for the Protection of Birds, 25 Ravelston Terr., Edinburgh EH4 3TB, Tel. 0131/311 6500, www.rspb.org. Scottish Natural Heritage, 12 Hope Terr., Edinburgh EH9 2AS, Tel. 0131/447 4784, www.snh.org.uk.

Wandern

... ist die ideale Art, Schottlands grandiose Natur kennen zu lernen. Besonders beliebte Wandergebiete sind Isle of Arran, Ben Nevis, Cairngorms, Glencoe, Loch Lomond und Torridon, doch auch in den Borders, auf Orkney oder entlang den Küsten bieten sich Wege an. Die örtlichen Touristenbüros versorgen Sie mit Infos zu Routen in der jeweiligen Region, auch zu kürzeren markierten Spaziergängen.

Fernwanderwege sind z. B. der West Highland Way, 153 km von Glasgow bis Fort William (www.west-highland-way.co.uk, s. S. 167), der teils über eine alte Militärstraße verläuft und im nördlichen Teil schwierige, nur für erfahrene Wanderer geeignete Abschnitte aufweist; der etwas einfachere Speyside Way, 105 km von Tomintoul in den Grampians nach Spey Bay (www.speysideway.org, s. S. 275); der Southern Upland Way, 341 km von Portpatrick an der West- bis Cockburnspath an der Ostküste (www.southernupland-way.com). Die von einem Sechseck gerahmte Distel auf braunem Grund markiert auf allen *Long Distance Footpaths* den Weg. Fast fertig ist der 65 km lange Clyde Walkway von Glasgow zu den Clyde Falls in Lanark, neu eröffnet wurde der 117 km lange Great Glen Way von Inverness nach Fort William (www.greatglenway.com).

http://walking.visitscotland.com: Die Website bietet Infos zu zahlreichen, nach Gebieten wählbaren Wanderungen.

Wanderkarten, Kompass, Wanderschuhe und wetterfeste, warme Kleidung, Nahrungsmittel- und Wasservorrat sowie Verbandszeug sind unerlässlich für Bergwanderer – die schottischen Berge sind zwar nicht so hoch, extrem schnelle Wetterumschwünge und Nebel sind jedoch sehr gefährlich. Informieren Sie vor Tourbeginn jemanden über Ihre Route. Während der Lammsaison im Frühjahr und der Jagdsaison im Herbst ist Vorsicht geboten.

Die Landreform des schottischen Parlaments gibt prinzipiell freien Zugang zum Land für Wanderer (Wegerecht), doch wehren sich manche Grundbesitzer vehement dagegen. Bei der Überquerung von Privatgrund sollte man um Erlaubnis fragen. Die Beachtung des *Country Code* – Gatter schließen, keinen Abfall zurücklassen, auf den Wegen bleiben, Rücksicht auf die Natur nehmen, kein offenes Feuer anzünden – sollte selbstverständlich sein. Man kann auch den Rangerservice für geführte Wanderungen nutzen, Infos: Scottish Natural Heritage (s. o.). Broschüre: ›Walking Scotland‹ von VisitScotland. Organisation: Mountaineering Council (s. ›Felsklettern‹).

Wassersport

Marinas und Yachtcharter-Firmen gibt es vor allem an der Westküste zwischen Crinan und Oban, wo die interessantesten Segelreviere liegen. Surfen kann man gut um Thurso an der Nordküste und rund um die Äußeren Hebriden, speziell Tiree. Infos und Adressen zu den verschiedenen Wassersportarten findet man in den Broschüren ›Scotland Watersports‹, ›Scotland Waterworld‹ und ›Sail Scotland‹ von VisitScotland.

Antiquitäten: Ein Bummel durch die vielen Antiquitäten- und Trödlerläden in Schottland lohnt, da die Preise etwas niedriger sind als bei uns. Folgen Sie einfach den Hinweisschildern in ländlichen Gegenden – den Wert eines Chippendale-Stuhls kennen die Verkäufer allerdings auch hier.

Kunsthandwerk und Souvenirs

In vielen Kunsthandwerksläden, besonders im Westen und auf den Inseln, kann man Keramik, Bilder und Plastiken lokaler Künstler, Silberschmuck mit keltischen oder wikingischen Motiven, Wollsachen und allerlei netten Nippes erstehen. Die Grenzen zwischen Kunstgalerien und eher kunsthandwerklich ausgerichteten Geschäften sind dabei fließend. Auch in den Borders haben sich überaus qualitätvolle Galerien angesiedelt.

Die Souvenirläden in touristischen Kernzonen wie der Royal Mile in Edinburgh, Gretna Green, Loch Ness oder Fort William sind hauptsächlich auf den Massengeschmack abgestimmt. Die Themen Karo, Dudelsack und Schafe werden in allen Variationen durchgespielt – die meisten Produkte stammen aus China. Doch selbst in den Touristenhochburgen lassen sich Entdeckungen machen.

Textilien

In größeren Textilläden kann man sich etwas preiswerter als bei uns mit klassischem Angel-, Jagd- und Golfoutfit im *Country House Style* eindecken, beispielsweise mit Barbour-Mänteln. Die Borders sind berühmt für ihre Wollproduktion: Vor allem in Hawick shoppen die Besucher in Factory Outlets und *woollen mills.*

Aus Harris und Lewis kommt der berühmte Harris-Tweed. Er wird dort noch viel in Heimarbeit auf klappernden Webstühlen hergestellt. Man kann ihn meterweise kaufen oder in einigen Geschäften vor Ort gleich verarbeiten lassen.

Der Stil der *woollies* – Strickjacken, Mützen, Handschuhe, Kaminplaids – ist häufig sehr traditionell, doch gibt es auch zahlreiche eigenwillige Designer(innen), die flippig-alternative oder zeitgenössische Mode mit dem typisch schottischen Material Wolle entwerfen.

Da deutsche Urlauber meist keine schottischen Ahnen haben, werden die teuren Kilt- und Tartanausstatter an ihnen weniger als an den Gästen aus Übersee verdienen.

Kulinarische Spezialitäten

Ohne schottischen Wildlachs (kann man gut bei der Abfahrt auf dem Flughafen kaufen), eine Packung Walkers Shortbread mit Bonnie Prince Charlie auf der Blechdose oder einen Weiden- oder Brombeerwein wird kein Gourmet aus Schottland zurückkehren. In den Shops der Schlösser und Herrenhäuser kann man u. a. einfallsreiche Chutneys oder Marmeladen kaufen.

Whisky ist in Schottland aufgrund der Steuern teurer als bei uns. Der Kauf lohnt meist nur bei ausgefallenen Flaschen wie Single Cask-Abfüllungen. Die Standard-Sorten wie z. B. ein zwölf Jahre alter ›Highland Park‹ oder ein zehn Jahre alter ›Bowmore‹ kauft man preiswerter in den 1-Liter-Flaschen am Flughafen – oder zu Hause.

Mitbringsel im Landhausstil: Die Shops der vom National Trust geführten Sehenswürdigkeiten bieten eine Vielzahl erlesener Souvenirs – von blumigem Porzellan über Duftseifen bis zum karierten Fußschemel.

Bars, Discos und Clubs

Glasgow ist die schottische Stadt, die die meisten Partygänger aus ganz Großbritannien und von noch weiter her anzieht. Eine zeitgenössische Club- und Ausgehszene mit minimalistischen Style Bars und trendigen Themenclubabenden hat auch Edinburgh zu bieten. In den beiden großen Städten konzentriert sich auch die schwul-lesbische Szene. Einige Clubs gibt es auch in den Universitätsstädten Dundee und St. Andrews.

Discos und Clubs öffnen meist von 23 bis 3 Uhr und nehmen um die 8 £ Eintritt. Ein relativ neues, um sich greifendes gastronomisches Konzept in den Großstädten sind die DJ-Bars: tagsüber Café-Restaurant, abends Bar, und später in der Nacht legt ein DJ auf und die Tanzfläche wird ›ausgeklappt‹. Ansonsten lässt sich das Abendprogramm auf einen Nenner bringen: Pubs.

Ceilidhs: Auf den Hebriden und den nördlichen Inseln finden in den kommunalen Sälen *ceilidhs* (gälisch) statt, traditionelle Konzerte und Tanz für alle. Meist sind das intimere und authentischere Veranstaltungen als die ›Schottischen Abende‹ (s. u.), da hier die örtlichen Gemeinschaften ihre Kultur für sich und nicht für die Besucher inszenieren.

Pubs und Inns

In ländlichen Gebieten sind Pub oder Inn die einzigen Treffpunkte für *locals* und Touristen. Meist herrscht eine Atmosphäre freundlicher Geselligkeit. Ende 2005 fielen per britischem Gesetz alle Ausschankbegrenzungen. Wie sich das auswirkt, bleibt abzuwarten. Generell geöffnet sind Pubs Mo–Sa 11–23, So 12.30–23 Uhr, in den Städten oft bis Mitternacht oder länger, Bars bis 1 oder sogar 3 Uhr. Gemütliche historische Pubs mit viktorianischen Holzschnitzereien und Zapfbatterien gibt es nicht nur auf dem Land, sondern auch in den großen Städten. Die Schotten trinken generell recht gern, auch mal einen über den Durst. In den Städten gibt es bestimmte Straßenzüge, in deren Pubs bevorzugt *stag and hen parties* stattfinden, das ist das letzte, möglichst alkoholisiert zugebrachte Wochenende eines Bräutigams oder einer Braut vor der Hochzeit. Diese Viertel sollte man meiden, wenn man es nicht selbst gerne ziemlich *rowdy* liebt oder soziologische Studien betreiben will.

Während in den Trendbars internationaler Mainstream gespielt wird, finden in den Pubs sowohl in den Städten als auch auf dem Land um 21 oder 21.30 Uhr häufig Livekonzerte statt. Die Palette reicht von spontanen Sessions lokaler Musiker bis zu angekündigten Veranstaltungen, von Folk über Rock zu Jazz. *Music nightly* steht dann auf einem Schild im Pubfenster. In den *howffs* (Kneipen, schottisch für ›Bierschwemme‹) lässt sich eine Renaissance der Fass-Ales *(cask ales)* feststellen, die oft von kleinen Brauereien hergestellt werden. Die meisten Pubs und Bars bieten etwas zum Beißen an, wobei die Palette von Sandwiches bis zu Menüs reicht.

Kulturelle Veranstaltungen

Wer abends ins Theater oder ins Konzert gehen will, hat in der Festivalstadt Edinburgh die größte Auswahl. Aber auch Glasgow ist für seine lebendige, experimentierfreudige Kulturszene bekannt. Und selbst in kleineren Städten wie Dundee, Pitlochry, Perth, St. Andrews, Inverness oder sogar auf Mull gibt es Theater.

In den Touristenhochburgen wie Edinburgh oder Fort William werden ›Schottische Abende‹ veranstaltet. Das sieht dann meist so aus, dass Busladungen von Touristen zu einem Haggis-Abendessen Musik und Tanz auf einer Bühne geboten bekommen.

Reisekasse und Reisebudget

Währung und Geldumtausch

Großbritannien gehört nicht zur EU-Zone. Die britische Währung ist das Pfund Sterling. Es gibt Münzen zu 1 p *(pence)*, 2 p, 5 p, 10 p, 20 p, 50 p, 1 £ und 2 £ sowie Scheine zu 5 £, 10 £, 20 £ und 50 £. Nur in Schottland gibt es auch 1 £-Scheine. 1 £ = 1,45 € = 2,25 CHF, 1 € = 0,69 £, 1 CHF = 0,44 £.

Die fünf großen Banken sind Bank of Scotland, Royal Bank of Scotland, Clydesdale Bank, TSB Scotland und Girobank, von denen die ersten drei eigene, prinzipiell auch im restlichen Großbritannien gültige Banknoten herausgeben (dies gilt auch umgekehrt). Am besten aber tauscht man sie, bevor man Schottland verlässt, gegen englische Scheine um. Den günstigsten Wechselkurs erhält man gegen Bargeld in Banken. Tauschen kann man auch in Flughäfen, Bahnhöfen, großen Hotels und Wechselstuben. Reiseschecks sollten Sie auf Pfund ausstellen lassen, um eine Umtauschgebühr zu vermeiden – nur Banken nehmen Reiseschecks an. Hotels und Restaurants akzeptieren meist Kreditkarten, am verbreitetsten sind Mastercard und Visa. B & B, Pubs und kleinere Läden verlangen meist Bares. EC-Geldautomaten mit dem EC- oder Maestro-Zeichen sind so verbreitet wie auf dem Kontinent. Die meisten Banken sind Mo–Fr 9–16 bzw. 17 Uhr geöffnet.

Preisniveau

Schottland ist – auch durch das starke Pfund – ein relativ teures Reiseland. Eine Hotelübernachtung mit Frühstück kostet ab 35 £, ein 3-Gang-Abendessen ohne Getränke in einem guten Restaurant 15–25 £, ein Cappuccino 1,90 £, ein Pint Bier 2,40 £, ein Whisky 1,80 £, ein Liter Benzin 80 p. Am höchsten ist das Preisniveau in Edinburgh und – wegen der langen Transportwege – auf den Inseln.

Auch die Eintritte sind happig. Topattraktionen kosten um die 10 £, kleinere Sehenswürdigkeiten ca. 3 £. Gratis ist der Besuch der städtischen und staatlichen Museen in Edinburgh und Glasgow. Wer viel besichtigen will, für den bietet sich eine Jahresmitgliedschaft im National Trust for Scotland an (Erw. 35 £, Familie 57 £, Jugendliche 12 £, Senioren 26 £). Auch der Explorer Pass von Historic Scotland kann sich lohnen. Für alle 74 Stätten kostet er ab 17 £/Pers. (für 3 von 5 Tagen). Mitgliedschaft und Pass sind an jeder Sehenswürdigkeit der jeweiligen Institution zu erwerben.

Sperrung von EC- und Kreditkarten
Bei Verlust oder Diebstahl von EC- und Kreditkarten können Sie die 2005 eingerichtete **Zentrale Sperr-Telefonnummer** anrufen: **0049-116 116**

Weitere Sperrnummern:

Karte	**für Österreicher**	**für Schweizer**	**für Deutsche**
Master Card	0043 17 17 01 45 00 ab 16.30 Uhr: 0043 171 11 10	0041 442 71 15 50	0800 819 10 40 (nat.) 001 63 67 22 66 90 (internat.)
Visa	0043 17 11 12	0041 442 00 83 83	0800 814 91 00 (nat.) 011 41 05 81 38 36 (nat.)
American Express	0049 69 97 97 77 77	0049 69 97 97 77 77	0049 69 97 97 77 77
Diners Club	0043 150 13 50	0041 18 35 44 44	0049 69 66 16 61 23

Reisezeit und Reiseausrüstung

Klima und Reisezeit

Das schottische Wetter ist ... nun, nicht mediterran. Wesentliche Kennzeichen sind Wechselhaftigkeit, vom Atlantik über das Land ziehenden Wetterfronten, kühle Temperaturen und stürmische Winde. *Drizzle,* ein konstanter Nieselregen, hartnäckiger Nebel sowie der *haar* in Frühjahr und Sommer, ein vom Meer aufziehender Dunst, sind schottische Wetterphänomene.

Der Golfstrom an Schottlands Westküste beschert dem Land ein ausgeglichenes, mildes ozeanisches Klima ohne große Hitze- und Kälteextreme. Durch die Kollision mit den kälteren Festlandluftmassen kommt es aber auch zu konstanter Wolkenbildung und Stürmen.

Generell regnet es überall oft und kräftig. Mit durchschnittlich 1600 mm im Jahr liegt die Westküste, an deren Bergen sich alle atlantischen Tiefausläufer zunächst einmal abregnen, jedoch eindeutig vor den 800 mm der relativ trockenen Ostküste. Fife rühmt sich der geringsten Niederschläge. Dauerregen ist jedoch auch in den westlichen Highlands selten. Hier kann man, wie Einheimische sagen, vier Jahreszeiten an einem Tag erleben.

Aufgrund des nachlassenden Golfstrom-Einflusses nehmen die Temperaturen von Westen nach Osten ab, wobei natürlich auch die Höhe eine Rolle spielt. Den Kälterekord hält Braemar mit −27,2 °C. In den Gebirgen, vor allem den Grampians mit ihren Wintersportregionen, ist mit nicht geringen Schneemengen zu rechnen. In der An Gharbh Coire, einem *corrie* (s. S. 14) in den Cairngorms, soll der Schnee im 20. Jh. nur zweimal aufgetaut sein.

Dem nördlichen Breitengrad verdankt Schottland spürbar längere Tage. Auf Shetland kann man am längsten Tag des Jahres, dem 21. Juni, um 24 Uhr im Dämmerlicht der arktischen Mittsommernacht Golf spielen. Bis zur Tagundnachtgleiche am 21. September ist es in Schottland länger hell als auf dem Kontinent, ab da werden die Tage kürzer als bei uns.

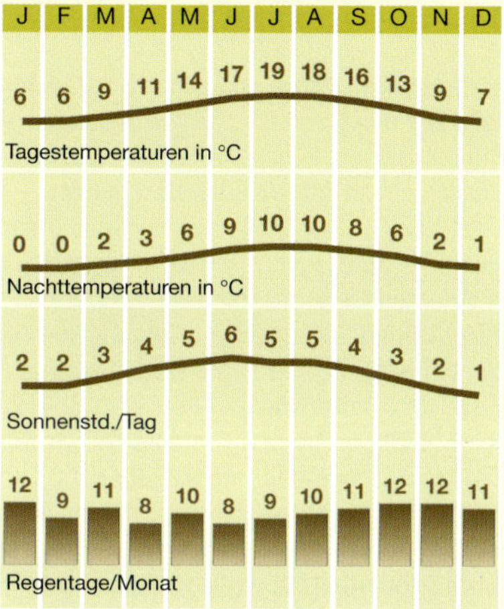

Baden kann man, wenn man nicht sehr kälteresistent ist, eigentlich nur im Juli/August, den beiden wärmsten Monaten. Dann muss man das Land aber auch mit den meisten anderen Gästen teilen. Am sonnigsten sind gemeinhin Mai und Juni, und zusammen mit dem meist noch sehr schönen September ergeben sie die reizvollsten Reisemonate. Das aktuelle Wetter in Schottland finden Sie auf www.metoffice.com.

Reisegepäck

Wärmende und vor Regen schützende Kleidung ist bei dem häufigen Regen selbstverständlich, feste Wanderschuhe sollte man dabeihaben, auch wenn man keinen ausgesprochenen Wanderurlaub plant. Für Ruinen und Gräber leistet eine Taschenlampe, zur Tierbeobachtung ein Fernglas gute Dienste.

Nützlich sind Mittel gegen Insektenstiche (s. S. 19), Sonnenschutzmittel – auf dem Wasser oder im Schnee kann man sich sogar in Schottland einen Sonnenbrand holen – sowie Medikamente gegen Reisekrankheit, denn auf den Fähren kann es heftig schaukeln.

Internetzugang

Viele Hotels, Hostels und sogar B & B bieten teils auf den Zimmern, teils in der Lounge Internetzugang. In den öffentlichen Bibliotheken kann man kostenlos ins Netz gehen.

In den Städten existieren zahllose Internetcafés, und auch auf den Inseln gibt es mindestens ein Internet-Zentrum, z. B. in Kirkwall und Stromness auf Orkney, Port Ellen auf Islay, Rothesay auf Bute, Staffin auf Skye und Stornoway auf Lewis. In Schottland häufig vertretene Ketten sind EasyInternetcafé (www.easyinternetcafe.com) und COMMSPORT (www.commsport.com). Eine komplette, leider nicht mehr ganz aktuelle Liste findet man auf www.cyberliesel.de.

Post

In größeren Städten haben Postämter nicht nur das Briefgeschäft, sondern auch Wechselstuben und internationalen Geldtransfer. Auf dem Land sind die Postfilialen meist Tante-Emma-Läden mit Lebensmittel- und Souvenirverkauf. Schild: gelbe Buchstaben auf rotem Grund. Die Briefkästen sind rot.

Briefmarken bekommt man bei der Post, an Verkaufsautomaten vor dem Postamt und in vielen Zeitschriften- und Souvenirläden. Ein Luftpost-Brief in EU-Länder kostet 69 p, eine Luftpost-Postkarte 38 p.

Die meisten Postämter sind Mo–Fr 9–17.30, manche auch Sa 9–12.30 Uhr geöffnet.

Radio und Fernsehen

Der Radiosender BBC Radio Scotland auf AM 810 kHz, FM 92.4–94.7 MHz bringt schottische Nachrichten, Sport und Musik. Die beiden regionalen Fernsehsender Scottish Television (Südschottland und Westen) und Grampian TV (Highlands und Islands) bringen auch gälischsprachige Sendungen. Darüber hinaus kann man alle übrigen britischen Sender, über Satellit außerdem auch einige deutschsprachige Programme empfangen.

Telefonieren

Die **Vorwahl** von Deutschland, Österreich und der Schweiz nach Schottland ist 0044. Von Schottland nach Deutschland 0049, nach Österreich 0043, in die Schweiz 0041, danach die erste 0 der Rufnummer weglassen.

Die **britischen Ortsnetznummern** beginnen jetzt alle mit 01. Das Telefonnetz wird gerade auf sechsstellige Rufnummern umgestellt, so dass bei einigen vier- oder fünfstelligen Ziffern in nächster Zeit Änderungen zu erwarten sind. Mit 07 beginnende Nummern sind meist Handy-Nummern.

Servicenummern: Mit 0800 beginnende Telefonnummern sind kostenlos, bei 0845 telefoniert man zum Ortstarif, bei 0870 zum Landestarif, teuer wird es bei 09- oder 0891-Nummern.

Telefonzellen funktionieren entweder mit Münzen zu 10, 20, 50 p und 1 £ (Minimum 20 p) oder mit Kreditkarten und Telefonkarten, die es zu 3, 5, 10 und 20 £ in Postämtern, Zeitschriftenläden und Tourist Offices gibt. Mindestgebühr für internationale Gespräche ist 1,20 £. Billiger telefoniert man Mo–Fr 18–8 Uhr und am billigsten Fr 24–So 24 Uhr.

Die **Vermittlung** ist kostenlos unter 100 zu erreichen. **Auskunft:** 118 5000.

Wer mit dem mitgebrachten **Mobiltelefon** in Schottland telefonieren will, braucht für britische Nummern keine Landesvorwahl, man selbst kann aber nur mit der Vorwahl seines Landes erreicht werden.

Mit Mobiltelefonen *(mobile phone)* kann man bei D1, Vodafone und im E-Netz telefonieren. Vodafone bietet meist die beste Flächenabdeckung, doch in manchen Highland-

In den großen Städten findet man problemlos ein Internetcafé

Tälern funktioniert nichts mehr. Roaming kann teuer werden – auch für den im Ausland Angerufenen kostet es. Informieren Sie sich am besten vor Reiseantritt beim eigenen Netzanbieter über den billigsten ausländischen Netzpartner, deaktivieren Sie die automatische Netzwahl und stellen Sie den günstigsten Anbieter manuell ein. Generell sollte man die Mailbox ausschalten.

Man kann sich auch eine Prepaid-Karte einer schottischen Telefongesellschaft kaufen und die eigene SIM-Karte gegen diese austauschen. Dann telefoniert man zu einheimischen Tarifen, angerufen zu werden kostet nichts, man hat aber eine andere Telefonnummer.

Zeitungen

In Schottland liest man schottische Zeitungen, die über schottische Themen berichten. Der in Edinburgh erscheinende ›The Scotsman‹ und der in Glasgow gedruckte ›The Herald‹ sind die größten seriösen überregionalen Tageszeitungen. Am häufigsten verkauft wird das Boulevardblatt ›Daily Record‹. Regionale Tageszeitungen sind z. B. das Aberdeener ›Press and Journal‹ und ›Dundee Courier‹, der in Zentralschottland verbreitet ist.

Die Wochenzeitungen ›Oban Times‹ und die auf der Insel Skye erscheinende ›West Highland Free Press‹ haben auch Beiträge in Gälisch. ›The Orcadian‹ und ›Shetland Times‹ werden praktisch von jedem Einwohner von Orkney bzw. Shetland gelesen. Das Monatsmagazin ›Scots Magazine‹ bringt Beiträge aus allen Bereichen des schottischen Lebens. Fast überall sind auch die großen überregionalen britischen Zeitungen, z. B. ›Times‹ und ›Guardian‹, erhältlich.

Deutschsprachige Zeitungen bekommt man nur in den größeren Städten, insbesondere an den Bahnhöfen.

Behinderte

Die Broschüre ›Accessible Scotland‹ führt etwa 1000 Unterkünfte und Sehenswürdigkeiten auf, die behindertengerecht ausgestattet sind. Erhältlich ist sie bei VisitScotland oder im Internet unter www.visitscotland.com/library/accessiblescotland.

Die britische Behindertenorganisation Capability Scotland bietet Beratung und Dienstleistungen an: Advice Service Capability Scotland, 11 Ellersly Rd., Edinburgh EH12 6HY, Tel. 0131/313 5510, Fax 0131/346 1681, www.capability-scotland.org.uk.

Diplomatische Vertretungen

... in Deutschland
Britische Botschaft
Wilhelmstr. 70–71, 10117 Berlin
Tel. 030/20 45 70, Fax 030/20 45 75 94
www.britischebotschaft.de

... in Österreich
Britische Botschaft
Jauresgasse 12, 1030 Wien
Tel. 01/71 61 30, Fax 01/716 13 29 99
www.britishembassy.at

... in der Schweiz
Britische Botschaft
Thunstr. 50, 3005 Bern
Tel. 031/359 77 00, Fax 031/359 77 01
www.britishembassy.gov.uk

... in Großbritannien
Deutsches Generalkonsulat
16 Eglington Crescent, Edinburgh EH12 5DG
Tel. 0131/337 2323, Fax 0131/346 1578

Österreichisches Generalkonsulat
Alderwood, 49 Craigrook Rd.
Edinburgh EH4 3PH
Tel. 0131/332 3344
Fax 0131/332 1777

Schweizerisches Generalkonsulat
Portland Tower, Portland Street
Manchester, Lancashire M1 3LD
Tel. 0161/236 2933, Fax 0161/236 4689

Elektrizität

Die normale Stromspannung beträgt 240 Volt Wechselstrom, 50 Hertz. Für die dreipoligen britischen Steckdosen braucht man einen Adapter, erhältlich an Flughäfen oder in Haushaltswarenläden.

Feiertage

1. Jan., Karfreitag und 25. Dez. sind die einzigen offiziellen Feiertage. Hinzu kommen die Bank Holidays, bei denen anders als in England nur die Banken geschlossen haben; sie variieren, liegen aber häufig am 2. Jan., 1. und letzten Mo im Mai, letzten Mo im August, 26. Dez. Zusätzlich hat jede Stadt je einen Frühlings- und Herbstfeiertag, der ebenfalls variabel ist.

Auf den Hebriden mit ihrer freikirchlich-presbyterianischen Tradition läuft am ›heiligen‹ Sonntag kaum etwas.

Gesundheit

Kostenlose Behandlung ist für EU-Bürger und Schweizer nur in den (größeren) Krankenhäusern mit ›Accident and Emergency‹-Abteilung möglich (Schilder mit rotem ›H‹ und ›A & E‹). Seit 2005 gilt die Europäische Krankenversicherungskarte für EU-Bürger als Anspruchsnachweis. Der Besuch beim niedergelassenen Arzt (GP) muss vor Ort zunächst aus der eigenen Tasche bezahlt werden. Auch beim

Zahnarzt muss man in der Regel selbst bezahlen und bekommt den Rechnungsbetrag dann von der Heimatkrankenkasse ersetzt. Der Abschluss einer zusätzlichen privaten Reisekrankenversicherung ist dennoch dringend zu empfehlen.

Die Tourist Offices verfügen über Listen der nächstgelegenen Arztpraxen.

Apotheken *(pharmacies, chemistries)* gibt es flächendeckend. Im Fenster sind Schilder mit den Adressen der außerhalb der normalen Geschäftszeiten zuständigen Notfallapotheken ausgehängt. Medikamente für leichtere Erkrankungen gibt es rezeptfrei auch in Drogerien wie der Kette Boots.

Notruf

Notruf (Polizei, Feuerwehr, Krankenwagen, kostenlos): Tel. 999.
Pannenservice: AA (Automobile Asscociation), Tel. 0800/887766.
Kreditkartensperrung: s. S. 92.

Öffnungszeiten

Banken: Mo–Fr 9–16/17 Uhr.
Geschäfte: Kernöffnungszeiten Mo–Sa 9–17.30/18 Uhr, in den großen Städten auch oft So 11–17 sowie Do Abend meist bis 20 Uhr, in den ländlichen Orten wird Di, Mi oder Do schon mittags geschl.
Post: meist Mo–Fr 9–17.30, manche auch Sa 9–12.30 Uhr.
Pubs: meist Mo–Sa 11–23, So 12.30–23, oft Do–Sa bis 0 oder sogar 1 Uhr, vor allem in den Städten.
Restaurants: meist 12–14, 18–21 Uhr, häufiger Schließtag: So und Mo.
Sehenswürdigkeiten: Manche Herrensitze und kleinere Sehenswürdigkeiten sind nur während der Saison von April bis Okt. geöffnet.
Große Supermärkte: oft Mo–Sa 8–22, So 10–18 Uhr.
Tea Rooms: tgl. 11–17 Uhr.

Sicherheit

Generell muss man in Schottland nicht um seine Sicherheit fürchten. In den Städten gibt es die großstadttypischen Probleme – Drogen, Taschendiebstahl an belebten und touristischen Plätzen, Autoaufbrüche, Trunkenheit und Randale in manchen Bezirken. In den Highlands und vor allem auf den Inseln ist die Kriminalitätsrate so niedrig, dass die Einwohner die Haustüren nachts nicht einmal abschließen. Bei Diebstahl muss man eine Anzeige bei der Polizei machen, um zu Hause Ersatz von der Versicherung zu erhalten. Überall sollte man die üblichen Sicherheitsvorkehrungen beachten: nur leere Autos abstellen, größere Geldmengen gesichert, z. B. am Körper, tragen, nicht trampen. Für allein reisende Frauen gelten dieselben Vorsichtsmaßnahmen wie daheim.

Trinkgeld

In Restaurants werden gemeinhin 10 % *tip* erwartet, vorausgesetzt, auf der Speisekarte ist nicht *service included* vermerkt; in diesem Fall ist die Bedienung bereits eingerechnet. Der Taxifahrer erwartet eine Aufrundung des Fahrgeldes, doch geben auch Einheimische wegen der hohen Taxipreise oft nichts. Gepäckträger in Luxushotels bekommen 1 £. Im Pub ist Trinkgeld verpönt.

Zeit

In Großbritannien gilt die MEZ minus eine Stunde. Man muss die Uhr auf der Insel also eine Stunde zurückstellen.

Sprachführer

Schottisches Englisch und Scots

Das schottische Englisch ist guttural und rollt das R, das hier nicht, wie mühsam im Englischunterricht gelernt, ›ar‹ ausgesprochen wird. Scots entwickelte sich vom Mittelalter an aus dem Altenglischen und wäre eine eigenständige Sprache geworden, wenn die Union mit England dies nicht verhindert hätte. Vor allem im Wortschatz unterscheidet es sich vom Englischen. 50 000 Vokabeln zeigen, dass die Schotten auch sprachlich schon immer ihren eigenen Kopf hatten.

Wichtige Scots-Wörter

auld	alt
aye	ja
bairn	Kind
bide	bleiben, tolerieren
blether	Unsinn quatschen
bonny	hübsch
bothy	primitive Hütte von Schäfern, Fischern, Wanderern
breeks	Hose
but and ben	Cottage mit nur zwei Räumen
carl	Bauer, Arbeiter
ceilidh (sprich: kayley)	Tanz
clarty	dreckig
crofter	Kleinbauer
daft	blöde
deil	Teufel
dirk	Messer, Kurzschwert der Highland-Tracht
dochter	Tochter
dram	Glas Whisky
drouth (sprich: druhth)	Säufer
fause	falsch
first-footer	der Neujahr ein Haus als Erster betritt
flesher	Metzger
glaikit	Idiot
haar	Nebel von der Nordsee
howff	Kneipe
hurdies	Hinterteil
Jimmie	Typ, Kerl, leger für Mann‹
laddie	Junge, junger Mann
lassie	junges Mädchen
mac	Anrede für einen Mann, den man nicht kennt
the real Mackay	das Wahre
muckle, meikle	groß
na	nein
nocht	nichts
pape	herabsetzend für Katholiken
rood	Kreuz
sassenach	Engländer (abwertend)
sma	klein
sporran	Felltasche am Kiltgürtel
tolbooth	Rathaus, Gefängnis
tron	öffentliche Waage
wee	winzig

Elemente von Ortsnamen

ach (auch aig)	Feld, Bucht
aird	Höhle
ault	Bach
ben	Berg
brae	Berg
brig	Brücke
burgh	Stadt
cairn	Steinhaufen
close	Eingang, kleiner Hof
coll, collie	Wald
firth	Ästuar
glen	Tal
inver	Flussmündung
kirk	Kirche
lairig, learg	Gebirgspass
law	runder Hügel
links	Dünen, Golfplatz auf Sand
loch	See
neuk	Ecke
wynd	Gasse

Wichtige englische Wörter

Unterwegs

Haltestelle	stop
Bus	bus, coach
Fahrkarte	ticket
Auto	car
Ausfahrt / -gang	exit
rechts / links	right / left
geradeaus	straight on
hier / dort	here / there
Stadtplan	street map
Auskunft	information
Vorsicht	attention / caution
Bank	bank
Geld wechseln	change money
Reisescheck	traveller's check
Telefon	telephone
Telefonkarte	phonecard
Post	post office
Bahnhof	station
Flughafen	airport
geöffnet	open
geschlossen	closed

Einkaufen

kaufen	buy
Markt	market
bar	cash
Geld	money
Kreditkarte	credit card
teuer	expensive
billig	cheap

Die wichtigsten Sätze auf Englisch

Auskünfte

Wie komme ich nach ...?	How do I get to ...?
Fährt der Bus / Zug nach ...?	Does the bus / train go to ...?
Könnten Sie uns bitte helfen?	Can you help us, please?
Rufen Sie bitte den Rettungsdienst!	Please, call the emergency.
Ich möchte telefonieren.	Where can I make a phone call?
Wie spät ist es?	What time is it?
Können Sie ein nettes Restaurant / Pub empfehlen?	Could you recommend a nice restaurant / pub?
Wann öffnet / schließt?	When does ... open / close?
Wo kann ich den Wagen parken?	Where can I leave the car?
Was kostet das bitte?	How much is it, please?

Restaurant, Hotel

Die Speisekarte, bitte.	Could I have the menu, please.
Was können Sie uns empfehlen?	What would you recommend?
Ich nehme ...	I'll have ...
Wo ist die Toilette?	Where is the toilet, please?
Zahlen, bitte!	Could I have the bill, please?
Kann ich mit Kreditkarte bezahlen?	Do you take credit cards?
Haben Sie noch Zimmer frei?	Do you have any vacancies?
Kann ich das Zimmer anschauen?	May I have a look at the room?

Smalltalk

Wie heißen Sie?	What's your name?
Woher kommen Sie?	Where are you from?
Wie lange bleiben Sie?	How long will you be staying?
Wie geht's?	How are you?
Ist der Stuhl frei?	Is this seat taken?
Wollen wir etwas zusammen trinken?	Would you like to join me for a drink?
Gern geschehen.	You're welcome.

Hier lohnt ein Stopp: Edinburgh Castle, eine der vielen faszinierenden Burgen Schottlands

Unterwegs in Schottland

Edinburghs Old Town

Kapitel 1

Edinburgh und Umgebung

Auf einen Blick: Edinburgh und Umgebung

›Athen des Nordens‹

Keine andere Stadt Schottlands bietet eine solche Fülle kultureller Schätze wie Edinburgh, eine solche Durchdringung mit Geschichte und ihrem baulichen Erbe. Seit der Vollendung des schottischen Parlaments 2004 ist Edinburgh nun auch in politischer Hinsicht das Zentrum Schottlands, und das hat zu einer psychologischen und wirtschaftlichen Aufbruchstimmung geführt, die überall zu spüren ist.

Auf städtebaulicher Ebene zeugen der Finanzdistrikt im West End, der Meersaum in Leith und das Holyrood-Viertel von frischem Wind in alten Gassen. 2006 soll dem Verkehrsproblem mit einem neuen Leitsystem begegnet, 2009 mit der Tram ein einer Metropole würdiges Nahverkehrssystem aus der Taufe gehoben werden. Tief verwurzelt in der schottischen Geschichte, mit Maria Stuart als ständiger Begleiterin, blickt Schottlands Hauptstadt entschlossen in die Zukunft.

Prägend für die Atmosphäre der Stadt ist der Kontrast zwischen elegant-weitläufiger New Town und der mittelalterlichen, gruselsatten Enge der Old Town: eine wahre Dr. Jekyll and Mr. Hyde-Stadt also. Für den Besucher verspricht das zusätzliche Spannung, diese dynamische Mixtur aus traditionellen Pubs und schicken Bars, aus biederem Karo-Kitsch und gläsernen Designshops, goldgerahmten Alten Meistern und den avantgardistischen Kapricen des Festival Fringe.

Die Lothians

Wer der Großstadt entfliehen möchte, findet naturnahe Abgeschiedenheit in den historischen Landschaften der Lothians, wo man auf Wanderungen und Bootsausflügen entspannen kann. Vor allem West Lothian bietet herausragende mittelalterliche Denkmäler, denn hier ließen die schottischen Könige ab dem Mittelalter bauen.

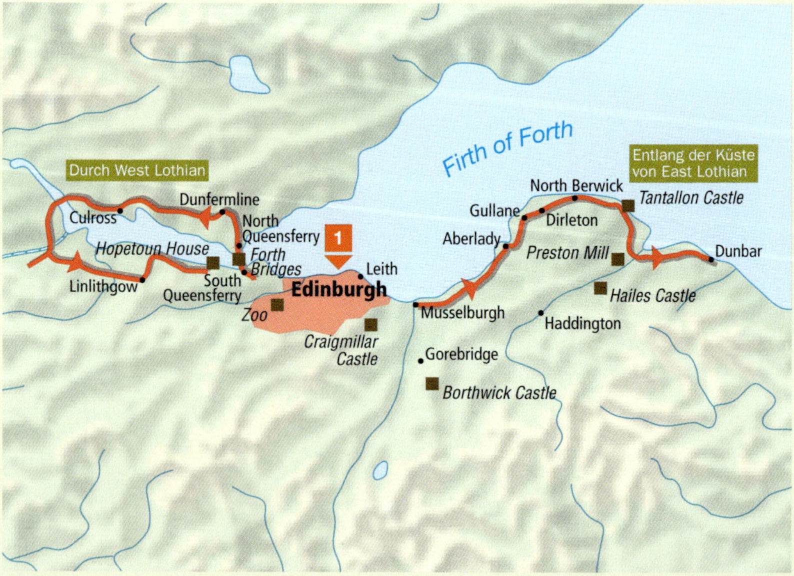

Highlight

1 **Edinburgh:** Tradition und Moderne gehen in dieser mit Kunst und Kultur gesättigten Metropole eine harmonische Verbindung ein (s. S. 106ff.).

Empfehlenswerte Routen

Entlang der Küste von East Lothian: Klippenwanderungen, romantische Burgruinen, eine echte Concorde und ein Schmuckkästchen von einer Kapelle – diese Tour bietet ländliche Entspannung für ein oder zwei Tage (s. S. 136ff.).

Durch West Lothian: Die Tour an den Ufern des Firth of Forth führt zu Sehenswürdigkeiten ersten Ranges wie dem Königspalast von Linlithgow sowie einem reichen Industrieerbe (s. S. 139ff.).

Reise- und Zeitplanung

Um einen ersten Überblick über **Edinburgh** zu bekommen, reichen zwei Tage. In fünf Tagen lernt man die Stadt gut kennen, doch auch eine ganze Woche kann man in Schottlands Hauptstadt verbringen, ohne dass Langeweile aufkommt.

Die beiden Ausflüge in die **Lothians** sind an jeweils einem Tag von Edinburgh aus zu ›schaffen‹, wenn man sich auf die wichtigsten Sehenswürdigkeiten beschränkt. Doch man kann es auch gemütlicher angehen lassen und in einem der Küstenorte sowie in Haddington, in der ›echten‹ Burg Borthwick Castle oder in South Queensferry übernachten.

Reisezeit und Feste

Edinburgh kann man zu jeder Jahreszeit besuchen, in der Nebensaison gibt es oft Preisnachlässe in den Hotels. Sehr stimmungsvoll ist der Advent. Ein unvergessliches Erlebnis ist ein Besuch im August während des Edinburgh International Festivals (s. S. 132f.). Auch über Silvester – Hogmanay – kann man in Schottlands Metropole Außergewöhnliches erleben (s. S. 49).

Ein Erlebnis der besonderen Art ist eine ›Gruselführung‹ durch Edinburgh

Verkehrsmittel

In **Edinburgh** sind die Entfernungen zwischen den einzelnen Sehenswürdigkeiten nicht groß, daher ist man am besten zu Fuß unterwegs (s. a. Tipp S. 120). Für etwas abseits gelegene Stadtviertel wie Leith und Sehenswürdigkeiten wie den Zoo und Craigmillar Castle benutzt man am besten das ausgezeichnete Busnetz. **East Lothian** und **West Lothian** sollte man mit dem Auto erkunden.

Richtig Reisen-Tipps

Rundgang durch das Museum of Scotland: Von der Vorgeschichte im Untergeschoss bis ins 21. Jh. im obersten Stock zeigt das Museum eine atemberaubende Schau mit den besten Stücken aus Schottlands jahrtausendealter Geschichte und Kultur. Der Museumsbau selbst ist ein Glanzstück zeitgenössischer Architektur (s. S. 118).

Spaziergang durch die georgianische Stadt: Am Abend zeigen sich die weniger bekannten Wohngegenden der New Town von ihrer schönsten Seite. Dann kann man dem *plaster spotting* frönen, der ›Jagd‹ auf Stuckdecken und pastellfarbene Interieurs (s. S. 123).

1 Edinburgh

Cityplan S. 108/109 112/113

Schottlands Hauptstadt bringt das Erbe des Landes auf den Punkt. Nationalmuseen, weltberühmte Festivals, eine reiche kulinarische und kulturelle Szene sorgen dafür, dass kein Urlauber Edinburgh links liegen lässt. Es scheint, als posierten sanft geschwungene georgianische Fassaden, neogotische Turmsymphonien und die Festungsmauern der Burg auf ewig für ein Fotoshooting.

Mit ihren vielen Hügeln und Aussichtspunkten ist Edinburgh eine fotogene Schöne, eine Stadt der Vistas, der Durch- und Ausblicke: eine goldene Stadt, wenn die Abendsonne ihre Häuserfluchten und Turmspitzen aufglühen lässt, eine graue Stadt, wenn der Regen von den hohen Dächern tropft. In einem Maße wie kaum ein anderer Ort lebt sie von jenen romantischen oder grausigen Geschichten, die sich um ihre Plätze und Paläste ranken, von jenen Marys, Knoxes, Burkes und Hares, die dem Besucher wohlige Schauer entlocken: wahrhaft eine Stadt der Gegensätze, der Spannungen.

›Athen des Nordens‹, ›Stadt der sieben Hügel‹, ›Festival-Stadt‹ – Edinburgh hat viele Namen. Seinen offiziellen – übersetzt ›Edwins Burg‹ – verdankt es wohl dem northumbrischen König Edwin aus dem 7. Jh. Seit dem Spätmittelalter, als die frühen Stuarts es zur Residenz machten, war es die unangefochtene Hauptstadt Schottlands, sein kulturelles, wirtschaftliches und politisches Herz, das in den Unabhängigkeitskriegen des 13./14. Jh. und den Glaubenswirren des 16./17. Jh. eine entscheidende Rolle spielte. Das Goldene Zeitalter des 18. Jh. machte Edinburgh mit Männern wie David Hume und Adam Smith zu einer der europäischen Metropolen der Aufklärung.

Heute hat Edinburgh, basierend auf dem Dienstleistungssektor, eine der stärksten städtischen Ökonomien Europas. Moderne Branchen wie Informations-, Bio- und Medientechnologie versprechen auch in Zukunft Wachstum. Nur 3,4 % der 450 000 Einwohner sind arbeitslos.

Altstadt: rund um die Royal Mile

Die Altstadt und ihr Rückgrat, die Royal Mile, bilden den historischen Nukleus von Edinburgh, ja von Schottland. Im Mittelalter waren die Könige Schottland – und hier residierten sie. Welch drangvolle Enge, Überbevölkerung, Schmutz und Gestank in alten Zeiten herrschten, lässt sich heute mit Blick auf die adrett restaurierten Sehenswürdigkeiten kaum mehr nachvollziehen. Aus Platzmangel wuchsen die Häuser in die Höhe, siebenstöckige Wohnblocks waren keine Seltenheit. Wie Fischgräten gingen die Gassen und *closes* von der Royal Mile ab, all ihr Unrat floss in den Nor Loch. Zusammen mit Tausenden qualmenden Schornsteinen stank er zum Himmel, was Edinburgh den wenig schmeichelhaften Spitznamen *Auld Reekie* bescherte, ›Alte Verräucherte‹ oder ›Stinkende‹.

Wenn an einem trüben Novembermorgen der Nebel an den steinernen Schluchten der Old Town hängt, glaubt man gern, dass Edinburgh die Stadt mit der weltweit größten Gespensterdichte ist. Kaum ein Pub, in dem nicht ein polternder Wirt spukt, kaum ein *close,* durch den nächtens nicht das hohle Jammern einer Ermordeten hallt. Die Touristenindustrie setzt das schaurige Image in klingende Münze um. Besucher aus aller Welt genießen den Reiz des Grusels auf Geisterführungen und in Folterkellern.

Robert Louis Stevenson, Sohn eines Edinburgher Anwalts, schrieb mit ›The Strange Case of Dr. Jekyll and Mr. Hyde‹ 1886 die literarische Folie für Mord und Mysterium in Edinburghs Straßen. Zugrunde liegt der psychologisch und soziologisch interpretierbaren Bewusstseinsspaltung ein Fall aus der notorisch düsteren Edinburgher Kriminalgeschichte: Deacon Brodie war tags ein ehrbarer Bürger, der nachts auf mörderische Raubzüge ging. Nahe liegend, dass Stephen Frears seine Verfilmung ›Mary Reilly‹ (1996) mit Julia Roberts und John Malkovich hier drehte.

Arthur's Seat

Von dem 251 m hohen ehemaligen Vulkan **Arthur's Seat** 1 hat man einen fantastischen Blick. Als Einstieg in die Edinburgh-Besichtigung gibt es nichts Besseres als die halbstündige Wanderung zum Gipfel. Vom Parkplatz am Queen's Drive hinter Holyrood Palace nimmt man den links zu den mageren Resten der St. Anthony's Chapel hinaufführenden, zunächst asphaltierten Weg, der dann in zahlreichen Trampelpfaden über einen lang gezogenen Kamm, mitunter recht steil, auf den *crag* (Fels) führt. Das Edinburgher Häusermeer liegt einem zu Füßen, man sieht bis zum Firth of Forth, ja bis zu Berwick Law in East Lothian.

Palace of Holyroodhouse

Der **Palace of Holyroodhouse** 2 im ausgedehnten Park zu Füßen des *crag* ist die offizielle Residenz von Elizabeth II., wenn sie in Schottland weilt. Seine Keimzelle war die heute in Ruinen liegende Augustinerabtei des *Holy Rood,* ein altes schottisches Wort für ›Kreuz‹. 1128 wurde sie von David I. gegründet. Die Legende macht einen übernatürlichen Hirsch mit einem Kreuz im Geweih für des Königs fromme Anwandlung verantwort-

Mit der Autorin unterwegs

Sehenswert

Das **Scottish Parliament,** Enric Miralles' umstrittenes, symbolträchtiges Parlamentsgebäude, steht für Schottlands Geschichte und Zukunft – kalt lässt die bis ins Letzte durchdachte Architektur niemanden (s. S. 110f.).
Am prächtigsten Platz der New Town, **Charlotte Square,** erwartet Sie nicht nur ein georgianisches Zeitreise-Museum, das Georgian House, sondern mit No. 28, dem Stammsitz des National Trust, auch ein Einkaufs- und Esserlebnis im Landhausstil (s. S. 122). ›Einzigartig‹, ›megagruselig‹ – für Edinburghs neu entdeckte ›Unterwelt‹ **Real Mary King's Close** kommen starke Adjektive gerade recht: Wem im Spuk-Spielzeugkämmerchen der kleinen Annie nicht die Augen feucht werden, dem ist nicht mehr zu helfen (s. S. 115). Auf der ausgemusterten Staatsyacht von Elizabeth II., der **›Royal Yacht Britannia‹,** kann man sich einen Eindruck vom Geschmack gekrönter Häupter verschaffen – ein wenig spießig, mag mancher beim Anblick des Blümchendekors denken (s. S. 125).

Ein Erlebnis

Erst mal einen Überblick gewinnen: Wer die halbstündige schweißtreibende Wanderung auf **Arthur's Seat** unternimmt, wird mit einer grandiosen Aussicht belohnt (s. links). Spaziergänge ganz anderer Art sind die **Gruselführungen:** Mörder, Hinrichtungen und Gespenster – man hat die Qual der Wahl, auf welcher der angebotenen Rundgänge man erschaudern mag (s. S. 134, 135). Shoppen in exklusiven Läden, Sehen und Gesehenwerden in hippen Designbars – dafür ist **George Street** das richtige Terrain (s. S. 121).
Man gönnt sich ja sonst nichts, aber ein Abendessen im **Tower Restaurant** auf dem Dach des Museum of Scotland muss sein (s. S. 126). Ein Mekka für Gourmets ist auch **Leith** mit seinen **maritimen Bistros:** Frischen Fisch fischten findige Fischer, kundige Köche ködern kulinarische Kenner (s. S. 124).

Edinburgh: Cityplan

Sehenswürdigkeiten

- 1 Arthur's Seat
- 25 Bank of Scotland
- 26 Scott Monument
- 27 Jenners
- 28 National Gallery of Scotland und Royal Scottish Academy
- 29 Scottish National Portrait Gallery
- 30 Georgian House
- 31 Charlotte Square No. 28
- 32 City Observatory
- 33 National Monument
- 34 Dugald Stewart Monument
- 35 Nelson Monument
- 36 Scottish National Gallery of Modern Art
- 37 Dean Gallery
- 38 Royal Botanic Garden
- 39 Edinburgh Zoological Park
- 40 Craigmillar Castle

Übernachten

- 1 Caledonian Hilton
- 2 Rick's
- 3 Malmaison
- 4 Six Mary's Place
- 5 Ardmor House
- 6 MW Guesthouse und Townhouse
- 8 Ashlyn Guest House
- 9 Castle Guest House
- 10 Belford Hostel
- 11 Bruntsfield Youth Hostel – SYHA
- 12 Canon Court Apartments

Essen und Trinken

- 16 Forth Floor
- 17 Howie's
- 18 blue bar café
- 19 The Shore
- 20 Waterfront Wine Bar
- 21 Thai Me Up
- 22 Alba d'Oro und Anima
- 24 The Dome

Weitere Sehenswürdigkeiten, Unterkünfte, Restaurants s. Plan ›Royal Mile‹ S. 112/113

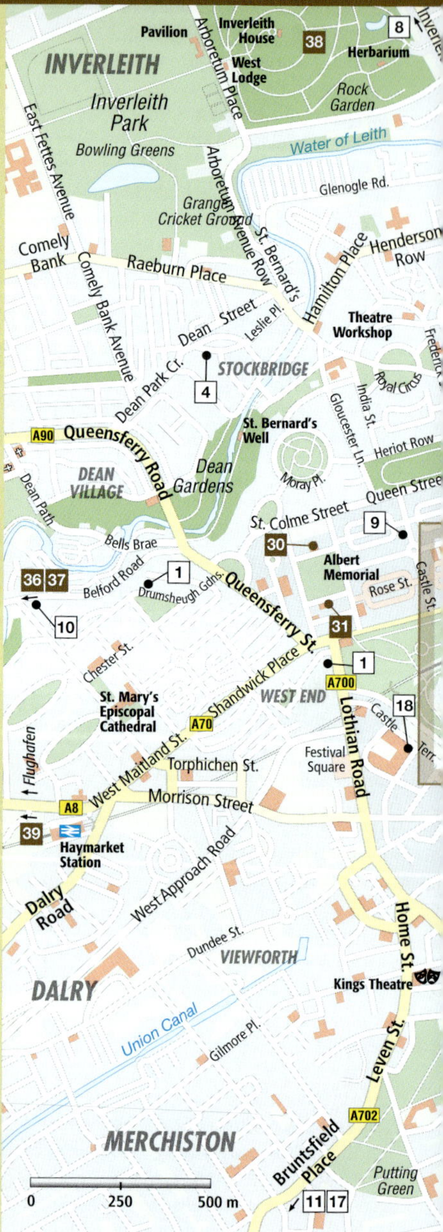

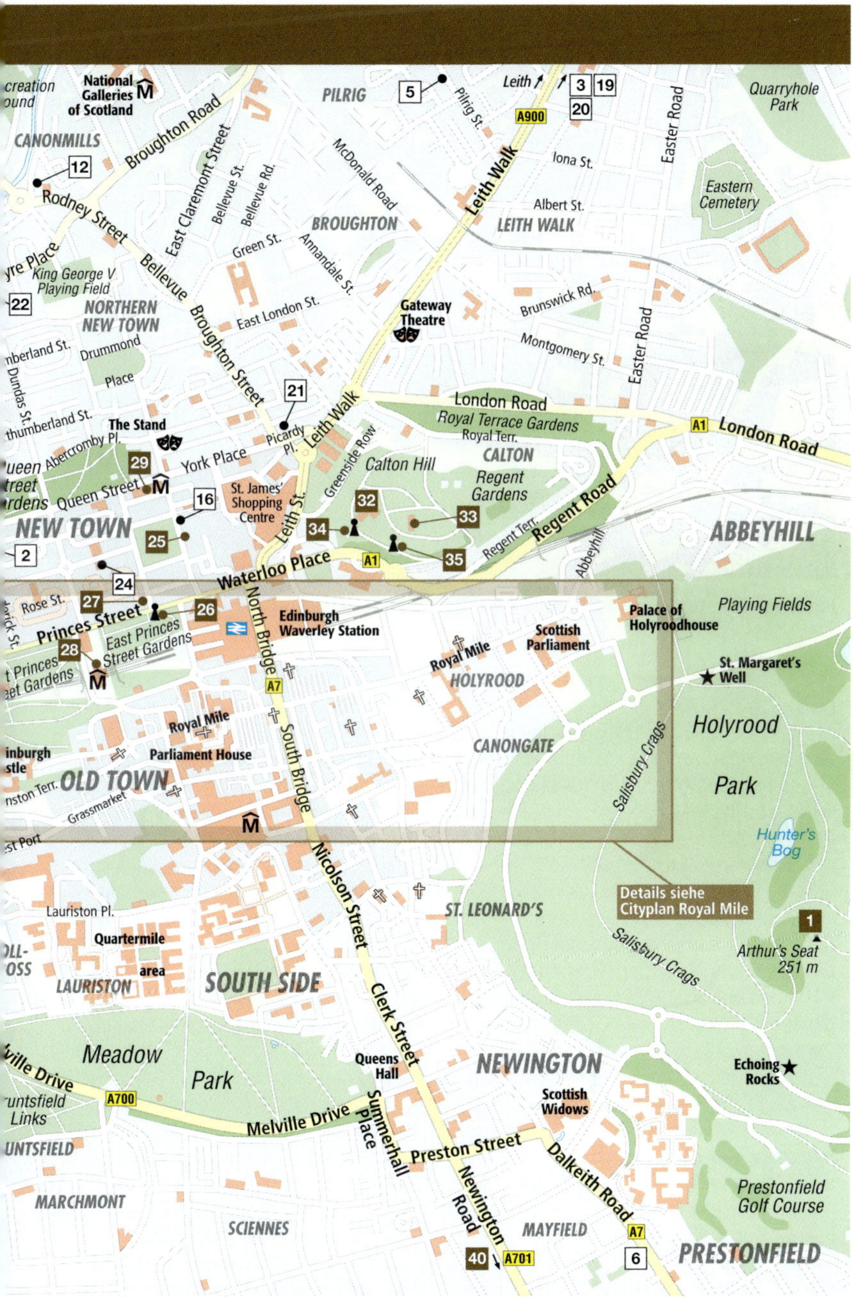
National Galleries of Scotland
CANONMILLS
Broughton Road
PILRIG
Pilrig St.
Leith
A900
Leith Walk
Easter Road
Quarryhole Park
Rodney Street
East Claremont Street
Bellevue St.
Bellevue Rd.
McDonald Road
Iona St.
Albert St.
Eastern Cemetery
BROUGHTON
LEITH WALK
King George V Playing Field
Bellevue
Green St.
Annandale St.
NORTHERN NEW TOWN
East London St.
Gateway Theatre
Brunswick Rd.
Drummond Place
Broughton Street
Montgomery St.
Dundas St.
London Road
Royal Terrace Gardens
Royal Terr.
A1
The Stand
Abercromby Pl.
Picardy Pl.
York Place
Greenside Row
Calton Hill
CALTON
Regent Gardens
Queen Street
St. James' Shopping Centre
Leith St.
Regent Road
NEW TOWN
ABBEYHILL
Regent Terr.
Abbeyhill
Waterloo Place
Rose St.
Princes Street
East Princes Street Gardens
North Bridge
Edinburgh Waverley Station
Palace of Holyroodhouse
Playing Fields
Scottish Parliament
Royal Mile
HOLYROOD
St. Margaret's Well
A7
Royal Mile
Parliament House
CANONGATE
Holyrood Park
Salisbury Crags
OLD TOWN
South Bridge
Grassmarket
Hunter's Bog
Nicolson Street
Details siehe Cityplan Royal Mile
Lauriston Pl.
ST. LEONARD'S
Quartermile area
Salisbury Crags
Arthur's Seat 251 m
LAURISTON
SOUTH SIDE
Clerk Street
Meadow Park
Queens Hall
NEWINGTON
Echoing Rocks
A700
Scottish Widows
Melville Drive
Summerhall Place
Preston Street
Dalkeith Road
MARCHMONT
Prestonfield Golf Course
Newington Road
SCIENNES
MAYFIELD
A701
PRESTONFIELD

Königspalast und Kunstmuseum: Palace of Holyrood House

lich. Etliche schottische Könige wurden hier gekrönt, getraut, beigesetzt.

James IV. legte zu Beginn des 16. Jh. mit dem Bau des Tower House-ähnlichen Nordwestturms den Grundstein für die königliche Residenz. Charles II. ließ ihr durch den damaligen Modearchitekten Sir William Bruce und den Steinmetz Robert Mylne ab 1671 ihr heutiges barock-klassizistisches Aussehen verleihen: eine symmetrische, von zwei Türmen flankierte Fassade mit zentralem Portal, ein pilastergeschmückter Innenhof, Stuck- und Holzarbeiten im Prunk liebenden Stil der Restauration, Jakob de Wets Gobelins mit den Porträts schottischer Könige.

Bonnie Prince Charlies und Georges IV. glänzende Palastempfänge 1745 bzw. 1822 (s. S. 44f.) markieren Abgesang und Wiederbelebung des schottischen Highland-Mythos. Doch die Besuchermassen, die pünktlich um neun Uhr morgens im weiten Vorhof vor der Kopie des Linlithgow-Brunnens auf Einlass warten, kommen nur wegen ihr: Maria Stuart. In den historischen Gemächern des alten Nordwestturms mit ihren Renaissance-Kassettendecken und der leider nicht zeitgenössischen Einrichtung findet sich u. a. noch eine Stickerei mit einer kleinen Katze, welche die in Fotheringhay Gefangene eigenhändig anfertigte. Im Schlafgemach spielte sich 1566 das Rizzio-Drama ab. Abgeschmackt fand Fontane den Blutfleck, angebliches makabres Zeugnis der angeblich 56 Dolchstiche, die den verhassten italienischen Sekretär und angeblichen Liebhaber der Königin durchbohrten. Heute müssen eine schlichte Metallplakette und die Fantasie des Betrachters genügen. Maria Stuart jedenfalls soll ihrem Mann und Mittäter Darnley daraufhin die eheliche Gemeinschaft aufgekündigt und Rache geschworen haben (Nov.–März 9.30–15.30/letzter Einlass, April–Okt. bis 17 Uhr, geschlossen, wenn die Königin hier weilt; Café im Stallhof).

Schottisches Parlament

2004 wurde das **Scottish Parliament** 3 von Königin Elizabeth II. offiziell eröffnet. Aus dem

Land solle das Gebäude wachsen, hatte der spanische Architekt Enric Miralles (1955–2000) entschieden, und tatsächlich treten die schrägen Mauern, fantasievollen Fenster und Stockbündel in einen spannenden Dialog mit der Natur und den Felsen der Salisbury Crags im Hintergrund. Grauer, im Regen funkelnder Kemnay-Granit aus Aberdeenshire, Caithness-Sandstein, Eiche, Ahorn, Stahl, Glas und Beton sind die hauptsächlichen Baumaterialien. Schottische Motive wie Boote, Andreaskreuze, Türme oder Anklänge an den großen Glasgower Architekten Charles Rennie Mackintosh sind erkennbar. Miralles' Signatur ist die Diagonale, und viele Motive laden zu Rätselraten und Dekodierung ein. Auf einer Führung kommt man durch Gartenlobby, Komiteeräume und schließlich in die weite, helle Sitzungskammer unter dem imposanten Holzgewölbe, sieht das inkorporierte Queensberry House aus dem 17. Jh. und erfährt Spannendes zur politischen Arbeitsweise. So kann jeder Bürger Petitionen an das Parlament richten oder an den Ausschusssitzungen teilnehmen, in denen der Großteil der parlamentarischen Arbeit erledigt wird (Besuch: während der Parlamentssitzungen, meist Di–Do 9–19 Uhr, kann man in die Eingangshalle und von der Zuschauertribüne in die Kammer schauen, außerdem an den sitzungsfreien Tagen Mo, Fr April–Okt. 10–18, Nov.–März 10–16, ganzjährig Sa/So 10–16 Uhr; Führungen nur an den sitzungsfreien Tagen alle 15 Min., Dauer 45 Min., vorbuchen: Tel. 0131/348 5200; www.scottish.parliament.uk; Café, Shop).

Our Dynamic Earth

Im postmodernen Neubauviertel Holyrood erhebt sich ein auffälliges weißes Zeltdach: die mit jeder Menge interaktiver Technik ausgestattete Ausstellung zu Lebensräumen und Entwicklung unseres Planeten, **Our Dynamic Earth** **4** (›Unsere dynamische Erde‹). Mit einer Zeitmaschine reist man durchs All, wird in der Vulkanismus-Kammer durchgerüttelt und friert in der Polarabteilung mit Gletscher. Nicht nur Kinder drücken begeistert Knöpfe und Bildschirmsensoren und geraten im Shop in Kauflaune (Nov.–März Mi–So 10–17, April–Okt. tgl. 10–17, Juli/Aug. 10–18 Uhr).

Royal Mile

Vom ›Haus der vielen Erinnerungen‹ (Robert Louis Stevenson über den Palace of Holyroodhouse) steigt der Straßenzug zur Burg hin an. Die ›königliche Meile‹ besteht aus Canongate, High Street, Lawnmarket und Castle Hill. Eine Sehenswürdigkeit reiht sich an die nächste, hier beginnen die Gruselführungen. Pubs wie Canongate Tolbooth Tavern oder Deacon Brodie's Tavern säumen die quicklebendige, immer volle Touristenmeile, Restaurants und Cafés, Andenkenläden, Kiltausstatter, Whiskyläden. Im oberen Bereich der Meile konzentrieren sich Geschäfte des touristischen Massenangebots – Ausnahme: die peppigen Woollies von Ness. An High Street und Canongate findet man viel Individuelles wie die Spielzeugläden Geraldine's und Edinburgh Bear Co., den Old Christmas Shop mit Maria Stuart-Tannenbaumschmuck, Cadenhead's Whisky Shop oder das Karamell-Eldorado Fudge House.

Die hohen, historischen Häuserfronten wirken regelmäßig, ohne uniform zu sein. Treppchen, schmale Gassen und die typischen *closes* zweigen ab, Hinterhöfe und Durchgänge, die den Blick auf die Kehrseite der mehrgeschossigen Wohnblocks freigeben. Besonders pittoresk sind **White Horse Close** und der kleine, im 17. Jh. angelegte Garten des **Dunbar's Close** an Canongate, an der High Street **Advocate's Close,** durch den man auf die gerahmten Wasser des Forth blickt, **Tweedale Court** oder der **Old Fishmarket Close,** durch den es steil zum Cowgate hinabgeht.

Vom Friedhof der 1688 errichteten **Canongate Kirk** **5**, wo Adam Smith und – angeblich – David Rizzio ruhen und die Royals häufig zur Messe gehen, schweift der Blick zur Royal High School am Calton Hill hinüber, ein klassizistischer Nachbau des Athener Theseus-Tempels.

Der **Canongate Tolbooth** **6** mit seinem charakteristischen Uhrtürmchen wurde 1591 als Rathaus und Gefängnis der von Edin-

Royal Mile

Sehenswürdigkeiten

- 2 Palace of Holyroodhouse
- 3 Scottish Parliament
- 4 Our Dynamic Earth
- 5 Canongate Kirk
- 6 Canongate Tolbooth
- 7 Huntly House
- 8 Moray House
- 9 John Knox House
- 10 Museum of Childhood
- 11 Tron Old Town Information Centre
- 12 City Art Centre
- 13 Edinburgh Dungeon
- 14 Real Mary King's Close
- 15 St. Giles Cathedral
- 16 Parliament Hall
- 17 Gladstone's Land
- 18 Writers' Museum
- 19 The Hub
- 20 Scotch Whisky Heritage Centre

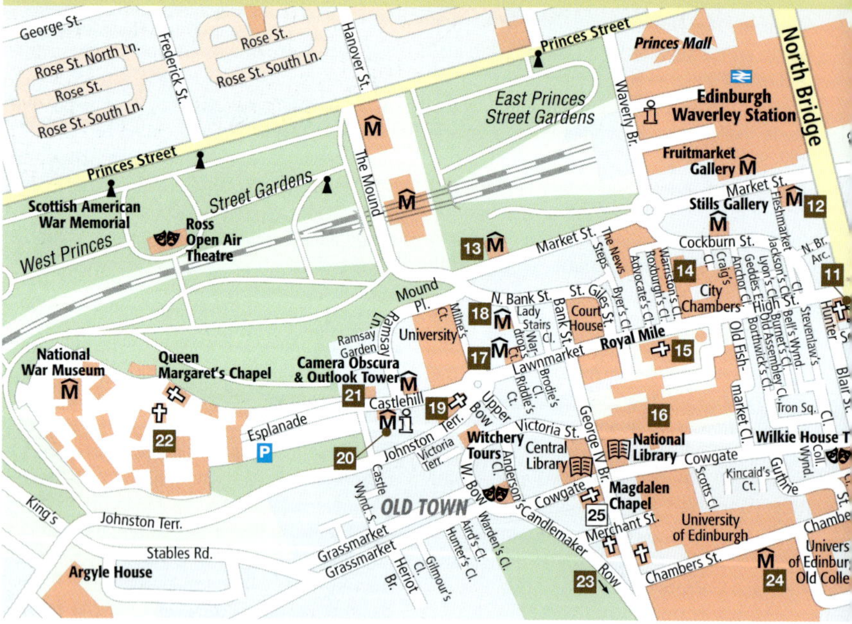

burgh unabhängigen Gemeinde Canongate errichtet. In ihm beleuchtet die Ausstellung **›The People's Story‹** das Schicksal historisch überlieferter Menschen aus dem Volk. Strafverfolgung, menschenunwürdige Wohnverhältnisse bis in die 1960er Jahre hinein und Freizeit sind die großen Themen (Mo–Sa 10–17, Aug. auch So 12–17 Uhr).

Das **Huntly House** 7 gegenüber, ein Stadthaus des 16. Jh., beherbergt mit dem städtischen Geschichtsmuseum das patrizische Kontrastprogramm zur ›People's Story‹. Neben Sammlungen von Silber und bunter, fröhlicher Wemyss-Keramik werden Adam Craigs Instrumente und Originalpläne zur New Town, Halsband und Fressnapf von Greyfriar's Bobby (s. S. 119) und ein Original des *National Covenant* gezeigt (Mo–Sa 10–17, Aug. auch So 12–17 Uhr).

Vom Balkon des **Moray House** 8 zwei Häuser weiter soll 1650 die Gattin des Marquess of Argyll dem besiegten königlich-

21 Tartan Weaving Mill & Exhibition
22 Edinburgh Castle
23 Greyfriars Kirk
24 Museum of Scotland und Royal Museum

Übernachten
7 Jurys Inn Edinburgh

Essen und Trinken
13 Off the Wall
14 Dubh Prais
15 David Bann
23 Plaisir du Chocolat
25 Elephant House

Weitere Sehenswürdigkeiten, Unterkünfte und Restaurants s. Cityplan S. 108/109

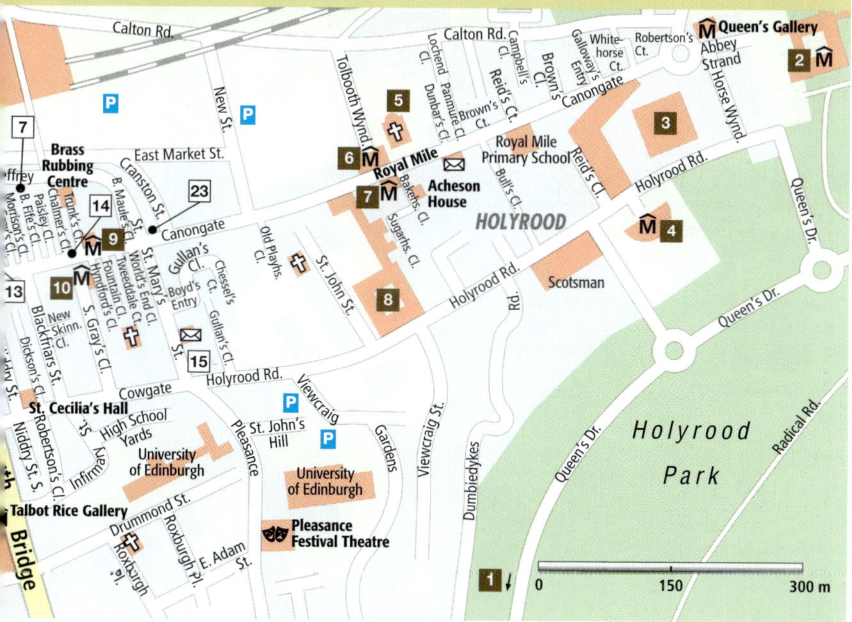

katholischen General Montrose auf den Kopf gespuckt haben – elf Jahre später wurde ihr Mann unter demselben Balkon zum Schafott geführt.

John Knox House

Die aufgebrachten Stimmen eines älteren Mannes und einer jungen Frau streiten sich in einem holzvertäfelten Raum mit jakobitischer bemalter Decke, Delfter Kachelkamin und knarzenden Dielen. Renaissancemusik erklingt: Das Museum im **John Knox House** 9 lässt die Zeit Maria Stuarts lebendig werden. In Wirklichkeit ermahnte der strenge Reformator die lebenslustige Königin im Holyrood Palace, und das mittelalterliche Haus gehörte auch nicht ihm – man nimmt allerdings an, dass er 1572 hier gestorben ist –, sondern dem wohlhabenden Goldschmied James Mossman, der die Treue zu seiner königlichen Kundin mit dem Leben bezahlte (Mo–Sa 10–18 Uhr).

Hauptschlagader der Stadt: die Royal Mile

Museum of Childhood

Das **Museum of Childhood** **10** lädt ein zu einer Reise ins Reich der Kindheit: Kinder und Erwachsene erfreuen sich gleichermaßen an dem ausgestellten historischen Spielzeug und den interaktiven Spielecken. Dinosaurierfiguren gab es anno dazumal nicht, dafür aber Puppenhäuser, Modelleisenbahnen, Brummkreisel und Abzählreime. Fantastisch ist die Sammlung von Puppen und Stofftieren aus aller Welt, von miauenden, den Schwanz hebenden Katzen bis zu afrikanischen Strohpuppen (Mo–Sa 10–17, Juli/Aug. auch So 12–17 Uhr).

Gruselabstecher: Von der Tron Kirk zum Edinburgh Dungeon

Hinter dem Plastikzombie am **Tron Old Town Information Centre** **11**, einer ehemaligen Kirche, erwartet einen eine kleine Ausstellung zu Edinburghs berühmt-berüchtigten Mördern und Geistern sowie eine archäologische Kostbarkeit: die Ausgrabungen des St. Martin's Wynd aus dem 16. Jh. (April–Okt. tgl. 10–17, Nov.–März 12–16 Uhr, auch Buchung von Gruselführungen).

Die lebhafte **Cockburn Street** (sprich: Coburn) mit ihren spitzzahnigen Giebelreihen säumen alternative Secondhand- oder Gruftie-Shops, Galerien und Pubs.

Schottlands Zentrum für bildende Kunst ist das **City Art Centre** **12**. In dem bogenreichen Lagerhaus von 1899 sind eine einzigartige Sammlung von Werken schottischer Künstler vom 17. Jh. bis heute – McTaggart, Fergusson, Peploe, Paolozzi, Bellany (s. S. 57) – sowie große Wechselausstellungen von Star Trek bis Michelangelo zu sehen (Mo–Sa 10–17, So 12–17 Uhr).

Das Gruseldisneyland **Edinburgh Dungeon** **13** ist nichts für Zartbesaitete und Kinder. Wer Kannibalen, Folterkeller und Plastikinnereien nicht spaßig findet, kann sich die 9,50 £ Eintritt sparen (Nov.–Mitte März Mo–Fr 11–16, Sa/So 10.30–16.30, Mitte März–Okt. tgl. 10–17, Juli/Aug. bis 19 Uhr).

Real Mary King's Close

Historisch verbrieften Grusel mit Stil bietet diese Top-Attraktion in den Eingeweiden von Edinburgh. Bei **Real Mary King's Close** **14** handelt es sich um eine der heute verschwundenen mittelalterlichen Gassen, die für Touristen ›wiederentdeckt‹ wurden. Bis zum Bau der City Chambers 1753, die schlicht auf Mary King's Close – den ›Hof von Mary King‹ – draufgesetzt wurden, war die klaustrophobisch enge Gasse zum Himmel hin offen.

Kostümierte Schauspieler führen einen in die feuchte Unterwelt und erzählen von Morden, Unfällen, Pestzügen und vom Alltagsleben der historisch dokumentierten Bewohner. In dem unterirdischen Labyrinth soll der Geist der 8-jährigen Annie umgehen, eines unglücklichen Pestopfers, das Mitfühlende mit Spielzeug zu beruhigen versuchen (April–Okt. 10–21/letzte Tour, Nov.–März So–Fr 10–16, Sa bis 21 Uhr, am besten vorbuchen: Tel. 087 02/430 160).

St. Giles Cathedral

Den charakteristischen offenen, kronenförmigen Turmabschluss der **St. Giles Cathedral** **15**, der *High Kirk* Edinburghs, imitieren schottische Kirchen im ganzen Land. Spätestens seit 854 stand hier ein Gotteshaus. Die heutige, größtenteils aus dem 15. Jh. stammende gotische Kirche mit ihren niedrigen Gewölben gleicht einem Grabkunstmuseum der schottischen Geschichte. Fast immer umbraust Orgelmusik die Statue von John Knox, der einst hier predigte, die pathetischen marmornen Gedenkmonumente der Highland-Regimenter und die ordentliche neogotische Holzschnitzpracht der edwardianischen Thistle-Kapelle von Sir Robert Lorimer (1911). Die Devise des ›sehr spätmittelalterlichen‹ Ritterordens von der Distel (1687 von James VII. gegründet), »Nemo me impune lacessit« (Niemand fordert mich ungestraft heraus), wird Ihnen in zahlreichen schottischen Adelspalästen wiederbegegnen, deren Bewohner zu dem erlauchten Kreis gehörten (Mai–Sept. Mo–Fr 9–19, Sa 9–17, So 13–17, Okt.–April Mo–Sa 9–17, So 13–17 Uhr).

Am **Mercat Cross** neben der Apsis der Kathedrale wurden früher Verträge geschlossen, heute treffen sich hier die Teilnehmer von Grusel- und Geschichtsführungen. Im Rücken von St. Giles versteckt sich hinter einer georgianischen Fassade das kunsthistorische Juwel der **Parliament Hall** **16**. Ihre Stichbalkendecke aus dem 17. Jh. kommt ohne einen einzigen Nagel aus. Wo bis zum Unionsvertrag von 1707 das schottische Parlament tagte, arbeitet heute der Oberste Gerichtshof (Mo–Fr 10–16 Uhr).

Touristen umstehen meist das Herz aus Pflastersteinen vor dem Hauptportal von St. Giles. Es markiert die Stelle, an der bis zu seinem Abriss im Jahr 1817 das Old Tolbooth Prison stand, auch *The Heart of Midlothian* genannt, – Gefängnis und Hinrichtungsort. Sir

Walter Scott verklärte es mit seinem gleichnamigen Roman (s. S. 58 und 74).

Lawnmarket

Am Lawnmarket (*lawn* = Batist) wohnten einst die Tuchhändler. Ein Schwein unter den Frontarkaden, wo früher die Stoffballen verkauft wurden, und eine ausgestopfte Ratte in der behaglichen, mit Messingbettpfannen und Fußwärmerschemeln angefüllten Küche zeigen, dass sich **Gladstone's Land** 17 (*land* = mehrstöckiges Wohnhaus) in der liebevollen Obhut des National Trust befindet. Das ehemalige Heim des Tuchhändlers Thomas Gledstanes aus dem 17. Jh. ist üppig mit bemalten Holzbalkendecken und barocken Schnitzmöbeln ausgestattet (Karfreitag–Okt. tgl. 10–17, Juli/Aug. bis 19 Uhr).

Im ›Hinterhof‹, einem typischen Edinburgher *close,* steht das verwinkelte **Lady Stair's House** von 1622, wo das **Writers' Museum** 18 sich dem Erbe von Robert Burns und den in Edinburgh geborenen Dichtern Sir Walter Scott und Robert Louis Stevenson widmet. Anrührender als die üblichen Memorabilien wie Dichter-Haarlocken und -pfeifen ist das holzwurmzernagte Schaukelpferd des kleinen Walter. Wegen seiner auf Kinderlähmung zurückgehenden Behinderung hat es verschieden hohe Fußstützen (Mo–Sa 10–17 So 12–17 Uhr).

Castlehill

Am Beginn der letzten Teilstrecke der Royal Mile bildet **The Hub** 19 mit lockerem Café und Box Office die permanente Basis des Edinburgh Festival. Die neogotische Tolbooth St. John-Kirche wurde dafür zeitgenössisch umgestaltet.

Nun rücken die Häuserfronten zum finalen Burganstieg zusammen. Im **Scotch Whisky Heritage Centre** 20 fährt man in einem Wägelchen durch die mit Geräuschen und Gerüchen aufbereitete Geschichte von Schottlands Lieblingsgesöff (tgl. 10–18 Uhr). Bar und Shop sind exzellente Orte, um auch ausgefallene Whiskys zu *nosen.*

Ohrenbetäubend klackern die Webstühle in der **Tartan Weaving Mill & Exhibition** 21. Man kann selbst beim Weben Hand anlegen, sich im Highland Dress fotografieren lassen, es ausleihen oder bei mehreren Kiltmachern anfertigen lassen und die kleine Ausstellung zur Entwicklung der Kilttracht seit dem Mittelalter ansehen. Bunte Garnrollen, karierte Stoffballen und jede Menge Souvenirshops mit Woollies, Kristall, Tartan und Co. füllen die weitläufige ehemalige Lagerhalle (tgl. 9–17.30, April–Okt. bis 18.30 Uhr).

Edinburgh Castle

Dann öffnet sich die Esplanade, der Austragungsort des Military Tattoo (s. S. 132f.), und die kanonenbewehrten, gestaffelten Bastionen des **Edinburgh Castle** 22 türmen sich auf. Fontane hat wie üblich Recht: Lage und Ausblicke sind bedeutender als die Anlage selbst. Trotzdem wird kein ernsthafter Schottlandreisender auf einen Besuch verzichten.

Schottlands meistbesuchte Sehenswürdigkeit ist eine richtige Stadt über der Stadt, ein immer wieder umkämpftes, niedergerissenes, wiederaufgebautes Gebäudeensemble auf dem seit der Bronzezeit besiedelten Burgberg. Beginnen Sie die Besichtigung bei dem ältesten Bauwerk, der romanischen **St. Margaret's Chapel** auf der höchsten Spitze, einem winzigen Steinraum des frühen 12. Jh. mit schwerem normannischem Chorbogen. Von der Terrasse davor hat man einen der besten Blicke auf die Stadt, auf den Friedhof für ›Regimentskuscheltiere‹ und Offiziershunde eine Etage tiefer und die Kanone **Mons Meg,** die montags bis samstags um 13 Uhr einen viel bestaunten Böller von sich gibt.

Am Crown Square etwas tiefer liegen die **Königsgemächer** *(royal apartments)* mit der winzigen Kammer, wo Maria Stuart den späteren James VI. zur Welt brachte. Die Laich Hall von 1617 zeichnet sich durch eine prächtige Renaissance-Stuckdecke und Königswappen aus. Durch mit lebensgroßen Puppen nachgestellte Szenen der schottischen Geschichte gelangt man zu den **Kronjuwelen,** den *Honours of Scotland*. Krone, Schwert und Zepter befinden sich in Gesellschaft des ›**Stone of Destiny**‹ (s. S. 284). Am ›Kronen-Platz‹ liegen noch Edward Lorimers neogotisch-pathetisches **National War Memorial** sowie das **Prisoners of War Museum,** das in den Alltag kriegsgefangener Seeleute von 1781 einführt. Hängematten, Rationen und Graffiti sind ausgestellt, der Shop am Ende verkauft sinnigerweise Piratenkostüme und Plüschratten.

Noch heute Hauptquartier einer Division, wirkt Edinburgh Castle ziemlich militärisch. Mehrere Regimentsmuseen sowie das neue **National War Museum** unterstreichen diesen Eindruck. Die romantische viktorianische Hochlandtracht der Offiziere, das Jackett eines kleinen Trommlerjungen, eine gruselige Gasmaske aus dem Ersten Weltkrieg und vor allem Waffen, Waffen, Waffen feiern vier Jahrhunderte schottischer Militärgeschichte.

So viele Museen es auf der Burg gibt, die Café-Restaurants, Souvenir- und Buchläden reichen zahlenmäßig an sie heran (April–Okt. 9.30–18, Nov.–März 9.30–17 Uhr).

Victoria Street und Grassmarket

Fotogen gleitet die lang gezogene Kurve der Victoria Street abwärts, wie eine Schlucht zwischen hoch aufragenden Häusern. Boutiquen, die Red Door Gallery, Restaurants und flippige Krimskramsläden haben sich hinter den bunten Holzfassaden im Erdgeschoss eingenistet, oben verläuft eine Galeriegasse. Auch auf der Südseite des Grassmarket findet man edle bis exzentrische Geschäfte.

Auf dem Grassmarket, wo einst das Marktvieh weidete, amüsiert man sich heute mit viel Bier in den Kneipen, die fast alle Tische nach draußen gestellt haben. Früher vergnügte man sich bei dem Volksspektakel Hinrichtung. Eine halbstündige Strangulierungstortur überlebte die ›halb gehängte‹ Kindsmörderin Maggie Dickson, der man danach gnädig die Strafe erließ. Vom Galgen des Grassmarket baumelten Hexenmeister wie Grizel und Thomas Weir, Märtyrer wie die Covenanter und Schurken wie der berüchtigte Burke, der gemeinsam mit seinem Kumpan

Eine in jeder Hinsicht bunte Straße: die Victoria Street

Richtig Reisen-Tipp: Rundgang durch das Museum of Scotland

Untergeschoss

Im Blickpunkt der Ausstellung ›Early People 8000 v. Chr.–1100 n. Chr.‹ im Untergeschoss stehen Sir Eduardo Paolozzis Eisenfiguren, Repräsentanten der frühen Schotten, die kostbare prähistorische Schmuckstücke umschließen. Neolithische Siedler, Römer, Pikten, Wikinger und frühe Christen sind mit glatt geschliffenen Steinäxten, Bronzeschwertern, verzierten Tonwaren, mit Alltagsgegenständen und Waffen vertreten. Besonders faszinierend sind die piktischen Bildsteine, von denen manche allerdings Abgüsse sind.

Erdgeschoss

›Kingdom of the Scots‹ im Erdgeschoss widmet sich dem schottischen Königreich vom Mittelalter bis zur Union 1707. In der Unterabteilung ›Monarchie und Macht‹ liegt in Vitrine 1 die Bute-Trinkschale, gefertigt nach dem Sieg von Bannockburn 1314 – ein Löwe (Robert the Bruce) ruht am Boden der Silberschale, umgeben von den Wappen seiner Gefolgsleute. In der Unterabteilung zur gälischen Kultur (›Na Gaidheil‹) sieht man in Vitrine 3 eine Clarsach-Hafe und das ›Red Book of Clanranald‹, eine Geschichtsschreibung aus gälischer Sicht.

Die Abteilung ›Scotland defined‹ beschäftigt sich mit der Frage ›Was macht die schottische Nation aus?‹. Sehen Sie sich in Vitrine 1 das Monymusk-Reliquiar aus dem 8. Jh. an, das dem hl. Columban gehörte und von Robert the Bruce in der Schlacht von Bannockburn getragen wurde, sowie in Vitrine 6 die nordisch-mittelalterlichen Elfenbeinschachfiguren, die auf Lewis gefunden wurden.

Erster Stock – Galerie

Unter ›Renaissance‹ steht im Zentrum der Galerie unübersehbar eine Kopie der Grabeffigie Maria Stuarts aus Westminster Cathedral. Sie scheint auf *›The Maiden‹*, die schottische Guillotine, zu schauen.

Bei Hörpunkt 106 finden Sie die kostbaren Penicuik-Juwelen, Miniaturanhänger und eine Kette mit perlförmigen Flakons für Parfüm, die die Königin während ihrer Gefangenschaft einem Getreuen schenkte.

Zweiter Stock

Im zweiten Stock illustriert ›Scotland Transformed‹ die grundlegenden Veränderungen des Landes nach der Union 1707 und der Industriellen Revolution, die sich mit riesigen Maschinen in der zentralen Halle unübersehbar darstellt. Interessant ist die Unterabteilung zu Begräbnissitten, ›Daith comes in‹: Leichenwagen, Trauerusancen und die auf Arthur's Seat gefundenen Miniatursärge, die noch heute völlig rätselhaft sind. Unter ›The Textile Trade‹ kann man die Trend setzenden Tartan-Trachten von George IV. bewundern.

Dritter und vierter Stock

›Industry and Empire‹ im dritten und vierten Stockwerk widmet sich den gesellschaftlichen und wirtschaftlichen Umwälzungen der viktorianischen und edwardianischen Zeit. Beleuchtet werden die Themen Whiskyherstellung, Trunksucht, Schiffbauindustrie am Clyde, Stadtentwicklung, Slums sowie Erziehungswesen – 1872 wurde in Schottland die Schulpflicht für alle 6- bis 13-Jährigen eingeführt. Sehenswert sind außerdem schottisches Silber, Porzellan und Glasgower Jugendstilmöbel, auch von Mackintosh.

Fünfter Stock

Hier befindet sich die ›Twentieth Century Gallery‹, Resultat einer bewusst persönlichen Auswahlpolitik. So sind neben Flaschen des schottischen Nationalgetränks Irn-Bru und Fußballdevotionalien Tony Blairs E-Gitarre und von Sean Connery, der u. a. als Milchausträger gearbeitet hat, eine Milchflasche zu bestaunen. Ein Lift bringt einen auf die Dachterrasse mit fantastischem Rundblick (s. S. 126).

Hare den ständig wachsenden Leichenbedarf der Edinburgher Anatomen mit Serienmorden befriedigte.

Greyfriars Kirk

Gespenstisch wirkt der Friedhof um die ehemalige Bettelmönchskirche **Greyfriars Kirk** 23 nicht nur bei nächtlichen Geisterführungen, auf denen man den überhaupt nicht freundlichen Mackenzie-Poltergeist spüren kann (s. S. 134, 135). Selbst in der Nachmittagssonne ist die Nationalstätte, wo 1638 der National Covenant unterzeichnet wurde, eine recht melancholische Angelegenheit: Bänke, Rasen, Bäume, grauschwarze Grabdenkmäler, die an Häuserrückseiten emporzuranken scheinen (April–Okt. Mo–Fr 10.30–16.30, Sa 10.30–14.30, Nov.–März Do 13.30–15.30 Uhr).

Der berühmteste Grabbesitzer hier – er liegt unter einem Blumenbeet vor dem Kirchportal – ist nicht der Maler Allan Ramsay, sondern ein Hund: Greyfriar's Bobby, ein Skye-Terrier, wich 14 Jahre – bis zum eigenen Ableben – nicht vom Grab seines Herrchens John Gray, womit er einen wahren Touristenstrom anlockte und noch immer anlockt. Eine seiner Verehrerinnen stiftete dem treuen Fellknäuel 1873 die lebensgroße Bronzestatue gegenüber dem Eingang zum Kirchgrund.

Museum of Scotland und Royal Museum

24 Das altehrwürdige viktorianische Royal Museum und das postmoderne Museum of Scotland bilden eine Einheit und Schottlands wohl bedeutendsten Museumskomplex. 1998 entwarfen die Architekten Benson + Forsyth das atemberaubende Sandsteingebäude. Im **Museum of Scotland** wird Schottlands Geschichte von der Vorzeit (im Untergeschoss), Basis der schottischen Geschichte in jedwedem Sinn, in einem einzigartigen Parforceritt bis zur Gegenwart (im fünften Stock) bildgewaltig in Szene gesetzt. Während die Chronologie von unten nach oben gewahrt bleibt, sind die einzelnen Großepochen thematisch untergliedert. Wer nicht so vertraut ist mit der schottischen Geschichte, kann sich mit Hilfe von Audioguides Durchblick verschaffen.

Nahtlos geht das Museum of Scotland in das **Royal Museum** über. Vom Café in dem lichten Innenhofoval schweift der Blick zu den gusseisernen Säulen und verschnörkelten Galerien hinauf. Hier ist zu bestaunen, was der eklektizistische Sammeleifer des 19. Jh. aus aller Welt zusammengerafft hat: chinesisches Porzellan, ägyptische Mumien, Fossilien, Waffen, Rüstungen, Münzen, ausgestopfte Tiere und Kunst aus Afrika und der Pazifikregion. Mehr als einen Tag könnte man in der gigantischen Museumslandschaft verbringen, außerdem im Shop mit seinem breiten Angebot stöbern und die kulinarischen Meisterwerke des Tower Restaurant (s. S. 126) auf dem Dach genießen (Mo–Sa 10–17, So 12–17 Uhr).

Die Neustadt: um Princes Street und George Street

Im 18. Jh., als der georgianische Zeitgeist Überbevölkerung, Enge und Schmutz in *Auld Reekie* nicht mehr dulden konnte, hatte ein Mann einen Traum von einer neuen Stadt. Lord Provost George Drummond setzte ihn auch in die Tat um, und so entstand auf der grünen Wiese eine Riesenbaustelle.

Der bis dato unbekannte Architekt James Craig (1744–1795) gewann den ausgeschriebenen Wettbewerb mit einem genial einfachen Plan. Das Ergebnis: zwei Prachtplätze, St. Andrew Square und Charlotte Square, verbunden durch eine breite Achse – George Street – zu der zwei weitere Straßen parallel laufen, Princes und Queen Street, dazwischen ein regelmäßiges Gitter kleinerer Straßen.

South und North Bridge vermitteln einen Eindruck von den Höhenunterschieden, die städtebaulich zu überwinden waren. 60 Jahre dauerte es, das stinkende Nor Loch auszutrocknen, das heute von den Princes Street Gardens eingenommen wird. Aus Millionen Karrenladungen Erde wurde der Baugrund für die neue Stadt nördlich des Tals aufgeschüttet, was man noch heute an den überraschenden Steigungen gut erkennen kann.

Die gesamte New Town steht auf der Liste des UNESCO-Weltkulturerbes, zu Recht, handelt es sich doch um das größte geschlossen georgianische Bauensemble der Welt. Im Zentrum der New Town stört keine Bausünde den gleichförmigen Rhythmus der Prachtstraßen, Rundplätze und geschwungenen Crescents.

St. Andrew Square

Auf einer hohen Säule inmitten von georgianischen Häusern, modernen Bausünden, dem Luxuskaufhaus Harvey Nichols und dem supermodernen Busbahnhof steht Henry Dundas, der sich als einer der Ersten in der New Town einkaufte. In seinem von Sir William Chambers erbauten Stadthaus an der Ostseite des Platzes arbeitet heute die **Bank of Scotland** 25. Viele andere Banken sind von hier in das zeitgenössische Bankenviertel im Westend gezogen.

Im üppig mit viktorianischen Holzschnitzereien ausgestatteten **Café Royal** (West Register Street) treffen sich seit über 100 Jahren Künstler und Intellektuelle: Hier schlürft man Austern unter den bunten Kachelbildern der ›Doulton Tiles‹, die für die Internationale Edinburgher Ausstellung 1886 gefertigt wurden.

Princes Street

Kaufhäuser, Modegeschäfte internationaler Ketten und Touristenläden säumen die Nordseite der ›Straße der Prinzen‹. Die Südseite hat laut Parlamentsbeschluss von 1816 unbebaut zu bleiben – einzig das Balmoral Hotel reckt an der Tabuseite seinen markanten Turm hoch, dessen Uhr immer drei Minuten vorgeht, damit kein Reisender den Zug vom Waverley-Bahnhof gegenüber verpasst. Ein bis 2009 reichender Sanierungsplan sieht eine Beseitigung der schlimmsten Bausünden vor, um eine der schönsten Magistralen der Welt wieder ins rechte Licht zu rücken.

Eine der besten Stadtansichten bietet sich beim Blick über die Princes Street Gardens hinauf zu den grauen Hausfronten auf dem Burgberg. 1876 entstanden die ausgedehnten Grünanlagen in der Senke, in der vor dem Bau der New Town der Nor Loch vor sich hin stank. Viktorianische Musikpavillons, Bänke und Baumveteranen sprenkeln den Park, am Westende liegt ein schattiger Kinderspielplatz. Züge hört man in der südlichen Senke dahinrattern, ohne sie zu sehen.

Ein Kirchturm ohne Kirche? Nein, es ist das **Scott Monument** 26, das die Stadt ihrem großen Sohn Sir Walter 1840 setzte, und es ist neogotisch, was sonst. Auf der engen Wendeltreppe mit Gegenverkehr sieht man Figuren aus Scotts Romanen, unten sitzt der Meister selbst, aus behäbigem Marmor modelliert (April–Sept. Mo–Sa 9–18, So 10–18, Okt.–März jeweils bis 15 Uhr).

Historisches Gebäude und Shopping-Tempel: Das Kaufhaus **Jenners** 27 ist ein reich dekoriertes viktorianisches Juwel. Drei Galerieetagen mit verzierten Geländern rahmen das Hallenoval ein. Im ›Harrods von Schottland‹, dem ältesten Kaufhaus Großbritanniens (1895), kauft man besonders gut in der Damenmode-, der Spielzeug- und der Porzellanabteilung sowie in der *Food Hall* ein, einem Mekka schottischer Gourmets (Mo–Mi 9–17.30, Do 9–19.30, Fr/Sa 9–18, So 12–17 Uhr).

Museumsbus: Ein kostenloser Bus verbindet im 45-Minuten-Takt die National Gallery of Scotland mit Dean Gallery/Gallery of Modern Art und Scottish National Portrait Gallery.

National Gallery of Scotland und Royal Scottish Academy

28 Auf dem im Zuge der Stadtneuplanung 1781 bis 1805 aufgeschütteten Mound teilen zwei neoklassizistische Bauten von William Playfair die Princes Street Gardens: die National Gallery of Scotland und die Royal Scottish Academy. Höhepunkte der von der Frührenaissance bis etwa 1900 reichenden Gemäldesammlung in der **National Gallery of Scotland** sind Werke von Botticelli, Cranach, Holbein, Tizian, Raphael, Rembrandt, Rubens, Frans Hals, Gainsborough, Turner, Constable, Gauguin und Van Gogh. Besonderes Augenmerk verdient die schottische Malerei des 18. Jh.: Sir David Wilkie, Allan Ramsay und vor allem Sir Henry Raeburn mit dem kargen, geheimnisvollen Bildnis des Reverend Walker, der auf dem Duddingston

Alte Meister in gediegenen Räumlichkeiten: die National Gallery of Scotland

Loch Schlittschuh läuft. Das edel-schlichte Weston Link von 2004 verbindet die Nationalgalerie unterirdisch mit dem renovierten Gebäude der **Royal Scottish Academy,** in der Edinburghs große Ausstellungen stattfinden (tgl. 10–17, Do bis 19 Uhr; Buch- und Kunstsouvenirshop, Café, zeitgenössisch-schickes Restaurant bis 22 Uhr, Tel. 0131/624 6580).

George Street

Die nahezu 40 m breite Hauptschlagader der New Town ist die Heimat von Trendbars und Markenboutiquen des höheren Preissegments. Wie auf den Straßen von San Francisco kommen einem die weiten Blicke vor, die man durch ihre steil abfallenden Querstraßen hat: die Hanover Street hinauf auf Mound und Burgberg sowie die Dundas Street hinunter zum Wasser des Firth of Forth. Im Trendcafé-Restaurant **The Dome** 24 sitzt man unter einer riesigen viktorianischen Kuppel. Der prachtvolle Saal war früher eine Bank.

Scottish National Portrait Gallery

In dem backsteinroten historistischen Bau der **Scottish National Portrait Gallery** 29 an der Queen's Street fasziniert schon der von einer Doppelarkade umgebene Neuschwanstein-Innenhof, rundum mit einem Fries berühmter Schotten und Schlachten-Fresken verziert. Die Porträtgalerie gibt der schottischen Geschichte Gesichter – von den frühen Stuart-Königen bis zu Queen Mum. Highlights sind Maria Stuart, Flora MacDonald und Bonnie Prince Charlie, die Dichter Burns und Scott sowie die zeitgenössischen Portäts des Komponisten Sir Peter Maxwell Davies und von Sir Sean Connery. Ende 2006 wird die Galerie für 18 Monate geschlossen. Nach dem Umbau werden die Zeitgenossen im Erdgeschoss, die historischen Persönlichkeiten in den beiden oberen Stockwerken gezeigt, Audioguides werden ihnen eine Stimme geben, und Kinder können sich mit einem

Automorphing-Programm à la Allan Ramsay porträtieren lassen (tgl. 10–17, Do bis 19 Uhr).

Charlotte Square

Robert Adam (1728–1792) konnte sein palladianisches Meisterwerk nicht mehr vollenden. Doch der Entwurf der palastgleichen Tempelfassaden, die den einheitlichen Häuserfronten Zentrum und Rhythmus verleihen, macht den Platz zum Höhepunkt der georgianischen New Town.

Im **Georgian House** 30 lädt Sie der National Trust zu einer ›Zeitreise‹ ins Alltagsleben der wohlhabenden Bewohner zu Beginn des 19. Jh. ein. Die gut informierten Damen, die ehrenamtlich für den Trust arbeiten, erklären Ihnen die Geheimnisse von Kaminschirmen (sie verhinderten das Herunterlaufen dicken Damen-Make-ups) und zinnernen Urinierbecken. In einem im Keller gezeigten humorigen Video führen Schauspieler die Besucher durch den Tagesablauf im Jahr 1815 – vom morgendlichen Levée bis zum nächtlichen Gästeempfang (März, Nov. tgl. 11–15, April–Okt. 10–17, Juli/Aug. 10–19 Uhr).

Gegenüber im original restaurierten Robert-Adams-Stadthaus **No. 28** 31 hat der National Trust for Scotland sein Hauptquartier. Im ersten Stock befindet sich ein Salon von 1820 mit Regency-Möbeln und einer Sammlung schottischer Gemälde des 20. Jh., unten ein Shopping-Paradies für den Country Style-Liebhaber und ein zu Recht ungeheuer beliebtes Café-Restaurant (Mo–Sa 9.30–17, Galerie Mo–Fr 11–15 Uhr).

Calton Hill

Weite Rundblicke genießt man von dem kleineren Bruder von Arthur's Seat. Neuheidnisch-ausgelassen geht es hier in der Beltane-Nacht vor dem 1. Mai zu. Auf die Fackelprozession den Hügel hoch folgen Darbietungen fantasievoll (un)bekleideter Teilnehmer, die u. a. die Weiße Frau (Göttin des Frühlings) und ihren Gemahl, den Grünen Mann, darstellen.

Den Beinamen ›Athen des Nordens‹ verdankt Edinburgh William Henry Playfairs neoklassizistischen, zu Beginn des 19. Jh. entstandenen Bauten auf dem Calton Hill. Das **City Observatory** 32 kopiert den Athener Tempel der Winde, das nie vollendete **National Monument** 33 für die Gefallenen der Napoleonischen Kriege den Parthenon, das Rundtempelchen des **Dugald Stewart Monument** 34 das Lysikrates-Monument auf der Akropolis.

143 Stufen muss man hinaufgehen, um Edinburgh und den Firth of Forth von ganz oben zu sehen. Das **Nelson Monument** 35 von 1815 in der Form eines umgedrehten Teleskops ehrt Admiral Nelsons Sieg und Tod in der Seeschlacht von Trafalgar (April–Sept. Mo 13–18, Di–Sa 10–18, Okt.–März Mo–Sa 10–15 Uhr).

Unheimliche schwarze Grüfte machen den **Calton Hill-Friedhof** etwas tiefer zu einem morbiden, aber beeindruckenden Ort. Der Obelisk erinnert an die Chartisten von 1793, die das allgemeine Wahlrecht gefordert hatten und dafür deportiert wurden.

Am Stadtrand

Stockbridge und Dean Village

Die beiden Vororte sind so etwas wie Edinburghs Notting Hill. Auf dem Flussuferweg **Water of Leith Walkway** von der National Gallery of Modern Art bis zum Botanischen Garten kann man die angenehme, durch weite Grünflächen charakterisierte Gegend kennen lernen. Flippige Secondhand- und Design-Boutiquen, Galerien, Antiquitäten- und Trödelläden sowie Trendcafés wie das Circus Café (s. S. 129) zeigen, wie schick das Viertel ist.

Eineinhalb- bis zweistöckige georgianische und viktorianische Straßenzüge mit liebevoll gepflegten Gärten wie die Dean Terrace mit Ausblick auf das Water of Leith sind begehrte Adressen. Am sanft geschwungenen St. Bernard's Crescent scheinen die hohen dorischen Säulen die filigranen Sprossenfenster fast zu erdrücken, Danube Street glänzt mit einer ununterbrochenen Kette schwarzer Gusseisenbalkone.

Richtig Reisen-Tipp: Spaziergang durch die georgianische Stadt

Etwa eine Dreiviertelstunde schlendert man durch ruhige georgianische Wohnstraßen nördlich der Queen Street und schaut mit dem sehnsüchtigen Blick des Voyeurs in die Schöner-Wohnen-Stadtpaläste der Edinburgher *Crème de la crème*.

Plaster Spotting

Wenn in der Dämmerung die Kristalllüster in den grauen, in Reih und Glied stehenden Stadthäusern angehen, kann man dem exzentrischen britischen Hobby des *plaster spotting* frönen: dem Stuckdecken-Jagen. Hinter hohen weißen Sprossenfenstern und fächerförmigen Türlichtern leuchten pfirsichfarbene, zitronengelbe oder minzgrüne Interieurs, erspäht man Ramsay-Porträts und Chintz-Fauteuils wie aus dem Antiquitätenladen.

Vom Moray zum Drummond Place

Wuchtige dorische Säulen rhythmisieren den kreisförmigen **Moray Place.** Wie aufgeklebt wirken seine Tempelfassaden. 1824 entstanden, gleichsam der Schwanengesang der georgianischen Zeit, zeigt er, dass die New Town kein homogener Block, sondern ein langwieriges Megaprojekt war: Von 1767 bis 1824 baute man sich von Ost nach West voran, vom St. Andrew Square bis hierher.

Selbst die **Gloucester Lane,** einst eine Gasse für Dienstboten mit bescheidenen Häuschen, ist nun eine begehrte Adresse. Wer in den mehrstöckigen Stadthäusern der großen Straßen wohnt, hat noch mehr Geld: Anwaltskanzleien, Immobilienmakler oder Angehörige der Lobby-Eliten aus Politik und Wirtschaft, die kein Firmenschild an der Tür, aber Macht und Einfluss haben.

Bei aller Einheitlichkeit unterscheiden sich die Gebäude doch hinsichtlich der Steinbearbeitung von Rustika bis Bosse, der variationsreichen Säulen und Tempelgiebel, Kaminschlot-Batterien und vor allem der gusseisernen, schwarz lackierten Lampenhalter, Fußabtreter und Balkongeländer. Charakteristisch sind die Dienstbotenuntergeschosse mit dem zwei, drei Meter breiten Graben davor. In diesen Souterrains wohnen heute viele junge Leute und Familien.

An der Stelle, wo die **India Street** als Sackgasse mit einer 4 m hohen Mauer endet, erkennt man, wie hoch die New Town künstlich aufgeschichtet wurde. Eine Treppe mit Blick auf drei Stockwerke tiefe Untergeschosse führt zum Circus Place herunter.

In der New Town und speziell in der **Heriot Row** drehte Danny Boyle 1994 seinen Thriller ›Shallow Graves‹. »Was in aller Welt veranlasst Sie zu der Annahme, wir würden ein solches Apartment wie dieses mit jemand wie Ihnen teilen wollen?«, fragt der Apartmentbesitzer alias Ewan McGregor die angetretenen WG-Kandidaten.

Morgens schließen alte Damen ihren Hündchen die grünen Oasen an Queen Street Gardens oder mitten auf dem **Drummond Place** auf. Nur die Anwohner haben einen Schlüssel für ihre Privatparks. Auch das Fehlen der in Edinburgh üblichen Müllcontainer vor den Häusern zeigt, dass die Neustadtbewohner ein bisschen gleicher sind als der Rest. Leidenschaftlich verfochten sie ihr Recht, den Müll in Plastiktüten zu entsorgen, gegen die Edinburgher Stadtverwaltung.

Tour-Infos

Verlauf der Tour: Moray Place, Gloucester Lane, Gloucester Place, India Street, Heriot Row, Abercromby Place, Nelson Street, Drummond Place, Great King Street, Howe Street.

Dauer: ca. 45 Min.

Auf großzügigem Rasen vor neoklassizistischer Säulenfront kündigen Land Art-Skulpturen die **Scottish National Gallery of Modern Art** 36 an. In den hellen, modernen Sälen ist alles versammelt, was in der Kunst des 20. Jh. Rang und Namen hat: Picasso, Moore, Lichtenstein, Warhol, Freud, Barlach, Nolde, Kokoschka u. v. m. Das Café mit seiner Skulpturenterrasse ist ein ebenso entspannender Ort wie das etwas schrillere der gegenüberliegenden **Dean Gallery** 37. Das neoklassizistische ehemalige Waisenhaus wurde vom Architekten Terry Farrell Aufsehen erregend umgestaltet und beherbergt nun die Stiftung des Edinburgher Künstlers Sir Eduardo Paolozzi (1924–2005) und eine hochkarätige surrealistische Sammlung mit Werken von Max Ernst, Picasso, Dali, Delvaux, Magritte u. a. (beide Museen tgl. 10–17, Do bis 19 Uhr; Bus 13 und Museumsbus).

Botanischer Garten

Inmitten einer ruhigen viktorianischen Wohngegend atmet die grüne Lunge des **Royal Botanic Garden** 38, des ältesten botanischen Gartens Großbritanniens. Die Pringle Chinese Collection ist die größte Sammlung chinesischer Wildpflanzen außerhalb Chinas. Schlendern Sie durch die Gewächshäuser, vor allem das elegante Palmenhaus aus Glas und Gusseisen, den Felsgarten mit hunderterlei Heidearten und ins georgianische Inverleith House, wo Ausstellungen stattfinden. Von der Caféterrasse hat man einen guten Blick auf Edinburgh. Nehmen Sie einen Vorrat ungesalzener Erdnüsse für den unersättlichen Appetit der handzahmen grauen Eichhörnchen mit (Nov.–Feb. tgl. 10–16, März, Okt. bis 18, April–Sept. bis 19 Uhr; Buch- und Pflanzenshop; Bus 8, 23, 27).

Edinburgh Zoo

Im Vorort Corstorphine steigen die großzügigen Gehege des **Edinburgh Zoological Park** 39 einen Hügel hinan und bieten weite Ausblicke. Der 1913 gegründete Tierpark genießt wegen der Zucht gefährdeter Tierarten wie weißer Nashörner und der blaugrün schillernden, winzigen Pfeilgiftfrösche Weltruhm. In den Sommermonaten lassen sich die Pinguine pünktlich um 14.15 Uhr von ihren Pflegern zu der putzigen Parade außerhalb des Geheges bewegen – nicht nur die Kinder sind begeistert. Verhaltensforscher beobachten mit großem Interesse das Pinguinpärchen Dora und Erica, das ein – unbefruchtetes – Ei bebrütete und männlichen Artgenossen hartnäckig die kalte Schulter zeigt (April–Sept. tgl. 9–18, Okt., März bis 17, Nov.–Feb. bis 16.30 Uhr; Bus 12, 26, 31).

Craigmillar Castle

Von zwei Mauerringen sind die dachlosen Giebel und runden Ecktürme des mächtigen L-förmigen Tower House aus dem 14. Jh. geschützt. Nach **Craigmillar Castle** 40 flüchtete Maria Stuart 1566 nach der Ermordung Rizzios, hier soll sie Bothwell, ihrem späteren dritten Göttergatten, ihr Einverständnis zur Ermordung des zweiten, Lord Darnley, gegeben haben (25. März–30. Sept. tgl. 9.30–18.30, Okt.–24. März Sa–Mi 9.30–16.30 Uhr; Bus 37 von North Bridge nach New Royal Infirmary).

Leith

Vom 12. bis 19. Jh. war die Hafenstadt Schottlands Tor zur Welt, dann setzte der Niedergang ein. In den letzten Jahrzehnten hat sich Leith zu einem der angesagten Vororte Edinburghs entwickelt. Trendsetter aus der City goutieren die maritimen Pubs, gestylten Bars und den fangfrischen Fisch in den Restaurants. **The Shore** 25 am Water of Leith, an dessen Ufer man aus der Innenstadt in etwa einer Stunde herwandern kann, ist nicht nur die charmanteste Ansicht von Leith, sondern auch eine einzige Ess- und Trinkmeile.

Der Rundturm hinter dem Fishers Bistro ist der **Signal Tower,** 1685 gebaut und somit eines der ältesten Gebäude von Leith. 1805 erhielt der Turm seine Zinnen, von denen die Schiffe mit Signalflaggen in den Hafen gelotst wurden. Hier kamen die Waren ins Land, z. B. Wein, und verließen es wieder, z. B. Whisky. Das stattliche Gebäude mit Zinnen und Türmchen daneben, das Boutiquehotel **Malmaison,** entstand aus dem ehemaligen Seemannsheim aus viktorianischer Zeit.

Am romantischen **Dock Place** an der ehemaligen Rennie-Schleuse liegen zwei Klassiker der Leith-Erneuerung und der Fischküche, das schummrig-gemütliche Skipper's Seafood Bistro und die Waterfront Wine Bar mit ihrem neuen Wintergartenanbau.

Gegenüber dem weitläufigen, rauen Hafengelände, wo die Kriegsschiffe der britischen Marine vor Anker liegen, arbeitet die schottische Regierung, die **Scottish Executive,** in einem kompromisslos modernen, lang gestreckten Gebäude. Auf den Docklands, zur Zeit eine riesige Baustelle, entstehen weitere Wohn-, Büro- und Geschäftsgebäude.

Bereits fertig ist Terence Conrans **Ocean Terminal,** ein Mega-Einkaufszentrum auf drei eher kahl als genial wirkenden Ebenen mit allen möglichen Geschäften meist internationaler Ketten. Den offenen, über drei Stockwerke reichenden Bar-Restaurant-Bereich nutzen Gäste der Ocean Bar und der Restaurants Zinc und Zizi gemeinsam.

Draußen liegt Leiths größte Attraktion vertäut: **›The Royal Yacht Britannia‹.** 1953 bis 1997 stand der private Luxusliner im Dienst Elizabeths II. und ihrer Familie für ihre diversen Auslandsreisen und Repräsentationspflichten. Alles ist nach dem persönlichen, blumig-britischen 1950er-Jahre-Geschmack der Königin eingerichtet, von der eigenhändig ausgewählten Queen-Victoria-Bettwäsche bis zum kostbaren Silber und Porzellan des Bankettsaals, in dem die Großen dieser Welt bewirtet wurden (März–Okt. 9.30–16.30/letzter Einlass, Nov.–Feb. 10–15.30 Uhr; Bus 1, 11, 22, 34 vom Zentrum).

Edinburgh & Scotland Information Centre: 3 Princes St., Tel. 0845/225 5121 (nationale Auskunfts- und Buchungszentrale), www.edinburgh.org, info@visitscotland.com, Okt.–April Mo–Sa 9–17/18, So 10–17/18, Mai, Juni, Sept. Mo–Sa 9–19, So 10–19, Juli/Aug. Mo–Sa 9–20, So 10–20 Uhr. Dependance am Flughafen.

Für die Unterkunft empfehlenswerte Stadtviertel: Viele B & B liegen in den Vierteln Stockbridge, Inverleith und Pilrig nördlich des Zentrums sowie in Bruntsfield/Tollcross und Newington (Minto Street, Mayfield Gardens) südlich des Zentrums.

Caledonian Hilton [1]: Princes St., Tel. 0131/222 8888, Fax 0131/222 8889. www.hilton.co.uk/caledonian. Traditionsluxusherberge mit dezidiert schottischem Flair, Zimmer im edwardianischen und zeitgenössischen Stil, Burgblick, Spa und Swimmingpool. DZ 155–290 £.

Rick's [2]: 55 a Frederick St., Tel. 0131/622 7800, Fax 0131/622 7801, www.ricksedinburgh.co.uk. Boutiquehotel im Zentrum, minimalistisches Zimmer-Design in Hellflieder und Brauntönen, Top-CD-Anlage und Bad, ausgefallenes Frühstück in der trendigen Bar, auch zum Lunch und Dinner preiswerte Fusionküche. DZ 129,25 £.

Malmaison [3]: 1 Tower Pl., Leith, Tel. 0131/555 6868, Fax 0131/468 5002, www.malmaison-edinburgh.com. Ehemaliges Seemannsheim, zu einem stilsicheren Boutiquehotel umgebaut, Hafenblicke, schicke Gym. Zimmer für 1 oder 2 Pers. 109–135 £.

Six Mary's Place [4]: Raeburn Place, Stockbridge, Tel. 0131/332 8965, Fax 0131/624 7060, www.sixmarysplace.co.uk. Preisgekröntes Guest House in georgianischem Stadthaus, Mischung aus Originaldetails und zeitgenössischem Design, Frühstücksmenü im Wintergarten mit vegetarischem Haggis, früh buchen! DZ 70–138, Familienzimmer 100–207 £.

Ardmor House [5]: 74 Pilrig St., Pilrig, Tel./Fax 0131/554 4944, www.ardmorhouse.com. 5 luxuriöse Design-Zimmer mit eleganten Bädern, die Wirte Colin und Robin sind erklärtermaßen schwul- und hetero-freundlich. DZ 64–110, Apartment für 1–4 Pers. 80–140 £.

MW Guesthouse und Townhouse [6]: 94 Dalkeith Rd. und 11 Spence St., Tel. 0131/662 9265, Fax 0131/662 4277, www.mwguesthouse.co.uk. Erfolg versprechendes neues Konzept: Zeitgenössisches Design mit Aubergine- und Schokotönen in zwei viktorianischen Stadthäusern. DZ im Guest House 40–80, im Town House 50–110 £.

Jurys Inn Edinburgh [7]: 43 Jeffrey St., Tel. 0131/200 3300, Fax 0131/200 0400, www.jurys-edinburgh-hotels.com/jurysinn_edinburgh. Von außen nicht schön, aber drinnen praktisch: feste Preise für familienfreundliche 3-Sterne-Komfort-Zimmer bei unterschiedlicher Belegung, zentral oberhalb des Waverley-Bahnhofs. DZ ohne Frühstück 59–160 £ für bis zu 3 Erw. oder 2 Erw. und 2 Kinder.

Ashlyn Guest House [8]: 42 Inverleith Row, Inverleith, Tel./Fax 0131/552 2954, www.insiteswd.co.uk/ashlyn. Distinguiertes Guest House in einem georgianischen Stadthaus von 1820 im ruhigen Wohnviertel am Botanischen Garten, geräumige, teils antik eingerichtete Räume. DZ 50–80 £.

Castle Guest House [9]: 38 Castle St., Tel. 0131/225 1975, www.castleguesthouse.com. Historisches Flair in georgianischem Stadthaus im edlen Wohnviertel der New Town. DZ 60–80 £.

Belford Hostel [10]: 6/8 Douglas Gardens, Dean Village, Tel. 0131/225 6209, Reservierungen 0131/220 2200, www.hoppo.com. Umgebaute neogotische Kirche mit zum Holzgewölbe oben offenen Schlafsaal-›Boxen‹. Bett im Schlafsaal 12,50–17, DZ pro Raum 39,50–52 £.

Bruntsfield Youth Hostel – SYHA [11]: 7 Bruntsfield Crescent, Tel. 0870/004 1114, www.syha.org.uk. Das viktorianische Reihenhaus mit Erkern blickt auf den Bruntsfield Park, moderne Einrichtung in fröhlichen Farben. Bett im Schlafsaal 13–20 £.

Tower Restaurant: Von dem Restaurant im obersten Stock des Museum of Scotland (mit Terrasse) genießt man einen fantastischen Blick über Edinburgh, außerdem wird preisgekrönte Fusionküche serviert. Es ist schon allein ein Erlebnis, abends durch den Haupteingang des geschlossenen Museums eingelassen zu werden (Chambers Street, Tel. 0131/225 3003, tgl. 12–15, 17–23 Uhr. Hauptgericht 22 £, unbedingt reservieren!).

Canon Court Apartments [12]: 20 Canonmills, Stockbridge, Tel. 0131/474 7000, Fax 0131/474 7001, www.canoncourt.co.uk. Komfort-Apartments für 2 oder 4 Personen am nördlichen Rand der New Town am Water of Leith, Kinder können zusätzlich auf einer Couch übernachten, auf Wunsch Babybett und Kinderstuhl. Pro Nacht für 2 Pers. 67–108 £, 4 Pers. 138–202 £.

Gourmetrestaurants

Off the Wall [13]: 105 High St., Tel. 0131/558 1497, Mo–Sa 12–14, 18.30–22 Uhr. Blick aus dem 1. Stock auf die Royal Mile, schottisches Traditionsrestaurant, perfekte Auld Alliance-Küchenkunst um Wild, Steak, Fisch. Hauptgericht 24 £.

Dubh Prais [14]: 123 b High St., Tel. 0131/557 5732, Di–Fr 12–14, 18.30–22.30, Sa 18.30–22.30 Uhr. Ein Wunder an Beständigkeit und Qualität, ›versteckt‹ im kargen Souterrain an der Royal Mile, genuin schottische Küche rund um Räucherlachs, Argyll-Schinken, manchmal Haggis. Hauptgericht 18 £.

David Bann [15]: 56–58 St. Mary's St., Tel. 0131/556 5888, tgl. 11–1 Uhr. Vegetarisches In-Restaurant mit superschickem Design, jede der kreativ zubereiteten Speisen ist eine Offenbarung, am Service darf gearbeitet werden. Hauptgericht 10 £.

Bistros

Forth Floor [16]: 4. Stock von Harvey Nichols, 30–34 St. Andrew Sq., Tel. 0131/524 8350, Restaurant Mo 12–15, Di–Fr 12–15, 18–20, Sa 12–15.30, 18–20, So 12–15.30 Uhr; Brasserie Mo 10–17.30, Di–Fr 10–22, Sa 17.30–22, So Brunch 12–18 Uhr, Bar Mo 10–19, Di–Sa 10–24, So 12–19 Uhr. Blicke auf Edinburghs Dächer und die Trendsetter in den minimalistisch gestylten Räumlichkeiten mit roter ›Deckenbeleuchtung‹, Trendküche in perfekter Präsentation und Zubereitung, samstagabends brummt die Bar von Preclubbern. Bestellen Sie einen Tisch am Fenster. Restaurant: Hauptgericht 20 £, Brasserie: 3-Gang-Lunch-Menü 17 £.

Howie's [17]: 208 Bruntsfield Pl., Tel. 0131/221 1777, tgl. 12–14.30, 18–22 Uhr. Preis-

Paradies für Schokofans: Café Plaisir du Chocolat

werte Bistroküche mit schottischen und Fusion-Akzenten, monatlich wechselndes Menü, weiße Wände, rote Decke und dunkle Bistrotische schaffen eine angenehm entspannte Atmosphäre, weitere Niederlassungen 1a Alva St., West End, Tel. 0131/225 5553; 10–14 Victoria St., Old Town, Tel. 0131/225 1721; 29 Waterloo Pl., Calton, Tel. 0131/556 5766. 3-Gang-Menü 14,95 £.

blue bar café [18]: 1. Stock Traverse Theatre, 10 Cambridge St., Tel. 0131/221 1222, Mo–Do 12–14.30, 17.30–22.30, Fr/Sa 12–14.30, 17.30–22/23 Uhr. Minimalistisch-luftiges Design und informelle, lebhafte Atmosphäre, frische Zutaten perfekt zubereitet, schick auch die Canapés, z. B. Ziegenkäse-Rote-Beete-Crostinis. 3-Gang-Menü 13,95 £.

Fischrestaurants

The Shore [19]: 3–4 The Shore, Leith, Tel. 0131/553 5080, tgl. 12–14.30, 18.30–22, Bar 11–0 Uhr. Nautisch dekorierte, immer volle Bar mit Holztäfelung und feineres Restaurant mit weißen Tischdecken, Riesenspiegel und Kerzen, einer der Pioniere des schicken Leith, moderne Küche, Schwerpunkt Meeresfrüchte, regelmäßige Jazz- und Folkkonzerte. 3-Gang-Dinner 26 £.

Waterfront Wine Bar [20]: 1 c Dock Pl., Leith, Tel. 0131/554 7427, tgl. 12–24 Uhr. Angesagtes Fischrestaurant, vorne Sitzecken aus dunklem Holz im Pubstil, hinten lichtes Wintergartenrestaurant mit Blick auf Schleuse. Hauptgericht 17 £.

Thailändisch/Italienisch

Thai Me Up [21]: 4 Picardy Pl., Tel. 0131/558 9234, Mi–Sa 12–14, tgl. 17–22 Uhr. In drei Schärfegraden zu bestellende, exzellent dekorierte thailändische Küche à la Lemongrass und Ingwer, zeitgenössisch schlicht akzentuierter georgianischer Stuckraum mit Buddha und Kerzen. Hauptgericht 12 £.

Alba d'Oro und **Anima [22]:** 5–7 und 11 Henderson Row, Tel. 0131/557 2580, tgl. 12–14.30, 17–23 Uhr. Beim Gourmet-Schnellimbiss brutzelt Fish 'n' Chips (4,50 £) mit der besonderen Note im Öl, z. B. Krabben in Ingwer-Panade, bei Anima nebenan bekommt man Pizzen (6 £), Nudelgerichte, Ciabatta, Focaccia und Wein.

Cafés

Plaisir du Chocolat [23]: 251–253 und 270 Canongate, tgl. 10–18 Uhr. Paradies für Kinder und andere Schokofans, im Art déco-Stil

Café-Restaurants der Museen: Hier speist man ausgezeichnet und preiswert. Angeboten werden Kaffee und Kuchen, aber auch kleine Speisen wie Suppen, Salate, Quiches, Pasta, Tellergerichte und Desserts. Alles ist frisch zubereitet und selbst gekocht, *home cooking* par excellence (bis ca. 17/18 Uhr): z. B. in der Scottish National Gallery of Modern Art, Dean Gallery, National Portrait Gallery, Fruitmarket Gallery und – der Spitzenreiter – Haus No. 28 Charlotte Square.

mit Spiegeln und Korbsesseln, Riesenauswahl an Tees und heißen Schokoladen, Torten, Mittagssnacks, Pralinen.
The Dome 24: 14 George St., Grill Room Mo–Mi 12–22, Do–Sa 12–23 Uhr, Bar Mo–Mi 10–23, Do–Sa 10–1 Uhr (s. S. 121). Trendcafé in viktorianischem Prunksaal unter Glas- und Stuckkuppel, Snacks und formelleres Dinner.
Elephant House 25: 21 George IV Bridge, Tel. 0131/220 5355, Mo–Fr 8–23, Sa 9–23, So 9–22 Uhr. Leicht alternatives Café mit Snacks (4–6 £), Hunderten Elefanten, lockerem Flair und einem berühmten Gast: Hier schrieb Joanne K. Rowling.

Museumsshops: Bücher, Souvenirs, Kunstdrucke etc. Kinderspielzeug in den Shops des Royal Museum, Museum of Childhood und Our Dynamic Earth.
Broughton Street: sympathische Einkaufsstraße mit kleinen Läden, Antiquariaten, Delikatessenläden, Galerien.
Antiquitäten: Stockbridge, Causewayside, Grassmarket.

Delikatessen
Iain Mellis Cheesemonger: 30 a Victoria St., Mo–Sa 9–18, So 12–17 Uhr, kleines edwardianisches Geschäft für *farmhouse cheeses.*
Peckham's: 155–59 Bruntsfield Pl., tgl. 8, So 9 Uhr bis Mitternacht (!), Bus 11, 16, 23. Auf dunklen Holzregalen hat dieser wunderbar altmodische Lebensmittelladen alle schottischen Gaumenfreuden: Chutneys, Kekse, Haggis, Whiskys.

Kunst
Collective: 22–28 Cockburn St., www.collectivegallery.net, Di–Sa 12–17 Uhr. Werke experimentierfreudiger junger Künstler, unter denen man den Star von morgen entdecken kann.
Edinburgh Printmakers: 23 Union St., Broughton, www.edinburgh-printmakers.co.uk, Di–Sa 10–18 Uhr. Frei zugängliches Druckstudio, Drucke lokaler und internationaler Künstler.

Kunsthandwerk
Simply Scottish: 17–19 Jeffrey St., Mo–Sa 10–17.30 Uhr. Gemälde, Vasen aus fossiliertem Holz oder Designer-Handtäschchen aus Karo und Spitze, sprich: zeitgenössisch schottisch.
Flux: 55 Bernard St., Leith, Di–Sa 11–18, So 12–17 Uhr. Gemälde, Glaslampen, Schmuck, Keramik, meist mit schottischem Touch, zeitgenössisch, gegenständlich, pfiffig.

Mode
Canongate Jerseys and Crafts: 164–166 Canongate, Royal Mile, tgl. 10–18 Uhr. Mode, Schmuck, Design von schottischen Kunsthandwerkern mit keltischen und piktischen Motiven.
Armstrongs: 83 Grassmarket, Mo–Do 10–17.30, Fr/Sa 10–18, So 12–18 Uhr. Edinburghs größtes Kaufhaus für *vintage clothing*, fast selbst ein Museum für Secondhand-Bekleidung.
Geoffrey (Tailor) Kiltmakers: 57–59 High St., Royal Mile, Mo–Sa 9–17.30, Do bis 19, So 11–17 Uhr. Howie Nicholsbys Kiltgeschäft mit traditionellem Outfit und der Design-Marke 21st Century Kilts für *metrosexual men.*

Musik
Bagpipes Galore: 82 Canongate, Royal Mile, Mo–Sa 9.30–17.30 Uhr. Neue und gebrauchte Dudelsäcke, Noten und Anfänger-Sets für Dudelsäcke.
Ripping Music & Tickets: 91 South Bridge, Mo–Mi, Fr 9.30–18.30, Do 9.30–19, Sa 9–18, So 12–17.30 Uhr. CDs, Karten für Edinburgher Clubnächte und Konzerte.

Veranstaltungshinweise: Man informiert sich am besten in dem 14-tägig erscheinenden Veranstaltungsführer ›The List‹ (2,20 £, www.list.co.uk). In vielen In-Bars und Plattenläden, z. B. dem Underground Solu'shn, 9 Cockburn St., liegen Flyer aus.

Zentren des Nachtlebens

Broughton Street, Picardy Place, Leith Walk: Das ›rosa Dreieck‹ ist auch Heimat von vielen trendigen oder bohemehaften Pubs und Bars, für die man nicht schwul sein muss.

Cowgate: Discos von Mainstream bis rau wie Subway oder Faith und viele Pubs; tagsüber eine öde Straße mit Tunnelflair, nachts voll mit lärmigen Leuten.

Grassmarket: Ein pseudo-irischer Pub neben dem anderen, alle haben Tische auf dem Gehweg, Alkohol und Frohsinn ab vormittags.

Lothian Street: Das nachts ziemlich raue Amüsierzentrum für große und kleine Saufpartys, sei es in Pubs oder Discos.

Leith, Shore und angrenzende Waterfront: In- und traditionelle Bars der eher ruhigen Art mit kulinarischem Angebot.

Rose Street, westliches Ende: Viele lärmige, auf möglichst viel Bier in möglichst kurzer Zeit abonnierte Pubs, teils Karaoke.

Traditionelle Pubs

Abbotsford: 3 Rose St., Mo–Sa 11–23, Essen 12–15, im Restaurant im 1. Stock auch 18–21.45 Uhr. Viktorianischer Bilderbuch-Pub mit Fass-Ales und althergebrachtem Pub Grub.

Bennet's: 8 Leven St., Mo–Mi 11–12.30, Do–Sa 11–1, So 11–23.30, Essen 12–15, 17–21.30 Uhr. 170 Jahre alter viktorianischer Pub mit Schmuckkacheln, Holzschnitzzierrat, Ledersitzen, frisch zubereitetem Pub Grub, an die 100 Single Malts, Künstler vom King's Theatre nebenan.

Bow Bar: 80 West Bow, Mo–Sa 12–23.30, So 12.30–23 Uhr. Über 140 Whiskys, Fass-Ales, die hölzerne Einrichtung ist nahezu original erhalten.

Guildford Arms: 1–5 West Register St., So–Do 11–23, Fr/Sa 10–0, Essen tgl. 12–14.30, 18–21.30 Uhr. Unten hoher viktorianischer Eckpub, oben Galerie-Restaurant mit zeitgenössischen dunklen Designermöbeln, Essen deutlich über Pub Grub-Level.

King's Wark: 36 The Shore, Leith, Mo–Do 12–23, Fr/Sa 12–24, So 11–23, Essen tgl. 12–15, 18–22 Uhr. Gastro-Pub in einem Gebäude aus dem 17. Jh., eng und gemütlich, klassisches Bar Food und ausgefallenere Speisen wie gedämpfte Muscheln.

Szenebars

Circus Café: 15 North West Circus Pl., tgl. 10–23 Uhr. Entspannt und ungeheuer schick mit seinen opalisierenden Designlüstern, trendige Klientel, frische Speisen, im Basement ein Delikatessenladen.

Halo: 3 Melville Pl., off Queensferry Street, tgl. 11–1, Essen Mo–Fr 12–15, 18–22, Sa/So 12–16, 18–22 Uhr. Wände mit Lederpolsterung, venezianische Spiegel und Designlüster, hippe West End-Bar mit Cocktails und zeitgenössischer Küche.

Negociants: 45/47 Lothian St., tgl. 10–3 Uhr. Studentenbar und-restaurant, Essen bis 2.15 Uhr nachts, abends Bar für Pre- und Postclubber, im Keller Club-Bar Medina à la Nordafrika.

Opal Lounge: 51 a George St., tgl. 12–3 Uhr. Angelpunkt der trendigen George-Street-Ausgehszene, im Souterrain, verwinkelt, mit vertieften Sitzgruppen, Fusionküche, abends legen DJs auf und verwandeln die coole Bar in eine heiße Tanz-Sauna.

Oxford Bar: 8 Young St., Mo–Sa 11–1, So 12.30–0 Uhr. Authentisch-schäbige Szenebar, eigentlich ein normaler Pub, den der schottische Krimipapst Ian Rankin berühmt gemacht hat, cool und immer voll.

The Pond: 2–4 Bath Rd., Leith, tgl. 13–1 Uhr. Mit Fischteich konsequent gegen den Strom, eine In-Bar ohne Edeldesign, zwischen Ikea und Flohmarkt, entspannt und anstrengungslos cool.

Clubs und Discos

Ego: Picardy Place, tgl. 21.30–3 Uhr. Mit Glitzerkugeln und Samtvorhängen wird der verschlissene Glanz vergangener Casinotage

kultiviert, breite Palette von Themenabenden.
Espionage: Victoria Street, tgl. 19–3 Uhr. Ohne Eintritt kommt man in diesen riesigen Club- und Barkomplex auf fünf Ebenen, gängige Tanzmusik.
The Liquid Room: 9 c Victoria St., tgl. 22.30–3 Uhr. Häufige Live Acts in den beiden unterirdischen Räumen, Themenabende wie die Indie-Nacht Evol am Freitag sind Dauerrenner der Edinburgher Clubszene, bekannte DJs, Schwerpunkt House.
Opium: 71 Cowgate, tgl. 20–3 Uhr, kein Eintritt. Die düster gestylte Rockdisko lädt ein zu Grunge-, Rock- und Indie-Clubabenden.

Veranstaltungshinweise: www.eventful-edinburgh.com und www.edinburgh.org/events.
Tickets: Für die größeren Veranstaltungen Ticketline Tel. 0870/748 900, Mo–Sa 10–20, So 11–18 Uhr. Auch das Tourist Office (s. S. 125) verkauft Veranstaltungstickets. U-Musik Events bei Ripping Music (s. S. 128).

Kinos

Mehrere kommerzielle Multiscreen-Häuser an der Lothian Road.
Dominion: 18 Newbattle Terrace, Morningside, Tel. 0131/447 4771, www.dominioncinemas.net. Über der Café-Bar befindet sich ein kultiges Art déco-Programmkino von 1938.
Filmhouse: 88 Lothian Rd., Tel. 0131/228 2688, www.filmhousecinema.com. Hauptaufführungsort von mehreren cineastischen Festivals, Retrospektiven, Klassiker- und Dokumentarfilmschaus, jeden 2. So im Monat Film-Quiznacht in der angesagten Café-Bar, in der sich auch sonst Filmschaffende und -kenner treffen: eine Oase der Filmkunst.

Traverse Theatre: Das Stammensemble des Theaters sowie Gastensembles bringen avantgardistische Stücke auf die Bühne. Mit dem blue bar café (s. S. 127) und dem Gourmetrestaurant Atrium sowie einer angesagten Café-Bar – Treffpunkt während des Festivals – hat der postmoderne Komplex auch sonst viel zu bieten (10 Cambridge St., Tel. 0131/228 1404, www.traverse.co.uk).

Konzerte und Livemusik

Bannerman's: 212 Cowgate, Mo–Sa 12–1, So 12.30–1 Uhr. Verwinkelter historischer Pub in Gewölben unterhalb der South Bridge, Studenten und Rucksacktouristen, jeden Abend außer Do Livemusik, hauptsächlich Rock, Folk und Indie.
Queen's Hall: Clerk Street, Tel. 0131/668 2019, www.queenshalledinburgh.co.uk. Die ehemalige georgianische Kirche mit hohem

Die Alternative zu Pub- oder Theater-Besuch: ein Spaziergang auf den Calton Hill

Turm ist das Hauptquartier für Livemusik in Edinburgh, Scottish Chamber Orchestra, klassische aber auch Pop-, Blues-, Folk- und vor allem Jazzkonzerte.

Royal Oak: 1 Infirmary St., Mo–Fr 9–2, Sa 11.30–2, So 12.30–2 Uhr. Ab ca. 21.30 Uhr sowie So nachmittags Folkbands.

Musical, Revue und Kabarett

Edinburgh Playhouse: 18–22 Greenside Row, Tel. 0870/606 3424, www.getlive.co.uk. Edwardianisches Auditorium für große Musicals, Opern, Popkonzerte.

The Stand: 5 York Pl., Tel. 0131/558 7272, www.thestand.co.uk. *Der* Ort für Comedy.

Usher Hall: Lothian Road, Tel. 0131/228 1155, www.usherhall.co.uk. Frisch renovierte edwardianische Konzerthalle für große Jazz-, Pop- und Klassikkonzerte, z. B. des Royal Scottish National Orchestra.

Theater und Tanz

Dance Base – The National Centre for Dance: 14–16 Grassmarket, Tel. 0131/225 5525, www.dancebase.co.uk. Tanzzentrum vom traditionellen Highland-Tanz bis zu experimenteller Tanzkunst in einem hellen Gebäude von 2001.

Edinburgh International Festival, Festival Fringe und Military Tattoo

Im August steigen die Höhepunkte von Edinburghs ohnehin gespicktem Festivalkalender. Die Stadt vibriert und platzt aus allen Nähten, wenn die Weltstars der Opern- und Theaterhäuser nach Schottland kommen und Komödianten und Avantgarde-Ensembles die Stadt in eine einzige Bühne verwandeln.

Nach bescheidenen Anfängen im Jahr 1947 hat sich das Edinburgh International Festival of Music and Drama zum größten Kunstspektakel der Welt gemausert. In den großen Auditorien wie dem Festival Theatre oder der Usher Hall geben sich die Großen der Bühnenkunst ein Stelldichein: die renommierten nationalen Institutionen Scottish Opera, Royal Scottish National Orchestra, Scottish Chamber Orchestra und Scottish Ballet; internationale Schauspiel-, Ballett- und Opernensembles wie das Dubliner Abbey Theatre oder die Mark Morris Dance Group; Stars wie Ute Lemper oder Peter Zadek; die Namensliste der Dichter und Schriftsteller, deren Werke zur Aufführung kommen, reicht von William Shakespeare bis zu Peter Handke. Höhepunkte des Programms von 2005 waren Wagners ›Tristan und Isolde‹ mit Christine Brewer und Christian Franz oder Tschaikowskijs ›Schwanensee‹ in einer Inszenierung des Niederländischen Nationalballetts.

Ursprünglich ein spontanes, alternatives Straßentheaterfest, hat sich auch das Festival Fringe (*fringe* = Rand, Franse) längst institutionalisiert. Über 1500 Produktionen aus aller Welt buhlen mit frechen, originellen, witzigen oder provokanten Werbegags um die Gunst des Publikums. Edinburghs Einwohnerzahl verdoppelt sich zu Festivalzeiten: 400 000 Karten wurden für das International Festival, über 1 Mio. für die Fringe-Events verkauft. Laien und Profis, Schmierenkomödianten und Experimentalakteure, Jongleure, Pantomimen, Tänzer und Gaukler nutzen jeden Kirchhof, jeden Clubraum, jede Schule und jeden Winkel für Darbietungen. Besonders vor der National Gallery geht das Treiben bis spät in die Nacht.

Die etwa zeitgleichen Veranstaltungen des Film- und zweijährlichen Buchfestivals sowie zahllose Ausstellungen komplettieren das Kulturmenü. Es versteht sich, dass Unterkünfte auf Monate, die guten Restaurants auf Tage im Voraus ausgebucht und Taxis nur unter Aufbietung aller Kräfte zu bekommen sind. Spätestens im Mai sind die Karten für die Hauptveranstaltungen und das Military Tattoo ausverkauft. Busy ist die Stadt in dieser Hoch-Zeit, noch quirliger, weltoffener, elektrisierender als sonst.

Im Jahr 1950 fand erstmalig, als Beitrag der britischen Armee in Schottland zum Edinburgh Festival, das Edinburgh Military Tattoo statt. Tattoo hat nichts mit hipper Hautpiekserei zu tun. Es bedeutet ›abendliche militärische Musikparade‹ und soll eine Verballhornung des niederländischen Gastwirtsrufs *Doe den tap toe,* ›Zapfenstreich‹, sein, mit dem einst Bierhähne abgedreht und Soldaten in die Kaserne zurückbeordert wurden. Etwa 200 000 Besucher, viele davon aus Übersee, nehmen jährlich auf den Tribünen der Esplanade Platz und bewundern das militärisch-musikalische Massenspektakel vor der effektvoll angestrahlten Bastionenstaffel von

Thema

Edinburgh Castle. 50 Mio. verfolgen es vor den Fernsehern der Welt. Jedes Jahr steht die Darbietung unter einem anderen Motto. Tanzformationen, Musikkapellen aus aller Welt – und auch schon mal Elefanten und Kamele – nehmen neben ›echten‹ Schotten teil.

Den tiefsten Eindruck machen die Dudelsackkapellen mit ihrer getragenen, unter die Haut gehenden Musik, die *massed pipes and drums* der schottischen Regimenter wie der Royal Scots Dragoon Guards. Sie kämpften im Golfkrieg, spielten mit Mike Oldfield und haben einen prominenten Oberst: die Königin. Warm anziehen heißt die Parole, denn noch nie wurde eine Veranstaltung des Tattoo abgesagt. Bei widrigen Wetterverhältnissen, wie sie selbst Ende August nicht selten vorkommen, wird auch vom Publikum militärisches Durchhalten gefordert. Wenn zum Abschied der Choral ›The Lord is my Shepherd‹ (Der Herr ist mein Hirte) und die schottische Nationalhymne ›For Auld Lang Syne‹ (Um der alten Zeiten willen) erklingen, singt alles mit und reicht sich über Kreuz die Hände. Wer keine Karten bekommen hat, kann am Straßenrand des Castle Hill den eindrucksvollen Auszug der schottenberockten Dudelsackkapellen bewundern. Nach mäßigem Gedränge verläuft sich die Masse der Abschiednehmenden um St. Giles herum.

Beim Edinburgh Fringe Festival kann jeder Ort zur Bühne werden

Edinburgh Festival Theatre: Tel. 0131/529 6000, www.eft.co.uk. Edwardianisches Empire Theater von 1928 mit einer Glasfassade des Architekten Colin Ross (1994), größte und technisch flexibelste Bühne Großbritanniens, hier gastieren die bedeutendsten Gastensembles des internationalen Theaters.
King's Theatre: 2 Leven St., Tel. 0131/529 6000, www.eft.co.uk. Neobarockes Theater mit Rundlogen, Putten und Karyatiden, hier gastieren hochrangige ausländische Ensembles, eher Altbewährtes als Experimentelles.
Royal Lyceum Theatre Company: 30 b Grindlay St., off Lothian Road, Tel. 0131/248 4848, www.lyceum.org. Viktorianisches Theater von 1883 hinter einer Tempelfassade, klassische Stücke.

Feste und Veranstaltungen
Edinburgh Hogmanay: Neujahr (s. S. 49).
Six Nations Rugby: Feb. (s. S. 48).
Ceilidh Culture: Mitte März–Mitte April, Tel. 0131/228 1155, www.ceilidhculture.co.uk. Festival der keltischen Kultur und Musik.
Edinburgh International Science Festival: Anfang April, 10 Tage, Tel. 0131/558 7666, www.sciencefestival.co.uk. Konzerte, Workshops etc. Großbritanniens größtes Wissenschaftsfest, Extra-Programm für Kinder.
Beltane Fire Festival: Nacht auf den 1. Mai (s. S. 122).
Childrens' International Theatre Festival: letzte Maiwoche, 45 a George St., Tel. 0131/ 225 8050, www.imaginate.org.uk. Großbritanniens größtes Theaterfestival für Kinder, Hauptquartier Traverse Theater (s. S. 130).
Royal Highland Agricultural Show: Juni (s. S. 53).
Pride Scotia: letzter Samstag im Juni, 58 a Broughton St., Tel. 0131/556 9471, www.pride-scotia.org. Schottlands großes Fest für Schwule, Lesben, Bisexuelle und Transgenders, an geraden Jahren in Glasgow, an ungeraden in Edinburgh, Parade.
International Jazz and Blues Festival: Ende Juli/Anfang Aug., www.jazzfest.co.uk.
Edinburgh International Festival: 3 Wochen Mitte Aug./Anfang Sept., Karten ab 17. März bei: The Hub, Castlehill, Edinburgh EH1 2NE, Box Office Tel. 0131/473 2000, www.eif.co.uk.
Edinburgh Festival Fringe: 3 Wochen Anfang–Ende Aug., Programm ab 10. Juni: 180 High St., Tel. 0131/226 0026, Fax 0131/ 226 0016, www.edfringe.com (s. S. 132f.).
Military Tattoo: 3 Wochen im Aug., Karten mit Kreditkarte brieflich und per Fax ab 1. Dez. des Vorjahres, online und telefonisch ab 15. Dez., Abendkasse Tattoo Office ab 1. März Mo–Fr 10–16.30 Uhr, 32 Market St., Edinburgh EH1 1QB, Tel. 08707/555 1188, Fax 0131/225 8627, www.edintattoo.co.uk.
International Film Festival: 2 Wochen in der 2. Augusthälfte. Schottlands Hauptfilmfest, www.edfilmfest.org.uk, Hauptquartier: Filmhouse (s. S. 130).
Edinburgh Book Festival: 2. Augusthälfte, Hauptort Charlotte Square, www.edbookfest.co.uk. Lesungen.
Weihnachten: www.capitalchristmas.co.uk. u. a. Riesenrad neben dem Scott Monument (Edinburgh Wheel), Schlittschuharena (Winter Wonderland) und Weihnachtsmarkt in Princes Gardens.

Stadtführungen zu Fuß: Literary Pub Tour, Beginn an der Bar des Beehive Inn, Grassmarket, Mai–Sept. tgl., Okt., März, April Do–So, Nov.–Feb. Fr 19.30 Uhr, Tel. 08001/697 410, www.edinburghliterarypubtour.co.uk. Schauspieler führen durch Höfe und Pubs mit literarischen Konnotationen.
Gruselführungen: City of the Dead, Treffpunkt: vor St. Giles' Cathedral, High Street, Tel. 0131/225 9044, tgl. April–Okt. 20.30, 21.15, 22, Nov.–März 19.30, 20.30 Uhr; richtig gruselig, Schwerpunkt auf dem sonst abgeschlossenen Bereich des Greyfriars-Friedhof. Mercat Tours, Niddry Street South, Tel. 0131/557 6464, www.mercattours.com, Treffpunkt: am Mercat Cross, High Street, ›Vaults Tour‹ tgl. 14, 16, April–Sept. auch 12, 15 Uhr, u. a. Führung in die Gewölbe unter der South Bridge, in die man sonst nicht kommt, historisch verbriefter Horror.

Climbing: Adventure Centre Ratho, South Platt Hill, Ratho, Newbridge, Tel. 0131/333

6333, www.adventurescotland.com. Brandneues Abenteuersport-Zentrum, im National Rock Climbing Centre können Anfänger und Koryphäen an der weltgrößten überdachten Kletterwand kraxeln.

Golf: Ohne Mitgliedschaft und Handikap-Zertifikat auf sechs städtischen Plätzen, z. B. Braid Hills, Carrick Knowe, Craigentinny, Buchung: Edinburgh Leisure, 54 Nicolson St., Tel. 0131/650 1001, www.edinburghleisure.co.uk. Anfänger kostenlos. Pitch & Putt in Bruntsfield Links.

Radfahren: Dank der Lobbyarbeit von Spokes (www.spokes.org.uk) ist Edinburgh eine recht fahrradfreundliche Stadt. Alle Radrouten sind in der ›Edinburgh City Bike Map‹ (4,95 £) enthalten, die in allen Fahrradshops erhältlich ist. Man darf z. B. auf den Busspuren radeln.

Schwimmen: Leith Waterworld, 377 Easter Rd., Tel. 0131/555 6000, Sommerferien tgl., sonst Fr–So 10–17 Uhr. Familien-Spaßbad mit Whirl-Ecken, Wellenmaschine, Strömungskanälen, Aquagymnastik, Babystrand.

Skifahren: Midlothian Snowsports Centre, Biggar Rd. (10 km südl. an der A 702), Hillend, Tel. 0131/445 4433, http://ski.midlothian.gov.uk, tgl. 9.30–21 Uhr. Europas längste (400 m) künstliche Skipiste mit Babypiste und Springmöglichkeit,

Wandern: Arthur's Seat (s. S. 107), Water of Leith Walkway (s. S. 122), auch für Radfahrer ausgebaut.

Wellness: One Spa, im Sheraton Hotel, 8 Conference Sq., Tel. 0131/221 7777, www.one-spa.com, Mo–Fr 6.30–22 Uhr, auch für Nicht-Hotelgäste; Schwimmbad, Außenpool über den Dächern des Platzes, Whirlpool, Fitnessstudio, Dampfsuite, diverse Behandlungen in fernöstlichem Stil (halber Tag 145 £). Edinburgh Floatarium, 29 North West Circus Pl., Tel. 0131/225 3350, Mo–Fr 9–20, Sa 9–18, So 9.30–16 Uhr; am Beginn des In-Viertels Stockbridge, für 27 £ kann man sich in Salzwassertanks treiben lassen; jede Menge Schönheits- und Gesundheitsapplikationen.

Murder & Mystery Tour: In Edinburgh boomen die Gruseltouren. Diese Tour durch die Altstadt ist ein Klassiker – geistreich, informativ und ein bisschen sarkastisch (Witchery Tours, 84 Victoria St., Tel. 0131/225 6745, www.witcherytours.com, Beginn: vor dem Restaurant The Witchery, Castlehill, Royal Mile, unbedingt reservieren!).

Flugzeug: s. a. S. 80f. Doppeldecker-Flughafenbusse Airlink rund um die Uhr alle 10–15 Min., nachts alle 30–60 Min. zur City, direkt vor dem Haupteingang (einfach Erw. 3, Kind 2 £, hin und zurück Erw. 5, Kind 3 £). Fahrtdauer 25 Min. Taxi ca. 15 £.

Bahn: Hauptbahnhof Waverley Station in der City, Info-Stand, Zuginfo: Tel. 08457/48 49 50, www.thetrainline.co.uk. Züge von Scotrail in alle größeren Städte, als Shuttle alle 15 Min. nach Glasgow (www.scotrail.co.uk).

Bus: Supermoderner Busbahnhof St. Andrew Square Bus Station, sehr zentral. Scottish Citylink für Überlandverbindungen, z. B. nach Inverness, Glasgow und Fort William (Tel. 08705/50 50 50, www.citylink.co.uk). Lothian Buses für Busse in der Stadt und East Lothian (Travelshop: 27 Hanover St., Tel. 0131/555 6363, www.lothianbuses.co.uk, Mo–Sa 8.30–18 Uhr). Einfache Fahrt bzw. Tagesticket (uneingeschränkte Benutzung aller Busse): Erw. 0,80 £ bzw. 2,30, Kind 0,50 bzw. 2 £.

Taxi: 4-km-Fahrt durchs Zentrum z. B. 5 £. Taxistände: Waverley Station, vor den großen Hotels. City Cabs, Tel. 0131/228 1211.

Mietwagen: Arnold Clark, 1–13 Lochrin Pl., Tollcross, Tel. 0131/228 4747, www.arnoldclark.co.uk, kleines Auto ca. 20 £/Tag.

Fahrradverleih: Edinburgh Cycle Hire, 29 Blackfriars St., Tel. 0131/556 5560, www.cyclescotland.co.uk, 10–15 £, Reparaturservice, Stadttouren, Ausflüge.

Stadtrundfahrten: Lothian Buses (s. o.) bieten mehrere Stadtrundfahrten in oben offenen Doppeldeckerbussen an; Beginn Waverley Bridge, 24 Std. im *Hop on hop off*-Service gültig. Tickets kann man beim Fahrer erwerben: Erw. 8,50, Kind 2,50 (unter 5 Jahren kostenlos), Familie 19,50 £.

Die Lothians

Karte S. 139

In der ländlichen Küstenregion East Lothian im Osten und Süden von Edinburgh können Sie kunsthistorische Sehenswürdigkeiten besuchen wie das Herrenhaus Lennoxlove, aber auch gemütliche Seebadeorte und Golfplätze. Reich an Kontrasten ist West Lothian: hier der alte Königspalast von Linlithgow, dort die modernen Forth Bridges.

Route: Entlang der Küste von East Lothian

Reiseatlas: S. 10, D/E 4, S. 14, D/E 1

East Lothian Coastal Trail

In **Musselburgh** mit seinen berühmten Golfplätzen beginnt die ausgeschilderte, 50 km lange Küstenroute des East Lothian Coastal Trail, die mit schönen Ausblicken auf den Firth of Forth bis Dunbar verläuft. Um den Seebadeort **Gullane** erstrecken sich kilometerlange, dünengesäumte Sandstrände. Nach Gullane, besonders auf den traditionsreichen Muirfield Course, strömen Golfer aus aller Welt.

Im alten Ortszentrum des englisch anmutenden **Dirleton** wachsen die mächtigen Ruinen der Burg, deren älteste Teile bis ins 13. Jh. zurückreichen, gleichsam aus dem Fels heraus. Von den Gärten mit einem runden Taubenschlag schweift der Blick über eine weite, friedliche Felderlandschaft (tgl. April–Sept. 9.30–18.30, Okt.–März bis 16.30 Uhr).

Tourist Information: Old Craighall, Granada Service Station, Musselburgh, off A 1, Tel. 0131/653 6172, Mo–Fr 9–17, im Sommer länger und Sa, So 10–13 Uhr.

Open Arms Hotel: zwischen Dirleton und North Berwick, Tel. 01620/850 241, Fax 01620/850 570, www.openarmshotel.com. Gediegenes Hotel im rustikal-edlen Country House-Stil. DZ 100–120 £.

Alle 19 Golfplätze mit Infos findet man unter www.golfeastlothian.com.

Musselburgh Links, Old Course: Tel. 0131/665 5438. 9-Loch-Platz, der älteste noch bespielte Golfplatz der Welt.

Musselburgh Golf Club: Monktonhall, Tel. 0131/665 2005. 18-Loch-Platz.

Muirfield: Gullane, Tel. 01620/842 123. Meisterschaftsgolfplatz.

John Muir Way: Ausgeschilderter Küstenwanderweg von 18 km, vom Fisherow Harbour in Musselburgh bis Aberlady; Broschüren im Tourist Office.

North Berwick

Die Attraktion des netten, teils viktorianischen Seebadeorts North Berwick sind weder die Sandstrände noch der Yachthafen, sondern das mit modernster Technik ausgestattete **Scottish Seabird Centre.** Das preisgekrönte Multimedia-Besucherzentrum mit Filmen, Power-Fernglas und Kameras begeistert die ganze Familie und ermöglicht es, die 400 000 Seevögel auf dem aus Naturschutzgründen nicht zugänglichen Bass Rock Auge in Auge zu beobachten (April–Okt. tgl. 10–18, Nov.–Jan. Mo–Fr 10–16, Sa/So bis 17.30, Feb./März Mo–Fr 10–17, Sa/So bis 17.30 Uhr). Eines der zwölf Weltwunder des Tierlebens hat David Attenborough den Brutfelsen für Papageitaucher, Kormorane, Eissturmvögel, Eiderenten und vor allem die hiernach benannten Basstölpel *(Morus bassana)* genannt. Im späten Januar treffen die Basstölpel ein, ab März legen sie ihre Eier, von Mai bis Juli füttern sie die Jungen.

Den vulkanischen Zuckerhut des 182 m hohen **Berwick Law** vor den Toren der Stadt sieht man schon von Arthur's Seat aus der flachen Küstenplatte aufragen – ein weiter Rundblick lohnt die etwas Puste kostende, aber nicht schwierige Besteigung (ca. 1 Std., ausgeschildert von der Law Road, die von der High Street abgeht).

Tourist Information: 1 Quality St., Tel. 01620/892 197, www.north-berwick.co.uk, Mo–Sa 9–17, im Sommer länger und auch So 11–18 Uhr.

Fenton Barns Arts & Crafts Gallery: tgl. 10–17 Uhr. Zahlreiche Künstler und Kunsthandwerker verkaufen und arbeiten in diesen historischen Gebäuden.

Bootsausflüge zum Bass Rock – ohne Landung – werden April–Sept. vom Hafen aus angeboten.

Tantallon Castle

Über der zunehmend schroffen Felsküste thront die sandsteinrote, noch immer wehrhaft wirkende Ruine von Tantallon Castle, die einst dem berühmten Archibald Douglas gehörte. Er wurde auch *Bell the Cat* genannt, weil er dafür gesorgt hatte, dass der ›Katze‹ Cochrane, einem niedrig geborenen Günstling König James' III., der dem Hochadel ein Dorn im Auge war, ›die Glocke umgehängt‹ *(to tie a bell round the neck)* wurde, was nichts anderes heißt, als dass man ihn hängte. Von den schwindelnd hohen Wehrgängen blickt man auf die Steilküste mit ihren kleinen Buchten und auf den Bass Rock mit seinem seit 1988 verlassenen weißen Leuchtturm (April–Sept. tgl. 9.30–18.30, Okt.–März Mo–Mi, Sa 9.30–16.30, So 14–16.30 Uhr).

Dunbar

Eine typisch britische Kleinstadtatmosphäre herrscht in diesem Freizeit- und Wassersportzentrum. Am schönsten ist Dunbar an seinen Häfen: An den **Old Harbour,** 1650 von Oliver Cromwell angelegt, schließt sich im Nordwesten der **New Harbour** aus dem 19. Jh. an. Hier liegen ehemalige Fischkutter vor Anker, die für Angel- und Bootsausflüge gechartert werden können. Zwischen den beiden Festungsruinen im Westen des auch Victoria Harbour genannten Hafens hat sich das Meer seinen Durchlass durch die verwitterten Sandsteinfelsen erzwungen; noch mehr kleine Boote ankern in dieser Bucht. Vom Hafen führt ein 3 km langer Wanderweg auf der Höhe der Klippen in die sandige Bucht von Belhaven. Man kann den markierten Küstenpfad, den John Muir Way, noch mehrere Kilometer bis Cockburnspath weiterwandern.

Tourist Information: 143a High St., Tel. 01368/863 353, www.dunbar.org.uk, Mo–Fr 9–17, im Sommer länger und auch Sa sowie So 11–16 Uhr.

Mit der Autorin unterwegs

Sehenswert

Im **Scottish Seabird Centre** können Sie auf neueste Technik zurückgreifen, um die Seevögel auf Bass Rock zu beobachten (s. S. 136f.). Eindrucksvoll erhebt sich die Ruine des mittelalterlichen **Tantallon Castle** auf Klippen (s. links). Kommen Sie in **Rosslyn Chapel** finsteren Geheimnissen auf die Spur (s. S. 139). **Dunfermline Abbey,** eine der schönsten normannischen Kirchen Schottlands, birgt das Grab von Robert the Bruce (s. S. 141f.). Als Maria Stuart in **Linlithgow Palace** geboren wurde, war der Renaissancebau noch eine königliche Residenz (s. S. 142). **Hopetoun House** mit Blick auf die berühmten Forth Bridges ist ein standesgemäßer Sitz für eine Familie des Hochadels (s. S. 143).

Aktivitäten

Klippenwanderung von Dunbar: 3 km oder länger läuft man direkt an den Klippen entlang (s. S. 137). **Falkirk Wheel:** Neueste Technik erlaubt einen ›Bootsritt‹ durch das

Creel: 25 Lamer St., Tel. 01368/822 100, Di–So 12–14.30, 18–21.30 Uhr. Altes Steingebäude mit dunklem Holz und Nautischem, gefüllt von Stammgästen, moderne, leichte Landküche. Steak 11 £.

Belhaven Smokehouse: Beltonford, West Barns, Mo–Sa 10–13, 14–18 Uhr. Räucherhaus und Verkauf von Lachs und Forelle und geräuchertem Käse.

Dunbar Leisure Pool: Castle Park, tgl. 10–20 Uhr. Eines der modernsten Spaßbäder Schottlands mit Strom- und Wellenanlage, Whirlbetten, Sauna, sanft abfallendem Strand und spektakulärer Lage über dem Old Harbour, tolle Blicke vom Café.

Lammermuir Hills

Reiseatlas: S. 14, D/E 1
Im Hinterland liegt die bei Wanderern beliebte, noch fast unberührte Heideödnis der Lammermuir Hills. Über Zugänge auf den nicht einmal 600 m hohen, aber 26 km langen Bergrücken informieren die lokalen Touristenbüros.

Am Fuß der Berge knirschen die wassergetriebenen Mühlräder der **Preston Mill** im getreidelosen Demobetrieb (April–Sept. Do–Mo 12–17 Uhr). Das ulkig-pittoreske Gebäudeensemble aus dem 16. Jh. mit seinem roten Zipfelmützendach wirkt wie ein ›schiefes‹ Frank-Gehry-Haus. An der Rezeption mit einem Schlüssel ausgestattet, kommt der Besucher nach fünfminütigem Spaziergang zum Fantasie-Taubenschlag – Vorsicht, der bullige Stumpf mit seinem Schrägdach ist ›bewohnt‹! Die gut 500 Tauben müssen allerdings nicht mehr wie zu Maria Stuarts Zeiten fürchten, in den Kochtopf zu wandern.

Die Ruinen des mittelalterlichen **Hailes Castle** mit ihrem integrierten Taubenschlag erheben sich fotogen in einer pastoralen Wiesenidylle über dem träge dahinfließenden Tyne (jederzeit zugänglich). Als Maria Stuart und Bothwell 1567 hier übernachteten, hatten sie noch Dächer über den Köpfen.

Eine beliebte Familienattraktion ist das **Museum of Flight** (März–Okt. tgl. 10–17, Nov.–März Sa/So 10–16 Uhr, Tel. 0870/421 4299, www.nms.ac.uk). 40 Flugzeuge von der Messerschmitt Komet bis zur Concorde sind ausgestellt. Um an Bord des ausgemusterten Überschallflugzeugs zu kommen, sollte man vorbuchen. Im Aviator-Café in einer Nissenhütte werden ausgezeichnete selbst gebackene Kuchen und kleine Snacks serviert.

Haddington

In Haddington, dem Hauptort von East Lothian geht es behäbig ländlich zu. An der baumgesäumten Court Street stehen historische Gebäude vom 17. bis 19. Jh., die Schokoladenseite aber ist das Ensemble aus Tyne-Ufer, der dreibogigen Fußgängerbrücke **Nungate Bridge** und der gotischen **St. Mary's Collegiate Church** mit Friedhof. Schottlands größte Pfarrkirche besitzt zwei Fenster des Präraffaeliten Burne-Jones im südlichen Quer- und Seitenschiff (Ostern, Mai–Sept. Mo–Sa 11–16, So 14–16.30 Uhr).

Maitlandfield House Hotel: 24 Sidegate, Tel. 01620/826 513, Fax 01620/826 713, www.maitlandfieldhouse.co.uk. Zum Teil edwardianisches Landgasthaus der traditionellen Art. DZ 90 £.

The Waterside: 1–5 Waterside, Tel. 01620/825 674, Mo–Sa 11.30–14, 18.30–22, So 12.30-21 Uhr, Bistro Sa/So durchgängig. Unten Bistro, oben formelleres Restaurant, zeitgenössische Küche mit frischen Produkten, Blick auf die Enten und Schwäne auf dem Tyne. Hauptgericht ca. 9 £ im Bistro, 17 £ im Restaurant.

Lennoxlove House

Inmitten eines feudalen Parks residiert der mittlerweile 15. Herzog von Hamilton auf seinem Stammsitz Lennoxlove House, einem Tower House des 14. Jh. mit Anbauten aus dem 17. Jh. Den ausgefallenen Namen verdankt es einer extravaganten Frau, der gefeierten Schönheit Frances Teresa Stewart, Herzogin von Lennox, die ihr Vermögen dem verarmten Vetter Alexander Lord Blantyre vermachte – unter der Bedingung, das Anwesen hinfort ›Lennox love to Blantyre‹ zu nennen. Auch Nelsons skandalöse Lady, deren Porträt von Angelika Kauffmann zu sehen ist, war eine Hamilton. Eine kleine Ausstellung zu Maria Stuart – das Haus gehörte einmal ihrem Staatsminister William Maitland – zeigt u. a. ihre Totenmaske und die berüchtigte Silberschatulle mit jenen umstrittenen, wohl gefälschten ›Kassettenbriefen‹, die ihre Beteiligung an der Ermordung Darnleys beweisen soll(t)en. In den formalen Gärten balanciert eine entzückende Statue eine Sonnenuhr auf ihrem Kopf, und wilde weiße Cadzow-Rinder, die einzigen ihrer Art, grasen unbehelligt auf der Weide – glaubt man der Legende, schmorten sie einst als Opfer in den Kesseln der Druiden (Ostern–Okt. Mi, Do, So 14–16.30 Uhr).

Borthwick Castle: Gorebridge, bei North Middleton, off A 7, Tel. 01875/820 514, Fax 821 702, borthwickcastle@hotmail.com. Luxus in einem Tower House von 1430, wo Maria Stuart 1567 – unfreiwillig – wohnte; Ritterromantik mit Four Poster-Betten und Restaurant im Gewölbe – ein Erlebnis. DZ ohne Frühstück 115–195 £.

Rosslyn Chapel

Geschützt unter einem Restaurierungs-Baldachin liegt Schottlands schmuckreichstes Gotteshaus, **Rosslyn Chapel.** An den portugiesischen Platereskenstil erinnert die vegetativ anmutende Dekorfülle der Kapelle, die eigentlich eine Kreuzkirche werden sollte. Nach dem Tod des Stifters und letzten Fürsten von Orkney 1486 reichte es aber nur noch zur Vollendung des Chors. Wände, Rippen und Gewölbe sind mit biblischen Szenen bedeckt – man beachte den Totentanz in der Lady's Chapel – und mit Blütenknospen. Für die kunstvoll verschlungene *Prentice Pillar* soll der Meister seinen Lehrling aus Künstlerneid erschlagen haben. Geheimnisvolle Legenden über Templer und Freimaurer ranken sich um das einzigartige Gebäude, auch soll der echte ›Stone of Destiny‹ in den Gewölben verborgen sein (Mo–Sa 10–17, So 12–16.45 Uhr). Dazu passt, dass im hiesigen Roslin Institute das Klonschaf Dolly geschaffen wurde.

Route: Durch West Lothian

South Queensferry und Umgebung

Zwischen zwei Giganten der modernen Technik, den Forth Bridges, duckt sich bescheiden der kompakte Ort **South Queensferry** 1. Die von historischen Gebäuden gesäumte High Street weist witzige zweistöckige Ladenreihen auf. In heidnische Zeiten geht das Ritual des *Burry Man* zurück, bei dem im August wäh-

rend der jährlichen *Ferry Fair* eine Puppe aus den Samenkapseln der Klette durch die Straßen getragen wird. Den Rest des Jahres über ist sie als Modell im stadtgeschichtlichen Museum zu sehen (53 High St., Mo, Do–Sa 10–13, 14.15–17, So 12–17 Uhr).

Vom Pier gegenüber dem Hawes Inn schippert die ›Maid of the Forth‹ zum Eiland **Inchcolm.** Um seine ausgezeichnet erhaltene Abtei aus dem 13.–15. Jh. mit dem seltenen oktogonalen Kapitelhaus schwimmen Seehunde, fliegen Papageitaucher (April–Sept. tgl. 9.30–18.30 Uhr).

Für kunstgeschichtlich Interessierte lohnt der Besuch der St. Cuthbert Church in **Dalmeny** 2 wenige Kilometer südlich. Die 1130 bis 1150 gebaute Pfarrkirche ist für ihren normannischen Bauschmuck berühmt, vor allem am Südportal: ineinander gestellte Rundbögen, Zickzackfriese, fantasievolle Monster- und Tierköpfe (April–Sept. So 14–16.30 Uhr oder nach Vereinbarung Tel. 0131/331 1479).

Orocco Pier: 17 High St., Tel. 0131/1298, Fax 0131/331 4731, www.oroccopier.co.uk. Frühere Postkutschenstation, die in ein Style Hotel umgebaut wurde, traumhaft die Lage zwischen den beiden Brücken und der Blick durch die großen Fenster, geschützte Terrasse zum Forth, in der Bar zeitgenössische Fusionküche. DZ ab 100 £.

Orocco Pier: s. o. In der Bar des Hotels wird beste zeitgenössische Fusionküche serviert. Hauptgericht ca. 18 £.
The Hawes Inn: 6 Newhalls Rd., Tel. 0131/331 1990, Essen tgl. 12–22 Uhr. Old-World-Gasthof neben der Eisenbahnbrücke, verewigt in den Romanen von Scott und Stevenson. Letzterer schrieb hier ›Kidnapped‹, Restaurant, Pub. Barfood ca. 5 £.

Die Eisenbahnbrücke über den Firth of Forth bei South Queensferry

Ausflüge zur Insel Inchcolm: Mehrere Überfahrten im Sommer mit der ›Maid of Forth‹, Tel. 0131/331 5000.

North Queensferry

3 Mit dem Ort am nördlichen Brückenkopf betreten wir den Süden der Halbinsel Fife. Schottlands Nationalaquarium **Deep Sea World** zeigt die faszinierende Unterwasserwelt der Region, Sand-Tigerhaie, Seepferdchen, Zitteraale u. v. m. Auch das Streichelbecken für Kinder kommt stets gut an (tgl. 10–17 Uhr).

An von alters her strategisch bedeutender Stelle schwingt sich die **Forth Bridges** mehr als eineinhalb Kilometer über den Meeresarm: die beiden eleganten hohen Türme der Auto-Hängebrücke von 1964, der fünftlängsten Europas, und die drei rostroten, lang gestreckten Rauten der 1890 fertig gestellten Forth Rail Bridge. Beim Bau der Eisenbahnbrücke, einem Meisterstück viktorianischer Ingenieurskunst, wurden 54 000 Tonnen Stahl und 6,5 Mio. Nieten verbaut, 57 Arbeiter ließen ihr Leben. Heute ist der Rostfraß ein millionenschweres Restaurierungsproblem. Nur von South nach North Queensferry müssen Autofahrer eine eher symbolische Maut von 72 p zahlen.

Tourist Information: Queensferry Lodge Hotel, Forth Bridge, Tel. 01383/410 000, tgl. 9–21 Uhr. Hier befindet sich auch die Forth Bridges Exhibition, eine Ausstellung zu den Brücken.

Dunfermline

4 Dunfermline war seit dem Mittelalter Königssitz, Handels- und Industriezentrum, vor allem für die Leinenweberei. Andrew Carnegie (1835–1919) machte eine amerikanische Traumkarriere vom Weberssohn zum millionenschweren Stahlbaron. Sein Geburtshaus, ein schlichtes Webercottage, ist heute ein Museum (Moodie Street, April–Okt. Mo–Sa 11–17, So 14–17 Uhr). Im Alter beglückte Carnegie die Menschheit mit etlichen Stiftungen, seine Geburtsstadt z. B. mit dem großzügigen **Pittencrieff Park,** in dem es Naturlehrpfade, Vogelhäuser und formale Gärten zu bewundern gibt.

Über diesem grünen Tal türmen sich die Baumassen der 1072 von Königin Margaret gegründeten **Abteikirche,** Grablege der schottischen Könige – von Malcolm Canmore (1070) bis zu den frühen Stuarts, sowie die Ruinen der Konventsgebäude und des königlichen Palasts. Neben Kirkwall Cathedral (s. S. 344) sind die bulligen Rundpfeiler des Hauptschiffs aus dem 12. Jh. mit dem typischen Zickzackdekor das Beeindruckendste, was die normannische Architektur in Schottland hervorgebracht hat. Der abgetrennte neugotische Chor, die heutige Pfarrkirche, zeigt schon mit den Lettern am Vierungsturm, wer hier – unter einer Marmorplatte mit Messingeinlagen – ruht: King Robert the Bruce. Als man die in mehrere Bleischichten gehüllten sterblichen Überreste des großen Mannes – der mit ca. 1,85 m seine Zeitgenossen auch rein körperlich überragte – 1818 wiederentdeckte, gab das dem schottischen Nationalstolz enormen Auftrieb. »Er wird wohl nicht mehr auferstehen, selbst wenn viele sich das heute wieder wünschen«, seufzt der *warden* (April–Sept. Mo–Sa 9.30–18.30, So 14–18.30, Okt.–März Mo–Mi, Sa 9.30–16.30, Do 9.30–12.30, So 14–16.30 Uhr).

Tourist Information: High Street, Tel. 01383/720 999, www.standrewsfife.com, Mo–Sa 9.30–17, im Sommer auch So 11–16 Uhr.

Davaar House: 126 Grieve St., Tel. 01383/721 886, Fax 01383/623 633. Kleines, viktorianisches Hotel, Bar mit roten Polstersesseln und Marmorkamin. DZ 85–90 £.

Davaar House: s. o. Sehr beliebtes Restaurant mit frischer Hausmannsküche auch für Nicht-Hausgäste. Hauptgericht 10–17 £.

Culross

5 Von den leicht ansteigenden, mit großen Kieseln gepflasterten Gassen von Culross (sprich: Kuhros) wirkt selbst die Industriekulisse der Ölraffinerien von Grangemouth auf dem gegenüberliegenden Forth-Ufer beinahe idyllisch. Der National Trust hat die kleinen, weiß oder pastellfarben verputzten Häuschen, die im 16./17. Jh. von durch Kohleabbau und Salzsiederei reich gewordenen Bürgern gebaut wurden, im Rahmen des vorbildlichen *Little Houses*-Projekts restauriert. Die Bewohner tragen mit liebevoll gepflegten Blumengärtchen zum pittoresken Gesamtbild dieses komplett erhaltenen königlichen Burgfleckens bei – nur eine solche Royal Burgh durfte den lukrativen Fernhandel betreiben.

Sehen Sie sich im ockergelben (Miniatur-) Palast die allegorischen Deckengemälde an, schlendern Sie durch die Ausstellung im Town House oder genießen Sie den Ausblick vom *Study*-Türmchen auf Marktplatz und Mercat Cross (April, Mai, Sept. tgl. 12.30–16.30, Juni–Aug. 10–17, Okt. Sa/So 12.30–16.30 Uhr). Oder steigen Sie zu den Abteiruinen und der Pfarrkirche hoch, in der der Palastbesitzer George Bruce, Prototyp eines Culrosser Handelsmagnaten unter James VI., sein Grabmal hat. Auf dem Friedhof stehen noch viele Bild-Grabsteine aus dem 18. Jh.

Falkirk Wheel und Rough Castle

Wagen Sie einen – gefahrlosen – ›Ritt‹ durch das **Falkirk Wheel** 6, das einzige rotierende Schiffshebewerk der Welt, ein hypermodernes, einer riesigen Schraube nicht unähnliches Technik-Wunderwerk. Als Herzstück des Millennium Link schafft es eine schiffbare Verbindung zwischen Union Canal sowie Forth and Clyde Canal und somit zwischen der schottischen Ost- und Westküste. Café und Souvenirladen besitzt die Familienattraktion natürlich auch (Lime Road, Tamfourhill, Falkirk, April–Okt. tgl. 9–18, Nov.–März 10–15 Uhr, Buchung: Tel. 08700/500 208).

Ein schöner Kontrast hierzu sind die sanften grünen Erdwälle von **Rough Castle** 7, zu denen sich ein Abstecher von Falkirk anbietet. Das besterhaltene Fort des Antoninuswalls, jenes Befestigungswerks gegen die wilden Nordschotten, das der römische Kaiser Antoninus Pius 141–145 ausführen ließ, liegt in völliger Abgeschiedenheit und ist jederzeit zugänglich.

Linlithgow

8 Über der attraktiven Altstadt und den Ufern eines Sees auf der anderen Seite erheben sich die rechteckigen, dachlosen hohen Mauern des ehemaligen **Königspalastes** aus rötlichem Sandstein. Schautafeln sollen dem Besucher helfen, sich das fröhlich-kultivierte Hofleben vorzustellen, das in dieser Lieblingsresidenz James' IV. und VI. und ihrer Königinnen Margaret Tudor und Maria von Guise (die hier Maria Stuart zur Welt brachte) im ›goldenen‹ schottischen Spätmittelalter herrschte. Ein Labyrinth von Wendeltreppen, Gängen, Kellern und Zimmerfluchten, leere Fensteröffnungen und zerfressene Relief- und Statuenreste lassen indes eine eher elegische Stimmung aufkommen. Den ange-

moosten, mit teils verwittertem Figurenschmuck bestückten Renaissancebrunnen im Innenhof ließ James V. 1530 errichten (April–Sept. tgl. 9.30–18.30, Okt.–März Mo–Sa 9.30–16.30, So 14–16.30 Uhr).

Lebhafter geht es in der von einem futuristischen modernen Aluminiumhut bekrönten **St. Michael's-Kirche** zu: Von weither reisen Brautpaare an, um sich unter den spätmittelalterlichen Gewölben und dem leuchtstarken Burne-Jones-Fenster das Jawort zu geben, der Bräutigam, wie das im bürgerlichen Schottland Usus ist, im Kilt (Okt.–März Mo–Fr 10.30–13, April–Sept. tgl. 10–16.30 Uhr).

i **Tourist Information:** Burgh Halls, The Cross, Falkirk, Tel. 01506/844 600, Ostern–Okt. tgl. 10–17 Uhr.

Thornton: Edinburgh Road, Tel. 01506/844 693, Fax 01506/844 876, www.thornton-scotland.co.uk. Die kleine viktorianische B & B-Pension ist der Inbegriff schottischer Gemütlichkeit, 2 Ensuite-Zimmer. DZ 56–60 £.

Viele Restaurants und Pubs an der High Street, z. B. **Livingston's Restaurant,** 52 High St., Tel. 01506/846 565, Di–Sa 12–14.30, 18–21.30 Uhr. In edel-rustikalem Cottage-Ambiente mit Wintergarten, einfallsreiche schottisch-französische Bistroküche. Menü 30 £.

The Four Marys: 65–76 Main St., Essen 12–15, 17–21 Uhr. Traditioneller Pub, gute Real Ales und Pub Grub, z. B. *Haggis, neeps and tatties.* Hauptgericht 5–8 £.

Ausflüge von Linlithgow

Von der späten Steinzeit bis in die Eisenzeit wurde **Cairnpapple Hill** 9 benutzt, eine der bedeutendsten prähistorischen Stätten Schottlands. Ein *Henge*-Monument, Löcher, mit menschlicher Asche gefüllt, und eine Grabkammer unter zentralem Cairn sind zu sehen (April–Sept. tgl. 9–18.30, Okt.–März bis 16.30 Uhr).

Fans von Nostalgie-Eisenbahnen lassen sich **Bo'ness** 10 nicht entgehen, denn von dem viktorianischen Bahnhof dort dampft die historische Bo'ness & Kinneil Steam Railway 6 km bis Birkhill (Union St., Ostern–Okt. nur Sa/So, Juli/Aug. tgl., Fahrplan: Tel. 01506/822 298, www.srps.org.uk).

Ausflüge auf der ›Victoria‹: Im Sommer werden verschiedene Ausflüge auf dem Edinburgh and Glasgow Union Canal angeboten; mit einem nachgebauten viktorianischen Dampfer geht es u. a. zum Falkirk Wheel (Start: Canal Basin, Manse Road, Linlithgow).

Blackness 11, früher der lebhafte Hafen Linlithgows, schläft heute am schönen Ufer des Forth einen Dornröschenschlaf. Die finstere Festung mit ihren schiffförmigen Wällen, im 15./16. Jh. errichtet und einst eine der vier bedeutendsten Schottlands, diente, wie der schaurige Kerker beweist, oft als Gefängnis (April–Sept. tgl. 9.30–18.30, Okt.–März Mo–Mi, Sa bis 16.30, Do 9.30–12.30, So 14–16.30 Uhr).

Hopetoun House

12 Die ausladende Barockfassade eines der stattlichsten schottischen Adelssitze ist ganz Anspruch – ein Anspruch, den die prunkvollen, von William Bruce und der Adam-Familie entworfenen Staatsgemächer, die standesgemäßen Porträts von Gainsborough und Ramsay oder das achteckige Prunktreppenhaus mit seinen witzigen modernen Fresken voll und ganz erfüllen. In einem kleinen Museum zeigen Zeichnungen von ›Eingeborenen‹ und Riesenmoskitos, wie die adligen Sprösslinge das Leben in den Kolonien sahen – der Marquess of Linlithgow war bis 1943 Vizekönig von Indien. Interesse verdienen auch die historischen Fotos zum Bau der Forth-Brücken, auf die man von der Aussichtsplattform auf dem Dach blickt. Wen die vielen abgeschlagenen Tigerköpfe nicht abschrecken, der kann nebenan im Café bei gutem *home baking* die Finanzen des derzeitigen Lords, der noch im Schloss wohnt, aufbessern helfen (Ostern–Sept. 10–17.30 Uhr).

Glasgow: Bell's Bridge und Clyde Auditorium

Kapitel 2

Glasgow und Umgebung

Auf einen Blick: Glasgow und Umgebung

Phönix aus der Asche

»Glasgow's Miles Better«, behauptet Schottlands größte Stadt. Tatsächlich hat Glasgow (600 000 Einw.) schon vor einigen Jahren sein Schmuddelimage abgestreift und sich zu einer vibrierenden Kulturmetropole gemausert. St. Mungo's Cathedral, die gründerzeitliche Merchant City und das Erbe von Charles Rennie Mackintosh sind allein eine Reise wert. Sehr zum Ärger der Rivalin Edinburgh, auf die der Wahlspruch zielte, wurde Glasgow 1990 zur Kulturhauptstadt Europas, 1999 zur Architektur- und Designhauptstadt Großbritanniens und 2003 zur europäischen Hauptstadt des Sports gekürt. Strahlt Edinburgh den Charme einer aristokratischen Schönen der georgianischen Zeit aus, so hat Glasgow etwas von einem lauten viktorianischen Neureichen: Lieb' mich, oder lass' es bleiben.

Charaktervoll, mit Ecken und Kanten, ist Glasgow eine Stadt krasser baulicher und sozialer Gegensätze, eine Stadt der Überraschungen: viktorianische Protzbauten neben tristen Betonblocks, Designerschick neben Armutselend, eine kosmopolitische City neben den *No-go-areas* der Vororte. Hier herrschen Hoffnungslosigkeit, Gewalt, Drogenmissbrauch, und die Arbeitslosenquote liegt bei annähernd 50 %.

Vor den Toren der Stadt

Von der Großstadt ist es nur ein Katzensprung in die grandiose Natur der Highlands, die am Loch Lomond beginnen. Der See und seine Umgebung ziehen noch mehr Besucher an, seit sie zusammen mit dem von Sir Walter Scott besungenen Trossachs-Gebiet zum ersten Nationalpark Schottlands erklärt wurden. Touren führen in das grandiose Labyrinth des Clyde-Ästuars mit seinen Meeresarmen und gebirgigen Inseln. Am Clyde-Ufer im Süden Glasgows erstreckt sich die sanfte Hügellandschaft der Lowlands. Viel Flair hat noch heute die viktorianische Sommerfrische Isle of Bute.

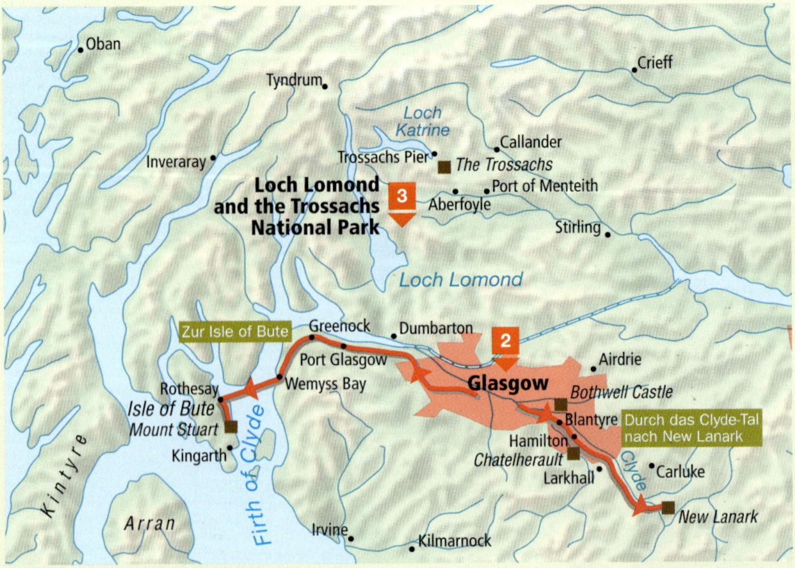

Highlights

2 **Glasgow:** Die Stadt übt eine seltsame Faszination aus, ob als Highlight eines Schottlandurlaubs oder als Ziel für eine Städtereise (s. S. 148ff.).

3 **Loch Lomond and the Trossachs National Park:** Eine der grandiosesten Berg-, Wald- und Seenlandschaften Schottlands (s. S. 167ff.).

Empfehlenswerte Routen

Zur Isle of Bute: *Doon the watter* – den Firth of Clyde hinunter zur viktorianischen Sommerfrische, der kleinen Insel Bute (s. S. 173).

Durch das Clyde-Tal nach New Lanark: Die Fahrt durch das landschaftlich reizvolle Tal führt zu einer Burg, einem Schloss und einer Modell-Arbeiterstadt (s. S. 174f.).

Reise- und Zeitplanung

Wer nur einen Tag – z. B. von Edinburgh aus – nach **Glasgow** fährt, wird sich einen groben Überblick verschaffen können. Um die kulturelle Vielfalt der Stadt und das attraktive Nachtleben genießen zu können, sollte man mindestens drei, besser vier Tage bleiben.

Zeit nehmen sollte man sich auch für Touren ins Umland. Für den **Loch Lomond and the Trossachs National Park** sollte man zwei Tage einplanen. Der Ausflug nach **Bute** dauert einen halben, der nach **New Lanark** einen ganzen Tag.

Reisezeit und Feste

Glasgow eignet sich vorzüglich für einen Städteurlaub mit dem Billigcarrier, möglichst außerhalb der sommerlichen Hochsaison. Januar lohnt sich wegen des Celtic Connections Festival, im Februar oder März teilt man die Stadt fast nur mit den *locals* und genießt erhebliche Preisvorteile bei der Übernachtung.

Verkehrsmittel

Die Altstadt und City von **Glasgow** sind recht kompakt und gut zu Fuß zu durchwandern.

Auf dem Weg zur Isle of Bute: der viktorianische Bahnhof von Wemyss Bay

Uni-Viertel, Clyde-Ufer und Burrell Collection z. B. liegen aber doch recht weit voneinander entfernt, so dass man das ausgezeichnete Verkehrsnetz benutzen wird: die orangefarbenen Doppeldeckerbusse, die Vorortzüge und die niedrigen Wabenwagen der U-Bahn, eine der ältesten der Welt (1891 begonnen, 1979 nach umfassender Modernisierung von der Queen wiedereröffnet).

In den **Trossachs** kann man gut Fahrrad fahren oder den Trossachs Trundler-Minibus benutzen (Mai–Anfang Oktober viermal täglich zwischen Stirling, Aberfoyle, Port of Menteith, Trossachs Pier und Callander). Zur **Isle of Bute** gelangt man mit dem Schiff, per Bahn oder Auto. Dank der Zugverbindung von Glasgow über Blantyre (2 km südlich von Bothwell Castle) und Hamilton (für Chatelherault) nach **New Lanark** kann man den Ausflug dorthin auch ohne Auto an einem Tag machen.

Richtig Reisen-Tipp

Kombinierte Dampfer-Rad-Tour um den Loch Katrine: eine einfache Halbtagestour in den den wald- und bergreichen Trossachs (s. S. 170).

2 Glasgow

Cityplan S. 152/152

Obwohl sich das Gerücht hartnäckig hält: Glasgow ist längst kein schäbiger Industriemoloch mehr, sondern eine spannende postindustrielle Kultur- und Designmetropole mit einer der dynamischsten Nightlife-Szenen Großbritanniens. Museumsbesuch, Shoppingtour, Spaziergang im Park – langweilig wird es in Glasgow nie.

Sich immer wieder neu zu erfinden ist vielleicht Glasgows fruchtbarstes Talent. Aus dem wirtschaftlichen Niedergang der Großindustrie ab 1970 erhob es sich mit Hightech-Unternehmen und einem Boom in Dienstleistung und Handel wie ein Phönix aus der Asche.

Das Goldene Zeitalter Glasgows lag im 18. und 19. Jh. Um 1750 kontrollierten die mächtigen *Tobacco Lords* einen Großteil des britischen Handels mit den nordamerikanischen Kolonien, Sklavenhandel inbegriffen. Die Leinenweberei blühte, immer mehr Menschen gerieten in den Bannkreis der Metropole. Das 19. Jh. war das Zeitalter des Stahls. Die Herzstücke der Produktion, Lokomotiven, Schiffe und Schiffsmaschinen, genossen Weltruhm. Glasgow avancierte zur zweiten Stadt des Empires nach London.

Immer mehr ungelernte Arbeiter aus den Highlands und vor allem aus dem katholischen Irland drängten sich auf der Suche nach Arbeitsplätzen in den Slums des Molochs Glasgow. In der Clyde-Schwerindustrie waren fast ausschließlich Männer beschäftigt, Kinder und Frauen arbeiteten in den Kohleminen und Baumwollspinnereien von Lanarkshire – für noch niedrigere Löhne als die Männer.

Einziger Lichtblick inmitten der Schinderei der Glasgower Arbeiter war und ist *soccer*. 1872 wurde der protestantische Fußballverein Glasgow Rangers mit den Vereinsfarben blau-weiß-rot gegründet, 1887 von irischen Emigranten der katholische Club Glasgow Celtic mit den Farben grün-weiß. Die beiden Traditionsmannschaften und ihre Anhänger liefern sich auch heute noch erbitterte, beinah rituell gewordene Schlachten.

East End: das alte Glasgow

St. Mungo's Cathedral und Nekropolis

Wo sich der spitz zulaufende Vierungsturm erhebt, vom Smog geschwärzt wie die ganze gotische **St. Mungo's Cathedral** 1, lag die Keimzelle Glasgows. Im 6. Jh. ließ der hl. Mungo alias Kentigern hier einen Vorgängerbau der heutigen, im 13. bis 15. Jh. entstandenen Kirche errichten. Bischof, Fisch und Ring des Stadtwappens erinnern an den Ursprung. Das gewaltige Langschiff, der düster-feierliche, nicht minder lange Chor, die mit Halbsäulenbündeln ummantelten Stützpfeiler und Fensterbögen sowie das hohe, offene Holzdach verleihen der Kathedrale ein einheitliches, rhythmisch gegliedertes Aussehen. In der stimmungsvollen dunklen Unterkirche unter dem Chor befindet sich das Grab des heiligen Stadt- und Kirchengründers, einst ein viel besuchtes Pilgerziel. Der lichte Blacader-Flügel, als Unterbau eines nie ausgeführten Querschiffs konzipiert, besitzt eine bemerkenswerte Zahl skulptierter, farbiger, spätgotischer Schlusssteine (April–Sept. Mo–Sa 9.30–18, So 14–17, Okt.–März bis 16 Uhr).

Die abgetretenen Grabsteine im Rasen vor der Kirche sind die Ouvertüre zur faszinierenden **Nekropolis** 2 auf dem Hügel dahinter, eine viktorianische Gräber-Großstadt für die Toten der Großstadt. Obelisken, keltische Kreuze, neoklassizistische Rundtempel, moosige Säulen und finstre Familiengrüfte künden von Geltungsdrang und eklektizistischem Geschmack des Glasgower Geldadels. Über einen barbusigen Engel hinweg schweift der Blick zu Hochhaustürmen, über Reihen grauer Grabsteine auf rauchende Fabrikschlote und bei gutem Wetter bis hin zu den fernen Berggipfeln um den Ben Lomond.

Rund um die Kathedrale

Das alte Viertel um St. Mungo herum ist ansprechend restauriert – oder im alten Stil nachgebaut wie das preisgekrönte **St. Mungo's Museum of Religious Life and Art** 3, das sich gleichberechtigt den sechs größten Religionsgemeinschaften der Welt widmet. Neben Zen-Garten, tanzendem Shiva, Ausstellung zur Religion in Schottland und nigerianischem Ahnenschrein bildet Dalís Gemälde ›Christ of St. John of the Cross‹ den Höhepunkt der Ausstellung (Mo–Do, Sa 10–17, Fr/So 11–17 Uhr).

Auf der anderen Straßenseite entging Glasgows ältestes Haus der Abbruchbirne: **Provand's Lordship** 4 von 1471, das etwas wahllos mit alten Möbeln vollgestopft wurde und nette Bilder aus den 1920er Jahren zeigt. Hinter dem Haus liegt ein kleiner Garten, wie im 17. Jh. gedeihen hier Heilpflanzen (Mo–Do, Sa 10–17, Fr/So 11–17 Uhr).

Gallowgate

Über die lärmige High Street gelangt man zum schlanken, vom Verkehr umbrandeten **Tolbooth Steeple** 5 aus dem 17. Jh., dem einzigen Überbleibsel des ehemaligen Rathauses, das bis zu den Zeiten von Königin Victoria das Zentrum Glasgows markierte.

Die kleinen, wenig feinen Geschäfte von Gallowgate stimmen auf die – schon wieder – sanierungsbedürftigen Neubaughettos und Sozialwohnungen im Osten der Stadt

Mit der Autorin unterwegs

Sehenswert

Grandios-gruselig erheben sich die grauen Totenpaläste der **Nekropolis,** Glasgows viktorianischer Friedhofsstadt, auf einem Hügel hinter der alten Kathedrale (s. links). *Mackintosh meets modern design:* **The Lighthouse** zeigt eine faszinierende Designausstellung in einem zeitgenössisch erweiterten Mackintosh-Gebäude, Turmausblick und Trendcafé inklusive (s. S. 151f.). Man darf gespannt sein auf die Neupräsentation der alle Wissens- und Kultursparten umfassenden Schätze des **Kelvingrove Museum,** im Mai 2006 soll es so weit sein (s. S. 159). Mit dem **Science Centre** präsentiert sich das Glasgow des 21. Jh. Das futuristische Wissenschaftsmuseum am Clyde-Ufer mit Aussichtsturm und IMAX-Theater macht auch Kindern Spaß (s. S. 160).

Ein besonderes Erlebnis

Feilschen im Barras: Samstags und sonntags erlebt man das alte Glasgow auf dem überdachten Flohmarkt und findet hier und da noch Schnäppchen (s. S. 150). **Shop til you drop:** Geld lassen in den Einkaufsparadiesen des eleganten Princess Square Shopping Centre und den topmodernen Buchanan Galleries (s. S. 150). **Kaffee trinken – oder besser Tee:** stilvoll im Willow Tea Room, einem originalgetreu nachgebauten Mackintosh-Café (s. S. 163). **Durch den Botanischen Garten flanieren:** Ein weitläufiger Park und die exotische Blumenwelt in den viktorianischen Gewächshäusern bieten Erholung von der Großstadthektik (s. S. 158). **Mit dem Wasserbus zu Clydebuilt:** Nicht nur Kinder lieben das Schiffsmuseum am Clyde-Ufer (s. S. 160).

Spartipps

Für 1,70 £ pro Tag kann man so oft **U-Bahn fahren,** wie man will. Das **Mackintosh Trail Ticket** für 12 £ erlaubt an einem Tag die freie Benutzung von U-Bahn und Bussen und gewährt Zutritt zu allen Mackintosh-Gebäuden (Infos: www.crmsociety.com).

…ton, Dalmarnock, Shettleston. Wo einst Slums der Glasgower Gründerzeit durch ›moderne‹ Betonklötze ersetzt wurden, mühen sich heute Städteplaner und Anwohner, die verrottenden Bausünden der 1960er zu beseitigen und die Vorstadttristesse zu mildern: Das gesamte East End war und ist eines der weltgrößten Sanierungsgebiete, Glasgow Eastern Area Renewal Scheme, kurz GEAR genannt.

Im **Barras** 6, Europas größtem überdachten Markt, mittlerweile eine Touristenattraktion, wird an Wochenenden verkauft, was billig oder bunt ist: Miederwaren, Elektrogeräte, CDs, Trödel, Taufkleider und Nippes. Hier weht noch ein Hauch vom alten Glasgow, von Proletariersolidarität und hemdsärmeligem Galgenhumor, für den die Glaswegians berühmt sind (Sa/So 9–17 Uhr).

Glasgow Green

In dem denkmalgeschmückten weitläufigen Park lohnt der Besuch des **People's Palace** 7. Der viktorianische Bau aus rotem Sandstein beherbergt das **People's Museum.** Liebevoll gemacht, zeichnet es mit Puppen und anderen Objekten die Geschichte der Stadt und ihrer Menschen nach (Mo–Do, Sa 10–17, Fr/So 11–17 Uhr). An das Museum lehnt sich die luftige Konstruktion eines hohen viktorianischen Gewächshauses aus Glas und Eisen, in dem ein beliebtes Café zum Verweilen zwischen exotischen Pflanzen einlädt.

Das bunte Gebäude am Rande des Parks ist **Templeton's Factory** 8, eine ehemalige Teppichfabrik, heute als Geschäftszentrum renoviert. Der Fabrikant Templeton ließ die reich verzierte *folly* (Zierbau) 1889 nach dem Vorbild des Dogenpalasts in Venedig errichten.

Auf dem anderen Clyde-Ufer, wo sich heute die Wohnblocks von Hutcheson Town erheben, lag einst der berühmt-berüchtigte Schandfleck Glasgows, die **Gorbals.** Jeff Torrington, selbst ein waschechtes Kind der Gorbals, hat sie in einem melancholisch-sarkastischen Roman verewigt (s. S. 75). Dank eines Sanierungsprojekts geht es in diesem Viertel nun stetig aufwärts.

Merchant City: das viktorianische Stadtzentrum

George Square und Umgebung

In den aufwändigen Repräsentationsbauten der Merchant City nahm das calvinistische Arbeitsethos des Glasgower Geldadels städtebauliche Gestalt an. Der großzügige, mit Denkmälern gespickte George Square bildet das hektisch schlagende Herz der Stadt und den Höhepunkt viktorianischer Architektur in Glasgow. Sir Walter auf hoher Säule überragt zahlreiche andere schottische Größen wie Robert Burns und sogar Queen Victoria samt Prinzgemahl.

Am Kopfende des Platzes präsidiert das gigantische, von einem Küppelchen- und Türmchenwald bekrönte Gebäudequadrat der **City Chambers** 9, deren Inneres Mosaikkuppeln und Prachttreppen einnehmen (Mo–Fr 9–16.30 Uhr, Führungen 10.30, 14.30 Uhr). Der eklektizistische Prachtbau gegenüber ist **Merchants' House** 10, die heutige Handelskammer. Zwei Merkurstatuen grüßen vom postmodernen **Italian Shopping Centre** 11 gegenüber dem pseudoantiken Triumphbogen an der Seitenfront der City Chambers. Page & Park bauten es 1988. Der römische Gott des Handels und der Diebe hat gut lachen in dem feinen Konsumtempel mit offenem Innenhof, wo Bars, Restaurants und Nobelboutiquen von Armani bis Versace den Geldfluss anregen (Mo–Sa 9.30–17.30, Do bis 20, So 12–17 Uhr).

In der **Hutcheson's Hall** 12 von 1805 wird in einer Erdgeschoss-Galerie Keramik-, Textil- und Schmuckdesign junger Glasgower Künstler verkauft, oben kann man die prunkvolle Treppe und die Grand Hall bewundern (Mo–Sa 10–17 Uhr).

Gallery of Modern Art

Wie häufig in der City, schließt ein prunkvolles Gebäude einen Straßenzug ab: Die 1827 errichtete Börse (Royal Exchange) bildet den Blick- und Endpunkt der Ingram Street. Heute beherbergt der neoklassizistische Prachtbau mit Tempelfront als **Gallery of Modern Art** 13

Italienisches Flair in Glasgows Zentrum: George Square mit den City Chambers

Kunst für (ganz normale) Menschen. In den Ausstellungsbereichen, die den vier Elementen gewidmet sind, regt eine fantastische, manchmal drastische Sammlung zeitgenössischer, größtenteils gegenständlicher Kunst mit ausgeprägten Glasgower Bezügen – Fußball, Großstadt, schottischer Nationalismus – zur Diskussion an. Halten Sie Ausschau nach den Werken der so genannten New Glasgow Boys Peter Howson, Ken Currie und Steven Campbell sowie jenen von Ian Hamilton Finlay (s. S. 57) und dem Land Art-Star Andy Goldsworthy. Vom bunt ausgemalten Café hat man einen schönen Blick über die Dächer von Glasgow (Mo–Mi, Sa 10–17, Do 10–20, Fr/So 11–17 Uhr).

The Lighthouse

Eines der Flaggschiffe der Glasgower Kunstszene ist das Zentrum für Architektur und

Glasgow: Cityplan

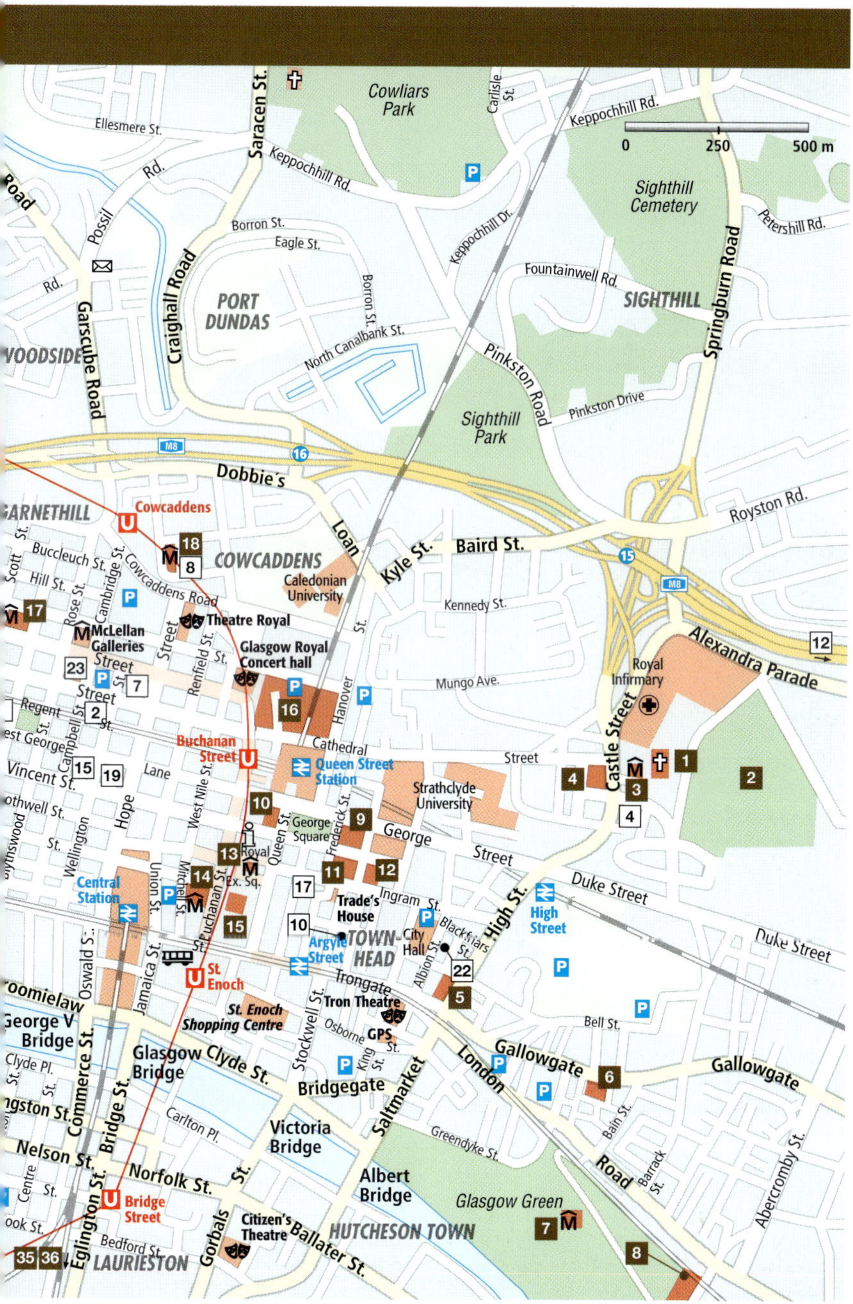

0
250
500 m
Cowlairs Park
Carlisle St.
Keppochhill Rd.
Saracen St.
Ellesmere St.
Keppochhill Rd.
Sighthill Cemetery
Petershill Rd.
Road
Rd.
Possil
Borron St.
Eagle St.
Keppochhill Dr.
Fountainwell Rd.
SIGHTHILL
Springburn Road
Rd.
Craighall Road
PORT DUNDAS
Borron St.
North Canalbank St.
Pinkston Road
WOODSIDE
Garscube Road
Sighthill Park
Pinkston Drive
M8
16
Dobbie's
Loan
GARNETHILL
Cowcaddens
18
8
COWCADDENS
Kyle St.
Baird St.
Royston Rd.
15
M8
Buccleuch St.
Cambridge St.
Cowcaddens Road
Caledonian University
Kennedy St.
Scott St.
Hill St.
Rose St.
17
Theatre Royal
McLellan Galleries
Glasgow Royal Concert hall
Alexandra Parade
12
23
Street
7
Street
Renfield St.
St.
Hanover St.
Mungo Ave.
Royal Infirmary
Regent St.
2
St.
16
Castle Street
Buchanan Street
Cathedral Street
West George St.
Queen Street Station
1
2
4
3
Vincent St.
15
19
Lane
Hope
West Nile St.
Strathclyde University
4
Bothwell St.
Wellington St.
10
George Square
Frederick St.
9
George Street
Blythswood
13
Royal Ex. Sq.
Queen St.
Duke Street
Central Station
Union St.
Mitchell St.
14
Buchanan St.
11
12
17
Trade's House
Ingram St.
High St.
High Street
Duke Street
15
10
Argyle Street
TOWN-HEAD
City Hall
Blackfriars St.
Albion St.
22
Oswald St.
Jamaica St.
St.
St Enoch
Trongate
5
Broomielaw
St. Enoch Shopping Centre
Tron Theatre
Bell St.
George V Bridge
Commerce St.
Stockwell St.
Osborne St.
GPS
King St.
London
Gallowgate
6
Gallowgate
Clyde Pl.
Glasgow Bridge
Clyde St.
Bridgegate
Saltmarket
Kingston St.
Bridge St.
Carlton Pl.
Victoria Bridge
Greendyke St.
Bain St.
Abercromby St.
Nelson St.
Norfolk St.
St.
Albert Bridge
Road
Barrack St.
Centre St.
Eglinton St.
Bridge Street
Glasgow Green
7
Cook St.
Citizen's Theatre
Ballater St.
HUTCHESON TOWN
Gorbals
Bedford St.
35
36
LAURIESTON
8

Glasgow: Cityplan

Sehenswürdigkeiten

1 St. Mungo's Cathedral
2 Nekropolis
3 St. Mungo's Museum of Religious Life and Art
4 Provand's Lordship
5 Tolbooth Steeple
6 Barras
7 People's Palace
8 Templeton's Factory
9 City Chambers
10 Merchants' House
11 Italian Shopping Centre
12 Hutcheson's Hall
13 Gallery of Modern Art
14 The Lighthouse
15 Princes Square Shopping Centre
16 Buchanan Galleries
17 Glasgow School of Art
18 National Piping Centre
19 Tenement House
20 Botanic Gardens
21 Glasgow University
22 Hunterian Museum
23 Hunterian Art Gallery
24 Kelvingrove Art Gallery and Museum
25 Museum of Transport
26 Clyde Auditorium
27 Scottish Exhibition and Conference Centre
28 Finnieston Crane
29 The Tall Ship at Glasgow Harbour
30 Science Centre
31 Clydebuilt
32 Street School Museum of Education
33 Burrell Collection
34 Pollok House
35 Holmwood House
36 Scottish Football Museum

Übernachten

1 Malmaison
2 Arthouse Hotel
3 City Inn
4 Cathedral House
5 Kirklee Hotel
6 The Town House
7 Bewley's
8 Pipers' Tryst
9 Townhouse Hotel
10 Merchant Lodge
11 Glasgow Youth Hotel
12 Craigendmuir Park

Essen und Trinken

13 The Buttery
14 Ubiquitous Chip
15 Gamba
16 Stravaigin
17 Corinthian
18 Mother India
19 Arisaig
20 Cul de Sac
21 Baby Grand
22 Café Gandolfi
23 Willow Tea Room
24 Tchai Ovna
25 University Café
26 Tinderbox

Design, **The Lighthouse** 14 – eine atemberaubende Synthese aus dem von Mackintosh entworfenen Glasgow Herald-Gebäude und einer zeitgenössischen Glaskonstruktion von Page & Park. Wechselnde Ausstellungen, Design an allen möglichen und unmöglichen Stellen, das mit viel interaktiver Technik ausgestattete Mackintosh-Zentrum, der Mackintosh-Panoramaturm, die ausgezeichnete Café-Bar und der Design-Shop machen vor allem eins: Spaß (Mo, Mi–Sa 10.30–17, Di 11–17, So 12–17 Uhr).

Einkaufszentren

Träume anspruchsvoller Fashionistas befriedigt das im Neo-Jugendstil gehaltene **Princes Square Shopping Centre** 15. Vier Etagen mit ansprechenden Kleidungsboutiquen und

Bistros – z. B. étain und Zinc von Terence Conran – türmen sich um einen Innenhof, von dessen Boden, tief, tief unten, die sanften Klänge eines Klaviers für entspannende Beschallung sorgen (Mo–Fr 9.30–18, Do bis 20, Sa 9–18, So 12–17 Uhr).

Kaufhäuser um Kaufhäuser säumen die Argyle Street, elegantere Läden die Fußgängerzone Buchanan Street, deren Abschluss die Royal Concert Hall bildet. Vor ihr wurde eine Statue von Donald Dewar aufgestellt, dem 2000 verstorbenen ersten First Minister Schottlands. Im hellen Einkaufszentrum **Buchanan Galleries** 16, einem postmodern renovierten Bau der 1930er, haben sich angesagte urbane Modelabel wie Mango, Souvenirshops, Lebensmittelläden und Kaufhäuser wie Boots angesiedelt (Mo–Sa 9–18, Do bis 20, So 11–17 Uhr).

Die etwas gewöhnlichere Einkaufsmeile und Fußgängerzone Sauchiehall Street, bevorzugter Standort der Straßenmusikanten, ist mit dem **Willow Tea Room** 23 (s. S. 163) ein Muss für jeden Mackintosh-Enthusiasten.

Glasgow School of Art

Das gilt erst recht für die von Mackintosh errichtete **Glasgow School of Art** 17 (Kunsthochschule) im hügeligen Viertel Garnethill, das sich durch steile, schnurgerade Asphaltbreschen mit überraschenden Perspektiven auszeichnet. Wegen Geldmangel musste alles schlicht und preiswert sein; 1897–1899 begonnen, konnte der Westflügel erst zehn Jahre später gebaut werden. Von jeder Seite wirkt das streng funktionale, durch seine beinah düsteren Baumassen bestimmte Gebäude anders: die lang gestreckte, geschickt asymmetrisch gestaltete nördliche Eingangsfront mit dem zentralen Turm für den Direktor, die an ein Tower House erinnernde Ostfassade, die geschlossene Südseite, die offene, von Glasflächen durchbrochene Westturmfassade. Nur mit einer Führung gelangt man durch Bibliothek, Ateliers und Treppenhäuser, alles in dunklem Holz mit japanischen Assoziationen gehalten, und kann die exzellente Sammlung von Mackintosh-Möbeln und -Zeichnungen betrachten (Führungen: Juli/Aug. Mo–Fr 11, 14, Sa/So 10.30, 11.30, 13, Sept.–Juni Mo–Fr 11, 14, Sa/So 10.30, 11.30 Uhr).

The National Piping Centre

Im Konzertsaal, der Musikschule und dem Geschäft des **National Piping Centre** 18 hinter der Fassade einer alten Kirche dreht sich alles um den Dudelsack: Das kleine Museum gibt mit Exponaten des National Museum of Scotland, die bis ins Spätmittelalter zurückreichen, und vielen Klangproben einen Einblick in die Geschichte dieses Instruments. Das Hotel Pyper's Tryst und das zeitgenössische Café-Restaurant stehen indes mehr für neues Design als für die altehrwürdige ›Sackpfeife‹ (Mo–Sa 9–17, Juni–Aug. auch So 10–16 Uhr).

Tenement House

Inmitten eines Neubauviertels behauptet sich eine sandsteinrote viktorianische Häuserzeile und darin das **Tenement House** 19. Hier lebte von 1911 bis 1965 eine Stenotypistin namens Agnes Toward mit ihrer Mutter. Die Besichtigung der Wohnung gleicht einem Sprung in die Zeit der Großeltern. Nur eine einzige Veränderung nahm man nach Fräulein Towards Auszug vor: Statt elektrischem Licht erleuchtet – ganz wie ehedem – wieder Gaslicht die Räumlichkeiten (März–Okt. tgl. 13–17 Uhr).

West End: Universitätsviertel Dowanhill

In den hügeligen viktorianischen Wohngegenden des West End, in den Stadtvierteln Dowanhill und Hillhead, lässt es sich ruhig und stilvoll wohnen, sei es als Anwohner, sei es als Tourist. Schöne Spaziergänge führen von den sandsteinroten, hübsch geschwungenen Reihenvillen des Kensington Gate und an den viktorianischen Erkern der Observatory Road entlang hinunter zur Byres Road. Von vielen Weinläden, Pubs und Cafés gesäumt, ist dies die geschäftig-großstädtische Arterie des West End.

Im pittoresken, kopfsteingepflasterten Hinterhof der **Ashton Lane** mit ehemaligen

Ein Prophet in Glasgow – Charles Rennie Mackintosh

Das vielleicht kostbarste Kulturerbe Glasgows sind die Hinterlassenschaften des Architekten, Designers und Zeichners Charles Rennie Mackintosh (1868–1928). Ein Rundgang auf den Spuren des Jugendstil-Meisters gehört zu den Unternehmungen, die man in Glasgow keinesfalls versäumen sollte.

Wer den verspielten, extravaganten Jugendstil kontinentaler Prägung kennt, wird überrascht sein von der kontrollierten, schlichten Linienführung Mackintoshs. Mit Michelangelo hat ihn der zeitgenössische Stararchitekt Robert Venturi verglichen. Doch zu Mackintoshs Lebzeiten erfuhren der unprätenziöse Funktionalismus und das fundamental Neue seiner Kunst nie die verdiente Würdigung in der Heimat: Seine größten Erfolge feierte er in Turin, Moskau und Berlin. Die kompromisslose Persönlichkeit schreckte zudem viele Auftraggeber. Zurückgezogen, enttäuscht, nur noch als Maler tätig, verbrachte Schottlands wegweisender Architekt der Moderne seinen Lebensabend im südfranzösischen Coullioure.

Den schwülstigen, überbordenden spätviktorianischen Interieurs setzte Mackintosh ein Design entgegen, das maßgeblich von der schlichten Eleganz der japanischen Kunst beeinflusst war – Beschränkung, Nüchternheit, Harmonie und leerer Raum. Der bewusste Einsatz von Licht und Schatten, an Rollbilder erinnernde Hängepaneele, gitterförmige Holz- und Schmiedearbeiten, farbig hinterlegtes Glas, die kleinen ›Dächer‹ über Fenstern und Türen sowie die überall wiederkehrenden Rosen- und Mosaiksteinchenmotive verweisen auf Japan. Sie verleihen dem Mackintosh-Stil seinen hohen Wiedererkennungswert. Seine Frau Margaret, deren Anteil an seinem Werk Mackintosh immer wieder hervorgehoben hat, schuf für seine Innenräume Bildpaneele mit stilisierten Blumen und lang gestreckten Frauenfiguren, die an Aubrey Beardsley erinnern.

Mackintosh ließ sich auch von heimischen Bautraditionen inspirieren: von den Tower Houses. Er entwarf ein Haus ›von innen heraus‹, nach den Bedürfnissen seiner Auftraggeber. Bei ihm spiegelt der Dekor die Funktion, anstatt dem Gebäude wie bei seinen damaligen Kollegen aufgepfropft zu werden. Mackintosh betrachtete ein Haus als organisches Ganzes, und er plante es minuziös, von den Grundmauern bis zum grauen Kaminkissen für die grauen Perserkater. Diese liebevoll-leidenschaftliche Durchgestaltung ist es, die heute noch gefangen nimmt, wenn man die absichtsvolle Märchenwelt der Mackintoshs betritt.

Auf Mackintoshs Spuren durch Glasgow

City: Mackintoshs Hauptwerk, die **Glasgow School of Art** (s. S. 155), setzte Maßstäbe für einen strengen, in seiner Zeit geradezu revolutionären Funktionalismus. Heiterer sind die Cafés, die Mackintosh im Auftrag von Catherine Cranston schuf. Ihr Ziel: die dem Alkohol ergebene Glasgower Arbeiterklasse zum Tee zu bekehren. Übrig blieb nur der 1903 entstandene **Willow Tea Room** in der Sauchiehall Street, der durchgängig mit dem Weidenmotiv dekoriert ist (s. S. 163). Hinter

Thema

originalgetreu restaurierter Fassade speist man leider nicht mehr im Originalambiente, trotzdem lohnt das Anstehen oder Vorbestellen für den kleinen, mit hochlehnigen Stühlen vollgestellten Teeraum in Rosa und Creme. Der ältere Teil des Design-Museums **The Lighthouse** (s. S. 151f.) ist das von Mackintosh für den Glasgow Herald entworfene Gebäude; im Mackintosh-Zentrum kann man sich interaktiv auf die Spur Mackintoshs setzen.

Universitätsviertel: Eine Sammlung von Mackintosh-Möbeln und Interieurs, u. a. den chinesischen Raum des Ingram Street Tea Room von 1911, zeigt die **Kelvingrove Art Gallery** (s. S. 159). Das Tower House-ähnliche **Mackintosh House** in einem Flügel der **Hunterian Art Gallery** (s. S. 159) ist eine authentische Rekonstruktion jenes Heims in Southpark Avenue No. 78, in dem das Ehepaar von 1906 bis 1914 lebte. Die berühmten ›Weißen Räume‹, die dunklen Esszimmerstühle mit den hohen Gitterlehnen, die Lampen, die an Ufos oder Wolkenkratzer denken lassen, sind fast zu schön, um benutzt zu werden.

In der **Queen's Cross Church**, 1896 von Mackintosh entworfen, hat die Mackintosh Society ihren Sitz. Die einzige Kirche des Meisters zeigt noch neogotische Zitate (Mo–Fr 10–17, März–Okt. auch So 14–17 Uhr, www.crmsociety.com).

Südglasgow: Hier entwarf der Meister die **Scotland Street School** (s. S. 160f.) und das erst 1996 nach seinen Entwürfen von 1901 vollendete **House for an Art Lover,** in dem die gemeinschaftliche Arbeit Margarets und Charles' besonders deutlich wird (10 Dumbreck Rd., Bellahouston Park, April–Sept. Mo–Mi 10–16, Do–So 10–13, Okt.–März nur Sa/So 10–13 Uhr und nach Absprache, Tel. 0141/353 4770; Zug Drumbeck Street).

Bibliothek der Glasgow School of Arts

Dienstbotenwohnungen und Ställen, ziehen mehrere Pubs und Restaurants wie der legendäre **Ubiquitous Chip** 14 allabendlich die Jeunesse dorée, Studenten und ganz normale Kneipengänger an.

Botanic Gardens

Stattliche Wohnhäuser reihen sich an der breiten Great Western Road, an der auch eine Oase der Ruhe liegt, die **Botanic Gardens** 20. Streifen Sie wie viele *Glaswegians* durch das hügelige Gelände am River Kelvin und bewundern Sie die exotische Pflanzenwelt der Gewächshäuser. Hier lohnt nicht nur der Besuch des viktorianischen, 1863 am Loch Long errichteten und erst 1873 nach Glasgow transportierten **Kibble Palace,** unter dessen gedrungen-geschwungener, raumschiffähnlicher Kuppel ein feuchter Baumfarnwald wuchert, sondern auch der edwardianischen Gewächshausreihe dahinter (7 Uhr bis Sonnenuntergang, Gewächshäuser tgl. 10–16.45, im Winter bis 16.15 Uhr; U-Bahn: Hillhead).

Universität

Das Universitätsviertel ist ein Gemisch aus heruntergekommenen Ecken, Studentenkneipen, neuen grauen Betonbauten und düster wirkenden, wild verstreuten viktorianischen Instituten, die auf die eine oder andere Weise vergangene Baustile beschwören. **Glasgow University** 21, die zweitälteste Hochschule Schottlands, wurde 1451 von Bischof William Turnbull gegründet. Auf dem höchsten Hügel von Hillhead erhebt sich ihr Hauptgebäude; das lang gestreckte neogotische Gilmore Building, auf dem rittlings ein hoher Turm sitzt, ist eines der Wahrzeichen Glasgows.

In einer bombastischen Halle mit Galerie zeigt das **Hunterian Museum** 22 seine ausgezeichnete Fossilienkollektion – sogar einige Dinosaurierknöchelchen aus Skye –, römische Relikte, Münzen sowie völker- und naturkundliche Objekte. Alles ist ein Legat von William Hunter, einem von Glasgows Sammler-Mäzenen (Mo–Sa 9.30–17 Uhr; U-Bahn: Hillhead).

Viktorianische Schwerelosigkeit aus Glas und Eisen: der Kibble Palace

Schottlands mit angeschlossenem Weinladen. Upstairs at the Chip: preiswerter kleiner Weinbarbruder, bestellen Sie am besten einen Tisch auf der Galerie. 3-Gang-Dinner 33,80 £, im Upstairs 17 £.
Gamba 15: 225 a West George St., Tel. 0141/572 0899, Mo–Sa 12–14.30, 17–22.30 Uhr. Kellerbistro im cool-maritimen Design, fangfrischer Gourmetfisch. 2-Gang-Dinner 29 £.
Stravaigin 16: 28 Gibson St., Tel. 0141/334 2665, und Stravaigin 2, 8 Ruthven Lane, Tel. 0141/334 7165, Mo–Do 11–22.30, Fr/Sa bis 23.30, So 12.30–22.30 Uhr. Innovatives Restaurant unten, Bistro oben, eine West End-Institution der informellen Fusionküche. 2-Gang-Dinner im Restaurant 23, im Bistro 13 £.
Corinthian 17: 191 Ingram St., Tel. 0141/552 1101, Mo–Fr 17–22.30, Sa 12–23, Bar tgl. 10–3 Uhr. Kosmopolitische Fusionküche in opulent-barockem Merchant City-Gebäude mit Säulen, hohen Buntglasfenstern und Designlüstern; auf mehreren Ebenen, auch Nightclub und Bar. 2-Gang-Dinner 18,50 £.
Mother India 18: 28 Westminster Terrace, Tel. 0141/221 1663, Mo, Di 17.30–22.30, Mi–Fr 12–14, 17.30–23, Sa 13–23, So 16.30–22 Uhr. Berühmtes indisches Restaurant auf zwei Ebenen. 2-Gang-Dinner 17 £.
Arisaig 19: 24 Candleriggs, Tel. 0141/552 4251, Mo–Do 17–23, Fr–So 12–23 Uhr. Benannt ist das Restaurant nach dem Fischerort an der Westküste; viel Holz, teils aus einer ehemaligen Kirche; Fisch, Fleisch und Seetang. 2-Gang-Menü 15 £.
Cul de Sac 20: 44 Ashton Lane, Tel. 0141/334 4749, Mo–Fr 12–22, Sa/So 10–22 Uhr. Bistro mit guten Burgern, Crêpes etc. inmitten der Jeunesse dorée Glasgows, schickes Interieur mit schwarz-weißem Fußboden und roter Bestuhlung. 2-Gang-Dinner 15 £.

Cafés

Baby Grand 21: 3–7 Elmbank Gardens, Tel. 0141/248 4942, So–Do 8–0, Fr/Sa 10–2 Uhr. Schmales (Nacht-)Café mit Bistrospeisen und Live-Klavierspiel, inmitten des Asphaltdschungels um Charing Cross. 2-Gang-Dinner 14 £.
Café Gandolfi 22: 64 Albion St., Tel. 0141/552 6813, Mo–Sa 9–23.30, So 12–23.30 Uhr. Café-Bistro-Klassiker mit Buntglasfenstern und Holztäfelung, fantasievolle Holzmöbel des Glasgower Designers Tim Stead. 2-Gang-Dinner 13,50 £.
Willow Tea Room 23: 217 Sauchiehall St., Tel. 0141/332 0521, Mo–Sa 9–16.30, So 11–16.30 Uhr. Von Mackintosh entworfener Tea Room, Kaffee, Kuchen, schottische Standardspeisen. Lunch 9 £.
Tchai Ovna 24: 42 Otago Lane, Tel. 0141/357 4524, tgl. 11–23 Uhr. Studentisch-flippiges Café mit kleinen Speisen, 80 Teesorten und Wasserpfeifen. Lunch 6 £.
University Café 25: 87 Byres Rd., Tel. 0141/339 5217, Mi–Mo 9–22, So 10–22 Uhr. Von einer Familie betriebenes Kultcafé mit sympathisch verblichener Art déco-Einrichtung, beliebter Studententreffpunkt. Lasagne 6 £.
Tinderbox 26: 187 Byres Rd., Mo–Sa 7.15–23, So 7.45–23 Uhr. In-Café der unkonventionellen Art, Kaffee, Tee, witzige Magazine, kein Alkohol, hippes Design der Glasgower Graven Images. Snacks 3–5 £.

Restaurantszene: Glasgow wetteifert mit Edinburgh um den Rang der besten Restaurantszene. Schicke Bistros und Restaurants konzentrieren sich vor allem in der Merchant City und entlang der Bath Street. Zentrum des West End-Ess- und Ausgehviertels ist die Byres Road.

Antiquitäten: Tim Wright, 147 Bath St., Mo–Fr 10–17, Sa 10–15 Uhr. Glasgows größtes Antiquitätengeschäft.
Bücher: Borders, 98 Buchanan St., Mo–Sa 8.30–22, So 10–20 Uhr. Riesenhaus der Kette mit gigantischer Auswahl (auch Musik, Video).
Design und Souvenirs: In den Museumsshops der Gallery of Modern Art, der Hutcheson Hall und des Lighthouse findet man geschmackvolle, künstlerische Mitbringsel, Bücher, Schmuck und Dekosachen.
Flohmarkt: The Barras, s. S. 150.
Galerie: Glasgow Print Studio, 22 und 25 King St., Di–Sa 10–17.30 Uhr. Druckstudio, Ausstellung und Verkauf von Drucken schot-

Outdoor-Kleidung und -Zubehör: Bei Tiso, Europas größtem Outdoor-Ausrüster, stehen eine Kletter- und eine echte Eiswand zum Ausprobieren zur Verfügung (Couper Street, Mo–Sa 9–18, Do bis 19, So 11–17 Uhr).

tischer und internationaler Künstler, von ca. 40 £ an aufwärts.

Mode: In den auf Seite 154f. genannten Einkaufszentren sowie im St. Enoch Shopping Centre, einem etwas preiswerteren Mega-Einkaufsdschungel unter einem gläsernen Pyramidendach; Bistro-Restaurants, Schlittschuhbahn (Mo–Sa 9–18, Do bis 20, So 11–17.30 Uhr). In Merchant City und im West End findet man hippe Boutiquen und Designgeschäfte. King's Court, King St., Mo–Sa 10–17.30 Uhr; Riesenauswahl an Second Hand-Kleidung.

Kilts: Hector Russell, 110 Buchanan St., Mo–Sa 9–17.30, So 11–17 Uhr; traditionelles Highland Dress für den Herr und die Dame, Kiltverleih. Geoffrey (Tailor) Kiltmakers, 309 Sauchiehall St., Mo–Sa 9–17.30, Do bis 19, So 11–17 Uhr; die flippige Kiltadresse des Edinburgher Stammhauses (s. S. 128).

Kunsthandwerk (von Mackintosh inspiriert): Juwelier Henderson (unter dem Willow Tea Room), 217 Sauchiehall St., Mo–Sa 9–17.30, So 12–17 Uhr. House for an Art Lover (s. S. 157). Glasgow School of Art (s. S. 155).

Musik: Piping Centre (s. S. 155); Instrumente, Zubehör, CDs, Kassetten, Noten für Dudelsack. Folk Revolution, 22 Clarendon Pl., Mo–Sa 9.30–18 Uhr; Spezialist für Folk und traditionelle Musik.

Schmuck: Argyll Arcade, Buchanan St./Argyle St., Mo–Sa 9.30–17.30, Do bis 20, So 12–17 Uhr. Viktorianische Prachtarkade von 1827 mit vielen Juwelieren.

Nützlich ist das vierzehntägig erscheinende Veranstaltungsmagazin ›The List‹ (für Edinburgh und Glasgow), das man in Zeitungsläden bekommt.

Traditionelle Pubs

Clutha Vaults: 167–169 Stockwell St., Mo–Sa 11–0, So 12.30–0 Uhr. Pub mit niedriger Decke und Memorabilien des alten Glasgow an den Wänden.

Griffin: 266 Bath St., Mo–Do 11–23, Fr/Sa 11–0 Uhr. Seit 1903 essen Glasgower hier ihren Pub Grub (ca. 4 £) und trinken ihr Pint.

Horse Shoe Bar: 17 Drury St., Mo–Sa 11–0, So 12.30–0 Uhr. Berühmtester Pub der Stadt mit Großbritanniens längster Hufeisentheke, unglaublich: 3-Gang-Pubessen für 3,25 £.

Lismore Lounge: 206 Dumbarton Rd., Mo–Do 11–23, Fr/Sa 11–0 Uhr. Steinwände, bunte Glasfenster, Di und Do Live-Folkmusik.

Scotia Bar: 112 Stockwell St., Mo–Sa 11–0, So 12.30–0 Uhr. Im Neo-Tudor-Stil eingerichteter Pub mit Kulturangebot von Livemusik bis zu literarischen Abenden.

Victoria: 157 Bridgegate, tgl. 11/So 12.30–0 Uhr. Einfacher Pub im East End, der das alte Glasgow repräsentiert, Fr/Sa Folkmusik.

Style Bars

Arta: 62 Albion St., Mo–Do 17–1, Fr/Sa 17–3, Essen bis 23 Uhr. Restaurant, Bar und an Wochenenden Club im spanischen Hazienda-Stil: Goya-Gemälde und Latin-Musik

Bar 10: 10 Mitchell Lane, Mo–Sa 10–0, So 12–0 Uhr. In einem umgebauten Lagerhaus mit hoher Decke, Do–Sa DJ-Abende.

Lowdown: 158 Bath St., Mo–Do 17–1, Fr/Sa 17–3, So 21–3 Uhr. Angesagte Cocktail Bar, Speisen von Quigley's Restaurant oben, DJ-Abende, Club.

Strata: 45 Queen St., tgl. 11.30–0, Essen bis 22 Uhr. Spannendes Design in diesem Bar-Restaurant auf verschiedenen Ebenen.

Clubs und Discos

Clubs öffnen meist 23–3 Uhr, richtig voll werden sie nach Pubschluss, der Eintritt liegt zwischen 5 und 12 £.

The Buff: 142 Bath Lane, www.thebuffclub.com. Mischung aus Mainstream-Musik und exzentrisch-coolem Interieur, 2005 der angesagteste Club.

The Cathouse: 15 Union St. Auf zwei schwarzen Tanzflächen tummeln sich Heavy Metaller und Gothics zu Rock und Metal.

Tiger Tiger: 20 Glassford St., So–Mi 11–1, Do bis 2, Fr/Sa bis 3, Essen bis 0 Uhr. Essen,

Auch die Beleuchtung wurde ›designt‹: Café im Designzentrum The Lighthouse

Trinken und Tanzen in witzigem Design, mehrere Bars à la Nordafrika, Kanada ...

Die meisten Veranstaltungen können gebucht werden unter: Ticket Centre, Candleriggs, Tel. 0141/287 5511.

Konzerte und Livemusik

Barrowland Ballroom: 244 Gallowgate, Tel. 0141/552 4601, www.glasgow-barrowland.com. Eine der berühmtesten Rock- und Popbühnen der Welt.

Scottish Exhibition & Conference Centre and Clyde Auditorium: Exhibition Way, Tel. 0141/248 3000, www.secctickets.com. Im SECC treten die ganz Großen wie U2 auf, im CA alias Armadillo herrscht eine etwas intimere Atmosphäre.

King Tut's Wah Wah Hut: 272 a St. Vincent St., Tel. 0141/221 5279, www.kingtuts.co.uk. Bar und leicht ausgeflippter Aufführungsort für Indie und Rock.

Tanz und Theater

King's Theatre: Bath St., Tel. 0141/240 1300, www.kings-glasgow.co.uk. Viktorianisch-plüschiges Theater, das größte der Stadt, traditionell, Drama, Komödie, Musicals.

Theatre Royal: 282 Hope St., Tel. 0141/332 3321, www.theatreroyalglasgow.com. Heimat des Scottish Ballet und der Scottish Opera.

Tramway: 25 Albert Drive, Tel. 0141/422 2023, www.tramway.org. Eines der europaweit führenden Zentren für Theaterkunst, ein ›geheimer Garten‹ auf einer ehemaligen City-Brache schließt sich an.

Tron Theatre: 63 Trongate, Tel. 0141/552 4267, www.tron.co.uk. Zeitgenössische Stücke, Comedy, Musik, ein Plus die angesagte Bar und das etwas formellere Bistro-Restaurant mit modern interpretierter schottischer Küche in einer ehemaligen Kirche.

CCA: 350 Sauchiehall St., Tel. 0141/352 4900, www.cca-glasgow.com, Di–Sa 11–0, So 11–18 Uhr. Kulturzentrum für zeitgenössische Kunst, Ausstellungen, Musik- und Filmveranstaltungen, Tanz und Lesungen.

Feste/Veranstaltungen

Celtic Connections: zwei Wochen im Jan. Internationale keltische Musik, ein Mega-Event (s. S. 50f.).

Arches Theatre: Von experimentellem Theater über Techno-Clubnächte (am Wochenende) bis zu Ausstellungen reicht das Kulturangebot des Theaters mit Café-Bar in den umgestalteten Gewölben unter dem Hauptbahnhof (253 Argyle St., Tel. 0870/240 7528, www.thearches.co.uk).

Glasgow Art Fair: im April, George Square, www.glasgowartfair.com. Größte Kunstmesse im UK nach London, mit Verkauf.
West End Festival: Juni, www.westendfestival.co.uk. Theater, Konzerte, zu Mittsommer ausgelassener Straßenkarneval im West End.
World Pipe Bands Championships: im Aug. Hauptereignis in der Dudelsackwelt, Tausende von Dudelsackspielern.

Stadtbesichtigung

Mit dem Bus: City Sightseeing Glasgow Tours, Tel. 0141/204 0444, www.citysightseeingglasgow.co.uk. *Hop on hop off*-Service im Doppeldeckerbus mit offenem Oberdeck.
Mit dem Schiff: Verschiedene Vergnügungsrundfahrten auf dem Clyde mit dem Raddampfer ›P.S. Waverley‹, z. B. nach Helensburgh, Greenock, Dunoon, Rothesay, Oban, Ostern–Okt., Glasgow Waverley Terminal, Anderston Quay, Tel. 0141/0845, 0141/130 4647, www.waverleyexcursions.co.uk.
Seaforce Power Boats: The Tall Ship (s. S. 160), Tel. 0141/221 1070, www.seaforce.co.uk. Im Schnellboot 30 Min. durch die City und bis zu 5 Std. auf dem Clyde durch die Inselwelt.
Radfahren: West End Cycles, 16 Chancellor St., Tel. 0141/357 1344. Verleih von Rädern und Mountainbikes. Zahlreiche ausgeschilderte Radrouten beginnen in Glasgow, meist von Bell's Bridge (Karten und Infos beim Tourist Office), z. B. Glasgow-Edinburgh-Cycle Route, Forth & Clyde Canal Route und Glasgow to Loch Lomond Cycleway (s. außerdem unter ›Wandern‹).
Schwimmen: Time Capsule, 100 Buchanan St., Coatbridge (15 km östl.), tgl. 10–22 Uhr. Spaßbad mit Stromschnellen und Riesenmammut, Thema: Vorgeschichte.
Wandern: Kelvin Walkway, 13 km entlang des Kelvin-Flusses bis Dawsholm-Park, Start: Tor von Kelvingrove Park, auch für Räder. Clyde Walkway: 65 km nach New Lanark, teilweise noch unfertige Stücke. Schöne Waldwege führen durch den Pollok Country Park.

Flugzeug: s. S. 80f.
Bahn: Von Bahnhöfen Central (nach Süden) und Queen St. (nach Norden und Osten) Fernzüge zu sämtlichen englischen und schottischen Städten. Im 15-minütigen Shuttle Service von Queen St. Station nach Edinburgh, Waverley Station. Ausgezeichnetes Netz von Vorortzügen mit 177 Bahnhöfen von ScotRail. Bahnverbindungen u. a. von Central zu Fähren in Wemyss Bay (Bute), Gourock (Dunoon), Ardrossan (Arran). Bahnauskunft 0845/748 4950, www.thetrainline.co.uk.
U-Bahn: Ein in beide Richtungen befahrbarer Ring um die Innenstadt. Züge verkehren alle 4–8 Min., Mo–Sa 6.30–22.55, So 11–18 Uhr. In jeder Station gibt es einen bemannten Fahrkartenstand mit Kartenverkauf und Netzplan.
Bus: Ein engmaschiges, aber kompliziertes System mit mehreren privaten Anbietern. Bezahlt wird meist beim Fahrer, Kleingeld für Stadtbusse bereithalten, Nachtbusse in die nähere Umgebung, die meisten Fr und Sa, fahren von George Square ab. Fernbusse von Buchanan Busbahnhof, Tel. 0141/333 3708. Halbstündig zwischen Buchanan St. Station und Edinburgh, St. Andrew Square Bus Station (Scottish Citylink, Tel. 0870/550 5050, www.citylink.co.uk).
Schiff: Personen- und Autofähren sowie Vergnügungsfahrten rund um den Clyde: Caledonian MacBrayne, Ferry Terminal, Gourock, Tel. 08705/650 000, www.calmac.co.uk.
Mietwagen: Arnold Clark, mehrere Niederlassungen, z. B. 10/24 Vinicombe St., Tel. 0141/334 9501.
Taxi: z. B. Glasgow Wide TOA, Tel. 0141/429 7070. Meist ohne lange Wartezeiten per

Ausflüge von Glasgow

Karte S. 169

Glasgow ist mit einer für Erholungssuchende wie maßgeschneiderten Umgebung gesegnet. Sozusagen vor der Haustür liegen Schottlands erster Nationalpark und die viktorianische Sommerfrische Isle of Bute. Bei einem Ausflug nach New Lanark bekommt man einen Eindruck von Schottlands Industrie in Vergangenheit und Gegenwart.

3 Loch Lomond and the Trossachs National Park

Karte: S. 9, A/B 3/4

Balloch

1 Der Loch Lomond, 40 km lang und 8 km breit, gilt als ›Königin der schottischen Seen‹ (Sir Walter Scott). Seine ›bonnie, bonnie banks‹ werden in einem von Schottlands bekanntesten Volksliedern besungen. Das Westufer und seine Schnellstraße A 82 sind ziemlich überlaufen, das Ostufer ist stiller und vor allem von Wanderern frequentiert.

2002 neu eröffnet, stellt **Lomond Shores** in Balloch am Südzipfel des Sees das hypermoderne Tor – The National Park Gateway Centre – zu Schottlands erstem, kurz zuvor gegründeten Loch Lomond and The Trossachs National Park dar (s. S. 21). Ein interaktives Besucherzentrum in einem futuristischen, einen Broch zitierenden Rundbau bringt einem Geschichte, Fauna, Flora und Umweltproblematik nahe, vom Café-Restaurant oben im Turm hat man weite Blicke auf den See. Rummel herrscht in den Geschäften und Souvenirläden des Besucherzentrums.

Ein kurzer Waldpfad hinter dem Zentrum bietet Minimalbewegung für Fußmüde, doch sportlicheren Menschen schlagen die Ranger anspruchsvollere Touren zu Fuß, mit dem Geländerad oder dem Kanu vor. Die dazu nötigen Sportgeräte, auch Räder mit Kinderanhänger, werden vor Ort vermietet (April–Sept. tgl. 9–19, Okt.–März tgl. 10–17 Uhr, www.lomondshores.com, Kinderspielplatz). Am Pier vertäut liegt der Raddampfer ›Maid of the Loch‹, auf dem man sich über den Fortschritt seiner Restaurierung informieren kann (tgl. 11–18 Uhr).

Tourist Information: im Loch Lomond Visitor Centre, Tel. 01389/722 199, www.visitscottishheartlands.org, tgl. 10–17 Uhr.

Bootstouren auf dem See: Sweeney's Cruises, Tel. 01389/752 376, www.sweeney.uk.com.

Bahn: Verbindungen von Glasgow, Queen Street Station, etwa alle 30 Min. nach Balloch, dann Shuttle-Busse (ganzjährig).

West Highland Way: Schottlands beliebtester Fernwanderweg (152 km) führt auf alten Viehtreiber- und Militärstraßen von Milngavie bei Glasgow nach Fort William. Rund 50 000 Wanderer legen jährlich die in sechs bis sieben Tagen zu bewältigende Strecke zurück. Von Balmaha über Rowardennan nach Inversnaid verläuft der Weg am Ostufer des Loch Lomond (Infos: Tel. 01389/722 199, www.west-highland-way.co.uk).

Balmaha

2 Vom idyllischen Kieselstrand hinter dem kleinen Sporthafen Balmaha am Ostufer fällt der Blick auf die Bergkette, die majestätisch über dem Nordwestufer aufragt. Die Highland-Linie verläuft auf der Höhe von Balmaha mitten durch den hier im Süden breiten, sanften und gegen Norden zu schmalen, schroffen See. Sie wird bezeichnet von einer Kette bewaldeter Inselchen wie dem Naturschutzgebiet Inchcailloch, der ›Insel der alten Frauen‹, so genannt nach einem alten Nonnenkloster. Auf einem Naturpfad kann man über die Insel und zur Ruine aus dem 14. Jh. wandern.

Im Besucherzentrum im Ort kann man sich ebenfalls über die Naturgeschichte des Loch Lomond und Waldspaziergänge informieren (April–Okt. tgl. 10–18 Uhr).

Mit der Autorin unterwegs

Sehenswert

Wer die Schönheiten der traditionsreichen Sommerfrische **Isle of Bute** gesehen hat, versteht, warum Stella McCartney hier heiratete (s. S. 173f.). Eine ganze Stadt baute der menschenfreundliche Unternehmer Robert Owen im 18. Jh. für seine Arbeiter. Zu einem riesigen Besucherzentrum mit disneyhaften Zügen ausgebaut, ist **New Lanark** ein lehrreiches Rundumerlebnis (s. S. 175).

Hochlandluft schnuppern

In unmittelbarer Nähe der Großstadt Glasgow können Sie in Schottlands erstem **Nationalpark** vielfältige Aktivangebote nutzen. Leichtere, auch für Kinder geeignete Wanderungen kann man am **Lomond-Ufer** um das neue Besucherzentrum unternehmen, vielleicht sogar auf dem West Highland Way, der hier entlangführt (s. S. 167). Ein wunderschöner Wasserfall lässt sich von **Callander** aus erwandern (s. S. 171). Etwas mehr Kondition erfordert der Aufstieg auf den **Ben Lomond**, bei dem man indes nicht mit Hochlandeinsamkeit rechnen sollte (s. rechts).

Bootsausflüge: MacFarlane, Pier, Tel. 01360/870 214. Ganzjähriger Bootsverkehr zu den Inseln, z. B. im Sommer Inchcailloch.

Ben Lomond

3 Ein Sträßchen windet sich am Ufer hinter Balmaha entlang bis zum viel von Wanderern frequentierten Rowardennan Hotel am Fuße des 974 m hohen Ben Lomond. Er ist der südlichste und einer der meistbestiegenen Munros. Die Vielzahl der Wanderer stellt für den Lomond wie für alle anderen ›Lieblingsberge‹ der *Mountaineers* eine zunehmende Umweltgefährdung dar. Gegenüber vom Hotel führt ein gut sichtbarer, grandiose Aussichten bietender steiler Pfad in etwa vier Stunden auf den Gipfel und wieder hinunter. Nicht nur der Berg, sondern auch die gesamten Seeufer müssen, vor allem an Sommerwochenenden, einem wahren Besucheransturm standhalten.

Im Informationszentrum des National Trust am Parkplatz gibt es Wanderinfos für die zahlreichen markierten Wanderwege und einen Ranger-Service für geführte Wanderungen. Auf dem Ardress Hidden History Trail kann die ganze Familie ohne große Anstrengungen wandern.

Rowardennan Hotel: bei Drymen, Tel. 01360/870 273, Fax 01360/870 054, www.rowardennanhotel.com. Einfaches Hotel am Ufer des Loch Lomond. DZ 60–100 £.
Rowardennan Youth Hostel: Tel.0870/004 1148, Fax 01360/870 256, www.syha.org.uk. In einem viktorianischen Jagdlodge am Seeufer (am Beginn des Fußwegs auf den Ben Lomond), recht komfortabel modernisiert, auch Familienzimmer, Wassersport und Outdoor-Sport möglich. Bett 11–12,50 £.

Trossachs

Sir Walter Scott hat das Gebiet um Loch Katrine mit seinem Roman ›Rob Roy‹ sowie dem Versepos ›The Lady of the Lake‹ bekannt, ja zu einem Muss jeder Schottlandreise gemacht. Der teils hier an Originalschauplätzen gedrehte Hollywood-Film ›Rob Roy‹ von 1995

Loch Lomond and the Trossachs National Park

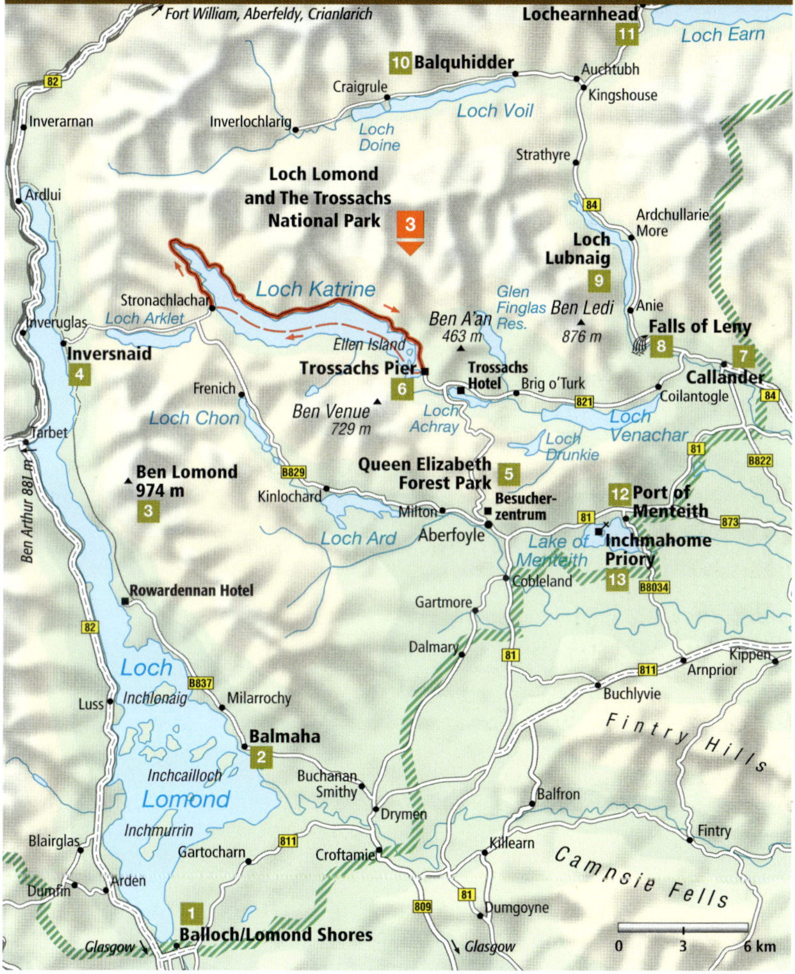

mit Liam Neeson in der Rolle des ›Robin Hood der Highlands‹ sorgte für weitere Furore. Den ›Stempel des Besonderen‹ vermisste Fontane an den Trossachs – gleichwohl wollte er wegen des von Scott gewobenen Mythos auf den Ausflug nicht verzichten.

Im Touristenort Aberfoyle zweigt die B 829 ab, die am Ufer des schönen Loch Ard und des Loch Chon nach Stronachlachar am oberen Loch Katrine und weiter nach **Inversnaid** 4 führt. Hier können Sie einen Blick auf den schmalen Nordzipfel des Loch Lomond und den markanten Ben Arthur am gegenüberliegenden Ufer riskieren, der knapp unter Munro-Höhe bleibt. Seinen Spitznamen *Cobbler*, ›Flickschuster‹, verdankt der schwer erklimmbare Hausberg der Glaswegians der Form seiner drei Gipfel.

Kurz hinter Aberfoyle informiert das Besucherzentrum des riesigen **Queen Elizabeth Forest Park** 5, der sich bis an die Ufer des Loch Lomond erstreckt, über Natur, Schutzmaßnahmen und Aktivitäten. Hier beginnen auch zahlreiche Wege für Wanderer und Mountainbiker, außerdem hat man schöne Ausblicke (Ostern–Dez. tgl. 10–18 Uhr).

Am **Trossachs Pier** 6 am Südzipfel des Loch Katrine gibt's kein Entrinnen mehr vor Reisebussen, Souvenirbuden, Ausflugshotellerie und der obligatorischen Bötchentour auf dem Dampfer ›S. S. Sir Walter Scott‹. »Was aber sind nun die Trossachs?«, fragt Fontane und antwortet: »Sie sind ein Pass, eine Schlucht, ein Hohlweg, der sich an einem Flüsschen entlang zwischen den zwei Felsmassen des Ben A'an und Ben Venue hinzieht, die wie Wächter neben dem Loch Katrine stehen und, ihre Häupter in seinem Wasser spiegelnd, ihre breiten Rücken bis zum Loch Achray hin zurückstrecken.« Ein netter Spaziergang auf asphaltierter Piste führt am Ufer entlang, und im März oder April, wenn die Gipfel über dem See noch weiß sind, hat man die Trossachs hier fast für sich.

So viel Berg- und Seenschönheit macht satt und unbescheiden: Halbherzig nur vermag man den schönen kleinen Loch Achray mit dem reizenden neugotischen Schlösschen am Ufer zu würdigen, kaum den längeren, weniger spektakulären Loch Venachar. Der nur 463 m hohe Felsgipfel des Ben A'an, vom Parkplatz beim Trossachshotel am Loch Achray auf einem markierten Weg problemlos zu ersteigen, hieß ursprünglich Am Binnein und wurde nach Sir Walters Roman umbenannt – Sieg des Mythos über die Realität.

Richtig Reisen-Tipp: Kombinierte Dampfer-Rad-Tour um den Loch Katrine

Die Rundtour (s. Karte S. 169) beginnt mit der morgendlichen Dampferfahrt von Trossachs Pier nach Stronachlachar. Der einzige in Schottland noch aktive Schraubendampfer wurde 1899 in Dumbarton gebaut und tut seit 1900 Dienst auf dem Loch Katrine. (Von Trossachs Pier nach Stronachlachar besteht keine durchgehende Radelmöglichkeit.)

Dann schwingt man sich aufs Rad und nimmt die Straße im Uhrzeigersinn um den See. Zunächst geht es um den Nordzipfel des Sees herum, dann ostwärts am nördlichen Ufer zurück nach Trossachs Pier. Wer nicht während der ca. 45-minütigen Fahrt auf dem Dampfer essen möchte, sollte sich etwas für ein Picknick mitnehmen, denn das einsame Seeufer lädt dazu ein.

Die ersten ca. 2 km ist die Route völlig eben. Aber auch auf der folgenden Strecke hat man kaum Steigungen zu überwinden außer einer 100-m-Steigung nach etwa einem Drittel des Wegs. Hier am Loch Katrine bietet sich somit eine gute Gelegenheit, die wild-romantische Berglandschaft hautnah kennen zu lernen, ohne allzu sehr strampeln zu müssen.

Die Straße führt viel zwischen Bäumen hindurch, aber den See hat man fast immer im Blick. Wenn man stets auf der Uferstraße bleibt, braucht man keine Karte (ansonsten eignet sich die Ordnance Survey Map, Landranger 56, 57).

Praktische Hinweise

Fahrradverleih: Trossachs Pier, Tel. 01877/376 284
Länge: 21 km
Dauer: ein halber Tag
Fahrplan: Dampfer ›S. S. Sir Walter Scott‹ April–Okt. Do–Di 11 Uhr mit Anlegen in Stronachlachar (in der Hauptsaison auch Mi, vorher anrufen), am besten den Platz fürs Rad vorbuchen, Nachmittagstouren tgl. 13.45 und 15.15 Uhr erfolgen ohne Anlegen, Tel. 01877/376 316.

Trossachs Holiday Park: Aberfoyle, Tel. 01877/382 614, Fax 01877/382 732, www.trossachsholidays.co.uk. 5 Sterne, Kinderspielplatz, Vermietung von Holzhäusern, Fahrradverleih. Stellplatz inkl. 2 Pers. 12,50–18 £.

Callander

7 In der Vorsaison ist die nette viktorianische ›Tourifalle‹ Callander, die ›Hauptstadt der Trossachs‹, fest in der Hand der Rentner. Eine der Attraktionen sind die *woollen mills*, von denen es hier mehr gibt als anderswo. »Bösewicht oder Held?«, fragt das in Callanders neugotischer Kirche untergebrachte Rob Roy & Trossachs Visitor Centre scheinheilig – natürlich ein Held – und vermarktet den einstigen Clanchef der MacGregors (s. u.) ohne Scham (Ancaster Square, März–Mai, Okt.–Dez. 10–17, Juni, Sept. 9.30–18, Juli/Aug. 9–18, Jan./Feb. 11–15 Uhr).

Schöne Spaziergänge (und Fahrstraßen) führen zu den dramatischen, treppenartigen Bracklinn Falls oberhalb des Orts und zu den **Falls of Leny** 8 – die eher Stromschnellen sind – an der A 84 nach Norden. Geht man hier vom Parkplatz nicht links hinunter zu den Wasserfällen, sondern rechts von der Straße ein paar Meter durch Mooswald und Sumpf bergan, ist man meist allein in der würzigen Highland-Luft. Fontane hätte besser die Wanderstiefel geschnürt.

Tourist Information: im Rob Roy & Trossachs Visitor Centre (s. o.), Tel. 08707/200 628, www.visitscottishheartlands.org.

Roman Camp Hotel: Tel. 01877/330 003, Fax 01877/331 533, www.romancamp-hotel.co.uk. Country House-Luxus, ehemaliges Schloss (17. Jh.) der Herzöge von Perth nahe römischen Ruinen, Antiquitäten, Wintergarten, eleganter Speisesaal, renommiertes Restaurant. DZ 125–185 £.

Lubnaig Hotel: Leny Feus, Tel./Fax 01877/330 376, www.lubnaighouse.co.uk. Familiengeführtes kleines Landhaus in eigenen *grounds*. DZ 56–78 £.

Bridgend Cottage: Kilmahog, Tel. 01877/330 385. Ensuite-B & B in ehemaligem Wildhüter-Cottage. DZ 40–50 £.

Dun Whinny's: 9 Bridge St., Tel. 01877/331 254, tgl. 9–17 Uhr. Gemütlich, hausgemachte leckere Mittagssnacks, Kaffee und Kuchen.

Busse: mehrmals tgl. Verbindungen von/nach Stirling und Glasgow.

Nördlich von Callander

Wenn die Abendschatten einfallen, fahren die Fischer mit Bötchen auf den **Loch Lubnaig** 9, der lang gezogen und schmal ist wie die meisten der von den Gletschern in den Stein gepflügten Seen Schottlands. Auf dem stimmungsvollen Friedhof von **Balquhidder** 10 liegt, die einzige greifbare Spur des Mythos, Rob Roy mit Familie begraben. Geboren 1671 in Glengyle am Nordufer des Loch Katrine, verbrachte er ein unruhiges, kaum heldenhaftes Leben als Viehdieb, Aufständischer und Intimfeind des Herzogs von Montrose. 1734 starb er betagt und friedlich im Bett. Noch die Grabinschrift ist trotzig: ›MacGregor Despite Them‹. Durch die Bäume schimmert silbern die Wasserfläche des Loch Voil.

Niedrigere Berge rahmen das nahe Wassersportparadies des Loch Earn. Das kleine **Lochearnhead** 11, wie der Name verheißt, am Kopfende des Sees gelegen, scheint nur aus Stegen, Boot- und Wasserskiverleihen zu bestehen. Es ist eines der größten Zentren für motorisierten Wassersport in Schottland.

Monachyle Mhor Farm Hotel: Tel. 01877/384 622, Fax 01877/384 305, www.monachylemhor.com. 6 km westl., am Ende des Loch Voil, komfortable georgianische Farm, entzückende Bar, offene Kamine, Restaurant (französisch angehauchte schottische Küche, Dinner ab 35 £). DZ 95–190 £.

Creagan House: Strathyre, am Kopf des Loch Lubnaig, Tel. 01877/384 638, Fax 01877/384 319, www.creaganhouse.co.uk. ›Restaurant mit Zimmern‹, empfehlenswertes Country House des 17. Jh., preisgekrön-

Schottische Bilderbuchlandschaft am Loch Lomond

tes Essen im gemütlichen Baronialstil-Saal (Dinner ab 22,50 £), drumherum schöne Wanderwege. DZ ab 100 £.

Lochearnhead Hotel: Lochside, Tel. 01567/830 229, Fax 01567/830 364, www.lochearnhead-hotel.com. Angenehmes Familienhotel. DZ 66 £.

Lochearnhead Watersports: Tel. 01567/830 330. Wasserski, auch für Behinderte, Jetski, Schnellboote-Verleih und Schule, Café-Restaurant und Unterkunft im Lochearnhead Hotel (s. o.).

Lake Menteith

Strahlend weiße Nussschalen legen vom romantischen Pier von **Port of Menteith** 12 am gleichnamigen See ab, Schottlands einzigem *lake* unter all den Lochs. So schippert man, wie weiland die kleine Maria Stuart, zur romanischen **Inchmahome Priory** 13 auf einem bewaldeten Eiland. Die Abtei, in der die Königin vor dem rauen Werben (s. S. 34) des englischen Königs Heinrich VIII. in Sicherheit gebracht wurde, ist heute nur noch eine, wenngleich beeindruckende, Ruine (25. März–Sept. tgl. 9.30–18.30 Uhr, Fähre vorhanden).

Route: Zur Isle of Bute

Reiseatlas: S. 11/12 C/D 1

Schon im 19. Jh. gehörte eine Dampferfahrt das breite Clyde-Ästuar hinunter zu den Lieblingsausflügen der Glaswegians. Auf der entzückenden kleinen Insel Bute, besonders in der viktorianischen Sommerfrische Rothesay, erinnert noch viel an diese Zeit.

Auf dreierlei Weise gelangt man nach Bute: per Schiff, Zug oder mit dem eigenen Fahrzeug. An bestimmten Tagen in den warmen Monaten legt ›P. S. Waverley‹, einer der letzten Raddampfer der Welt, auf seiner Rundreise auf dem Clyde auch so in der Inselhauptstadt Rothesay an, dass man ca. drei Stunden Aufenthalt hat. Für einen Abstecher nach Mount Stuart ist das in der Regel zu knapp (s. S. 174, genaue Termine im Internet-Fahrplan).

Port Glasgow und Wemyss Bay

Wie man auch reist, am Clyde-Ufer von Port Glasgow bis Greenock fällt der Blick auf das, was von der einst küstenumfassenden Werftindustrie übrig blieb. Neben Industriebrachen zeugen moderne Lager- und Fabrikhallen vom erfolgreichen Einstieg ins Zeitalter der Hochtechnologie. Am Ufer von **Port Glasgow** versucht sich das spätmittelalterliche Tower House **Newark Castle** gegen die erdrückende Werftkulisse zu behaupten. Fantastische Ausblicke ergeben sich auf das weite, blaue Meer, am Nordufer türmen sich die grandiosen Bergketten der Halbinsel von Cowall.

Mehrmals täglich fahren Züge vom Glasgower Hauptbahnhof nach **Wemyss Bay,** von wo die Calmac-Fähre etwa alle 45 Minuten nach Rothesay übersetzt. Die original erhaltene viktorianische Bahnhofsanlage ist eine fächerartige, fast schwerelose Eisen- und Glaskonstruktion in Pastell.

Rothesay

Nach einer halbstündigen Fährfahrt ist man im charmanten **Rothesay,** dessen bunte Bauten sich in eine flache Bucht schmiegen. Die viktorianische Symphonie von Wemyss setzt sich hier nahtlos in Pensionen, Laternen, Pavillons, Unterstellhäuschen und den einzigartigen Herrentoiletten am Hafen fort: Der feine Herr urinierte – und uriniert – zwischen bunt gemusterten Kacheln und Kupferrohren in stilvolle Pissoirs aus Marmor und Email (tgl. 8–18, im Sommer bis 21 Uhr). Schlendern Sie durch den gemütlichen Ort am Hafen und an der Strandpromenade entlang.

Rothesay Castle aus dem 13. Jh. erhebt sich trutzig, wenn auch etwas derangiert mit vier massiven Rundtürmen auf einem grasbewachsenen Hügel inmitten eines Wassergrabens – idyllischer geht's kaum (25. März–Sept. tgl. 9.30–18.30, Okt.–24. März Sa–Mi 9.30–16.30 Uhr).

Mount Stuart

Wenige Kilometer südlich von Rothesay steht eines der prächtigsten Schlösser Schottlands: **Mount Stuart.** Alle 45 Minuten fährt ein Bus von Rothesay die 7 km, dann geht man 15 Minuten durch den ausgedehnten Park oder nutzt den angebotenen Shuttle-Bus. Um die Wende zum 20. Jh. ließ der dritte Marquess of Bute das Insel-Neuschwanstein von seinem Architekten Robert Rowand Anderson errichten: eine prachtvolle, von Glas- und Deckenmalereien, neogotischem Zierat und kathedralartigen Spitzbogenstaffeln überquellende *folly.* Hier feierte Stella McCartney, von der Öffentlichkeit abgeschirmt, ihre Hochzeit mit Alasdhair Willis. Eine Lindenallee führt zum stillen Strand hinunter (Mai–Sept. Mo, Mi, Fr–So Haus 11–16.30, Gärten 10–17 Uhr).

Isle of Bute Discovery Centre: Tel. 0700/502 151, Mo–Fr 9–17, Sa/So 10–16 Uhr, im Sommer länger. Bute im Internet: www.isle-of-bute.com.

Cannon House Hotel: Battery Place, Tel. 01700/502 819, Fax 01700/505 725, www.cannonhousehotel.co.uk. An der Seafront mit Meerblick, elegantes spätgeorgianisches Haus, individuell eingerichtete Zimmer, Restaurant auch für *non-residents.* DZ 65–100 £.

Helensburgh: Mackintosh-Fans sollten in dem 23 km nordwestlich von Glasgow gelegenen Ort das Hill House (1903) besuchen, des Meisters vielleicht schönstes Haus, das er für den Verleger Walter Blackie entwarf. Die Verbindung von traditionellen schottischen mit avantgardistischen Architekturelementen und die von Mackintosh und seiner Frau Margaret entworfene Inneneinrichtung wirken noch heute atemberaubend modern (Upper Colquhoun St., Ostern–Okt. tgl. 13.30–17.30 Uhr).

Ardmory House Hotel: Ardmory Road (2 km außerhalb), Tel. 0141/50 2346, Fax 0141/50 5596, ardmory.house.hotel@dial.pipex.com. Komfortables kleines Hotel von 1833 in eigenen *grounds* mit schönen Blicken, Wintergarten, Café/Restaurant – schottisch mit internationalem Touch – auch für *non-residents.* DZ 75 £, Dinner 15 £.

The Harbour-Café: 16 East Princes St., Tel. 01700/505 166, tgl. 10–17 Uhr. Kaffee, Kuchen, Snacks und Internet.
West End: 1 Gallowgate, Di–So 12–24 Uhr. Preisgekrönte Fish 'n' Chips (nur Schellfisch), Pizza, Fettgebackenes.

Jazzfestival: Mai, s. S. 54
Folkfestival: Juli
Highland Games: Aug.

Rob Cycles: 19 East Princess St., Tel. 01700/502 333. Fahrradverleih.
Rothesay Golf Club: Tel. 01700/503 554. 18-Loch-Platz, schöne Blicke auf den Firth of Clyde, Besucher willkommen.

Bahn: s. S. 173
Bus nach Mount Stuart: s. S. 173
Fähre nach Rothesay: Calmac, Tel. 0141/502 707, Fax 0141/502 853, www.calmac.co.uk.

Route: Durch das Clyde-Tal nach New Lanark

Reiseatlas: S. 12, E/F 1
Der Ausflug führt über Bothwell Castle und das georgianische Jagdschlösschen Chatelherault zu Robert Owens Musterbaumwollfabrik New Lanark. Vorstädte, Industrieanlagen und -brachen prägen die Umgebung – nicht eben romantisch, aber man gewinnt einen Eindruck von Schottlands Industrie und ihren Problemen.

Bothwell Castle

Die beeindruckenden sandsteinroten Ruinen mit Rundtürmen und 5 m dicken Mauern erheben sich auf einem Felshügel über dem Clyde. Das umkämpfte Bollwerk ist Schottlands bedeutendste Burg aus dem 13. Jh. (25. März–Sept. tgl. 9.30–18.30, Okt.–24. März. Sa–Mi 9–16.30 Uhr).

Chatelherault

Einen stärkeren Kontrast zwischen der wehrhaften Festung und der georgianischen Leichtigkeit des Jagdschlösschens von Chatelherault ließe sich kaum denken. Hinter der verspielten Schaufassade liegen einige stuckverzierte Herrschaftsräume und der fensterlose Dienstbotenflügel, draußen die ehemaligen Hundezwinger. Dass die *folly,* die William Adam für den Herzog von Hamilton erbaute, spürbare Schlagseite hat – 1 m Gefälle auf etwa 50 m Länge – verdankt sie den Kohleminen unter ihr. Das aus Ruinen wiederaufgebaute Jagdschlösschen liegt nämlich inmitten des größten schottischen Bergbaugebiets des 19. Jh. – das dazugehörige Herrenhaus, einst das größte Schottlands, fiel ihm bereits zum Opfer. Von Chatelherault schweift der Blick über das Industriegebiet und die Hochhäuser von Motherwell. Wege führen durch den weiten Chatelherault Country Park, zu den Ruinen von Cadzow Castle und dem Rundtempeldenkmal für den 11. Herzog. Über allem schwebt ein Hauch von Unwirklichkeit: die gefährdete Pracht vergangener Zeiten, umfangen von dem sterbenskranken Industriekraken (Schloss Mo–Do, Sa 10.30–16.30, So 12.30–16.30 Uhr, Besucherzentrum zum Clyde-Tal Mo–Sa 10–17, So 12–17 Uhr; Ranger Service, Tel. 01698/426 213).

New Lanark

In einem tief eingeschnittenen, bewaldeten Tal des Clyde errichteten der Unternehmer David Dale (1739–1806) und sein Schwiegersohn Robert Owen (1771–1858) eine große Baumwollfabrik nebst der dazugehörigen Siedlung für 2500 Arbeiter und ihre Familien. Hier setzte der walisische Sozialreformer Owen seine Utopie von einer humanen Gesellschaft in die Tat um. Erwachsenenbildung, Schulen für die Kinder, menschliche Arbeitsbedingungen, gute Versorgung durch einen eigenen Laden, gesunde Wohnungen.

Den besten Eindruck von den lang gestreckten, uniformen grauen Gebäudereihen der Arbeitersiedlung gewinnt man vom Aussichtspunkt kurz hinter dem Parkplatz – das Weltkulturerbe New Lanark ist autofreie Zone. Im Zuge einer größtenteils abgeschlossenen Renovierungs- und Revitalisierungskampagne wurden hier Künstlerateliers angesiedelt und die Wohnungen nach modernen Maßstäben renoviert.

Damit einher ging eine touristische Aufwertung, die New Lanark zu so etwas wie dem Disneyland des Clyde gemacht hat. Die Gondeln des ›New Millennium Experience‹ schaukeln Besucher durch die audiovisuell nachgestellte Welt des Robert Owen. Sehenswert sind der viktorianische Dorfladen, zwei Arbeiterwohnungen von 1820 und 1930, die Dorfschule sowie Robert Owens Haus (tgl. 11–17 Uhr).

Owens Schwiegervater hatte angezogen, was Romantiker wie Turner und Wordsworth gemalt und bedichtet hatten: die **Clyde Falls** bzw. deren Wasserkraft. Ein 3 km langer, ca. einstündiger Spaziergang flussaufwärts führt zu drei Wasserfällen.

Tourist Information: Horsemarket, Ladyacre Road, Tel. 01555/661 661, www.newlanark.org, Mo–Sa 10–17 Uhr, im Sommer auch So.

New Lanark Mill Hotel: Mill One, Tel. 01555/667 200 Fax 01555/667 222, www.newlanark.org. Modernes Hotel in alter Mühle im Denkmalkomplex, direkt über dem Fluss, auch luxuriöse Ferienwohnungen. DZ 109 £.

Jugendherberge:

Wee Row: Tel. 0870/004 1143, www.syha.org.uk. Moderne Jugendherberge in denkmalgeschütztem Haus, 2-, 4- und 5-Bett-Zimmer. Bett 11–22 £.

Bahn: Mehrmals tgl. Verbindungen von Glasgow Central nach Lanark.

Der Smailholm Tower nordwestlich von Kelso

Kapitel 3

Die Lowlands

Auf einen Blick: Die Lowlands

Hügeliges ›Tiefland‹

Das pastorale, sanfte Hügelland südlich der großen Städte besteht aus Ayrshire sowie Dumfries and Galloway im Westen und den Borders im Osten. Die Regionen sind mit zahlreichen historischen Sehenswürdigkeiten gespickt und bieten in Hülle und Fülle Möglichkeiten für Erkundungstouren und Aktivurlaub.

Lowlands – ›Tiefland‹ – heißen die Landschaften nördlich der englischen Grenze seit alters, obwohl das ein wenig irreführend ist: In Wahrheit handelt es sich um ein Hügelland mit Bergketten von bis zu knapp 700 m Höhe, die sich grob betrachtet im Innern der jeweiligen Regionen befinden. Auf den Küstenstreifen und in den Tälern wird intensiv Landwirtschaft betrieben.

Da viele Besucher die Highlands für den Inbegriff von Schottland halten, kommen die Lowlands oft zu kurz – zu Unrecht. Gleichwohl ist der Gegensatz zwischen den gälischen Highlands und den anglisierten Lowlands prägend für die schottische Identität (s. S. 46).

Hügelkuppen wie Brotlaibe, grüne Täler, in die sich viktorianische Landhaushotels schmiegen, romantische Klosterruinen und trutzige Burgen, umflossen von den Mäandern des lachsreichen Tweed: Das sind die Borders, seit alters – wie der Name sagt – Grenzland und als solches sowie der fruchtbaren Scholle wegen hart umkämpft. Dass die Barone bis ins 17. Jh. wie im Wilden Westen das Gesetz in die eigene Hand nahmen, zeigen die vielen wehrhaften Burgen wie Smailholm Tower oder Hermitage Castle.

Auf den Spuren der Dichter

Das Grenzland hat Heldenballaden geradezu herausgefordert – so wurde es zu ›Walter-Scott-Land‹. Zwischen die mittelalterlichen Abteien Melrose, Jedburgh, Dryburgh und Kelso setzte Scott seinen Traum vom schottischen Mittelalter, Abbotsford House. So wie die Borders Sir Walter gehören, gehören die südwestlichen Lowlands Robert Burns, dessen Gedenkstätten sich um Alloway und Dumfries häufen.

Highlights

4 **Kircudbright:** Die ehemalige Künstlerkolonie an der Solway-Küste hat nicht nur jede Menge Flair, sondern auch Pensionen und Restaurants zum Wohlfühlen (s. S. 191f.).

5 **Melrose:** Ein reizendes Landstädtchen mit guten Wandermöglichkeiten, einer erprobten touristischen Infrastruktur und der vielleicht romantischsten Abteiruine Schottlands (s. S. 198ff.).

Empfehlenswerte Routen

Entlang der Solway-Küste: An einer der schönsten Küsten Schottlands stößt man auf kunsthistorische Schätze aus unterschiedlichen Epochen – von der Jungsteinzeit bis zum Mittelalter (s. S. 188ff.).

Auf Walter Scotts Spuren durch die Borders: Abbotsford House, Scott's View, Dryburgh Abbey, Smailholm Tower (s. S. 196ff.).

Am oberen Tweed und am Yarrow: Zu großen Herrenhäusern wie Traquair House und Bowhill in das zunehmend einsame Bergland zwischen Borders und Dumfries and Galloway (s. S. 205ff.).

Reise- und Zeitplanung

Sowohl in den Borders als auch in Dumfries and Galloway kann man jeweils einen zweiwöchigen Urlaub verbringen, ohne dass es einem langweilig wird. Fürs Kennenlernen der wichtigsten Sehenswürdigkeiten veranschlagt man jeweils mindestens drei Tage. Vor allem Dumfries and Galloway sind ideal für einen Familienurlaub: Aktivitäten und kindergerechte Amusements gibt es hier zuhauf.

Da man im Tiefland gut per Rad oder zu Fuß frische Luft schnuppern kann, bieten sich die wärmeren Monate von Mai bis September an. Wer Mitte Juni bis Anfang Juli kommt, kann sich die Common Ridings in den Borders ansehen. Im Winter sind die meisten Sehenswürdigkeiten sowie manche Hotels und Restaurants geschlossen.

Caerlaverock Castle bei Dumfries

Verkehrsmittel

Die Bahnverbindungen verlaufen in den Borders nur entlang der Küste nach Edinburgh, in Dumfries and Galloway entlang der Westküste von Glasgow zum Fährhafen Stanraer sowie auf zwei Strecken durchs Landesinnere, so von Glasgow nach Dumfries. Zwischen Edinburgh und den Borders-Städten sowie zwischen den Städten beider Regionen bestehen Busverbindungen.

Richtig Reisen-Tipps

Minikreuzfahrt von Rotterdam nach Hull: Eine gemächliche ›Kreuzfahrt‹ mit minimalem Reisestress für Familien (s. S. 182).

Die Rhinns of Galloway – zwei Gärten und zwei Leuchttürme: Die ›Zelte‹ in einem funktionierenden Leuchtturm aufschlagen, Klippenwanderungen unternehmen und klassische Gärten besuchen (s. S. 194).

Wanderung auf die Eildon Hills: Nicht allzu fordernde Rundwanderung auf den markantesten Gipfel der Borders (s. S. 200).

Country House-Urlaub in Ednam: Im Landhaushotel übernachten und schlemmen und von dort einen weniger besuchten Teil der ländlichen Borders erkunden (s. S. 203).

Die südwestlichen Lowlands

Reiseatlas S. 12/13

Lassen Sie sich zu kunstgeschichtlichen Glanzlichtern wie Caerlaverock, Drumlanrig oder Culzean Castle und mittelalterlichen Abteien wie Sweetheart und Dundrennan entführen. Spätestens an der sanften Sonnenküste des Solway Firth rund um die Künstlerkolonie Kircudbright wird jeder einsehen, dass Schottland nicht nur aus den Highlands besteht.

Ayrshire

Reiseatlas: S. 12, D 2

Ayr

Die geschäftige Markt- und Seebadestadt, Hauptstadt der westlichen, weitgehend flachen Küstenlandschaft Ayrshire, hat, wenn auch in geringerem Maße als Alloway, ihre Burns-Flecken: die vom Dichter besungene **Auld Brig** aus dem 13. Jh., den alten, immer vollen Tam o'Shanter Pub in No. 230 der Einkaufsmeile High Street. Ohne Burns kommen der weite Sandstrand mit den typisch britischen Seebadeort-Amusements und den viktorianischen Pensionen dahinter aus sowie der großzügige Wellington Square mit seinen pastellbunten georgianischen Häuserfronten.

Tourist Information: 22 Sandgate, Tel. 01292/290 300, www.ayrshire-arran.com, Mo–Sa 9–17, im Sommer Mo–Sa 9–18, So 10–17 Uhr.

Nether Underwood: bei Symington an der A 77 nach Glasgow, Tel. 01563/830 666, Fax 01563/830 777, www.netherunderwood.co.uk. Stilvolles Country House der 1930er Jahre mit guter Küche, keine Kinder unter 16. DZ 100 £.

Richmond Guest House: 38 Park Circus, Tel. 01292/265 153, Fax 01292/288 816, www.richmond-guest-house.co.uk. Viktorianisches Reihenhaus, recht geschmackvolle Ensuite-Räume. DZ 65 £.

Craigie Gardens Caravan Club Site: Tel. 01292/264 909, www.caravanclub.co.uk. 5 Sterne, im Craigie Park, schattig. 11,50–23 £ pro Caravan.

Radtour: Die 3 km lange Strecke nach Alloway und weiter nach Culzean Castle kann man gut radeln. Fahrradverleih: AMG Cycles, 55 Dalblair Rd., Tel. 01292/287 580.

Fouters Bistro: 2A Academy St., Tel. 01292/261 391, Di–Sa 12–14.30, 17.30–22 Uhr. Seit Jahren das beste Restaurant der Stadt, informell unter Gewölben, viel Seafood. Hauptgericht 12 £.

Stables Coffee House & Restaurant: 41 Sandgate, Mo–Sa 9–17 Uhr. Nett im Innenhof, Lunch, Kaffee und Kuchen, Weinbar-Bistro-Atmosphäre. Lunch 5 £.

Tam o'Shanter: High Street, Mo–Sa 11–23, So 12.30–23 Uhr. Traditioneller Pub mit Burns-Zitaten an den Wänden.

Burns an' a' that (›Burns und all das‹): Ende Mai/Anfang Juni. Theater- und Musikfest in Ayr und Alloway, abschließendes Galakonzert in Culzean Castle.

Pferderennen: Ayr Racecourse, 2 Whitletts Rd., Tel. 0870/850 5666. Ganzjährig.

Ayr ist der Verkehrskontenpunkt der Region Ayrshire.

Bahn: Verbindungen etwa halbstündlich von Glasgow.

Busse: von Stagecoach Western, Tel. 01292/613 500) z. B. nach Dumfries und Mo–Sa stdl. nach Alloway (No. 57).

Mietwagen: Arnold Clark, 196 Prestwick Rd., Tel. 01292/270 037.

Alloway

Im adretten Alloway, heute ein Vorörtchen von Ayr, wurde Schottlands Nationaldichter geboren (s. S. 58f.). Vom klassizistischen Rundtempel des **Burns Monument** inmitten eines kleinen Parks schweift der Blick zur mittelalterlichen **Brig o'Doon,** die ihren Bogen elegant über den Doon schwingt. Über ihre hohe, kopfsteingepflasterte Kuppe entkam Tam o'Shanter der Hexe, da das Satansvolk fließendes Wasser nicht überqueren kann; den Preis, einen ausgerissenen Schweif, zahlte die Stute Meg.

Gegenüber, in der Kirchenruine der alten **Alloway Kirk,** beobachtete Tam, der zu lange im Wirtshaus gefeiert hatte, die ausgelassen tanzende Teufelsbande. Das Grab von Robert Burns' Vater William sowie einige fantasievoll mit Skeletten und Vater Chronos verzierte moosgrüne Grabsteine aus dem 18. Jh. erhöhen den gespenstischen Reiz des Friedhofs.

Dies alles gehört mitsamt dem 1995 von der Queen eröffneten, supermodernen Audivisonsspektakel **Tam o'Shanter Experience** zum Burns National Heritage Park. Trotz der *guided tour* mit Kopfhörer und Puppenausstattung kommt das lang gestreckte **Burns Cottage** im Ortszentrum im Vergleich dazu richtig altertümlich daher. In diesem strohgedeckten Bauernhaus mit dem kleinen Cottage-Garten, schottisch *kailyard,* wurde Robbie geboren, sang seine Mutter ihm schottische Volks- und Gespensterballaden vor. Das angeschlossene Museum zeigt Originalbuchausgaben und -manuskripte sowie Illustrationen seiner Werke – Tam o'Shanter immer an der tellerartigen Bommelmütze zu erkennen, dem Tammy – sowie Burns-Devotionalien satt. Dezent verschweigt man hier, dass der Frauenheld seine Jean Armour erst nach dem vierten Kind – zweimal Zwillinge – heiratete, hochgestellte Damen anhimmelte und Schankmägde schwängerte (April–Okt. tgl. 9.30–17.30, Nov.–März 10–16 Uhr).

Mit der Autorin unterwegs

Künstler und Sammler

In dem netten Dorf **Alloway** hat fast jeder Winkel einen Bezug zum schottischen Nationaldichter Robert Burns (s. links). **Culzean Castle** mit großem Park und *follies* (Zierbauten) ist ein klassizistisches Meisterwerk von Robert Adam (s. S. 183). Wenn Sie sich für Kunst interessieren, sollten Sie einen Besuch von **Drumlanrig Castle** fest einplanen, denn der prachtvolle Hochadelssitz beherbergt eine bedeutende Gemäldesammlung u. a. mit Werken von Gainsborough und Rembrandt (s. S. 184f.). Eine der romantischsten mittelalterlichen Burgen ist **Caerlaverock Castle** (s. S. 187). Einsam sitzen Henry Moores ›König und Königin‹ im **Skulpturenpark** des Sammlers William Keswick bei Glenkiln zwischen anderen Kunstwerken in einer sanfthügeligen Moorlandschaft (s. S. 185).

Aktivitäten

Wandern, Tiere beobachten, Radeln – für die Erholung an frischer Luft ist der **Galloway Forest Park** ideal (s. S. 193). Eine schöne Wanderung an der stillen Küste entlang führt zur frühchristlichen Heiligenhöhle **St. Ninian's Cave** (s. S. 193).

Spartipp

Der **Regional Explorer Pass** für Dumfries & Galloway gewährt kostenlosen Zutritt zu allen von Historic Scotland betreuten Sehenswürdigkeiten (Erw. 14, Kinder 3,50, Familien 28 £, www.historic-scotland.gov.uk).

Brig o'Doon Hotel: Tel. 01292/442 466, Fax 01292/441 999. Außen traditioneller Landgasthof am Doon-Ufer, innen

Richtig Reisen-Tipp: Minikreuzfahrt von Rotterdam nach Hull

Relaxed reisen

Wer sich für die Anreise mit dem eigenen Pkw, Camper oder Motorrad entschieden hat, muss, um nach Schottland zu kommen, irgendwo auf eine Fähre einchecken. Machen Sie aus der Not eine Tugend und aus dem Anreisestress den ersten und letzten Urlaubstag. Vor allem für Familien mit Kindern minimiert sich der Reisestress. Mit der P&O-Verbindung zwischen Rotterdam und Hull spart man sich den größten Teil der langen Anfahrt und schläft in einer bequemen Suite oder Kabine – am besten einer Außenkabine –, während man von einer Maxi-Fähre nach Norden gebracht wird. Ein nicht zu unterschätzender Vorteil der ›Riesenpötte‹: Das Schaukeln hält sich selbst bei stärkerem Seegang in Grenzen.

An Bord

Bei Sonne ist es herrlich entspannend, ein Guinness auf dem Sonnendeck zu trinken und zu schauen, wie die rostig-geschäftige Hafenlandschaft Rotterdams langsam an einem vorbeigleitet. Im Büfett-Restaurant bedient man sich an einer großen Auswahl von Gerichten, z. B. auch mit indischem Flair. Damit man das warme und kalte Frühstück nicht verpasst – eine erste und für eine Großküche gar nicht mal schlechte Kostprobe des *cooked breakfast* britischer Tradition –, wecken einen Lautsprecher ab 6.30 Uhr morgens. Um 8 Uhr morgens legt man nämlich in Hull an.

Zwischenstopps

Nun haben Sie einen ganzen Tag Zeit, um vor der ersten Übernachtung in Schottland bzw. auf der Heimreise einige Sehenswürdigkeiten Nordenglands kennen zu lernen. In **Hull** selbst verspricht das futuristische Seewasseraquarium ›The Deep‹ den tiefsten Aussichtstunnel der Welt auf dem Meeresboden und den einzigen Unterwasseraufzug. Auf der Nationalstraße N 165 geht es in den Seebadeort Scarborough und auf der N 171 nach Whitby. Das pittoreske **Whitby** mit seinen weitläufigen Klosterruinen hoch über dem Hafen oder die Forts und spannend konzipierten Besucherzentren des römischen Hadrianswalls, der sich von Newcastle-upon-Tyne aus nach Westen erstreckt, lohnen auf jeden Fall Zwischenstopps.

Harry Potter ganz nah

Sie werden keine Schwierigkeiten haben, Ihren Nachwuchs nach **Alnwick Castle** (Reiseatlas S. 14, F 2) zu lotsen, den mächtigen und prächtigen Sitz der Herzöge von Northumberland, denn hier wurde gedreht, wie Harry Potter seinen Flugbesen meistern lernt. Die rührige Herzogin hat das gigantische, mit seinen Zinnen und Türmen noch ganz mittelalterliche Schloss mit angrenzendem Park zu einem Event Centre gemacht: Es gibt eine ›Ritterschule‹ für Kinder, an manchen Tagen laufen überlebensgroße Figuren aus den Harry-Potter-Romanen herum, Falkner demonstrieren die Flugkünste von Raubvögeln, und in einem Verlies am Eingang schmachtet ein Gefangener (Ostern–Okt. tgl. 10–18, Nov.–Ostern 11–17 Uhr). Am frühen Abend ist man dann in den Borders – im Edenwater House vielleicht oder in Melrose ...

Praktische Informationen

Abfahrt ist jeden Tag um 21 Uhr, an Bord darf man aber schon ab 17 Uhr. Achten Sie darauf, für die Luxusfähre ›Pride of Hull‹ zu buchen, auf der alles neu und modern ist. Auf dieser Fähre, einer der größten der Welt, kann man eine ›Eine-Nacht-Kreuzfahrt‹ erleben. An Bord gibt es mehrere Shops, eine Kinderspielecke, Internet-Café, Casino, Kinos, Bars mit Abendunterhaltung und die obligatorischen Daddelautomaten im Blackpool-Stil.

modernisiert als Romantik-Hotel, überall Burns-Erinnerungen. DZ 120 £.

Kirkoswald

Souter Johnnie's Cottage gehörte dem Flickschuster John Davidson, dem Vorbild für Tam o'Shanters Trinkkumpan. Im Garten des restaurierten Brauhauses sitzen die unsterblichen Figuren der Wirtshausszene, vom örtlichen Künstler Thom modelliert, auf dem Friedhof gegenüber liegen die sterblichen Überreste Davidsons und Douglas Grahams: Letzterer, Pächter der Shanter Hill Farm und Halbtagsschmuggler, besaß ein Boot namens ›Tam o'Shanter‹ und war das ›reale‹ Vorbild für Burns' berühmteste literarische Figur (Main Road, Ostern–Sept. Fr–Di 11.30–17 Uhr).

Nicht weit entfernt laden die ausgedehnten Ruinen der spätmittelalterlichen kluniazensischen **Crossraguel Abbey** zum Besuch ein. Einen schönen Blick hat man vom restaurierten Torhaus aus dem 16. Jh., und in der Sakristei hallt das Echo schauerlich wider (25. März–Sept. tgl. 9.30–18.30 Uhr).

Culzean Castle

Kein Geringerer als Stararchitekt Robert Adam verwandelte in den 1780er und 1790er Jahren das alte Tower House des Earl of Cassilis aus dem Kennedy-Clan in einen zeitgemäßen, dezent neogotischen Prachtbau: Hoch ragt eines der faszinierendsten Schlösser Schottlands (sprich: Cullin) über den Felsklippen der Westküste auf. Die georgianische Eleganz der Raumfluchten mit Adam-Spiegeln, -Leuchtern und jenen berühmten Stuckdecken in abgestuften Pastelltönen ist betörend, besonders das ovale Treppenhaus und der schwerelose zentrale Salon mit Meerblick.

Der National Trust hat Schloss, pseudorömisches Adam-Viadukt und den majestätischen Landschaftspark mit viel Mühe und Liebe renoviert. Markierte Wege führen zum Deer Park oder Cliff Walk, zum hauseigenen Strand, dem Schwanenteich, einer Pagode, dem mauerumschlossenen Garten, der Home Farm oder dem Abenteuerspielplatz. Ein Geschäft verkauft Trust-eigene Leckereien, Café und Restaurant tragen dazu bei,

Von großer Eleganz ist das Treppenhaus im Culzean Castle

Vogelschutzgebiet Ailsa Craig: In dem Ort Girvan (Reiseatlas S. 12, D 3) ein paar Kilometer südlich von Culzean starten Bootstouren zum Ailsa Craig, dem ›Feenfelsen‹, auf dem Zigtausende Tölpel brüten. Im Mai/Juni lernen die Jungen fliegen. Zu dem Muffinähnlichen Basaltblock gelangt man auf der ›MFV Glorious‹ von Mark McCrindle, die man auch für Angelausflüge mieten kann (7 Harbour St., Tel. 01465/713 219).

dass man hier leicht einen ganzen Tag mit der Familie verbringen kann (Schloss und Besucherzentrum: Ostern–Okt. tgl. 10.30–17, Besucherzentrum auch Nov.–Ostern Sa/So 11–16 Uhr, Park ganzjährig; Stagecoach-Bus 60 von Ayr nach Girvan).

Das zentrale Hügelland

Reiseatlas: S. 13, B 2/3

Sanquhar

Durch das vom Bergbau geprägte zentrale Hügelland in Richtung Südküste unterwegs, stößt man an der Hauptdurchgangsstraße von Sanquhar in einem unscheinbaren Haus mit fast schon historischer 1950er-Jahre-Einrichtung auf Schottlands und der Welt ältestes noch arbeitendes **Postamt.** Es stammt aus dem Jahr 1712.

Wanlockhead

Durch ein schönes, enges Tal mit behäbigen grünen Hügelkuppen gelangt man zu den verstreut auf verschiedenen Höhenzügen liegenden Cottagereihen der Bergarbeitersiedlung Wanlockhead, Schottlands höchstgelegenem Dorf. Eineinhalb Stunden dauert die kundige, witzige Führung durch die freiwilligen Mitarbeiter der örtlichen Initiative. Besichtigt werden ein nasser, kalter, enger Stollen, in dem die Bergleute unter lebensgefährlichen Bedingungen schufteten, und zwei rekonstruierte Cottages, in denen die Familien um 1750 und, schon etwas gemütlicher nach den Reformen des philanthropischen Mineneigentümers, des Herzogs von Bucchleuch, um 1860 lebten. Hier lernt man die Kehrseite der prachtvollen georgianischen Stadthäuser von Edinburgh kennen. Achtjährige Jungen zogen die beladenen Bleikarren durch die Stollen, Arthritis und Rheuma waren an der Tagesordnung, Ausrüstung und Nahrung mussten die *Miner* im Laden der von Quäkern betriebenen Bergbaugesellschaft kaufen – lebenslange Schuldabhängigkeit war die Folge. Heute wird in ›Gottes Schatzhaus in Schottland‹ nur noch zu Hobbyzwecken geschürft – man kann selbst Hand an die Goldpfanne legen (April–Okt. tgl. 11–16.30, Juli/Aug. 10–17 Uhr).

Jugendherberge:
Lotus Lodge: Tel. 0870/004 1157, www.syha.org.uk. Einfachste Jugendherberge in nettem alten Haus des ehmaligen Minendoktors, Bett 9 £.

Ausflüge: Ende März–Okt. Sa/So 11–17 Uhr verkehrt die alte Eisenbahn Leadhills & Wanlockhead Railway vom Museum nach Leadhills.

Drumlanrig Castle

Die Herzöge von Queensberry, später von Bucchleuch, residierten prunkvoll in der 1645–76 nach Plänen von Sir William Bruce entstandenen vierflügeligen Hofanlage aus der Spätrenaissance. Majestätisch thront das rötliche Sandsteinschloss, das eine Douglas-Festung aus dem 14./15. Jh. einschließt, über den formalen Gärten, inmitten eines weiten, von markierten Wanderwegen durchkreuzten Country Parks. Die Gemäldesammlung in den holzgetäfelten Räumen sucht ihresgleichen: die vielen schönen Frauen der Familie, porträtiert beispielsweise von Thomas Gainsborough, John Ainslies Dienstbotenporträts vom Beginn des 19. Jh., Renaissanceporträts des französischen Königs Franz I. und seiner Gemahlin von Joos van Cleve, Sir Nicholas Carew von Hans Holbein d.J., vor allem aber Rembrandts ›Lesende alte Frau‹. Leonardos ›Madonna mit der Garnspule‹ wurde 2003 gestohlen.

Ein Fahrradverleih, angelegte Mountainbike-Wege, Kunsthandwerkerläden in den ehemaligen Ställen, eine Schmiede, ein Fahrradmuseum und ein ständig vergrößerter viktorianischer Garten ergänzen das Kulturangebot in einem der lohnendsten großen Herrensitze Schottlands (Schloss Juli/Aug. Mo–Fr 11–16, Sa/So 12–16 Uhr, Mai/Juni Fr geschl.; Park Ostern–Sept. tgl. 11–17 Uhr).

Ellisland Farm

Die heute noch arbeitende Farm bietet von allen Burns-Gedenkstätten wohl den intensivsten Eindruck vom Leben des Poeten. 1788 bis 1791 versuchte Burns hier als Bauer zu leben, was aber nicht gelang. In dem Museum sind viele Memorabilien ausgestellt, in der Hermitage auf dem Gelände, einem winzigen Bau zwischen Kapelle und Gartenhäuschen, pflegte er zu dichten (April–Sept. Mo–Sa 10–13, 14–17, So 14–17, Okt.–März Di–Sa 10–17 Uhr).

›The Moores in the moor‹ – der Skulpturenpark bei Glenkiln

Der Skulpturenpark des Landeigentümers und Moore-Freunds Sir William Keswick ist ein echter Geheimtipp: kein Hinweisschild, keine Öffnungszeiten. Auf den sanften Heidehügeln rund um das verträumte kleine **Glenkiln Reservoir** trifft man auf harmonisch in die Natur eingebettete Plastiken von Henry Moore, Jacob Epstein und Auguste Rodin. Der berühmtesten Plastik, Moores enigmatischer ›König und Königin‹, schnitt ein Verrückter 1995 die Kopfe ab, sie ist aber inzwischen wiederhergestellt.

Dumfries

Reiseatlas: S. 13, B/C 3, **Cityplan:** S. 186
Die geschäftige Stadt (ca. 31 000 Einw.) an Schottlands Südküste scheint an Sommertagen förmlich zu glühen: Schuld hieran ist der rötliche Sandstein, das Hauptbaumaterial. Robert Burns, der große Sohn der Stadt, wird überall liebevoll präsent gehalten und nicht so gnadenlos vermarktet wie in Alloway.

Zu Burns-Gedächtnisstätten

Ein Spaziergang führt uns von der 1882 mit Geldern aus einer öffentlichen Sammlung errichteten **Burns-Statue** 1 die quirlige Fußgängerzone der Haupteinkaufsmeile High Street hinunter zum georgianischen **Midsteeple** 2 von 1707, dem alten Rathaus. Die Bänke, der **Brunnen** 3,die entspannte Atmosphäre laden dazu ein, hier zusammen mit den *locals* ein mittägliches Sandwich zu verzehren. Im viel besuchten alten Pub **Globe Inn** 4 trank Burns gern in geselliger Runde.

In dem bescheidenen, original eingerichteten **Burns-Haus** 4 verbrachte der Dichter seine letzten Jahre. Der mitteilsame *warden* hat viele interessante Dinge über Burns zu erzählen. Bewundern Sie die berühmte Kilmarnock Edition seiner Werke und den diamantgeritzten Autograph im Fenster (April–Sept. Mo–Sa 10–17, So 14–17, Okt.–März Di–Sa 10–13, 14–17 Uhr).

Auf dem Friedhof unterhalb des hohen Turms der georgianischen **St. Michael's-Kirche** 5 fällt ein weißes antikisiertes **Mausoleum** 6 auf. 1815 meinten die Stadtväter von Dumfries, diese Grabstätte ihrem großen Sohn schuldig zu sein, der nun mit Frau Jean und fünf seiner Kinder dort ruht.

Ostufer

Auf einer viktorianischen **Hängebrücke** 7 überquert man den breiten, flachen River Nith und schlendert an seinem grünen Ufer zum **Robert Burns Centre** 8 in einer ehemaligen Wassermühle aus dem 18. Jh. Es bringt einem den Dichter menschlich, künstlerisch und natürlich audiovisuell nahe, der Schwerpunkt liegt auf Burns letzten Jahren in Dumfries (April–Sept. Mo–Sa 10–20, So 14–18, Okt.–März Di–Sa 10–13, 14–17 Uhr).

Am Hang darüber liegt in friedlicher Umgebung das **Heimatmuseum** mit der **Camera Obscura** 9 oben im alten Windmühlenturm, von wo sich schöne Ausblicke ergeben (April–Sept. Mo–Sa 10–17, So 14–18, Okt.–März Di–Sa 10–13, 14–17 Uhr).

Der schönste Blick aber ist der von dem möwenvollen **Wehr** 10, die sandsteinrote

Dumfries: Cityplan

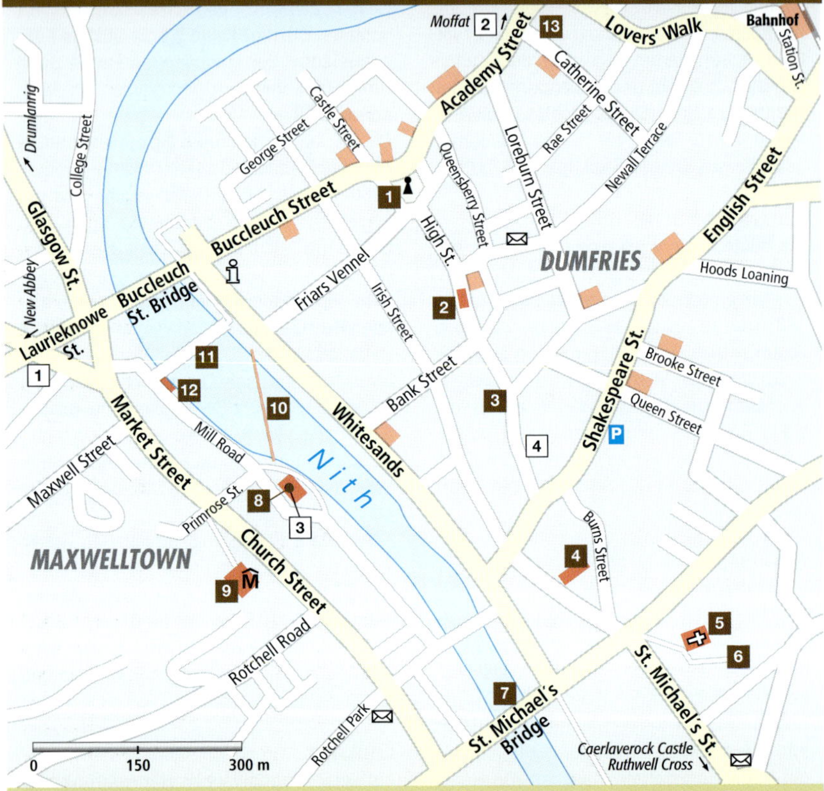

Sehenswürdigkeiten

1 Burns-Statue
2 Midsteeple
3 Brunnen
4 Burns-Haus
5 St. Michael's-Kirche
6 Mausoleum
7 Hängebrücke
8 Robert Burns Centre
9 Heimatmuseum mit Camera Obscura
10 Wehr
11 Devorgilla Bridge
12 Bridge House
13 Gracefield Arts Centre

Übernachten

1 Edenbank Hotel
2 Hazeldean Guest House

Essen und Trinken

3 Hullabaloo
4 Globe Inn

Fußgängerbrücke **Devorgilla Bridge** 11 von 1431 im Hintergrund. Im entzückend viktorianisch eingerichteten **Bridge House** 12, aus dem Jahr 1660, dem ältesten Haus der Stadt, findet man z. B. eine Zahnarztpraxis von 1880, die einem kalte Schauer über den Rücken jagt (April–Sept. Mo–Sa 10–20, So 14–18 Uhr).

Gracefield Arts Centre

13 Liebhaber moderner Kunst werden sich die wechselnden Ausstellungen mit schottischen Malern des 20. Jh. wie Hornel oder Elizabeth Blackadder nicht entgehen lassen. Land Art-Star Andy Goldsworthy, der in der Umgebung von Dumfries wohnt, ist mit Skulpturen vertreten (Di–Sa 10–17 Uhr).

Tourist Information: 64 Whitesands, Tel. 01387/253 862, www.visitdumfriesandgalloway.co.uk, Mo–Sa 10–15, Juni–Sept. Mo–Sa 10–18, So 12–17 Uhr.

Edenbank Hotel 1: 17 Lauriknowe, Tel. 01387/252 759, Fax 01387/259 473, www.edenbankhotel.co.uk. Sandsteinrote ortstypische viktorianische Villa, Einrichtung im blumig-altmodischen Stil. DZ 60 £.
Hazeldean Guest House 2: 4 Moffat Rd., Tel./Fax 01387/266 178, www.hazeldeanhouse.com. Attraktive, neu eingerichtete viktorianische Sandsteinvilla, Ensuite-Zimmer, Fußweg zum Zentrum. DZ 50 £.

Hullabaloo 3: Mill Road, Obergeschoss im Burns-Centre, Tel. 01387/259 679, Di–So 11–16, 18–22, Mo 11–16, So 11–15 Uhr. Bestes Restaurant der Stadt, mittags Ciabattas etc.; abends reservieren, mit kreativer Energie zubereitete zeitgenössische Küche. Hauptgericht 10–12 £.
Globe Inn 4: 56 High St., Mo–Sa 11–23, So 12.30–23 Uhr. Pub und verlässliches Grub (4–5 £), Burns-Memorabilien, scheint unverändert seit seinen Zeiten, Eichentäfelung, viele Winkel und Ecken.

Fahrradverleih: Grierson & Graham, 10 Academy St., Tel. 01387/259 483.

Golf: Southerness Golf Course, 25 km südl., Tel. 01387/880 677, Championship-Platz am flachen Ufer des Solway Firth.

Bahn: Bahnhof Station Road, Züge nach Glasgow (Station auch in Sanquhar) und Carlisle.
Bus: Busbahnhof Whitesands; National Express, Tel. 0870/580 8080, fährt 2 x tgl. von Dumfries über Castle Douglas und Newtown Stewart nach Stanraer. Lokale Verbindungen z. B. nach Kircudbright durch Stagecoach Western, Tel. 01387/253 496, und MacEwan's, Tel. 01387/256 533. Dumfries & Galloway Info-Telefon zu allen Verkehrsverbindungen: 08 45/709 0510.
Mietwagen: Arnold Clark, 361 Annan Rd., Tel. 01387/261 437.

Von Dumfries zur Grenze

Reiseatlas: S. 13, C 3

Caerlaverock Castle

In dem Marschland südlich der Burns-Stadt überwintern Tausende von Ringelgänsen aus Spitzbergen. Von Oktober bis April kann man von den Beobachtungsposten des Naturschutzgebietes **Wildlife and Wetlands Centre** die tausendflügligen Armaden einschweben sehen. Den Rest des Jahres werden hier Singschwäne täglich gefüttert, und die Ranger bieten lohnende Naturexkursionen an (tgl. 10–17 Uhr, Besucherzentrum, Restaurant-Café, Möglichkeit zu zelten oder in einem Zimmer zu übernachten, Tel. 01387/770 200).

Ein libellenumschwirrter Wassergraben umschließt die vielleicht schönste Burgruine Schottlands, das hauptsächlich aus dem 14. Jh. stammende **Caerlaverock Castle.** Auf beinahe dreieckigem Grundriss gebaut – ein mittelalterlicher Chronist nannte ihn treffend schildförmig –, Rundtürme an den Ecken, an der Schildspitze die beeindruckende Zwillingsturmfront, präsentiert sich die rötliche Burg von jeder Seite überraschend anders. Über die zerstörte Südmauer öffnet sich der Blick auf die Nithsdale Apartments von 1634 mit ihren mythischen Renaissance-Reliefs. Ein Naturlehrpfad führt durch die Sumpflandschaft, an gelben Schwertlilien vorbei zu den Erdwällen der alten Burg (25. März–Sept. tgl. 9.30–18.30, Okt.–24. März 9.30–16.30 Uhr).

Ruthwell Cross

Das reich skulptierte, tief in den Boden der kleinen Kirche von Ruthwell eingelassene monumentale Bildkreuz verrät northumbrischen Einfluss. Es stammt aus dem 7. Jh. und stellt eines der wertvollsten Kunstwerke der ›dunklen Zeitalter‹ dar. Man erkennt Runen, eine lateinische Inschrift und Maria Magdalena, die Jesus die Füße wäscht (Schlüssel ein paar Häuser weiter).

Gretna Green

Im flachen, industrialisierten Grenzstreifen zu England liegt Schottlands letzter Rummelplatz. Generationen entführter, durchgebrannter, schwangerer oder nur romantischer Bräute gaben hier vor zwei Zeugen und dem trauberechtigten Schmied ihrem Auserwählten das Jawort und profitierten so seit 1754 von Schottlands im Vergleich zu England laschen Heiratsgesetzen. Obwohl ein Gesetz 1940 den *Runaway Marriages* die legale Grundlage entzog, gingen danach immer noch viele Pärchen in Gretna den Bund für zumindest einen Teil des Lebens ein, so 1967 Joschka Fischer mit seiner ersten Frau. Ein ödes Kaff voll mit Wohnwagen und Baracken sei es damals gewesen, und drei Wochen mussten sich die Jungverliebten von Toast ernähren, bis sie getraut wurden, berichtete Edeltraut Fischer im ›Spiegel‹. Heute lassen sich Reisebusinsassen gesetzten Alters über dem Amboss des **Old Blacksmith's Shop Centre** zu einer nicht ganz ernst gemeinten *Mock Marriage* verbinden oder erneuern ihr Heiratsversprechen: für ewig plus 20 Jahre. Der gigantomanische Freizeitpark mit *woollen mills* und Souvenirläden um die alte Schmiede zehrt nicht schlecht vom Heirats- und Schottenmythos (tgl. 9–17, im Sommer bis 19 Uhr, www.gretna-green-weddings.com, Tourist Office im Shop).

Route: Entlang der Solway-Küste

Sanft ins Meer abfallende Felsplatten, weite Schlickwattgebiete, die bei Ebbe trocken fallen, Kiesel- und Sandstrände, sattgrüne Weiden, Leuchttürme und Fischerörtchen – die Solway-Küste ist eine beliebte schottische Feriendestination. Alle Orte und Sehenswürdigkeiten kann man gut per Rad erreichen. Auch Radfahrer, die nicht ganz auf Lance Armstrongs Level sind, kommen auf den relativ ebenen Strecken auf ihre Kosten. In Dumfries und Kircudbright kann man sich Räder leihen. Das Paradies hier hat nur einen Haken: Rund 60 km weiter südlich an der nordenglischen Küste liegt das Atomkraftwerk Sellafield, das die Irische See und auch die Solway-Badegewässer stark belastet.

Die Solway-Küste

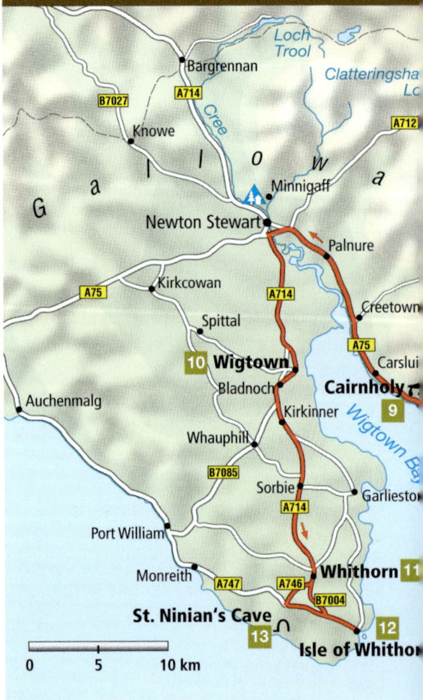

New Abbey

1 Die wunderschöne Fahrt entlang der sanften Küste beginnt mit einem Paukenschlag im pittoresken, südenglisch anmutenden New Abbey. Hoch ragt der quadratische Vierungsturm, den ein Skulpturenfries mit lachenden und die Zunge herausstreckenden Köpfen umläuft, über den leuchtend roten, fast perfekt erhaltenen Ruinen von **Sweetheart Abbey** auf. Devorgilla, die Mutter des Königs John Balliol, gründete das Zisterzienserkloster 1273. 21 Jahre lang hat sie das einbalsamierte Herz ihres Gatten John Balliol bei sich getragen, bis sie mit ihm, dem ›Liebsten‹, dem ›süßen Herzen‹, vor dem Hochaltar begraben wurde (25. März–Sept. tgl. 9.30–18.30, Okt.–24. März Sa–Mi 9.30–16.30 Uhr).

Inmitten eines prächtigen Rhododendronparks gewährt das viktorianische **Shambellie House** dem sehenswerten schottischen Kostümmuseum eine stilvolle Bleibe. In jedem Raum wird eine typische gesellschaftliche Situation aus dem Leben der feinen Leute 1880–1930 nachgestellt: Damen beim Wohltätigkeitsempfang, Herren bei Zigarre und Port in der Bibliothek (April–Okt. tgl. 10–17 Uhr).

Am Square liegen sich zwei traditionelle Gasthöfe in alten Häusern gegenüber, **Abbey Arms,** Tel. 01387/850 489, Fax 850 501, und **Criffel Inn,** Tel. 01387/850 244, Fax 01387/850 305, mit Pub Grub und DZ um die 60 £.

Abbey Cottage: 26 Main St., April–Okt. tgl. 10–17 Uhr. Kaffee, Kuchen und Snacks in reizendem viktorianischem Cottage.

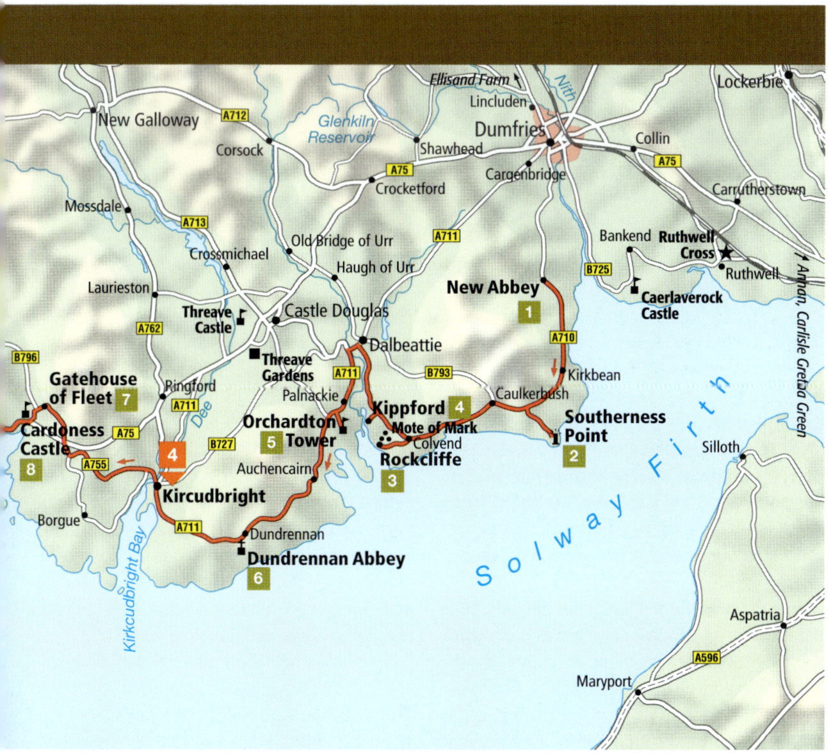

Bowling-Spiel vor markanter Kulisse: Sweetheart Abbey

Die Colvend-Küste

Wenn man am weiten Kieselstrand unterhalb des alten, aus Feldsteinen gemauerten **Leuchtturms** am **Southerness Point** 2 steht, sieht man von den in die Dünen geduckten Cottages der kleinen Sommerfrische nur noch die Schornsteine – ein magischer, stiller Ort. Das andere Ufer im Südosten ist schon Nordengland mit den Industrieanlagen um Carlisle.

Von den weißen Cottages des kleinen **Rockcliffe** 3 an der ›schottischen Riviera‹ führt der *Jubilee Path*, ein einfacher, 4 km langer Weg durch ein vom National Trust betreutes Schutzgebiet, vorbei am Mote of Mark, einem eisenzeitlichen Hügelfort, ins hübsche **Kippford** 4 mit seinem Yachthafen.

Der Kuckuck ruft im Wald, auf den grünen Weiden stehen stolze, schwere Rösser, blökende Schafe und massige Galloway-Rindviecher, darunter auch hier und da ein *Belted Angus* mit weißem Bauchgürtel; über allem liegt der Geruch nach Gülle und Heumahd. Hier steht Schottlands einziges rundes Tower House, der stämmige **Orchardton Tower** 5 von 1450, von dessen Zinnen man auf die pastorale Idylle blickt (frei zugänglich).

Ähnliches hat 1568 Maria Stuart als Letztes von ihrem Königreich gesehen, als sie in **Dundrennan Abbey** 6 ihre letzte Nacht auf schottischem Boden verbrachte. Kastanien und Eichen umstehen die schlanken Bündelpfeiler, die hohe, elegante Spitzbogenreihe der Querschiffarkaden, die interessanten Grabsteine. Mit den Steinen von Dundrennan, im 12./13. Jh. in dem typischen romanisch-gotischen Übergangsstil der Zisterzienser entstanden, wurde – nach Maria Stuarts Besuch – das gleichnamige kleine Dorf gebaut (25. März–Sept. tgl. 9.30–18.30, Okt. Sa–Mi 9.30–16.30, Nov.–24. März Sa/So 9.30–16.30 Uhr).

Clonyard House: zwischen Rockcliffe und Kippford, Tel. 01556/630 372, Fax 01556/630 422. Freundlicher Landgasthof mit hellen Zimmern, vielen Sportmöglichkeiten, gemütlicher Bar und Restaurant. DZ ab 65 £.

Rockcliffe Gallery: Baron's Craig Hotel, April–Okt. tgl. 9–21 Uhr, Nov.–März, vorher anrufen: Tel. 01556/630 475. Lokale professionelle Künstler, die sich auf Natur, Meer, Küste u. ä. Themen spezialisieren, größtenteils gegenständlich.

4 Kircudbright

Die pastellfarbenen, vor Erkern strotzenden Häuschen, die engen Hinterhöfe und Cottage-Gärten von Kircudbright (sprich: Körcuhbri) an der weiten Schlickmündung des River Dee möchte man am liebsten gar nicht mehr verlassen. Das Licht und das denkmalgeschützte georgianische Stadtensemble der ehemaligen Royal Burgh schätzten Künstler um den Jugendstildesigner E. A. Taylor und seine Frau, die Buchillustratorin Jessie M King. Dorothy L. Sayers ›Fünf falsche Fährten‹ spielt in einer vergleichbaren Künstlergemeinschaft der späten 1920er Jahre. Eine Malschule und Ausstellungen in der hübschen Harbour Cottage-Galerie und im Tolbooth aus dem 17. Jh., an dem Halseisen von einer grausameren Vergangenheit zeugen, versuchen heute die Tradition aufrecht zu erhalten.

Sehen Sie sich das **Heimatmuseum** der Stewartry an – so heißt der Verwaltungsbezirk um Kircudbright –, das anhand zahlloser Exponate die Geschichte der Solway-Küste beleuchtet. Einige Gemälde sowie einen Videofilm über die Künstlerkolonie zeigt das **Tolbooth Arts Centre** (beide Juli/Aug. Mo–Sa 10–17, So 14–17, Mai/Juni, Sept. 11–17, So 14–17, Okt.–April Mo–Sa 11–16 Uhr).

In Hafennähe baute sich der Provost Sir Thomas MacLellan 1577 ein prächtiges Tower House aus den Steinen einer nun verschwundenen Abtei. Heute ist auch **MacLellan's Castle** eine Ruine (25. März–Sept. tgl. 9.30–18.30 Uhr). In der **Hornel Art Gallery** ist das Spätwerk des einflussreichen ›Glasgow Boy‹ Edward Hornel ausgestellt, meist ziemlich süßliche Gemälde ostasiatischer Kindfrauen. Traumhaft ist dagegen das jüngst renovierte georgianische **Broughton House,** das er bewohnte, vor allem das lichtdurchflutete Bibliotheksatelier und der mauerumwehrte, wuchernde Cottage-Garten (Ostern–Juni, Sept./Okt. tgl. 12–17, Juli/Aug. tgl. 10–17 Uhr).

Der artenreiche **Galloway Wildlife Conservation Park** am Ortsrand hat sich besonders der Erhaltung der schottischen Wildkatze verschrieben. Pandas, Esel und kindgerechte Vergnügungen lohnen einen Familienausflug (Nov.–Feb. Fr–So 10–16, März–Okt. tgl. 10–18 Uhr).

Tourist Information: Harbour Square, Tel. 01557/330 494, www.visitdumfriesandgalloway.co.uk, April–Okt. Mo–Sa 10–17, So 12–16 Uhr.

Selkirk Arms Hotel: High Street, Tel. 01557/330 402, Fax 01557/331 639, www.selkirkarmshotel.co.uk. Freundlicher traditionsreicher Gasthof, hier hat Burns das ›Selkirk Grace‹ gedichtet, am besten sind die *superior rooms,* Restaurant. DZ 97,50–120 £.
Gladstone House: 48 High St., Tel./Fax 01557/331 734, hilarygladstone@aol.com. Erstklassiges Gästehaus mit geschmackvollen, modernen Zimmern, gemütlicher Bar und reichem Frühstück. DZ 60 £.
Mrs. Black: 1 Gordon Pl., High Street, Tel. 01557/330 472. B & B in typischem, 200 Jahre altem Haus. DZ 45 £.
Seaward Caravan Park: c/o Gillespie Leisure, Tel. 01557/331 079, Fax 01557/870

319, www.gillespie-leisure.co.uk, Ostern–Okt. 4 Sterne, luxuriös mit Golf, Pool, Strand, preisgekrönt, am Meer mit Möglichkeiten zum Angeln in Meer und Loch, Fahrradverleih. Stellplatz 11–15 £.

Auld Alliance: 5 Castle St., Tel. 01557/330 569, tgl. 18–22, So auch 12–14.30 Uhr. Beste französisch-schottische Küchenallianz, gemütlich-traditionelles Ambiente. Hauptgericht ca. 15 £.
Kirkpatrick's: 29 St. Cuthbert St., Tel. 01557/330 888, Di–So 18.30–21.15 Uhr. Neues zeitgenössisches Etablissement mit frischen, traditionell zubereiteten Produkten, das sich wachsenden Zuspruchs erfreut. Hauptgericht 10 £.

Um das Tolbooth Arts Centre an der High Street findet man viele Craft Shops.
Corner Gallery: 75 St. Mary's St., Ostern–Dez. tgl. 10–17 Uhr. Schöne Designer-Wollsachen.
Osborne: 63 High St., Mo–Sa 10–12.30, 13.30–17.30 Uhr. Antiquitäten – von Möbeln über Gemälde bis zu Glas etc.

Brighouse Bay Beach: Brighouse Bay Holiday Park, Brogue, Tel. 01557/870 267, www.gillespie-leisure.co.uk. Flacher, kindersicherer Sandstrand, angeschlossen der Campingplatz (s. o.), exquisite Sportmöglichkeiten, so zum Angeln, Ausritte, auch für Anfänger oder für Fortgeschrittene an den Strand, Golf (9- und 18-Loch-Parkland), Minigolf, Fahrradverleih u. v. m., auch für *nonresidents.*

Wigtown Bay

Kurz hinter dem netten **Gatehouse of Fleet** 7, zwei Häuserschlangen aus bunten und leuchtend weißen Cottages entlang der Straße, steht die gut erhaltene Ruine von **Cardoness Castle** 8 aus dem 15. Jh. Seine finstren Herren, die MacCullochs, waren berüchtigt dafür, Nachbarn zu erschlagen und alte Frauen auf Misthaufen sterben zu lassen (25. März–Sept. tgl. 9.30–18.30, Okt. Sa–Mi 9.30–16.30, Nov.–März Sa/So 9.30–16.30 Uhr).

Die jungsteinzeitlichen Ganggräber **Cairnholy I und II** 9, Ersteres mit einer beeindruckenden Fassade aus Stehenden Steinen, sehen auf die tidenabhängige Watt- und Sandbucht (jederzeit zugänglich).

Das kleine **Wigtown** 10 ist eine Kuriosität: 1998 wurde es ›Schottlands nationale Buchstadt‹ (www.wigtown-booktown.co.uk), heute gibt es hier 24 Buchhandlungen mit breit gefächertem Angebot, auch antiquarisch. Der Großteil konzentriert sich am Hauptplatz. Nur in ›Readinglasses‹, das auch ein kleines Café hat, kann man auch sonntags schmökern.

Die ganze Bucht ist ein riesiges Naturschutzgebiet, in dem man überwinternde Schwäne und Gänse beobachten kann.

Tourist Information: Car Park, Tel. 01557/814 212, www.dumfriesandgalloway.co.uk, April–Okt. Mo–Sa 10–17 Uhr, Juli/Aug. auch So.

Whithorn

11 Ein Ausflug in dieses verschlafene Örtchen führt fast ans Ende der stillen Welt von West-Galloway. Wo im 5. Jh. des hl. Ninian *Candida Casa* (›weißes Haus‹) stand, die älteste Kirche Schottlands, finden heute Führungen durch die archäologischen Grabungen statt, die man auch im **Besucherzentrum Whithorn Story** erkunden kann (25. März–Okt. tgl. 10.30–17 Uhr) – ›The Dig‹ als gruppendynamisches Erlebnis für schottische Schulklassen. Von den Ruinen des Nachfolgebaus, der einst prächtigsten Bischofskirche Galloways, sind das romanische Portal, die Krypta und die exquisite Sammlung von Kreuzen und Grabsteinen sehenswert, zu der Schottlands ältester christlicher Grabstein – aus dem 5. Jh. – sowie das reich verzierte Monteith Cross aus dem 10. Jh. gehören.

Neben Iona und St. Andrews war Whithorn das bedeutendste schottische Pilgerziel. In **Isle of Whithorn** 12, heute ein verschlafener Fischer- und Yachthafen, landeten die Pilgerboote. Von der St. Ninian's Isle am Hafen, die gar keine Insel ist, sieht man an klaren Tagen die Isle of Man im Meerdunst liegen. Ein 20-minütiger Spaziergang bringt einen auf den Spuren der mittelalterlichen Pilger von einem Parkplatz neben einer Farm an der A 747 zur **St. Ninian's Cave** 13. Unscheinbare Kreuze haben Pilger im 8.–10. Jh. am Eingang der Höhle eingeritzt: Wo der hl. Ninian meditiert haben soll, kann man es ihm gleich tun oder schlicht die stille Felsküste auf sich wirken lassen.

Im Hinterland

Reiseatlas: S. 13, A/B 3

Galloway Forest Park

Im Hinterland der Solway-Küste erstreckt sich der fast 500 km² große Galloway Forest Park, ein Naturparadies aus Wald, Moor, Seen und Bergen. An der A 712 zwischen **Newton Stewart** und dem netten **New Galloway** – eine Straße voller weißer Häuschen – trifft man auf Gehege mit Wildziegen und Rotwild, die man wie die Eichhörnchen füttern kann. Vor kurzem wurde der Rote Milan im Park erfolgreich wiedereingebürgert.

Ein Netz markierter Wege für Wanderer und vor allem für Radfahrer und Mountainbiker durchziehen ihn. Mehrere gehen u. a. von Grey Mare's Tail Bridge sowie von den beiden Parkzentren Clatteringshaws am gleichnamigen Loch und von Glen Trool nördlich von Newton Stewart aus. Vor allem die Highland-ähnliche Wildnis der Berge von Glen Trool zieht viele Naturfreunde und Outdoorer an.

Tourist Information: Dashwood Sq., Newton Stewart, Tel. 01671/402 431, www.visitdumfriesandgalloway.co.uk, April–Okt. Mo–Sa 10–16.30 Uhr, im Sommer länger und So.

Creebridge House Hotel: Newton Stewart, Tel. 01671/402 121, Fax 01671/403 258, www.creebridge.co.uk. Gemütliches Country House, preisgekröntes Restaurant und Brasserie, Barfood, Real Ales, gutes Preis-Leistungs-Verhältnis, Golf und Angeln werden arrangiert. DZ 110 £.

Flowerbank Guest House: Millcroft Road, Minnigaff, Tel. 01671/402 629, www.flowerbankgh.com. Haus aus dem 18. Jh., Zimmer 4 und 5 sind die schönsten mit Blick auf den Garten und den River Cree vor dem Haus, Abendessen. DZ 48–53 £.

Minnigaff Youth Hostel: Millcroft Road, Tel. 0870/004 1142, www.syha.org.uk. Sehr einfach. Bett 9,50 £.

Lochcarron of Scotland: Mill Shop, Creebridge, Mo–Sa 10–17 Uhr. Woollies, Cashmere, Highland-Tracht im traditionellen Stil.

Balmaclellan: 4 km östlich von New Galloway, Ostern–Okt. Mo–Fr 10–17, Sa/So nach Vereinbarung (Tel. 01644/420 465). Robuste selbst gefertigte Schuhe, Clogs, Lederwaren.

Mountainbiking: Fünf von sieben berühmten Mountain Bike Trails, den *Seven Stanes,* liegen in diesem Gebiet: Dalbeattie, Kirroughtree, Mabie Forest, Ae und Glentrool, Näheres auf www.7stanes.gov.uk.

Castle Douglas

Der kleine Ort selbst, im 18. Jh. gegründet, ist ein attraktives, aber nicht überlaufenes touristisches Zentrum. Zahlreiche Künstler und Kunsthandwerker haben hier ihre Verkaufsräume, aber auch Lebensmittel- und Gourmetläden.

Das uneinnehmbare **Threave Castle** 5 km westlich von Castle Douglas, im 14. Jh. von Archibald, dem ›grimmigen‹ Schwarzen Douglas, errichtet, war den Stuart-Königen ein ständiger Dorn im Auge, eine Bedrohung ihrer Oberhoheit. Heute läutet man eine Glocke, und ein *warden* von Historic Scotland setzt einen anstandslos auf die grüne Dee-Insel über (25. März–Sept. tgl. 9.30–18.30 Uhr).

Die schönen **Threave Gardens** südlich von Castle Douglas sind berühmt für ihre Narzissen und ihren *Walled Garden,* wo üppige Gemüse und Ostbäume wachsen. Besucherzentrum, Café-Restaurant und das Herrenhaus im schottischen Baronialstil von 1872

Richtig Reisen-Tipp: Die Rhinns of Galloway – zwei Gärten und zwei Leuchttürme

Corsewall Lighthouse Hotel

Einen Aufenthalt im Corsewall Lighthouse Hotel wird man nicht so schnell vergessen. Gönnen Sie sich mindestens zwei Übernachtungen und erkunden Sie von hier Schottlands Südwestzipfel, die Rhinns of Galloway (Reiseatlas S. 11/12, C/D 3/4). Noch immer blinkt das Licht auf dem runden weißen Turm von 1815 den Schiffen, die in den Loch Ryan nach Stanraer einfahren. In den curryfarben abgesetzten Leuchtturmwärtergebäuden zu Füßen des Turms wurden mehrere komfortable, wenn auch nicht übermäßig schicke Zimmer eingerichtet. Das Beste ist die Lage: Unter den großen Fenstern donnern die Atlantikbrecher gegen eine spektakuläre Felsküste. An klaren Tagen blickt man über die blaue Wasserfläche bis nach Nordirland. Seehunde, Seevögel und halbwild lebendes Rotwild kann man beobachten, das eisenzeitliche Fort von Dunskirkloch in der Nähe besuchen. Der freundliche Hotelbesitzer hält Karten und Infos für mehr als ein Dutzend Wanderungen in der Umgebung bereit, für grandiose, einsame Klippenspaziergänge.

Aufgrund der Abgeschiedenheit dürfte niemand die Tatsache beklagen, dass es hier nur Vollpension gibt. Zumal das mehrgängige Abendessen in dem mit maritimem Schnickschnack und dunklem Holz dekorierten Speisesaal Feinschmeckeransprüchen genügt. Und: Es gibt nicht nur Fisch, wie man vielleicht erwarten könnte, sondern auch schottisches Weiderind, Thai-Hühnchen und Wildpastete (Corsewall Lighthouse Hotel, Corsewall Point, Kirkcolm, Stanraer DG9 0QG, Tel. 01776/853 220, Fax 01776/854 231, www.lighthousehotel.co.uk, Vollpension pro Person im DZ 60–135 £).

Mildes Klima, herrliche Gärten

Nur wenige Besucher kommen zu den Rhinns of Galloway, es sei denn, um im Hafen Stanraer in die Fähren nach Nordirland zu steigen (damit ist über Stanraer auch alles gesagt). Doch die stille, hammerartig geformte Halbinsel zwischen Loch Ryan und Luce Bay besitzt das mildeste Klima ganz Schottlands, so dass hier unter dem Einfluss des Golfstroms einige der attraktivsten Gärten des Landes liegen.

Die **Castle Kennedy Gardens** erstrecken sich über 30 ha auf einem Isthmus zwischen zwei Lochs. Zwei – nicht zugängliche – Burgen, das neobaroniale Lochinch Castle und die efeuüberwachsene Tower House-Ruine Castle Kennedy, sind einbezogen. Ein baumgesäumter Kanal, ein Seelilienteich, die Rhododendronpracht von Mai bis Juni und der im Sommer am üppigsten blühende *Walled Garden* sind einige der Highlights (April–Sept. tgl. 10–17 Uhr).

Ein Außenposten des Edinburgher Nationalgartens sind die **Logan Botanic Gardens,** die exotischsten Gärten von Schottland. Gewächse aus der südlichen Hemisphäre wie Baumfarne, Fuchsien und die bis zu 3 m hohe *Gunnera manicata* aus Südbrasilien machen den Reiz dieses Gartens aus. Besuchen Sie auf alle Fälle den *Walled Garden* und den *Peat Garden,* einen Torfmoorgarten mit chinesischen Raritäten. Im Café ›Salad Bar‹ wird preisgekröntes *home cooking* geboten (April–Sept. tgl. 10–18, März, Okt. tgl. 10–17 Uhr).

Schottlands südlichster Punkt: Mull of Galloway

Noch südlicher als bis ans windgepeitschte Mull of Galloway geht es in Schottland nicht. An Sommerwochenenden kann der leuchtend weiße Leuchtturm, 1828 von den Ingenieuren der Stevenson-Familie (s. S. 320) gebaut, bestiegen werden. In dem Naturschutzgebiet am Ende der Welt leben Kormorane, Trottellummen, Möwen, Papageitaucher und Hänflinge.

Besonders lohnend ist ein Besuch von Threave Gardens im Frühjahr und Sommer

verraten die liebevolle Hand des National Trust (Feb./März, Nov./Dez. tgl. 10–16, April–Okt. 9.30–17.30 Uhr, Haus: April–Okt. Mi–Fr, So 11–15.30 Uhr).

Tourist Information: Markethill Car Park, Tel. 01556/502 611, www.visitdumfriesandgalloway.co.uk, April–Sept. Mo–Sa 10–16.30, So 11–16, Juli/Aug. bis 18 Uhr.

Old Smugglers Inn: in Auchencairn, 20 km südlich an der A 711, Main Street, Tel. 01556/640 331. Gemütlicher Pub/Gasthof, Bar Food; gegen die Schmuggler an dieser Küste hatte Robert Burns als Zollbeamter vorzugehen. DZ 55 £.

The Plumed Horse: Crossmichael (6 km nördl.), Tel. 01556/670 333, Di–Fr, So 12–14.30, Di–Sa 19–22 Uhr. Gourmetrestaurant mit Michelin-Stern, erstklassige Zutaten. Hauptgericht 19 £.
Carlo's: 211 King St., Tel. 01556/503 977, Di–So 18.30–22 Uhr. Italiener in kleinem, lebhaftem Raum. Hauptgericht 8 £.
Old Smugglers Inn: s. o.

Galloway Craft Guild Crafts: 76 King St., Mo–Sa 10–16 Uhr. Schauraum von mehr als 60 lokalen Kunsthandwerkern; Gemälde, Postkarten, Keramik etc.

Castle Douglas Cycling Centre: Church Street, Tel. 01556/504 542, Di–Sa 9–17 Uhr. Fahrradverleih, -reparatur und -ausrüstung sowie Informationen.
Ken-Dee Marshes Nature Reserve: Naturpfad mit Beobachtungspunkten am Loch Ken, Marschgebiet mit Watvögeln und Gänsen.
Galloway Sailing Centre: Parton (10 km nördl.), Tel. 01644/420 626, www.lochken.co.uk. Wassersportzentrum, Segeln, Windsurfen, Kayak, Klettern, Mountainbike u. a.

Galloways ›Food Town‹: Castle Douglas (www.cd-foodtown.org) steht bei Gourmets hoch im Kurs. Es gibt zahlreiche Lebensmittel- und Delikatessengeschäfte, in denen man Spezialitäten, Sandwiches und Lunch kaufen und mitnehmen oder gleich essen kann, z. B. Simply Delicious, 134 King St.

Die Borders

Reiseatlas S. 13/14

Im alten Grenzland zwischen England und Schottland laden wehrhafte Tower Houses, prächtige Adelssitze und die Ruinen der vier mittelalterlichen Borders-Abteien zur Besichtigung ein. Schon Walter Scott liebte und verklärte dieses ländliche, sanfte Schottland. Besucher finden edle Landhaushotels, schöne Wanderwege und nahezu flache Fahrradrouten vor.

Route: Auf Walter Scotts Spuren durch die Borders

5 Melrose

Das lebhafte Marktstädtchen Melrose ist ein idealer Standort für die Erkundung der Borders. Gemütlich-altmodische Hotels und Pubs säumen den dreieckigen Market Place mit dem Marktkreuz aus dem 17. Jh. Überall findet man Tea Rooms und geschmackvolle Kunstgewerbeläden.

Das kleine, liebenswert dilettantisch gemachte Besucherzentrum **›Three Hills‹ Roman Heritage Centre** beleuchtet mit Repliken, archäologischen Fundstücken sowie mit Multimedia-Equipment das Alltagsleben im römischen Fort Trimontium (= drei Berge), zu dem – wie auch zu weiteren römischen Ausgrabungsstätten um Melrose – geführte Wanderungen angeboten werden. Besucher können in der Ausstellung auf einem römisch gezäumten Pferd ohne Steigbügel Trockenreiten oder sich mit römischen Waffen rüsten (Ostern–Okt. Mo–Fr 10.30–16.30, Sa/So 10.30–13, 14–16.30 Uhr, Nov.–Ostern auf Anfrage unter Tel. 01896/822 651, Wanderungen April–Okt. Do 13.30–17.15 Uhr, Juli/Aug. auch Di).

Auf Walter Scotts Spuren

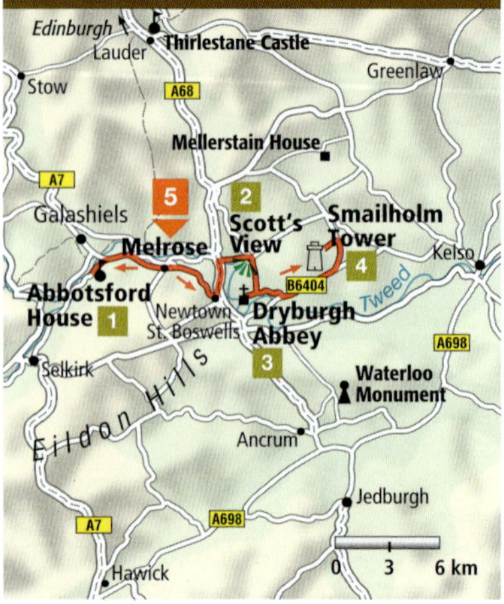

»... bei Mondenschein/Besuche Melros' und – tu es allein«, übersetzte Fontane Sir Walter Scott. Der Rat ist heute nicht zu befolgen, denn nur durchs Gitter kann man nachts einen Blick auf die Ruinen der gotischen Zisterzienserabtei **Melrose Abbey** werfen, deren Vorgängerbau David I. 1136 errichten ließ. Tagsüber erkennt man ohnehin besser den filigranen Skulpturenschmuck, »ein in Stein gebildetes Herbarium scoticum« (Fontane), in dem die schottische Distel und auch Kohlköpfe unter den Händen der Meistersteinmetze emporwuchsen. James und William Douglas, balladenträchtige Sprösslinge eines kampferprobten Borders-Geschlechts, liegen hier begraben. ›Das Herz von Douglas‹ aus der Ballade des deutschen Dichters Graf Moritz von Strachwitz (1822–1847) gehörte indes keinem Douglas, sondern Robert the

Bruce. Es gelangte nicht, wie der sterbende König es vorgesehen hatte, in die heilige Erde von Jerusalem, sondern kehrte nach William Douglas' Tod im Kampf gegen die Sarazenen nach Schottland zurück. 1996 hat man das Bruce-Herz in einer Bleikapsel wiedergefunden, mit der Forscher es 1921 vergraben hatten. Bei dem berühmten Dudelsack spielenden Schwein handelt es sich um eine Skulptur, die sich in der hinteren Reihe von Fialen an der südlichen Außenmauer versteckt (25. März–Sept. tgl. 9.30–18.30, Okt.–24. März 9.30–16.30 Uhr).

Der reizende mauerumschlossene **Priorwood Garden** neben dem Grabsteinmeer der Abtei ist auf Färbepflanzen spezialisiert. Sein Hain mit alten Apfelarten lockt vor allem zur Blüte im Mai. An Holztischen kann man picknicken, das Geschäft des National Trust verkauft Pflanzen, alles ums Färben und eine schöne Auswahl von Country Style-Souvenirs (Shop: 6. Jan.–März Mo–Sa 12–16, April–24. Dez. Mo–Sa 10–17, So 13–17 Uhr, Garten: Karfreitag–24. Dez. wie Shop).

Um Uferspaziergänge auf ebenen Wegen zu unternehmen, geht man an den ausgedehnten Abteiruinen vorbei zum Tweed mit seinen stillen, mückenreichen Uferwegen und einer viktorianischen Hängebrücke.

i **Tourist Information:** Abbey House, Abbey Street, Tel. 0870/608 0404, www.visitscottishborders.com, Mo–Sa 10–17, So 10–14 Uhr.

Burts Hotel: Market Square, Tel. 01896/82 22 85, Fax 01896/82 28 70, www.burtshotel.co.uk. Typisch schottischer Gasthof mit vielen Karos, gutes Essen in der beliebten Bar, teurer im feinen Restaurant. DZ 100 £.

Fauhope: Gattonside (nördliches Tweed-Ufer), Tel. 01896/823 184, Fax 01896/822 245, fauhope@bordernet.co.uk. Landhaus in eigenem Park, wunderbare schottisch-elegante Einrichtung mit goldenen Spiegeln und schweren Vorhängen. DZ 70 £.

Dunfermline House: 3 Bucchleuch St., Tel. 01896/822 411, www.dunfermlinehouse.co.uk.

Mit der Autorin unterwegs

Abteien und Adelshäuser

Melrose (s. S. 196f.) und **Jedburgh Abbey** (s. S. 202f.) sind die am besten erhaltenen der vier Borders-Abteien. Begeben Sie sich einmal ganz in die Welt von Walter Scott: In **Abbotsford House** lebte der Autor weltberühmter Ritterromane, empfing seine Bewunderer und schrieb gegen den finanziellen Ruin an (s. S. 199). **Thirlestane Castle** ist eines von Schottlands ›großen‹ Häusern mit skurrilen Geschichten, barocken Stuckdecken und viktorianischer Kinderspielecke (s. S. 202). Edle Zurückhaltung übt **Mellerstain House,** ein pastellfarbenes Stuck-Meisterwerk von Robert Adam (s. S. 202). Gewiss, **Hermitage Castle** liegt etwas abseits, doch man sollte es Maria Stuart gleichtun und keine Mühen scheuen, um zu Bothwells Festung zu gelangen (s. S. 205). **Traquair House** ist das am längsten kontinuierlich bewohnte Adelshaus Schottlands; hier erwartet Sie neben jakobitischen Memorabilien ein Rundumerlebnis aus Natur und Spiel (s. S. 206).

Aktivitäten

Das Gebiet der **Eildon Hills** eignet sich nicht nur hervorragend für kürzere Wanderungen (Richtig Reisen-Tipp!), sondern bietet mit den Fernwanderwegen **Southern Upland Way** (s. S. 199) und **St. Cuthbert's Way** (s. S. 200) weitere Möglichkeiten für Naturentdeckungen per Pedes. Ob gemütlich und in kindgerechtem Tempo oder waghalsig-sportlich, wer Mountainbike fahren möchte, findet im **Glentress Forest** Pisten für unterschiedliche Bedürfnisse (s. S. 205). **Grey Mare's Tail** – das ist Schottland, wie es viele ersehnen: ein See und Bergeinsamkeit an einem Wasserfall (s. S. 207).

Spartipp

Wie in anderen Regionen (s. S. 181) gibt es auch in den Borders einen **Regional Explorer Pass** von Historic Scotland (Erw. 10,50, Kinder 3,50, Familien 21 £).

Von Walter Scott und Theodor Fontane verewigt: Melrose Abbey

Angenehmes historisches Stadthaus mit Ensuite-Zimmern. DZ 50 £.

Mrs. M. Graham: Braidwood, Bucchleuch Street, Tel. 01896/822 488, Fax 01896/822 148. B & B mit *home baking* in altem Stadthaus, einige Ensuite-Zimmer. DZ 46 £.

Melrose Youth Hostel: Priorwood, Tel. 0870/ 004 1141, www.shya.org.uk, März–Okt. Eine der schönsten Jugendherbergen Schottlands (3 Sterne) in georgianischem Haus nahe Abtei, Fahrradverleih, auch Familienzimmer. Bett 12 £.

Chapters Bistro: Gattonside, Tel. 018 96/823 217, Di–Sa 18–22 Uhr. Feines Bistro in kleinem Dorf auf dem anderen Tweed-Ufer, schöner Spaziergang über die Fußgängerbrücke. 3-Gang-Dinner 33 £.

Burts Hotel: s. S. 198. 3-Gang-Dinner 32 £.

Marmion's Brasserie: Bucchleuch Street, Tel. 01896/82 22 45, tgl. 9–18, 18.30–22 Uhr. Eine Institution! Zeitgenössisches Bistro mit Korbstühlen hinter großen Fenstern, Frühstück, Lunch, Kaffee oder Dinner, schottische Fusionküche. Hauptgericht 14 £.

Russell's Restaurant: 28 Market Sq., Tel. 01896/822 335, Mo–Do 9.30–16.30, Fr/Sa 9.30–17, So 12–17 Uhr. Eher ein Café mit deftigen Lunch-Snacks. Ca. 6 £.

Faldonside Letts: s. ›Aktivitäten‹.

Wynd Gallery: 3 The Wynd, off Buccleuch Street, Tel. 01896/82 22 21, Mo, Di, Do–Sa 11–18 Uhr. Werke von zeitgenössischen Künstlern aus den Borders, Coffee und Wine Bar.

Der lebhafteste Pub ist **King's Arms** im gleichnamigen Hotel, einer alten Postkutschenstation aus dem 17. Jh., High Street, Mo–Sa 11–23, So 12.30–23 Uhr; auch ausgezeichnetes frisches Pub Food.

The Wynd: The Wynd, Tel. 01896/823 854. Intimes 100-Sitze-Theater für Schauspiel, Folk, Film, Tanz.

Rugby Sevens: April. Großes Rugby-Turnier nach alten Regeln in verschiedenen Borders-Städten wie Melrose, Galashiels, Hawick, Peebles. Infos: www.melrose7s.com.

Wandern/Radfahren: Infos, auch zur markierten Wanderung auf die Eildon Hills, im Tourist Office. Die Abtei ist Startpunkt der ›4 Abbeys Cycle Route‹, einem Fahrradweg zu den vier Borders-Abteien. Der ausgeschilderte, ca. 100 km lange Tweed-Fahrradweg von Biggar nach Berwick verläuft durch Melrose. Der Southern Upland Way, ca. 350 km Wanderweg von der West- zur Ostküste, verläuft durch die Stadt.

Faldonside Letts: Tel. 01896/822 183, Fax 01896/754 777, www.melrose.bodernet.co.uk/traders/faldlett/. Großes Angebot zu Reiten und Angeln, auch komfortable Ferienwohnungen in einem Country House.

Bus: Fast stdl. Verbindungen mit First Borders nach Kelso, Jedburgh, Edinburgh u. a., Bushaltestelle am Market Square.

Abbotsford House

1 Der Blick vom Speisesaal seines neogotischen Abbotsford House auf den geliebten Tweed war das Letzte, was Sir Walter Scott in diesem Leben sah. Das Neuschwanstein der Borders, 1822 errichtet, quillt über vor von Scott gesammelten Scotabilia wie Rob Roys Börse oder Flora MacDonalds Heiratsvertrag und von Scott-Devotionalien wie Hose und Stock des seit einer Polioerkrankung gehbehinderten Meisters. Waffensammlung, Bibliothek, Arbeitszimmer und Garten sind die Höhepunkte dieses sehenswerten Märchenhauses, das schon zu des Dichters Lebzeiten eine Art Museum gewesen sein muss (April–Okt. tgl. 9.30–17, April, Mai, Okt. So nur 14–17 Uhr).

Scott's View

2 Als Scotts Leichenzug von Abbotsford nach Dryburgh fuhr, soll sein Pferd wie gewohnt am Scott's View über Bemersyde angehalten haben – ein letzter ›Letzter Blick‹. Weit schweift das Auge von diesem berühmtesten Aussichtspunkt der Borders über nach Kokos duftende Ginsterbüsche, einen weiten Tweed-Mäander und die sanfte Wiesenlandschaft bis zu den Eildon Hills am Horizont. Besteigt man den Hügel im Rücken des an der Straße liegenden 180°-Aussichtspunkts, gelangt man in wenigen Minuten zu einem rötlichen megalithischen Standing Stone und weiter zu einem Plateau, auf dem sich ein 360°-Rundblick bis zum Smailholm Tower öffnet.

Dryburgh Abbey

3 Im nördlichen Querschiff der Abteikirche, romantisch inmitten der von alten Baumriesen überschatteten Parklandschaft in einer Tweed-Schleife gelegen, ruht Sir Walter im Kreise seiner Familie. Die ausgedehnten, zum großen Teil frühgotischen Ruinen der ab 1150 errichteten Prämonstratenserabtei lohnen auf alle Fälle den Besuch (25. März–Sept. tgl. 9.30–18.30, Okt.–24. März 9.30–16.30 Uhr).

Dryburgh Abbey Hotel: Dryburgh-Ortsstraße bis zum Ende durchfahren, Tel. 01835/822 261, Fax 01835/823 945, www.dryburgh.co.uk. Angenehm altmodisches, herrlich in einer Tweed-Schleife gelegenes Landhaus, gutbürgerlich mit Baldachinen über den Betten, Restaurant mit Flussblick. DZ 65–105 £.

Smailholm Tower

4 Im Herzen der Borders, im ›Scott-Land‹, liegt alles nah beieinander. Hoch ragt in einer Bergmoorlandschaft der trutzige, mit rotem Sandstein abgefasste Smailholm Tower aus dem 16. Jh. über einem romantischen Tümpel empor. Eine rührende Puppenausstellung auf drei Etagen illustriert Szenen aus Scotts Leben und den von ihm populär gemachten Borders-Balladen. Auf der Sandyknowe Farm unterhalb des Tümpels bekam der kleine Walter, der am Fuße des alten Scott-Familienturms seine Kindheit verbrachte, von seiner Tante Janet die traurigen, heroischen oder auch lustigen Geschichten erzählt (25. März–Sept. tgl. 9.30–18.30, Okt. Sa–Mi 9.30–16.30, Nov.–März Sa/So 9.30–16.30 Uhr).

Richtig Reisen-Tipp: Wanderung auf die Eildon Hills

Vor Melrose' Haustür liegen die drei markanten Gipfel der Eildon Hills, die vulkanischen Ursprungs sind und die Borders weithin dominieren. Die zentrale Erhebung ist 422 m hoch. Zahlreiche Legenden verbinden sich mit den Eildons. Der schottische Zauberer Michael Scott soll sie im Mittelalter auf magische Weise gespalten haben. Den Kelten waren die Berge der Dreizahl wegen heilig, und tief im Berg sollen König Artus und seine Tafelrundenritter auf ihre Wiederkunft warten.

Der ca. 5 km lange ›**Eildon Walk**‹ ist ab der Kathedrale ausgeschildert. Man geht zum Marktplatz und dort die Dingleton Street herauf, dann am Haus No. 21 den Weg nach links hoch. Beim ziemlich steilen Aufstieg kommt man erst durch Ginster, dann durch Heidevegetation und schließlich in eine kahle Schotterregion, in der ein weit verzweigtes Wegenetz jede Menge Möglichkeiten bietet. Der verwitterte Sandstein überzieht den Boden mit rötlichem Staub.

Wenn man nur auf den mittleren, höchsten Gipfel steigt, dauert das Ganze hin und zurück etwa 1,5 Stunden. Auf dem linken Gipfel sieht man noch die Reste von Erdwerken eines eisenzeitlichen Hügelforts, auch ein römischer Signalturm stand einmal auf diesem Gipfel. Auf alle drei Gipfel zu steigen dauert gut 2 Stunden. Der Rekord für das ›Eildon Hillrace‹ liegt bei 29 Minuten!

An der Kathedrale beginnt ebenfalls der mit gelben Pfeilen markierte **Fernwanderweg St. Cuthbert's Way**, der nach 96 km auf Holy Island in Northumberland endet. Auch er führt über die Eildon Hills und dann weiter in das Örtchen Bowden.

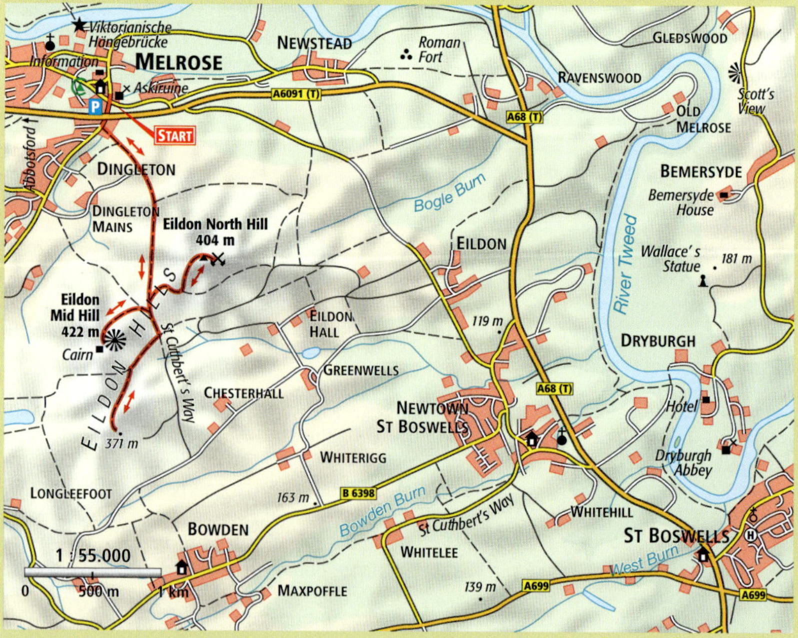

Kelso und Umgebung

Reiseatlas: S. 14, E 2

Kelso

Das hübscheste Städtchen, das er kenne, sei Kelso, schwärmte Sir Walter. Die georgianischen Häuser am Marktplatz wie das Cross Keys Hotel, der Blick von der Brücke auf die Schokoladenseite der Stadt mit Floors Castle am Horizont, Spaziergänge am Flussufer – tatsächlich ist der lebhafte Ort einen Besuch wert. Hinter der Brücke liegen die Ruinen der 1128 gegründeten, einst reichsten und prächtigsten der vier großen Borders-Abteien; nur einige reich verzierte romanische Partien der hohen Kirchenwestfront blieben erhalten (jederzeit zugänglich). Nett ist die ›Altstadt‹ um das Turret House (17. Jh.), um das herum es einige lauschige Hinterhofplätzchen gibt.

Tourist Information: Town House, The Square, Tel. 0870/608 0404, www.visitscottishborders.com, April–Okt. tgl. 10–17, Nov.–März Mo–Sa 10–16 Uhr.

The Roxburghe Hotel Golf Course: Heiton, 5 km auf der A 698, Tel. 01573/450 331, Fax 01573/450 611, www.roxburghe.net. Das Country House Hotel gehört dem Duke of Roxburgh; lichte, elegante Zimmer teils mit Four Poster-Betten, gutes Restaurant; der 18-Loch-Golfplatz am Flussufer ist offen für *non-residents,* Championship-Platz, Clubhaus-Brasserie. DZ 140–230 £.

Inglestone House Guest House: Abbey Row, Tel. 01573/225 800, Fax 01573/225 315, www.inglestonehouse.com. Erfrischend zeitgenössisch renoviertes altes Stadthaus. Ensuite-Zimmer 70 £.

Springwood Caravan Park: Springwood Estate, Tel. 01573/224 596, Fax 01573/224 033, www.springwoodcaravanpark.co.uk. 4 Sterne, auch Caravanvermietung, schönes schattiges Parkgelände. Zelt 10 £.

Edenwater House: s. S. 203.

Oscar's: 35–37 Horsemarket, Tel. 01573/224 008, tgl. 17–22 Uhr. Recht neues Restaurant und Weinbar, frische lokale Produkte. Hauptgericht 10 £.

Border Gallery: 6 Bowmont St., Mo–Sa 10–17 Uhr. Galerie für zeitgenössische Kunst und Kunsthandwerk mit schottisch-historischen Bezügen.

Golf: s. The Roxburghe Hotel Golf Course.

Kelso Races: Okt.–Mai, berühmte Pferderennen.

Ram (Widder) **and Horse Sales:** Sept., Landwirtschaftsschau.

Floors Castle

Eine halbe Stunde läuft man von Kelso am Tweed-Ufer entlang über den von der Roxburgh Street ausgeschilderten Cobby Riverside Walk zum prächtigen Schloss des Duke of Roxburgh, Floors Castle. Dem frühgeorgianischen Herrenhaus nach Entwürfen von William Adam setzte William Playfair um die Mitte des 19. Jh. ein verspieltes Neo-Tudor-Mützchen aus Zinnen und Türmchen auf. Im Innern stößt man zwischen Matisse, Reynolds und flämischen Wandbehängen immer wieder auf Fotos des sympathischen derzeitigen 10. Herzogs nebst Gattin, die noch im Schloss wohnen. 1984 drehte Hugh Hudson hier die Tarzan-Verfilmung ›Greystoke‹ mit Christopher Lambert.

Rund ums Jahr bietet die Herzogsfamilie ihren Besuchern immer etwas – vom Mittelaltermarkt über Pferdesport bis zu Dudelsackspielern. Im Park mit teils im 18. Jh. gepflanzten Buchenveteranen kann man gepflegt spazieren gehen, Austernfischer und Eichhörnchen sichten und die Kids auf dem Abenteuerspielplatz toben lassen. Ein ausgezeichnetes Café-Restaurant bietet frisch zubereitete, teils vom Anwesen stammende Speisen und eine Floors-Delikatessen-Marke (25. März–Okt. tgl. 10–16.30 Uhr, *grounds* und Café ganzjährig).

Auf dem Anwesen sind jede Menge gehobener Sportarten möglich. Tontaubenschießen, Moorhuhnjagd, Lachs- und Forellenangeln, Bogenschießen, Golf, Führungen durchs Gestüt (für Züchter), Tel. 01573/ 223 333, www.floorscastle.net.

Abstecher in die nördlichen Borders

Reiseatlas: S. 14, D/E 1

Mellerstain House

Im nahen Mellerstain huldigt man einem weiteren Genius: dem des Architekten und *interior designers* Robert Adam, der hier sein Meisterwerk in Schottland schuf: 1770 vollendete er das 45 Jahre zuvor von seinem Vater William begonnene zinnenbekrönte Herrenhaus der Baillie-Familie. Die pastellfarbenen, original erhaltenen stuckverzierten Decken, besonders in der Bibliothek, sind der Inbegriff georgianischer Eleganz. Kostbare Gemälde, Möbel, Silber und Porzellan aus der Epoche komplettieren das Gesamtbild. Ein statuengeschmückter Terrassengarten, der weite Park, ein nettes Café und ein Stickatelier mit Verkauf sorgen für andere als Kunstgenüsse (Ostern, Mai–Sept. Mi–Fr, So, Mo 12.30–17, Okt. nur So, Park und Tea Room 11.30–15.30 Uhr).

Thirlestane Castle

Thirlestane Castle, seit 700 Jahren von der Familie Maitland bewohnt, ist eines von Schottlands großen Häusern. Hinter der imposanten rötlichen Fassade versteckt sich das ursprüngliche Tower House des 16. Jh. mit Türmchen und Erkerchen. Die opulente Ausstattung stammt größtenteils aus der Zeit nach 1680, denn fast alles Ältere hat eine verwitwete Maitland damals auf 14 Wagen zu ihrem elterlichen Wohnsitz mitgenommen – als Entschädigung dafür, dass ihr verstorbener Gatte ihre riesige Mitgift mit dem Bau des Schlosses durchgebracht hatte. Die prächtigen Stuckdecken aus dem 17. Jh. – Kalk, Eigelb und Pferdehaare sind ihr Geheimnis – konnte sie nicht mitnehmen.

Eigenwillige Frauen: Die 13. Lady Maitland war eine Malerin, die sich mit der ›Verbesserung‹ der alten Familienporträts hervortat. Den Frauen malte sie zusätzlichen Schmuck, den Männern Schnurrbärte. Im viktorianischen Kinderzimmer dürfen Kids auf Besuch mit den Schaukelpferden und Federboas spielen, genial sind die edwardianische Küche und das Bügelzimmer. Im netten Café kann man ein ›Aunt Margaret's Toastie‹ essen, Toast mit Apfelstücken, Zwiebeln, Schinken, mit viel Käse überbacken. Am ältesten wirkt das Anwesen von der Rückseite, wo ein geruhsamer Spaziergang entlang des durch grüne Wiesen plätschernden Lauder-Bachs führt (April–Okt. Mo–Fr, So 10.30–16.15 Uhr).

Flat Cat Gallery: Alle der von schottischen Künstlern und Kunsthandwerkern stammenden Bilder und Skulpturen in dieser Galerie haben einen Bezug zu Schottland und seiner Geschichte. Die Werke sind erschwinglich und es gibt auch Postkarten, Schmuck etc. Die Galerie ist zugleich ein Café, in dem hausgebackene Kuchen und Snacks angeboten werden (2 Market Pl., in Lauder, einem netten historischen Ort 2 km südlich von Thirlestane Castle, Tel. 01578/722 808, www.flatcatgallery.co.uk, tgl. 9.30–17 Uhr).

Jedburgh und Umgebung

Reiseatlas: S. 14, D 2/3

Jedburgh

Die beeindruckende **Abteikirche** von Jedburgh vom Ende des 12. Jh., mit Ausnahme des fehlenden Dachs beinah intakt und reich mit romanischem Bauschmuck verziert, geht auf eine Gründung Davids I. aus dem Jahr 1138 zurück. Fotogen erhebt sie sich am Stadteingang hoch über dem Jed Water und den terrassenförmigen Abteiruinen. Der Blick von der Empore auf die rhythmisch gestaffelten Säulen, das mächtige Westwerk und den stillen Friedhof ist einzigartig. In dem

Richtig Reisen-Tipp: Country House-Urlaub in Ednam

In der pastoralen Idylle der **Cheviot Hills** (Reiseatlas S. 14, D/E 2) liegt das superbe Landhotel Edenwater House. Von den mit liebevollen Details eingerichteten Zimmern und dem vor Antiquitäten strotzenden Speisesaal fällt der Blick auf einen blühenden Garten, einen Bach, Schafweiden und einen beschaulichen Kirchhof. Die Gastgeber Jacqueline und Jeff Kelly leiten das elegante Haus mit leichter Hand. Kinder werden mit Spielzeug willkommen geheißen und bekommen vor dem Abendessen einen High Tea, so dass die Eltern danach in aller Muße Jacquelines köstliche Kreationen – die beste Küche der Borders – an den mit Silber und Linnen gedeckten Tischen genießen können. Wie wäre es mit einem Risotto aus Räucherlachs und grünem Spargel, zum Nachtisch eine ›Sülze‹ aus Himbeeren und Erdbeeren mit einem ›Fettrand‹ aus Mangosauce und *clotted cream?* In der *Smoker's Library* beschließt man den Tag mit Schmökern, einer Schachpartie und einem Malt Whisky in gemütlichen Lehnsesseln. Das Michelin-Stern-würdige Dinner mit seinem guten Preis-Leistungs-Verhältnis gibt's auch für Nicht-Gäste – unbedingt vorbestellen.

Ein schöner Ausflug führt von hier zum trutzigen **Hume Castle** in dem gleichnamigen netten Dörfchen. Die einzige noch stehende Festung der Borders wurde 1214 gebaut, zerstört und im 18. Jh. wiederaufgebaut. Mächtig braust der Wind um das weite Mauerrund, auf dessen Wehrgängen man herumspazieren kann. Drumherum liegt ein weitgehend unberührter, von kaum einem Touristen besuchter Teil der Borders mit Bauernhöfen, Weiden und Flüsschen.

Edenwater House: Ednam (5 km nördl. von Kelso), an der Kirche, Tel. 01573/224 070, Fax 01573/226 615, www.edenwaterhouse.co.uk, DZ 80–95 £, 4-Gang-Dinner 35 £, Sonderangebote für Wochenenden außerhalb der Saison.

interessanten kleinen Museum wird der berühmte Jedburgh-Kamm aus dem 12. Jh. aus Walrossstoßzahn mit geschnitztem Drachen und Greif aufbewahrt (25. März–Sept. tgl. 9.30–18.30, Okt.–24. März 9.30–16.30 Uhr).

Die attraktive, touristische Stadt hat einen Marktplatz mit bunten georgianischen Häuschen – und viele Hinweisschilder. Sie führen zum sehenswerten Gefängnismuseum, dem **Jedburgh Castle Jail** aus dem 19. Jh. (Ostern–Okt. Mo–Sa 10–16.30, So 13–16 Uhr), und zum **Mary Queen of Scots House,** dessen Ausstellung eindeutig Partei für die ›Märtyrer-Königin‹ ergreift, die hier einmal gewohnt hat (März–Nov. Mo–Sa 10–16.30, So 11–16.30 Uhr).

Tourist Information: Murray's Green, Tel. 0870/608 0404, www.visitscottishborders.com, Mo–Sa 9.30–17, So 10–17 Uhr.

Glenfriars Hotel: The Friars, Tel. 01835/862 000, Fax 01835/862 112, www.edenroad.demon.co.uk. Ein georgianisches Haus mit komfortablen pastellfarbenen Ensuite-Zimmer und Four Poster-Betten. DZ 55 £.

Mrs. Whittaker, Hundalee House: Tel./Fax 01835/863 011, sheila.whittaker@btinternet.com. 2 km südl. von Jedburgh. Viktorianisches Country House mit Kühen im Park und einem 1785 gepflanzten Obsthain mit historischen Apfelsorten, Ensuite-Zimmer mit Four Poster-Betten. DZ 44–54 £.

Simply Scottish: 6–8 High St., Tel. 01835/864 696, tgl. 10–21 Uhr. Gemütliches modernes Bistro-Café, schottisch mit internationalen Anklängen. Hauptgericht 12 £.

Jethart Callants Festival: Ende Juni, mit Common Riding (s. S. 53).

Christopher Rainbow Bike & Tandem Hire: Timpendean Cottages, Tel. 01835/830 326. Fahrradverleih, Routeninfos für die ›4 Abbeys Cycle Route‹ etc. (s. S. 199).

Jedforest Angling Association: 67 Howden Crescent, Tel. 01835/863 430.

Nördlich von Jedburgh

Vor den Toren der Stadt bietet das mit einem kleinen Aufstieg zu erklimmende **Waterloo Monument** auf dem Peniel Heugh (227 m) einen weiten Blick. Beschauliche Stille atmet der Dorffriedhof von **Ancrum** mit seinen alten Grabsteinen. Eine einbogige Steinbrücke wölbt sich über den träge dahinplätschernden Bach.

Ancrumcraigh: 10 km nordwestl. von Jedburgh, Tel. 01835/830 280, www.ancrumcraig.co.uk. Luxuriöses B & B in roter Sandsteinvilla, die 1722 gebaut und 1800 umgebaut wurde, sehr geräumig der *Golden Room* mit Erker und Gartenblick, fantastischer Garten und ganz im Grünen gelegen. DZ 50–56 £.

Hawick

In der geschäftigen Textilindustriestadt Hawick (sprich: Hoik) beherbergt der spätmittelalterliche **Drumlanrig's Tower** das Stadtmuseum (April–Okt. Mo–Sa 10–17, So 12–17 Uhr). Die größte Stadt der Borders wird vorrangig wegen ihrer Factory Outlets besucht.

Tourist Information: Drumlanrig's Tower, Tower Knowe, Tel. 0870/608 0404, www.visitscottishborders.com, April–Okt. Mo–Sa 10–17, So 12–17 Uhr

Cashmere Company: Trinity Mills, Duke St., www.hawickcashmere.com, Mo–Sa 9.30–17, Mai–Okt. auch So 11–16

Neben Schafen sind Rinder Schottlands wichtigste Nutztiere

Uhr. Besucherzentrum und Verkauf von hochwertiger Strickware.
Peter Scott & Co: 11 Bucchleuch St., Mo–Fr 10–15, Sa 10–16 Uhr. Wollwaren aus Kaschmir oder Lambswool, Fabrikverkauf.

Common Riding: Juni.
Borders Festival: Sept. Jazz, Blues.

Rad- und Wanderwege im Craik Forest 16 km westlich.
Hawick Cycle Centre: 45 North Bridge St., Tel. 01450/376 033. Fahrradverleih, Shop, Reparatur.

Hermitage Castle

Der weite Weg durch karge Hügel- und Moorlandschaft nach Hermitage Castle südwestlich von Jedburgh lohnt sich. Wie ein steinerner Katamaran thront die massige, ›männliche‹ Grenzfeste der königlichen *Wardens of the March* über Erdwällen und einem Flüsschen an diesem verlassenen, idyllischen Flecken. 1566 besuchte hier Maria Stuart nach einem berüchtigten Gewaltritt von Jedburgh ihren Markgrafen Bothwell, der im Kampf gegen aufrührerische Borders-Geschlechter verwundet worden war; die gern romantisierte Episode war vermutlich rein politischer Natur (25. März–Sept. tgl. 9.30–18.30 Uhr). Mit etwas Glück bekommt man hier abends eine kostenlose *Sheep Dog*-Vorführung zu sehen, wenn die landestypischen schwarz-weißen Hütehunde eine Schafherde zusammentreiben.

Route: Am oberen Tweed und am Yarrow

Reiseatlas: S. 13, C/D 1/2
Am Oberlauf des Tweed entlang und durchs Yarrow-Tal gelangt man in die nach Westen zunehmend einsame Bergwelt an der Grenze zwischen den Borders und Dumfries.

Um Peebles

Schön am Tweed liegt das ansehnliche viktorianische Städtchen **Peebles.** Einst ein beliebter Badeort, zieht er heute vor allem Freizeitsportler an. Der **Glentress Forest** ist eines der größten Mountainbike-Zentren Schottlands. Die Strecken sind nach dem von Skipisten bekannten Farbschema markiert.

Auf einem Felsvorsprung über dem bewaldeten Tal des Tweed steht das Tower House **Neidpath Castle,** ein Zeugnis mehr für die kriegerische Vergangenheit des Grenzlands (Ostern, Mai–Sept. Mi–Sa 10.30–17, So 12.30–17 Uhr). Auch hier am Fluss gibt es eine Vielzahl von Wanderwegen.

Tourist Information: High Street, Tel. 0870/608 0404, www.visitscottishborders.com, Mo–Sa 10–17, So 11–16 Uhr.

Cringletie House: 5 km nördl., Tel. 01721/7325 750, Fax 01721/725 751, www.cringletie.com. Luxushotel in neobaronialem Landschloss, behindertengerecht, ge-

schmackvoller Landhausstil mit dezidiert modernem Touch, vor allem in den individuellen Zimmern. *Grounds* mit Hochlandrindern, viktorianischem Gewächshaus, Küchengarten für das Gourmetrestaurant, Taubenschlag, Eibenhecken. DZ 140–240 £.
Crossburn Caravan Park: Edinburgh Road, Tel./Fax 01721/720 501, www.crossburncaravans.co.uk. 4 Sterne, am Stadtrand, pittoresk am Flussufer gelegenes Wiesengelände. 10 £.

Sunflower Restaurant: 4 Bridgegate, Tel. 01721/722 420, Mo–Sa 10–15, Do–Sa 18–21 Uhr. Bistroküche mit vielen Auszeichnungen, vom Frühstück bis zum mehrgängigen Dinner. Hauptgericht 12 £.

The Olive Tree: 7 High St., Mo–Sa 9–17.30 Uhr. Lokale Delikatessen, Honig, Farmhouse Cheeses, Bier.

Eastgate Theatre & Arts Centre: Eastgate, Tel. 01721/725 777, www.eastgatearts.com. 2004 eröffnetes Kulturzentrum (Film, Tanz, Comedy, Literatur) und Theater in ehemaliger Kirche aus dem 19. Jh., zeitgenössisch-trendiges Café (Mo–Sa 10–18 Uhr).
Highland Games: Sept.

The Hub at Glentress: Glentress Forest, Tel. 01721/721 736, www.thehubintheforest.co.uk. Treffpunkt für Mountainbike-Enthusiasten, Geländeradausrüstung auch für Kinder zu mieten, Kurse, Führungen, fünf markierte Geländeradpisten im Wald beginnen am Café.
The Bicycle Works: 3 High St., Tel. 01721/723 423. Fahrradverleih.
Peebles Hydro Stables: Innerleithen Rd., Tel. 01721/72 13 25. Pony-Reiten im Glentress Forest, auch für Kinder ab 4 Jahren, Reitzentrum.

Traquair House

Traquair House ist einer der großen Adelssitze Schottlands und offeriert ein breites touristisches Rahmenprogramm. Die intimen Räume sind mit Antiquitäten und Stuart-Reliquien vollgestopft – eine Locke von Bonnie Prince Charlie, die Wiege James' VI., Maria Stuarts Rosenkranz, Kreuz, Schuh, Staatsbett. Man spürt, dass hinter diesen dicken Mauern seit dem 12. Jh. kontinuierlich adlige Menschen wohnten. Die glühenden Jakobiten – der 4. Laird of Traquair war Hauptmann der Leibwache Maria Stuarts – hielten stets am katholischen Glauben fest, wovon eine Fluchtkapelle aus den Zeiten der Verfolgung zeugt. Das berühmte Bärentor bleibt traditionshalber seit der Flucht Bonnie Prince Charlies geschlossen – bis die Stuarts zurückkehren.

Um das Buchenheckenlabyrinth hinter dem Haus zu ›knacken‹, braucht man mindestens eine halbe Stunde. Der Woodland Trail durch die *grounds* führt am Ufer des Quair Burn u. a. an den aus dem 18. Jh. stammenden und somit vermutlich ältesten Eiben Schottlands vorbei. Jakobiten-Ale und Ale-Shampoo wird im Shop der alten Brauerei verkauft, die seit 1965 wieder braut. Außerdem gibt es das ›1745 Cottage Restaurant‹ und mehrere Kunsthandwerkerläden. Die umtriebige Familie bietet ein Veranstaltungsprogramm von der Traquair Fair (erstes Augustwochenende) über Geisterführungen bis zu Halloween und Weihnachtsevents (25. März–Mai, Sept. tgl. 12–17, Juni–Aug. 10.30–17, Okt. 11–16, Nov. Sa/So 12–16 Uhr).

Heute kann man sich in **Traquair House** als B & B-Gast in drei wundervollen Zimmern mit Baldachinbetten und Antiquitäten als Schlossherr(in) fühlen. Allein der Frühstücksraum mit altem Porzellan und Gemälden ist ein Traum (Tel. 01896/830 323, Fax 01896/830 639, www.traquair.co.uk). DZ 150 £.

Selkirk und Umgebung

Über den größtenteils aufgelassenen Textilfabriken im Tal des Ettrick Water liegt das nette **Selkirk.** Sir Walters Statue steht auf dem Marktplatz vor dem ehemaligen Rathaus und Gerichtsgebäude, wo er einst als Sheriff Recht sprach. Sir Walter Scott's Courtroom ist zu besichtigen (April–Sept. Mo–Fr 10–16,

Sa 10–14, Mai–Aug. auch So 10–14, Okt. Mo–Sa 13–16 Uhr).

Düster und grau thront das viktorianische Schloss von **Bowhill** über einer prachtvollen, sanft abfallenden Schafweide – Scotts ›süßes Bowhill‹, wie er in ›The Lay of the Last Minstrel‹ schreibt. Ihre bedeutende Kunst- und Gemäldesammlung öffnen die Herzöge von Buccleuch, Schottlands reichste Magnaten, leider nur im Juli für die Öffentlichkeit: ein Minimalprogramm von 31 Tagen, um staatliche Unterstützung zu erhalten. Dann sind Werke von Canaletto, Raeburn, Gainsborough, Reynolds sowie Andenken von Scott, dessen Vorfahren auf Newark Castle saßen, und dem Herzog von Monmouth, Meissen-Porzellan, Silber und prunkvolle Möbel zu sehen (Haus: 1.–31. Juli tgl. 13–17, Park: Ostern, Mai, Juni Sa/So, Juli tgl., Aug. Sa–Do 11–17 Uhr).

Durch den riesigen bewaldeten Landschaftspark mit Abenteuerspielplatz führen markierte Wege, u. a. am Yarrow entlang zur Tower House-Ruine **Newark Castle** aus dem 15. Jh. (25. März–Sept. tgl. 9.30–18.30 Uhr).

Tourist Information: Halliwells House, Tel. 0870/608 0404, www.visitscottishborders.com, April–Okt. Mo–Sa 10–17, So 12–16 Uhr.

Philipburn House Hotel: 2 km westl. an der A 707, Tel. 01750/20747, Fax 01750/21690, www.philipburnhousehotel.co.uk. Landhaus von 1745 mit entspannter, verspielt-rustikaler Atmosphäre, nach Brand 1996 komplett neu ausgestattet, z. B. Luxusmezzanin-Suiten mit Whirlpool (DZ 170 £) oder skandinavisch-hölzern (120 £); Feinschmeckerrestaurant (3-Gang-Dinner 36 £), preiswerter im Bistro, Whisky- und Ale-Bar.
Heatherlie Hotel: Heatherlie Park, Tel. 01750/721 200, Fax 01750/720 005, www.heatherlie.freeserve.co.uk. Altbacken-traditionell eingerichtetes, viktorianisches Country House. DZ 74 £.
Broadmeadows Youth Hostel: Old Broadmeadows, Yarrowford, Tel. 08700/004 1107, www.shya.org.uk, von der A 708 ab, 8 km von Selkirk. Älteste Jugendherberge Schottlands, 1931 eröffnet, guter Startpunkt für Wanderungen, z. B. auf den Three Brethren. Bett im Schlafsaal 10 £.

Common Riding: Juni.

St. Mary's Loch

Das idyllische Ettrick- und Yarrow-Tal, sanfte Schafweiden auf weit auseinander tretenden Hügeln, war die Heimat von James Hogg, dem Ettrick Shepherd. Der Schafhirt, Autodidakt und Dichter, ein Zeitgenosse von Scott, traf sich oft mit diesem und anderen Literaten im historischen Gasthaus Tibbie Shiel's Inn am St. Mary's Loch, wo sein Denkmal oberhalb der Straße steht. Tibbie Shiels, die ehemalige, 1878 verstorbene Besitzerin, spukt wohlwollend durch ihr einstiges Gasthaus, so dass Spiegel schon mal trüb werden und Vorhänge sich aufblähen können. Auch der Hundegeist in der Bar ist harmlos. Am Seeufer kann man garantiert alleine einherwandern.

Tibbie Shiel's Inn: Tel. 01750/422 31, Fax 01750/423 02, www.tiebbieshielsinn.com. Einfacher Gasthof mit Holzbalkendecke und karierten Tischdecken, Pub Grub und 50 Whiskys in der Bar, 5 schlichte, nette Ensuite-Zimmer. DZ 52 £.

Grey Mare's Tail

Hinter dem St. Mary's Loch schließen sich die rauen Moffat Hills eng um das Tal zusammen. Hier stürzt einer von Schottlands berühmtesten Wasserfällen, der Grey Mare's Tail, etwa 70 m tief zu Tal. Der linke Weg führt in zehn Minuten zu einem Aussichtspunkt, der rechte, mäßig steile in einer Stunde hoch zum Loch Skeen mit seinen braunen Forellen, aus dem der ›Schwanz der grauen Stute‹ in die Tiefe fällt. Die einzige Störung in der stillen Natur stammt von den fast bodennah fliegenden Düsenjets der RAF, die hier besonders gern und häufig ihre markerschütternden Übungsflüge veranstaltet. Mit Unterschriftenaktionen und Protestinitiativen versuchen sich die betroffenen Bürger zu wehren.

Eines der prächtigsten schottischen Baronialschlösser: Glamis Castle

Kapitel 4

Zentral-schottland

Auf einen Blick: Zentralschottland

Im Herzen Schottlands

Zentralschottland ist ein fruchtbares Tiefland mit vereinzelten Hügelketten, das sich zwischen dem südlichen Hügelland und den Highlands im Norden erstreckt. Dazu gehört auch der Central Belt mit den beiden Metropolen Edinburgh und Glasgow sowie den Lothians, die in eigenen Kapiteln beschrieben sind (s. S. 102ff. und 144ff.).

Die Regionen

In Mittelschottland kristallisieren sich drei größere Gebiete heraus: Stirling und Umgebung, die Halbinsel Fife sowie Angus and Dundee. Stirling, die alte Renaissance- und junge Universitätsstadt, liegt im strategischen Zentrum Schottlands und ist mit ihrer guten touristischen Infrastruktur das ideale Basislager für Ausflüge in die ländliche Umgebung nördlich der Stadt, in die Ochil Hills und das Glen Eagles. Diese hügelige Region bietet einen Vorgeschmack auf die Highlands und viele Möglichkeiten für sportliche Betätigung, sei es zu Fuß oder mit dem Golfschläger.

Das alte Königreich Fife, eine übersichtliche, kompakte Region, wird durch zahlreiche kunsthistorische Sehenswürdigkeiten wie den Renaissancepalast von Falkland, die alte Universitätsstadt St. Andrews und die pittoresken Fischerhäfen des East Neuk geprägt. Und durch das Meer: Wassersportler und Gourmets kommen an Fifes Küsten auf ihre Kosten. Die relativ flache Halbinsel ist eine ideale Region für familienfreundliche Aktivitäten: gut markierte Wander- und Radwege sowie eine durchorganisierte Golflandschaft locken seit jeher die Urlauber an.

Dundee hat sein industrielles Erbe zwar auch ansprechend aufbereitet, jedoch noch nicht den Boom wie die Chic-City Glasgow erlebt. Um Dundee herum bildet die Landschaft Angus mit den bedeutendsten Hinterlassenschaften der geheimnisvollen Pikten den südlichen Teil der Grampian-Halbinsel. Angus wird von einer abwechslungsreichen Küstenregion mit vielen Klippenpfaden und einem nach Norden zu immer gebirgigeren Hinterland geprägt, wo die Wanderparadiese der Angus Glens ins Hochland überleiten.

Highlights

6 **Stirling:** Das historische Zentrum der alten Königsstadt besteht nahezu vollständig aus Gebäuden des 16.–18. Jh. Doch auch in puncto zeitgenössischer Kultur und Restaurantszene hat sich die Universitätsstadt gemausert (s. S. 212ff.).

7 **East Neuk:** Der ›Ostzipfel‹ von Fife ist die charmanteste Aneinanderreihung von Fischerhäfen, die Schottland zu bieten hat: Anstruther, Crail, Elie u. v. m. Meerestiere schlemmen, an Strand und Klippen wandern, radeln – erholsamer geht's nicht (s. S. 221ff.).

Empfehlenswerte Routen

Strathearn: Ein wenig Highland-Feeling kommt in der dünn besiedelten alten Grafschaft auf, wenn man über Burgen, Kapellen und römische Forts zum Luxushotel Gleneagles fährt (s. S. 216ff.).

Entlang der Küste von Angus: Hafen- und Ferienorte wie Broughty Ferry, Arbroath, Montrose und Stonehaven schmücken die Küste von Angus, an deren Ende Schottlands wohl dramatischste Burgruine thront: Dunnottar Castle (s. S. 236ff.).

Pictavia: Im Hinterland von Angus locken die Piktensteine von St. Vigean's, Meigle und Aberlemno, die Angus Glens und eisenzeitliche Forts sowie eines der prachtvollsten schottischen Schlösser, Glamis Castle (s. S. 242f.).

Reise- und Zeitplanung

Zwei Tage braucht man für **Stirling** und **Strathearn,** wenn man nur das Wichtigste ansehen möchte, wer hier aktiv sein will, benötigt, wie überall in Schottland, mehr Zeit. Als Basislager empfehlen sich Stirling oder das Crieff Hydro Hotel für Wellnessjünger und Familien.

In **Fife** kann man, vor allem als Golfer, einen ganzen Urlaub verbringen. Drei Tage sind das Minimum, um Hafenluft in Anstruther und Crail zu schnuppern sowie Falkland Palace und St. Andrews zu besichtigen. Ein Hotel in St. Andrews oder eine preisgünstig-bodenständige Unterkunft an der East Neuk eignen sich zum Übernachten.

Wer gern abseits der ausgetretenen Pfade geht, sollte ein, zwei Tage in **Dundee** verbringen – die beiden Museumsschiffe ›schafft‹ man an einem halben Tag. Einen Tag fährt man von Dundee nach Stonehaven, wer von hier nicht nach Aberdeen und zum Dee weiter will, kann im **Hinterland** in ein bis zwei Tagen nach Dundee zurückfahren und so eine Art Rundtour absolvieren.

Verkehrsmittel

Bahnverbindungen bestehen zwischen Edinburgh, Stirling und Perth bzw. zwischen Edinburgh, Dundee und Aberdeen. Scottish Citylink verbindet, wie der Name des Busanbieters besagt, die großen Städte miteinander. In Fife kann man mit den mehrmals täglich fahrenden Regionalbussen recht gut von Fischerort zu Fischerort reisen, für Strathearn und Angus empfiehlt sich ein eigener fahrbarer Untersatz.

Richtig Reisen-Tipps

Fife Coastal Path: Ein markierter Fernwanderweg umschließt die gesamte Küste von Fife. Empfohlen wird hier der schönste Teilabschnitt rund um Crail, den man sich bequem halb- oder tageweise portionieren kann (s. S. 224).

Museumsschiffe in Dundee: Die ›Discovery‹ des Südpolarforschers Robert Falcon Scott und die ›Unicorn‹, das älteste noch schwimmende Kriegsschiff der britischen Marine, sollte man sich in Dundee unbedingt ansehen (s. S. 236).

Stirling und Umgebung

Reiseatlas S. 9

Im Herzen Schottlands, an der Nahtstelle zwischen Lowlands und Highlands, liegt die alte Königsstadt Stirling. Von der fruchtbaren Ackerbau- und Industrieebene am Firth of Forth geht es nordwärts in die landschaftlich reizvollen Ausläufer der Highlands, die Grafschaft Strathearn: zu den historischen Bauten von Dunblane, Doune und Drummond und zurück auf einen Wanderausflug zum Castle Campbell in den Ochil Hills.

6 Stirling

Reiseatlas: S. 9, B 4, **Cityplan:** S. 214

Die strategische Bedeutung des hoch aus der Ebene aufragenden Burgfelsens von Stirling, des ›Schlüssels zu Schottland‹, wird einem auf den ersten Blick klar. Die Entscheidungsschlachten der schottischen Geschichte wurden hier, im Umkreis der ehemaligen Royal Burgh geschlagen: 1297 siegte Nationalheld No. 1 William Wallace bei Stirling Bridge über die Engländer, am 23./24. Juni 1314 Nationalheld No. 2 Robert the Bruce bei Bannockburn über Edward II.

Aus dem Goldenen Zeitalter Stirlings, dem späten 15. bis 17. Jh., stammen die meisten Denkmäler: In dieser Zeit führten die schottischen Könige den Renaissance-Stil in Schottland ein und hielten hier Hof. Heute wirkt die Regionalstadt mit einigen neuen Kunstprojekten recht modern, das Straßenbild zeigt eine gemütliche Mischung aus Studenten und Touristen. Die geschäftige Neustadt breitet sich am Fuße des Felsens aus.

Hoch zur Burg

Das Schönste hier ist ein Spaziergang durch die altertümlichen, idyllisch zur Burg ansteigenden Gassen. Beispielsweise ins alte Zentrum des königlichen Burgfleckens, die von vielen historischen Gemäuern gesäumte Broad Street mit Mercat Cross und **Tolbooth** 1. Das ehemalige mittelalterliche Gefängnis wurde zu einem dynamischen Kunst-, Musik- und Begegnungszentrum umgestaltet. Mit einem Glasaufzug kommt man aufs Dach, von dem sich schöne Blicke bieten (tgl. 9–18 Uhr).

Einen solchen Aufzug hat auch das ehemalige viktorianische Reformgefängnis **Old Town Jail** 2 gegenüber an der pittoresken St. John Street, das ebenfalls ›zweckentfremdet‹ wurde. Heute ist es ein Geschäftszentrum und interaktives Museum, in dem Schauspieler den Besuchern das Leben der Gefangenen im 19. Jh. nahe bringen (tgl. 10–17 Uhr, April–Sept. mit Schauspielern, Okt.–März Sa/So 11.30–15 Uhr).

In der spätgotischen **Church of the Holy Rude** 3 (Heiligkreuzkirche) wurde James VI. am 26. Juli 1567 in aller Eile, drei Tage, nachdem seine Mutter Maria Stuart in Loch Leven zur Abdankung gezwungen worden war, zum König gekrönt. Man führte die Hände des Babys an die Krone, die man ihm natürlich nicht aufsetzen konnte.

Die Statue des wohltätigen Handelsherrn John Cowane an der **Guildhall** 4 steigt angeblich in der Neujahrsnacht herunter und tanzt im Hof des Gildenhauses, des 1633 von ihm gestifteten Hospitals. An der Ruine des Renaissancepalais **Mars Wark** 5 gelangt man zum frisch renovierten und originalgetreu eingerichteten **Argyll's Lodging** 6. Dieses schönste und besterhaltene Beispiel eines Renaissancepalais in Schottland gibt Möglichkeit zu einer Zeitreise in das Leben einer adligen

Familie im 17. Jh. (25. März–Sept. tgl. 9.30–18, Okt.–24. März bis 16.30 Uhr).

Stirling Castle

7 Bevor man sich ins Getümmel auf der Esplanade stürzt, schweift der Blick auf Holy Rude zurück über die Grabreihen des Friedhofs. Der steinerne Bruce auf dem Burgvorplatz schaut gen Süden, nach Bannockburn.

Die Burg aus dem 15. Jh. ließen James IV. und James V. im 16. Jh. zum Renaissanceschloss ausbauen. Durchschreiten Sie die wie Zwiebelhäute um den Palast liegenden Wälle und Befestigungsmauern, bewundern Sie vom Queen Anne Garden aus den Renaissanceschmuck der Palastfassade.

Die königlichen Gemächer mit den berühmten holzgeschnitzten Medaillons der Stirling-Köpfe und das gesamte Schloss werden zurzeit mit originalgetreu nachgefertigten Einrichtungen wieder wohnlich gemacht. Sehenswert sind die bereits renovierte Royal Chapel mit Fresken aus dem 17. Jh., die Great Hall und die lebensgroßen Köchepup-

Mit der Autorin unterwegs

Renaissance-Architektur

Argyll's Lodging ist das schönste und vollständigste Beispiel eines Renaissancepalais (s. S. 212f.) in Schottland. Auch **Stirling Castle** – neben Edinburgh Castle die größte Königsfestung des Landes – ist größtenteils im Stil der Renaissance gehalten (s. links).

Schottische Geschichte

Anschaulich dokumentiert das Besucherzentrum von **Bannockburn** den größten Sieg der Schotten über die Engländer (s. S. 216).

Aktivitäten

Ein Besuch im **Blair Drummond Safari Park** bedeutet Spaß für die ganze Familie in einer schottisch-afrikanischen ›Savanne‹ (s. S. 217). Empfehlenswert ist eine Wanderung durch das **Dollar Glen** zum trutzigen Castle Campbell (s. S. 218).

Außen wehrhafte Festung, innen prächtiger Renaissancepalast: Stirling Castle

Stirling: Cityplan

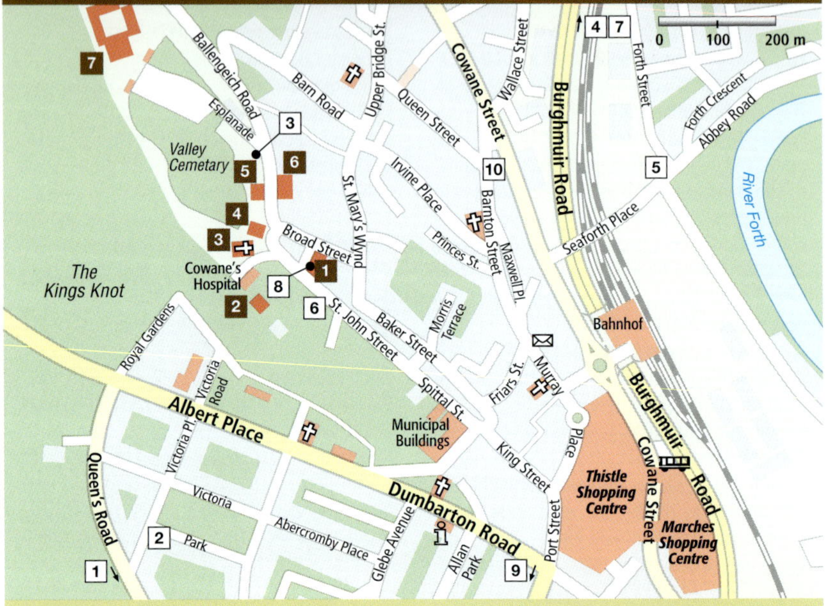

Sehenswürdigkeiten

1 Tolbooth
2 Old Town Jail
3 Church of the Holy Rude
4 Guildhall
5 Mars Wark
6 Argyll's Lodging
7 Stirling Castle

Übernachten

1 Park Lodge Hotel
2 XI Victoria Square
3 Portcullis
4 Stirling Management Centre
5 Forth Guest House
6 Stirling Youth Hostel
7 Witches Craig Caravan Park

Essen und Trinken

8 Courtroom Restaurant
9 Peckham's
10 East India Company

pen in der Küche, die ein amüsantes Bankett für Könige und Königinnen des 16. Jh. vorbereiten. Im Regimentsmuseum der Argyll and Sutherland Highlanders auf der Burg wird die berühmte *Thin Red Line* verklärt, die standhafte Gefechtslinie dieses Regiments in den Schlachten um Indien. Buch- und Souvenirladen, Café und ein spezieller Parcours für Kinder sind vorhanden (25. März–Sept. tgl. 9.30–18, Okt.–24. März tgl. 9.30–17 Uhr, letzter Einlass 45 Min. früher).

i **Tourist Information:** 41 Dumbarton Rd. und Castle Esplanade, Tel. 08707/200 620, Fax 01786/450 039, www.visitscottishheartlands.com, April–Juni Mo–Sa 9–17, So 9–16, Juli–Sept. 9–18/19, Okt.–März Mo–Fr 11–17, Sa 10–16 Uhr.

Park Lodge Hotel 1: 32 Park Terrace, Tel. 01786/474 862, Fax 01786/449 748, www.parklodge.net. Georgianisches Country House, Antiquitäten und Four Poster-Betten, bei Einheimischen beliebtes Restaurant. DZ ab 95 £.

XI Victoria Square 2: 11 Victoria Sq., Tel. 01786/475 545, www.xivictoriasquare.com. Viktorianisches Edel-Gästehaus mit Design-Zimmern à la Hochland oder Mackintosh, 20 Min. Spaziergang von der Burg mit Blick auf selbige, ruhige Wohngegend. DZ 90–100 £.

Portcullis 3: Castle Wynd, Tel. 01786/472 290, Fax 01786/446 103, www.theportcullishotel.com. Ensuite-Zimmer in ehemaliger Schule von 1787, Nähe Burg, fideler Pub mit gutem Grub, Biergarten. DZ 82–87 £.

Stirling Management Centre 4: University of Stirling, Tel. 01786/451 712, Fax 01786/449 940, www.smc.stir.ac.uk. Unterhalb des Wallace Monument, modernes Sport- und Freizeitzentrum auf Unigelände. DZ 60–100 £.

Forth Guest House 5: 23 Forth Place, Riverside, Tel. 01786/471 020, Fax 01786/447 220, www.forthguesthouse.freeserve.co.uk. Georgianisches Haus, alle Zimmer *ensuite*. DZ 39–46 £.

Stirling Youth Hostel 6: St. John Street, Tel. 0870/004 1149, www.syha.org.uk. Modernes Hostel unterhalb der Burg hinter der Fassade der Erskine Marykirk, 2-, 4- und 6-Bett-Zimmer *ensuite*, große, saubere Küche. Bett 13 £.

Witches Craig Caravan Park 7: Blairlogie, Tel. 01786/474 947, Fax 01786/447 286, www.witchescraig.co.uk. Preisgekrönter Luxusplatz am Fuße der Ochils. Zelt 11–12 £.

Courtroom Restaurant 8: im Tolbooth, Jail Wynd, Tel. 01786/274 010, Di–Sa 12–15, 19–21.30 Uhr. Cooles Restaurant im Kulturzentrum, neuer Zugang zu traditioneller schottischer Küche. 2 Gänge 16 £.

Peckham's 9: 52 Port St., Tel. 01786/447 047, Mo–Fr 10–22, Sa/So 9.30–24 Uhr. Café-Restaurant im rückwärtigen Teil des zu einer schottlandweiten Kette gehörenden Delikatessengeschäfts, zeitgenössische Bistro-Küche mit ausgezeichnetem Preis-Leistungs-Verhältnis. 2 Gänge 12 £.

East India Company 10: 7 Viewfield Pl., Tel. 01786/471 330, So–Do 17–23, Fr/Sa bis 23.30 Uhr. Distinguierter Service, köstliche indische Küche. Büfett 11,95 £.

Das Haupteinkaufsviertel liegt in der Neustadt um Port Street/Murray Place.

The Changing Room: 35 Crawford Arcade/King St., Tel. 01786/479 361. Galerie mit Ausstellungen zeitgenössischer Künstler.

Clive Ramsay: 28 Henderson St., Bridge of Allan (7 km nördl.), tgl. 7–19 Uhr. Berühmter Delikatessenladen mit schottischen Produkten, angeschlossen ist ein Café-Restaurant.

Settle Inn: 91 St. Mary's Wynd, Mo–Do 12–24, Fr/Sa bis 1, So 12.30–24 Uhr. Georgianischer Pub mit viel Atmosphäre, Real Ales, beliebt bei Studenten.

Whistlebinkies: 75 St. Mary's Wynd, Mo–Do 11–24, Fr/Sa bis 1, So 12.30–24 Uhr. Traditioneller Pub mit preiswertem Grub, abends Veranstaltungsort für Livemusik, meist Folk, aber auch Rock und Punk.

Barnton Bar & Bistro: 3 Barnton St., Tel. 01786/461 698, Mo–Do 10.30–24, Fr/Sa bis 1, So 12–24 Uhr. Ein Klassiker in einer umgebauten Apotheke, Pub, gutes Bar Food.

Cambio: 1 Corn Exchange, Mo–Do 11–24, Fr/Sa bis 1, So 12–24 Uhr. Theaterähnliche Style Bar auf mehreren Ebenen.

Fubar: 6 Maxwell Pl., Do–So 23–3 Uhr. Club mit Tanzmusik Richtung 1980er-Retro, Do Studentenabend, an den Wochenenden das Zentrum für Tanz- und Trinkwillige.

The Tolbooth: Tel. 01786/274 000 (s. S. 212), ist das Zentrum für Konzerte, Theater, Comedy. Weitere Konzerte finden auf der Burg statt.

MacRoberts Arts Centre: Universität, www.macrobert.org. Theater und Film.

Ghost Walks: Spuk-Stadtführungen, Startpunkt: Old Town Jail, im Sommer tgl., sonst Fr 20 Uhr, Tel. 01592/872 788 oder Tourist Office.

Fahrradverleih: Stewart Wilson Cycles, 44 Barnton St., Tel. 01786/465 292.

Wandern: Infos zu den Campsie Fells und den Ochil Hills beim Tourist Office.

Bahn: Bahnhof Burghmuir Road, Tel. 0845/748 4950, mehrmals tgl. Züge u. a. nach Edinburgh, Glasgow, Perth, Aberdeen und in andere Orte.
Bus: Busbahnhof Goosecroft Road. Scottish Citylink-Busse stdl. u. a. nach Glasgow, Aberdeen, Inverness, Tel. 0870/550 5050. First Edinburgh, Tel. 01324/613 777, lokale Verbindungen, z. B. Dunblane, Doune, Dollar, Callander. Trossachs Trundler: Oldtimerbus Mai–Okt. zu den Trossachs, Tel. 01786/442 707.
Mietwagen: Arnold Clark, Volvo Komplex, Kerse Road, Tel. 01786/478 686.

Umgebung von Stirling

Reiseatlas: S. 9, B 4

Bannockburn

Ein gewaltiges Besucherzentrum mit audiovisuellen Darbietungen und nachgestellten historischen Szenen lässt die Entscheidungsschlacht der Unabhängigkeitskriege lebendig werden und revidiert den Eindruck, die Schotten hätten immer verloren. Bannockburn war eine taktische Meisterleistung von Robert the Bruce. Seine 8000 Schotten besiegten das wohl 20 000 Kämpfer umfassende, aber disziplinlose englische Heer – die walisischen Bogenschützen sollen sturzbetrunken gewesen sein. Die Schotten erbeuteten Unsummen Geldes und Waffen, den gesamten 60 Meilen langen Tross des Verlierers sowie des gedemütigten Engländers Schild, Privatsiegel und Hofdichter. Der sah sich genötigt, hinfort das Lob des großen Bruce zu singen (April–Okt. tgl. 10–17.30, Feb./März, Nov./Dez. 10.30–16 Uhr).

Östlich von Stirling

In der sanften Auenlandschaft eines weiten Forth-Mäander liegen Kirchturm und Ruinen der 1147 von David I. gegründeten Augustinerabtei **Cambuskenneth.** Robert the Bruce hielt hier 1326 ein Parlament ab, James III. und seine Frau liegen hier begraben.

Vor der Kulisse der kargen Ochil Hills reckt das **Wallace Monument** aus dem 19. Jh. seine an den portugiesischen Platereskenstil und an die Edinburgher St. Giles Cathedral erinnernde Krone gen Himmel. Das Besucherzentrum dort erzählt die Geschichte des Nationalhelden William Wallace, Wegbereiter des großen Bruce, der nicht dessen Glück hatte. Er wurde besiegt und 1305 in London gevierteilt. Mel Gibson spielt ihn in ›Braveheart‹ (März–Mai, Okt. tgl. 10–17, Juni 10–18, Juli/Aug. 9.30–18.30, Sept. 9.30–17, Nov.–Feb. 10.30–16 Uhr).

Route: Strathearn

Dunblane

1 Den stillen Kathedralbezirk und Friedhof von Dunblane dominiert das sandsteingelbe gotische Gotteshaus mit seiner beeindruckenden Westfront und dem in den unteren Partien romanischen Turm. Beachtenswert ist die vollständige, fein gearbeitete und mit Tieren, Monstren und Ranken geschmückte Holzausstattung im harmonischen Inneren. Die Elemente aus dunkler Eiche stammen aus dem 15. Jh., die helleren edwardianischen Bänke sowie Kanzel und Chorgestühl sind gelungene Nachempfindungen von Sir Robert Lorimer (April–Sept. Mo–Sa 9.30–18.30, So 13.30–18.30, Okt.–März Mo–Mi 9.30–16.30, 9.30–12.30, Sa 9.30–16.30, So 14–16.30 Uhr).

Der Ort selbst erlangte 1996 schreckliche Berühmtheit, als 15 Kinder in der örtlichen Schule von einem Amokläufer ermordet wurden.

Doune

Am Rande des gleichnamigen hübschen Örtchens erhebt sich eine der faszinierendsten Burgen Schottlands, **Doune Castle** 2 aus dem 14. Jh. Die mächtigen Wälle und Türme auf einem Hügel sind auf zwei Seiten von Wasser umschlossen. Am baumbestandenen Ufer des breiteren, unteren Flüsschens, des River Teith, lassen sich geruhsame Spaziergänge unternehmen (25. März–Sept. tgl. 9.30–18.30, Okt.–24. März Sa–Mi 9.30–16.30 Uhr).

Strathearn

Mindestens einen ganzen Tag kann sich eine Familie im **Blair Drummond Safari Park** 3 südlich von Doune amüsieren. Den Raubkatzen, Zebras, Giraffen, Bären, Elefanten und Nashörnern in der schottisch-afrikanischen Savannenlandschaft bekommt das raue Klima offenbar gut. An kindgerechten Vergnügungen – Tretboote, Wasserrutsche, Seelöwenschau, Abenteuerspielplatz etc. – herrscht kein Mangel (tgl. 10–17.30 Uhr).

Von Braco bis Crieff

Am nördlichen Ortsende von **Braco** 4, direkt hinter der neuen und der alten Brücke über den Knaik River, erstreckt sich das weite Grasareal des Ardoch Roman Fort, des letzten und nicht lange – 81 bis 90 n. Chr. – gehaltenen Vorpostens römischer Herrschaft nördlich des Antoninuswalls. Die Wall- und Grabensysteme im ungeschützten Norden und Osten sind beeindruckend. Man ist allein

Crieff Hydro Hotel: Das modernisierte viktorianische Badehotel bietet Spa mit Pool, Sauna und Gym, viele Sportmöglichkeiten, u. a. Reiten, Quad Bike und Golf, und ist ausgesprochen familienfreundlich (Tel. 01764/655 555, Fax 01764/653 087, www.crieffhydro.com, Cottages 100–370 £/Tag, Hotelzimmer mit Dinner 120–190 £).

mit Wind und Gras und dem Gefühl von Vergänglichkeit (jederzeit zugänglich).

Ganz anders die üppigen formalen Gärten um das Tower House **Drummond Castle** 5, das selbst nicht zugänglich ist. Besonders schön ist das mit roten und gelben Blumen bepflanzte Andreaskreuz aus Buchsbäumen (Ostern, Mai–Okt. tgl. 13–18 Uhr).

Von dem viktorianischen Ferienstädtchen **Crieff** 6 kommt man zur kleinen Whiskydestillerie Glenturret aus dem Jahr 1775, angeblich die älteste Schottlands. Heute gehören die pittoresken weißen Gebäude mit den Pagodendächern dem Konzern Famous Grouse, einer bekannten schottischen Whiskymarke (tgl. 9.30–18 Uhr). Ruhiger geht es im wilden Sma' Glen zu, das schon einmal Highland Feeling bietet.

Gleneagles

In ländlicher Umgebung, von hohen Kiefernsolitären umstanden, strahlt die spätmittelalterliche **Tullibardine Chapel** 7 Frieden und Gelassenheit aus (Mai–Sept. tgl. 10–18 Uhr). Ganz anders war es im Juli 2005, als beim G 8-Gipfel in **Gleneagles** 8, dem weltberühmten Luxusgolfhotel, Geschichte geschrieben wurde. Während Globalisierungsgegner protestierten, George W. Bush per Rad die Hügellandschaft Mittelschottlands eroberte und dabei einen Polizisten umfuhr, dichtete Robin Bell in staatlich schottischem Auftrag: Seine Kulturministerin hatte den heimatverbundenen Übersetzer von Maria Stuarts Gedichten mit einem Gedichtzyklus zum Gipfel beauftragt. Kurz hinter dem Hotel treten die kargen Bergrücken des Glen Eagles dicht an die Straße heran – unser ›Einfallstor‹ in die Ochil Hills.

Tourist Information: 90 High St., Auchterarder, Tel. 01764/663 450, April–Okt. Mo–Sa 9.30–17.30, Juli/Aug. auch So 11–16, Nov.–März Mo–Fr 10–14 Uhr.

The Gleneagles Hotel: 3 km südl., Tel. 01764/662 231, Fax 01764/662 134, www.gleneagles.com. Eines der besten und teuersten Hotels der Welt, gediegenes moderat zeitgenössisches Design, Feinschmeckerrestaurant. Golf, Reiten, Falkenjagd, Pool, Tanzstudio, Fitness u. v. m. (Golfreservierung Tel. 0800/389 3737). DZ 296–500 £.

Dollar Glen

Gezähmt plätschert der Dollar zwischen den hübschen viktorianischen Häuschen des gleichnamigen Städtchens am Südfuß der Ochils gen Tal. Weiter bergan schäumt und gurgelt er temperamentvoll durch die dramatischen, mit Holzstegen überbrückten Felsklammen des **Dollar Glen** 9, das in der Obhut des National Trust steht. Mehrere markierte Wanderwege durchziehen das Tal, so eine Drei-Stunden-Route zum Gipfel des Dollar Hill.

Etwa eine Stunde wandert man von Dollar, am Wasser entlang durch das Tal des Flüsschens Burn of Care hinauf und das des Burn of Sorrow herab. Die feuchte Moos-, Farn- und Eichenwildnis ist mitnichten so traurig, wie die Flüsschen ›Sorge‹ und ›Kummer‹ und der ›trübsinnige‹ frühere Name der Burg, Castle Gloom, es nahe legen. Am Scheitelpunkt der Wanderung erheben sich in atemberaubender Lage die Ruinen des einst wehrhaften **Castle Campbell** 10, eines Tower House des späten 15. Jh., das so berühmte Gäste wie Maria Stuart und John Knox beherbergte (25. März–Sept. tgl. 9.30–18.30, Okt.–24. März Sa–Mi 9.30–16.30 Uhr).

Einkaufen: In dem Städtchen Alva am Fuß der Ochil Hills, Zentrum der ehemaligen Wollproduktion in Clackmanshire, beginnt der Mill Trail in der Glentana Mill, Stirling Street (hier auch Tourist Office, Tel. 08707/200 605, und Besucherzentrum). Mehrere Läden verkaufen (eher billigere) Woollies.

Halbinsel Fife

Reiseatlas S. 10

Zwischen Firth of Forth im Süden und Firth of Tay im Norden schmiegen sich die Acker- und Weidehügel der Halbinsel Fife, des geschichtsträchtigen alten Piktenkönigreichs. Fife, eine der schönsten Ferienlandschaften Schottlands, hat Wanderern, Radfahrern, Wassersportlern und Golfern ebenso viel zu bieten wie Liebhabern exzellenter Fischrestaurants.

Zentral-Fife

Reiseatlas: S. 9/10, C/D 3

Loch Leven

Mary was here. Nur eine Dreiviertelstunde dauert der Ausflug zum Tower House auf dem Inselchen Loch Leven insgesamt; das Boot setzt nach Bedarf von Kinross Pier über (25. März–Sept. tgl. 9.30–17.15 Uhr/letzte Fähre). Fast ein ganzes Jahr, vom 17. Juni 1567 bis zum 5. Mai 1568, sah sich Maria Stuart als Gefangene des Parlaments, konkret der Familie Douglas, auf das wenig luxuriöse Turmzimmer beschränkt; ihr Boot fuhr nur einmal, nachdem der junge William Douglas, heftig in die Unglückliche verliebt, den Schlüssel für die Hauptpforte der Festung in den See geworfen und alle potenziellen Verfolgerboote unbrauchbar gemacht hatte. Stoff für Legenden und Reliquien: Auch Sir Walter hatte, noch heute in Abbotsford House zu sehen, einen der echten Schlüssel. Der Atem der Geschichte umweht auch hier, was von Schlössern und Burgen übrig zu bleiben pflegt: Mauern, enge Stiegen, Kamine, Abortwinkel.

Falkland

Mehr wäre auch von **Falkland Palace** nicht mehr übrig, Lieblingsresidenz der Stuart-Könige und einer der schönsten Renaissancepaläste Großbritanniens, hätten nicht Stuart-Nachfahren, die Marquess of Bute, die von Cromwells Soldaten als Ruine zurückgelassenen Mauern seit Ende des 19. Jh. – der Aufbau dauert noch an – rekonstruiert und bewohnt. Hier tafelten in Schottlands Goldenem Zeitalter James II. und seine Gattin, die Königin Maria von Geldern, hier spielte James IV. Schach, lauschte Maria Stuart den süßen Versen der Hofpoeten, hier starb gramgebeugt ihr Vater, James V.

Unter den Wappen des von zwei Rundtürmen flankierten Pförtnerhauses hindurch gelangt man in die verschwenderisch mit Stuart-Porträts, geschnitzten Renaissancehimmelbetten (den schönsten Schottlands), flämischen Gobelins und edwardianischem Wohnkomfort ausgestatteten Gemächer. Von den reizenden formalen Gärten fällt der Blick auf die mit Medaillons geschmückte Schokoladenseite des Südflügels und den dahinter aufragenden Lomond Hill.

Auf dem ältesten Royal Tennis Court Großbritanniens, 1539 für James V. angelegt, spielen manchmal die Palast-*wardens* oder andere Mitglieder des Falkland Royal Tennis Club ein Match, wobei sie zwischendurch bereitwillig die komplizierten, vom heutigen Rasentennis abweichenden Regeln wie die *chases* und die Einbeziehung der Dächer erklären (März–Okt. Mo–Sa 10–18, So 13–17.30 Uhr).

Traumhaft wie der Palast ist auch der kleine Burgflecken, dessen Uhren im 17. Jh. stehen geblieben zu sein scheinen.

Mit der Autorin unterwegs

Orte mit langer Sporttradition

Auf dem Tenniscourt des **Falkland Palace** im netten, gleichnamigen Ort wurde schon in der ersten Hälfte des 16. Jh. Tennis gespielt (s. S. 219). Ganz im Zeichen des Golfsports steht **St. Andrews,** dessen Old Course im 18. Jh. angelegt wurde. Den Reiz der touristisch exzellent organisierten Kleinstadt machen aber auch seine uralte Kathedrale, die spätmittelalterlichen Universitätscolleges und das Sea Life Centre aus (s. S. 225ff.).

Kunsthandwerk

In dem Künstlerort **Pittenweem** (s. S. 223) und in **Crail,** einem der reizendsten Hafenorte Schottlands, findet man viele Kunsthandwerksläden (s. S. 225).

Aktivitäten

Seevögel, z. B. Papageitaucher, Kirchenruinen und drei Leuchttürme bekommt man bei einem **Bootsausflug zum Vogelschutzgebiet Isle of May** zu sehen (s. S. 223). Eine schöne, ganztägige **Radtour** von rund 31 km Länge beginnt am Hafen von **Anstruther** und führt über Kellie Castle und den Secret Bunker zurück nach Anstruther (s. S. 225).

Burgh Lodge: Back Wynd, Tel. 01337/857 710, www.burghlodge.co.uk. Komfortables, freundliches Hostel mit 2- bis 8-Bett-Zimmern, auch für Familien und Behinderte geeignet. Bett 9–10 £.

Kind Kyttock's Kitchen: Cross Wynd, Tel. 01337/857 477, Di–So 10.30–17.30 Uhr. Tea Room mit legendärem *home baking,* auch *toasties,* Folienkartoffeln, Omelettes.

Cupar und Umgebung

Cupar, die alte Hauptstadt von Fife, ist so etwas wie das Feinschmeckerzentrum der Halbinsel. Sir Robert Lorimer schuf das edwardianische Hill of Tarvit Mansion House und seine formalen Gärten 2 km außerhalb; beachtlich sind Möbel- und Gemäldesammlung (Ostern–Sept. tgl. 13–17, Gärten ganzjährig 9.30 Uhr bis Sonnenuntergang).

Ein Erlebnis für die ganze Familie ist das **Scottish Deer Centre,** in dem jede Menge Rotwild zu sehen ist und ein Abenteuerspielplatz, ein Spaziergang auf Baumwipfelhöhe, Falknereidarbietungen und Ranger-Führungen auf dem Programm stehen. Die Eltern können in einem Shopping-Areal Schottisches von Whisky bis zur Golfausrüstung kaufen (tgl. 10–16.30 Uhr).

Auch das Fife Folk Museum in dem idyllischen Dorf **Ceres,** das sich dem Landleben vor der industriellen Revolution widmet, ist für die ganze Familie interessant. Es befindet sich im Tolbooth (früher Gericht und Waage) aus dem 17. Jh. und in Weber-Cottages aus dem 18. Jh. (Ostern, Mai–Okt. tgl. 14–17 Uhr).

Kellie Castle, ein Tower House aus dem 14.–16. Jh. auf T-förmigem Grundriss, ließen Lorimer und sein Vater restaurieren. Beachtenswert sind das viktorianische Kinderzimmer und die Küche, Stuckdecken aus dem 17. Jh. sowie die schönen Gärten mit ihren alten Rosensorten (Ostern, Mai–Sept. tgl. 13–17, Gärten ganzjährig 9.30–17.30 Uhr).

The Peat Inn: Kreuzung des Weilers Peat Inn, Tel. 01334/840 206, www.thepeatinn.co.uk, Di–Sa 13–15, 19–21.30 Uhr. Seit 30 Jahren eines der besten Restaurants Schottlands, klassische französisch-schottische Küche mit Wild, Hummer, Fisch, luxuriös-gemütlicher Landhausstil (auch edle Gästezimmer für 165 £). 6-Gang-Menü 48 £.
Ostler's Close: 25 Bonnygate, Cupar, Tel. 01334/655 574, Di–Sa abends, Fr/Sa auch mittags. Bistro-Atmosphäre in intimen Cottageräumen. Hauptgericht 15 £.

Bill Ramsay: Dairsie, 52 Main St., Tel. 01334/870 890. Fahrradverleih und -reparatur.

Bahn: Verbindung von Cupar nach Dundee und Edinburgh mehrmals tgl.
Bus: Der Stagecoach Fife-Bus fährt nach St. Andrews.

Rotwild im Scottish Deer Centre bei Cupar

7 East Neuk

Reiseatlas: S. 10, D/E 3

Der dreieckige, von moderaten Felsklippen und gelben Sandstränden gesäumte Ostzipfel Fifes, der East Neuk (*neuk* = Ecke, Schlupfwinkel), wartet mit der schönsten Aneinanderreihung von Fischerhäfen in Schottland auf. Den ›goldenen Saum eines Bettlermantels‹ hat König James II. die Küstenregion im 15. Jh. genannt. Zahlreiche Angebote zum Wandern und Radfahren sowie die frisch in die Restaurants angelieferten Schätze des Meeres machen den East Neuk zu einer idealen, beliebten Ferienregion.

Elie und St. Monans

Den Anfang der pittoresken Kette von Fischerörtchen macht **Elie,** dessen Sandstrand, beliebte Surfgründe und Hafen mit dem alten Ship Inn sich in eine geschützte Lagune schmiegen. Erholsame Spaziergänge an der Küste bieten sich überall an.

St. Monans, vielleicht der ursprünglichste der East Neuk-Orte, duckt sich Schutz suchend an die Seemauer. Neben der üblichen Häuser- und Gassenenge um den Hafen hat er in der Oberstadt eine sehenswerte Fischerkirche vorzuweisen, die auf das 14. Jh. zurückgeht. Ein Votivschiff von 1800 in voller Besegelung baumelt von der Decke. Der Blick von hier auf die Küste ist überwältigend.

The Ship Inn: im Hafen von Elie, Tel. 01333/330 246. Gehobenes Pub Food – Fisch und Asiatisches – im Bistro oben und im Bootshaus daneben, im Sommer sitzt man herrlich draußen. Hauptgericht 8–10 £.

Radwege: Im Rahmen des Kingdom of Fife Millennium Cycle Ways Project wurden 500 km markierte Radwege angelegt. Sie sind auch für weniger Geübte zu bewältigen, da Fife nicht allzu hügelig ist. Die Wege führen über ehemalige Eisenbahntrassen und ruhige Landsträßchen (www.fife-cycleways.co.uk, dort auch Kartenbestellung). Man wählt zwischen einer 168 km langen Rundtour zwischen den Forth- und Tay-Autobrücken und 24 lokalen Rundfahrten.

Ob dank des Lichtes oder seines Charmes, Pittenweem zieht Künstler magisch an

The Seafood Restaurant: westliches Ortsende von St. Monans am Hafen, Tel. 01333/730 327, Di–Sa 12–14.30, 17.30–21.30, So 12–14.30 Uhr. Unprätenziöses Fischbistro mit Wintergarten und Terrasse, unten plätschern die Wellen, oben krächzen die Möwen, perfekt zubereitete Speisen. Hauptgericht 14 £.

Wok & Spice: A 917 oberhalb von St. Monans, Tel. 01333/730 888. Takeaway und Hauslieferung, Gute und preiswerte malaysische Küche, sehr zeitgenössisch. Hauptgericht 7 £.

Sports Centre: Golf Club Lane, Elie Tel. 01333/330 955. Tennis, Golf, Bowling.

Elie Watersports: am Hafen, Tel. 01333/330 962, Mai–Sept. Verleih und Kurse: Windsurfen, Kanus, Wasserski, Dingis, Mountainbikes.

Busse: mehrmals tgl. Busse von Stagecoach Fife (www.stagecoachbus.com/fife) auf der Küstenstrecke mit Halt in jedem Örtchen, z. B. von St. Monans nach Anstruther, von St. Andrews nach Anstruther.

Pittenweem hat sich zu einer Künstlerkolonie entwickelt und feiert im August ein Arts Festival. Sehen Sie sich **St. Filian's Cave** beim Hafen an, wo der schottische Missionar seine Askeseübungen abgehalten haben soll, und, sofern Sie Frühaufsteher sind, den morgendlichen **Fischmarkt.**

Anstruther

Die Möwen auf den Dachfirsten der Lagerschuppen stehen in Reih und Glied wie die bunten Häuser entlang des Hafenbeckens von Anstruther. Bootsausflüge, vor allem gegen Abend zu empfehlen, führen u. a. zum Naturschutzgebiet der **Isle of May.** Das Fischerboot ›Reaper‹ im Hafen gehört zum weiß gestrichenen, preisgekrönten **Scottish Fisheries Museum** nebenan, das 1968 aus einer lokalen Initiative entstand und mittlerweile einen ganzen Komplex historischer Gebäude vom 16. bis 19. Jh. mit knarzenden Holzdielen und niedrigen Decken umfasst. Schon die Queen und Queen Mum sahen sich huldvoll das Tiefsee-Aquarium, die Werft mit einem Heringsfischerboot vom Zulu-Typ, originalgetreu rekonstruierte Stuben alter Fischerhäuser und Schiffsmodelle an (April–Okt. Mo–Sa 10–17.30, So 11–17, Nov.–März Mo–Sa 10–16.30, So 14–16.30 Uhr).

Meist übersehen und auf den wenigsten Karten verzeichnet, hockt das winzige, ungeleckte **Cellardyke** – nomen est omen – im ›Keller‹ unter den Klippen. Am kleinen Hafen-

Pittenweem

Pittenweem ist noch ein echter Fischerhafen, während die Kutterbesitzer der anderen Örtchen nur noch auf lukrativen Hummer- und Krabbenfang gehen und zu Angelausflügen oder Hafenrundfahrten auslaufen. Die Zweiteilung der East Neuk-Häfen in ein Häuserknäuel um den Hafen und eine großzügiger angelegte Oberstadt mit den Repräsentationsbauten an der Hauptstraße lässt sich hier gut nachvollziehen. Wenn man durch die Gassen schlendert, entdeckt man zahlreiche Kunsthandwerkergeschäfte und Galerien.

Isle of May: Im Sommer fährt die ›May Princess‹ täglich vom Kiosk neben dem Fisheries Museum in Anstruther zum Vogelschutzgebiet und den Seehunden der Isle of May. Der rund fünfstündige Ausflug bietet Gelegenheit, die Klosterruinen (12. Jh.) und die drei Leuchttürme, darunter die Reste von Schottlands ältestem *lighthouse* (1636), zu besichtigen. Beste Zeit: für Papageitaucher April–Juli, für Delfine und Wale Ende Juli/Aug., für Seehunde immer. Vorher anrufen, da wetter- und gezeitenabhängig: Tel. 01333/ 310 103, www.isleofmayferry.com.

Richtig Reisen-Tipp: Fife Coastal Path

Der Fernwanderweg Fife Coastal Path führt über 130 km vom Carlingnose Point Wildlife Reserve am nördlichen Ortsrand von North Queensferry bis unter die Tay Bridge in Newport-on-Tay am Ufer gegenüber von Dundee. Fast immer geht es direkt an der Küste entlang, teils auf niedrigen Felsklippen, teils am Rand weiter Sandgebiete (www.fifecoastalpath.co.uk).

Markiert ist der Weg mit einem Schuhsohlensymbol plus blaugrüner Kugel. Bald sollen auch drei Spezialwanderungen für Kinder angelegt werden – das Pathfinder-Projekt hat schon sein Maskottchen, ›Coastie‹, ein von einem Schulkind entworfenes Leuchtturmmännchen. Alle lokalen Tourist Offices halten Infomaterial bereit.

Die schönsten Abschnitte lassen sich rund um Crail wandern und je nach Lust und Zeit ›portionieren‹. An der ersten meerwärts führenden Stichstraße am südlichen Ortsende von **Crail** beginnt der etwa 6 km lange Abschnitt nach **Anstruther.** Mal geht es an grünen Wiesenhängen entlang, mal an der aus gestaffelten Felsplatten gebildeten Küste.

Auf halbem Weg erheben sich die zerklüfteten **Caiplie Caves** aus Buntsandstein mit Höhlen und durchgespülten Spalten. Am späten Nachmittag holen die Fischer ihre Hummerreusen aus dem Wasser, deren Gefangene man dann nach diesem geruhsamen, etwa einstündigen Spaziergang in Anstruthers exzellentem Cellar Restaurant mit um so größerem Appetit verspeisen kann. Bis zum nächsten Ort, **St. Monans,** wären es noch einmal ca. 4 km.

Ein Ziel in entgegengesetzter Richtung kann z. B. Fife Ness sein, der nordöstlichste Zipfel des East Neuk (ca. 4 km bzw. 1 Std.). Dort liegt am Balcomie Beach der zweite Teil des Steins, mit dem der Teufel die Kirche von Crail zerschmettern wollte (s. S. 225).

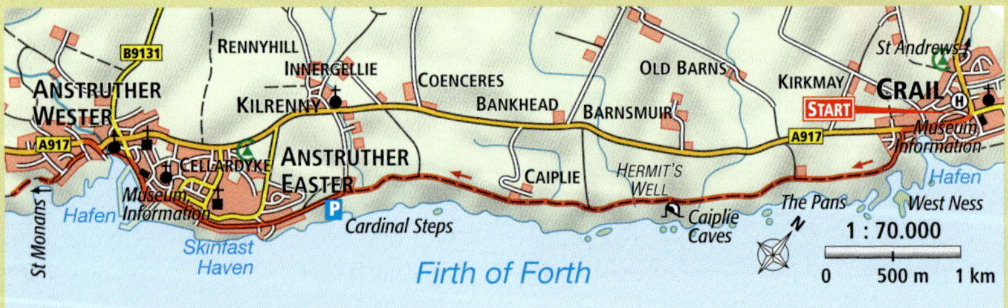

pier knattert die Wäsche im Wind. Die wenigsten Sommerfrischler oder Wochenendausflügler aus Edinburgh kommen bis hierher.

Tourist Information: im Fisheries Museum, Anstruther, Tel. 01333/311 073, Ostern–Mitte Okt. Mo–Sa 10–17, So 11–16 Uhr, www.anstruther.org.uk, Website für Fife: www.standrews.com/fife.

The Spindrift: Pittenweem Road, Anstruther, Tel./Fax 01333/310 573, www.thespindrift.co.uk. Oberhalb des Orts, luxuriöses Gästehaus in ehemaligem Kapitänshaus, Bar. DZ 55–76, Dinner 18 £.

Laggan House: The Cooperage, Cellardyke, Tel./Fax 01333/311 170, www.lagganhouse@quista.net.uk. B & B in dem großen alten Gebäude der ehemaligen Küferei, Garten, alle Zimmer haben Meerblick. DZ 50–55 £.

The Cellar: 24 East Green, Tel. 01333/310 378, Fr–So 12–14.30, tgl. 18.30–21.30 Uhr. Köstliches Seafood in gemütlichedlem ehemaligen Fischerhaus mit Kerzen und Bistro-Atmosphäre, eine Institution. 3-Gang-Dinner 32 £.

Anstruther Fish Bar & Restaurant: 42/44 Shore St. am Hafen, tgl. 11.30–22.30 Uhr. Einer der besten Fish 'n' Chipper Schottlands, frischester Schellfisch in Panade, Takeaway und Bistro. Ca. 5 £.

Dreel Tavern: 16 High St., Mo–Sa 11–23, So 12.30–23 Uhr. Reizender alter Pub, im Sommer Biergarten, große Auswahl an Real Ales und anständiges Pub Grub.

East Neuk Outdoors: Cellardyke Park, Tel. 01333/311 929, www.eastneukoutdoors.co.uk. Fahrradverleih.

Crail

Crail, der älteste der East Neuk-Orte, ist überall schön. Den Marktplatz umstehen stattliche alte Häuser wie der **Tolbooth** von 1598 mit seinem hübschen Türmchen; die Wetterfahne in Form eines getrockneten Schellfischs erinnert an den einstigen Reichtum des Städtchens. Über Seefahrertradition und Stadtgeschichte informiert das **Crail Museum** (Ostern Sa/So und Juni–Sept. Mo–Sa 10–13, 14–17, So 14–17 Uhr). Den *Blue Stane* vor der im Kern mittelalterlichen **St. Mary's Church** hat der Teufel – offenbar ein Ausnahmesportler – von der Isle of May hergeworfen, doch er zersplitterte.

Um das aus warmen braunen Bruchsteinen gemauerte **Hafenrund** drängen sich die geduckten Fischerhäuser aus dem 17./18. Jh. am Hang. Die typischen Außentreppen führen auf kopfsteingepflasterte Gassen, rote Dächer schützen die Stufengiebel. Hummerreusen stapeln sich auf dem Kai, und neben einem Hummerbecken werden Fischbrötchen verkauft.

Tourist Information: im Museum, 62/64 Marketgate, Tel. 01333/450 869, www.standrews.com/fife, April–Anfang Okt. Mo–Sa 10–13, 14–17, So 14–17 Uhr.

Hazelton Guest House: 29 Marketgate, Tel./Fax 01333/450 250, www.smoothhound.co.uk/hotels/hazelton.html. Wohnliche Zimmer, oben mit Meerblick, in einer viktorianischen Kaufmannsvilla in der historischen Oberstadt. DZ ab 58 £.

Crail Pottery: Rose Wynd, Mo–Fr 9–17, Sa/So 10–17 Uhr. Formschöne Keramik in einem reizenden blumengeschmückten Innenhof.

Balcomie Links: Tel. 01333/450 636, von Tom Morris angelegter Dünen-Golfplatz, trotzdem relativ einfach zugänglich. Alle Golfmöglichkeiten finden sich unter www.fifegolf.com.

St. Andrews

Reiseatlas: S. 10, D 3, **Cityplan:** S. 226
Das Golfmekka St. Andrews ist eine ansehnliche und nach dem Abzug des Prinzen-Studenten William auch wieder ausgesprochen ruhige Universitätsstadt. Die drei von Geschäften und alten Häusern gesäumten Hauptstraßen South, Market, North Street und die Strandpromenade The Scores mit ihren viktorianischen Reihenvillen gehen wie die vier Finger vom Handballen des Kathedralbezirks mit dem Daumen Abbey Street ab. Besonders eng, pittoresk und altertümlich sind sie und ihre Querverbindung, die kleine Castle Street, in der Nähe des ›Handtellers‹.

Im 4. Jh. soll der griechische Mönch Regulus, vielleicht beschützt von den mitgeführten Reliquien des Apostels Andreas, einen Schiffbruch überlebt und den Grundstein zu dem gelegt haben, was später, vor allem im 15./16. Jh., das mächtigste geistliche Zentrum Schottlands werden sollte: Sitz des Primas, dann Keimzelle der Reformation.

Im Straßenbild von St. Andrews vermögen sich die als konservative Yuppies verschrieenen knapp 5000 Studenten, die noch zu vielen Gelegenheiten ihren traditionellen roten Talar tragen, gegen die allgegenwärtigen Golfer nicht zu behaupten. Vor allem abends las-

St. Andrews: Cityplan

Sehenswürdigkeiten

1 Turm
2 Kathedrale
3 Burg
4 St. Salvator's College
5 St. Mary's College
6 Madras College
7 Botanischer Garten
8 Old Course Clubhouse
9 18. Grün
10 British Golf Museum
11 Sea Life Centre

Übernachten

1 Old Course Hotel
2 The Inn on North Street
3 Old Fishergate House
4 University of St. Andrews
5 Abbey Cottage
6 Craigtoun Meadows Holiday Park

Essen und Trinken

7 The Seafood Restaurant
8 Doll's House
9 Broons
10 Brambles

sen die hochgeklappten Bürgersteige kein studentisches Flair aufkommen. In Clubs und Pubs feiern die jungen Leute eher zurückgezogen, dafür jedoch ordentlich.

Kathedralbezirk

Von der dem mönchischen Gründer geweihten Kirche St. Rule, Anfang des 12. Jh. erbaut, steht nur noch der schlanke, hohe und seltsam anachronistische **Turm** 1, der an die sächsisch-südenglische Bauweise erinnert. Nach 151 schweißtreibenden Stufen erblickt man unter sich die beeindruckenden Reste der im normannisch-gotischen Übergangsstil errichteten **Kathedrale** 2 inmitten des Friedhofs, vor ihrer Zerstörung durch militante John Knox-Anhänger die größte Kirche Schottlands; nach Norden die Burg in exponierter Klippenlage, die Finger-Struktur der Stadt, den schönen Sandstrand und das Golfgrün. Sehen Sie sich das kleine Kathedralmuseum, vor allem den spätpiktischen Schrein – möglicherweise mit den Andreasreliquien – geschmückt mit Szenen der Davidsgeschichte an, einem der qualitätvollsten Kunstwerke der ›dunklen‹ Zeit um 800 (25. März–Sept. tgl. 9.30–18.30, Okt.–März bis 16.30 Uhr, Museum und Turm 12.30–13.30 Uhr geschl.).

Burg

Im hochmodernen Besucherzentrum der **Burg** 3 lassen Puppen, Schaubilder und Tonbänder die Stadtgeschichte lebendig werden. Im Sommer tun überall im Ort aufgeführte, kurze Historienspiele ihr Übriges. Vor der Burg, einer Ruine des 16. Jh., ließ Kardinal und Erzbischof David Beaton 1546 den Reformator George Wishart als Ketzer verbrennen. Aus Rache ermordete ihn eine Gruppe protestantischer Adliger drei Monate nach Wisharts Tod und stellte seine Leiche an der Burgfassade zur Schau. Nachdem sie die Festung 14 Monate lang gehalten hatten, wurden die Rebellen gefangen genommen – John Knox, einer von ihnen, verbrachte das nächste Jahr als Galeerensträfling (25. März–Sept. tgl. 9.30–18.30, Okt.–März bis 16.30 Uhr).

Universität

Die im Jahr 1410 von Bischof Henry Wardlaw gegründete Universität, die älteste Schottlands und nach Oxford und Cambridge die drittälteste der britischen Insel, genießt aufgrund ihrer theologischen Fakultät landesweites Renommee. Im **St. Salvator's College** 4 wurde 1528 Patrick Hamilton als Ketzer verbrannt – ein Fanal für die Reformation in Schottland, die an der hiesigen Universität ihre ›Brutstätte‹ hatte.

Sehenswert sind neben dem St. Salvator's College das ebenfalls teils spätgotische **St. Mary's College** 5 – beide sind während des Studienbetriebs zugänglich – oder auch das nachts sehr schön angeleuchtete **Madras College** 6 mit seiner Neo-Tudor-Fassade.

Der moderne Campus und der **Botanische Garten** 7 um den kleinen Fluss Kinness Burn – besonders schön ist der Felsgarten mit Tümpeln und Wasserfällen – liegen im Westen der Stadt (Bassaguard, The Canongate, Mai–Sept. tgl. 10–19, Okt.–April bis16 Uhr).

Am Strand

Missbilligend blicken mittelalte Männer von der Lounge des **Old Course Clubhouse** 8 auf jenes weltberühmte **18. Grün** 9, auf dem jeder Golfbegeisterte einmal den Ball ins Loch gespielt haben muss; vor allem Japaner und Amerikaner sind zahlreich vertreten. Für das einmalige Panorama – Sanddünen und gelber Strand hinter dem hölzernen Caddie House – haben sie jedoch wenig Sinn. Golfausstatter wie der berühmte Jim Farmer am St. Mary's Place, Golfnippes in Bembelform und die Herren mit den Käppis und karierten Hosen haben die Stadt fest im Griff.

Nicht nur Golfbegeisterte, sondern auch Laien haben etwas vom Besuch im **British Golf Museum** 10, das mit den neuesten Audiovisions- und Computertechniken prunkt. Hier erfährt man alles über Golf, z. B. wie sich der Ball – anfangs aus Guttapercha, einer gummiartigen Natursubstanz, bestehend – zum heutigen Hightech-Ball entwickelt hat (April–Okt. Mo–Sa 9.30–17.30, So 10–17.30, Nov.–März tgl. 11–16 Uhr).

Das **Sea Life Centre** 11 mit seinen Großaquarien ist der schottischen Meereswelt gewidmet: Rochen, Seepferdchen, Haie, aber auch Seehunde und Seevögel faszinieren Kinder und Erwachsene gleichermaßen (tgl. 10–18, Juli/Aug. bis 19, Nov.–Jan. bis 17 Uhr).

i **Tourist Information:** 70 Market St., Tel. 01334/472 021, www.visit-standrews.co.uk, www.standrews.com (hauptsächlich Infos zu Golf), April–Sept. Mo–Sa 9.30–18, So 11–16, Okt.–März Mo–Sa 9.30–17 Uhr.

The Old Station: Im alten Bahnhofsgebäude von Stravithie Bridge, wo einst die Fahrgäste auf den Zug warteten, ist ein geschmackvolles Hotel entstanden mit liebevoll in traditionellem Stil eingerichteten Zimmern (78–88 £) sowie zwei Luxussuiten in einem ausrangierten Eisenbahnwaggon (120 £). The Old Station, Stravithie Bridge, 2,5 km südlich von St. Andrews, Tel./Fax 01334/880 505, www.theoldstation.co.uk.

Old Course Hotel 1: Tel. 01334/474 371, Fax 01334/477 668, www.oldcoursehotel.co.uk. Das Luxushotel von St. Andrews in traditionellem Stil, Gourmetrestaurant, Spa, Golf. DZ 210–416 £, aber auch Sonderangebote ab ca. 90 £.

The Inn on North Street 2: 127 North St., Tel. 01334/473 387, Fax 01334/474 664, www.theinnonnorthstreet.com. Designzimmer in einem viktorianischen Gebäudeklotz, beliebtes Restaurant. DZ ab 100 £.

Old Fishergate House 3: 35 North Castle St., Tel./Fax 01334/470 874, www.oldfishergatehouse.co.uk. Bed and Breakfast in einem der ältesten Häuser der Stadt (1650), geschmackvolle traditionelle Zimmer. DZ ab 70 £.

University of St. Andrews 4: 79 North St., Tel. 01334/462 000, Fax 01334/462 500, www.escapetotranquillity.com, Juni–Sept. Nur noch wenige Zimmer mit Gemeinschaftsduschen, meist moderne Ensuite-Zimmer. DZ ab 55 £.

Abbey Cottage 5: Abbey Walk, Tel. 01334/473 727, www.abbeycottage.co.uk. Familiäres B & B in einem hübschen historischen Haus von 1781, sehr geschmackvoll eingerichtet, der üppige Cottagegarten mit Rosenspalieren und frei laufenden Hühnern grenzt an die mittelalterliche Klostermauer. DZ 44–50 £.

Craigtoun Meadows Holiday Park 6: Mount Melville, Tel. 01334/475 959, Fax 01334/476 424, www.craigtounmeadows.co.uk. Moderner Luxuspark 3 km vom Zentrum. Zelt 16–21 £.

The Seafood Restaurant 7: The Scores, Tel. 01334/479 475, 12–16, 18–22 Uhr. Die Top-Adresse in St. Andrews, schickes Gourmet-Fischrestaurant in einem gläsernen Pavillon am Strand mit Blick auf den Golfplatz und das Meer. Hauptgericht 16 £.

The Inn on North Street 2: s. o. Burger, Pasta etc. (ca. 7 £) und zeitgenössische Küche. Hauptgericht 17 £.

Doll's House 8: 3 Church Sq., Tel. 01334/477 422, 12–14.30, 18.30–21.30 Uhr. Zeitgenössisch zubereitete frische lokale Ingredienzen und viel Seafood wird in diesem Café-Restaurant serviert, im Sommer kann man draußen sitzen, kinderfreundlich. 2-Gang-Abendessen 12 £.

Broons 9: 117 North St., Tel. 01334/478 479, 12–14.30, 17.30–22 Uhr. Bistro-Bar-Restaurant mit moderner schottischer Küche, gelegentlich Livemusik. Hauptgericht 11 £.

Brambles 10: 5 College St., 10–17.30 Uhr. Winziges Café, das durch seine Lunchsnacks und sein *home baking* zu einer Institution geworden ist.

Butler & Co: 10 Church St., Mo–Sa 10–17.30 Uhr. Delikatessen, schottischer Käse.

Iain Mellis Cheesemonger: 149 South St., Mo–Fr 9.30–18, Sa 10–17.30 Uhr. Schottischer Gourmetkäse.

The Lizard: Im Inn on North Street (s. o.), Fr–So 20–2 Uhr. Der Nightclub im Souterrain ist besonders bei etwas älteren Studenten beliebt, DJs und Livemusik. Auch die zeitgenössische Bar im Inn (Mo–Sa 11–23, So 12.30–23 Uhr) mit Holzboden und goldenen Spiegeln wird gern als Treffpunkt gewählt.

Central Bar: Market Street, Mo–Sa 11–23, So 12.30–23 Uhr. Auf alt getrimmter Pub mit anständigem Grub und Trappisten-Bier, Treff reicher Studenten.

Ma Bells: Im Souterrain des St. Andrews Golf Hotel, 40 The Scores, Mo–Sa 11–23, So 12.30–23 Uhr. Gedrängt volle Studentenkneipe, Pub Grub.

Golf, Golfer, Golferinnen

Thema

Schottland ist die Heimat des Golfs und noch immer sein Gelobtes Land. Insgesamt gibt es mehr als 500 Golfplätze. Spitzenreiter in Sachen Golf ist St. Andrews mit der größten Ansammlung von Plätzen. Hier erstreckt sich mit dem im 18. Jh. angelegten Old Course auch der berühmteste schottische Golfplatz.

Schon früh untersagten die Könige ihren Untertanen Beschäftigungen, die von staatstragenden Tätigkeiten wie Bogenschießen und Beten abhielten: in Frankreich das Boule-, in Schottland das Golfspielen. Die ständige Wiederholung der Verbote – wie sie von James II. aus dem Jahr 1457 überliefert ist – beweist vor allem eines: dass sie nicht fruchteten.

Anfangs gab es zahllose Golfvarianten, aber hier, an Schottlands Ostküste, wurde im späten Mittelalter jene kreiert, die den Grundzügen nach noch heute gespielt wird: Mit Hilfe eines Stocks versucht man einen Ball in einem Erdloch zu platzieren. Um die Mitte des 18. Jh. gaben sich die Ballbegeisterten dann Regeln und organisierten sich in Clubs.

Der Ruhm von St. Andrews rührt weniger daher, dass es hier einen der ältesten Clubs gibt – der älteste ist die Company of Edinburgh Golfers –, sondern dass hier 1764 die erste 18-Loch-Anlage entstand. Erst 1834 benannte sich die Society of St. Andrews' Golfers mit königlicher Erlaubnis in Royal and Ancient Golf Club um. Der R & A wurde maßgeblich für das Regelwerk des weiß-grünen Sports und ist es bis heute. Hier lebten legendäre Spieler wie Vater (1821–1908) und Sohn (1851–1875) Tom Morris. Letzterer, der auf dem hiesigen Kathedralfriedhof mit Schnauzbart, Golfschläger und Bommelbarrett auf seinem Grabstein verewigt ist, gewann viermal in Folge die Open Championship, das Turnier für die Profis. Es wurde 1860 zum ersten Mal ausgetragen und von Willie Park dem Älteren, einer weiteren Golflegende, mit 174 Schlägen gewonnen.

1886 richtete man für die Herren, die »nie zum Verkauf Schläger oder Bälle hergestellt und nie Geld für Trainingsstunden oder in einem Open-Turnier genommen hatten«, die erste Amateur Championship aus. Die frühen Profis konnten nämlich von ihrem Sport im engeren Sinn nicht leben und mussten sich als Platzwarte, Trainer und Ausrüstungshersteller verdingen. 1863 betrug das Preisgeld 10 £, heute sind es mehrere Millionen Pfund.

Die erste Frau, die nachweislich das – damals noch hölzerne – ›Eisen‹ schwang, war Maria Stuart. Da sie es nur zwei Tage nach dem gewaltsamen Tod ihres Gatten Darnley tat, tadelten die protestantischen Sittenwächter sie heftig. Nachdem sich 1867 der Ladies' Golf Club in St. Andrews gegründet hatte, wurden 1893 die ersten Damenmeisterschaften ausgerichtet, die Lady Margaret Scott für sich entschied. Die golfenden Damen kämpften zunächst mit den Tücken bauschiger Röcke im Küstenwind, bis Mabel Stringer das Miss Higgins-Band erfand, ein um die Knie geschlungenes Gummi. Die exzentrische Gloria Venocrio war 1939 die Erste, die in bis dato verpönten Hosen zum Bälleprügeln antrat. Als 1910 die sensationelle Cecil Leitch in einem Schaukampf Harold Hilton schlug, wurde dies als Argument im Kampf um das Frauenwahlrecht eingesetzt – auf das Golferinnen und Nicht-Golferinnen in Großbritannien allerdings noch acht Jahre warten mussten.

Byre Theatre: Abbey St., Tel. 01334/ 475 000, www.byretheatre.com. Ehemaliges ›Scheunentheater‹ von 1933, 2001 in postmodern-schickem Haus wiedereröffnet, Drama, Komödie, Konzerte, Tanz, das kulturelle Zentrum von Fife; empfehlenswertes Café-Restaurant mit zeitgenössischer Bistroküche.

New Picture House: North Street, Tel. 01334/ 473 509, www.nphcinema.co.uk. Studentisches Programmkino von 1931, nächtliche Kultfilme etc.

Historische Schauspiele: an den Wochenenden im Juli/Aug., Church Square, freier Eintritt.

Feste

Highland Games: letzter So im Juli, North Haugh.

St. Andrew's Week: 30. Nov. Mehrere Tage Konzerte, Kunst- und kulinarische Veranstaltungen um den Tag des Nationalheiligen herum.

Stadtbesichtigung: In Bussen mit offenem Oberdeck, Mai–Sept., Aus- und Einsteigen an den wichtigsten *sites.*

Craigtoun Park: 6 km südwestl., April–Sept. tgl. 10.30–18.30 Uhr. Abenteuerspielplatz für Kinder, Hüpfburgen, Minigolf, Minizug, Bötchensee u. v. m.

Golf: St. Andrews Links Trust, Fife KY16 9SF, Tel. 01334/466 666, www.standrews.org.uk/courses, Online-Buchung: www.linksnet.co.uk oder reservations@standrews.org.uk. Im berühmten 18. Loch des Old Course einputten, ist schwierig, aber nicht unmöglich, denn der Old Course ist wie die vier anderen 18-Loch-Dünenplätze von St. Andrews – New, Jubilee, Eden und Strathtyrum Course – öffentlich. Männer müssen ein Handikap von 24, Frauen von 36 per Clubzertifikat vorweisen. Die Hälfte der 40 000 jährlichen Runden wird jeweils für den folgenden Tag verlost. Im Winter gibt es spezielle Arrangements mit Hotels und Guest Houses vor Ort, bei denen eine Runde auf dem Old Course garantiert wird.

Nirgendwo sonst in Schottland sind so viele Golfenthusiasten versammelt wie in St. Andrews

Balgove Course: Bei der Verlosung der Runden auf dem Old Course klein Glück gehabt? Gehen Sie einfach ohne Voranmeldung bei dem 9-Loch-Platz Balgove Course vorbei und zahlen Sie nur 3 £ anstelle von 110 £ für den Old Course! Der Platz ist auch für Kinder und Anfänger geeignet.

Radfahren: Spokes, 77 South St., Tel. 01334/ 477 835. Fahrradverleih. Informationen für Radtouren um St. Andrews bekommt man beim Tourist Office.

Strände: Weite, dünengesäumte Sandstrände sind West Sands (am nördlichen Ende das Eden Estuary Nature Reserve) sowie East Sands mit einem modernen Freizeitzentrum.

Wandern: Fife Coastal Path, www.fifecoastalpath.co.uk (s. S. 224).

Wind and Water: Burghers Close, 141 South St., Tel. 01334/460 600, www.wind-and-water.co.uk, Mo, Di, Do–Sa 10–17, Mi 12–17, So 13–17 Uhr. Sportgeschäft mit Angeboten zu Abenteuersport am Strand, z. B. Strandsurfen etc.

Bahn: Nächster Bahnhof ist Leuchars, 8 km nördlich, häufige Busverbindung.

Bus: Stagecoach Fife, Tel. 01334/474 238, www.stagecoachbus.com/fife. Busse u. a nach Edinburgh, Dundee, Stirling, Crail, Anstruther, Busbahnhof City Road, Westende der Market Street.

Mietwagen: ICC Rentals, 76 Argyle St., Tel. 0133/472 543.

Leuchars: Für Kunstinteressierte lohnt die Pfarrkirche in dem kleinen Ort 6 km nördlich von St. Andrews einen Besuch. Über der reich verzierten normannischen Apsis erhebt sich ein achteckiger Glockenturm aus dem 17. Jh.

Dundee und Angus

Reiseatlas S. 10

Dundee, die ehemalige Jutehauptstadt, hat zwar einiges an Kultur zu bieten, aber noch nicht den Sprung zur postindustriellen Glamour-City à la Glasgow geschafft. Das Bergland von Angus bietet einen Vorgeschmack auf die Grampian Highlands. Im Piktenland um Brechin, Meigle und Aberlemno kann man dem Geheimnis der Urschotten auf die Spur kommen.

Dundee

Reiseatlas: S. 10, D 3, **Cityplan:** S. 235
Zu Unrecht wird Dundee, Schottlands viertgrößte Stadt, meist stiefmütterlich abgehandelt. Museen und Kulturzentren, die historischen Schiffe und die quirlige, ganz eigene Atmosphäre zwischen viktorianischer Nostalgie und zeitgenössischen Trends lohnen durchaus einen Besuch. Inzwischen nennt die Universitätsstadt überdies attraktive Restaurants, Pubs und Studentenkneipen ihr Eigen.

Von Fife bietet sich der beste Blick auf die Stadt: über den Tay, den Hafen, die Schlote und Fabrikanlagen und das Häusermeer zum Vulkankegel The Law, einem 174 m hohen, von einem Kriegerdenkmal bekrönten Gipfel.

Eine moderne Autobrücke und eine Eisenbahnbrücke von 1887 stellen die Verbindung zu Fife über den etwa eineinhalb Kilometer breiten Firth of Tay her. Letztere ersetzte die am 28. Dezember 1879 eingestürzte Brücke, deren Stümpfe noch neben der augenscheinlich haltbareren Nachfolgerin aus dem Wasser ragen. Pfusch am Bau in Kombination mit einem Orkan verursachte die Katastrophe, die die Gemüter aufwühlte und den Glauben an die Allmacht der Technik nachhaltig erschütterte. »Tand, Tand/Ist das Gebild von Menschenhand«, schließt Fontanes Ballade ›Die Brück' am Tay‹ von 1880.

Schlendern Sie an den historistischen Protzbauten vorbei, die sich im geschäftigen Zentrum um City Square, High und Commercial Street konzentrieren, wo man heute recht gut shoppen kann. Die Stadtmütter und -väter schätzen, schützen und restaurieren ihr viktorianisches Erbe und führen es neuer Nutzung als Galerien, Gewerbe- und Wohnkomplexe zu. Das tun sie jedoch noch nicht sehr lange – Abrisskahlschlag und Betonwüsten sind im Stadtbild nicht zu übersehen.

McManus Galleries

Ans Ufer geschwemmte Briefpäckchen, eine Abteiltür, eine Zeitung erinnern neben anderen Dokumenten in den **McManus Galleries** **1** an die 75 Opfer, die beim Einsturz der Tay-Brücke mit dem Nachtzug aus Edinburgh in die Tiefe gerissen wurden. Neben einigen Piktensteinen in der sehenswerten archäologischen Abteilung ist das faszinierende viktorianische Museum ganz der guten alten Zeit gewidmet, als der Dreiklang von *Jute, Jam and Journalism* den Stolz Dundees ausmachte. In der Bildersammlung der Galerie hängen jene Schinken, die in viktorianischen Zeiten gut- bis großbürgerliche Wohnzimmer schmückten, so auch ›Dantes Traum‹ des Präraffaeliten Rossetti. Das Riesenskelett im Erdgeschoss gehörte einem Wal, der 1883 ans Tay-Ufer geschwemmt wurde und das Pech hatte, von Schottlands schlechtestem Poeten in Versen verewigt zu werden, dem 1830 in Dundee geborenen William McGonagall. Kostprobe: »Twas in the month of December, and in the year 1883/That a monster Whale came to Dundee« (wegen Renovierung voraussichtlich bis Ende 2007 geschlossen).

Howff-Friedhof

Den **Howff-Friedhof** **2** schenkte Maria Stuart ihren Untertanen: für Bestattungen und als Versammlungsort *(howff)* der Gilden. Heute flanieren und picknicken die Einheimischen zwischen den stimmungsvollen alten Grabsteinen mit den Handwerkssymbolen mitten im geschäftigen Trubel der Innenstadt (tgl. 9 Uhr bis Sonnenuntergang).

Verdant Works

In den 1833 gegründeten **Verdant Works** **3** wurde eine typische Jutefabrik aus Dundees Goldenem Industriezeitalter als – preisgekrönte – Touristenattraktion aufbereitet. 500 Arbeiter schufteten hier. Wie sie angelernt wurden, demonstrieren noch heute die funktionstüchtigen Übungsmaschinen (April–Okt. Mo–Sa 10–18, So 11–18, Nov.–März Mi–Sa 10.30/So 11–16.30 Uhr).

Kulturviertel

An der Straße Nethergate liegen das **Dundee Repertory Theatre** **4** und das dynamische Kulturzentrum **Dundee Contemporary Arts** **5**, das seit seiner Eröffnung 1999 landesweites Ansehen genießt. Der Architekt Richard Murphy schuf das luftige, an ein Schiff erinnernde Gebäude aus einem alten Backsteinbau. Kunstausstellungen, ein Programmkino, ein Druckstudio und das hippe Jute Café untermauern Dundees Anspruch auf den Titel einer Arts City (Di–Sa 10.30–17.30, Do bis 20.30, So 12–17.30 Uhr, www.dca.org.uk).

Im selben Viertel motiviert **Sensation** **6** Kinder und Eltern zur Beschäftigung mit Naturwissenschaften – Experimente inklusive (tgl. 10–17, Juni–Aug. bis 18 Uhr).

Claypotts Castle

An einem der 100 Roundabouts von Dundees Vorstadtwüste – der Kreuzung von A 92 und B 978 – liegt das auf Z-förmigem Grundriss erbaute **Claypotts Castle** **7**, eine Burg wie ein Puppenhaus, mit Zinnen, Türmchen und Fenstern in allen Größen. Seine Nachbarn, moderne Bungalows, haben keine wesentlich kleinere Grundfläche (meist nur von außen zu besichtigen, www.historic-scot land.gov.uk).

Mit der Autorin unterwegs

Piktensteine

Meigle kann mit Stolz behaupten, eine der besten Sammlungen von Piktensteinen zu besitzen (s. S. 242). Der Weg nach **Aberlemno** lohnt sich nicht minder: Hier sind drei der kostbarsten Bildsteine zu bewundern (s. S. 243).

Burgen

Dunnottar Castle, Inbegriff einer Burgruine, diente als Location für einen Hamlet-Film mit Mel Gibson (s. S. 232f.). Majestätisch wirkt das Barionialschloss **Glamis Castle,** in dem die verstorbene Queen Mum (s. S. 242) zur Welt kam.

Aktivitäten

Ideal für die Beobachtung von Watt- und Zugvögeln ist das **Montrose Basin Wildlife Centre** (s. S. 237). Bis Mitternacht können Sie im Art déco-Ambiente des **Montrose Outdoor Pool** schwimmen (s. S. 239). Durch Heide wandert man zum **White Caterthun,** einem eisenzeitlichen Hügelfort (s. Tipp S 243).

i **Tourist Information:** 21 Castle St., Tel. 01382/527 527, www.angusanddundee.co.uk. Stadtverwaltung: www.dundeecity.gov.uk, Juli–Okt. Mo–Sa 9–18, So 12–16, Okt.–Juni bis 17 Uhr, So geschl.

Apex City Quay Hotel [1]: 1 West Victoria Dock Rd., Tel. 01382/202 404, www.apexhotels.co.uk. Cooles minimalistisches Hotel mit Spa, Gym, guter Brasserie und Bar, das neue *chic centre* von Dundee an den teilweise sanierten Docks. DZ ab 75 £.

Howies [2]: 25 South Tay St., Tel. 01382/200 399. 4 zeitgenössische Zimmer über dem Restaurant. DZ ab 60 £.

Shaftesbury Hotel [3]: 1 Hyndford St., Tel. 01382/669 216, Fax 01382/641 598, www.

shaftesbury-hotel.co.uk. Ehemalige Villa eines Jutebarons, mit gutem ›Rachel's Restaurant‹. DZ 68–80 £.

University of Dundee 4: Tel. 01382/344 039. Juli–Sept., B & B und Ferienwohnungen, 6-Bett-Zimmer. 315 £/Woche.

Riverview Caravan Park 5: Marine Drive, Monifieth, Tel. 01382/535 471, Fax 01382/535 375, www.ukparks.co.uk/riverview, März–Okt. Luxuriöser Platz in Strandnähe. Zelt 10 £.

Howie's 2: s. S. 233. Tgl. 12–14.30, 17.30–22 Uhr. Mehrstöckiges Café-Restaurant mit moderner Bistroküche. 2-Gang-Dinner 16 £.

The Agacan 6: 113 Perth Rd., Tel. 01382/644 227, Di–So 17–21.30 Uhr. Individuelles türkisches Bistro, eng, Kunst des Besitzers an den Wänden. 2-Gang-Dinner 14 £.

Café Jute 7: Dundee Contemporary Arts, Tel. 01382/909 246, Di–Sa 10.30–24, So 12–24 Uhr. Luftig-buntes Bistro, tagsüber kinderfreundliches Café, abends In-Restaurant und Bar. Hauptgericht 10 £.

Royal Oak 8: 167 Brook St., Tel. 01382/229 440, Mo/Di 12–19, Mi–Sa 12–21.30, So 13–18 Uhr. Exzellente Curries und andere indische Gerichte in einem Pub in einer Industriebrache. Hauptgericht 8 £.

Overgate: Overgate, Mo–Sa 9–18, Do bis 19.30, So 12–17 Uhr. Einkaufszentrum im Stadtzentrum auf zwei Etagen.

Argenta Jewellery: 40 Commercial St., Mo–Sa 10–17 Uhr. Designerschmuck und ein wenig Kunst von Dundees Kunsthochschule.

J.A. Braithwaite Ltd: 6 Castle St., Mo–Fr 8.30–17.30, Sa 9–17 Uhr. Original erhaltener, Tee- und Kolonialwarenladen von 1868.

Big Bairn Books: 17 Exchange St., Mo–Sa 10.15–17 Uhr. Antiquarische Bücher und vor allem Comics wie die hier produzierten schottischen Bestseller ›Oor Wullie‹ und ›Broons‹.

Mehrere Studentenkneipen an und um West Port, z. B. Tally-Ho, Bar Pivo und:

The Globe: 53–57 West Port, Mo–Sa 12, So 12.30–24 Uhr. Großer, gemütlicher Pub mit geschwungener Theke und Büchern, Karten,

Dundee: Cityplan

Sehenswürdigkeiten

1 McManus Galleries
2 Howff-Friedhof
3 Verdant Works
4 Dundee Repertory Theatre
5 Dundee Contemporary Arts
6 Sensation
7 Claypotts Castle

Übernachten

1 Apex City Quay Hotel
2 Howies
3 Shaftesbury Hotel
4 University of Dundee
5 Riverview Caravan Park

Essen und Trinken

6 The Agacan
7 Café Jute
8 Royal Oak

The Phoenix: 103 Nethergate, Mo–Sa 11/So 12.30–24 Uhr. 1853 eröffneter, viktorianischer Pub mit Buntglasfenstern und einem Elchkopf mit Glimmstengel im Maul, Party-Stimmung, Real Ales und Pub Grub.

Taybridge Bar: 129 Perth Rd. Mo–Sa 12/So 12.30–24 Uhr. Legendärer, rauchiger Trinktempel von 1867.

Bar Rio: 103–117 Nethergate, Tel. 01382/201 500, tgl. 10–24 Uhr. Angesagte Style Bar mit Glasfront und formellerem Speiseareal.

Basement: 25 South Tay St., Tel. 01382/200 339, tgl. 12–24 Uhr. Im Keller unter Howie's (s. S. 233), Bar mit Kerzen auf den Tischen, an Wochenenden Pre-Club DJs, häufig Liveveranstaltungen von Comedy bis Quizze.

Social: 10 South Tay St., Tel. 01382/202 070, tgl. 12–24 Uhr. Hippe Bar in Dunkelrot und Schwarz, verschiedene Bar- und Restaurant-

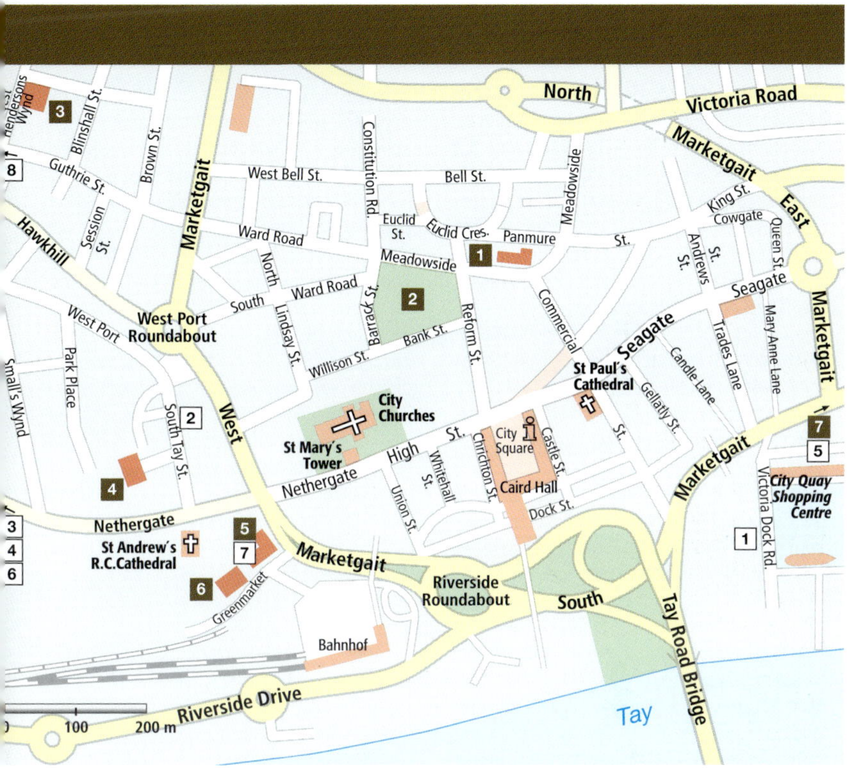

Mardi Gras: South Ward Road, tgl. 22.0–2.30 Uhr. Unprätenziöse Disco mit versenkter Tanzfläche, Tanzmusik mit Funk-Einsprengseln.

Fat Sams: 31 South Ward Rd., tgl. 22.30–2.30 Uhr. Clubnächte auf zwei Etagen, hauptsächlich House und Dancefloor, aber auch Soul und Hip-Hop, auch Livemusik.

Dundee Rep Theatre: Tay Square, Tel. 01382/223 530, www.dundeerep theatre.co.uk. Schottlands einziges Fulltime-Ensemble, landesweit renommiert.

Ancrum Outdoor Education Centre: 10 Ancrum Rd., Tel. 01382/435 911, www.ancrum.com. Abenteuersportzentrum u. a. Felsklettern, Kanu, Kayak.

Wandern: Zahlreiche Pfade im Bereich des Balgay Hill, auf dem das Observatorium steht.

Camperdown Wildlife Centre: Coupar Angus Road, www.camperdownpark.com, März–Sept. tgl. 10–16.30, Okt.–Feb. bis 15.30 Uhr. In dem weitläufigen, von Spazier- und Radwegen durchzogenen Park mit altem Baumbestand erfreuen sich die Kinder an Braunbären, Wölfen, Luchsen, Adlern und Lemuren. Am Stausee Clatto Reservoir kann man Kanus und Kayaks ausleihen oder angeln.

Flugzeug: Regionalflughafen Dundee Airport, Riverside Drive, Tel. 01382/643 242, www.dundeecity.gov.uk/airport. 2 km südlich vom Zentrum am Ufer, dort auch Bahnhof und Busbahnhof, Flüge nach Inverness, Aberdeen, Manchester, Taxi ins Zentrum ca. 3 £.

Bahn: Auskunft Scotrail, Taybridge Station, South Union Street, Tel. 0845/748 4950. Züge

Richtig Reisen-Tipp: Museumsschiffe in Dundee

Diese beiden Museumsschiffe am Tay-Ufer müssen Sie gesehen haben: Die meiste Aufmerksamkeit zieht die **›RRS Discovery‹** 8 auf sich, der 1901 vom Stapel gelaufene Dreimaster, mit dem Kapitän Robert Falcon Scott seine Antarktisexpeditionen 1901–1904 durchführte. Zwei harte Winter verbrachten er und seine Männer eingefroren im Eis. 1912 erreichte Scott den Südpol, vier Wochen nach Amundsen, und kam auf dem Rückweg um. Das Schiff und ein großes interaktives Besucherzentrum am Discovery Quay erzählen die tragisch endende Heldengeschichte (April–Sept. Mo–Sa 10–18, So 11–18, Nov.–März bis 17 Uhr).

Fast still ist es am nahen Victoria Dock auf der Fregatte **›HMS Unicorn‹** 9, die 1824 gebaut wurde und nie zum Einsatz kam. Daher besitzt sie keine Takelage, sondern das historische Holzdach, was sie im Vergleich mit dem stolzen Discovery-Segler zunächst unscheinbarer wirken lässt. Nehmen Sie sich viel Zeit für Großbritanniens ältestes noch schwimmendes Kriegsschiff, durch dessen Decks bis hinunter zur Bilge gesprächige alte Herren führen. Alles auf dem Schiff erzählt von den harten Zeiten der christlichen Seefahrt: die niedrigen Zimmermannsgänge, der Bleiraum im Bug, wo in der Schlacht die Frauen ›sicher gelagert‹ wurden; die vergleichsweise geräumige Kapitänskajüte, auf jedem königlich-britischen Kriegsschiff mit Seehundsfell ausgelegt; und die beengten Mannschaftsquartiere, wo die neunschwänzige Katze für mörderische Disziplin sorgte (April–Okt. tgl. 10–16, Nov.–März in der Regel 16 Uhr, besser vorher anrufen: Tel. 01382/200 893).

stdl. und teils noch häufiger nach Edinburgh, Glasgow, Aberdeen, Broughty Ferry.

Bus: Seagate Bus Station. Infoline zum öffentlichen Verkehr: Tel. 01382/201 121, www.traveldundee.gov.uk. Mehrmals tgl. Busse nach Aberdeen via Arbroath, nach Perth, St. Andrews, Crail, Anstruther, Brechin, Kirriemuir, Glamis etc.

Mietwagen: Arnold Clark, East Dock Street, Tel. 01382/225 382.

Taxi: Die Haupttaxistände befinden sich am Bahnhof und an der Nethergate-Einkaufszone, City Cabs: Tel. 01382/566 666.

Route: Entlang der Küste von Angus

Reiseatlas: S. 10, D 3–E 1

Broughty Ferry

Im Hafen und Wassersportzentrum Broughty Ferry mit seinen bekannten Pubs und Restaurants wird im nachts effektvoll angestrahlten **Tower House** aus dem 15. Jh. die Geschichte des Walfangs und die Ökologie der Tay-Mündung erklärt (April–Sept. Mo–Sa 10–16, So 12.30–16 Uhr, Okt.–März Mo geschl.). Eine Plakette am Seenotrettungszentrum und ein Lied der irischen Folkgruppe ›Dubliners‹ erinnern an die acht *gallant men* der ›Mona‹, die am 8. Dezember 1959 auf ein SOS des North Carr-Feuerschiffs hin ausfuhren und alle im Sturm umkamen. Die orangerote neue ›Mona‹ schaukelt auf den ruhigen Wellen des Tay. Auf den weiten Sandstrand von Carnoustie, ein bekanntes Golfzentrum, wurden damals die Leichen der Liveboat-Besatzung gespült.

Hotel Broughty Ferry: 16 West Queen St., Tel. 01382/480 027, Fax 01382/439 426, www.hotelbroughtyferry.co.uk. Sehr gemütliches, komfortables Familienhotel mit Sauna, Pool und Fitnessraum, gutes Restaurant/Brasserie, Wintergarten. DZ 88 £.

Fisherman's Tavern: s. u. Am besten die neuen Ensuite-Räume reservieren. DZ 62 £.

Fisherman's Tavern: 10–16 Fort St., Tel. 01382/775 941, Fax 01382/477

466, www.fishermans-tavern-hotel.co.uk. Eine Institution ist der Pub am Hafen in einem alten Fischercottage, gutes Pub Grub und Real Ales. Hauptgericht 9 £.
The Ship Inn: 121 Fisher St., Tel. 01382/779 176, Essen tgl. 12–15, 17–21 Uhr. Gemütlicher Pub von 1800 am Tay, anständiges Pub Grub und schottisches Restaurant im 1. Stock. Hauptgerichte rund um Fisch 6–12 £.

Golf: Carnoustie (nordöstl. von Broughty Ferry) hat drei gute, beliebte Dünenplätze, Tel. 01241/853 789, www.carnoustie.org. Buddon Links ist der preiswerteste und am wenigsten besuchte Golfplatz.

Arbroath

Rund um den reizenden Hafen von Arbroath kann man die köstlich duftende geräucherte Schellfischspezialität des Örtchens, *Smokies* oder *Smoked Haddocks,* kaufen. Quer durch die unprätenziöse Marktstadt gelangt man zu den fotogenen, sandsteinroten romanischen Ruinen der von Wilhelm dem Löwen 1178 gegründeten Abtei. Zu einer Weihestätte des schottischen Nationalgefühls macht sie die 1320 von den Prälaten des Landes unterzeichnete Solidaritätserklärung für Robert the Bruce, die berühmte ›Deklaration von Arbroath‹. Der Gentleman, der sich 1951 den ›Stone of Destiny‹ aus Westminster ›ausgeborgte‹, wie Fans vor Ort es ausdrücken, gab ihn zurück, indem er ihn in Arbroath auf dem Hochaltar deponierte – heute kandidiert Ian Hamilton für die Scottish National Party (tgl. April–Sept. 9.30–18.30, Okt.–März bis 16.30 Uhr).

Unter dem Dach eines bescheidenen Cottages in dem hübschen ruhigen Arbroather Vorort **St. Vigeans** finden Sie eine der sehenswerten Piktensteinsammlungen des Landes mit qualitätvollen Tier- und Menschendarstellungen, etwa einem Herrn in kurzen Pumphosen und einem knienden Bogenschützen. Wer die 30 Steine sehen will, muss sich vorher in Arbroath Abbey anmelden (Tel. 01241/878 756).

Tourist Information: Market Place, Tel. 01241/872 6099, www.angusanddundee.co.uk, Mo–Sa 9.30–17.30, im Sommer länger und auch So 10–15 Uhr.

Peppo's: 51 Ladybridge St. Seit 1951 besteht dieser legendäre Fish 'n' Chipper, der auch die hiesigen Räucherfische *(smokies)* anbietet. Ca. 3 £.

Wandern: Im Tourist Office gibt es den ›Arbroath Cliffs Nature Trail Guide‹, mit diesem ausgerüstet kann man einen Klippenspaziergang von Victoria Park zum 7 km entfernten Fischerörtchen Auchmithie machen, Papageitaucher können auftauchen, die lokale Flora präsentiert sich weniger zurückhaltend.

Montrose und Umgebung

Von drei Seiten ist **Montrose,** ein Markt- und Seebadeort mit viel Atmosphäre, von Wasser eingeschlossen. An der High Street stehen noch einige alte Giebelhäuser, zudem hat der Ort einen wundervollen Sandstrand und einen Golfplatz. Das Montrose Museum, eines der ältesten Museen Schottlands, zeigt einen Piktenstein mit einer Darstellung von Samson, der die Philister erschlägt, sowie Exponate zur maritimen und lokalen Geschichte. Eine Flaschenpost von 1857 erzählt die tragische Geschichte eines Schiffsunglücks (tgl. 10–17 Uhr).

Das Montrose Basin Wildlife Centre am weiten Gezeitenstrand ist bestens zur Beobachtung der reichen Vogelwelt ausgestattet (April–Okt. tgl. 10.30–17, Nov.–März bis 16 Uhr).

Das prächtige palladianische **House of Dun** westlich von Montrose mit wertvollen Stuckarbeiten, 1730 nach Plänen von William Adam errichtet, ist nicht nur wegen des Cafés und des von einer Mauer umgebenen viktorianischen Gartens einen Besuch wert. Möbel, Porzellan, Gemälde und Stickarbeiten erzählen vom adligen Leben im 18. und 19. Jh. (Ostern–Juni, Sept. Mi–So 12.30–17.30, Juli/Aug. tgl. 11.30–17.30 Uhr).

Die Mearns

Landeinwärts erstrecken sich weite Ackerlandschaften, die Küste wird nach Norden zu immer steiler. Dies ist das Land des Schriftstellers Lewis Grassic Gibbon, dessen Romane in Howe of the Mearns spielen und eine einzige Hommage an die willensstarken Crofter sind. In **Arbuthnot** liegt der jung Verstorbene begraben. Das Grassic Gibbon Centre ist seinem Leben und Werk gewidmet (Ende März–Okt. tgl. 10–16.30 Uhr, www.grassicgibbon.com).

Der winzige Amphitheaterhafen von **Catterline** ist ein Traum, vorausgesetzt, die Sonne scheint auf Mole und bunten Kieselstrand – und man hat ihn für sich allein. Joan Eardley (1921–1963) hatte es die mal dramatische, mal entspannt mediterran wirkende Kulisse so angetan, dass die Künstlerin sie über Jahre hinweg immer wieder malte.

Dunnottar Castle

Eine tiefe Schlucht, eine schroffe Felsnase im Meer, schäumende Brecher, felsenhart geschwungene Küstenlinie: Der strategische Wert von Dunnottar Castle leuchtet auf den ersten Blick ein. Seit dem 14. Jh. hüteten hier die Keiths, Marschälle von Schottland, die Kronjuwelen. Cromwell bekam die Preziosen trotz erfolgreicher Belagerung 1651/52 nicht, denn man hatte sie zuvor aus der Feste geschmuggelt und in der nahen Kirche von Kinneff in Sicherheit gebracht. Für Zefirellis ›Hamlet‹ mit Mel Gibson und Glenn Close wurde 1990 die durch Cromwells Hand zerstörte Burg mit Pappmaché-Zinnen vorübergehend wieder instand gesetzt. Nach einem steilen Treppenanstieg spaziert der Besucher durch die disparaten, wie ein kleines Dorf wirkenden Gebäude, deren ältestes die Kapelle aus dem 13. Jh. ist. Der schönste Teil des mittelalterlichen Tower Houses ist Waterton's Lodging um den von Blumen eingerahmten Teich (Ostern–Okt. Mo–Sa 9–18, So 14–17, Nov.–Ostern Fr–Mo 9 Uhr bis Sonnenuntergang).

Spaziergänge führen am Klippenkamm entlang, z. B. nach Norden, wo man nach etwa 3 km auf die ›Hausklippe‹ von Stonehaven trifft.

Stonehaven

Der beliebte Ferienort Stonehaven besitzt einen netten Hafen und ein altes Stadtzentrum

aus dem 18. Jh. rund um den spätmittelalterlichen **Tolbooth,** der nun ein Museum zur lokalen Geschichte, also zum Fischfang, beherbergt (Juni–Sept. Mo, Mi–So 13.30–16.30 Uhr). Im Westen, jenseits der Highland Boundary Fault, türmen sich die Grampians, dort beginnen die Highlands.

i **Tourist Information:** 66 Allardice St., Tel. 01569/762 806, www.stonehavenguide.net, April–Okt. Mo–Sa 10–17, im Sommer länger und auch So 13–18 Uhr.

Arduthie Guest House: Ann Street, Tel. 01569/762 381, Fax 01569/766 366, www.arduthieguesthouse.com. Viktorianisches Haus im Zentrum. DZ 55 £.

Spektakuläre Filmkulisse: Dunnottar Castle bei Stonehaven

Tolbooth Restaurant: Old Pier, Tel. 01569/762 287, Di–Sa 18–21.30 Uhr. Im Tolbooth, Blick auf den Hafen, unten Restaurant, oben Bistro, viel Seafood. Hauptgericht 16 £.

Lairhillock Inn: Lairhillock bei Netherly (Straßenkreuzung nördlich von Stonehaven), Tel. 01569/730 001, Crynoch Restaurant: Mi–Mo 17.30–21.30, So auch 12–15 Uhr, Hauptgericht 15 £, Pub: Mo–Sa 11–23, So 12.30–23 Uhr, Hauptgericht 7 £. 200 Jahre alte ehemalige Postkutschenstation, gemütlich-rustikal mit offenem Kamin, wunderbar solides Essen, Käse-, Whisky- und Ale-Auswahl.

Bervie Chipper: 12 David St., 12–22.30 Uhr. Lange Schlangen vor einem der besten Bratfisch-Takeaways weit und breit.

Pub im Marine Hotel: 9–10 Shorehead, Hafen, 11–23, So ab 12.30 Uhr. Fass-Ales, Pub Grub, viele junge Leute.

Fowlsheugh: 8 km südl., steile Klippen mit Seevogelkolonien, Papageitaucher, Trottellummen, Krähenscharben u. v. a., am besten im Mai/Juni. Im Sommer fährt die ›M.V. Lady Gail II‹ vom Hafen dorthin, Ian Watson, Tel. 01569/765 064, auch Tauch-, Angel- und Delfinausflüge.

Schwimmen: Outdoor Pool, Juni–Mitte Sept. Mo–Fr 13–19.30, Sa/So 10–18, Mi 22–24 Uhr ist Mitternachtsschwimmen. Der beheizte Outdoor-Salzwasserpool von 1934 im Art déco-Stil ist bunt bemalt und mittlerweile mit Spaßrutschen etc. ausgestattet.

Das Rätsel der Pikten

Wer war dieses Volk, das vom 3. bis 9. Jh. jene geheimnisvollen Bildsteine schuf, die sich noch heute im Stammesgebiet der Pictavia nördlich der Forth-Clyde-Linie bis zu den Hebriden, Orkney und Shetland hin finden? Viele Schotten sind vom Piktenfieber erfasst und rätseln mit.

Stolze Reiter mit schattenhaften Gesichtern ziehen auf einer wilden Jagd vorbei. Hirschähnliche Bestien mit spitzbärtigen Menschenhäuptern schlingen ihre in Tierköpfe auslaufenden Schwänze ineinander. Bullen, Adler, Wölfe, Eber, Hirsche, Forellen und das seepferdchenähnliche ›Piktenbiest‹ sind lebensecht und doch mit nur wenigen konzentrierten, fast modern anmutenden Linien in den Stein gemeißelt. Geheimnisvolle geometrische Zeichen provozieren bei Forschern wie Touristen die immer gleichen Fragen: Wer waren die Künstler? Was bedeuten ihre Symbole?

Picti, die Bemalten oder Tätowierten, scheint der Kriegsname der Römer für ihre wilden, kampferprobten Feinde im Norden von Britannia gewesen zu sein. Der Römer Eumenius überliefert den Namen 297 n. Chr. erstmalig. Wenn der mächtige König Bridei während seiner Regierungszeit von 654 bis 684 auf das wieder in Gebrauch genommene eisenzeitliche Hügelfort von Castle Hill bei Abernethy stieg, schweifte sein Blick über das Herz der *Pictavia,* über Angus und das Tal des Tay.

Die Könige waren eher Heerführer als Verwalter, Herren über eine zutiefst kriegerisch geprägte Gesellschaft. Die Nichtadligen verdienten sich ihren Lebensunterhalt als Bauern, Pferdezüchter, Fischer und Handwerker. Die Vererbungslinien verliefen wahrscheinlich matrilinear, d. h. der Sohn der Schwester des Herrschers erbte die Königswürde – möglicherweise ein uraltes Relikt aus prähistorischen, mutterrechtlichen Zeiten. Die Pikten, vermutlich Nachkommen der eisenzeitlichen Stämme, benutzten die Oghamschrift, wie der ›Brandsbutt Stone‹ zeigt. Er steht zwischen Einfamilienhäusern in den Außenbezirken von Inverurie (s. S. 264).

Um die Mitte des 9. Jh. nahmen die Pikten als eigenständiges Volk recht abrupt ihren Abschied von der Bühne der Geschichte. Manche Historiker sprechen von Völkermord, begangen von dem siegreichen schottischen König Kenneth mac Alpin. Andere Theorien denken an eine allmähliche Infiltration der Pictavia durch die Schotten von Dalriada.

Was blieb? Flurnamen, z. B. die vielen schottischen Orte mit *Pit* (›Anteil‹, ›Bauernhof‹); die piktischen Königslisten samt Regierungsdaten, überliefert in spätmittelalterlichen Klosterannalen; einige Silbergegenstände wie die massive, vielleicht die Königswürde symbolisierende Gliederkette, die im Museum of Scotland in Edinburgh aufbewahrt wird. Und die Piktensteine. Etwa zweihundert sind es, doch werden jedes Jahr bei Bodenausschachtungen, als Kehrseiten alter Türschwellen oder von Grabplatten neue entdeckt: Ein wahres Piktenfieber ist ausgebrochen, das diesem lange vernachlässigten und fast zerstörten geschichtlichen Erbe endlich seinen angemessenen Stellenwert verschafft.

Thema

Die Wissenschaftler unterscheiden eine frühe, ab dem 6. Jh. im Gebiet um den Moray Firth auftretende *Class I,* grob oder gar nicht behauene Steine, in die geometrische Symbole eingeritzt sind. Zur *Class II* gehören sorgfältig bearbeitete und geglättete Steine, deren Relief erhaben herausgemeißelte Symbole, Ornamente, Tier- und Menschendarstellungen aufweist. Die späte *Class III* (790–840) kennt keine Symbole, dafür aber umso mehr Reiter, vielleicht Verkörperungen der Königsmacht. Von den zeichenhaften 28 Symbolen und 20 Tierdarstellungen, die meist paarweise auftreten, sind die häufigsten der Halbmond mit dem V-förmigen Stab *(Crescent-and-V-rod),* gefolgt von der Doppelscheibe mit dem Z-förmigen Stab *(Double-disc-and-Z-rod).* Hammer, Zange, Spazierstock, ›Stimmgabel‹ oder die oft mit Frauen in Verbindung gebrachten Gegenstände Kamm und Spiegel mögen das darstellt haben, als was sie uns erscheinen. Die symbolischen Bedeutungen der übrigen geometrischen Symbole, faszinierend in ihrer schlichten, eleganten Form, werden uns wohl immer ein Rätsel bleiben.

Zu welchem Zweck wurden die Steine errichtet? Waren es Gedenk- oder Grabmale? Grenzzeichen, die das Territorium der Stämme markierten? Machtdemonstrationen, die den nahen Sitz eines Häuptlings oder die Stätte einer gewonnenen Schlacht anzeigten? Oder gar Heiratsurkunden in Stein, die Abstammungslinien, Eheschließungen zwischen den einzelnen Stämmen und Mitgiften ›veröffentlichten‹?

Interessante Ziele für Pikteninteressierte sind: Museum of Scotland, Edinburgh (s. S. 119); Museum von Moigle (s. S. 242), Aberlemno (s. S. 243); Groam House Museum, Rosemarkie (s. S. 296).

Die abgebildete Schlachtenszene befindet sich auf der Rückseite des berühmten Piktensteins auf dem Friedhof von Aberlemno; die Vorderseite zeigt ein Kreuz mit verschlungenen, northumbrisch inspirierten Mustern und Tieren

Route: Pictavia – im Hinterland von Angus

Reiseatlas: S. 10, D 2

Meigle

Das kleine **Museum** in der alten Schule von Meigle ist ein Muss für jeden Piktenfan. Es beherbergt 25 mit Hochreliefs geschmückte Steine, meist aus der christlich-piktischen Spätzeit. Auf einer Seite tragen sie ein wunderschön ornamentiertes Kreuz, in dessen Freiräume sich Fabeltiere zwängen, auf der anderen piktische Symbole, Jagd- und Reiterszenen oder alttestamentarische Darstellungen, z. B. David in der Löwengrube (25. März–Sept. tgl. 9.30–18.30 Uhr, sonst nach Vereinbarung Tel. 01828/640 612).

Glamis

Eine Burg, wie sie im Buche und auf dem Programm eines jeden Schottlandreisenden steht, bewohnen noch heute Earl und Countess von Strathmore and Kinghorne: **Glamis Castle.** Das zentrale, mit Türmchen und Zinnen geschmückte L-förmige Tower House mit niedrigeren symmetrischen, von Rundtürmen abgeschlossenen Flügeln erhielt sein heutiges Aussehen im 17. Jh. und ist eines der prächtigsten Schlösser im schottischen Baronialstil. Unter den imposanten Renaissancedecken und -kaminen, zwischen Stuart-Porträts, Porzellan- und Waffensammlungen erblickten die verstorbene Queen Mum und ihre Tochter, Prinzessin Margaret, das Licht der Welt. Mit der von James V. zu Unrecht verfolgten und als Hexe verbrannten Lady Glamis und mit Duncan, den Macbeth hier 1040 erschlagen haben soll, weist Glamis zwei hochrangige, einträgliche Gespenster vor. Die umtriebigen Schlossbesitzer führen darüber hinaus eine Gärtnerei, vermieten den aufwändigen Speisesaal für Familienfeiern und vertreiben das mit einer Schlossansicht geschmückte Mineralwasser Strathmore. Durch die prachtvollen *grounds,* wo Hochlandrinder grasen, führt ein Naturlehrpfad, vorbei am intimen italienischen Garten (19. März–Okt. tgl. 10–18 Uhr, Nov.–Dez. eingeschränkt, Tel. 01307/840 393).

Im Weiler Glamis gewähren die Cottages des **Angus Folk Museum** einen Einblick ins harte bäuerliche Leben im 18./19. Jh. (Ostern–Juni, Sept. Fr–Di 12–17, So 13–17, Juli/Aug. Mo–Sa 11–17, So 13–17 Uhr).

Kirriemuir und die Angus Glens

Kirriemuir ist eine im Kern noch ganz altertümliche Kleinstadt mit kopfsteingepflasterten Straßen, engen Gassen und viktorianischen Geschäften. In dem niedrigen weißen Cottage in der Brechin Road steht das Geburtshaus des Peter Pan-Vaters J. M. Barrie, der hier mit neun Geschwistern groß wurde. Die lebendige Ausstellung zu Person und Werk umfasst ein Piratenland, das Waschhaus, das als Vorbild für Wendys Haus im Nimmerland diente, und ein echtes Sumpfkrokodil im Garten (Ostern–Juni, Sept. Sa–Mi 12–17, So 13–17, Juli/Aug. Mo–Sa 11–17, So 13–17 Uhr). Auf dem örtlichen Friedhof liegt Barrie, der in ›Wenn Träume fliegen lernen‹ von Johnny Depp gespielt wurde, begraben.

Von hier sind die Wander- (und Jäger-)paradiese der **Angus Glens** zu erreichen. Hirsche, Hasen, Fasanen, Raubvögel, eine teils subarktische Pflanzenwelt sowie Lochs, steile Berghänge und grüne Täler findet man in den Glens Isla, Prosen und Clova.

i **Tourist Information:** Cumberland Cl., Kirriemuir, Tel. 01575/574 097, www.angusanddundee.co.uk, April–Sept. Mo–Sa 10–17 Uhr. Wanderinfos für die Angus Glens.

Glenisla Hotel: Glen Isla, Tel. 01575/582 223, Fax 01575/582 203, www.glenisla-hotel.com. Alte Postkutschenstation am Ende des Glen Isla, Balkendecke und offene Kamine, viele Wanderer, in der urigen Bar gibt es Malt Whiskys und Ale vom Fass, Angeln, Jagdausflüge, einfache, gemütliche Zimmer. Ende Sept./Okt. veranstaltet das Hotel ein Bier- und Folkfestival. DZ 70 £.

Clova Hotel: Glen Clova, Tel. 01575/550 350, Fax 01575/550 292, www.clova.com. Einsamer weißer Landgasthof von 1850 am Ende des Glen Clova, schlicht-rustikal renoviert mit viel Holz, fantastischer Ausgangspunkt für

Wanderungen, Wanderinfos vorhanden, Climbers Bar zum Fachsimpeln. DZ 70 £, mit Four Poster-Bett 80 £, Bett im Schlafsaal 11 £.

Wandern: Glen Prosen ist nicht so überlaufen wie Glen Clova. Der 7 km lange, recht einfache markierte Minister's Path führt von der Kirche im Dorf Glenprosen ins Glen Clova. Mehrere Tageswanderungen starten am Parkplatz 7 km nördlich des Ortes Clova. Der obere Teil des Glen Clova gehört zum Cairngorm National Park (s. S. 275ff.).

Aberlemno

Der Weiler Aberlemno darf sich drei der schönsten und berühmtesten Piktensteine rühmen. In den frühen, aus dem 6./7. Jh. stammenden Class I-Stein an der Straße sind Schlange, Doppelscheibe und Z-Stab, Spiegel und Kamm gekerbt. Auf der Rückseite des späten Kreuzsteins an der Straße tummeln sich unter zwei dominierenden piktischen Symbolen berittene Jäger, Hunde und Hirsche. Der Kreuzstein auf dem Friedhof trägt auf der Rückseite die bekannteste Kampfszene der Piktenkunst (s. Abb. S. 241). Sie wirft Fragen auf: Ist die im nahen Nechtansmere 685 geschlagene Schlacht dargestellt? Sind die Ritter mit den ›Nasenhelmen‹ die dort von den Pikten geschlagenen Angeln aus Northumbria? Die Steine werden aus Erhaltungsgründen von Oktober bis Mai ›weggepackt‹, sind November bis April aber jederzeit zugänglich.

Brechin

In den nach irischem Vorbild errichteten, über 30 m hohen **Rundturm** in der Kleinstadt Brechin flüchteten sich um das Jahr 1000 die Mönche vor plündernden Wikingerhorden. Auf einem der beiden **Piktensteine** in der im 19. Jh. restaurierten Kathedrale sitzen zwei Gestalten in Roben auf einer bankähnlichen Sitzgelegenheit – ein seltener Einblick ins Alltagsleben der Pikten (Mo–Sa 9–16 Uhr).

Das **Besucherzentrum Pictavia** im nahen Brechin Castle Centre bringt einem die Pikten mit neuesten interaktiven Techniken näher. So kann man im Tower of Sound Musikinstrumente erklingen lassen, die nach Darstellungen auf Piktensteinen gebaut worden sind (April–Sept. Mo–Sa 9.30–17.30, So 10.30–17.30 Uhr). Im Landschaftspark Brechin Castle Centre gibt es Spazierwege, Streichelzoo, Abenteuerspielplatz und Café (ganzjährig 9–17 Uhr).

Caledonian Railway: Die Museumsdampfeisenbahn fährt vom charmanten viktorianischen Bahnhof an der Park Road 6 km nach Bridge of Dun, 24. Mai–4. Sept. So, Tel. 01356/622 992. Von dort geht man ca. 20 Min. zum House of Dun (s. S. 237).

Edzell

Der Renaissancemensch Sir David Lindsay ließ um die Wende vom 16. zum 17. Jh. unter dem Tower House von Edzell einen prachtvollen geometrischen Garten, einen Sommerpavillon und – welch Luxus! – ein Badehäuschen anlegen. Der Wahlspruch der Lindsays, ›Dum spiro spero‹ (›So lange ich atme, hoffe ich‹), ist in Form von gestutzten Buchsbaumhecken präsent. Reliefschmuck wie Medaillons der Kardinaltugenden, der Freien Künste und von Göttern zeugen von Sir Davids feinem Kunstsinn (April–Sept. tgl. 9.30–18.30, Okt.–März Sa–Mi bis 16.30 Uhr).

Ein Wanderweg und ein kleines Sträßchen verlaufen durch das **Glen Esk,** das nördlichste der Angus Glens. Zwischen einsamen Berghängen zieht es sich bis zu dem kleinen Loch Ree hin. Über die landschaftlich schöne Passstraße Cairn o'Mounth Road, die heutige B 974, zogen schon der geschlagene Macbeth, Armeen und Whiskyschmuggler von dem netten Weiler Fettercairn über die Berge ins Dee-Tal, nach Banchory.

Brown und White Caterthun: Die beiden eisenzeitlichen Hügelforts bewachen die Hügelkuppen zu beiden Seiten eines Sträßchens nordwestlich von Brechin. Ein etwa 20-minütiger Aufstieg auf die Steinwälle des besser erhaltenen ›Weißen Forts‹ belohnt mit weiten Blicken in die Heidelandschaft und mit windumtoster Einsamkeit.

Glen Etive in den westlichen Highlands

Kapitel 5

Die Highlands

Auf einen Blick: Die Highlands

Starke Kontraste

Bergmassive mit alpinem Habitat, Buchten mit fast südländischem Strandflair, linealartige Binnenseen, tief ins Land schneidende Ästuare, Burgruinen auf windumtosten Klippen, Prachtschlösser für königliche Ansprüche: Das alles bieten die in sich so unterschiedlichen Regionen der Highlands.

Um Wale, Delfine, Goldadler, Otter oder die scheuen Wildkatzen zu Gesicht zu bekommen, muss man viel Geduld aufbringen – und Glück haben. Seehunde, Seevögel oder Rotwild wird man bestimmt irgendwo entdecken, und Hochlandrindern oder gar Schafen begegnet man beinah häufiger als Menschen.

In den Metropolen Aberdeen, Perth und Inverness trifft man auf eine teils trendige Infrastruktur, in den Touristenzentren Fort William, Pitlochry und Oban eher auf Tartanschick. Und dann gibt es da noch kleine Orte wie Gairloch, Plockton, Inveraray oder Tarbet, wo man es sich wie Gott in Schottland gehen lassen kann.

Ob im B & B oder im neobaronialen Spa-Hotel: Die Gastfreundschaft der Hochländer ist sprichwörtlich. In einer so dünn besiedelten Umwelt freut man sich noch, einen Mitmenschen zu sehen. Die Gasthöfe an einsamen Straßenkreuzungen sind Treffpunkte für Einheimische und Besucher, wo man bei einem Whisky schnell ins Gespräch kommt.

Highlights

8 **Cairngorm-Massiv:** Die hohen Gipfel des Massivs sind ein Rückzugsgebiet für seltene Tiere und Pflanzen (s. S. 277ff.).

9 **Blair Castle:** Die Burg ist eines der *big houses* von Schottland mit eigenen Dudelsackspielern und Soldaten (s. S. 289f.).

10 **Loch Ness:** Der Hochlandsee mit den Ruinen von Urquhart Castle, ist geheimnisvoll, ob mit oder ohne Nessie (s. S. 296ff.).

11 **Loch Assynt:** Der malerische Hochlandsee ist Inbegriff des wilden schottischen Nordwestens (s. S. 309f.).

12 **Inverewe Gardens:** Das geschützte Pflanzenparadies nimmt eine herausragende Stellung unter den berühmten Gärten Schottlands ein (s. S. 325).

Empfehlenswerte Routen

Die Nordküste von Grampian: Vom Leuchtturm von Fraserburgh über die Fischerörtchen um Pennan nach Brodie Castle (s. S. 266ff.).

Speyside: Landschaftlich reizvolle Tour zu Destillerien des Whisky Trail mit Werksbesichtigung und Probiertrunk (s. S. 272ff.).

Die Nordwestküste von Tarbet bis Ullapool: Grandiose Küstenwildnis aus Ästuaren, Felssymphonien und Vogelklippen, punktiert von Crofter-Orten mit ausgezeichneten Unterkünften (s. S. 308ff.).

Vom Loch Lomond nach Glencoe: Auf der A 82 durchs Rannoch Moor zu den Bergriesen um das Schicksalstal Glencoe (s. S. 308ff.).

Road to the Isles: Schottlands schönste Panoramastraße führt von Fort William nach Mallaig (s. S. 318ff.).

Lochalsh und Wester Ross: Die Route von der Applecross-Halbinsel nach Ullapool führt durch einige der grandiosesten Fjord- und Berglandschaften (s. S. 321ff.).

Reise- und Zeitplanung

Die Highlands sind so groß, dass man sie kaum während eines einzigen Urlaubs kennen lernen kann. Treffen Sie eine Auswahl und bleiben Sie an zwei, drei Orten länger, das ist empfehlenswerter, als den ganzen Urlaub auf der Straße zu verbringen.

Der Winter bietet gute Schneebedingungen für Skifahrer und viele Landhaushotels offerieren für die Nebensaison Sonderangebote. Im Allgemeinen liegt die beste Reisezeit aber zwischen April und Anfang Oktober, zumal manche Sehenswürdigkeiten im Winter geschlossen sind.

Verkehrsmittel

Haupteinfallsrouten in den Norden sind die A 9 von Perth nach Inverness und die nicht ganz so gut ausgebaute A 82 vom Loch Lomond nach Fort William. Alle anderen Wege führen an einer der vielen Küsten entlang. Die größeren Orte sind mit den häufig verkehrenden Bussen von Scottish Citylink bequem zu erreichen, kleinere Orte, vor allem in den abgelegenen westlichen und nördlichen Highlands, erreicht man nur mit dem Auto. Der gesamte Nordwesten hat keine Eisenbahnanbindung.

Richtig Reisen-Tipps

Kildrummy Castle Hotel und Umgebung: Unterkunft im Schlosshotel mit Ausflügen in die Heideregion des Don-Tals (s. S. 256).

Speyside Way: Tageswanderung mit Besichtigung einer Destillerie (s. S. 275).

Perthshire für Pflanzenfans: Drei außergewöhnliche Gärten (s. S. 288).

Küstenwanderung: Von John o'Groats am Leuchtturm vorbei zu den Zuckerhutfelsen der Stacks of Duncansby (s. S. 305).

Zu den Halbinseln Moidart und Ardnamurchan: Wilde einsame Berglandschaften an Schottlands westlichem Ende (s. S. 320).

Grampian

Reiseatlas
S. 5/6, 9/10

Im Osten der Highlands liegt die große Halbinsel Grampian, in deren Zentrum die unzugänglichen Cairngorm Mountains thronen, das Herz des neu geschaffenen Nationalparks. Größter Ballungsraum in Grampian ist die Ölmetropole Aberdeen. Von den Baronialschlössern der Royal Deeside geht es ins Whisky-Land um Dufftown und an die Grampian-Küste mit verschwiegenen kleinen Fischerorten.

Aberdeen

Reiseatlas: S. 10, E 1, **Cityplan:** S. 250
Schottlands drittgrößte Stadt ist eine reiche, hektische Wirtschaftsmetropole mit einer der niedrigsten Arbeitslosenquoten Großbritanniens sowie Sinn und Geld für Kunst. Das Öl, das vor Aberdeens Küste auf Bohrplattformen gefördert wird, machte aus dem alten Handels-, Hafen- und Schiffbauzentrum eine moderne *Boom town,* die britische Öl-Hauptstadt. Wie lange die Offshore-Kapitale für Ölfirmen und deren Zuliefererbetriebe noch florieren wird, nachdem der Höhepunkt der Ölförderung um die Jahrtausendwende überschritten wurde, bleibt abzuwarten. Die Universität sorgt dafür, dass die lebhafte Nightlife-Szene auch studentisch geprägt ist.

Noch heute besteht Aberdeen aus zwei völlig verschiedenen Städten: im Norden das charmante historische Old Aberdeen an der Don-Mündung, das aus einer Ansiedlung um die Kathedrale hervorgegangen ist, und im Süden das moderne Aberdeen an der Dee-Mündung, das sich aus einem Hafen um die einstige Königsburg entwickelte.

Maritimes Museum und Hafen

Aberdeen und sein Hafen gehören zusammen, und deshalb beginnt man hier am besten die Besichtigung. Das preisgekrönte moderne **Maritime Museum** 1 umfasst einen Neubau und Aberdeens zweitältestes Haus, **Provost Ross's House** von 1593. Mit spannender interaktiver Technik führt es die Besucher von jener Zeit, als die schnellen Aberdeener Teeklipper die Weltmeere beherrschten, bis in die Gegenwart der küstennahen Ölförderung. Ein 9 m hohes Ölplattformmodell fasziniert ebenso wie der Blick durch eine Glasfront auf den Hafen (Mo–Sa 10–17, So 12–15 Uhr).

Besuchen Sie den **Hafen** am besten von hier. Über den Frachtpötten und Autofähren des Victoria Dock ragen fotogen die Türme von Aberdeens Skyline auf. Ein Erlebnis ist der Besuch des lebhaften Fischmarkts am Albert Basin morgens zwischen 7 und 8 Uhr.

Die georgianische Neustadt

Die Granitstadt der Architekten Archibald Simpson und William Smith nahm 1801 ihren Anfang mit der Hauptgeschäftsstraße Union Street und der etwas ruhigeren, schöneren King Street: strenge, regelmäßige graue Fassaden, die die grüngelben Doppeldeckerbusse und ein unablässiger Autostrom in Abgaswolken hüllen – in ihrer Geschlossenheit ist sie eine späte Tochter georgianischer Stadtplanung.

Das Zentrum markiert das viktorianische Rathaus, das **Town House** 2, mit dem Tolbooth aus dem 17. Jh. Am Castlegate gegenüber kündet das vom schottischen Einhorn bekrönte und mit Medaillons der Stuart-Monarchen geschmückte sechseckige **Mercat Cross** 3 (1686) vom Stolz der Royal Burgh.

Marischal College

Marischal College 4 wurde 1593 von George Keith als protestantische Alternative zur Universität von Aberdeen gegründet. Das von Simpson entworfene riesige Carrée erhielt 1906 durch Marshall Mackenzie eine weiland heftig umstrittene Fassade, deren kantige neogotische Zitate auf der Schwelle zur Moderne verharren. In dem Sammelsurium des Zwei-Raum-Museums werden neben einer Inuit-Mumie von 1700 prähistorische Artefakte aufbewahrt (Mo–Fr 10–17, So 14–17 Uhr).

Provost Skene's House

Vor einem tristen Wolkenkratzer behauptet sich tapfer **Provost Skene's Haus** 5 von 1545, Aberdeens ältestes Gebäude. Schlendern Sie durch die größtenteils im Stil des 17. Jh. eingerichteten Räume und die Kapelle, die – ungewöhnlich für das protestantische Schottland – mit Motiven der katholischen Ikonografie bemalt ist (Mo–Fr 10–17, So 13–17 Uhr).

St. Nicholas Kirk

Die **St. Nicholas Kirk** 6 besteht eigentlich aus zwei Kirchen, der West Church aus der Renaissance und der East Church, in der finstere Eisenringe an die Zeit erinnern, als hier Hexen angekettet und verfolgt wurden. Aus der ursprünglichen Erbauungszeit, dem 12. Jh., ist nur noch der Kirchenflügel Collinson's Aisle erhalten. Das Gotteshaus behauptet sich mehr schlecht als recht gegen die Umklammerung durch zeitgenössische Tempel, die irrgartengleichen Einkaufszentren St. Nicholas und Bon Accord: Das Motto der Stadt heißt soviel wie ›gutes Einvernehmen‹ (Mai–Sept. Mo–Fr 12–16, Sa 13–15 Uhr, sonst im Kirchenbüro nachfragen).

Aberdeen Art Gallery and Museum

Aus dem Jahr 1885 stammt die sehenswerte **Art Gallery and Museum** 7 mit ihrem Säulenatrium, die eine hervorragende Sammlung von Malerei und Plastik des 19./20. Jh. zeigt, u. a. Barbara Hepworth, Henry Moore, Ben Nicholson, den Aberdeener Präraffaeliten

Mit der Autorin unterwegs

Schottland ehedem

Wenn Sie Aberdeen besuchen, sollten Sie unbedingt Zeit für einen Rundgang durch **Old Aberdeen** einplanen – in den kopfsteingepflasterten Straßen rund um die Kirchen und Colleges scheint die Zeit stehen geblieben zu sein (s. S. 250). Noch viel weiter in die Vergangenheit zurück führt ein Besuch des **Archaeolink Prehistory Park:** Lassen Sie sich von originalgetreu gewandeten Schauspielern das Alltagsleben vor 6000 Jahren nahe bringen (s. S. 264). Ein Hort der Ruhe und inneren Einkehr ist **Pluscarden Abbey:** Mönche laden zum Meditieren ein – aber auch allein für eine Besichtigung lohnt der Weg zu der mittelalterlichen Abtei (s. S. 271). Staunend steht der Besucher in **Brodie Castle,** einem bescheidenen Adelssitz auf dem Land, denn alles sieht so aus, als seien die Bewohner nur kurz mal weggegangen und kämen gleich zurück (s. S. 272).

Wer hoch hinaus will ...

... muss nicht unbedingt ins Schwitzen kommen: Eine Seilbahn ermöglicht es jedem, Höhenluft im grandiosen Gipfelgebiet des **Cairngorm National Park** zu schnuppern (s. S. 275ff.).

Für Familien

Nicht nur Kunstgenuss erwartet die Besucher von **Drum Castle** (s. S. 255), **Crathes Castle** (s. S. 255), **Craigievar Castle** (s. S. 257) und **Castle Fraser** (s. S. 263), sondern auch Aktivangebote für die ganze Familie. Mit Wildparks, Hütehundvorführungen und Kletterparks ist auch die **Umgebung von Kincraig** eine ideale Mikroregion für Familien mit Kindern (s. S. 276ff.).

Gratis

Alle Museen in Aberdeen sind kostenlos. In den Destillerien Glenfiddich, Glenlivet und Glengrant sind Führungen inklusive Probetrunk gratis.

Aberdeen: Cityplan

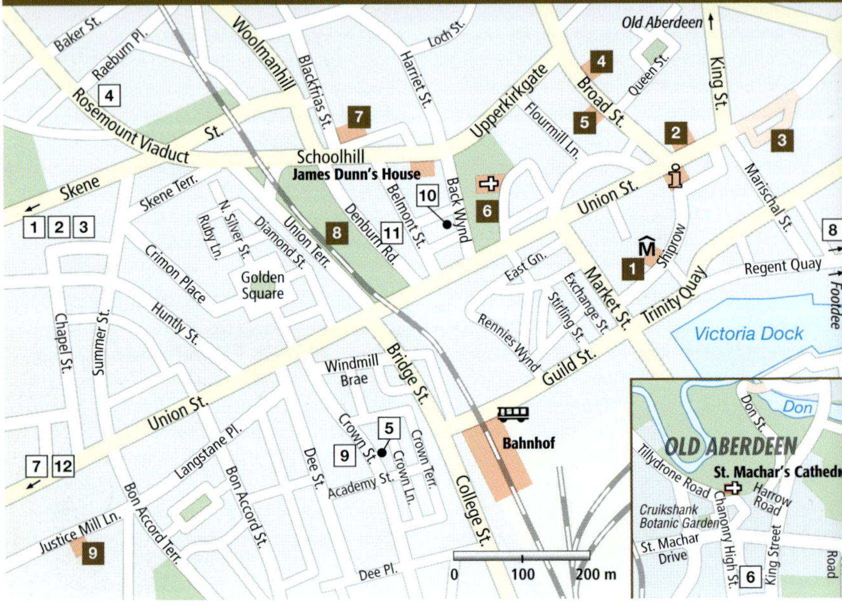

William Dyce (1806–1864), William MacTaggart und die Macdonald-Stiftung mit Selbstporträts britischer Künstler des 19. Jh. Die Sammlung junger britischer Künstler im Side Court und wechselnde Ausstellungen unterstreichen Aberdeens kulturellen Anspruch. Im stillen Memorial Court wird der Opfer des Piper Alpha-Unglücks (s. S. 26f.) gedacht (Mo–Sa 10–17, So 14–17 Uhr).

Im gegenüberliegenden Viertel rund um die kopfsteingepflasterte Belmont und die Little Belmont Street liegt das neue In-Viertel mit dem Academy Designer-Einkaufszentrum, Boutiquen, Bars, Clubs und Restaurants.

Gartenstadt Aberdeen

Erholung bieten die **Union Terrace Gardens** 8, wo kunstvoll gepflanzte Blumen sich zum Stadtwappen fügen. Aberdeen ist berühmt für seine Gärten, doch liegen sie größtenteils außerhalb der Innenstadt, z. B. Duthie Park mit viktorianischen Brücken, Obelisken und einem Pavillon, wo im Sommer Konzerte stattfinden, und dem Rosengarten. In dem beeindruckenden Wintergarten, dem größten Europas, wachsen nicht nur Riesenkakteen und -farne, sondern flattern auch exotische Vögel (Mai–Sept. tgl. 9.30–19.30, Okt.–März 9.30–16.30, April 9.30–17.30; Bus 17 von Union Street).

Old Aberdeen

Wie eine Perle in ihrer unansehnlichen Schale steckt Old Aberdeen, die Gelehrtenenklave, zwischen öden Vorstadtsiedlungen und verkehrsreichen Straßen. Bus No. 20 bringt einen vom Marischal College hierher. Die kopfsteingepflasterten Gassen High und Don Street und vor allem Chanonry scheinen in einer anderen, älteren Welt zu ruhen, gesäumt von Bruchsteinmauern, georgianischen Stadthäusern, Cottagereihen mit gepflegten Gärtchen und viktorianischen Pfarrhäusern. In diese geradezu dörfliche Idylle passt der reizende kleine **Botanische Garten von Cruikshank**

Sehenswürdigkeiten
- **1** Maritime Museum/ Provost Ross's House
- **2** Town House
- **3** Mercat Cross
- **4** Marischal College
- **5** Provost Skene's Haus
- **6** St. Nicholas Kirk
- **7** Art Gallery and Museum
- **8** Union Terrace Gardens
- **9** Satrosphere

Übernachten
- 1 Marcliffe at Pitfodels
- 2 Simpson's
- 3 Atholl Hotel
- 4 Skene House Rosemount
- 5 Brentwood Hotel
- 6 University of Aberdeen
- 7 Aberdeen Youth Hostel

Essen und Trinken
- 8 Silver Darling
- 9 The Foyer
- 10 Poldino's
- 11 Beautiful Mountain
- 12 Ashvale Fish and Chips Restaurant

(Mai–Sept. Mo–Fr 9–16.30, Sa/So 14–17 Uhr, Okt.–April bis Sonnenuntergang).

King's College
Morgens hasten die Studenten über den Rasen vor King's College, das 1495 von Bischof Elphinstone gegründet wurde. Sein Bronzegrabmal (1914) steht vor der Kapelle – den Ausmaßen nach eine ausgewachsene Kirche – mit ihrer kronenförmigen Turmlaterne, die jener von St. Giles (Edinburgh) gleicht. Hinter der mit farbenprächtigen Wappen verzierten Langschiffwand verbirgt sich, einzigartig in Schottland, eine vollständig erhaltene, spätmittelalterliche Kirchenausstattung: ein geschnitztes Chorgestühl mit Baldachinen, Lettner, Kanzel, Lesepult; überall lugt die schottische Distel hervor (Mo–Fr 8–16 Uhr). 1995 wurde die 500-Jahr-Feier der drittältesten schottischen Universität festlich begangen. Im sehenswerten Besucherzentrum beklagt ein spätmittelalterlicher Scholar die Mühen des Studierens (Mo–Sa 10–17, So 14–17 Uhr).

St. Machar's Cathedral
Wenn abends die Katzen über den dicht mit Grabsteinen und Tischgräbern bepackten Friedhof von St. Machar's Cathedral streifen und die Glocken in den Westtürmen sieben Uhr schlagen, fühlt man sich ins Mittelalter zurückversetzt. Die wehrhafte Westfront aus Sandstein ist ein Überrest des Vorgängerbaus aus dem 14. Jh.; ihn ersetzte die mächtige Granitkathedrale des 15. Jh., die wir heute sehen. Die mit 48 dreireihig angeordneten Wappensteinen geschmückte, kassettierte Eichendecke von 1520 ist ein Manifest schottischen Nationalstolzes im ›europäischen Haus‹. In vorderster Reihe prangt neben den Wappen von Papst und Kaiser das des schottischen Königs, gefolgt von seinen Adligen. Abgeschlagen landet der englische König auf Platz vier der europäischen Monarchen, und unter den Wappen der europäischen Prälaten fehlen Trondheim und York wegen ihres geistlichen Suprematieanspruchs auf Orkney bzw. Schottland (tgl. 9–17 Uhr).

Wer Aberdeens Fischmarkt besuchen will, muss früh auf den Beinen sein

Brig o'Balgownie

Durch den weiten Seaton Park oder über die Don Street gelangt man nach etwa 2 km zur Brig o'Balgownie, deren stark restaurierter mittelalterlicher Bogen sich inmitten eines pittoresken Häuserensembles über den stillen Don schwingt. Lord Byron, romantisches Dichtergenie und Enfant terrible, ging in Aberdeen zur Schule und hielt sich besonders gern hier auf, was man gut verstehen kann.

Am Strand

Ein 3 km langer Sandstrand zwischen den Mündungen von Dee und Don, durchgängig mit einer Strandpromenade versehen, lockt mit Vergnügungen im britischen Seebad-Stil, mit Golfplätzen, Swimmingpool und Fish 'n' Chips-Buden. In **Satrosphere** 9, untergebracht in einem ehemaligen Straßenbahndepot, können jetzt Kinder und ihre von Technik und Wissenschaft faszinierten Eltern spielerisch und interaktiv ›forschen‹ (Mo–Sa 10–17, So 11.30–17 Uhr). Oder doch lieber echte Vögel beobachten? Dies ist möglich am Nordende des Strands zwischen King Street und dem Strand (Bus No. 14 und 15 fahren von Union Street zum Strand).

In Aberdeen preiswert übernachten: Die Hotelpreise liegen Fr–So um bis zu 60 % niedriger als während der Woche! Zahlreiche günstigere Hotels/Guest Houses, in denen die Arbeiter von den Ölplattformen wohnen, liegen in der Gegend um die Crown Street.

i **Tourist Information:** 23 Union St., Tel. 01224/288 828, www.agtb.org und www.aberdeen-grampian.com, für Aberdeen und Grampian, Mo–Sa 9–17.30, im Sommer länger und auch So 10–16 Uhr. ›What's on‹-Broschüre für Veranstaltungen.

Marcliffe at Pitfodels 1: North Deeside Road, Pitfodels (7 km westl.), Tel. 01224/861 000, Fax 01224/868 860, www.marcliffe.com. Kleines Luxushotel mit elegant-traditioneller Einrichtung, Gourmetrestaurant, Möglichkeit für Angelsport, Golf und Jagd, mithin dezent *upper class.* DZ 150–300 £.

Simpson's 2: 59 Queens Rd., Tel. 01224/

327 777, Fax 01224/327 700, www.simpsonshotelco.uk. Boutiquehotel im mediterranen Terrakottastil, Restaurant und Bar mit zeitgenössischer Küche und einer Deko im marokkanisch-spanisch-etc.-Stil. DZ 85–130 £.

Atholl Hotel [3]: 54 King's Gate, Tel. 01224/323 505, Fax 01224/321 555, www.atholl-aberdeen.com. Viktorianisches Granithaus in der Stadt, beliebt für Abendessen und Bar Meal, klassisch-elegante DZ 75–120 £.

Skene House Rosemount [4]: 96 Rosemount Viaduct, Tel. 01224/645 971, Fax 01224/626 866, www.skene-house.co.uk. Apartments mit 1–3 Schlafräumen, Wohnzimmer, Küche, Bad, geschmackvoll eingerichtet, ein wenig traditionell, Frühstück wird angeboten. Apartment für 2 Pers. 65–156 £.

Brentwood Hotel [5]: 101 Crown St., Tel. 01224/595 440, Fax 01224/571 593, www.brentwood-hotel.demon.co.uk. Freundliches Granitreihenhaus, beliebt bei Geschäftsreisenden. DZ 56–88 £.

University of Aberdeen [6]: King's Hall, King's College, Tel. 01224/272 660, Fax 01224/276 246, www.abdn.ac.uk/catering. Ganzjährige Universitätsunterkunft in der King's Hall, in den Semesterferien zusätzliche Apartments, modern, alle Räume *ensuite.* Ca. 40 £.

Aberdeen Youth Hostel [7]: 8 Queen's Rd., Tel. 0870/004 1100, www.syha.org.uk. 4 Sterne, historisches Granitgebäude im Zentrum, Familienzimmer. Schlafsaal 12 £, DZ 28 £.

The Foyer [9]: 82a Crown St., Tel. 01224/582 277, Di–Sa 11–24 Uhr. Von einer Wohltätigkeitsorganisation geführtes Restaurant, zeitgenössische Küche in luftig-edlem Interieur, geschäftig und beliebt. 2-Gang-Dinner 15 £.

Poldino's [10]: 7 Little Belmont St., Tel. 01224/647 777, Mo–Sa 12–14, 18–23 Uhr. Lieblingsitaliener der Aberdeener, hier kocht Mama persönlich. Hauptgericht 11 £.

Beautiful Mountain [11]: 11–13 Belmont St., Tel. 01224/645 353, Mo–Fr 8–17, Sa 9–17 Uhr. Für Sandwiches und Takeaway (um 5 £) berühmtes Café an der In-Straße.

Ashvale Fish and Chips Restaurant and Take Away [12]: 44–48 Great Western Road, Tel. 01224/576 229, tgl. 12–23, am Wochenende bis 24 Uhr. Restaurant und Takeaway-Komplex, eine Institution, gebackener frischer Fisch ca. 5 £.

Silver Darling [8]: Am Ostende des Hafens, wo sich die mehr als 100 Jahre alten Fischercottages von Footdee (sprich: fittie) in den Wind ducken, liegt Silver Darling (›Silberner Schatz‹, Spitzname für Hering), eines der renommiertesten Fischrestaurants Schottlands. Die Küche ist eine Mischung aus traditionell-französisch und zeitgenössisch. Vom ersten Stock blickt man aufs Meer und genießt Mönchsfische, Heilbutt und Hummer (Pocra Quay, North Pier, Tel. 01224/576 229, Mo–Fr 12–13.30, 19–21, Sa 18.15–21 Uhr, Bus 14, 15 von Union St., 2-Gang-Dinner 27 £).

Haupteinkaufszonen sind die (ziemlich gewöhnliche) Union Street, Thistle Street mit Spezialitätengeschäften, die Einkaufszentren Bon Accord und St. Nicolas mit den üblichen internationalen Bekleidungsketten sowie das Designer-Zentrum **The Galleria:** Langstane Place, Mo–Sa 10–17 Uhr.

Books and Beans: 22 Belmont St., Tel. 01224/646 438, Café: Mo–Mi, Fr/Sa 8–18, Do 8–20, So 11–17 Uhr, Buchhandlung: Mo–Sa 10–18 Uhr. Kombination aus Buchhandlung und luftig-hellem Café, oben noch ein Restaurant, Kinderspielecke. Suppen und vegetarische Gerichte ca. 5 £.

Terroir: Thistle Street, Mo–Mi, Fr 8.30–17.30, Do 8.30–18, Sa 9.30–17.30 Uhr. Schottische und internationale Delikatessen.

Ma Cameron's: 6–8 Little Belmont St., Mo–Sa 11–23, So 12.30–23 Uhr. Angeblich der älteste Pub in Aberdeen, Pub Grub.

Under the Hammer: 11 North Silver St., Mo–Mi 17–23, Do 17–24, Fr 16–1, Sa 14–1 Uhr. Relaxter, mediterran anmutender Pub für Wein und Bier im Basement.

The Prince of Wales: 7 St. Nicholas Lane, Mo–Sa 10–24, So 12–24 Uhr. Der legendäre

Pub von Aberdeen, gute Real Ales und Pub Grub, immer voll.
Revolution: 25 Belmont St., So–Do 12–24, Fr/Sa 12–1 Uhr. Tonangebende Style Bar, Essen bis 21 Uhr, offener Kamin.

Clubs

Estaminet: 8 Littlejohn St., Mo/Di 12–24, Mi, Do 12–2, Fr/Sa 12–3, So 12–2 Uhr. Morgens Kaffee trinken am offenen Kamin, Essen bis 22 Uhr, nachts DJ-Musik in diesem bei Studenten beliebten Bar-Club.
The Ministry: 16 Dee St., Mo, Mi, Do 22.30–2, Fr/Sa 22.30–3 Uhr. Disco in ehemaliger Kirche, berühmte DJs, angesagtester Club von Aberdeen.
The Priory: 33 Belmont St., So–Do 17–2, Fr/Sa 17–3 Uhr. Ebenfalls in ehemaliger Kirche, freier Eintritt, Tanz von Charts bis R&B auf zwei Stockwerken.

His Majesty's Theatre: Rosemount Viaduct, Box Office Union Street, Tel. 01224/637 788. Theater in ansprechend renoviertem edwardianischen Bau, Drama, Oper, Pantomime.
Arts Centre: 33 King St., Tel. 012247/635 208. Zeitgenössische Kunst, Theater.
The Lemon Tree: 5 West North St., Tel. 01224/642 230, www.lemontree.org. Oben der Aberdeener Veranstaltungsort für Comedy, Folk, Jazz, Theater, unten Do–So 12–15 Uhr Café/Bistro mit anständigem Essen.
Belmont Picture House: 9 Belmont St., www.picturehouses.co.uk. Programmkino mit angesagtem Café.

Feste

Aberdeen Highland Games: im Juni.
International Youth Festival: Aug., Tel. 01224/213 800, www.aiyf.org. Jugendkulturfestival mit Konzerten, Tanz, Theater, Kunst, Spezialprogramm für Kinder.

Fahrradverleih: Alpine Bikes, 64 Holburn St., Tel. 01224/211 455.
Golf: Murcar, 6 km nördl., Tel. 01224/704 354, Handikapzertifikat, anspruchsvoller Platz am Meer.

Flugzeug: International Airport, Dyce, 11 km nordwestl. an A 96, Tel. 01224/722 331, www.baa.co.uk/main/airports/aberdeen. Nächste Bahnstation Dyce Station. Bus Nr. 27 etwa alle 40 Min. zur Guild Street im Zentrum, Taxi ins Zentrum ca. 13 £. Flüge zu Orkney, Shetland, Western Isles etc.
Bahn: Aberdeen ist Hauptknotenpunkt für Züge aus ganz Schottland. Hauptbahnhof Guild Street; Zugauskunft Tel. 0845/748 4950, Züge nach Edinburgh, Glasgow, Inverness, Dundee, Perth, Stirling.
Bus: Grampian Transport Busline, Tel. 01224/650 065. Hauptbusbahnhof Guild Street. Stadtbusse: First Aberdeen, Tel. 01224/650 065, das FirthDayticket erlaubt unbegrenztes Fahren, man zahlt im Bus, in den meisten Stadtbussen erhält man kein Wechselgeld, also passende Münzen bereithalten. Stagecoach Bluebird-Busse, Tel. 01224/212 266, fahren mehrmals tgl. in die Region, z. B. nach Braemar, Crathie, Elgin, Huntly, Keith, Stonehaven, Banff, Peterhead. Verbindungen zu Großstädten wie Inverness, Dundee, Perth, Edinburgh von Scottish Citylink, Tel. 0870/550 5050.
Schiff: Northlink Ferries, Jamieson's Quay, Tel. 0845/600 0449, www.northlinkferries.co.uk; Autofähren nach Shetland und Orkney (s. S. 348 und 365).
Mietwagen: Arnold Clark, Girdleness Road, Tel. 01224/249 159.

Deeside – an Schottlands königlichem Fluss

Reiseatlas: S. 9/10, C–E 1
Die sanfthügelige Agrarlandschaft am Unterlauf des Dee steigert sich zur Quelle in den Cairngorms hin allmählich zu heidebewachsenen, immer einsameren Bergregionen. Königin Victoria hat so oft und gerne an den *beauty spots* des Lachsstroms geseufzt, dass nun eine Touristenroute, der mit dem unverkennbaren königlichen Profil auf braunem Grund beschilderte ›Victorian Heritage Trail‹, durch die *Royal Deeside* führt. Noch heute verbringen die *Royals* in Balmoral ihre

Herbstferien, nie fehlt die Königin beim Braemar Gathering, dem größten und bedeutendsten der vielen Hochlandspiele.

Die romantischen Burgen von Drum, Crathes und Craigievar, allesamt in der liebevollen Obhut des National Trust, recken inmitten reizender Parks und Gärten ihre Türmchen gen Himmel – der Inbegriff des schottischen Baronialstils.

Betucht und beschaulich sind die Städtchen mit ihren verzierten viktorianischen Villen und Cottages, Bauerngärten und B & B. Einige erstklassige Hotels zeigen, dass es der touristischen Klientel, die hier auf die Jagd geht oder angelt, nicht an Geld mangelt.

Bus: Stagecoach Bluebird Bus No. 201 fährt mehrmals tgl. von Aberdeen die Deeroute und hält an allen Orten an der A 93.

Drum Castle

Die Burgensymphonie der Deeside beginnt mit einer eindrucksvollen Ouvertüre. Drum Castle ist eines der ältesten durchgängig von derselben Familie (den Stuart-treuen Irvines) bewohnten Häuser. An den mittelalterlichen quadratischen Bergfried von 1286 wurden 1619 ein wohnlich eingerichteter Renaissanceflügel und später viktorianische Anbauten angefügt. Robert the Bruces Meistersteinmetz mit dem anachronistisch anmutenden Namen Robert Cementarius soll den Turm wie auch die Brig o'Balgownie gebaut haben. Im umfriedeten Garten ranken duftende Rosen aus China und Japan, im alten Wald des Parks kann man Eichhörnchen und Spechte auf uralten Eichen beobachten. Der Tea Room verspricht südenglische Genüsse (Burg: Karfreitag–Mai, Sept. tgl. 12.30–17.30, Juni–Aug. 10–17.30 Uhr, Park ganzjährig tgl. geöffnet).

Crathes Castle

Ein massiver, rötlich-beige verputzter Tower House-Stumpf, aus dessen oberem Drittel Erkerchen, Türmchen und Zinnen sprießen wie aus einem gestutzten Platanenbaum – das ist Crathes Castle. Die Burnetts of Leys ließen sich Crathes Ende des 16. Jh. mauern und mit farbenfrohen bemalten Holzdecken ausschmücken: Erhobenen Schwerts stehen die Neun Recken nebeneinander, Cäsar einträchtig neben Josua, naiv wirkende Volkskunst in adliger Hütte. Von der komfortablen Halle im ersten Stock, wo das der Familie von Robert the Bruce verliehene Horn von Leys über dem Kamin prangt, schweift der Blick über die jeweils in einer Farbe gehaltenen formalen Gartenkompartimente mit über zwei Jahrhunderte alten Eiben und Linden, eine der schönsten Anlagen in Schottland. Markierte Naturpfade durchziehen den ausgedehnten Park (Haus: Ostern–Sept. tgl. 10–17.30, Okt. 10–16.30 Uhr, Nov.–März Do–So 10–15.45 Uhr Führungen, Gärten und Café: ganzjährig 9 Uhr bis Sonnenuntergang).

Tourist Information: Bridge Street, Banchory, Tel. 01330/822 000, www.aberdeen-grampian.com, April–Okt. Mo–Sa 10–17.30, Juli/Aug. auch So 14–16.30 Uhr.

Raemoir House Hotel: 4 km nördl., Tel. 01330/824 884, Fax 01330/822 171, www.raemoir.com. Lokaltypisches Country House in eigenen *grounds,* mit Antiquitäten eingerichtet, Sauna, Restaurant mit Kerzen und offenem Kamin. DZ 80–120 £.

Old West Manse: 71 Station Rd., Tel./Fax 01330/822 202, www.deeside-bed-and-breakfast.com. Luxuriöses B & B in viktorianischem Haus. DZ 50–60 £.

Feughside Caravan Park: Strachan, Tel. 01330/850 669, www.feughsidecaravanpark.co.uk. April–Okt., 4 Sterne. Zelt 7–15 £, Caravan 12–15 £.

The Milton Restaurant: North Deeside Rd., Burgeingang Crathes, Tel. 01330/844 566, Mo 9.30–19, Di–Sa 9.30–21, So 10.30–19 Uhr. In ehemaligen Ställen mit lichtem, elegantem Interieur durchgehend moderne schottische Gourmetküche – vom Frühstück bis zum 3-Gang-Dinner zu 19,50 £.

Kunsthandwerkerläden und **Galerien** in den Cottages am Burgeingang von Crathes, North Deeside Road, wo auch das Milton Restaurant liegt.

Richtig Reisen-Tipp: Kildrummy Castle Hotel und Umgebung

Nobles Quartier

Man gönnt sich ja sonst nichts, aber vielleicht zwei, drei Tage im neogotischen **Schlosshotel von Kildrummy** (Reiseatlas S. 6, D 4)? Genießen Sie den Blick auf die baumumstandene Burgruine, wenn die Sonne durch den Frühnebel dringt, oder verbringen Sie einen Lesenachmittag in den Burggärten. Zum Frühstück wird ein ganzes Menü – von der gerösteten Grapefruit bis zum in Milch gegarten Räucherfisch – serviert.

Mit einem Lunchpaket mit Erdbeeren, Lachs und Cheddar-Sandwiches versorgt – britischer geht's nimmer –, erkundet man die schlossreiche Umgebung. Wander-, Reit- und vor allem Jagd- und Angelausflüge werden organisiert. Vor dem Abendessen nimmt man unter Highland-Gemälden einen Drink in der Bar oder in der holzgetäfelten Bibliothek. Fasanensuppen oder *venison Gairloch* – Hirschfilets mit sämig-süßer Sauce – kommen auf den weiß gedeckten Tisch mit funkelndem Silberbesteck. Danach schlürft man einen Kaffee oder Malt vor dem Kamin im pastellfarbenen Salon. Stellen Sie sich auf Small Talk ein. Die Atmosphäre ist recht locker, wenn auch *classy,* und am wohlsten fühlt man sich, wenn man ein wenig mitspielt (Kildrummy Castle Hotel: Tel. 019755/712 88, Fax 019755/713 45, www.kildrummycastlehotel.co.uk. DZ 145–190 £, Sonderangebote in der Nebensaison).

Kildrummy Castle

Von manchen Fenstern blickt man auf Kildrummy Castle, die ›edelste Ruine Schottlands‹. Sie wurde Ende des 13. Jh. nach dem Vorbild des französischen Château de Coucy von normannischen Baronen errichtet, danach mehrfach belagert, gehalten, gestürmt. Im tief eingekerbten Tal eines ehemaligen Steinbruchs, gleich unter der immer noch trutzigen Hälfte des Rundturms, wachsen die romantisch verwilderten Kildrummy Castle Gardens unter dem kühnen Bogen einer Brücke (Karfreitag–Sept. tgl. 9.30–18.30 Uhr).

Rund um Kildrummy Castle

Die kleinen Straßen in dieser Gegend führen durch weite Täler, samtene Felderlandschaften, Schafweiden, Heidehänge. Beim Picknick zwischen Ginsterbüschen und Kaninchenbau ist nur das Blöken der Schafe und das Summen der Bienen zu hören, Stille weit ab vom Verkehrslärm – ungewohnt für den Städter. Die Strecke von hier zurück an den Dee über Glenkindie nach Dinnet gehört zu den schönsten in der Region.

March of the Men of Lonach

Ein besonderes Erlebnis ist der *March of the Men of Lonach.* Am vierten Samstag im August sammeln sich die martialisch herausgeputzten *Lonach Men* im winzigen Ort **Strathdon** (Reiseatlas S. 6, D 4) und marschieren und reiten dann durchs Tal des Don. Internationale Prominenz ist hier schon gesichtet worden, z. B. Steve Martin und Robbie Williams.

Corgarff Castle

Völlig einsam inmitten öder Heideberge gelegen, ist Corgarff Castle eine Art Geheimtipp. Das Tower House datiert aus dem 16. Jh., die georgianischen Baracken und die sternförmige Artilleriemauer aus der Besatzungszeit nach den Jakobitenaufständen. Im Jahr 1571 brannte Adam Gordon von Auchindoun die Festung nieder und tötete Margaret Forbes sowie 27 Frauen und Kinder. Die Burgherrin hatte sich in der Abwesenheit ihres Gemahls geweigert, sich zu ergeben, und soll noch heute als Geist umgehen. Die alte Hochlandballade ›Edom o'Gordon‹ erzählt von ihrem Schicksal (25. März–Sept. tgl. 9.30–18.30, Okt.–24. März Sa/So 9.30–16.30 Uhr).

Craigievar Castle

Ein Abstecher ins Hinterland führt zum vielleicht bekanntesten Dee-Castle, Höhepunkt und Archetyp des Baronialstils: Craigievar. Ein mehrfach gestufter Fries trennt die Wucherungen der Krone aus Türmchen und Zinnen vom Stamm, der wegen des L-förmigen Grundrisses eine stark gefurchte Rinde hat, wo der von Crathes aus einem glatten Holz ist. Fantastische Tierskulpturen blicken als Wasserspeier auf den Besucher hinab. William Forbes, dessen Spitzname Danzig Willie auf den Ursprung seines Vermögens im Ostseehandel verweist, durfte bis zu seinem Tod im Jahr 1627 die auf fünf Etagen verteilten wohnlichen Gemächer mit Stuckdecken aus der Renaissance, die prachtvolle Halle mit Balustrade und Spielmannsgalerie sowie die Lange Galerie im vierten Stock als stolzer Eigentümer genießen – und den Blick von der Turmbrüstung über die schöne Landschaft schweifen lassen, die nun langsam dramatischer wird (wegen Restaurierungsarbeiten bis voraussichtlich Frühling 2007 geschl.). Durch den ganzjährig geöffneten Park und den angrenzenden Wald führt ein markierter Weg, dessen erste Schlaufe zu Spaziergängen einlädt, während der Rest einige steile Wanderpartien enthält.

Aboyne und Umgebung

Aboyne, wie Ballater (s. S. 258f.) eine adrette Kleinstadt aus dem 19. Jh., lebt vom Tourismus. Die Bebauung ist, wie überall am Dee, durchgängig viktorianisch: dekoratives Steinmauerwerk, Erker, knorrige Baumstammportale, hübsch gestrichene Holzverzierungen am Giebel. Vom blumenüberwucherten Cottage für den naturverbundenen Schwärmer über die solide Bürgervilla zum zinnenbewehrten Mini-Balmoral für den Neureichen – die *Middle Class* wollte nahe ihrer Herrscherin schwärmen. Man hat das Gefühl, dass sich der ganze Landstrich redlich gemüht hat, den königlichen Traum vom durch und durch Pittoresken Wirklichkeit werden zu lassen.

Hinter Aboyne wird die Dee-Landschaft interessanter und gebirgiger, rostbraune Heidehänge wechseln mit aufgeforsteten Nadelwäl-

Eine alte Tradition, die noch lebendig ist: der March of the Men of Lonach

Royal Lochnagar Distillery: Queen Victoria und Prince Albert mundete der Whisky in der Destillerie nahe Ballater 1848 so sehr, dass er ein königliches Gütesiegel erhielt. Probieren Sie die Erzeugnisse im Besucherzentrum (Ostern–Okt. Mo–Sa 10–17, So 12–16, Nov.–Ostern Mo–Fr 10–17 Uhr).

dern. Licht braucht man für den Besuch der dunklen, unterirdischen Krümmung des vermutlich bronzezeitlichen **Culsh Souterrain.** Der Besuch des frühbronzezeitlichen **Tomnaverie Stone Circle** lohnt wegen der schönen Aussicht und des für die Aberdeener Region typischen Steinkreises *(recumbent stone circle):* Inmitten eines Rings aus stehenden Steinen liegt immer ein umgestürzter Monolith, flankiert von zwei stehenden Steinen.

Zahlreiche Wanderwege führen durch das **Muir of Dinnet,** ein Naturschutzgebiet mit Heide- und Birkenvegetation. Unten am Fluss schwingen sich weiße, viktorianische Hängebrücken über den in seinem breiten Kieselbett rauschenden Dee: der ideale Platz für ein Picknick.

P. & M. Ingham: Struan Hall, Ballater Road, Aboyne, Tel./Fax 013398/872 41, www.struanhall.co.uk, März–Okt. Luxuriöses, B & B in viktorianischer Mini-Villa. DZ 63–70 £.

The Black-Faced Sheep: Main Road, Aboyne, Tel. 013398/887 311, Mo–Sa 10–17, So 11–17 Uhr. Kaffee und Kuchen, Frühstück und Snacks sind alle hausgemacht in diesem Tea Room mit angeschlossenem Souvenirshop.

Glen Tanar Equestrian Centre: Glen Tanar (Tal 6 km südwestl.), Tel. 013398/864 48. Reiterzentrum auch für Anfänger, Ausritte von 1 Stunde bis zu 1 Tag.

Howie Irvine Deeside Activity Park: Dess (5 km östl.), Tel. 013398/835 36, www.howieirvine.com. Outdoor-Sport wie Quadbiking, Bogenschießen, Jagen, Angeln an Don und Dee, Bauernhofladen, Restaurant.

Ballater und Umgebung

Als Königin Victoria 1848 den Dee zu entdecken begann, kam sie hier in dem – nunmehr renovierten und zum Museum umgestalteten – Bahnhof an (Juni–Sept. tgl. 9–18, Okt.–März 10–17 Uhr). **Ballater,** gesäumt vom Fluss und dunklem Kiefernwald, ist ein attraktiver viktorianischer Ferienort mit guter Infrastruktur, allerdings so ›königlich‹, dass es einem schon mal zu viel werden kann.

Von Ballater führt ein Sträßchen in die Einsamkeit des **Glen Muick** zu Füßen des Lochnagar. Der Gipfel des majestätischen Munros ist am oberen Dee von überall zu sehen. Noch bevor Prinz Charles – wie alle Kinder Königin Elizabeths – im Jahr 1980 seine ersten Flitterwochen im nahen Balmoral verbrachte, veröffentlichte er, noch weitgehend unbeschwert, wie man annehmen darf, das schöne Märchen- und Kinderbuch ›Der alte Mann von Lochnagar‹. Sehr beliebt, größtenteils eben und mit weiten See- und Bergblicken gesegnet ist der 13 km lange Wanderweg um den Loch Muick, für den man gut drei Stunden braucht.

Tourist Information: Station Square, im Bahnhofsmuseum, Tel. 013397/553 06, www.aberdeen-grampian.com, Öffnungszeiten s.o.

Darroch Learg Hotel: Braemar Road, Tel. 013397/554 43, Fax 013397/552 52, www.darrochlerag.co.uk. Typisches viktorianisches Landhaus inmitten von Wald, entspannte, stilvolle Atmosphäre, preisgekröntes Restaurant. DZ 132–160 £.

Deeside Hotel: Braemar Road, Tel. 013397/554 20, Fax 013397/535 57, www.deesidehotel.co.uk. Gemütliche Ensuite-Zimmer in ortstypischem viktorianischem Haus, Familienrestaurant im Wintergarten, Bar mit Real Ales. DZ 52–62 £.

Green Inn: 9 Victoria Rd., Tel./Fax 013397/557 01, www.green-inn.com, Mo–Sa 19–21 Uhr. Ein *Restaurant with rooms* mit schottisch-französischen Spezialitäten. Hauptgericht 11 £.

Station Restaurant: im Bahnhof, Tel. 013 397/755 050, tgl. 10–17 Uhr. Originalgetreu wieder eingerichtetes viktorianisches Café, vielfältiges Frühstück, köstliche Cream Teas von ausgewiesenem Küchenmeister.

Highland Games: Aug., hier und im nahen Aboyne.

Fahrradverleih: Wheelin' Around, Pavilion, Victoria Rd., Tel. 013397/558 64.
Wandern: Das Tourist Office gibt Infos zu den vielen, meist anspruchsvollen (Tages-) Wanderungen, z. B. vom Loch Muick (15 km), am dortigen Visitor Centre gibt es einen Ranger Service (Tel. 013397/425 34).

Crathie

In der kleinen Pfarrkirche von Crathie weisen Büsten von Victoria und ihrem Prinzgemahl Albert darauf hin, dass wir auf durch und durch königlichem Boden schreiten. Hier besucht die königliche Familie während ihrer Sommerferien den Gottesdienst. Auf dem stillen alten Friedhof unterhalb der Kirche steht der schlichte Grabstein von John Brown, Victorias ›Königlichem Schottlanddiener‹. Dass ›Mrs. Brown‹, wie respektlose Zeitgenossen witzelten, dem Alkohol zugetan war, den Leib- und Magendiener Brown ihr in Form von mit Whisky aufgepepptem Rotwein zuführte, weiß man längst, dass sie (und andere Königliche oder auch Winston Churchill) sich regelmäßig mit Kokain und Heroin versorgen ließen, wie Abrechnungen einer Apotheke nahe Balmoral beweisen, erst seit jüngstem.

Der Familientradition folgend hatte auch der Herzog von Rothesay (diesen Titel trägt Prinz Charles in Schottland), als er wenige Stunden nach seiner Hochzeit im April 2005 die Glückwünsche seiner Untertanen vor der Kirche entgegennahm, nicht nur seine frisch angetraute Camilla, sondern auch eine Flasche ›Royal Lochnagar‹ (s. S. 258) im Gepäck.

Balmoral Castle

Nur vor dem traditionellen Herbsturlaub der Royals ist die neobaroniale Türmchensymphonie von Balmoral für gewöhnliche Sterbliche zugänglich. William Smith, einer der Väter des granitenen Aberdeen, entwarf das Schloss. Prinz Albert änderte eigenhändig die Entwürfe und bezog 1855 mit seiner Vic die königliche Sommerresidenz. Queen Elizabeth, für sich bekanntermaßen sehr genügsam, urlaubt gern in dem dunklen, zugigen Gemäuer, Tony Blair und Gattin Cherie hassen es: Macht nichts, sie müssen trotzdem jeden Herbst hierher. Es ist schon vorgekommen, dass Urlauber die Königin mit einem Tablett in der Cafeteria des Schlosses oder mit Gummistiefeln und Kopftuch in der freien Natur angetroffen haben. Garantiert zu sehen bekommt man nicht die Privatgemächer, sondern den Ballraum mit einer Ausstellung – u. a. der Tartan des königlichen Pfeifers, eine viktorianische königliche Wiege –, die formalen und den vom Herzog von Edinburgh eigenhändig angelegten Küchengarten, die Cafeteria und den Souvenirshop (April–Juli tgl. 10–17, 9. Nov.–14. Dez. mit Führung 11–14 Uhr).

Sechs Ferienhäuser teils im Schlosspark, teils weiter weg auf den *Estates*, kosten je nach Belegung und Jahreszeit ca. 300–700 £ wöchentlich, The Estates Office, Tel. 013397/425 34, Fax 013397/420 34, www.balmoralcastle.com.

Kutschrundfahrten (30 Min.) während der Öffnungszeiten der Burg, 10 £.

Braemar und Umgebung

Am Eingang des netten, aber ziemlich touristischen **Braemar,** durch das der Dee-Zufluss Callater plätschert, thront Braemar Castle. Das L-förmige Tower House von 1628, dessen Dreivierteltürmchen wie aufgesetzte Feuerwerksraketen wirken, kann gegen die anderen Dee-Burgen nur schlecht bestehen (Ostern–Okt. Sa–Do 10–18 Uhr, Juli/Aug. auch Fr).

Wenige Kilometer weiter endet die Straße am **Linn o'Dee,** wo der junge Fluss sich schäumend seinen Durchlass durch die Felsen erzwungen hat, ein berühmter, königlich geprüfter *beauty spot.* Viele Wanderwege starten hier, entweder leichtere Flussufer- und

Braemar, das schwergewichtige Sportfest im Kilt

Von Anfang Mai bis Ende September steigen rund hundert Highland Games in ganz Schottland. In dem kleinen Ort Braemar findet die berühmteste der Hochland-Olympiaden statt, denn hier gibt es nicht nur kräftige Kiltathleten, sondern alljährlich auch die Schirmherrin, Queen Elizabeth II., zu sehen.

Freudige Spannung herrscht rund um die Arena im kleinen Ort Braemar am Dee, denn Ihre Majestät wird erwartet. Und tatsächlich, gegen Mittag rollt sie im Rolls vor. Prinz Philip trägt zünftig Kilt – den der königlichen Familie vorbehaltenen, von Victorias Prinzgemahl Albert entworfenen, grau-rot-schwarzen Balmoral Tartan – und farblich passende Wollstrümpfe. Seit die hochlandbegeisterte Victoria 1848 dem *Gathering* beiwohnte, ist königliche Präsenz in Braemar Tradition; seit 1866 trägt die Highland Society das Royal im Namen. Unter dem heidegeschmückten Pavillon wird Elizabeth II. begrüßt, um alsdann, immer ein freundliches Wort auf den Lippen, zur Preisübergabe an einige ausgewählte Sportler zu schreiten.

Die Festgesellschaft entwickelte sich aus einer 1816 gegründeten Braemarer Zimmermannsgenossenschaft, die Kranken-, Witwen- und Begräbnisgelder für ihre Mitglieder auslobte. Doch der Mythos will es, dass die Spiele mindestens ein Jahrtausend alt sind und einst den schottischen Herrschern zur Rekrutierung der flinksten und stärksten Kerle für ihre Heere dienten.

Unter den vielen *Highland Gatherings,* die den ganzen Sommer lang in Schottland abgehalten werden, ist Braemar absolute Spitze (Informationen zu Tickets s. S. 263). Bullige Mannsbilder, die *Heavyweights,* Muskel- und Fettmasse unten in den vorgeschriebenen Kilt, oben in zeitgenössische T-Shirts gezwängt, schleudern Gewichte *(Throwing the weight for distance),* Steine aus schottischen Flussbetten *(Putting the stone)* oder Hämmer *(Throwing the Hammer)* möglichst weit oder ein schweres Eisengewicht mit Griff rückwärts über eine hohe Latte *(Throwing the weight over the bar).* Die Königsdisziplin dieser Hochlandspiele ist das Baumstammwerfen: *Tossing the Caber.* Männer wie Baumstämme schleudern den Braemar Caber, eine 6,02 m lange, 59,84 kg schwere, von ihren Ästen befreite schottische Kiefer – nicht weit, sondern schön. Idealerweise beschreibt das sperrige Sportgerät eine exakte Parabel, den so genannten 12-Uhr-Wurf (wenn man den Stamm mit dem Stundenzeiger einer Uhr vergleicht). Daneben finden Tanz-, Weitsprung- und Laufwettbewerbe sowie Tauziehen statt, das *Tug-of-War,* immer mehrere Disziplinen auf einmal, was den Eindruck eines wohl organisierten Chaos hinterlässt.

Aber Braemar ist vor allem ein fröhliches, ungezwungenes Volksfest. Zahlreiche männliche Besucher tragen Kilt, vom Säugling bis zum Greis, zumindest aber ein überall feilgebotenes Heidesträußchen am Revers. Zwischen den Sportveranstaltungen marschieren *massed pipes and drums* geräuschvoll ums Rund, während neben der hölzernen Plattform ein einsamer Dudelsackpfeifer versucht, sich und den Tänzern, deren Füße den vorgeschriebenen Stepprhythmus eines

Thema

Highland Fling aufs Holz klöppeln, einen eigenen Takt zu blasen. Ob ortsansässige Familien, deutsche Touristen oder die Wettbewerbshünen mit den dicken Armen und Beinen – auf den Hügeln rund um die Arena, mit schönem Ausblick auf die Heideberge des Dee, wird gerastet und Picknick gehalten. Nicht ganz so Naturverbundene stemmen ein Ale im Festzelt.

Naturgemäß blüht auf einem solchen Spektakel mit fast 20 000 Besuchern auch der Kommerz. Dafür sorgen schon die Werbestände der Sponsorfirmen entlang des Haupteingangs. *Scott's Porage Oats* ist das offizielle Müsli des *Gatherings* – wohl bekomm's. Das sonst so beschauliche Örtchen ist am ersten Samstag im September ein einziger Markt für Schottisches. Karierte Wolldecken, Bembel mit huldvoll lächelnden Royals und Luftballons im Tartanmuster werden in den Straßen verkauft.

Per Lautsprecher erfahren wir, dass Sally MacBean aus Neuseeland mit vier Töchtern und neun Enkeln nach Braemar ins Land ihrer Väter gekommen ist. Im Zelt für Besucher aus Übersee erfährt Sally MacBean, dass ihr Clanwappen eine schildtragende Katze mit steil aufgerichtetem Schwanz ist. Ein *Gathering* ist eben auch eine Zusammenkunft der Clanmitglieder.

Ein wahrhaft schottisches Sportereignis: die Highland Games in Braemar

Landschaft in den Grampians mit einem der selten gewordenen Exemplare einer Schottischen Kiefer

Waldwege oder mehrtägige Bergwanderungen in die Cairngorms oder nach Speyside (der berühmt-berüchtigte Lairig Ghru).

Im Sommer informiert ein Ranger Service am Parkplatz über das 1995 vom National Trust erworbene Naturschutzgebiet Mar Lodge Estate und veranstaltet geführte naturkundliche Wanderungen. Das fast 30 000 ha große Gebiet liegt im Herzen des Cairngorm National Park (s. S. 275ff.) und umschließt 15 der bei Wanderern so begehrten Munros (Tel. 013397/416 69).

i **Tourist Information:** The Mews, Mar Road, Tel. 013397/416 00, www.aberdeen-grampian.com, Mo–Sa 10–13.30, 14–16.30, So 12–16.30 Uhr, im Sommer länger. Infos und Karten zu Wanderungen.

Braemar Lodge Hotel: Glenshee Road, Tel./Fax 013397/416 27, www.braemar lodge.co.uk. Ehemaliges viktorianisches Jagd-Lodge, gutes Restaurant und Bar, Wanderer willkommen. DZ 40–120 £.

Callater Lodge Hotel: 9 Glenshee Rd., Tel. 013397/412 75, Fax 013397/413 45, www.hotel-braemar.co.uk. Kleines, gemütlich eingerichtetes viktorianisches Familienhotel in eigenem Park, Abendessen nach Vereinbarung. DZ 52–60 £.

Rucksacks: 15 Mar Rd., Tel. 013397/415 17. Sehr gastfreundliches privates Hostel mit Schlafsälen und Sauna (!), Trockenraum für Wanderausrüstung, viele Infos. Bett 9 £.

Braemar Highland Gathering: 1. Sa im Sept., Baumstammwerfen unter königlichen Blicken (s. S. 260f.). The Bookings Secretary, Braemar Royal Highland Society, Coilacriech, Ballater AB35 5UH, Tel./Fax 01339/755 377, www.braemargathe ring.org. Buchen Sie möglichst früh im Voraus, Tickets für Plätze (*ringside* oder *grandstand seats*) kosten 13–20 £.

Glenshee

Wer die herbe, unwirtliche Bergwelt der Cairngorms anders als per pedes kennen lernen oder südwärts, etwa nach Pitlochry oder Perth, möchte, nimmt hinter Braemars schön gelegenem Golfplatz die auch für sportliche Fahrradfahrer geeignete A 93 durch das Glen Clunie. Besonders grandios ist die baum- und gehöftlose Moorödnis hinter Schottlands größtem Skizentrum, Glenshee. Hier schaukelt ein Sessellift von Großbritanniens höchstem Hauptstraßenpass, dem Devil's Elbow, auf den Cairnwell. Die Straße selbst ist allerdings eher eine schwarze Buckelpiste. Markierungspfähle sorgen dafür, dass diese (und andere) Passstraßen im winterlichen Schnee nicht verloren gehen.

Skifahren und Wandern: Mit knapp 40 Pisten ist Glenshee Schottlands größtes und am besten mit Liften ausgestattetes Skigebiet (Tel. 013397/413 20, www.ski-glenshee.co.uk). Skiverleih und -schulen, Snowboard, Kunstschneemaschine, Café-Restaurant. Von hier starten auch mittelschwere bis anspruchsvolle Bergwanderungen.

Formartine und Garioch

Karte: S. 264

Wer glaubt, er hätte am Dee bereits alle Burgen Grampians gesehen, wird in Formartine und Garioch, den beiden alten Grafschaften nördlich von Aberdeen, eines Besseren belehrt. Auf dem ›Castle Trail‹ des Tourist Board kann man sie besichtigen. Dabei bleibt es nie bei einer reinen Besichtigung: Die vom National Trust betreuten Denkmäler bieten stets ein Rundumerlebnis mit Tea Room und Souvenirshop, Spielplätzen und Wanderwegen.

Castle Fraser

1 Castle Fraser ist das Chamäleon unter den Dee-Schlössern: Von jeder Seite sieht es anders aus. Von der langen, baumgesäumten Zufahrt blickt man, eine bühnenreife Inszenierung, in den 1636 beendeten Innenhof, umgeben vom 1575 begonnenen Hauptflügel und zwei niedrigeren Wirtschaftsflügeln. Von der Parkseite, im Schatten majestätischer Baumveteranen, bewundert man das Z-förmige Tower House des Hauptflügels mit dem dicken Rundturm und dem überbordenden Zinnen- und Turmschmuck. Im Innern des ehemaligen Heims der Frasers kann man die noch sehr mittelalterlich wirkende Great Hall, Familienporträts durch die Jahrhunderte, viktorianische Möbel und Teppiche und Kuriositäten wie Geheimtüren, ausgestopfte Tiere und ein Holzbein besichtigen. In der viktorianischen Küche befindet sich heute das Schlosscafé. Durch die weitläufigen *grounds* führen zwei markierte Wege, im Küchen- und Kräutergarten blüht es üppig und fotogen, und Kinder vergnügen sich zwischen Holzskulpturen, einem Steinkreis und einem Baumhaus auf dem Waldspielplatz (Karfreitag–Juni, Sept. Di–Do, Sa/So 12–17, Juli/Aug. tgl. 11–17 Uhr).

Formartine und Garioch

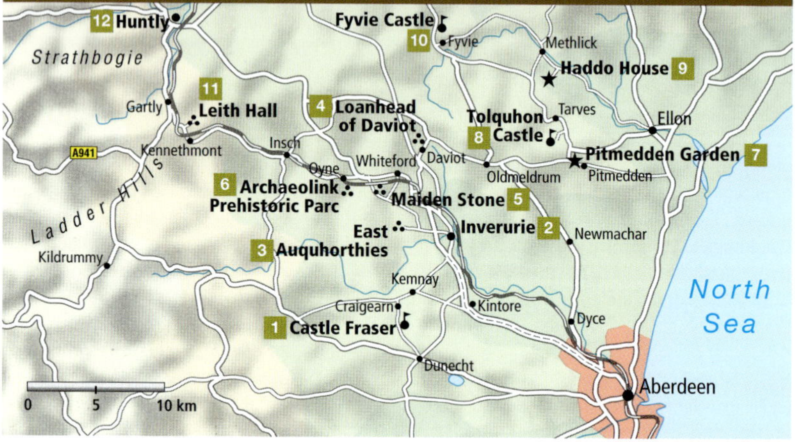

Rund um Inverurie

Auf dem romantischen Friedhof an der B 993 am südlichen Ortsende der Kleinstadt **Inverurie** 2 stehen zwei Class I-Piktensteine, u. a. mit einem eleganten, gut sichtbaren eingeritzten Pferd.

Eine kurze prähistorische Entdeckungstour führt zu den *recumbent stone circles* (s. S. 258) von **East Auquhorthies** 3 und **Loanhead of Daviot** 4, mehr als vier Jahrtausende alten Versammlungsstätten der jungsteinzeitlichen und frühbronzezeitlichen Siedler.

Der berühmte piktische **Maiden Stone** 5 mit einem ›Elefanten‹ sowie Spiegel und Kamm hat den Beinamen Jungfrauenstein, weil er in Wahrheit die auf der Flucht vor dem liebestollen Teufel versteinerte schöne Drumdurno zeigt.

Wie es in vorgeschichtlicher Zeit vom Mesolithikum bis zu den Pikten ausgesehen haben könnte, zeigt der **Archaeolink Prehistory Park** 6 beim Dorf Oyne. Auf einem großen Gelände wurden Bauten wie ein *recumbent stone circle* oder ein Henge recht originalgetreu nachgebaut, authentisch gewandete Schauspieler zeigen neolithische Steinschlag- oder römische Kampftechniken, und auch in den Wintermonaten ist stets etwas los. Im Shop kann man Bögen, römische Schilde oder Bronzedolche kaufen, im Restaurant traditionell schottisch essen – ein erlebnisreicher Tag also für die ganze Familie (April–Okt. 10–17, Nov.–März 11–16 Uhr).

Tourist Information: 18 High St., Tel. 01467/625 800, www.aberdeen-grampian.com, Juni–Sept. Mo–Sa 9.30–18, Okt.–Mai 9.30–17 Uhr. In einer Buchhandlung.

Pittodrie House Hotel: Chapel of Garioch, Tel. 01467/681 444, Fax 01467/681 648, www.macdonaldhotels.co.uk. Angenehmer georgianischer Familiensitz, Bar mit großer Malt-Auswahl, wunderschöner Garten, gutes Preis-Leistungs-Verhältnis, auch im Restaurant. DZ 110–130 £.

Mrs. S. McGhie: Fridayhill, Kinmuck, Tel./Fax 01651/882 252, www.b-and-b-scotland.co.uk/fridayhill.htm. Luxuriöse, nett designte Zimmer, eins mit *four poster bed,* in schön gelegenem Bungalow, auch Abendessen. DZ ab 60 £.

Thainstone Mart: am südlichen Stadtende, Mo, Mi–Fr ab 10 Uhr. Naturgemäß ist der lebhafte Viehmarkt eher etwas zum Gucken als zum Kaufen.

Bahn: Mehrmals tgl. Züge von Aberdeen.
Bus: Stagecoach Bluebird-Busse von Aberdeen, auch nach Fyvie und Haddo House.

Pitmedden Garden

7 1675 legte Sir Alexander Seton Pitmedden Garden mit seinen akkurat gestutzten, insgesamt 8 km langen Buchsbaumhecken auf sechs Ebenen an, der National Trust schuf die exquisite Barockgartenanlage neu. Vor allem im Juli und August herrscht eine explosive Farbenpracht, am letzten Septembersonntag wird auf einem fröhlichen Erntefest die Obstausbeute der 80 alten Apfelbäume verkauft. Auf dem Gelände gibt es noch einen 3 km langen markierten Waldweg, ein Bauernhofmuseum und eine Boulebahn (Mai–Sept. tgl. 10–17.30 Uhr, Gelände unbeschränkt zugänglich).

Zum Haddo House

Vorbei an der beeindruckenden Ruine des **Tolquhon Castle** 8 mit seinem massiven quadratischen Turm und dem von zwei Rundtürmen flankierten Torhaus gelangt man nach **Haddo House** 9, dem elegantesten Herrensitz der Region. William Adam entwarf 1732 den breit gelagerten georgianischen Prachtbau, der mit seinen Umbauten und der Inneneinrichtung aus viktorianischer Zeit so englisch anmutet wie sein weitläufiger Landschaftspark. Unter einer uralten Lindenallee hindurch und an Seen vorbei verlaufen markierte Wanderwege (Haus Ostern, Mai, Juni, Sept. Sa/So 11–16.30, Juli/Aug. tgl. 11–16.30 Uhr, Shop und Tea Room Karfreitag–Juni, Sept. Fr–Mo 11–17, Juli/Aug. tgl. 11–17 Uhr, *grounds* ganzjährig).

Fyvie Castle

10 Wie anders, wie schottisch wirkt da Fyvie Castle, ein Hauptwerk des Baronialstils, mit seiner imposanten Drei-Turm-Fassade. Fünf Türme zählt das Haus insgesamt, benannt sind sie nach den fünf Familien, in deren Besitz sich der Bau im Laufe der Geschichte befunden hat. Besichtigen Sie Schottlands schönste Wendeltreppe sowie Stuckdecken und Holzverschalungen aus dem 17. Jh., die edwardianische Einrichtung und die Gemäldesammlung mit ihren berühmten Raeburn-Porträts. An der frischen Luft locken ein ummauerter Garten aus dem 18. Jh. mit schottischen Obst- und Gemüsesorten sowie der Landschaftspark am Ufer des Loch Fyvie (Haus: Karfreitag–Juni, Sept. Sa–Mi 12–17, Juli/Aug. tgl. 11–17 Uhr, Grounds: ganzjährig).

Leith Hall

11 Leith Hall ist ein sehr persönliches Familienschloss, an dem die Familie Leith-Hay von 1650 bis 1950 gebaut hat. Die komplette Einrichtung mit Gemälden, Silber, Porzellan und abgewetzten Sofas genießt von Zeit zu Zeit auch ein Geist, der 1763 in Aberdeen ermordete und offenbar an seine Lieblingsstätte zurückgekehrte John Leith. Er gehört zu den am häufigsten gesichteten und somit aktivsten Geistern von ganz Schottland (Ostern, Mai–Sept. Fr–Di 12–17 Uhr, Tea Room; Grounds mit einer geschlängelten Katzenminze-Hecke ganzjährig).

Huntly

12 Von der Castle Street des kleinen Marktfleckens Huntly gelangt man am Ufer des Deveron entlang nach einer knappen Viertelstunde zur wildromantischen Ruine von Huntly Castle. Die großartige Anlage mit den reizenden halbrunden Erkerchen stammt größtenteils aus dem 15. Jh. Substanzielle Reste des Erdwalls der ursprünglichen Motte aus dem 12. Jh. sind ebenso interessant wie die Graffitis im Verlies. Nachdem der royalistische Earl of Huntly während des Bürgerkriegs an seiner eigenen Burgmauer erschossen wurde, verfiel die mächtige ehemalige Festung der Gordons (25. März–Sept. tgl. 9.30–18.30, Okt.–24. März Sa–Mi 9.30–16.30 Uhr).

Tourist Information: 9 a The Square, Tel. 01466/792 255, www.aberdeen-grampian.com, April–Okt. Mo–Sa 10–13, 14–17, Juli/Aug. länger und auch So 10–15 Uhr.

Huntly Castle Hotel: Tel. 01466/792 696, Fax 01466/792 641, www.castlehotel.uk.com. Hinter Huntly Castle, Luxushotel in georgianischem Witwensitz der Herzöge von Gordon, Zimmer im Tartan-Stil von schlichter Eleganz, Feinschmeckerrestaurant mit lokalem Wild, Fisch etc. DZ 100–123 £.

Das Huntly Castle Hotel organisiert Angeln an einem schlosseigenen Abschnitt des Deveron, einem der fünf besten Lachsflüsse Großbritanniens (www.deveron.org); Golf auf dem Huntly Golf Course, Couper Park, sowie Jagdausflüge.

Huntly Nordic and Outdoor Centre: Hill of Haugh, nahe der Burg, Tel. 01466/794 428, www.huntly.net/hnoc. Künstliche Loipen und Langlaufausrüstung ganzjährig, Verleih von Mountainbikes und Rollerblades, Kurse.

Route: Die Nordküste von Grampian

Reiseatlas: S. 5/6, C–E 3

Fraserburgh

Europas größten Hafen für Schalentiere besucht man wegen des langen, geprüfterma-

Nur wenige Meter trennen in Pennan die Häuser vom Meer

ßen sauberen Sandstrands östlich der Stadt und vor allem wegen des **Museum of Scottish Lighthouses.** Eine spannende Ausstellung zur Geschichte der schottischen Leuchttürme und Führungen auf die Spitze des ersten schottischen Leuchtturms, des leuchtend weißen Kinneard Head Lighthouse, stehen an. Er wurde 1787 aus einem spätmittelalterlichen Tower House geschaffen und ist daher einer der außergewöhnlichsten Leuchttürme der Welt (Mo–Sa 11–16, So 12–16, Juli/Aug. Mo–Sa 10–18, So 11–18 Uhr).

Tourist Information: Saltoun Square, Tel. 01346/518 15, www.aberdeen-grampian.com, April–Okt. Mo–Sa 10–13, 14–17 Uhr.

Von Pennan nach Gardenstown

Die noch sehr ursprünglichen Fischerorte an der flachen Grampian-Küste lohnen auf alle Fälle den Besuch. An der Straße von Fraserburgh hierher führen immer wieder Abzweige zu einsamen Küsten- und Klippenwegen. Die Häuserzeile von **Pennan** und das gemütliche Hotel samt Pub, wo Bill Forsyth 1983 den Kultfilm ›Local Hero‹ drehte, ducken sich bescheiden unter die Felsklippen. Die meisten lassen sich vor der örtlichen Telefonzelle fotografieren – aber sie ist nicht das Filmoriginal, wo der alsbald zur schottischen Lebensart bekehrte Burt Lancaster seine Gespräche führt.

Auch die weißen Fischerhäuschen von **Crovie,** wo es unter den Sandsteinklippen besonders eng wird, und **Gardenstown** wenden ihre schmalen Giebel dem Meer zu und stehen dicht gedrängt auf mehreren Terrassen mit scharf abbiegenden Gässchen zusammen. Der noch arbeitende Fischerhafen wurde im 18. Jh. von Alexander Garden gegründet.

Pennan Inn: Tel. 01346/561 201, www.thepennaninn.com. 200 Jahre alter Gasthof, bekannt aus dem Film ›Local Hero‹, kleine, gemütlich-moderne Zimmer (DZ 50 £), preiswertes Seafood-Restaurant, lebhafte Bar, vor der man im Sommer auf der Hafenmauer sitzen kann. 2005 konnte man den Inn für 250 000 £ kaufen.

Wandern: Kilometerlange Küstenpfade in beide Richtungen.

Banff und Macduff

Der Zwillingsort zu beiden Seiten der Banff-Bucht besteht aus dem aktiven Fischerort Macduff und dem adretten Banff. Die ehemalige Sommerfrische der Oberschicht prunkt noch mit zahlreichen eleganten georgianischen Häusern vor allem an High und Low

Street. Die Kreuzigungsdarstellung auf dem Mercat Cross in der Low Street stammt aus dem 16. Jh. und ist eine der wenigen ›papistischen Götzenstatuen‹, die die Eiferer der Reformation nicht zerschlugen.

Duff House, imposant, klassizistisch, unvollendet, schien das Schicksal zur ewigen Baustelle verdammt zu haben. Der Architekt William Adam und der Auftraggeber William Duff gingen wegen der enormen Kosten vor Gericht. Adam gewann und Duff zog aus Ärger und Trotz nie hier ein. Die üppigen Stuckdecken, gedeckten Festtafeln und georgianischen Suiten bilden den würdigen Rahmen für Gemäldeschätze der Nationalgalerie, u. a. Werke von El Greco und Allan Ramsay sowie kostbare Chippendale-Möbel (tgl. 11–17 Uhr).

Das **Marine Aquarium** in Macduff zeigt in spektakulären Aquarien das Meeresleben des Moray Firth. Im großen zentralen Becken kann man an Wochenenden Taucher sehen, Kinder können Seesterne und Rochen in Streichelbecken anfassen. Besonders interessant wird es, wenn kleine Sandaale und Krabben an größere Tiere wie Oktopusse verfüttert werden (11 High Shore, tgl. 10–17 Uhr).

Tourist Information: Collie Lodge, Banff, Tel. 01261/812 419, www.aberdeen-grampian.com, April–Sept. Mo–Sa 10–13, 14–17, Juli/Aug. auch So 13–18 Uhr.

St. Helens Guest House: Bellevue Road, Banff, Tel./Fax 01261/818 241, www.sthelensbanffdemon.co.uk. Angenehme Pension in viktorianischem Kaufmannshaus, Bibliothek und Hutsammlung, Zimmer teils mit Blick auf Duff House. DZ ab 50 £.

Mrs. Wilkie, Morayhill: Bellevue Road, Banff, Tel. 01261/815 956, Fax 01261/818 717, www.morayhill.co.uk. Drei komfortable, geräumige, geschmackvoll viktorianisch eingerichtete Zimmer in kleiner Villa. DZ ab 48 £.

Wandern: Ein längerer Spaziergang führt am Ufer des Deveron entlang aus den *grounds* von Duff House zur Bridge of Alvah.

Portsoy und Fordyce

Schön flanieren kann man durch enge Gassen zwischen renovierten alten Häusern und vor allem an den beiden Häfen von **Portsoy:** Der eine, aus vertikalen Bruchsteinplatten gemauert, stammt noch aus dem 17. Jh.

Zu den pittoresken, blumengeschmückten Häuschen des kleinen **Fordyce** passt die Miniaturburg, ein nicht minder pittoreskes Tower House aus rosa getöntem Bruchsteinmauerwerk.

Fiona McVeigh Crabbe: Fordyce Castle, Tel. 01261/843 722, Fax 01261/843 733, www.fordycecastle.co.uk. Umwerfende Ferienwohnung mit 2 Schlafräumen im Westflügel der Burg, traditionelles Design vereint *four poster beds* und Holztäfelung mit geschmackvoll-modernem Touch. 3 Übernachtungen 275 £, Woche 375–450 £.

Scottish Traditional Boat Festival: Portsoy, letztes Juni-Wochenende, Tel. 01261/842 951, www.thebpl.co.uk/stbf2006. Ein Geheimtipp unter den schottischen Festivals, familiäres Treffen mit alten Boote im Hafen, Theater, Musik, kulinarische Veranstaltungen.

Elgin

Das lebhafte Marktzentrum Elgin im Hinterland besitzt nicht nur eine exzellente touristische Infrastruktur, sondern auch eine der berühmtesten Kathedralruinen Schottlands: **Elgin Cathedral** aus dem 13. Jh. Der berüchtigte Schlächter und Schänder Alexander Stuart, ein unehelicher Sohn König Roberts I. und besser als ›Wolf von Badenoch‹ bekannt, legte die gotische Kreuzbasilika, die ›Laterne des Nordens‹, 1390 in Schutt und Asche. So stehen hier die wuchtige Westturmanlage, dort der majestätische Chor mit seiner Lanzettfenstersymphonie, hier eine Seitenschiffwand mit leeren Fensterhöhlen, dort zwei noch mit Maßwerk gefüllte Fensterbögen recht disparat, doch schön herum. Ein Piktenstein mit einer Jagdszene und den vier Evangelisten sowie das oktogonale Kapitelhaus vervollständigen die

Wie die meisten schottischen Kirchen ist Elgin Cathedral eine Ruine

Ruinenelegie (25. März–Sept. tgl. 9.30–18.30, Okt.–24. März Sa–Mi 9.30–16.30 Uhr). Gegenüber wurde der **Biblical Garden** mit allen 110 in der Bibel erwähnten Pflanzen angelegt (Mai–Sept. tgl. 10–19 Uhr).

Sehen Sie sich im **Elgin Museum,** einem preisgekrönten Naturkunde- und archäologischen Museum, die reiche Fossiliensammlung und zwei der sechs noch existierenden ›Burghead Bulls‹ an, stilisierte und dennoch lebensechte piktische Bullendarstellungen (April–Okt. Mo–Fr 10–17, Sa 11–16, So 14–17 Uhr).

Die **Glen Moray Distillery** am Ortsrand, am Lossie-Fluss, bietet wie alle zum Whisky Trail zählenden Betriebe Führungen, Besucherzentrum und Probeschluck (Bruceland Rd., März–Okt. Mo–Fr 9–17, Juni–Sept. auch Sa 10.30–16, Nov.–Feb. Mo–Fr 10–16 Uhr).

Tourist Information: 17 High St., Tel. 01343/542 666, www.aberdeen-grampian.com, Mo–Sa 10–16, im Sommer länger und auch So 11–15 Uhr.

The Mansion House: The Hough, Tel. 01343/548 811, Fax 01343/547 916, www.mansionhousehotel.co.uk. Luxushotel in schlossartigem viktorianischen Bau, elegante Zimmer, teils mit Four Poster-Betten; in der Spa Sauna, Pool, Gym und verschiedene Wellness-Angebote; Gourmetrestaurant auch für *non-residents,* preiswertes Bistro. DZ 135–165 £.

The Old Church of Urquhart: Meft Road, Parrandier (8 km östl.), Tel./Fax 01343/843 063, www.oldkirk.co.uk. Umgebaute Kirche von 1843 mitten in der einsamen Felderlandschaft, einige Kirchenelemente sind noch erhalten, u. a. im schönen Speisesaal (3-Gang-Dinner 11 £). DZ 44–58 £.

Gordon & MacPhail: Das wundervoll altmodische Traditionsgeschäft ist mit über 700 Sorten die weltgrößte Whiskyhandlung. Es führt auch preiswertere, weniger bekannte Single Malts. Dazu Real Ales sowie schottische und internationale Delikatessen – ideal, um sich ein Feinschmeckerpicknick zusammenzustellen (58–60 South St., Mo–Sa 10–17 Uhr, www.gordonandmacphail.com).

Burghead: Piktenfans sollten einen Ausflug zu dem kleinen Ort nordwestlich von Elgin unternehmen. Hier wurden die ›Burghead Bulls‹ – vielleicht eine ins Meer geworfene Opfergabe – gefunden (s. S. 269). 20 Steinstufen führen in den Burghead Well, eine in den Fels gehauene Kammer mit einem Brunnenbecken (Schlüssel vor No. 69 King St.).

The Lodge Guest House: 20 Duff Avenue, Tel. 01343/549 981, Fax 01343/540 527, www.thelodge-elgin.com. Komfortables, fantasievolles edwardianisches Haus in reizendem Garten, größtenteils mit originalen Antiquitäten und Bädern; Abendessen (Hauptgericht 9 £). DZ 48–52 £.

Johnstons Cashmere Visitor Centre: Newmill, Mo–Sa 9–17.30, Juni–Dez. auch So 11–17 Uhr. Großbritanniens einzige Cashmere verarbeitende Fabrik, Führungen, Besucherzentrum in den alten Mill-Gebäuden, Verkauf von Decken, eleganter modischer Kleidung etc., Tea Room – ein Großangriff auf Ihre Brieftasche.

Spirit of Speyside Whisky Festival: 4 Tage Ende April/Anfang Mai, Tourist Information Centre, www.spiritofspeyside.com. An mehreren Orten um Dufftown und Elgin, Probierkurse, Destilleriebesichtigungen, Whisky-Talkrunden, Kunst-Ausstellungen, Bootsausflüge zu Walen und Delfinen.
Highland Games: Juli.

Bahn: Bahnhof an der Aberdeen-Inverness-Strecke, Station Road am südlichen Stadtrand.
Bus: Stagecoach Bluebird-Busse bedienen die ganze Küste bis Fraserburgh, Aberdeen, Inverness mit Stopps in Banff, Macduff, Pennan, Portsoy.

Lossiemouth

Der Fischer- und Seebadeort Lossiemouth hat den vielleicht längsten, dünenreichsten und schönsten Sandstrand Schottlands, wo man mit Glück Delfine, Wale und Seehunde sichten, auf alle Fälle fantastische Wanderungen unternehmen kann. Die Yacht Dolphinicity des Wildlifecentres im nahen **Spey Bay** läuft im Sommer vom Hafen zu einer halbtägigen Delfinsafari aus (Tel. 01343/820 339, www.mfwc.co.uk). Anschließend kann man sich mit Kaffee oder Lunch im viktorianischen Harbour Tea Room stärken.

Wandern: Der Moray Coast Trail führt an der gesamten Küste entlang. Schöne Abschnitte durch Sand, Küstenheide und Ginsterbüsche kann man von Lossiemouth aus gehen: 9 km (ca. 3 Std.) vom Parkplatz am West Beach von Lossiemouth zum Parkplatz am East Beach von Hopetoun.

Findhorn

Am Ende des kilometerlangen Sandstrands der Burghead Bay liegt das Wassersportzentrum Findhorn. Die Findhorn Community bietet Tausenden von Besuchern oder Kurzzeitgästen ganz anders geartete Genüsse: Töpferei und Webwerkstätten, umweltfreundliche Wohn-, Gartenbau- und Energieprojekte, einen Laden mit Büchern und Lebensmitteln, eine Bäckerei, ein Café, Seminare. Die 1962 von Peter Caddy und Dorothy Maclean gegründete, nicht unumstrittene New Age-Gemeinschaft führt ein spirituelles, wirtschaftlich autarkes Leben im Einklang mit Gott und der Natur. Und tatsächlich scheinen hier nicht nur die Menschen glücklich zu sein, sondern auch die Kohlköpfe ohne Kunstdünger zu Rekordgrößen zu wachsen. Die ursprünglichen Wohnwagen-Behausungen verschwinden zusehends zugunsten der fantasievollen, nach ökologischen Prinzipien gebauten Holzhäuser des Eco Village (Tel. 01309/690 311, Fax 01309/691 663, www.findhorn.org, Besucherzentrum Mo–Fr 9.30–16.30, Sa/So 13–16 Uhr, Führungen April–Okt. Mo, Mi, Fr, Juli/Aug. auch Sa/So, 1–6-tägiges Schnupperprogramm 14 £ pro Tag, Café).

Findhorn Sands Caravan Park: Tel. 01309/690 324, Fax 01309/690 325.

5 Sterne, luxuriöse Ausstattung, am nördlichen Ortsende in Strandnähe – dies ist nicht der Campingplatz der Foundation, April–Okt. Zelt 10–13 £.

Findhorn Bay Holiday Park: Tel. 01309/690 203, Fax 01309/690 933, www.findhornbay holidaypark.com. 2 Eco-Chalets, 395–595 £, pro Woche oder Unterkunft auf B & B-Basis in einigen der Cottages der Foundation.

Pluscarden Abbey

Die flache, freundliche Gegend am Moray Firth scheint ein fruchtbarer Nährboden für spirituelle Lebensalternativen zu sein. 1948 zogen benediktinische Mönche in das 1230 gegründete, nach der Reformation verfallene Kloster von Pluscarden. Sie bauten (und bauen) die Konventsgebäude wieder auf. Dabei helfen Schenkungen oder der Einkauf im Klosterladen: Es gibt Obst aus dem Garten, Honig und Bücher. Pluscarden ist das einzige noch von Mönchen bewohnte mittelalterliche Kloster in Großbritannien. Die Brüder führen ein gastfreundliches, offenes Haus nach alter Tradition. Alle Gäste können die Gärten und die Imkerei in dem stillen, bewaldeten Tal genießen, an den Gottesdiensten teilnehmen und sich zum Meditieren zurückziehen. Männer können die Mahlzeiten mit den Brüdern einnehmen (Kirche tgl. 9–17 Uhr).

Pluscarden Abbey: The Guestmaster, Elgin, Morayshire IV30 3UA, Fax 01343/ 890 258, www.pluscardenabbey.org. Männer können einfache Zimmer mit Waschbecken in St. Benedict's Retreat, Frauen im St. Scholastica's Retreat beziehen – kostenlos. Sie helfen den Brüdern, wenn Sie einen Schlafsack mitbringen. Man sollte sich an den täglichen Arbeiten beteiligen.

Forres

Szenenwechsel: Von kriegerischem Gemetzel kündet der piktische **Sueno's Stone** aus dem 10. Jh. in Forres. Geschützt von einem Glaskasten steht er am östlichen Stadtrand an der A 96. Dicht gepackte, fast geometrisch-abstrakt wirkende Figurengruppen reiten in die Schlacht, hauen einander mit dem Schwert auf den Kopf, werden enthauptet. Ist hier die Vernichtung der Pikten durch Kenneth mac Alpin in Stein gemeißelt? Oder ein 966 in der Nähe erfochtener Sieg der Männer von Moray über den schottischen König Dubh, der nach der Schlacht tot unter der Brücke von Kinloss lag? Der abgeschlagene, eingerahmte Kopf im zweiten Paneel von unten unterhalb einer bogenähnlichen Konstruktion scheint für Letzteres zu sprechen.

Die **Dallas Dhu Distillery** im Ort besteht aus sehenswerten alten Gebäuden aus der Zeit um die Wende zum 20. Jh., ist jedoch seit 1983 geschlossen. Ohne Führung darf man durch das malz- und maischelose Museum schlendern (25. März–Sept. tgl. 9.30–18.30, Okt.–24. März Sa–Mi 9.30–16.30 Uhr).

Man kann die Küsten-Tour über Nairn nach Fort George fortsetzen (s. S. 295f.).

Tourist Information: 116 High St., Tel. 01309/672 938, www.aberdeen-grampian.com, www.castlesandwhisky.com, April–Okt. Mo–Sa 10–13, 14–17 Uhr.

Ramnee Hotel: Victoria Road, Tel. 01309/672 410, Fax 01309/673 392, www.ramneehotel.com. Stattliches Landhaus, Zimmer z. T. mit Four Poster-Betten, gutes Restaurant und Bar Food. DZ 80–130 £.

Benromach Distillery: Invererne Rd., Okt.–April Mo–Fr 10–16, Mai–Sept. Mo–Sa 9.30–17, Juni–Aug. auch So 12–16 Uhr. In Morays kleinster Destillerie, 1898 gegründet, 1993 vom Whiskyspezialisten Gor-

Old Kirk: Inmitten einer Felderlandschaft liegt die gekonnt zu einem B & B umgebaute ›Alte Kirche‹ von 1856. Die Räume 2 und 3 im ersten Stock sind wunderschön mit Spitzbogenfenstern, mediterranen Farben und Holz gestaltet. Mit Leihrädern kann man die sanfthügelige Umgebung erkunden (The Old Kirk, Dyke, 3 km außerhalb off A 96, Tel. 01309/641 414, www.oldkirk.co.uk, DZ 54 £).

don & MacPhail wiederbelebt (s. S. 269) und 1998 von Prinz Charles wiedereröffnet, kann man Führungen mitmachen und die hochprozentigen Produkte kaufen.

Highland Games: in Forres alljährlich im Juli.

Wandern: Der neu eröffnete markierte Dava Way führt auf alten Eisenbahntrassen 38 km nach Grantown-on-Spey.

Brodie Castle

Besuchen Sie Brodie! Wegen des **Rodney Stone,** einem der schönsten Piktensteine des Landes, den ein Leichengräber namens Ratte *(rotteney)* gefunden haben soll. Wegen des weiten Parks mit Naturlehrpfaden und Wildbeobachtungsposten oder den gelben Osterglockenteppichen im Frühjahr. Wegen der Möbel- und Gemäldesammlung, die viele alte Holländer, Ramsay, MacTaggart und Dufy umfasst, wegen der einzigartigen Esssaaldecke aus dem 17. Jh., die Eichenholz täuschend echt nachmacht. Aber vor allem, weil Brodie eines der persönlichsten und wohnlichsten der schottischen Herrenhäuser ist (nur schade, dass heute niemand mehr drin wohnt).

Die Gärtnerutensilien in einer Ecke der holzgetäfelten Bibliothek, die fantasievollen Spazierstöcke – einer mit Katzenkopfknauf – und Jagdgerätschaften in einem Winkel unter der Treppe, Struwwelpeterbuch und Puppen in den viktorianischen Kinderzimmern unterm Dach – alles scheint nur für einen Augenblick weggelegt worden zu sein. Auch der gemütliche Tea Room wirkt, als sei die Zeit stehen geblieben. Fast meint man den Geist des Hausherrn zu sehen, der bis zuletzt seine Gäste häufig im Kilt an der Eingangstür begrüßte. Der Brodie of Brodie, der einzige Land- und Schlossbesitzer in Schottland ohne Adelstitel, wohnte bis zu seinem Tod vor wenigen Jahren im Schloss, obwohl sein Haus längst dem National Trust und den zahlenden Gästen gehörte (Burg: Karfreitag–April, Juli/Aug. tgl. 12–16, Mai–Juni, Sept. So–Do 12–16 Uhr, Grounds: ganzjährig).

Route: Speyside – entlang des Whisky Trail

Karte: S. 274
Rund um das Tal des lachsreichen Spey laden die Destillerien und Besucherzentren von Schottlands ›Goldenem Dreieck‹ zur Besichtigung und einem (kostenlosen) *wee dram,* Scots für ›kleiner Whiskydrink‹, ein. Etwa 50 Destillerien gibt es hier, doch es sind die neun des Whisky Trail – Benromach, Cardhu, Dallas Dhu, Glenfiddich, Glen Grant, Glenlivet, Glen Moray und Strahisla Distillery sowie die Speyside Cooperage –, die dafür sorgen, dass dieses Gebiet zu den touristisch am besten erschlossenen von Schottland gehört. Dabei bietet Speyside nicht nur Busparkplätze, sondern auch eine einsame, bergig-hügelige Heidelandschaft, durch die der Speyside Way führt und die zum riesigen Gebiet des Cairngorm National Park gehört.

Strathisla Distillery

1 Die vielleicht schönste und eine der ältesten Destillerien ist die 1786 gegründete Strathisla Distillery in Keith. Das Ensemble aus Zwillingspagodentürmen – das Signet des ›Whisky Trail‹ –, Wasserrad und kleinen Bruchsteinhäusern hat jede Menge *Old World*-Charme (21. März–28. Okt. Mo–Sa 10–16, So 12.30–16 Uhr).

Keith & Dufftown Railway: Tel. 01340/ 821 181, www.keith-dufftown.org.uk. Museumseisenbahn zwischen den Bahnhöfen von Keith und Dufftown, Ostern–Sept. Sa/So.

Dufftown

2 Die Hauptstadt des Malt, in deren Umgebung sieben Destillerien produzieren, wurde 1817 planmäßig angelegt. Im Zentrum des Straßenkreuzes steht der hübsche Uhrturm aus dem 17. Jh., in dem Touristeninformation und Heimatmuseum untergebracht sind. Über den gleichförmigen Häuserreihen liegt die grau-schimmelige Whiskypatina.

Die **Glenfiddich Distillery** am Ortsrand von Dufftown vorzustellen, den unangefochtenen

Marktführer, erübrigt sich. Als einzige ist sie noch im Besitz der Gründerfamilie, der Nachkommen von William Grant. In aller Länder Sprachen durch die Anlage geführt, werden die Besucher von Maischeduft und Firmenideologie durchdrungen. Wie alle Destillerien bedient sich auch diese geschickt des Highland- und Gute-alte-Zeit-Mythos (Jan.–Mitte Dez. Mo–Fr 9.30–16.30, Ostern–Mitte Okt. auch Sa 9.30–16.30, So 12–16.30 Uhr).

Ganz in der Nähe, hinter der Destillerie, lohnt die pittoreske Ruine des **Balvenie Castle** aus dem 13. Jh. eine Stippvisite. Weit schweift der Blick über die einsamen Hügel (25. März–Sept. tgl. 9.30–18.30 Uhr).

Tourist Information: The Clock Tower, The Square, Tel. 01340/820 501, www.aberdeen-grampian.com und www.dufftown.co.uk, April–Okt. Mo–Sa 10–13, 14–17, Juli/Aug. länger und auch So 13–18 Uhr.

Tannochbrae Guest House: 22 Fife St., Tel. 01340/820 541, www.tannochbrae.co.uk. Blumig-britisch eingerichtete, recht geräumige Ensuite-Zimmer ab 44 £, Scott's Restaurant auch für *non-residents.*

Restaurant La Faisanderie: 2 Balvenie St., Tel. 01340/821 273, Mi–Mo 12–14, 17.30–21 Uhr. Kleines Restaurant, in dem Speisen aus frischen lokalen Zutaten, vor allem dem in der Region geschossenen Wildgeflügel, mit dezidiert französischem Touch serviert werden, manchmal Whisky-Probier-Dinner. Hauptgericht 12 £.

The Whisky Shop: 1–3 Fife St., Mo–Sa 9.30–18, So 14–17 Uhr. Whisky-Paradies mit Hunderten Single Malts.

Spirit of Speyside Festival: s. S. 270.
Highland Games: Ende Juli.
Autumn Speyside Whisky Festival: Ende Sept. Verkostung, Wanderungen, Essen rund um den Whisky in Dufftown und anderen Speyside-Orten.

Spirit of Speyside Walking Festival: Ende Aug., www.walkingfestival.net/

Die Qualität der Eichenfässer spielt bei der Whiskyherstellung eine wichtige Rolle

Speyside – Whisky Trail

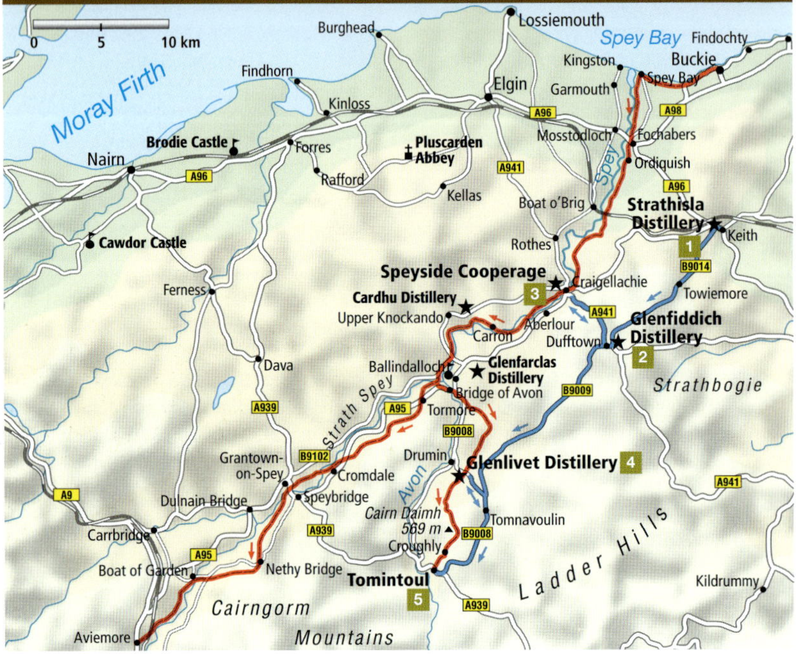

speyside.html. Geführte Wanderungen an mehreren Orten von Speyside.

Busse: von Stagecoach Bluebird nach Huntly, Elgin, Inverness, Aberdeen.

Craigellachie

3 Der kleine Ort am Zusammenfluss von Fiddich und Spey besitzt eine von zinnenbekrönten Steintürmchen flankierte Eisenbrücke, die das Ingenieurgenie Thomas Telford 1814 entwarf, und die **Speyside Cooperage,** trotz preisgekrönten Besucherzentrums kein Museum, sondern eine aktive Küferei, in der Meister und Lehrlinge jährlich 100 000 Eichenfässer reparieren (Jan.–Mitte Dez. Mo–Fr 9.30–16 Uhr).

Wandern: Speyside Way Visitor Centre, Station Building, Aberlour (3 km südl.), Tel. 01340/881 266, www.speysideway.org, tgl. 9–17 Uhr. Besucherzentrum mit Ausstellung, Infos, Ranger Service im ehemaligen viktorianischen Bahnhofsgebäude.
Radfahren: Der Speyside Way ist zwischen Ballindalloch und Fochabers auch für Radfahrer zu benutzen.

Glenlivet Distillery

4 Im einsamen Tal des Livet nördlich von Tomintoul, durch das das reine, für die Destillation so wichtige Quellwasser plätschert, liegt die Glenlivet Distillery, 1824 von George Smith gegründet. Die Lage und die heidebewachsenen Banffshire Mountains sind einzigartig, durch die Parkanlagen verläuft ein Teil des Speyside Way (21. März–28. Okt. Mo–Sa 10–16, So 12.30–16 Uhr).

Tomintoul

5 Der kleine Ort mit dem von niedrigen alten Häusern gesäumten Hauptplatz, Endpunkt

des Whisky Trail, ist mit 354 m das höchstgelegene Dorf der Highlands und wurde um die Mitte des 17. Jh. nach der Niederschlagung der Jakobitenaufstände planmäßig gegründet. Hier kann man nach der Wanderung auf dem Tomintoul Spur des Speyside Way (s. rechts) übernachten. Wegen der Rückkehr nach Ballindalloch wendet man sich am besten ans Tourist Office oder die Vermieter, denn der öffentliche Verkehr ist unregelmäßig.

Tourist Information: Main Square, Tel. 01807/580 285, www.aberdeen-grampian.com, April–Okt. Mo–Sa 10–13, 14–17, Juli/Aug. länger und auch So 13–18 Uhr.

Glenavon Hotel: Tel. 01807/580 218, www.glenavon-hotel.co.uk. Schlichtes, rustikales Familienhotel. DZ 42–53 £, deftiges Essen, auch für *non-residents.*
Tomintoul Youth Hostel: Main Street, Tel. 0870/004 1152, www.syha.org.uk, April–Sept., außerhalb dieser Zeit vorher nachfragen, 4- und 6-Bett-Zimmer, Bushaltestelle in der Nähe. Bett 12,50 £.

Ranger Service des Glenlivet Estate: Main Street, Tel. 01807/580 283. Besucherzentrum mit Infos, tgl. 10–17 Uhr.
Skifahren: The Lecht, ca. 8 km südlich an der A 939, Tel. 019756/514 40, www.lecht.co.uk. Schottlands kleinstes Skigebiet, gut für Familien und Anfänger; auch Sommerrodeln, Quadbiking etc.

Cairngorm National Park

Karte: S. 277
Auch Tomintoul (s. S. 274) und Grantown-on-Spey gehören zu dem sehr weit gefassten Nationalpark (s. S. 21). Sein Zentrum ist die Hochgebirgsregion östlich von Aviemore. Vielfältige Möglichkeiten für sportliche Aktivitäten – Angeln, Wandern, Mountainbiking, Skifahren – und spannende Erlebnisse für Familien mit Kindern werden hier geboten.

Hinter Blair Atholl bis Kingussie verläuft der raueste, engste Abschnitt der so genann-

Richtig Reisen-Tipp: Speyside Way

Mehrtägige Variante

In durchschnittlich fünf Tagen gelangt man auf dem Speyside Way von der Moray-Küste ins Bergland von Cairngorm. 106 km sind es **von Buckie bis Aviemore,** inklusive der Abzweige nach **Dufftown** und **Tomintoul** 135 km. Man folgt im Großen und Ganzen dem Spey; meist geht man auf zum Wanderweg umgestalteten ehemaligen Eisenbahntrassen.

Die relativ kurze Strecke, die abwechslungsreiche Landschaft – von Sandstrand bis zu den Höchsten der Hohen im Herzen des Cairngorm National Park – und *last but not least* die Destillerien machen ihn seit seiner Vollendung im Frühjahr 2000 zu einem der beliebtesten Fernwanderwege Schottlands. Ausgezeichnet markiert mit Wegweiserpfosten, die das Distelsignet zeigen, lässt er sich bestens in leichter verdauliche Häppchen aufteilen.

Tageswanderung

Eine der landschaftlich reizvollsten, aber auch anstrengendsten Wanderungen ist die 24 km lange Strecke von **Ballindalloch** nach Tomintoul, für die man gut acht Stunden benötigt. Sie führt durch einsame, heidebewachsene Bergregionen und hügeliges Bauernland. Hinter Ballindalloch kommt man am Eingang zum Anwesen **Ballindalloch Castle** vorbei, folgt hinauf und hinunter dem Flussbett des Avon auf uralten, noch aus dem 16./17. Jh. stammenden Hirten- und Karrenpfaden bis zur **Glenlivet Distillery,** wo es durch den ausgedehnten Glenlivet Crown Estate geht.

Nach diesen ersten 11 km kommt ein wirklich steiler Aufstieg auf den 569 m hohen **Cairn Daimh,** den ›Hirschberg‹. Fantastische Ausblicke auf die Cairngorms und im Osten auf die gerundeten Kuppen der Ladder Hills belohnen einen. Nach dem Abstieg gelangt man durch das sumpfige, bewaldete Feithmusach-Gebiet nach **Tomintoul** (s. S. 274f.).
Karte: S. 274. **Infos:** www.speysideway.org

ten Highland-Autobahn, der A 9 von Perth nach Inverness, über die viele Touristen in den Norden kommen. Die kahlen, menschenleeren Heide- und Felskuppen der Grampian Mountains sind, je nach Betrachtungsweise, ein großartiges Naturerlebnis oder ein ›großer Friedhof‹ (Fontane).

Kingussie und Umgebung

1 Bei **Kingussie** öffnet sich allmählich das Tal des Spey. Das preisgekrönte Highland Folk Museum zeigt vor allem Ausstellungsstücke zur Geschichte der Landwirtschaft und zum Alltagsleben der Highlander im 18. Jh. Im Sommer wird den Besuchern vorgeführt, wie einst gesponnen, gebacken und geschmiedet wurde. Das Freilichtmuseum besteht aus zwei Teilen, dem Kingussie-Teil mit einem fensterlosen *Black House* von der Hebriden-Insel Lewis (24. März–Aug. Mo–Sa 9.30–17, Sept.–28. Okt. Mo–Fr 9.30–16 Uhr) und dem Newtonmore-Teil, der authentischen Rekonstruktion einer Highland-Farm aus der Zeit um 1700 (24. März–Aug. tgl. 10.30–17.30, Sept. tgl. 11–16.30, Okt. Mo–Fr 11–16.30 Uhr). Ein Oldtimer-Bus bietet einen kostenlosen Shuttle-Service.

Romantische Ruinen auf einer Burgkuppe: diesmal keine Burg, sondern die **Ruthven Barracks** **2**, die Kasernen jener Rotröcke, die nach der jakobitischen Erhebung von 1715 die Botmäßigkeit der Hochländer erzwingen sollten (nur von außen zu besichtigen).

Loch Insh: Am mehrfach für seine Wassersportmöglichkeiten prämierten See können Sie Kanu fahren, segeln, windsurfen und rudern (und auch in den Ferienchalets des Zentrums wohnen). Dabei haben Sie die Wahl, ob Sie nur die Ausrüstung mieten oder auch Kurse belegen und geführte Flussfahrten unternehmen wollen. Für Behinderte stehen Spezialkanus und ein umgebauter Katamaran zur Verfügung (Loch Insh Watersports, Insh Hall, Tel. 01540/651 272, Fax 01540/651 208, www.lochinsh.com).

Tourist Information: Highland Folk Museum, Duke Street, Tel. 01540/661 307, www.visithighlands.com, www.kingussie.co.uk, www.newtonmore.com, 24. März–Aug. Mo–Sa 9.30–17, Sept.–28. Okt. Mo–Fr 9.30–16 Uhr.

The Cross: Tweed Mill Brae, Ardbroilach Road, Tel. 01540/661 166, Fax 01540/661 080, www.thecross.co.uk. Kleine, fein umgebaute alte Mühle am Wasser, schicke, teure Zimmer, elegant-rustikales Gourmetrestaurant (s. u.). DZ 130–190 £.
Columba House Hotel: Manse Road, Tel. 01540/661 402, Fax 01540/661 652, www.columbahousehotel.com. Pfarrhaus aus dem 19. Jh., Restaurant, im Sommer draußen, Bar. DZ mit Four Poster-Bett 90, sonst 60 £.
The Lairds Bothy: 68 High St., Tel. 01540/661 334, Fax 01540/662 063. Unabhängiges Hostel, speziell für Wanderer, die Leiter haben eine schottische Musikgruppe. Familienzimmer und Schlafsäle. 9 £.

The Cross: s. o. Di–Sa 18–21.30 Uhr. Eines der besten Restaurants in den Highlands – mit offenen Balken, Kamin und Blick auf das Flüsschen, frische lokale Produkte. 3-Gang-Dinner 35 £.
Tipsy Laird: High Street, Mo–Sa 11–23, So 12.30–23 Uhr. Gemütlicher Pub, mit dem Hostel The Lairds Bothy (s. o.) verbunden.

Kincraig und Umgebung

Im nur mit dem Auto zu durchfahrenden Safariteil des **Highland Wildlife Park Kincraig** **3** grasen Przewalski-Pferde, Bisons, Hirsche, Mufflons und die majestätischen Hochlandrinder mit ihren seidigen Zotteln. Wildkatzen, Polarfüchse, Braunbär, Luchse, Otter, Schottisches Moorhuhn und viele andere einst oder immer noch hier heimische Tiere leben im zu Fuß zu durchwandernden Gehegeteil. Zartbesaitete schauen besser weg, wenn hungrige Wölfe in nächster Nähe blutige Kaninchenknochen zermalmen.

Auf der **Leault Farm** **4** nahebei zeigen Neil Ross und seine scharz-weißen Hütehunde, allesamt fernseherfahren, wie man

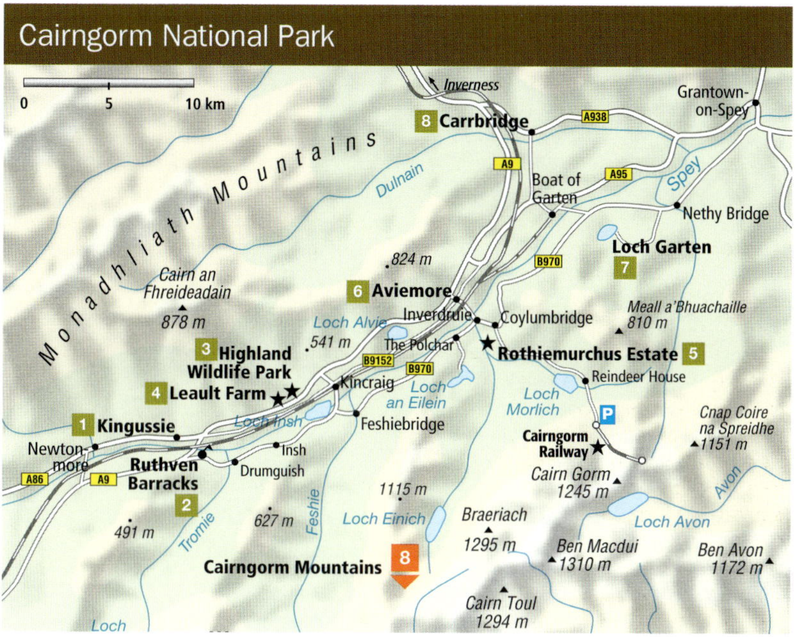

Schafe und Gänse gekonnt scheucht (Vorführungen Mai–Juni, Sept., Okt. So–Fr 12, 16, Juli/Aug. 10, 12, 14, 16 Uhr, Nov.–April vorher anrufen: Tel. 01540/651 310, www.leault farm.co.uk).

Rothiemurchus Estate

5 Der Rothiemurchus Estate zu Füßen des Cairngorm-Massivs bietet nicht nur 50 km Wanderwege inmitten des alten kaledonischen Kiefernwalds, z. B. auf der alten ›Straße der Diebe‹ am Loch an Eilein mit seiner mittelalterlichen Burgruine entlang. Man kann auch Tontauben schießen, im Lachsfluss Spey oder vom Boot in stillen Hochlandlochs angeln sowie die hiesige Rothirschherde besuchen (oder von Juli bis Oktober bejagen). Das Besucherzentrum führt in die reiche Naturgeschichte ein und vermittelt alle Sportmöglichkeiten, außerdem kann man hier sehr gut ›schottisch‹ einkaufen, von Fudge über Kekse bis zu Wildschinken (tgl. 9–17.30, Tel. 01479/812 345). 200 m vom Besucherzentrum entfernt vermietet Bothy Bikes Räder, denn der Estate hat auch Mountainbike-Strecken und Radwege.

Cairngorm Sleddog Adventure Centre: Moormore Cottage, Rothiemurchus, Tel. 07767/270 526. Führungen durch den Zwinger tgl. 10, 14 Uhr. Okt.–April Abenteuerfahrten mit Hundeschlitten bzw. Hundekarren.

8 Cairngorm-Massiv

Im Cairngorm-Massiv thronen Großbritanniens zweit- bis fünftgrößte Gipfel. Die hypermoderne Schienenseilbahn Cairngorm Railway bringt einen zu Großbritanniens höchstgelegenem Café unterhalb des 1245 m hohen Cairn Gorm. Nach Süden schweift der Blick auf die noch höheren, lange Zeit im Jahr schneebedeckten Munros Ben Macdui (1310 m), auf dem das Gespenst Fearlas Mor umgeht, Cairn Toul (1294 m), der mit seinem Zwillingsgipfel als der Schönling der Cairngorms gilt, und Braeriach (1295 m). Keine Straße stört das wilde Bergwandererpara-

Der stille Hochlandsee Loch an Eilein mit der mittelalterlichen Burgruine

dies, das wegen des roten Granitgesteins früher Monadh Ruadh, ›rote Berge‹, hieß. Das Wetter wendet sich blitzschnell: Wo vor Minuten noch die Sonne das Gestein aufleuchten ließ, sieht man bald in Regen und Nebel kaum die Hand vor Augen.

Damit nur ernsthafte und trainierte Bergwanderer in den Genuss der grandiosen Gipfeleinsamkeit kommen und das empfindliche alpine Habitat nicht zertrampelt wird, darf man nicht von der Bergstation aus wandern, sondern muss wieder runter und die Strecke zu Fuß hinauf. Beim zweistündigen Aufstieg überwindet man nicht nur die Baumgrenze, sondern sieht auch den Schaden, der durch die Pisten von Schottlands größtem Skigebiet am Nordhang der Cairngorms entstanden ist.

Das touristische Zentrum für Unterkunft, Essen und Verkehrsverbindungen ist das wenig anheimelnde, funktionelle **Aviemore** 6.

Tourist Information: Grampian Road, Aviemore, Tel. 01479/810 363, www.visithighlands.com oder www.visitaviemore.com, April–Okt. Mo–Sa 9–17, So 10–16, Nov.–März Mo–Fr 9–17, Sa 10–16 Uhr.

Corrour House Hotel: Inverdruie, 2 km südl., Tel. 01479/810 220, Fax 01479/811 500, www.corrourhousehotel.co.uk. Familienhotel mit großen Räumen, ordentliches Restaurant, gutes Preis-Leistungs-Verhältnis, Cairngorm-Blick. DZ 70–100 £.

Lynwilg House: Lynwilg, 2 km südl., Tel./Fax 01479/811 685, www.lynwilg.co.uk. Kleines Country House mit Restaurant in eigenen *grounds,* entzückende traditionelle Zimmer. DZ 60–70, Dinner 20–25 £.

Aviemore Youth Hostel: 25 Grampian Rd., Tel. 0870/004 1104, www.syha.org.uk. 4 Sterne, Luxus in frisch möbliertem Haus, auch Familienzimmer. Bett 12,50 £.

Rothiemurchus Estate: Tel. 01479/812 800, einfach. Zelt 7 £.

Old Bridge Inn: 23 Old Dalfaber Rd., Tel. 01479/811 137, Essen 12–14, 18–21 Uhr. Innovatives, hoch gepriesenes Bar Food, lebhafter Pub. Hauptgericht 6 £ in der Bar, 12 £ im Berghüttenstil-Restaurant.

Cairn Gorm Mountain-Bahn: Von dem Parkplatz am Ende der Ski Road

(13 km östl. von Aviemore) fährt seit 2002 Schottlands einzige Bergbahn in 15 Min. zur Ptarmigan Station unterhalb des Cairngorm-Gipfels, www.cairngormmountain.com, Mai–Nov. 10–17.30 Uhr alle 15 Min. An der Bergstation bekommt man in der netten Cas Bar Hirschburger und Apfelchutney zu 6,75 £; Ptarmigan Restaurant mit Ceilidh-Abenden, Tel. 01479/861 336, Shop und Ausstellung zur Bergwelt. Ranger Service, in der Bergstation der Bahn, Tel. 01479/861 703, April–Okt. 9–17, Nov.–März 8.30–16.30 Uhr. Geführte Wanderungen, Skiwanderungen, Wetterbericht für Gipfelstürmer.

Cairngorm Reindeer Centre: Reindeer House, Glenmore, tgl. 10–17 Uhr. Großbritanniens einzige frei lebende Rentierherde; Führungen 11 Uhr.

Strathspey Steam Railway: Nostalgiezug vom viktorianischen Bahnhof in Aviemore, Dalfaber Road, 8 km bis Boat of Garten, Juni–Sept. tgl., sonst nachfragen, Tel. 01479/810 725, www.strathspeyrailway.co.uk.

Skifahren: Schottlands größtes Skigebiet konzentriert sich um den Parkplatz am Ende der Ski Road. Abfahrtspisten, Lifte, Ausrüstungsverleih, Skischule, Snowboard, Schnee meist von Januar bis in den April.

Wandern: In Aviemore endet oder beginnt, wie man will, der Speyside Way (s. S. 275). Die 27 km lange Strecke bis Grantown-on-Spey führt durch das Naturschutzgebiet am Loch Garten vorbei nach Nethy Bridge und dann auf alten Eisenbahntrassen nach Grantown.

Bahn: Bahnhof Dalfaber Road, mehrmals tgl. Glasgow, Inverness, Edinburgh.

Bus: Bahnhof Grampian Road, mehrmals tgl. u. a. nach Inverness, Perth, Edinburgh.

Mietwagen: Macdonald's Self Drive, 13 Muirton St., Tel. 01479/811 444.

Carrbridge und Umgebung

Über Boat of Garten erreicht man den herrlich gelegenen **Loch Garten** 7. Hier und im angrenzenden Naturschutzgebiet kann man durch den Mischwald aus Kiefern, Birken und Heide wandern und auf ausgeschilderten Pfaden von April bis Mitte August die wenigen Fischadlerpärchen beobachten, die hier wieder heimisch gemacht wurden. Naturkundliche Führungen und lichtstarke Objektive erlauben auch die Beobachtung von Auerhähnen und weiteren seltenen Vogelarten (tgl. 10–18 Uhr). Ein beliebter, völlig flacher zweistündiger Rundwanderweg von gut 6 km führt vom Parkplatz am Loch Garten zum kleineren Loch Mallachie und zurück.

In dem kleinen **Carrbridge** 8 mit seinen viktorianischen Häuschen und B & B schwingt sich der einsame Bogen einer alten Steinbrücke über den Dulnain. Im Landmark Visitor Centre am Ortsrand geben Filme und eine Ausstellung einen Einblick in die Kultur und Natur des Hochlands. Abenteuerspielplatz, Naturpfade, Wildwasserbahn und ein Weg durch die Baumwipfel machen es zu einem guten Platz für Kids (April–Juni, Sept./Okt. 10–18, Juli/Aug. 10–19, Nov.–März 10–17 Uhr).

Dalrachney Lodge Hotel: Carrbridge, Tel. 01479/841 252, Fax 01479/841 383, www.dalrachney.co.uk. Viktorianische Jagd-Lodge mit Restaurant (Dinner 26,50 £), altmodisch und gemütlich. DZ 140 £, auch Selbstversorgercottages.

Heathbank Hotel: Drumuillie Road, Boat of Garten, Tel. 01479/831 234, www.heathbankhotel.co.uk. Viktorianische Villa mit individuell eingerichteten Zimmern, in denen man noch viele alte Dekorationselemente findet, teils Four Poster-Betten, 3-Gang-Dinner 22 £. DZ 58–80 £.

Carrmoor Guest House: Carr Road, Tel./Fax 01479/841 244, www.carrmoorguesthouse.co.uk. Etwas altbackene Ensuite-Zimmer in viktorianischem Haus. DZ 50 £.

Glen More Forest Park: Nadelwald um den Loch Morlich mit Sandstrand.

Loch Morlich Watersports: Tel. 01479/861 221, www.lochmorlich.com. Das Wassersportzentrum bietet Kanufahren, Windsurfen, Segeln und Angeln an.

Die zentralen Highlands

Reiseatlas S. 5, 9

Die gut ausgebaute A 9 vom netten, aber unspektakulären Perth über die ›Tourifalle‹ Pitlochry nach Inverness ist die Haupteinfallstraße in die Highlands. Perthshire bietet vielfältige Möglichkeiten für Natur- und Aktivurlaub und mit Scone Palace eines der bedeutendsten Schlösser Schottlands. Unabdingbar ist eine Tour zum Loch Ness: Wer das ›Monster‹ nie gesucht hat, darf hinterher nicht behaupten, es existiere nicht.

Perthshire

Reiseatlas: S. 9, B/C 2/3
Obwohl die Gegend rund um Perth noch eher flach ist und die Perthshire-Berge entgegen dem Willen der Perther nicht zu einem Teil des Cairngorm National Park wurden, darf Perth zu Recht den Titel eines ›Tors zu den Highlands‹ beanspruchen.

Perth

Cityplan: S. 282
»Perth ist alt und hat eine schöne Lage am Tay«, bemerkt Fontane nicht eben enthusiastisch. Die Stadt prunkt nicht mit besonderen Sehenswürdigkeiten, wurde aber von den Schotten zu Recht immer wieder zum begehrtesten Wohnort gewählt. In den Genuss der hohen Lebensqualität kommt man auch als Tourist, z. B. an der neu konzipierten Uferpromenade Tay Street mit vielen Restaurants.

Schön ist der Blick von der Perth Bridge auf den North Inch Park und die georgianischen Häuserzüge von Atholl Crescent, Rose Terrace und Barossa Place. Das Tower House **Balhousie Castle** 1 im Park beherbergt das Militärmuseum des Black Watch-Regiments, 1739 zur ›Befriedung‹ der Highlands gegründet; den Namen verdankt es seinem dunklen Tartan (Mai–Sept. Mo–Sa 10–16.30, Okt.–April Mo–Fr 10–15.30 Uhr).

Die **Art Gallery and Museum** 2 kurz vor der lebhaften Einkaufsmeile Mill Street zeigt eine vielseitige Sammlung von Möbeln, Fotografien, vorgeschichtlichen Exponaten und Gemälden (Mo–Sa 10–17 Uhr). Walter Scott machte das älteste Haus der Stadt oder besser dessen ehemalige Bewohnerin berühmt: ›The Fair Maid of Perth‹, Catherine Glover, die im 14. Jh. einem König einen Korb gab, um einen Schmied zu heiraten. Das **Fair Maid's House** 3 ist nur von außen zu besichtigen.

St. John's Kirk 4 wurde zwar schon 1126 gegründet, der heutige Bau stammt aber hauptsächlich aus dem Spätmittelalter. Drumherum liegt ein Viertel aus kopfsteingepflasterten Straßen mit Restaurants und Cafés. Die **Fergusson Gallery** 5 im spektakulären neoklassizistischen Round House des alten Wasserwerks ist dem Werk des schottischen Koloristen John Duncan Fergusson gewidmet, das nirgendwo so umfassend wie hier präsentiert wird (Mo–Sa 10–17 Uhr).

Ausflüge führen zum irischen Rundturm von **Abernethy** (11. Jh.) oder zu den spätmittelaterlichen Tower Houses **Elcho** (25. März–Sept. tgl. 9.30–18.30 Uhr) und **Huntingtower Castle** (25. März–Sept. tgl. 9.30–18.30, Okt.–24. März Sa–Mi 9.30–16.30 Uhr). Als Maria Stuart hier übernachtete, existierte die bemalte Holzdecke aus jakobitischer Zeit noch nicht.

i **Tourist Information:** Lower City Mills, West Mill Street, Tel. 01738/450 600, www.perthshire.co.uk, Mo–Sa 9–17, im Sommer länger und auch So 11–16 Uhr.

Sunbank House Hotel 1: 50 Dundee Rd., Tel. 01738/624 882, Fax 01738/442 515, www.sunbankhouse.com. Nettes viktorianisches Haus im eigenen Park, Ensuite-Zimmer, Restaurant. DZ 80–90 £.
Ramada Hotel 2: West Mill Street, Tel. 01738/628 281, Fax 01738/643 423, www.ramadajarvis.co.uk. Gute Standardzimmer in historischer Wassermühle. DZ 64–96 £.
Clifton House 3: 36 Glasgow Rd., Tel./Fax 01738/621 997, www.clifton-house.co.uk. Große viktorianische Villa, Zimmer im Designer- oder im traditionellen Stil. DZ 50–56 £.
Blackcraigs Farmhouse 4: Scone, Tel./Fax 01821/640 254, www.blackcraigs.com. Farmhaus aus dem 18. Jh., gemütliche, geräumige Ensuite-Zimmer. DZ 46–50 £.

63 Tay Street 5: 63 Tay St., Tel. 01738/441 451, Di–Sa 12–14, tgl. 18–21 Uhr. Moderne britisch-schottische Küche in Designer-Interieur. Hauptgericht 16 £.
Let's Eat 6: 77 Kinnoull St., Tel. 01738/643 377, 12–14, 18–22.30 Uhr. Bistro mit innovativer schottischer Küche, Lounge-Bereich

Mit der Autorin unterwegs

Guter Standort

Es gibt mehr als einen Grund, **Inverness** anzusteuern: Hier findet man leicht eine gute Unterkunft, die Umgebung ist reich an kulturhistorischen Sehenswürdigkeiten und außerdem glänzt die Highland-Kapitale durch exzellente Einkaufsmöglichkeiten (s. S. 290).

Aktivitäten

Erkunden Sie am **Loch Tay** bronzezeitliche Pfahlbauten oder nutzen Sie die exzellenten Wassersportmöglichkeiten (s. S. 286). In den Parklandschaften von **Blair Castle** (Highlight!) kann man wunderbar lustwandeln, und es gibt Ponys zum Reiten (s. S. 289). Abseits ausgetretener Pfade bewegt man sich in der ruhigen, geschichtsträchtigen Ferienregion **Black Isle** (s. S. 296). Hier, am **Moray Firth,** liegen auch die besten Sichtungsplätze für Delfine in Großbritannien. Im **Glen Affric** hat man die Hochlandherrlichkeit (fast) für sich allein (s. S. 299).

Seit 400 Jahren im Besitz der Grafen von Mansfield: Scone Palace

Perth: Cityplan

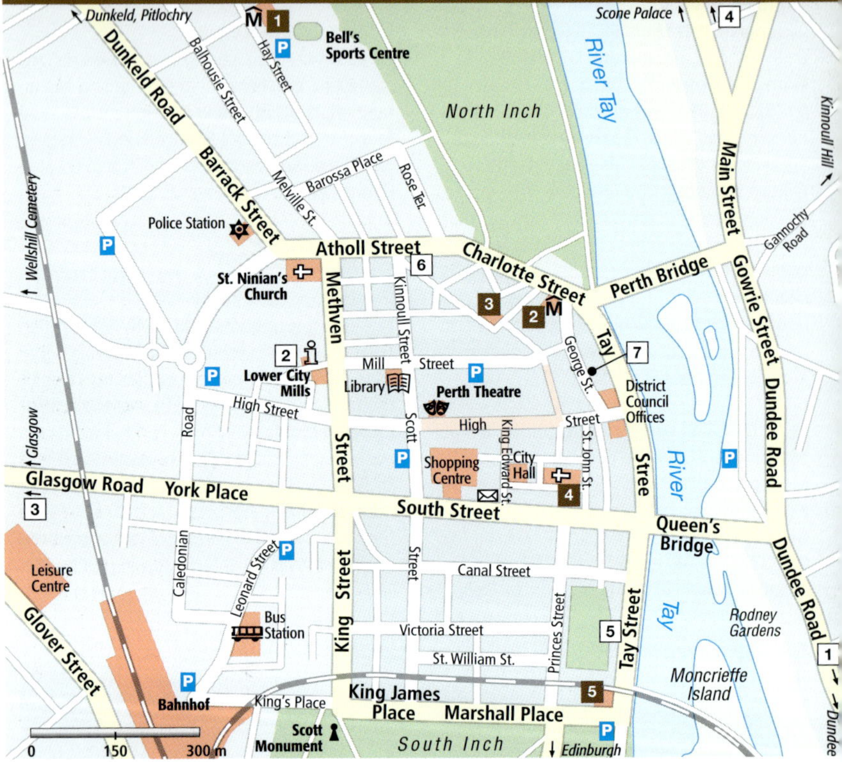

mit Sofas zum Versinken schaffen eine lockere Atmosphäre, exzellentes Preis-Leistungs-Verhältnis. Hauptgericht 10–15 £.

Metzo 7: 33 George St., Tel. 01738/626 016, Mo–Sa 12–14, tgl. 18–22 Uhr. Cooler In-Platz mit Leopardenfellsitzen, moderne Bistro-Küche, 3-Gang-Dinner 12,95 £.

Caithness Glass: Inveralmond (off A 9 Richtung Inverness), www.caithness glass.co.uk, Mo–Sa 9–17, So 10–17, Dez.–Feb. 12–17 Uhr. Hier werden die berühmten bunten Papiergewichte herstellt, Mo–Fr kann man Glasbläsern zuschauen, Shop.

That Bar: 147 South St., Mo–Sa 11–24, So 12.30–24 Uhr. Unten coole Designerbar mit Pool Billard, oben Essen bis spät in die Nacht.

Half a'Tanner: St. John's Place, Mo–Sa 11–23, So 12.30–23 Uhr. Gemütlicher Pub.

Theater: Tel. 01738/621 031. Schottlands erfolgreichstes Repertoiretheater (Komödie, Musical, Kindershows), Kulturzentrum, Bar, Coffee Bar, Restaurant in schönem viktorianischem Gebäude.

Festival of the Arts: Mai.

Highland Games: Aug.

Perth Show: Aug., Landwirtschaftsschau mit Volksfestcharakter, South Inch.

Wandern/Outdoor Sport: Perthshire besitzt ausgedehnte Waldgebiete. Die

Sehenswürdigkeiten

1 Balhousie Castle
2 Art Gallery and Museum
3 Fair Maid's House
4 St. John's Kirk
5 Fergusson Gallery

Übernachten

1 Sunbank House Hotel
2 Ramada Hotel
3 Clifton House
4 Blackcraigs Farmhouse

Essen und Trinken

5 63 Tay Street
6 Let's Eat
7 Metzo

Broschüre ›Perthshire big tree country‹, www.perthshirebigtreecountry.co.uk, führt in Flora und Fauna ein und informiert über Wanderwege und Sportmöglichkeiten.

Perth Leisure Pool: Glasgow Road, tgl. 10–22 Uhr. Aqualand mit Whirlpool, Wasserrutschen, Becken draußen und drinnen, Dschungelbecken für die Kleinen.

Bahn: Bahnhof Caledonian Road, Auskunft Tel. 0845/748 4950, Züge mehrmals tgl. u. a. nach Edinburgh, Glasgow, Inverness, Stirling, Pitlochry.

Bus: Busbahnhof Leonard Street, Verbindungen in alle größeren schottischen Städte. Lokale Busse von Stagecoach, z. B. nach Aberfeldy, Dunkeld, Pitlochry.

Mietwagen: Arnold Clark, St. Leonard's Bank, Tel. 01738/442 202.

Scone Palace

Unabdingbar ist ein Besuch im Scone Palace, seit 400 Jahren Heim der Grafen von Mansfield. Vom 9. Jh. bis 1651 wurden auf dem Moot Hill im Park die schottischen Könige gesalbt und inthronisiert, in späteren Jahrhunderten gekrönt. Das stattliche, schlichte, efeuumrankte Schloss im Stil des Gothic Revival (1802) umschließt Repräsentationsräume mit kostbaren Ziergegenständen aus Porzellan, Pappmaché – die bekannte Vernis Martin-Sammlung – und Elfenbein. Die meisten britischen Schlossbesitzer akzeptieren Besucher weniger aus hochländischer Gastfreundlichkeit als wegen der Verminderung der horrenden Erbschaftssteuer, die gewährt wird, wenn sie an mindestens 28 Tagen pro Jahr die privaten Kunstschätze der Öffentlichkeit zugänglich machen. Man setzt sich also auf die Kopie des schottischen Krönungssteins auf dem Moot Hill, wandert durch den weiten Park, das Murray Star-Labyrinth und das Pinetum mit den Douglas-Fichten, kauft Lady Mansfields köstliche Chutneys – oder mietet sich die Königliche Galerie für ein Festmahl mit anschließendem privatem Highland Game. Das wird dann allerdings etwas teurer (25. März–Okt. tgl. 9.30–17.30 Uhr).

Dunkeld und Umgebung

Auch das kleine Dunkeld darf sich einer schönen Lage am ruhig und breit dahinströmenden Tay rühmen, außerdem einer gotischen Kathedralruine am friedlichen grünen Ufer, in deren intaktem Chor der gottlose Wolf von Badenoch (s. S. 268) ganz christlich unter seiner Grabfigur im Ritterpanzer ruht. Besuchen Sie auch das kleine Kapitelhausmuseum mit piktischem Apostelstein und einer irischen Mönchsglocke aus dem 9. Jh. (Mai–Sept. tgl. 9.30–18.30, Okt.–April 9.30–16 Uhr).

Reizende *Little Houses* aus dem 17. Jh., wie in Culross vom National Trust gerettet und herausgeputzt, säumen das lang sich zur Kathedrale hinziehende Dreieck von High und Cathedral Street. Im Ell Shop kann man im

Mutmaßungen über den Stein des Schicksals

Thema

Als Krönungsstein war der ›Stone of Destiny‹ im Mittelalter für die Inauguration der schottischen Könige unverzichtbar. Ende des 13. Jh. brachte Edward I. ihn gegen den Willen der Schotten nach Westminster, eine symbolträchtige Demütigung, die den Schotten zeigte, dass sie nicht mehr als eine englische Kolonie waren.

Wir schreiben das Jahr 843. Kenneth mac Alpin macht sich zum Herrscher und Scone bzw. den Moot Hill zum traditionellen Inthronisationsort der schottischen Könige. Ob der Hügel vor dem heutigen Palast tatsächlich aufgehäuft wurde, indem die Adligen in ihren Stiefeln Erde ihrer Heimat mitbrachten, ist ungewiss, auf jeden Fall aber eine symbolträchtige Geschichte. Kenneth lässt sich auf einem vermutlich von der Westküste stammenden grünschwarzen Felsblock, oben eingebuchtet und mit zwei Griffen versehen, zum König salben. Ob der magisch-rituelle Brocken Stammvater Jakobs Schlummerkissen, ein heidnischer Altar oder der Königsstein der Pikten war, wird auf immerdar im Dunkel der Geschichte verborgen bleiben.

Als der englische König Edward I. 1296 Schottland zu annektieren versucht, fordert er vom Abt des Moot Hill-Klosters den traditionsreichen Stein, auf dem die schottischen Könige ›gemacht‹ werden, denn er steht unter starkem Legitimationsdruck. In Londons Westminsterabtei wird der Klumpen unter den Krönungsstuhl gelegt, auf dem hinfort alle englischen Herrscher gekrönt werden. Nur ist er aus rötlichem Sandstein, wie er rund um Scone vorkommt, und entspricht auch sonst nicht der alten Beschreibung. Edward war bald mit seinem Beutestück nicht mehr zufrieden: Ohne Angabe von Gründen lässt er ein Jahr später das Kloster auseinander nehmen und den Abt in ein Londoner Verlies sperren. Hat der national gesinnte Klostervorsteher den ›Hammer der Schotten‹ hinters Licht geführt und ihm in aller Eile irgendeinen Stein aus Scone angedreht? Hat Edward den Schwindel bemerkt?

Jahrhunderte und Dynastien gehen ins Land. Dann 1818: Bei Bauarbeiten in der verfallenen Burg Dunsinane (die einst Macbeth gehörte) bricht der Boden ein. Im finstren Kellergewölbe findet sich ein Stein – man ahnt, von welcher Gestalt. Die gerade sehr unpopuläre britische Königsfamilie aus dem Hause Hannover fürchtet Schlimmes, würde publik, dass George III. und alle seine Vorgänger auf dem falschen Stein gekrönt wurden. Sie lässt also den echten (?) verschwinden.

Austauschmöglichkeit Nummer drei: 1950 klauen vier schottische Studenten aus Vaterlandsliebe den Stein aus dem Thron in Westminster Abbey, packen ihn in ihr Auto und fahren heim nach Schottland. Vier Monate später wird der ›Stone of Destiny‹ (oder eine inzwischen angefertigte Kopie?) in der Abtei von Arbroath wiedergefunden, einem symbolträchtigen Ort für den schottischen Nationalismus, und nach London zurückgebracht.

Haben die Schotten also jetzt den falschen Stein? Unter großer Anteilnahme der Edinburgher Bevölkerung wurde am 15. November 1996 der Stein aus Westminster zum Zeichen von Londons gutem Willen »als dauerhafte Leihgabe der Königin an ihre schottischen Untertanen« zurückgegeben. Wohl verwahrt liegt er nun in Edinburgh Castle (s. S. 116f.).

blumigen Country House-Stil des Trust einkaufen (Karfreitag–Sept. Mo–Sa 10–17.30, So 12.30–17.30, Okt.–Dez. bis 16.30 Uhr).

Dem Trust gehört auch das Wander- und Waldgebiet der **Hermitage** mit den viktorianischen *follies* der Ossianshöhle und der namengebenden Einsiedelei über den Wasserfällen von Braan. Im Spätsommer kann man hier die Lachse springen sehen. Ganzjährig ist ein Baumriese (60 m) zu bewundern, eine der größten Douglas-Fichten Großbritanniens.

Das nahe **Birnam** erlangte durch Shakespeare Berühmtheit, der Malcolm Canmore durch eine waldschänderische Kriegslist über Macbeth obsiegen lässt: Er tarnte seine Krieger mit Reisen des Birnam Wood und führte sie zum Sieg gen Dunsinane.

Tourist Information: The Cross, Tel. 01350/727 688, www.perthshire.co.uk, April–Okt. Mo–Sa 9.30–17.30, So 11–16, Nov.–März Fr–Di 10–16 Uhr.

Hilton Dunkeld House Hotel: 2 km östl., Tel. 01350/727 771, Fax 01350/728 924, www.hilton.co.uk/dunkeld. Luxus im edwardianischen ehemaligen Herrensitz des Herzogs von Atholl, Gourmetrestaurant, Fitnesscenter, Pool, Sauna etc., viele Sportmöglichkeiten. DZ 134–398 £.
The Bridge: 10 Bridge St., Tel./Fax 01350/727 068, www.thebridge-dunkeld.co.uk. Stilvolle Ensuite-Zimmer in georgianischem Haus. DZ 52–64 £.

Beatrix Potter Exhibition: off A 9, Birnam, tgl. 10–17 Uhr. Ausstellung, Garten mit Potter-Figuren, Café und Shop zu Beatrix Potter, der Schöpferin von Peter Rabbit.

Loch of the Lowes: 4 km nordöstl., Naturschutzgebiet mit Beobachtungsständen und Ferngläsern (April–Sept. tgl. 10–17 Uhr), vor allem für die majestätischen Fischadler, aber auch Otter und Marder.
Nae Limits: The Pay Terrace, Tel. 01350/727 242, www.naelimits.com. Abenteuersport, u. a. Wildwasserrafting, Kanufahren, *Sphering* (in einem Ball den Hügel hinunterrollen).

Aberfeldy und Umgebung

Das viktorianische **Aberfeldy** mit seinen Villen-B & B verführt zum Bleiben. Der Tay, still, wie sein gälischer Name *(tatha)* es verheißt, strömt am Black Watch-Denkmal, unter der fünfbogigen, obeliskenbewehrten General Wade-Brücke und am Golfplatz vorbei.

In der Nähe kann man durch die verschachtelten, recht leeren Hallen und Kammern des **Castle Menzies** streifen, ein Tower House auf Z-förmigem Grundriss aus dem 16. Jh. Der Clan Menzies (sprich: Mengis) restauriert das streckenweise noch marode Gemäuer sukzessiv (Ostern–Mitte Okt. Mo–Sa 10.30–17, So 14–17 Uhr). Das **Sma' Glen** im Süden und das **Glen Lyon** im Westen, zwei einzigartige schroffe Täler, sind von Aberfeldy zu erreichen und wandernd zu erkunden.

Tourist Information: The Square (in einer alten Kirche), Tel. 01887/820 276, www.perthshire.co.uk, tgl. April–Okt. Mo–Sa 9.30–17.30, So 11–17, Nov.–März Mo–Fr 9.30–17, Sa 10–14 Uhr.

Farleyer: s. u. DZ 146–176 £.
Tigh'n Eilean Guest House: Taybridge Drive, Tel. 01887/820 109, www.tighneilean.com. Ensuite-Zimmer in viktorianischem Gästehaus, eins hat einen Whirlpool. DZ 46–64 £.
Mr. & Mrs. Nunn: Mavisbank, Taybridge Drive, Tel. 01887/820 223, März–Okt. Hübsches viktorianisches Häuschen im Grünen, 2 Zimmer teilen sich ein Bad. DZ 42–50 £.

Farleyer Restaurant & Rooms: 3 km nördl. an der A 846, Tel. 01887/820 332, Fax 01887/829 879, www.farleyer.com. Im farbigen Boutique-Stil modern umgestaltetes altes Haus im Grünen, zeitgenössische schottische Gourmetküche im Bistro-Stil. Hauptgericht 17 £, auch Zimmervermietung.

Castle Menzies Farm: neben Castle Menzies, Jan.–April Mi–Sa, Nov.–Dez. Di–Sa, Mai–Okt. Mo–Sa 10–17, So 11–17 Uhr. Beeindruckendes altes Steingebäude, Café, Verkauf von Wein, Delikatessen, Galerie schottischer Maler, Silberschmiede und Töpferei.

The Watermill: Mill Street, Mo–Sa 9.30–17, So 11–16 Uhr. 2005 eröffnet, eine der größten Buchhandlungen der Highlands mit CD-Abteilung, Café und Kunstgalerie in denkmalgeschütztem Mühlenensemble.

Birks of Aberfeldy: Rundwanderweg auf einem Uferpfad durch den schon von Burns besungenen Birkenwald, mit dem Wasserfall Falls of Moness, vom Parkplatz an der A 828 Richtung Crieff kurz hinter dem Ortszentrum zu erreichen.
Splash Whitewater Rafting: Dunkeld Road, Tel. 01887/829 706, www.rafting.co.uk. Abenteuerwassersport von Abseilen bis Kanufahren in Wildwasserflüssen.

Loch Tay

Das planmäßig erbaute Musterdorf **Kenmore** besteht nur aus einem pittoresken viktorianischen Marktplatz: weiße Häuschen, schwarze Holzzierden, weiße Staketenzäune. Das Kenmore Hotel, das manche für den ältesten Gasthof Schottlands halten, kann ein originales Burns-Gedicht über dem Kamin vorweisen.

Im **Scottish Crannog Centre** wurde ein Pfahlhaus von 600 v. Chr. originalgetreu rekonstruiert. Verkleidete Schauspieler demonstrieren prähistorische handwerkliche Tätigkeiten; im Besucherzentrum sieht man die Originalexponate der nun im Wasser versunkenen eisenzeitlichen Siedlung (15. März–Okt. tgl. 10–17.30, Nov. Sa/So 10–16 Uhr).

Lang, schmal, zweifach geknickt, windet sich der **Loch Tay** durch die Berge. Mit Croft-na-Caber ist er eines von Schottlands größten Wassersportzentren. Sein Nordufer wird vom majestätischen Ben Lawers-Massiv überragt, von dessen sieben Gipfeln sechs Munros und folglich bei Wanderern begehrt sind. Am Besucherzentrum des National Trust beim Parkplatz (Mai–Sept. tgl. 10–17 Uhr) beginnen Wanderwege und ein Naturlehrpfad.

Kenmore Hotel: The Square, Tel. 01887/830 205, Fax 01887/830 262, www.kenmorehotel.com. Urtypischer schottischer Landgasthof von 1572 mit Seeblick, komplett modernisiert, offene Kamine, Bar,

Restaurant, beliebt bei Golfern, Anglern, Jägern. DZ 84–108 £.
Kenmore Caravan und Camping Park: Tel. 01887/830 226, Fax 01887/839 059, www.taymouth.co.uk. 4 Sterne, schöne Lage am Tay, neben Kenmore Golf Course. 10–20 £.

Golf: Taymouth Castle, Tel. 01887/830 228. 18-Loch-Platz um die leere Burghülse, recht preiswert, gepflegt.
Radfahren: Perthshire Mountain Bikes, Loch Tay Boating Centre, Pier Road, Tel. 01887/830 291, www.loch-tay-co.uk. Fahrradverleih mit besonders guter Ausrüstung für Kinder (Anhänger, Sitze) und Tourenvorschlägen.
Wassersport: Croft-na-Caber, Tel. 01887/830 588, www.croftnacaber.com. Moderner Komplex, sämtliche Outdoor-Aktivitäten wie Kanu, Kayak, Windsurfen, Segeln, Rafting,

Queen's View: Schon Königin Victoria zeigte sich von Loch Tummel begeistert

auch Tontauben- und Bogenschießen, Ausflüge auf der ›Maid of Firth‹ etc., ganzjährig.

Pitlochry und Umgebung

Pitlochry ist vielleicht Schottlands Touristenfalle No. 1: überlaufen, aber mit einer ausgezeichneten Infrastruktur. Wer Sehenswertes sucht, darf die Aneinanderreihung von *woollen mills* und Souvenirläden getrost umfahren. Die Lachse auf der viel bestaunten Betonleiter neben der Stauseemauer springen ohnehin nur im Juni/Juli. Das **Scottish Hydro-Electric Visitor Centre** am Damm ist ein Besucherzentrum zu Schottlands Wasserenergie und Lachsschutz (April–Okt. Mo–Fr 10–17.30 Uhr, Juli/Aug. auch So).

Schottlands angeblich kleinste Destillerie, das putzige, weiß-rote **Edradour** in den Hügeln über Pitlochry, ist in dieser Nachbarschaft natürlich kein Geheimtipp mehr. Besuchertour und Probeschluck sind kostenlos (März–Okt. Mo–Sa 9.30–18, So 11.30–17, Nov./Dez. Mo–Sa 9.30–17, So 12–17, Jan./Feb. Mo–Sa 10–16, So 12–16 Uhr).

Dasselbe gilt für **Queen's View:** Königin Victoria und Prinzgemahl Albert genossen 1866 den heute ausgeschilderten Blick auf den baumgesäumten, lieblichen Loch Tummel. Der größere Loch Rannoch geht im Westen in die schier endlose Torf-, Seen- und Moorödnis des Rannoch Moor über (s. S. 312).

i **Tourist Information:** 22 Atholl Rd., Tel. 01796/472 215, www.perthshire.co.uk. und www.pitlochry.org.uk, Ostern–Okt. Mo–Sa 9–19, So 11–17, Nov.–Ostern Mo–Fr 9–17, Sa 10–14 Uhr.

Richtig Reisen-Tipp: Perthshire für Pflanzenfans

Mit einem Zwei-Wochen-Ticket für 8 £, erhältlich in allen Tourist Offices, kann man sämtliche Gärten von Perthshire besichtigen.
Branklyn Gardens: 116 Dundee Rd., Perth, Karfreitag–Okt. tgl. 10–17 Uhr. Der vom National Trust betreute Garten ist berühmt für seine Rhododendren, Lilien, Moor- und Kräuterpflanzen sowie den blauen Himalaya-Mohn und wird von Botanikern und Gartenfans aus aller Welt besucht.
Meikleour Beech Hedge: 16 km östlich von Dunkeld im Ort Meikleour. Hier wächst seit 1745 die größte Buchenhecke der Welt, sie ist 30 m hoch und 530 m lang.
The Scottish Plant Hunter's Garden: Pitlochry Festival Theatre, Pitlochry, April–Okt. tgl. 10–17 Uhr. Dieser ganz besondere Garten zeigt und erläutert die Biographien und die Arbeit der schottischen ›Pflanzenjäger‹, die ab dem 18. Jh. in alle Welt ausströmten, anhand ihrer ›Beutestücke‹. Interessante Gartenarchitektur wie Holzpavillons und eine ›Mondloch-Brücke‹ erfreuen das Auge zusätzlich.

East Haugh Country House: East Haugh, 2 km südl., Tel. 01796/473 121, Fax 01796/472 473, www.easthaugh.co.uk. Baronialschlösschen des 17. Jh., hübsche Zimmer mit Four Poster-Betten. DZ ab 90 £.
Pine Trees Hotel: Strathview Terrace, Tel. 01796/472 121, Fax 01796/472 460, www.pinetreeshotel.co.uk. Mit wundervollen Antiquitäten eingerichtetes viktorianisches Herrenhaus im Park, samstags wird zum Dinner Klavier gespielt. DZ 69–152 £.
Cuil an Duin House: Ballinluig, Tel./Fax 01796/482 287, www.aboutscotland.com/pitlochry/cuilanduin.html. Arts and Crafts-Landhaus von 1927. DZ ab 76 £.
Craigroyston House: 2 Lower Oakfield, Tel./Fax 01796/472 053, www.craigroyston.co.uk. Luxuriöses viktorianisches Guest House, ruhige Lage, Zimmer teils mit Antiquitäten ausgestattet. DZ 40–60 £.
Pitlochry Youth Hostel: Knockard Road, Tel. 0870/004 1145, www.syha.org.uk. 3 Sterne, mit großartigem Blick über die Stadt, auch Familienzimmer. 9,25–12,50 £.

Old Armoury: Rie-Achan Road, Tel. 01796/474 281, März–Nov. tgl. Dez.–Feb. nur Sa/So 12–21.30 Uhr. Bistro, Tea Room, Sommerterrasse. Hauptgericht 13 £.
Moulin Inn: 2 km hinter Bridge of Cally, Tel. 01796/472 196, tgl. 12–23 Uhr. Deftiges, preiswertes Essen (Hauptgericht 6 £) und selbst gebraute Ales in gemütlichem Gasthof von 1695.

MacNaughton's of Pitlochry: Station Road, tgl. 10–17.30 Uhr. Altmodischer Kilt-Ausstatter, Tartan-Schlafanzüge.

Pitlochry Festival Theatre: Foss Road, Tel. 01796/484 626, www.pitlochry.org.uk. Das viel besuchte moderne ›Theater in den Bergen‹, Konzerte, Schauspiel.
Highland Games: Sept.

Wandern: Broschüre zu den Pitlochry Walks beim Tourist Office.

Bahn: Pitlochry Station, Station Road, Auskunft Tel. 0845/748 4950, Züge mehrmals tgl. u. a. nach Edinburgh, Glasgow, Perth, Inverness, Stirling, Dundee.
Bus: Haltestelle Atholl Road (Nähe Post), Verbindungen mehrmals tgl. u. a. nach Perth, Inverness, Aviemore sowie Blair Atholl.

Killiecrankie

Am Pass von Killicrankie gewannen die Stuart-Anhänger unter John Graham of Claverhouse, Viscount Dundee, 1689 eine Schlacht gegen die Regierungstruppen Wilhelms von Oranien. Der viel besungene Draufgänger Bonnie Dundee starb den Heldentod auf dem Schlachtfeld, ein unterlegener Rotrock rettete sich mit einem – heute ausgeschilderten – Fünfeinhalbmetersatz, *The Leap,* vor seinen jakobitischen Gegnern; natürlich gibt es ein kleines Besucherzentrum (Karfreitag–Okt. tgl. 10–17.30, Juli/Aug. 9.30–18 Uhr).

Die bewaldete Schlucht des River Garry – Killicrankie bedeutet ›Wald der schimmernden Bäume‹ – und das anschließende Gebiet des Linn of Tummel, des ›Wasserfalls des Tummels‹, bieten erholsame, vom National Trust gepflegte Wanderwege und Naturlehrpfade.

9 Blair Castle

Jeder Schottlandreisende, so darf man annehmen, bekommt Blair Castle zu sehen. Das weiß verputzte, zinnen- und zimmerreiche Schloss im schottischen Baronialstil, an dem vom 15. bis ins 19. Jh. gebaut wurde, gehört dem inzwischen 11. Herzog von Atholl. Er hat viele Ahnen, viele Waffen und eine eigene Armee, Letztere als einziger britischer Magnat. Die Privattruppe paradiert zwar nur am letzten Sonntag im Mai, doch zweimal täglich bläst ein malerisch gekleideter *Atholl Highlander* vor der großzügigen Erkerfront von Blair Castle auf dem Dudelsack.

In den repräsentativen, teils mit Stuckdecken geschmückten Räumlichkeiten werden der von der tödlichen Kugel durchlöcherte Brustpanzer (und Helm) des nahebei verstorbenen ›hübschen‹ Dundee ausgestellt sowie so kuriose Dinge wie eine Schreckschusspistole gegen Suffragetten. Mit viel Geld und Geschmack wurde das Anwesen renoviert und um einen gelungenen Restaurant- und Shopkomplex erweitert.

Der großzügige Park bietet Familienvergnügen für einen ganzen Tag: Gegenüber dem Schloss wurde ein formaler Barockgarten, der Hercules Garden, angelegt, es gibt Pfauen und einen Abenteuerspielplatz, ein Rotwildgehege, Ponyreiten und Wege durch den alten Baumbestand (29. März–28. Okt. tgl. 9.30–16.30/letzter Einlass, Nov.–28. März Di, Sa 9.30–12.30 Uhr).

Wer will, kann die Fahrt von hier auf der A 9 Richtung Inverness fortsetzen (s. ›Cairngorm National Park‹, s. S. 275ff.).

Atholl Arms Hotel: s. S. 290. Ensuite-Zimmer 50–85 £.

Ptarmigan House: 1,6 km nördl. von Blair Atholl, Tel./Fax 01796/481 269, www.ptarmiganhouse.co.uk. Viktorianisches Jagdhaus in

Nicht ohne Grund ein Publikumsmagnet: Blair Castle

eigenen *grounds,* ansprechende Zimmer, Gordon Muirhead heißt als Motorradfahrer alle Biker besonders herzlich willkommen. DZ 50–80 £.

The River Tilt Caravan Park: Tel. 01796/481 467, Fax Tel. 01796/481 511, www.rivertilt park.co.uk. April–Okt. Zwischen Golfplatz und Fluss, gegenüber Blair Castle, luxuriöse Ausstattung, Fitnesszentrum, Sauna, Mountainbike-Verleih, Golf, Pony Trekking. Zelt pro Nacht 7–15 £, Caravan zum Mieten 200–425 £ pro Woche.

The Loft: im River Tilt Park, Tel. 01796/481 377, tgl. 12–14.30, 17.30–21 Uhr. Rustikales, bekanntes ›Heuboden‹-Restaurant mit Gourmetküche, abends feines Dinner, mittags eher Bistro. Hauptgericht 9–16 £.

Atholl Arms Hotel: Old North Road, gegenüber dem Eingang zum Castle, Tel. 01796/481 205, Fax 01796/481 550. Gasthof mit Gourmetrestaurant im ehemaligen Ballsaal und einer gemütlichen Bar mit Cask Ales und Pub Grub. Hauptgericht 6–14 £.

House of Bruar: an der A 9 nördl. von Blair Atholl, Nov.–April tgl. 9.30–17, Mai–Okt. 8.30–18 Uhr. Country House Style-Kaufhaus, Golf- und Jagdklamotten, gute kulinarische Abteilung, Café.

Blair Atholl Distillery: Führungen Nov.–Ostern Mo–Fr 11, 13, 15, Ostern–Sept. Mo–Fr 9.30–17, Juni–Sept. auch So 12–17, Okt. Mo–Fr 10–16 Uhr. Destillerien-Tour, Probeschluck und Shop.

Highland Games: Ende Mai. Parade der Atholl Highlanders.

Glenfiddich Piping und Fiddling Championships: Anfang Nov.

Inverness

Reiseatlas: S. 5, B 4, **Cityplan:** S. 291

Die landschaftlich reizvoll und strategisch günstig gelegene, durch und durch viktorianische Stadt Inverness erlebte durch Telfords Kaledonischen Kanal und die Eisenbahnlinie im 19. Jh. ihre Blütezeit. In der blitzblanken, blumengeschmückten Kapitale der Highlands gibt es nicht nur zahlreiche Kiltausstatter und die letzten Burgerbuden vor dem Norden, sondern auch das Highlands and Islands Development Board, Verwaltungen und Industriebetriebe.

Starten Sie Ihren Spaziergang von den empfehlenswerten Pensionen und Hotels der Ness Bank und steigen Sie zur neogotischen, unglaublich rosafarbenen **Burg** 1 hoch, auf deren Vorplatz Flora MacDonald die Hand und ihr Hund die Pfote hebt. Das **Museum and Art Gallery** 2 in der Castle Wynd etwas unterhalb zeigt neben vier Class I-Piktensteinen und jakobitischen Reliquien Exponate zur Archäologie, Technik und Kultur des Hochlands (Mo–Sa 9–17 Uhr).

Die Fußgängerzone um High und Academy Street, besonders schön die viktorianische Markthallenpassage, ist das Einkaufsmekka der dünn besiedelten nördlichen Highlands. Insbesondere das schicke, gläserne, nun zu zwei Einkaufszentren erweiterte **Eastgate Centre** 3 weist von Monsoon über Laura Ashley und Pizza Express bis zu zeitgenössischer Kunst am zentralen Falcon Square alles auf, was man zum modernen Shopping braucht (Mo–Sa 9–17.30, Do bis 20, So 11–17 Uhr).

Das **Abertarrf House** 4 aus dem 16. Jh., jetzt Sitz des National Trust für die Highlands, ist eines der wenigen alten Häuser der Stadt.

Am schönsten ist Inverness am Ufer des Ness, der so tut, als sei er ein richtiger Fluss. Wenn in Abend- und Morgendämmerung grün gekleidete Männer in der Flussmitte ihre Angeln auswerfen, wird die Täuschung offenbar: Das Wasser reicht ihnen gerade einmal bis zur Wade. Zahlreiche spitze Kirchtürme erheben sich rund um die leuchtend weiße Fußgängerhängebrücke, die 1886 erbaute **Geird Bridge** 5, die bei jedem Schritt nachschwingt.

Man flaniert weiter und an der majestätischen **St. Andrew's Cathedral** 6 vorbei: Was wie eine Kathedrale der französischen Hochgotik am Ufer des Ness aussieht, ist eine neogotische Kopie von 1866–69. Das

Inverness: Cityplan

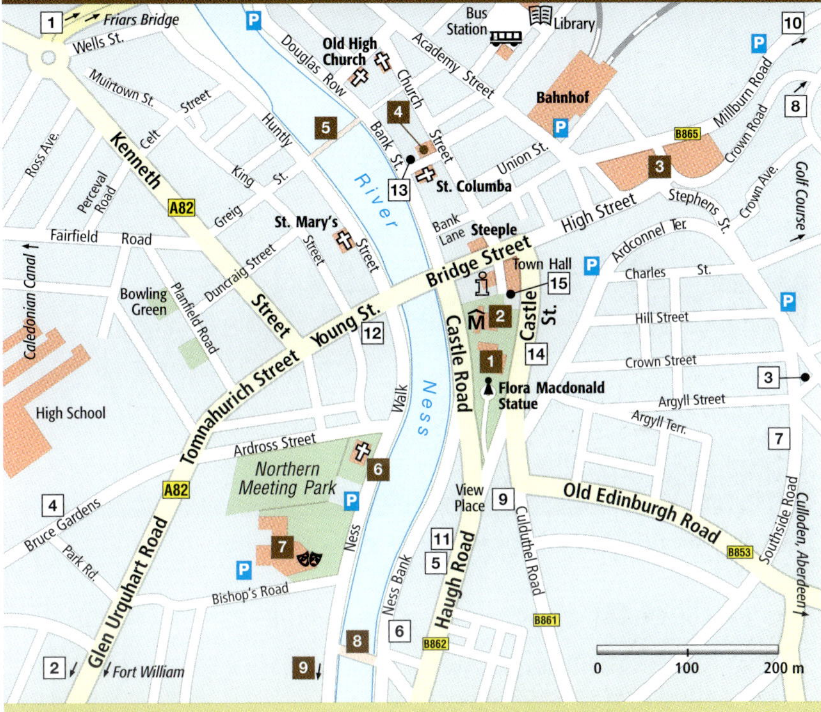

Sehenswürdigkeiten

1 Burg
2 Museum and Art Gallery
3 Eastgate Centre
4 Abertarff House
5 Geird Bridge
6 St. Andrew's Cathedral
7 Eden Court Theatre
8 Suspension Bridge
9 Ness Islands

Übernachten

1 Culloden House Hotel
2 Dunain Park Hotel
3 Heathmount Hotel
4 Moyness House
5 Ardmuir House Hotel
6 Silverwells Guest House
7 The Old Rectory Guest House
8 Inverness Youth Hostel
9 Student Hostel
10 Auchnahillin Caravan & Camping Park

Essen und Trinken

11 La Riviera
12 Rocpool
13 Mustard Seed
14 Café 1
15 Castle Restaurant

Blick über den River Ness auf die Hochlandkapitale Inverness

Eden Court Theatre 7 ist so etwas wie das Kulturzentrum der nördlichen Highlands. Es soll in den nächsten Jahren zeitgenössisch umgebaut werden. Über eine zweite viktorianische **Suspension Bridge** 8 gelangt man zum Ausgangspunkt zurück.

Wer jetzt noch nicht müde ist, sollte eine kleine Wanderung weiter am Ufer entlang via Ness Bank und Island Bank Road zu den **Ness Islands** 9 unternehmen. Die durch viktorianische Fußgängerbrücken miteinander verbundenen Sandablagerungen sind beliebt bei Spaziergängern und Anglern.

Tourist Information: Castle Wynd/ Bridge Street, Tel. 0845/225 5121, www.visithighlands.com, April–Okt. Mo–Sa 9–18, So 10–16, im Sommer länger, Nov.–März Mo–Fr 9–17, Sa 10–16 Uhr.

Culloden House Hotel 1: Milton of Culldoden, 5 km östl., Tel. 01463/790 461, Fax 01463/792 181, www.cullodenhouse.co.uk. Prächtiges georgianisches Herrenhaus, eines der besten und teuersten Country Houses Schottlands. DZ 170–650 £.

Dunain Park Hotel 2: Tel. 01463/230 512, Fax 01463/224 532, www.dunainparkhotel.co.uk. Viktorianisches Luxushotel mit Gourmetrestaurant. DZ 138–198 £.

Glenmoriston Town House Hotel: s. Restaurant La Riviera, S. 293. Boutiquehotelzimmer 130–160 £.

Heathmount Hotel 3: Kingsmills Road, Tel. 01463/235 877, Fax 01463/715 749, www.heathmountinn.com. Neuestes und schickstes Boutiquehotel der Stadt, Zimmer von traditionell bis minimalistisch, Plasma-Bildschirme in den Duschen (!), Restaurant. DZ 85 £.

Moyness House 4: 6 Bruce Gardens, Tel./Fax 01463/233 836, www.moyness.co.uk. Der Autor Neil Gunn wohnte einst in dieser hübschen viktorianischen Villa, Ensuite-Zimmer, Garten. DZ 70–76 £.

Ardmuir House Hotel 5: 16 Ness Bank, Tel./Fax 01463/231 151, www.ardmuir.com. Familienhotel am Ness-Ufer, geschmackvoll renovierte Zimmer. DZ 57–68 £.

Silverwells Guest House 6: 28 Ness Bank, Tel. 0163/232 113, www.silverwells-inverness.co.uk. Schicke Einrichtung zwischen Tartan und modern, viktorianische Villa, vom Frühstückssaal Blick auf den Ness. DZ 50–70 £.
The Old Rectory Guest House 7: 9 Southside Rd., Tel./Fax 01463/220 969, www.smoothhound.co.uk/hotels/theoldrect.html. Luxuriöses B & B in viktorianischem Granithäuschen. DZ 46–50 £.
Inverness Youth Hostel 8: Victoria Drive, Tel. 08700/004 1127, www.shya.org.uk. Eines der besten Hostels Schottlands (5 Sterne), auch Familienzimmer. Ab 14 £.
Student Hostel 9: 8 Culduthel Rd., Tel. 01463/236 556, www.scotlands-top-hostels.com. Empfehlenswerte Bleibe. Schlafsaal 10–12 £.
Auchnahillin Caravan & Camping Park 10: Daviot East, Tel. 01463/772 286, Fax 01463/772 282, www.auchnahillin.co.uk. 4 Sterne, März–Okt. Zelt 4,10–10,40 £, Caravan 1 Woche 198–437 £.

La Riviera 11: im Glenmoriston Town House Hotel, Ness Bank, Tel. 01463/223 777, www.glenmoristontownhouse.com, tgl. 12–14.30, 18.30–21.30 Uhr. Edel-zeitgenössisches Flussuferrestaurant mit italienischem Touch. 2-Gang-Dinner 23 £.
Rocpool 12: 1 Young St., Tel.01463/717 274, Mo–Sa 12–22.30, Sommer auch So 18–22 Uhr. Trendige Crossover-Küche von einem exzellenten Koch, tagsüber preiswert im Tapa-Stil. 2-Gang-Dinner 21 £.
Mustard Seed 13: 16 Fraser St., Tel. 01463/220 220, tgl. 12–15, 18–22 Uhr. Schottisch-mediterrane Küche, freundliches, gelb gestrichenes Bistro in beeindruckend umgebauter alter Kirche am Flussufer – Gewölbe, Mezzaninbalkon, Spitzbogenfenster. 2-Gang-Dinner 20 £, Lunch 8 £.
Café 1 14: 75 Castle St., Tel. 01463/226 200, Mo–Sa 12–14, 18–21.30 Uhr. Moderner Bistro-Stil, schickes zeitgenössisches Design, köstliche Marmelade aus roten Zwiebeln. 2-Gang-Dinner 17 £.
Castle Restaurant 15: Castle Street, tgl. 8–20.30 Uhr. Tea Room, *chips*-Menü, Schweinekoteletts, *scrambled eggs,* altmodisch und verlässlich. Hauptgericht 5 £.

Restaurants, Cafés und Bistros: Viele der neuen, trendigen Etablissements, die die kulinarische Szene von Inverness zu der wohl besten in den Highlands gemacht haben, liegen an der Castle Street.

Highland Dress: Chisholms, 47–51 Castle St., www.kilts.co.uk. Highland-Kleidung, auch Versand.
Castle Gallery: 43 Castle St., Mo–Sa 9–17 Uhr, www.castlegallery.co.uk. Qualitativ gute Gemälde, Plastiken, Schmuck, Drucke, Kunstgewerbe – schottische Themen, schottische Künstler.
The Gourmet's Lair: 8 Union St., Mo–Sa 8.30–17 Uhr. Delikatessenladen, u. a. schottischer Käse, auch Sandwiches zum Mitnehmen.

Bar Pivo: 38–40 Academy St., tgl. 11–1 Uhr. Minimalistisch-cooles Café tagsüber, Ledersofas, dunkles Holz etc., abends legen DJs Funk und House auf.
Barbazza: 5–9 Young St., Mo–Do 11–1, Fr/Sa 11–1.30, So 12.30–24 Uhr. Braunes Leder, hippe Lampen, Design auf Teufel komm raus, tagsüber anständiges Essen, abends kleine Tanzfläche, gespielt werden Chart-Hits und Retro, sehr angesagt.
The Phoenix: 108/110 Academy St., Mo–Sa 11–23, So 12.30–23 Uhr. Hufeisenbar, tradi-

Leakey's Second Hand Bookshop: Seit über einem Vierteljahrhundert führt Charles Leakey Schottlands größtes modernes Antiquariat. Außer ca. 80 000 Büchern gibt es eine Galerie mit Drucken und alten Landkarten. Die Location in einer ehemaligen Kirche aus dem 18. Jh. ist genial, und im Café bekommt man leckere, preiswerte Suppen, Sandwiches und Quiches (Greyfriars Hall, Church Street, Mo–Sa 10–17.30 Uhr).

tioneller Pub, Livemusik, deftiges Essen, Real Ales wie dunkles Orkney-Bier.
Nicky Tams: 9/12 Ness Bank, So–Do 12–14, 17–23, Fr/Sa 12–14, 17–24 Uhr. Gemütliche Lounge Bar hinter dem netten Glen Mhor-Hotel, grün-rote Polstersofas und offene Kamine, gute Whisky-Auswahl.
Bakoo: 39 High St., Do, So 10–2, Fr 10–3, Sa 9.45–3 Uhr. Cooler Anti-Establishment-Club, hier treten aber auch große Namen des internationalen Mainstream auf.

Eden Court Theatre: Bishop's Road, Karten Tel. 01463/234 234, www.edencourt.co.uk. Theater, Tanz, Kino, klassische und Folkkonzerte, eines der wichtigsten Kulturzentren in den Highlands, Bar/Restaurant.
Hootananny: 67 Church St., Tel. 01463/233 651, www.hootananny.com, Mo–Do 10–24, Fr/Sa 10–1, So 19–24 Uhr. Veranstaltungs- und Pubkomplex auf drei Ebenen für Folk, Rock-Pop, Comedy etc., gute Biere von der Black Isle.

Inverness Leisure: Bught Park, Mo–Fr 7.30–22, Sa/So bis 21 Uhr, www.invernessleisure.co.uk. Erlebnisbad mit Wellenanlage, Whirls, Schwimmkanälen, Babybad, Sauna, Fitness, Kletterwand, Café.
Caley Cruisers: Canal Road, Tel. 01463/236 328, www.caleycruisers.com. Bootsverleih für Durchquerung des Great Glen auf einem Motorboot mit Kajüten.
Highland Cycles: 16A Telford St., Tel. 01463/234 789, www.highlandcycles.co.uk, Mo–Sa 9–17.30 Uhr. Fahrradverleih, auch für Kinder.
Golf: Inverness Golf Club, 18-Loch-Parkland, Tel./Fax 01463/239 882, www.invernessgolfclub.co.uk. Über die Golfplätze in den Highlands informiert www.golfhighland.com.
Bootsausflüge:
Jacobite Cruises: Tomnahurich Bridge, Glenurquart Road, Tel. 01463/233 999, www.jacobite.co.uk. Ganzjährig Schiffsausflüge unterschiedlicher Dauer zur Monsterjagd auf dem Loch Ness.
Inverness Dolphin Cruises: Shore Street Quay, Tel. 01463/717 900, www.inverness-dolphin-cruises.co.uk. März–Okt. tgl. 9.30–18 Uhr, Bootsausflüge zu Delfinen, Seehunden, Seevögeln.

Flugzeug: Regionalflughafen Highlands and Islands Airports Limited, Dalcross, 13 km nordöstl., Tel. 01667/464 000, www.hial.co.uk; Bus nach Inverness 2 x tgl. zu den Flügen außer So, Taxi ca. 10 £; innerschottische Flüge, u. a. auf alle Inseln.
Bahn/Bus: Inverness ist Verkehrsknotenpunkt der nördlichen Highlands. Bahnhof Academy St., Tel. 08457/484 950; Busbahnhof Farraline Park, off Academy St., Tel. 01463/239 292.
Mietwagen: Arnold Clark, 47/49 Harbour Rd., Tel. 01463/236 200.
Taxi: Inverness Taxis, Tel. 01463/221 111.

Die Umgebung von Inverness

Reiseatlas: S. 5, B 3/4

South und North Kessock

Am Carnac Point in **South Kessock,** unterhalb der 1982 eröffneten Kessock Bridge mit ihren Streichholzpfeilern kann man bei Flut mit ein bisschen Glück Delfine springen sehen. Am besten stehen die Chancen von Mai bis September bei einlaufender Flut. Auf alle Fälle hat man von der ruhigen Mole einen schönen Blick auf den Moray Firth.

In **North Kessock** bietet das Besucherzentrum Dolphins and Seals of the Moray Firth die vielleicht beste Gelegenheit, Delfine zu beobachten und ihren Klicklauten mit Unterwassermikros zu lauschen, Seehunde und Seevögel inklusive (neben der Tourist Information, Ostern–Okt. tgl. 10–17 Uhr).

Targemaker, Joe Lindsay: Main Street, North Kessock, Tel. 01463/731 577, www.targemaker.co.uk, vorher anrufen. Historische Rundschilde aus Leder und Nieten.

Culloden

Eine Dudelsackklage dringt aus dem mit Stroh gedeckten Leanach-Cottage auf dem

Schlachtfeld von Culloden, dem öden flachen Drummossie Moor, wo 1746 nach 40-minütiger Schlacht die jakobitischen Hoffnungen und Hunderte Gefallene begraben wurden. Bonnie Prince Charlie entkam, die Krieger liegen unter Monolithen mit den Namen der einzelnen Clans in Massengräbern. Der National Trust hat ein gewaltiges neues Besucherzentrum errichtet, in dem über Taktik und politische Nachwirkung des Gemetzels aufgeklärt und in einem Café für Stärkung nach so viel Tristesse gesorgt wird (Feb., Nov., Dez. tgl. 11–16, April–Okt. 9–18 Uhr).

Clava Cairns

Beeindruckend sind die finsteren Clava Cairns, drei nun offene steinzeitliche Grabhügel, umstanden von wohl späteren, bronzezeitlichen Steinkreisen. Alexander Thom, ›Papst‹ der astronomischen Ausdeutung prähistorischer Denkmäler, fand heraus, dass die Grabkammer des mittleren Cairns zu ihrer Erbauungszeit exakt auf den Mittwinter-Sonnenuntergang ausgerichtet war (jederzeit zugänglich).

Cawdor Castle

In Forres traf Shakespeares Macbeth die Hexen, die ihm den Titel eines Thans von Cawdor versprachen, in Cawdor Castle erschlug er Duncan, und hier leben heute seine Nachfahren, die Campbells von Cawdor, nicht schlecht von diesen Legenden. Die Burg aus dem 14. und 17. Jh. birgt hinter ihrer ansehnlichen Fassade im Baronialstil neben den üblichen prunkvoll eingerichteten Räumlichkeiten eine Dalí-Zeichnung zu Macbeth, eine Zeichnung von Charles Adams (dem Vater der Adams-Familie) zu Edgar Allan Poe sowie eine Neid erregende moderne und eine ebensolche viktorianische Küche. Vom üppig blühenden Cottagegarten schlüpft man durch die Mauerpforte in einen würzig duftenden, von markierten Wegen durchzogenen Flussufer-Urwald, wo Baum-Greise starre Astarme emporrecken und gegen die phosphorgrünen Hexenhaarflechten kämpfen. Die umtriebige Familie unterhält ein Tea Room-Restaurant, einen Souvenir- und Woollies-Shop sowie einen 9-Loch-Golfplatz (Mai–9. Okt. tgl. 10–17.30 Uhr).

Cawdor Tavern: The Lane, Tel. 01667/404 777, Mo–Do, So 11–23, Fr/Sa 11–24 Uhr. Urgemütlicher Pub im Neo-Tudor-Stil mit Kaminfeuer, im Restaurant Mahagonitäfelung, Essen deutlich über Pubniveau. Hauptgericht 6–12 £.

Nairn

Der kinderfreundliche Seebadeort aus viktorianischer Zeit hat flach abfallende Sandstrände – besonders der im Osten der Stadt – und kann mit guten Sportmöglichkeiten, einem geschäftigen Fischerhafen und Ferienvergnügungen im Bournemouth-Stil dienen, sprich: einarmigen Banditen, Plastiksouvenirs, Fish 'n' Chips-Läden.

Boath House: s. u. Übernachtung in wunderbar georgianischen Interieurs mit Four Poster-Betten und edwardianischen Badewannen – ein Traum. DZ 170–300 £.
Sunny Brae Hotel: Marine Road, Tel. 01667/452 309, Fax 01667/454 860, www.sunnybraehotel.com. Freundliches Familienhotel, in Privatgarten in Strandnähe, Meerblick von der gemütlichen Lounge, gutes Restaurant, neu eingerichtet. DZ 94, mit Meerblick 104–124 £.

Boath House: Auldearn (3 km östl.), Tel. 01667/454 896, Fax 01667/455 469, www.boath-house.com, tgl. 12.30–14.30, 19–21 Uhr. In georgianischem Herrenhaus in eigenen *grounds* mit Weiher und mauerumwehrtem Küchengarten, eine der besten franko-schottischen Küchen Schottlands. 5-Gang-Dinner 39,50 £.

Golf: Nairn Golf Club, Tel. 01667/453 208, www.nairngolfclub.co.uk. Dünenplatz, 1887 gegründeter Club.
Nairn Watersports: Marine Road, Tel. 01667/455 416. Wassersportverleih und -schule, Fahrradverleih.

Fort George

In die 1748 errichtete Artilleriefestung Fort George kamen die früheren ›Besucher‹ nicht freiwillig, es waren in aller Regel zum Dienst

Der Highland Pictish Trail führt auch zu weniger bekannten Piktensteinen und Museen von Inverness bis Dunrobin. Eine Broschüre ist in allen angeschlossenen Museen erhältlich, z. B. im Groam House Museum (Rosemarkie).

gepresste Soldaten. Trotz der atemberaubenden Lage an einer Landzunge des Moray Firth gewinnt man hier einen Eindruck von der Kehrseite der georgianischen Architektur und der Gesellschaft, die sie widerspiegelt. Der schwerelose Gleichklang der Edinburgher Wohnbauten wird bei der Kaserne zur starren Uniformität. Die Sammlung des Regimentsmuseums vermittelt durch mit Puppen nachgestellte Szenen ein Bild vom Leben der Kasernenbewohner: Der Besucher sieht Private Anderson, gemeiner Soldat im Jahr 1780, in einer engen Stube sitzen. Er wohnte hier mit Kameraden und Frau; für ein bisschen Privatsphäre sorgte ein Lumpenvorhang vor dem Bett; die Ein-Mann-Ration musste er sich mit seiner Familie teilen, und draußen vor der Festung lauerten die ruppigen Jakobiten-Highlander (25. März–Sept. tgl. 9.30–18.30, Okt.–24. März Sa–Mi 9.30–16.30 Uhr).

Black Isle

Vor den Bergketten von Easter Ross gönnt sich die Natur mit der sanfthügeligen Halbinsel Black Isle, die durch Beauly, Moray und Cromarty Firth beinahe vom Festland getrennt wird, noch einmal eine Pause. Ackerland und Sandstrände umschließen den zentralen bewaldeten Höhenrücken. Hinterlassenschaften der Pikten und die Strände sind die Hauptattraktionen dieser erholsamen Miniregion, die man gut auf einer Tagestour erkunden kann.

Die sandsteinrote spätmittelalterliche Kathedralruine von **Fortrose** – übrig sind nur noch südliches Seitenschiff und Sakristei – liegt inmitten eines mauerumwehrten Pfarrbezirks mit herrlichen Kletterbäumen. Von der schmalen Landzunge Chanonry Point mit ihren Dünen und einem Golfplatz blickt man über den Moray Firth zu Fort George hinüber – die zahlreichen Picknicker beweisen, dass der Ort als einer der besten Sichtungsplätze für Delfine gilt.

Im Groam House Museum im nahen **Rosemarkie** kann man einen Class II-Piktenstein bewundern und auf einer rekonstruierten piktischen Harfe spielen, die Kinder werden zu Brass Rubbing ermuntert – ein intimes, interaktives Piktenerlebnis (High St., Mai–Sept. Mo–Sa 10–17, So 14–16.30, Okt.–April Sa/So 14–16).

Von dem reizenden **Cromarty,** einem Fischerort mit geduckten Häusern aus dem 18. Jh., wandert der Blick über den idyllischen Strand mit dem leuchtend weißen Leuchtturm zu den Bohrinseln im Cromarty Firth.

Kinkell House: Easter Kinkell (ausgeschildert von der A 9 15 km nördl. von Inverness), Tel. 01349/861 270, Fax 01349/867 240, www.kinkellhousehotel.com. Die ideale Adresse für einen Black Isle-Aufenthalt; persönliches kleines Landhaushotel mit geräumigen traditionellen Zimmern und gemütlicher Lounge, Blick über Garten und Firth auf die Berge von Easter Ross; Küche mit frischen Marktprodukten, umwerfend das Frühstück, kinderfreundliche, lockere Atmosphäre. DZ 105 £.

Black Isle Brewery: Old Allangrange, April–Okt. tgl., Nov.–März Mo–Sa 10–18 Uhr, www.blackislebrewery.com. Brauerei, die Bio-Bier produziert.

Dolphin Ecosse: oberhalb des Hafens, Cromarty, Tel. 01381/600 323. Bootstouren zu den Delfinen.

10 Loch Ness

Reiseatlas: S. 5, B 4–S. 9, A 1

Der geniale Ingenieur Thomas Telford errichtete 1803 bis 1822 den **Caledonian Canal.** Mit 29 Schleusen verbindet er die Seen des Great Glen (s. S. 14) von Inverness bis Fort William miteinander und schafft so eine

Schiffsverbindung zwischen Nordsee und Atlantik. Der erste See der Kette, Loch Ness, steht ganz im Zeichen eines berühmten Monsters – Ausflüge von Inverness hierher gehören zum Standard-Touristenprogramm.

Ostufer

Die winzige B 862/852 am Ostufer des auf dieser Seite friedlichen, lang gestreckten Loch Ness bietet die schöneren Ausblicke – und die Möglichkeit, im Dores Inn in dem gleichnamigen kleinen Dorf ein Pint zu trinken und in dem gemütlichen Restaurant schottische Gasthofküche ohne Schnickschnack zu genießen. Das alte weiße Gebäude versinnbildlicht Landleben pur, am Kieselstrand kann man Uferspaziergänge unternehmen (Tel. 01463/751 203, Mo–Do 11–23, Fr/Sa 11–24 Uhr).

Drumnadrochit

Die meisten nehmen aber die viel befahrene A 82 entlang des Westufers. Drumnadrochit ist ganz auf Nessie abonniert: Bootsausflüge, Souvenirgeschäfte, Whisky und Kilthersteller, Ausstellungen und Busladung um Busladung von Möchtegern-Monsterguckern. Die wohltuend sachliche **Loch Ness 2000 Exhibition** verheißt Aufklärung des Monsterrätsels mit allerlei interaktiver und kindgerechter Technik. Auf einem Teich daneben dreht sich eine lebensgroße (?) Nessie-Skulptur, und für die Kleinen gibt es *Monster Ice Cream*. Adrian Shine, Koordinator des wissenschaftlichen ›Loch Ness & Morar Project‹ und Leiter der Nessie-Ausstellung, ist in puncto Loch Ness-Monster allerdings skeptisch. Er tippt eher auf Sinnestäuschungen oder Naturphänomene als

Loch Ness mit Urquhart Castle: Hier wurde das ›Monster‹ am häufigsten gesichtet

My God, it's the Monster! Thema

Nessies gibt es in Plüsch, in Schokolade und als Kinderpuzzle. Aber gibt es das Ungeheuer tatsächlich auch im Loch Ness? Oder sind jene, die es dort gesehen haben wollen, nur Sinnestäuschungen erlegen? Schottlands tiefster See lockt mit seinen Geheimnissen alljährlich etwa 500 000 Besucher an.

Der Bericht des hl. Abdomnan über eine Begegnung des hl. Columban mit einem Seeungeheuer in Loch Ness im Jahr 565 ist Nessies erste Erwähnung. Ihr eigentlicher Geburtstag aber ist der 2. Mai 1933, als Alex Campbell mit seinem Leitartikel im ›Inverness Courier‹ die moderne *Quest* einläutete. Mehrere Tausend Menschen haben seither Sichtungen zu Protokoll gegeben oder (unscharfe) Fotos geschossen, darunter so achtbare Zeitgenossen wie Mönche des Benediktinerklosters in Fort Augustus und Dr. Richard Synge, Nobelpreisträger für Chemie des Jahres 1952.

Mit Kameras, Tauchern, Netzen, U-Booten und Sonardetektoren wurde Jagd auf Nessie gemacht. Dr. Robert Rines gelang 1972 mit einer Unterwasserkamera jenes berühmte ›Flossen-Foto‹, welches zusammen mit Sonarortungen aus demselben Jahr den stärksten wissenschaftlichen Anhaltspunkt für die Existenz eines unbekannten Tiers in den Tiefen von Loch Ness darstellt. Auch die Operation Deepscan, bei der Loch Ness von oben nach unten mit Sonaren durchkämmt wurde, lieferte 1987 ›ungeklärte Sonarkontakte‹. Der schwedische Monsterjäger Jan-Ove Sundberg hält Nessie für einen Riesenaal und suchte ihn 2003 im See – die 7-m-Reuse blieb aber leer.

Wie sähe Nessie aus? Bisherigen Beschreibungen nach wäre sie grau-braun-schwarz, 5–9 m lang, hätte einen langen, schlanken Hals mit einem winzigen, schlangengleichen Kopf, einen mächtigen Körper und ebensolchen Schwanz und vier rautenförmige Flossen. Sie könnte während der letzten Eiszeit, vor etwa 10 000 Jahren, als der Loch Ness noch Verbindung zum Meer hatte, von dort hereingeschwommen und nach Verlust der Seeverbindung darin gefangen worden sein. Nessie wäre natürlich nicht allein, sondern es gäbe eine Herde von Nessies. Ernähren würden sie sich von den ausreichenden Vorkommen von Aalen, Forellen und Lachsen, die im See zu stattlicher Größe heranwachsen.

Was könnte vor 10 000 Jahren in den Loch geschwommen sein? Die wenigen Zoologen wie Denys W. Tucker, die sich unparteiisch mit der Möglichkeit einer Nessie-Existenz auseinander gesetzt haben, plädieren für einen *Crytocleidus,* einen Fischfresser aus der Familie der Plesiosaurier. Der aber ist seit 70 Mio. Jahren ausgestorben. Das glaube nur die Forschung, halten die Nessie-Gläubigen dagegen und verweisen auf den Quastenflosser: Das ›lebende Fossil‹, einen Fisch aus dem Devon, hielt die Wissenschaft für seit Millionen Jahren ausgestorben, bis 1952 eine Kolonie vor den Komoren entdeckt wurde. Er hatte, wie Nessie (?), in einem eng umgrenzten Raum die schier unglaubliche Zeitspanne überlebt. *Nessiteras rhombopterix,* das ›Wunder des Ness mit der rautenförmigen Flosse‹, hat aber einen Haken: Plesiosaurier sind Lungenatmer und müssten ähnlich wie Krokodile alle 10 bis 15 Minuten zum Luftholen auftauchen. Da hätten doch die vielen auf den See gerichteten Überwachungskameras schon ein besseres Foto liefern müssen?

auf die Existenz echter Ungeheuer (Ostern–Mai 9.30–17.30, Juni/Sept. 9.30–18.30, Juli/Aug. 9–20.30, Okt. 9.30–18, Nov.–Ostern 10–16 Uhr, www.loch-ness-scotland.com).

Tourist Information: Carpark, Tel. 0845/225 5121, www.visithighlands.com, April–Okt. Mo–Sa 9–17, So 10–16, im Sommer länger, Nov.–März Mo–Fr 10–13.30 Uhr. Faltplan für 2-3-stündige Wanderungen um Loch Ness.

Deepscan - Cruise Loch Ness: am Exhibition Centre, Tel. 01456/450 573. ›Wissenschaftliche‹ Monsterjagdbootsausflüge.
Highland Riding Centre: Borlum Farm, Tel. 01456/450 220, Fax 01456/450 358, www.borlum.com, tgl. 9–18 Uhr, Juli/Aug. So geschl. Ausritte, Kurse, auch für Anfänger, Unterkunft in netten Selbstversorger-Cottages.
Loch Ness Fishing: The Glen, Village Green, Tel. 01456/450 279, tgl. April–Sept. Private Bootsausflüge zum Angeln.

Glen Affric

Erholung vom Rummel findet man im spektakulären Naturschutzgebiet Glen Affric. Viele, auch einfache Wanderwege sind markiert, z. B. am Ende der Straße ins Glen, ca. 16 km südwestlich des kleinen Ortes **Cannich,** sowie am Wasserfall **Dog Falls,** wo man picknicken und schwimmen kann: absolute Hochlandeinsamkeit mit *Scots Pine,* der selten gewordenen Schottischen Kiefer, und umgeben von Bergriesen.

Tomich Hotel: Tomich (hübsches altes Dörfchen bei Cannich), Tel. 01456/415 399, Fax 01456/415 469, www.tomichhotel.com. Ehemaliges viktorianisches Jagdhaus, schlichte, angenehme Zimmer, traditioneller Speisesaal mit schönem Kamin, gute Malt-Auswahl, Angeln nahebei. DZ 85–97 £.
Jugendherberge:
Glen Affric Youth Hostel: Allt Beithe, Cannich, Tel. 0870/155 3255, www.shya.org.uk, April–Okt. Sehr einfaches Hostel. Bett im Schlafsaal 11 £.

Urquhart Castle

Am Westufer liegen die imposanten rötlichen Ruinen von Urquhart Castle in fantastischer Lage auf einer in den See ragenden Landzunge – hier wurde das Monster am häufigsten gesichtet. Halb in den Uferhang hineingebaut wurde das moderne **Besucherzentrum,** das eine kleine Ausstellung zu den Burgherren und zum Leben in den Highlands in früheren Zeiten zeigt, vor allem aber einen gigantischen Shop- und Restaurant-Komplex beherbergt. Zur **Burgruine** kommt man nur durch das Besucherzentrum (25. März–Sept. tgl. 9.30–18.30, Okt.–24. März 9.30–16.30 Uhr).

Fort Augustus

Im betriebsamen Fort Augustus am Südende des Loch Ness gibt es eine allzeit umlagerte Vier-Schleusen-Anlage, Bootsfahrten für die Monstersuche, einen Wollladen in einer Wellblechkirche, Plastik-Nessies an der Tankstelle und das **Caledonian Canal Heritage Centre,** das Geschichte und Technik des Kanals erläutert (Ostern–Okt. Mo–Do, So, Juli–Sept. tgl. 10–17 Uhr). Wie Fort William entstand Fort Augustus als Militärstützpunkt mit dem Ziel der Unterwerfung der Highlands im 18. Jh.

Tourist Information: Car Park, Tel. 0845/225 5121, www.visithighlands.com, April–Okt. tgl. 9–17, Juli/Aug. bis 18 Uhr. Infos für Wanderungen und Angeln.

Lovat Arms Hotel: off A 82, Tel. 0845/450 1100, Fax 01320/366 677, www.lovatarms-hotel.com. Viktorianischer Landgasthof mit Blick auf den Kanal, im Park steht noch die Mauer des hannoveranischen Forts, eine gelungene Kombination aus Tradition und Moderne, im blauen Speisesaal werden Schalentiere und Wild serviert. DZ 80–120 £.

Lock Inn: am Caledonian Canal, Mo–Sa 11–23, So 12.30–23 Uhr. In diesem Pub ist immer etwas los, Pub Grub, Livemusik.

Der Norden

Reiseatlas S. 4–6

Schottlands menschenleerer, karger Norden mit seiner großartigen, unberührten Natur aus Klippen, Bergen und Mooren erschließt sich am besten auf einer Reise entlang der Küste. Dunrobin Castle und die Steinzeitgräber Grey Cairns of Camster gehören zum Bedeutendsten des schottischen Kulturerbes, doch es lassen sich auch weniger bekannte Sehenswürdigkeiten entdecken.

Der Nordosten zwischen Strathpeffer und Wick

Reiseatlas: S. 5/6, A 2/3–D 1

Strathpeffer

Der Ferienort Strathpeffer hat noch einige viktorianische Bauten aus seiner Glanzzeit, dem 19. Jh., aufzuweisen. Im viktorianischen Holzgebäude des ehemaligen Bahnhofs lädt ein Tea Room zu Kaffee und Kuchen und das **Highland Childhood Museum** zu einem nostalgischen Spaziergang in eine Kindheit ohne Schuhe, aber mit Halloween, Hogmanay (s. S. 49) und wundervollem alten Spielzeug ein. Im angeschlossenen Shop kann man Spielzeug kaufen (April–Okt. Mo–Sa 10–17, So 14–17, Juli/Aug. Mo–Fr 10–19 Uhr). Ausgeschildert ist der Weg zu Schottlands ältestem Piktenstein, dem kleinen ›Eagle Stone‹, der einen Adler mit einem Hufeisen darüber zeigt.

i **Tourist Information:** The Square, Tel. 0845/225 5121, www.visithighlands.com, April–Okt. Mo–Sa 10–17, So 14–17, im Sommer länger, Nov.–März Mo–Fr 10–16 Uhr.

Von Dingwall bis Tain

Das modern verbaute **Dingwall** würde Macbeth, der hier geboren sein soll, nicht wiedererkennen. Auch den Cromarty Firth nicht, in dem sich die Bohrinseln wie auf einer Perlschnur reihen. Fährt man in Alness von der A 9 ab und am Ufer entang nach Invergordon, kommt man den mehrbeinigen Ungetümen mit der kalten Ästhetik aus Stahl und Rost am nächsten.

Tain ist ein hübscher Küstenort, in dem es einen zinnenbewehrten Tolbooth und die lokalgeschichtliche, ansprechend aufbereitete Ausstellung ›Tain Through Time‹ zu sehen gibt. Genial ist deren Location: eine mittelalterliche Kirche (April–Okt. Mo–Sa 10–17, Juli/Aug. bis 18 Uhr).

Ins Landesinnere um Lairg

Die Hauptstraße A 9 überquert auf einer neuen Brücke den Dornoch Firth, doch die alte Küstenstraße A 638 führt bis ans Ende des tief ins Land schneidenden Ästuars: Auf der Brücke von Bonar Bridge ergibt sich ein schöner Blick auf den Cnoc a' Choire im Landesinneren. Von Juni bis August kann man in den Falls of Shin zwischen Bonar Bridge und Lairg die Lachse springen sehen und in Schottlands herrschaftlichster Jugendherberge, dem edwardianischen **Carbisdale Castle,** übernachten.

Am Verkehrsknotenpunkt **Lairg** treffen sich Eisenbahnstrecken, Buslinien und Straßen. Teilweise einspurige Straßen führen durchs Landesinnere nach Norden, Nordwesten und Westen (A 836, 838, 839/37): Natur, Einsamkeit, Stein und Moor.

Carbisdale Castle Youth Hotel: Culrain, Tel. 0870/004 1109, www.syha.org.uk und www.carbisdale.org. Die 1906–1917 erbaute Burg im zinnen- und türmchenverliebten schottischen Baronialstil ist komplett mit Statuengalerie, holzgeschnitzter Prachttreppe, Stuckdecken, Gemälden und eigenem Gespenst ausgestattet. Man schläft für 14 £ in Gemeinschaftsräumen und einigen 4-Bett-Familienzimmern, Duschen und Toiletten sind auf dem Flur. Wanderungen durch den Shin Forest und zu den dortigen Wasserfällen, Radtouren und Angeln im Kyle of Sutherland sind möglich. Bahnstation in Culrain.

Harrods-Ableger mit guter Lebensmittelabteilung im Besucherzentrum an den Falls of Shin (Mohammed al Fayed besitzt ein Anwesen in der Nähe), tgl. 9.30–18 Uhr.

Tarbat Ness

Kaum ein Tourist verirrt sich auf die windgepeitschte, relativ flache Halbinsel östlich von Tain. Im netten Fischerörtchen **Portmahomack** führt das kleine, interaktive Tarbat Discovery Centre in die Lokalgeschichte mit Schwerpunkt auf den Pikten ein. Es ist in einer romantischen alten Kirche untergebracht, dem Schauplatz bedeutender archäologischer Ausgrabungen. Einer der Piktensteine zeigt die anrührende Darstellung einer ihr Kalb leckenden Kuh (März–Dez. tgl. 10–17 Uhr). Herrlich über Klippenpfade wandern kann man am äußersten Nordzipfel zwischen **Rockfield** und **Wilkhaven** bis zum Leuchtturm am Tarbat Ness, einem der höchsten Leuchttürme Schottlands.

Oystercatcher Restaurant: Portmahomack, Tel. 01862/871 560, April–Juni, Sept./Okt. Mi–So, Juli/Aug. Di–So 12–14.30, 18–21.30 Uhr. Zwischen Aquarien isst man preiswertes, frisch zubereitetes Seafood. Hauptgericht 11 £.

Dornoch

Das aus warmgelbem Sandstein erbaute kleine Dornoch ist ein Traum, vor allem auf dem stillen Friedhof um die gotische Kreuzkathedrale (9 Uhr bis Sonnenuntergang), in der Madonnas Sohn Rocco getauft wurde. Das Besucherzentrum **Historylinks** erzählt Dornochs Geschichte von den Wikingern bis zu zeitgenössischen Promis: Im nahen **Skibo Castle,** einem super luxuriösen, super abgeschirmten Honeymoon-Hotel, heirateten Madonna, Claudia Schiffer und Paul McCartney (Ostern–Mai Mo–Fr, Juni–Sept. tgl. 10–16 Uhr). Der kilometerlange, dünengesäumte Sandstrand sucht seinesgleichen.

Tourist Information: The Square, Tel. 0845/225 5121, www.visithighlands.com, April–Sept. Mo–Sa 9–17, So 10–16, Okt.–März Mo–Fr 10–16, Sa 14–17 Uhr.

Dornoch Castle Hotel: Castle Street, Tel. 01862/810 216, Fax 01862/810 981, www.dornochcastlehotel.com. Schlosshotel in einem ehemaligen Bischofspalast, Gewölberestaurant, superbe Bar im alten Turm. DZ 80–150 £.

Dornoch Caravan Park: The Links, Tel./Fax 01862/810 423, www.dornochcaravans.co.

Mit der Autorin unterwegs

Sehenswert

Carbisdale Castle ist eine Burg wie aus dem Bilderbuch – und die wohl herrschaftlichste Jugendherberge der Welt (s. links). Madonna bewies Geschmack, als sie ihren Sohn in **Dornoch** taufen ließ, denn der kleine Ort hat alles: Kathedrale, Burghotel, Strand, Golfplatz und Gourmetrestaurant (s. S. 302). Durch einsame Heidelandschaft gelangt man zu einem Zentrum der Megalithbaukunst: **Grey Cairns of Camster, Cairn o'Get, Hill o'Many Stanes** (s. S. 303). Ein schöner Ort zum Verweilen ist **Ullapool** mit seinem fotogenen Fähr- und Fischerhafen und attraktiven Hotels (s. S. 310).

In Sichtweite des Meeres

Auf Wanderungen zu **Dunnet** (s. S. 304) und **Duncansby Head** (Richtig Reisen-Tipp!) gelangt man zu faszinierenden Felsformationen. Das gottverlassene **Cape Wrath,** das man per Boot erreicht, zieht fast jeden in Bann (s. S. 307). Auf **Handa Island** brüten Trottellummen und Papageitaucher (s. S. 308).

Eine Burg wie aus einem Märchenfilm: Dunrobin Castle

uk. 4 Sterne, ruhige Lage. 8–10 £ pro Zelt, Wohnwagen 110–270 £ pro Woche.

2 Quail Restaurant: Castle Street, Tel. 01862/811 811, www.2quail.com, April–Sept. Di–Sa, Okt.–März Do–Sa 18–22 Uhr. Fantasievolle, preisgekrönte schottische Gourmetküche in einem unscheinbaren Stadthaus, nur 4 Tische (!), unbedingt vorbestellen. 3-Gang-Dinner 35,50 £, auch Zimmer.

Jail Dornoch: Castle Street, April–Okt. Mo–Sa 9–18, So 11–17, Nov.–März bis 17 Uhr. Café mit Kunstgewerbe, Woollies.

Golf: Royal Dornoch, Tel. 01862/81 02 19, www.royaldornoch.com. Trotz seiner Berühmtheit kann man auf diesem Dünenplatz aus dem 19. Jh. problemlos spielen. **Fahrradverleih:** bei Jail Dornoch, s. o.

Um Dunrobin Castle

Von **Golspie** sieht man die 35 m hohe Statue des ersten Herzogs von Sutherland auf dem Ben Bhraggie aufragen. Seine Untertanen – die wenigen, die nach seinen Vertreibungen noch übrig waren, – hassten ihn inbrünstig. Er stehe so exponiert auf dem Berg, damit der Blitz möglichst oft in ihn einschlage, heißt es noch heute, wenn auch augenzwinkernd.

Des Menschenschinders Nachfahr Lord Strathnaver wohnt im neogotischen **Dunrobin Castle,** einer Burg wie aus einem Märchen- oder Zeichentrickfilm. Schöner als die von Sir Robert Lorimer im edwardianischen Stil eingerichteten Prunksäle sind der Blick von der Terrasse übers Meer und die formalen Gärten. Im kleinen Museum im georgianischen Gartenhaus umfängt einen der modrige Mief zahlloser von den Hoheiten einst zur Strecke gebrachter, ausgestopfter Tiere. Der Besuch lohnt jedoch wegen der exzellenten Sammlung von Piktensteinen, auf denen man einen spitzbärtigen Angreifer mit Axt, Lachse, einen Hund sowie meist Spiegel und Kamm erkennt. Täglich zeigt der herzogliche Falkner sein und seiner Raubvögel Können (April, Mai, Okt. Mo–Sa 10.30–16.30, So 12–16.30, Juni, Sept. Mo–Sa 10.30–17.30, So 12–17.30 Juli/Aug. 10–17.30, So 12–17.30 Uhr).

Kurz hinter dem Schloss, an der Küste, lädt der eisenzeitliche **Cairn Liath-Broch** zu einem Picknick in seinem Trockenmauerrund ein.

Helmsdale

Die Berge von Sutherland treten nun immer näher an die Küste heran, zwängen den bewohnten Uferstreifen immer enger ein. Die Äcker reichen bis ans Meer, die Klippen werden steiler, hier und da stößt man auf kleine Crofter-Weiler und Golfplätze mit Blick aufs weite Meer. Helmsdale versucht mit seinem netten Hafen und dem empfehlenswerten **Timespan Heritage Centre** etwas vom durchreisenden Besucherstrom festzuhalten; hier wird die Geschichte der Highlands über die Wikingereinfälle und Clearances bis hin zur Erdölförderung lebendig (Ostern–Okt. Mo–Sa 10–17, So 12–17 Uhr).

Mrs. S. Blance: Broomhill House, Tel./Fax 01431/821 259, www.blancebroomhill.com. B & B in einer Villa. DZ 38–44 £.
Helmsdale Youth Hostel: an der A 9, Tel. 0870/004 1124, www.syha.org.uk, Mai–Sept. Einfache Unterkunft. Bett 10 £.

La Mirage: Dunrobin Street, Tel. 01431/821 615, tgl. 12–22 Uhr. Snacks, Fish 'n' Chips, deftige schottische Küche in rosa Kitschambiente. Hauptgericht 9 £.

Dunbeath und Umgebung

In **Dunbeath** widmet sich das Heritage Centre dem hier geborenen Autor Neil Gunn und dem reichen archäologischen Erbe der Umgebung (April–Sept. tgl. 10–17, Okt.–März Mo–Fr 11–15 Uhr). Nun wird das Land wieder flacher. Das größte Deckenmoor Großbritanniens erstreckt sich über das Landesinnere von Caithness, der alten piktischen ›Grafschaft der Katze‹. Wasser- und Moorvögel brüten hier von April bis Juli, Raubvögel, Rotwild, Otter und sogar Wildkatzen fühlen sich wohl.

Die jungsteinzeitlichen **Grey Cairns of Camster** erreicht man nach 8 km auf einer winzigen Straße, die durch eine typische Moorfläche, unterbrochen von einzelnen Crofts, führt. Man kann in die Grabkammern des Rundcairns und des mit an die 70 m wirklich langen Langcairns kriechen. Auf dem Rückweg zweigt ein Sträßchen zum **Hill o'Many Stanes** ab, einem flachen Hügel mit 22 fast parallelen, leicht aufgefächerten Reihen kleiner Steine. Thom (s. S. 295) hält die rätselhaften Minimegalithen für ein steinzeitliches Instrument zur Mondbeobachtung.

In dem kleinen Ort **Ulbster** führt ein markierter Heidespaziergang von 10 Minuten zum etwa 6000 Jahre alten **Cairn o'Get,** einem nun offenen Gemeinschaftsgrab. Kurz hinter dem Schild zum Cairn o'Get an der Hauptstraße zweigt an einer Telefonzelle eine kleine Straße zu einem Parkplatz ab. Um ein Haus herum gelangt man zu den 365 atemberaubenden, in die Küstenklippe gehauenen **Whaligoe Steps,** über die früher die Fischersfrauen die Heringe hochschleppten.

Wick

Die wenig anheimelnde Hafenstadt Wick hatte ihre Boomzeit im 19. Jh. als Metropole des Heringsfangs. Die *Silver Darlings* sind im Volkslied und in Neil Gunns gleichnamigem Roman verewigt. Das interessante **Wick Heritage Museum** in einem Fischercottage aus dem 19. Jh. in der Bank Row dokumentiert die *glorious days.* Es liegt im Ortsteil Pulteney am Hafen, der erkennbar geschäftigere Zeiten gesehen hat (April–Okt. Mo–Sa 10–17 Uhr).

Old Wick Castle thront spektakulär am Klippenabgrund 2 km südlich – Historic Scotland rät ausdrücklich zu Vorsicht beim Besuch. Die älteste Wikingerburg in Schottland stammt aus dem 12. Jh.

Tourist Information: off High Street, Tel. 0845/225 5121, www.visithighlands.com, April–Okt. Mo–Sa 10–17, Juli–Sept. auch So 10–16 Uhr.

Flugzeug: Regionalflughafen, 2 km nördl., Tel. 01955/602 215; Flüge nach Aberdeen, Edinburgh, Orkney mit Loganair.
Bahn und **Bus:** Bahnhof und Busbahnhof an der Station Road, hinter dem Krankenhaus, mehrmals tgl. Züge und Busse nach Inverness, weiter nach Thurso.

Die Nordküste von John o'Groats bis Cape Wrath

Reiseatlas: S. 6, D 1–S. 4, E 1

John o'Groats

In John o'Groats ist Schottland angeblich zu Ende: Das letzte Haus und das Letzte-Haus-Museum, die letzte Toilette, der letzte Andenkenladen werden angepriesen, dabei sieht man von hier bei klarem Wetter die Südküsten von Orkney über den bei Schiffern gefürchteten Pentland Firth schimmern. Doch Orkney und Shetland gehören ihres skandinavischen Erbes wegen für manch einen Festländer schon gar nicht mehr zu Schottland.

Warum hier so vieles achteckig ist? Die Legende erzählt vom Holländer Jan de Groot, der seine acht Brüder an einem achteckigen Tisch in einem achteckigen Haus bewirtete, um tödlichen Streit um Vortrittsrechte zu vermeiden (sein Grabstein befindet sich in der nahen Kirche von Canisbay). Der Versöhnungskünstler initiierte gegen Ende des 15. Jh. den ersten regelmäßigen Fährdienst zu den Orkney-Inseln, und heute starten die Fußgängerfähren dorthin zu Tagestrips oder Bötchen zu den Vogelkolonien der Duncansby Stacks und der Seehundkolonie auf dem nun unbewohnten Stroma.

Tourist Information: County Road, Parkplatz, Tel. 0845/225 5121, www.visithighlands.com, April–Okt. Mo–Sa 9–17 Uhr.

John o'Graots Youth Hostel: Canisbay, Tel. 0870/004 1129, www.syha.org.uk. März–Sept. 2-Sterne-Hostel in einem viktorianischen Haus. Bett 11 £.
John o'Groats Caravan & Camping Site: Tel. 01955/611 329, www.johnogroatscampsite.co.uk, April–Okt. Einfache Ausstattung. Zelt 8 £.

Ausflüge: Personenfähren, auch mit kombinierten Bustouren, auf die Orkney-Inseln Mai–Sept., 20. Juni–Aug. Wildlife Cruises an Stacks of Duncansby vorbei zu Seehunden, Papageitauchern etc.: Ferry Office, Tel. 0800/731 7872, www.jogferry.co.uk.

Schiff: Pentland Ferries, Tel. 01856/831 226, www.pentlandferries.co.uk, Autofähre von Gills westlich von John o'Groats nach St. Margaret's Hope, Orkney, ca. 1 Std., Juni–Aug. 4 x, Sept.–Mai 3 x tgl.

Castle of Mey

In der kleinen **Gills Bay** 4 km westlich von John o'Groats aalt und sonnt sich fast immer eine größere Seehundkolonie. Das **Castle of Mey** war der Sommersitz der verstorbenen Königinmutter. In seiner Restaurierung und der Anlage der prächtigen Gärten fand sie 1952 nach dem Tod ihres Mannes, König Georges VI., Trost (2. Mai–28. Juli, 10. Aug.–29. Sept. Sa–Do 10.30–16 Uhr).

Dunnet Head

Der nördlichste Punkt des Festlands ist nicht John o'Groats, sondern die noch fast unberührte Halbinsel Dunnet Head, deren Bewohner mit *Knitwear Shops,* ein wenig Kunstgewerbe und B & B ihr karges Einkommen aufzubessern versuchen. Hinter den Weilern **Dunnet** und **Brough,** an dessen malerischem Pier mit zwei kleineren Stacks man oft auch Seehunde ausmachen kann, geht das Weideland in eine von flachen, dunklen Lochs und Lochans (›kleine Lochs‹) gefleckte Moorlandschaft über. Ein Fußweg führt von dem stämmigen, weißen Leuchtturm von 1832 auf einen Hügel. Bei gutem Wetter sieht man nicht nur Orkney, sondern überblickt die gesamte Nordküste bis Cape Wrath. Vom dünengesäumten Sandstrand der weiten **Dunnet Bay,** ein Naturschutzgebiet mit reichem Pflanzenleben, ginge man am liebsten gar nicht mehr weg.

Thurso und Umgebung

Thurso, die letzte stadtähnliche Siedlung im Norden, zeichnet sich durch eine freundliche, ruhige Atmosphäre und ein – wenn auch beschränktes – touristisches Angebot aus. Im Heritage Museum neben dem Rathaus sind zwei exzellente Class II-Piktensteine ausgestellt (Juni–Sept. Mo–Sa 10–13, 14–17 Uhr).

Richtig Reisen-Tipp: Küstenwanderung von John o'Groats zu den Stacks of Duncansby

Eine geruhsame, windige Küstenwanderung von hin und zurück 6 km auf größtenteils ebenem Weg beginnt am Ostende des John o'Groats-Campingplatzes. Man durchquert zunächst das erste, dann das zweite Holzgatter – *kissing gates* sagen die Schotten dazu – und kann nach Seehunden und Eiderenten Ausschau halten, die im Mai/Juni Junge haben.

Auf einer Holzbrücke geht es über ein kleines Flüsschen, an dessen mit Schwertlilien bewachsenen Ufern scheue Otter leben. Schafe weiden auf dem federnden Grasboden. Um den Sandstrand von **Sannick Bay** kann man oben durchs Gras des Ness of Duncansby gehen oder unten am Strand nach den *Groatie Buckies* suchen, kaurimuschelähnlichen Meerschnecken.

Man geht auf einer leicht ansteigenden, kaum befahrenen Single Track Road oder durchs Gras hinauf zum Parkplatz des **Duncansby Head Lighthouse.** Er gehört zu den wenigen Leuchttürmen in Schottland mit quadratischem Turm. Draußen vor der Küste sieht man die Pentland Skerries und South Ronaldsay, die südlichste Orkney-Insel, liegen. Man nimmt den Pfad zu den Stacks um den Leuchturm herum.

Die Brandung der Nordsee hat die flammenähnlichen **Stacks of Duncansby** im Süden des Kaps aus dem roten Sandstein der Felsküste geschält – eine faszinierende Klippenszenerie. In den Klippen liegt der Tua Dagdhai, ein beeindruckender Geo (ins Land einschneidende, durch Unterspülung und Einsturz entstandene Felsspalte) mit senkrecht abfallenden Felswänden: Wie mit der Axt des obersten keltischen Gottes Dagda hat sich das Meer ins Land geschnitten. Die ›Seevogelstadt‹ Duncansby ist einer der besten Vogelbeobachtungsposten in Schottland.

Wo heute die Stacks of Duncansby stehen, verlief früher die Küste

Großbritanniens nördlichster Hafen **Scrabster,** der wikingische ›Krabbenort‹, expandiert aufgrund der Nähe zu den Fischfanggründen und der Ölförderung in der Nordsee. Hier legen die Autofähren nach Orkney ab.

Auf den Arbeitsmarkt der nordöstlichen Grafschaft **Caithness** hatte die Abschaltung des Prototype Fast Reactor von **Dounreay** verheerende Auswirkungen, auch wenn er wegen des vermutlich noch ein halbes Jahrhundert dauernden Abschaltungsprozesses der wichtigste Arbeitgeber hier bleiben wird. Seit 1959 war der Versuchsreaktor in Betrieb, eine britische Version des ›Schnellen Brüters‹. Unglaubliche Schlampereien mit radioaktivem Material sind mittlerweile ans Tageslicht gekommen. Das von den Betreibern der Anlage geführte UKAEA-Besucherzentrum in Dounreay nennt denn auch als vorrangiges Ziel die Wiederherstellung der Umwelt (Ostern–Nov. tgl. 10–16 Uhr).

i **Tourist Information:** Riverside, hinter Thurso Bridge, Tel. 0845/225 5121, www.visithighlands.com, April–Okt. Mo–Sa 10–17, Juni–Sept. auch So 10–16 Uhr.

Forss Country House Hotel: 8 km westl. von Thurso, Tel. 01847/861 201, Fax 01847/861 301, www.forsshousehotel.co.uk. In bewaldeten *grounds* am Meer, geräumige, geschmackvoll in traditionellem Stil eingerichtete Zimmer, beliebtes Restaurant (reservieren!), Bar mit großer Whisky-Auswahl, Frühstück im Wintergarten. DZ 95–120 £.

Murray House: 1 Campbell St., Thurso, Tel. 01847/895 759, www.murrayhousebb.com. Freundliches B & B. DZ 36–60 £.

Le Bistro: 2 Traill St., Thurso, Tel. 01847/893 737, Di–Sa 9.30–15, 17.30–21.30 Uhr. Helles Bistro im Mittelmeerstil, die Küche ist eine Mischung aus schottischen

Traditionals und fernöstlicher Kost. Hauptgericht 10 £.
Captain's Galley: The Harbour, Scrabster, Tel. 01847/894 999, Di–Sa 19–21, Early Bird Fisch-Snacks Mo–Sa 17–18 Uhr. Umgebautes Eishaus von 1800, unverputzte Mauern wie in einem Orkney-Grabgewölbe, nur gemütlicher; lokal gefangener frischer Fisch, gekonnt zubereitet. 3-Gang-Dinner 29,50 £.

Thurso Golf Club: Newlands of Guise, Tel. 01847/893 807, Parkland-Platz mit Meerblick, Gäste ausdrücklich willkommen; auf dem nördlichsten Platz auf dem Festland kann es windig werden!
Wassersport: Die Küsten um Thurso sind ausgezeichnete Reviere für Surfer und Windsurfer, Infos beim Tourist Office.

Schiff: NorthLink-Autofähren nach Stromness (s. S. 248).

Von Strathy Point bis Tongue

Die raue Nordküste mit ihren tief eingeschnittenen Meeresbuchten und dem fast menschenleeren Hinterland wird von der ab Portskerra nur noch einspurigen A 836/838 erschlossen. Ein gut zehnminütiger Spaziergang führt zur Landzunge **Strathy Point** mit herrlicher Aussicht.

In **Bettyhill** an der schönen Torrisdale Bay führt das liebevoll in der alten Tarr Church eingerichtete kleine Strathnaver Museum in die Geschichte der Clearances und des einst Caithness beherrschenden Clans MacKay ein und zeigt im Hof den Piktenstein ›Farr Stone‹ aus dem 8. Jh. (April–Okt. Mo–Sa 10–13, 14–15 Uhr). Der Ort – benannt nach der Gattin des meistgehassten Sutherland-Herzogs – entstand als Crofter-Siedlung während der Clearances. Im Westen liegt ein wunderschöner, weitgehend unzugänglicher und noch wachsender Natursandstrand, im Osten der von Dünen geschützte Farr-Badestrand.

Über dem hübschen **Tongue** am Ufer des fjordähnlichen Kyle of Tongue stehen die Ruinen einer MacKay-Festung, im Hinterland wird der erhabene Ben Hope (927 m) sichtbar.

Durness und Cape Wrath

Fulminante Blicke ergeben sich um und auf den Loch Eriboll, und wenig später gelangt man zur **Smoo Cave.** Ein Bächlein hat das Höhlenwunder geschaffen: den gigantischen Eingangsschlund der ersten Kammer mit Tropfsteinformationen, den Wasserfall in der zweiten Kammer und die dritte Kammer, in die man nur mit einem kleinen Boot gelangt (im Sommer). Das angenehme Örtchen **Durness** lebt vom Tourismus und verschweigt nicht, dass John Lennon als Kind und später mit seiner Frau Yoko Ono hier Ferien machte. Hier wie beinah an der gesamten Nordküste sind die weiten, leeren Sandstrände umwerfend, auch wenn man nicht so häufig baden kann.

Die 150 m hohen **Clo Mor-Klippen** mit dem fotogenen Stevenson-Leuchtturm darauf und zahllosen brütenden Seevögeln darin bilden den nördlichsten Punkt des britischen Festlands. Um das ganz und gar verlassene, für Abenteuer, Tierbeobachtung und Bergwandern wie geschaffene **Cape Wrath** zu erkunden, nimmt man von Keoldale die Fähre über den spektakulären Kyle of Durness. Auf der anderen Seite wandert man die knapp 18 km zum Leuchtturm oder lässt sich vom Kleinbus hinbringen. Obwohl ein gefährlicher Punkt für die Seefahrt, kommt *wrath* nicht vom ›zornigen‹ Meer, sondern vom nordischen *hvarf,* ›Wendepunkt‹, weil das Kap den wikingischen Seeräubern einst als Navigationsmarke diente.

Tourist Information: Durine, Tel. 0845/225 5121, www.visithighlands.com und www.durness.org, April–Okt. Mo–Sa 10–17, So 10–16, Nov.–März Mo–Fr 10–16, Sa 11–16 Uhr. Infos zu Wanderungen, Papageitaucher- und Seehundsichtungen.

Mackay's Rooms & Restaurant: Ortszentrum Durness, Tel. 01971/511 202, Fax 01971/511 321, www.visitmackays.com. Eine unerwartete Begegnung mit erlesenem zeitgenössischem Design in dieser abgelegenen Gegend, fantastische Zimmer, gutes Essen mit Betonung auf Seafood und Wild, auch für *non-residents.* DZ 70–100 £.

Port-na-Con Guest House: Westufer des Loch Eriboll (ca. 10 km östl. von Durness), Tel./Fax 01971/511 367, www.s-h-systems.co.uk/hotels/portnaco.html. Am Meerufer in grandioser Einsamkeit bietet dieses umgebaute, 200 Jahre alte Zollhaus herzliche, kinderfreundliche Gastlichkeit, Restaurant, z. B. frisch gefangene Loch Eriboll-Krabben, im Wintergarten über dem Meer, auch für *non-residents,* vorbestellen! DZ 42–44 £.

Mrs. S. Frasers, Puffin Cottage: Tel./Fax 01971/511 208, www.puffincottage.com, April–Sept. Entzückendes B & B. DZ 36–44 £.

Lazy Crofter Bunkhouse: Durine, Tel. 01971/511 202, Fax 01971/511 321, www.durnesshostel.com. Gut ausgestattetes, unabhängiges Hostel, ganzjährig. Bett 10 £.

Durness Youth Hostel: Smoo, Tel. 0870/004 1113, www.shya.org.uk, März–Sept. Sehr einfaches Holzhaus am Rand des Ozeans, Ruhe und Besinnlichkeit, wichtig: der Wäsche-Trockenraum, Mountainbike-Verleih. Bett im Schlafsaal 10,50 £.

Mackays Restaurant (s. S. 307) und **Port-na-Con** (s. o.), vorbestellen!

Balnakeil Craft Village: 2 km nordwestl., April–Okt. tgl. 10–17.30 Uhr. 1960er Jahre Kunsthandwerkerdorf, Weben, Spinnen, Keramik, Gemälde, Skulpturen, Holz, Buchladen, Restaurant.

Fähre/Minibus zu Cape Wrath: Mai–Sept., Tel. 01971/511 376. Im Sommer tgl. von Keoldale Pier, von dort mit dem Minibus (Tel. 01971/511 343, www.capewrath.org.uk) weiter zum Leuchtturm.

Route: Die Nordwestküste von Tarbet bis Ullapool

Reiseatlas: S. 4, E 1/2

Von Tarbet bis Stoer

Rund um die Crofter-Örtchen Scourie und Unapool erstreckt sich unwegsame, baumlose Natur – kleine Seen, Moor, weite Buchten und Sandstrände. **Scourie** ist für seinen kinderfreundlichen, recht flach abfallenden Sandstrand berühmt.

In **Tarbet** setzen im Sommer Bötchen zum 15 Minuten entfernten **Handa Island** über, einem bekannten Vogelschutzgebiet, der größten Brutkolonie von Trottellummen. Nach einer 2,5 km langen Wanderung kommt man zu den dramatisch hohen Sandsteinklippen an der Nordküste mit den ›schichtweise‹ brütenden Seevögeln. Auch Papageitaucher und Seehunde leben hier.

Von der Küstenstraße B 869 von Drumbeg nach Lochinver, die immer wieder herrliche Ausblicke eröffnet, zweigt man hinter dem Dorf Stoer zum Stoer Point-Leuchtturm ab, den die Stevenson-Familie 1870 (s. S. 320)

baute. Von hier sind erholsame Küstenspaziergänge zur roten, Guano-verkrusteten Sandstein-Felsnadel des **Old Man of Stoer** im Atlantik möglich.

Eddrachilles Hotel: Badcall Bay, Tel. 01971/502 080, Fax 01971/502 477, www.eddrachilles.com. März–Okt. Ein altes Haus in einsamer Lage an der Badcill Bay, Essen im Wintergarten, bewaldete Wege zum Meer. DZ 76–88 £.

P. Hawker, Scourie Lodge: Tel. 01971/502 248, www.host.co.uk. Komfortables B & B in historischem Haus. DZ 50–70 £.

Seafood Restaurant: Tigh Na Mara, Tarbet, Tel. 01971/502 251, März–Sept. Mo–Sa 12–20 Uhr. In dem Wintergarten-Bistro neben dem Tarbet Pier kommt einfaches, aber köstliches, frisches Seafood auf den Tisch, in den Sommermonaten werden Bootsausflüge angeboten. Hauptgericht um 10 £.

Handa Ferry: 15 Scouriemore, Scourie, Tel. 01971/502 340, Fähre von Tarbet Pier zum Vogelschutzgebiet, April–Sept. Mo–Sa.

Bootsausflüge: s. Seafood Restaurant.

11 Loch Assynt

Erst am viel gepriesenen Loch Assynt im Hinterland wird es wieder belebter. An seinem Nordostufer stehen die dramatischen Ruinen

Loch Assynt mit der Ruine von Ardvreck Castle

Kylesku Hotel: Von der gemütlichen Lounge und einigen Zimmern des traditionellen kleinen Hotels am Fährpier blickt man auf den Loch Glencoul. Im freundlichen Pub kommt von 12 bis 21 Uhr köstliches Seafood auf den Teller (an der A 894, Tel. 01971/502 231, Fax 01971/502 313, www.kyleskuhotel.co.uk, DZ 75 £, 3-Gang-Dinner 27,50 £, Bar Meals ab 8 £).

von **Ardvreck Castle,** einer Feste der MacLeods aus dem 16. Jh.

Der Fischerort **Lochinver** mit seinem lebhaften Fischmarkt und den weißen Cottages kommt einem nach der Einöde des Nordens schon fast wie ein Touristenzentrum vor. In dem Töpferatelier und -geschäft von Highland Stoneware kann man gut einkaufen (s. S. 311).

Tourist Information: Assynt Visitor Centre, Tel. 0845/225 5121, www.visithighlands.com, April–Okt. Mo–Sa 10–17, Juli/Aug. auch So 10–16 Uhr. Besucherzentrum über Geologie, Fauna, Flora der Region, ausgezeichnete Tipps für Wanderungen und Angelurlaub.

The Albannach Hotel: Baddidarroch. 1 km westl., Tel. 01571/844 407, Fax 01571/844 285, www.thealbannach.co.uk. Luxuslandhaus in einem Haus des 18. Jh., fantastische Blicke, empfehlenswertes Restaurant (s. u.), Whisky-Auswahl, März–Nov. DZ 210–240 £.

Mr. & Mrs. Munro, Ardglas Guest House: Tel. 01571/844 257, Fax 01571/844 632, www.ardglas.co.uk. Einfaches, aber gutes Guest House ohne Ensuite-Zimmer, dafür gibt es Anglerinfos und Ausrüstungsverleih. DZ 40 £.

The Albannach Hotel: 3-Gang-Dinner für *non-residents* 44 £.

Larder Riverside Bistro: Main Street, Tel. 01571/844 356, tgl. 10–20 Uhr. Seafood, *Pies,* Hirsch etc. im Bistro (nur abends) hinter Delikatessen-Selbstbedienungsladen. Hauptgericht 11 £.

Vor dem Kylesku Hotel (s. Tipp) starten die **Bootsausflüge** zu einem der höchsten Wasserfälle Großbritanniens, dem schwer erreichbaren, 200 m hohen **Eas a'Chual Aluinn** im Hinterland, vorbei an Seehund- und Seevögelkolonien (Statesman Cruises, Tel. 01571/502 345, April–Okt. tgl. 9 Uhr).

Achiltibuie

Dramatische Akzente setzt die winzige, teils an der Küste, teils durch die wilde Hochlandszenerie der Assynt-Berge verlaufende Straße von Lochinver zum Crofter-Dorf Achiltibuie. Dort bewundert man Feigen und Orangen im solarbetriebenen Hydroponicum, dem ›Garten der Zukunft‹, und genießt die ungespritzten Produkte anschließend im Lilypond Café. In die in drei klimatische Zonen unterteilten **Gewächshäuser** kommt man im Rahmen einer Führung (Ostern–Sept. tgl. 10–18. Okt. Mo–Fr 11.30–15.30 Uhr). Im **Smokehouse** kann man von einer Galerie zusehen, wie Heringe und Lachs geräuchert werden. Wem der Duft Appetit gemacht hat, der kann im angeschlossenen Geschäft gleich Fisch kaufen (Ostern–Okt. Mo–Fr 9.30–17, Mitte Juni–Sept. Mo–Sa).

Ullapool

Der Fährhafen für die Äußeren Hebriden ist das Zentrum der nordwestlichen Highlands. 1788 wurde es im Zuge des Heringsbooms gegründet. Eine adrette Reihe weiß getünchter, zweistöckiger Cottages bildet den fotogenen Hintergrund des Fischereihafens mit ›Seelenverkäufern‹ aus Osteuropa oder Kuttern aus Cuxhaven, wo täglich Tonnen von Fisch angelandet, in Kühllastwagen verfrachtet oder auf Fabrikschiffe gehievt werden. *Sitting on the docks of the bay* wird hier nie langweilig.

Hinter der geschäftigen Hafenfront ziehen sich ruhige Sträßchen mit bunten, bescheidenen Cottages den Hang hinauf. An der Argyle Street, der parallel zur Haupthafenstraße Shore Street verlaufenden ›Magistrale‹, ist das **Ullapool Museum & Visitor Centre** in einer von Thomas Telford gebauten Kirche untergebracht. Es beleuchtet die Geschichte dieser Hochlandgemeinde, die während der bitteren Clearances ein Auswanderungshafen war (April–Okt. Mo–Sa 10–17, Nov.–März Sa 10–16 Uhr). Von dem romantischen kleinen Friedhof am südlichen Ortseingang hat man einen fantastischen Blick auf den Loch Broom und die dahinter aufragenden Berge.

Tourist Information: Argyle Street, Tel. 0845/225 5121, www.visithighlands.com und www.ullapool.co.uk, April–Sept. Mo–Sa 10–17, So 12–17, Okt. Mo–Fr 10–17, Sa 12–16, Nov./Dez. Mo–Fr 12–17.30 Uhr.

Ceilidh Place: West Argyle Street, Tel. 01854/612 103, Fax 01854/612 886, www.theceilidhplace.com. Berühmtes Hotel und Restaurant mit sehr eigenwilligem Stil (DZ ab 100 £), so etwas wie Ullapools Kulturzentrum (s. ›Unterhaltung‹), Bar, tagsüber günstiges Selbstbedienungscafé, Buchladen, auch Hostelunterkunft in Familienzimmern (Bett 12 £).
Ferry Boat Inn: Shore Street, Tel. 01854/612 366, www.ferryboat-inn.com. Traditionelles Gasthaus am Hafen, anständige Zimmer gutes Seafood-Restaurant, Bar (s. ›Nachtleben‹). DZ 62–72 £.
Point Cottage Guest House: 22 West Shore St., Tel. 01854/612 494, Fax 01854/613 464, www.pointcottage.co.uk. Frisch renoviertes, Fischercottage am Loch, schlichte, süße Ensuite-Zimmerchen. DZ 45 £.
Waterside House: 6 West Shore St., Tel. 01854/612 140, www.watersode.uk.net. Charmante Zimmer mit Eisengestellbetten und Korbmöbeln in weißem Fischerhaus, ganzjährig. DZ 40–50 £.
Ullapool Youth Hostel: Shore Street, Tel. 0870/004 1156, www.shya.org.uk. März–Okt. Freundliches, nicht allzu komfortables Haus am Meer, Internetzugang. Bett im Schlafsaal 12 £.
Ardmair Point Caravan & Camping Park: 6 km nördl. an der A 835 gelegen, Tel. 01854/612 054, Fax 01854/612 757, www.ardmair.com. Mai–Sept., 4-Sterne-Platz, mit Bootsverleih. 6,50–11 £.

Highland Stoneware: North Road, Mo–Fr 9–18, Ostern–Okt. auch Sa 9–17 Uhr. Geschmackvolle farbenfrohe Keramik mit schottischen Motiven, man kann den Töpfern bei der Arbeit zusehen.
Ullapool Bookshop: Quay Street, Tel. 01854/612 356. Bücher zu Schottland, Geschenke, Kinderspielzeug, nebenan Outdoor- und Angelausrüstung.

Ferry Boat Inn: s. o.. Im FBI ist abends der Bär los, in der Mittsommerdämmerung trinkt man das Bier draußen auf der Hafenmauer.

Ceilidh Place: s. o. *Der* Veranstaltungsort in den Highlands, Konzerte von Folk bis Klassik.

Bootsausflüge: s. Tipp.
Fahrradverleih: West House Hostel, West Argyle Street, Tel. 01854/613 126.

Bus: 2 x tgl. Scottish Citylink-Busse von Inverness, Busverbindung nach Durness.
Schiff: Calmac-Büro am Hafen, Tel. 01854/612 358, Fax 01854/612 433. Autofähren nach Stornoway (Lewis, 3,5 Std.) mehrmals tgl. Mo–Sa; auf der neuen ›Isle of Lewis‹ im Sommer Tagesausflüge nach Lewis mit Bustour.
Taxi: Ewen's, Tel. 01845/612 966.

Summer Isles: Im Hafen von Ullapool bieten mehrere Unternehmen Bootsfahrten zu der Inselgruppe an. Mit ein bisschen Glück sichtet man auf den Felsschären Seehunde und seltenere Wasservögel als Möwen (z. B. Summer Queen Cruises: Royal Park, Tel. 01854/612 472, www.summerqueen.co.uk, April–Okt. tgl. 10 Uhr).

Die westlichen Highlands

Reiseatlas S. 4, 7/8

Höhepunkte im westlichen Hochland sind die grandiosen Berglandschaften von Glencoe, der Stätte des berüchtigten Massakers, sowie von Kintail und Torridon. Fort William ist der touristische Ausgangspunkt für eine der schönsten Straßen des Landes, die ›Road to the Isles‹, und das einsame Wester Ross mit seinen tief ins Land ragenden ›Fjorden‹.

Route: Vom Loch Lomond nach Glencoe

Reiseatlas: S. 8, F 4–E 2

Am Westufer des Loch Lomond

Am Westufer des Loch Lomond führt die A 82, der ›Zubringer‹ für das westliche Hochland, nach Fort William. Das denkmalgeschützte kleine **Luss** ist fast zu pittoresk, um wahr zu sein: adrette Cottagereihen mit blühenden Gärten, Strand und Pier, an denen die zahllosen Besucher des Ortes picknicken und Wassersport treiben, eine kleine Kirche mit einem stillen Friedhof. Überall am nördlichen Zipfel des Loch Lomond, um den sich die Berge nun wieder eng zusammenschließen, findet man erholsame, schattige Plätze zum Rasten.

Im Drover's Inn in **Inverarnan,** einem irrsinnig schottischen Pub im gleichnamigen Hotel, gibt es Whisky vom Fass, bekiltete Barmänner, Tartanteppiche und an den Wochenenden Livemusik.

Drover's Inn: Inverarnan bei Ardlui, Tel. 01301/704 234, www.theinnonlochlomond.com. Heimelig verräuchert, mit ausgestopftem Bär am Empfang, Pub Grub, En-suite-DZ 46–90 £, wählen Sie am besten das rote Luxus-Jacuzzi-Zimmer mit einem Four Poster-Baldachin über der Dusche (75–110 £).

Rob Roy Falls: 3 km nördlich vom Pub, Schwimmen und Picknicken in Teichen unterhalb des Wasserfalls.

Rannoch Moor

Hinter dem Verkehrsknotenpunkt **Crianlarich** umgeben einen karge, öde Hochlandberge, darunter viele Munros wie Ben More oder Beinn Dòrain. Im Tal Strath Fillan wird die Straße von zwei Eisenbahnlinien und den Wanderern, die ameisengleich den West Highland Way bevölkern, begleitet.

Hinter **Rannoch Moor,** einem gottverlassenen Hochmoor mit Myriaden von Tümpeln, mehren sich die Drei-Sterne-Aussichten. Als Grenzwächter zwischen Glencoe und dem in den gleichnamigen Loch bei Oban einmündenden Glen Etive erhebt sich hier der pyramidenförmige, 1022 m hohe Buachaille Etive Mor, eine felsige Herausforderung für jeden Kletterer.

Glencoe

Noch näher, noch bedrohlicher treten die grünen Hänge und Gipfel von Schottlands berühmtestem Tal, dem Glencoe, an die Straße: zur Linken die Bergschwestern Three Sisters, zur Rechten die drei Gipfel des Bidean nam Bian. In dem kleinen **Besucherzentrum** des National Trust sollte man sich den erstaunlich sachlich gehaltenen Videofilm zu dem Massaker im ›Tal der Tränen‹ ansehen. Weil MacIan, Clanoberhaupt der MacDonalds von Glencoe und wie die meisten Highlander Jakobit, den Treueid auf Wilhelm von Oranien mit ein paar Tagen Verspätung geleistet hatte, schickte ihm John Dalrymple, des Königs Schotten hassender Schottland-Minister, eine Strafexpedition unter Robert Campbell von Glenlyon auf den Hals. In den Morgenstunden des 13. Februar 1692 ließ dieser etwa 40 Clanmitglieder, Männer, Frauen und Kinder, über die Klinge springen. Nicht der Mord löste in den an Blutvergießen gewöhnten Highlands die gewaltige Empörung aus, sondern die Tatsache, dass Campbell zuvor zwei Wochen scheinheilig die Gastfreundschaft der MacDonalds genossen hatte. Die grausige Erinnerung ist heute im Verein mit der grandiosen Bergeinsamkeit ein touristischer Pluspunkt für die Region. Ein Ranger Service im Visitor Centre bietet geführte Wanderungen und Informationen an (Nov.–Feb. Do–So, März tgl. 10–16, April–Aug. tgl. 9.30–17.30, Sept./Okt. tgl. 10–17 Uhr).

In dem reetgedeckten Cottage des Glencoe and North Lorn-Heimatmuseums im **Dorf Glencoe** hat man jakobitische Memorabilien, Haushalts- und Landwirtschaftsgeräte und jede Menge Krimskrams zusammengetragen (Ostern, Mai–Sept. Mo–Sa 10–17.30 Uhr). Das schlanke Kreuz am Ortsrand, ein Mahnmal für die erschlagenen MacDonalds, ließ eine reiche amerikanische Clanangehörige 1883 errichten. Die schöne Straße um den Loch Leven ins kleine Kinlochleven haben deutsche Kriegsgefangene des Ersten Weltkriegs zum Dank für die Gastfreundschaft gebaut, die ihnen hier zuteil geworden war. Wie der *warden* des Glencoe-Museums, selbst ein Veteran des Zweiten Weltkriegs, erzählt, kamen manche noch bis 1939 zum Urlaub in die Gegend.

The Isles of Glencoe Hotel and Leisure Centre: Ballachulish (3 km westl.), Tel. 0871/222 3415, Fax 0871/222 3416, www.freedomglen.co.uk/ig. Modernes Hotel am Seeufer, Pool-, Sauna- und Fitnesszentrum, Golf nahebei, viele Skifahrer. DZ ab 129 £.
Clachaig Inn: Tel. 01855/811 252, Fax 01855/812 030, www.clachaig.com. Einfache, aber gemütliche Wanderherberge im Tal, mehrfach ausgezeichneter Pub mit herzhaftem Essen und einer Riesenauswahl an Malts und Ales, Mi, Sa abends in der Saison Folkmusik, neu eingerichtete Ensuite-DZ 60–88 £.
Glencoe Youth Hostel: 2 km vor Clachaig Inn, Tel. 0870/004 1122, www.shya.org.uk. 3 Sterne, modernes Haus, beliebt bei Wanderern. Bett im Schlafsaal 12,50 £.

Crafts and Things: Tigh A'Phuirt, westlicher Ortsausgang, tgl. 10–17.30 Uhr, Nov.–März nur Fr/Sa. Kunsthandwerk, Gemälde lokaler Künstler, Strickwaren, Bücher, nettes Café.

Mit der Autorin unterwegs

Sehenswert

Selbst Hartgesottene schaudern angesichts der Infamie der Campbells im wilden Tal von **Glencoe** (s. links). An der Schleuse **Neptune's Staircase** am Caledonian Canal kann man stundenlang zuschauen, wie Boote gehoben und gesenkt werden (s. S. 316). Wer den Film ›Highlander‹ gesehen hat, wird beim Anblick von **Eilean Donan Castle** ganz sicher an Connor MacLeod alias Christopher Lambert denken, der mit wehenden Haaren über die Brücke ritt (s. S. 321). Bei **Glenelg** können Sie zwei eisenzeitliche Brochs besichtigen und in einem archetypischen Landgasthof übernachten (s. S. 321). **Plockton** ist ein reizender, englisch angehauchter Ort mit Korallenstrand (s. S. 323). An Felsschären und Meeresbuchten liegt das nette, gastfreundliche **Gairloch** (s. S. 324).

Aktivitäten

Fort William bietet beste Sportmöglichkeiten u. a. für Bergsteiger, Mountainbiker, Skifahrer, Wildwasserkanuten (s. S. 315). Auch wenn man nicht auf den Ben Nevis hinauf will, zu seinen Füßen im **Glen Nevis** kann man wunderbar wandern (s. S. 316f.). Über dem geheimnisvollen Hochlandsee **Loch Maree** wandert man auf Naturlehrpfaden an den seltenen Exemplaren echter Schottischer Kiefern vorbei (s. S. 323f.).

Ski: Schottlands ältestes Skigebiet wird vom Glencoe-Skilift bei Kingshouse erschlossen (12 km südlich von Glencoe an der A 82), Jan.–April 8.30–17, Juni–Sept. 9.30–17 Uhr. Skiverleih und -schulen, Snowbards. Im Sommer preiswertes Café.
Wandern: Die meisten Wanderrouten in der Region erfordern Kondition, Karten und Bergwandererausrüstung (im Glencoe-Besucherzentrum erhältlich). Eine auch für weniger Sportliche geeignete Halbtageswanderung beginnt in Kinlochleven und ist als Teil des West Highland Way gut markiert: The Devil's Staircase führt über einen 550 m hohen Pass ins Glencoe-Tal hinunter. Leichte, ausgeschilderte Wanderrouten gibt es rund um den künstlichen See beim Dorf Glencoe.
Ice-Factor: Leven Road, Kinlochleven, Mo, Fr–So 9–19, Di–Do 9–22 Uhr, www.ice-factor.co.uk. Größtes Bergkletterzentrum Großbritanniens, Kletterwand, Eiswand, Sauna.

Fort William und Umgebung

Karte: S. 319

Fort William

1 Fort William im Schatten des Ben Nevis ist mit seiner guten Infrastruktur das touristische Zentrum der Highlands, die ›letzte Stadt vor dem Westen‹ – und eines der Abenteuersport-Zentren Schottlands. Fazit: Drumherum ist Fort William bedeutend netter als im Ortszentrum. Durch die Fußgängerzone der High Street ziehen Pommesdüfte, in den Sälen der Hotels jaulen Dudelsäcke, und putzige Plüschhaggis schauen einen aus den Schaufenstern an. Das angenehm altertümliche **West Highland Museum** am Cameron Square widmet sich der Geschichte der Highlands, u. a. der Zeit der Jakobitenaufstände (Okt.–Mai Mo–Sa 10–16, Juni–Sept. Mo–Sa 10–17, Juli/Aug. auch So 14–17 Uhr).

Eine der beeindruckendsten schottischen Landschaften: Rannoch Moor

Am angenehmsten ist der südliche Stadtrand mit seinen viktorianischen Villen und Pensionen am Hang, von denen der Blick über den **Loch Linnhe** auf die einsamen Berghänge gegenüber schweift. Die ›Souter's Lass‹ vom Crannog Restaurant am Pier läuft mehrmals täglich zu Bootstouren aus, bei denen man Seehunde und Austernfischer sichten kann. Am nördlichen Ortsausgang stehen die Ruinen des mittelalterlichen **Inverlochy Castle.**

Tourist Information: Cameron Square, Tel. 0845/225 5121, www.lochaber.com und www.visit-fortwilliam.co.uk, Mo–Fr 10–17, Sa 10–16, im Sommer länger und So 10–16/18 Uhr. Ausführliche Sportinfos.

Crolinnhe Guest House: Grange Road, Tel. 01397/702 709, Fax 01397/700 506, www.crolinnhe.co.uk. Viktorianische Villa mit weitem Blick über Loch Linnhe, neoviktorianisches Interieur, abwechslungsreiches Frühstück. Ensuite-DZ 90–120 £.
The Grange: Grange Road, Tel. 01397/705 516, Fax 01397/701 595, www.thegrange-scotland.co.uk. Verspielte viktorianische Villa über der Stadt. Ensuite-DZ 76–94 £.
Lime Tree Studio: Achintore Road, Tel. 01397/701 806, Fax 01397/704 725, www.limetree studio.co.uk. Ansprechend renoviertes ehemaliges Pfarrhaus, Zimmer mit und ohne eigenes Bad, dem Atelier eines Künstlers angeschlossen, der Bilder im Stil Turners malt. DZ 50–70 £.
Fort William Backpackers: Alma Road, Tel. 01397/700 711, www.scotlands-top-hostels.com. Großes Hostel der Backpackers-Kette mit Schlafsälen, toller Blick. Bett 10–14 £.

Crannog: Town Pier, Tel. 01397/705 589, tgl. 12–15, 17.30–22 Uhr. ›Mutterhaus‹ der Seafood-Kette im Nachbau eines achteckigen, rotdachigen *Crannogs* (bronzezeitliches Pfahlhaus) im Wasser; verlässliche frische Bistroküche. Hauptgericht 16 £.
No. 4 Cameron Square: 4 Cameron Sq., Tel. 01397/704 222, tgl. 12–14.30, 18.30–21.30 Uhr. Rustikales Restaurant mit traditioneller Küche. Hauptgericht 10–16 £.

Grog and Gruel: 66 Main St., Tel. 01397/705 078, Mo–Sa 11–23, So 17–23 Uhr. Real Ales, mexikanisch-italienisches Bar Food, ca. 8 £. Restaurants im nahen **Banavie** und im **Glen Loy Lodge Hotel** (s. S. 317).

Highland Festival: Mai.
Glengarry Highland Games: Juli, Invergarry.
Ben Nevis Hill Race: 1. Sa im Sept., Start am Town Park in Claggan (s. S. 317).

Bootsausflug: Crannog Cruises, Town Pier, Tel. 01397/700 714, www.crannog.net. An Lachsfarm und Seehundbänken vorbei, April–Okt. mehrmals tgl.
Fahrradfahren: Off Beat Bikes, 117 High St., Tel. 01397/704 008, www.offbeatbikes.co.uk. Verleih, auch Mountainbikes. Great Glen Cycle Route: 128 km von Fort William nach Inverness, Info beim Tourist Office.
Tauchen: The Underwater Centre, Seeufer, Tel. 01397/703 786, www.theunderwatercenter.com. Die Profi-Tauchschule bietet auch Kurse für Privatleute an, keine Anfänger.
Wandern: Infos zum neuen Fernwanderweg Great Glen Way beim Tourist Office.
Snowgoose Mountain Centre: The Old Smiddy, Station Road, Corpach, Tel. 01397/772 467, www.highland-mountain-guides.co.uk. Kayak, Kanu, Felsklettern, Bergwanderungen, Ausrüstung, vom Anfänger bis zum Crack, Unterbringung in Ferienwohnungen.
Nevis Range: Torlundy, 12 km nördl. an der A 82, Tel. 01397/705 825, www.nevis-range.co.uk. Hier erstreckt sich Schottlands höchstgelegenes Skigebiet, Skischulen und -verleih, Snowboards, Eiswandklettern. Gondeln fahren das ganze Jahr außer Nov.–Mitte Dez. 10–17 Uhr, Juli/Aug. auch abends. Von der Bergstation ausgeschilderte, relativ leichte sowie schwerere Wanderungen für Profis, von der Talstation leichte Wanderungen; Ranger Service mit geführten Wanderungen im Juli/Aug. Topmoderner Mountainbike Track von der Bergstation, 650 m bergab durch Heide, Bäche, Felsen, Mitte Mai–Mitte Sept. tgl. 11–15 Uhr, aber auch einfachere, ausgeschilderte Pisten für Familien.

Bahn: Bahnhof Belford Road, Tel. 0845/748 4950; mehrmals tgl. Züge nach Glasgow, Edinburgh, London. Empfehlenswert ist eine Fahrt mit der berühmten, 1885 gegründeten West Highland Line bis Mallaig, 30. Mai–14. Okt. mit der historischen Dampflok ›The Jacobite‹, Abfahrt 10.20 Uhr, Rückfahrt 14.10 Uhr, Tel. 01463/239 026, www.steamtrain.info (s. a. S. 318).
Bus: Busbahnhof Belford Road, Überlandbusse von Scottish Citylink mehrmals tgl. z. B. nach Glasgow, Edinburgh über Crianlarich und Glencoe, nach Oban, Inverness, Portree. Shiel Busses, Tel. 01967/431 272, über Glenfinnan nach Mallaig.
Mietwagen: Easydrive Car & Van Rental, Unit 21, Ben Nevis Estate, Tel. 01397/701 616, www.easydrivescotland.co.uk.

Banavie

2 Der spektakulärsten Anlage des Caledonian Canal (s. S. 296f.), den acht Schleusen in Banavie, verliehen die Arbeiter den einprägsamen Spitznamen **Neptune's Staircase.** Immer stehen hier Zuschauer, wenn Trawler oder Yachten von Schleuse zu Schleuse gehoben und gesenkt werden. Neben ›Neptuns Treppe‹ liegt ein guter Kinderspielplatz.

The Moorings Hotel: Banavie, an Neptune's Staircase, Tel. 01397/772 797, Fax 01397/772 441, www.mooringsfortwilliam.co.uk. Hotel-Restaurant mit innovativer Küche tgl. 19–21.30 Uhr, Kellerbar mit Pub Grub tgl. 12–17 Uhr (DZ 86–114 £).

Glen Nevis

Über allem ragt der Ben Nevis auf. Eine ausgeschilderte Stichstraße, die sich auch gut zum Radfahren eignet, führt ins 18 km lange

Shinty: Von März–Okt. kann man in Invergarry, Spean Bridge und An Aird bei Fort William beim Shinty-Spiel, der schottischen Variante des Hurling (s. S. 48), zuschauen (www.shinty.com).

Glen Nevis, ein spektakuläres Gletschertal. Die Touristenroute führt mit einem steilen Anstieg von der Jugendherberge, etwas flacher am Anfang vom **Glen Nevis-Besucherzentrum** 3 in gut fünf Stunden auf den mit 1343 m höchsten Berg Großbritanniens, dessen Gipfel ein verlassenes Observatorium und mehrere Cairns krönen. Hinunter dauert es knapp drei Stunden – die reine Wegstrecke beläuft sich hin und zurück auf 13 km. Vorsicht ist geboten: Die jähen Temperaturschwankungen und Nebelbänke können vor allem im Frühjahr gefährlich werden, selbst im Juni sind es auf dem Gipfel 7 °C, und es kann das ganze Jahr über schneien. Immer wieder ziehen Menschen in Turnschuhen, ohne Wasservorrat und im T-Shirt los und kommen zu Tode. Im Besucherzentrum werden einem nicht nur Flora, Fauna und Geologie des Tals erklärt, sondern man erhält auch Karten, Tipps oder kann an geführten Wanderungen teilnehmen (April–Okt. tgl. 10–17 Uhr). 15 km laufen die Teilnehmer des alljährlich am ersten Samstag im September abgehaltenen Ben Nevis Hill Race bergauf und bergab; der Rekord liegt bei eineinhalb Stunden!

Einfachere Wanderungen lassen sich ab dem vorletzten Parkplatz im Tal unternehmen, von wo relativ flache Wege über rosa Granitfelsen, Sumpf, Wiese, kleine Stromschnellen und Wasserfälle am einen Ufer des River Ness hinauf- und am anderen wieder hinunterführen. Man kann Wildorchideen und Fleisch fressende Pflanzen entdecken. Ganz am Ende des Tals, wo die Berge eng zusammentreten, wandert man durch eine Schlucht in ein U-förmiges Gletschertal mit den **Steall Falls** 4, die zu Großbritanniens höchsten Wasserfällen gehören.

Glen Nevis Youth Hostel: Glen Nevis, Tel. 08700/004 1122, www.shya.org.uk. Gut für Wanderer geeignet, 3 Sterne. Bett im Schlafsaal 3,50 £.

Glen Nevis Caravan & Camping Park: Glen Nevis, Tel. 01397/702 191, Fax 01397/703 904, www.glen-nevis.co.uk. März–Okt. Gut ausgestatteter 5-Sterne-Platz, Vermietung von Ferienhäusern und Caravans. 10–12 £.

Ein Highland-Erlebnis der Extraklasse bietet das Glen Loy Lodge Hotel. Pat und Gordon Haynes führen das kinderfreundliche, individuell mit Art déco-Antiquitäten eingerichtete Lodge auf eine so persönliche Art, dass man sich auf Anhieb zu Hause fühlt. Das ehemalige Jagdhaus von 1920 liegt in schönster Highland-Natur und doch nur fünf Autominuten von Fort William entfernt. Über die üppigen Rhododendrongärten schweift der Blick zu der Bergkette bei Fort William mit Aonach Mor (1219 m), Carn Mor Dearg (1223 m) und Ben Nevis (1343 m). Auch *non-residents* können Pats schmackhafte Landhausküche nach Voranmeldung genießen – und bedauern es regelmäßig, wieder abfahren zu müssen (off B 8004, nördlich von Banavie am Beginn des Glen Loy, Tel./Fax 01397/712 700, www.smoothhound.co.uk/hotels/glenloyl.html, DZ 80–100 £, 3-Gang-Dinner 28 £).

Café Beag: Glen Nevis, Tel. 01397/703 601, Mai–Okt. 10–17, Juni–Aug. bis 21 Uhr. Wanderer-Café mit viel Holz, ausgezeichnete *home baker.* Lunch ca. 8 £.

Am Loch Lochy

Vom **Commando Memorial** 5 oberhalb des sehr touristischen Wandererörtchens **Spean Bridge** 6 hat man einen schönen Blick auf den oft nebelverhangenen Ben. Das heroische Denkmal ehrt die Gefallenen des Zweiten Weltkriegs; am Nevis trainierten einst Elitesoldaten für den Ernstfall.

Das Clan Cameron Museum bei **Achnacarry** 7 ist klein, auch wenn es den größten Clan der Welt feiert. Immerhin gibt es Bonnie Prince Charlies rote Weste zu sehen, und etwas weiter wohnt der Cameron of Lochiel in einem standesgemäßen Herrenhaus (Ostern–Mitte Okt. tgl. 13.30–17, Juli/Aug. 11–17 Uhr). Kurz dahinter lockt der **Cia-aig-Wasserfall** 8 am Kopfende des **Loch Arkaig** zu einem steilen, ausgeschilderten Rundweg durch den uralten Eiben- und Eichenwald. Über Felsen und Felsbadewannen am Fuß des Wasserfalls kann man herrlich klettern und im Sommer schwimmen – am Witches Pool wurden Teile von ›Rob Roy‹ mit Liam Neeson gedreht.

Old Pines Restaurant with Rooms: Spean Bridge, Tel. 01397/712 324, Fax 01397/712 433, www.oldpines.co.uk. Hotel-Restaurant im hellholzig-modernen Chaletstil, umgeben von einem Park mit Entenfamilien. DZ 105 £.

Glengarry Castle Hotel: Invergarry (am kleinen Loch Oich), Tel. 01809/501 254, Fax 01809/501 207, www.glengarry.net/. Traditionsreiches Hotel in einem viktorianischen Schloss, auf dem Gelände befindet sich eine mittelalterliche Burgruine, so romantisch wie die Zimmer ist das Dinner. DZ 84–156 £.

Old Pines Restaurant: 5-Gang-Dinner aus organisch produzierten Zutaten 35 £.

Glengarry Castle Hotel: s. o.

Monster Activities: Great Glen Water Park, am Loch Oich, Tel. 01809/501 340, www.monsteractivities.com. Outdoorsport wie Kayakfahren, Wasserski, Abseilen, Segeln, Windsurfen, Rafting, Tontaubenschießen, Bogenschießen und Tomahawkwerfen, Verleih von Rädern.

Route: The Road to the Isles

Am Ende von Schottlands vielleicht berühmtester Panoramastraße, der Road to the Isles, legt die Fähre von Mallaig nach Skye ab. Von Fort William geht es an der Schleusenanlage von Corpach und dem recht flachen Loch Eil vorbei zum **Glenfinnan Monument** 9. Von der Spitze des Turms, die man über eine steile Wendeltreppe erreicht, eröffnet sich ein gewaltiger Blick über den Loch Shiel. Zu Füßen des Denkmals wachsen die Wappenpflanzen der Stuart-treuen Clans und die weiße Rose der Stuarts, denn hier hatte Bonnie Prince Charlie 1745 seine Standarte aufgestellt und die Clans zu den Waffen gerufen. Auf dem Monument steht jedoch nicht das hübsche Karlchen, sondern ein anonymer Highlander im Kilt (Besucherzentrum, Shop und Snackbar Ostern–Okt. tgl. 10–17, Juli/Aug. 9.30–17.30, Nov. Sa/So 10–16 Uhr, Monument jederzeit).

Einen noch besseren Blick haben die Fahrgäste der **West Highland Line,** deren Gleise die ganze Strecke bis Mallaig begleiten, vom Viadukt oberhalb von Glenfinnan (s. S. 316). Durch die Harry-Potter-Filme, in denen der Hogwarts-Express hier entlangdampfte, wurden die 21 bis über 30 m hohen Bögen des Viadukts, 1901 als erster Bau der Welt in Waschbeton errichtet, in aller Welt bekannt. Im viktorianischen Bahnhof befindet sich ein kleines Museum (Ostern–Okt. tgl. 9.30–16.30 Uhr), Labung wird in einem Speisewagen von 1950 angeboten, und in einem ausrangierten Schlafwagen von 1958 gibt es vier einfache, höchst originelle Selbstversorger-Einheiten in den Abteilen (s. S. 319).

Nun beginnt der schönste Streckenabschnitt. An den unteren Hängen bewaldete Berge säumen den schmalen **Loch Eilt,** den Archetyp eines Hochlandsees mit kiefernbestandenen Inselchen im Süden und einer einsamen, weiß getünchten Lodge. Hinter Lochailort windet sich die Single Track Road durch einen feuchten, moosbewachsenen Eichen-, Birken- und Rhododendronwald nach **Arisaig** 10 mit seinem altmodischen Hotel. Ein Geisterhund soll in Vollmondnächten den Sandstrand entlangjagen, auf der vergeblichen Suche nach seinem Herrn. Kleine, runde Buchten, Felsschären, Dünen, silbrig glitzernder Sand – über mehrere Kilometer ziehen sich von Airsaig bis Morar die **Silver Sands of Morar** hin, vielleicht die schönsten und am leichtesten zugänglichen, wenn auch nicht die einsamsten Strände des Landes.

The Old Library & Lodge: High Street, Arisaig, Tel. 01687/450 651, Fax 01687/450 219, www.oldlibrary.co.uk. Ensuite-Zimmer in einem umgebauten ehemaligen Stall, renommiertes Restaurant (unbedingt reservieren). DZ 76–80 £.

Arisaig Hotel: am Ufer, Arisaig, Tel. 01687/450 210, Fax 01687/450 310, www.arisaig

Fort William und Umgebung & The Road to the Isles

hotel.co.uk. Das Hotel hat das melancholische Flair vergangener Zeiten, Café, Bar mit großer Malt-Auswahl, Sandstrände in der Nähe. DZ 60–90 £.

Railway Sleeping Car: Glenfinnan, Tel. 01397/722 295, Fax 01397/701 292, glens tat@hege-hernes.demon.co.uk. Bett 8–10 £.

The Old Library & Lodge: s. S. 318.
Railway Dining Car: Glenfinnan, Tel. 01397/722 295, Mai–Sept. tgl. 9.30–17 Kaffee und Kuchen sowie Snacks, fürs Dinner vorher anrufen. Hauptgericht 5–10 £.

Arisaig Marine: The Harbour, Tel. 01687/450 224, www.arisaig.co.uk, April–Sept. Bootsausflüge zu den Small Isles kombiniert mit Wal-, Delfin- und Seehundbeobachtung.

Mallaig und die Small Isles

In dem sympathischen Fähr- und Fischerhafen **Mallaig** 11 treffen sich im Juni Hunderte von Schiffern zu einer beliebten Regatta mit Volksfestcharakter. Mallaig Marine World am Hafen zeigt in Aquarien das vielfältige Fisch-, Schalen- und Weichtierleben der hiesigen Gewässer und informiert über Fischfang und Seenotrettung (März–Okt. Mo–Sa 9–18, So 11–18, Nov.–Feb. Mo–Sa 11–17 Uhr).

Calmac fährt von hier zu den **Small Isles,** weniger besuchten, wunderschönen Naturlandschaften, in denen man ausgezeichnet wandern kann. Am Fähranleger findet man jeweils ein Café mit Souvenirgeschäft. Einfache Unterkunft in B & B, Schlafsälen oder Campsites – außer auf Canna – vorhanden. Die größte der ›Kleinen Inseln‹ ist **Rhum,** ein gebirgiges Naturschutzgebiet mit dem neogotischen Luxushotel Kinloch Castle, das im Einklang mit den Fährzeiten zu besichtigen ist und auch Unterkunft im Schlafsaal anbietet (Tel. 01687/462 037). Am dichtesten besiedelt ist **Eigg,** das seit 1997 nach wechselnden, nicht immer wohltätigen *lairds* endlich den Inselbewohnern selbst gehört – ein Modell, das manchen Crofter-Gemeinden des Hochlands zum Vorbild wurde. Das unbesiedelte Naturschutzgebiet **Canna** gehört dem National Trust. Das fruchtbare **Muck,** was gälisch ›Seeschwein‹ bedeutet und die Tümmler der Gallanach Bay meint, misst nur 1,6 mal 3,2 km.

Tourist Information: Tel. 0845/225 5121, www.visithighlands.com, April–Okt. Mo–Sa 10–17, Nov.–März Mo, Di, Fr 11–15 Uhr.

Richtig Reisen-Tipp: Zu den Halbinseln Moidart und Ardnamurchan

Wer wilde Berglandschaften liebt, dem sei von Lochailort eine Tour durch die Berge der Halbinseln Moidart und Ardnamurchan empfohlen. Seit den Clearances ist diese Region fast menschenleer. Hinter dem Ort **Acharacle** zweigt eine winzige Straße zum Meer, zum Loch Moidart ab. Auf einem Eiland, das man bei Ebbe zu Fuß erreicht, ragen fast unwirklich die Mauern von **Tioram Castle** rund 10 m hoch auf. Im 12. Jh. als Feste der MacDonalds vom Clan Ranald errichtet, im 14. Jh. von der typischen spätmittelalterlichen Mantelmauer umgeben, wurde sie 1715 von den Jakobiten selbst verbrannt.

Durch moos- und flechtenbewachsenen Eichenwald und gottverlassenes Heide- und Felsland kommt man zum **Ardnamurchan Natural History Centre,** einer für die ganze Familie konzipierten naturkundlichen Ausstellung (Ostern–Okt. Mo–Sa 10.30–17.30, So 12–17.30 Uhr, Café, Buchladen). Im Hauptort **Kilchoan** stehen die Ruinen des mittelalterlichen Mingarry Castle, in dem die Maclains von Ardnamurchan noch bis ins 19. Jh. wohnten.

Am **Ardnamurchan Point** ist das britische Festland an sein westliches Ende gekommen. Der weltweit einzige Leuchtturm im ägyptisierenden Stil wurde 1849 aus Granit gebaut. Wie knapp die Hälfte der etwa 200 Leuchttürme Schottlands wurde er von Ingenieuren aus der Stevenson-Familie entworfen. Der Großvater von Robert Louis Stevenson erfand das weiß und rot blinkende Signallicht, sein Vater Thomas eine schärfere Lichtbündelung durch Glaslinsen. Museum, Maschinenraum und das heute automatische Licht in 36 m Höhe sind zu besichtigen. Der Blick gleitet zu den Small Isles in die Weite des Meeres – vielleicht schwimmen im Minch sogar Wale oder Delfine vorbei (April–Okt. tgl. 10–17 Uhr, Café, Laden).

Praktische Hinweise

Infos: Community Centre, Kilchoan (Hauptort), Tel. 01972/510 222, www.ardnamurchan.com, Ostern–Okt. tgl. 9–17 Uhr. Infos z. B. über Wanderungen (es gibt ein kleines Buch).

Unterkunft: The Keepers' Cottages, im Leuchtturm am Ardnamurchan Point, Tel. 01972/510 262, Fax 01972/510 337, www.ardnamurchan.unet.com/keepercott.htm. Zwei gut ausgestattete und beheizbare Ferienwohnungen, Wildnis erleben und Marder, Seehunde, Goldadler, Rehe und vielleicht eine Wildkatze sehen. Ab 350 £/ Woche.

Einkaufen: Adelphi Distillery, Glenborrodale Castle, www.adelphidistillery.com. Whisky-Destillerie in einem viktorianischen Schloss.

Aktivitäten: Sanna Bay (ca. 4 km nördlich), hat einen wunderschönen Dünensandstrand. The Ardnamurchan, Estate, Mingary House, Kilchoan bei Acharacle, Tel. 01972/510 208, Fax 01972/510 370, www.westhighlands.co.uk/ardnamurchan, organisiert Wanderungen (auch Vermietung von Ferienhäusern).

West Highland Hotel: Seafront, Tel. 01687/462 210, Fax 01687/462 130, www.westhighlandhotel.co.uk. Zweckmäßig eingerichtet, gut geeignet, wenn man die Fähre nehmen will. DZ 70–78 £.

Sheena's Backpackers' Lodge: Harbour View, Tel. 01687/462 764, Fax 01687/462 708. 10 £ im Schlafsaal, Café angeschlossen.

Schiff: Calmac-Büro Tel. 01687/462 403, Fax 01687/462 281, www.calmac.co.uk; Autofähre nach Armadale (Skye; 30 Min.) mehrmals tgl., Mai–Sept. auch So; Personenfähre zu den Small Isles Mo–Sa, tgl. abwechselnd nach Eigg oder Rhum und Canna oder als Rundfahrt ohne Aufenthalte (Non-Landing Cruise).

Route: Lochalsh und Wester Ross

Reiseatlas: S. 8, F 1–S. 4, E 2/3

Glen Shiel

Von **Invergarry** am Loch Oich führt eine Panoramastraße durch grandiose Hochmoorszenerie nordwestwärts ins herbe Wester Ross. Am Loch Garry spielt oft ein *piper* seine ergreifenden Melodien. Die **Five Sisters of Kintail** sind eine viel bestiegene Fünfer-Berggruppe mit zwei Munros. Ein guter Ausgangspunkt für Wanderungen ist der vom National Trust betreute, aber unbemannte Infopunkt **Countryside Centre Morvich Farm** an der A 87 (April–Sept. tgl. 9–22 Uhr).

Von der grandiosen Single Track Road, die sich von Shiel Bridge Richtung **Glenelg** windet, hat man den besten Blick auf die steil über dem auf Meeresniveau liegenden Loch Duich aufragenden Gipfel. Schlachtfelder wie das von Glen Shiel, wo die Jakobiten 1719 einmal mehr geschlagen wurden, und Höhlenverstecke von Bonnie Prince Charlie machen die Gegend zum jakobitischen Kernland.

Auf die *passing places* ausweichen heißt es, wenn einem eine Schiffsladung der privaten Glenelg-Kylerhea-Fähre entgegenkommt, eine von allen Ortsansässigen gern genutzte, schnelle und landschaftlich reizvolle Verbindung nach Skye, dessen Berge über dem Sund zum Greifen nah scheinen. Im schmalen Tal Glean Beag stehen unter Lindenbäumen zwei der besterhaltenen Brochs Schottlands, **Dun Trodden** und **Dun Telve,** wenige hundert Meter voneinander entfernt.

Cluanie Inn: Glenmoriston, Nordwestspitze des Loch Cluanie, Tel. 01320/340 238, Fax 01320/340 293, www.cluanieinn.com. Historischer Gasthof inmitten der Bergherrlichkeit, 21 Munros zum ›Einsacken‹ in nächster Umgebung, moderne Zimmer, ganztägig stärkendes Essen für die Wanderer in der rustikalen Bar; geführte Wanderungen und Wandererinfos. DZ 87 £, eine traumhafte Sauna-Suite 127 £, Bett im Schlafsaal 15 £.

Glenelg Inn: am Ufer, Glenelg, Tel. 01599/522 73, Fax 01599/522 283, www.glenelg-inn.com. Geschmackvoll renovierter Gasthof, leckeres Essen, auch mittags, abends lebendiger, rustikaler Pub mit *ceilidhs*. DZ 90 £, Essen 8–12 £.

Ratagan Youth Hostel: Glenshiel, Kyle, Westufer des Loch Duich, Tel. 08700/004 1121, www.shya.org.uk. März–Okt., beliebte Wanderherberge. Bett im Schlafsaal 12 £.

Glenelg Candles: Balcraggie, Ostern–Okt. tgl. 9.30–17 Uhr. Kerzen und Kunsthandwerk, hausgemachte Speisen im Café.

Schiff: Autofähre nach Kylerhea auf Skye, Mr. R. MacLeod, Glenshiel, Tel. 01599/511 302, www.skyeferry.co.uk, Ostern–1. Okt. Mo–Sa 9–17.45, 22. Mai–28. Aug. Mo–Sa 9–19.45, So 9–17.45 Uhr, alle 15–30 Min., Überfahrt 5 Min.

Eilean Donan Castle

Über die lange, vielbogige Brücke, die Eilean Donan Castle im Loch Duich mit dem vollen Parkplatz auf dem Festland verbindet, ritt Christopher Lambert in Russell Mulcahys Kultfilm ›Highlander‹ aus dem Jahr 1986. Eine perfektere Lage – Hochlandburg an Hochlandsee vor Hochlandbergen – gibt es nicht. Das Tower House der MacRaes wurde im 20. Jh. wiederaufgebaut, die große Banketthalle mit jakobitischen Memorabilien und die von Puppen bevölkerte Küche geben einen Einblick ins Burgleben im 17./18. Jh. (April–Okt. tgl. 10–17.30 Uhr, Besucherzentrum, Café).

Kyle of Lochalsh und Umgebung

Eine andere, umstrittene Brücke, ein Jahrhundertbauwerk, verbindet seit 1995 **Kyle of Lochalsh** über 500 m Meer mit Kyleakin auf Skye. Nach heftigen Protesten der Einwohner fiel der unzumutbare Brückenzoll.

Durch die Sichtfenster des Glasbodenboots ›Atlantis‹ (s. S. 322) erhält man unvergleichliche Einblicke in die Unterwasserwelt. Ein Wrack, Riementangwälder, Seehunde

Muschelsammler vor Eilean Donan Castle

und Fische sind garantiert, Delfine, Wale und Otter möglich.

5 km östlich liegt der vom National Trust geführte **Balmacara Estate** mit einem Besucherzentrum zu Naturkunde und Sport in der Region (April–Sept. tgl. 9–17/Fr bis 16 Uhr). Markierte Wege, von einfachen Küstenpfaden entlang geschützter kleiner Buchten bis zu anspruchsvolleren Routen durch offenes Moorland und alten Waldbestand wie den Lochalsh Woodland Garden, durchziehen das Gebiet.

Tourist Information: Car Park, Tel. 0845/225 5121, www.visithighlands.com, April–Okt. Mo–Sa 9–17, Juli/Aug. auch So 10–16 Uhr. Ausgezeichnete Infos für anspruchsvolle Wanderungen in den Five Sisters of Kintail.

The Seafood Restaurant: in der noch funktionierenden Railway Station, Tel. 01599/534 813, tgl. 18.30–21, April–Okt. auch Mo–Sa 10–15 Uhr. Seafood mit kreativen Saucen, großartige Bistro-Atmosphäre, unbedingt vorbestellen. Hauptgericht 15 £.

Seaprobe Atlantis: Tel. 0800/980 4846, www.seaprobeatlantis.com, Ostern–Okt. tgl. ab 10 Uhr. Vorher anrufen, dann kann man auch Sitzplätze reservieren.

Bahn: mehrmals tgl. Züge von Inverness; die Strecke ist mit Panoramaausblicken gesegnet.
Bus: Scottish Citylink von Inverness und Fort William, die Busse fahren weiter nach Portree.

Plockton

Das kleine Plockton ist ein idyllischer Ort zum Verweilen. Das fanden auch so viele englische Zugezogene, dass Plockton den Spitznamen ›New Sussex‹ erhielt. Geschmackvoll eingerichtete Cottages an der schönen **Strandpromenade** und auf der felsigen, in die sanfte Bucht ragenden Halbinsel zeugen davon.

Ein paar hundert Meter weiter im Hinterland liegt der liebevoll renovierte **viktorianische Bahnhof.** Von hier geht man am Fußballfeld der High School und am Flugplatz vorbei, dann einen unasphaltierten Fahrweg nach links, der bald schlechter wird und zum **Coral Beach** hinunterführt, der mit knirschendem, weiß gewaschenem ›Korallensand‹ bedeckt ist. Den friedlichen Abendspaziergang krönt man mit einem Abendessen im Off the Rails-Restaurant im Bahnhof.

Plockton Hotel: Innes Street, Tel. 01599/544 222, Fax 01599/544 487, www.plocktoninn.co.uk. Kleines Landhotel mit schlichten, schönen Zimmern, Pub mit Fass-Ales, Bar Food, viel Seafood, Terrasse im Sommer, Garten für Kinder. DZ 70–80 £.
Mrs. J. Jones, Tomacs: 4 Frithard Rd., Tel./Fax 01599/544 321. Freundliches B & B in modernem Haus, teils *ensuite.* DZ 36–45 £.

Off the Rails: The Station, Tel. 01599/544 423, tgl. 12–14.30, 18–22.30 Uhr. Snacks den ganzen Tag über, abends winziges, holzgetäfeltes Restaurant, für das man Zeit braucht, *scallops* in Ingwer und Kokosnuss im Kerzenschein. Hauptgericht 13 £.

West Highland Dairy: Achmore (von Plockton ausgeschildert), Tel. 01599/577 203, März–Dez. tgl. Bauernhof, bei dem man selbst gemachten Kuh- und Schafskäse, Eis, Käsekuchen etc. bekommt.

Applecross-Halbinsel

Mit der Applecross-Halbinsel beginnt Wester Ross. Dass hier noch Gälisch gesprochen wird, zeigt ihr Name *Apor Crosan,* ›Meeresbucht‹, denn mit Äpfeln hat man hier nichts am Hut. **Lochcarron** am gleichnamigen *Sea Loch* ist ein perfektes Beispiel für ein Crofter-Dorf des Westens: Eine lange Kette weiß getünchter, einstöckiger Cottages mit bunt bemalten Erkern säumt die Küstenstraße.

Schottlands höchstgelegene Fahrstraße windet sich nach Applecross. Auf halsbrecherischen Serpentinen geht es durch eine öde, gebirgige Mondlandschaft mit fantastischen Ausblicken bis nach Skye, besonders am **Bealach-Na-Ba,** einem Aussichtspunkt der Extraklasse. Am 626 m hohen ›Viehpass‹, so die Übersetzung, verschnaufen die vielen Fahrradsportler, die diese herausfordernde Piste in Angriff nehmen. **Applecross** selbst ist ein ruhiger kleiner Ort mit einem weiten, rötlichen Sandstrand und mehreren markierten Spazierwegen am Meer.

Applecross Inn: Tel. 01520/744 262, Fax 01520/744 400, www.applecross.uk.com/inn/. Einfacher, typischer Hochlandgasthof, behutsam modernisiert. DZ mit Gemeinschaftsbad 60, *ensuite* 70 £.

Applecross Inn: s. o. Gutes Seafood-Dinner 30 £, Red Cuillin-Bier und über 50 Single Malts im kitschig-gemütlichen Pub, dem Treff für Einheimische und Besucher. Bar Meals ca. 7 £.

Torridon-Massiv

Dass das Torridon-Massiv ein Mekka für ernsthafte Bergwanderer ist, erkennt man schon an der Hütte für den *Ranger Service* im **Countryside Visitor Centre** (Tel. 01445/791 221, Ostern–Sept. tgl. 10–18 Uhr). Hier erhält man Infos, Karten und Tipps für Wanderungen, nahebei grast eine Rotwild- und eine Hochlandrinderherde. Auch ein stark von Wanderern frequentierter Zeltplatz liegt hier am Fuße des Liathach, der viel höher wirkt, als seine 1054 m vermuten lassen. Die weißen Häuser des Örtchens **Torridon** scheint er förmlich zu erdrücken.

Loch Maree

Eine Single Track Road führt um den Beinn Eighe zum Wandererörtchen **Kinlochewe** und weiter zum Glas Leitir-Parkplatz am grandiosen Loch Maree, von wo zwei markierte **Wanderwege** mit wundervollen Ausblicken in das Naturschutzgebiet des Beinn Eighe starten. Vier bis fünf Stunden dauert der anstrengende ›Mountain Trail‹, eine Dreiviertelstunde der ›Woodland Trail‹ durch lichten Bergwald aus Birken und der seltenen *Scots Pine,* mit Unterholz aus Waldbeeren, Heide und dicken Moospolstern. Ein Kiefernstumpf steht hier, der 1745, als Prince Charlie seine Ansprüche auf Schottland anmeldete, ein Sämling war. Hinter dem beliebten Loch Maree Hotel führt ein kurzer Gang zur bemoosten Klamm der **Victoria Falls,** über deren Wassern schon die alte Vic seufzte.

Loch Maree Hotel: bei Talladale am Seeufer, Tel. 01445/760 288, Fax 01445/760 241, www.lochmareehoel.co.uk. Traditionsherberge seit 1872, hier schlief schon Königin Victoria, ein bisschen sehen die Zimmer auch noch so aus; Angeln, Wandern, Restaurant. DZ ab 60 £.

Gairloch

Das angenehme, zersiedelte Crofter-Dorf Gairloch besitzt eine gut ausgebaute touristische Infrastruktur und ein sehenswertes **Heritage Museum** mit einer kleinen archäologischen Abteilung, einem nachgestellten Crofter-Raum und der Lichtanlage eines Leuchtturms (April–Sept. Mo–Sa 10–17, Okt. Mo–Fr 10–13.30 Uhr). Vom weiten Sandstrand unterhalb des alten Friedhofs, kurz vor dem Ort, sieht man hoch in die Dünen, wo die Golfer auf einem von Schottlands schönsten Plätzen ihre verschlagenen Bälle suchen. Ob die Personenfähre nach Portree, eine Eineinhalb-Stunden-Kreuzfahrt mit Möglichkeiten zur Wal- und Delfinbeobachtung, 2006 noch fahren wird, ist ungewiss.

Lust auf absolute Einsamkeit? Am Nordwestkap der Gairloch-Halbinsel steht das Rua Reidh Lighthouse, 1910 von einem Stevenson-Ingenieur gebaut und heute voll automatisiert. Die Unterkunft ist alternativ-schlicht und gemütlich (21 km nördl. von Gairloch, Tel./Fax 01445/771 263, ruareidh@netcomuk.co.uk; geführte Wanderungen, Kletterkurse, Schwimmen, Goldadler- und Walbeobachtung; Bett im Schlafsaal 9,50, einfaches DZ 28, Ensuite-DZ 38, Frühstück 5 £, Abendessen nur April–Okt. nach Voranmeldung 15 £).

Tourist Information: Auchtercairn, Tel. 0845/225 5121, www.visithighlands.com, April–Okt. Mo–Sa 10–13, 14–17, Juli–Mitte Sept. Mo–Sa 9–18, So 12–17 Uhr.

Charleston House: The Creel, off A 832, 2 km südl. vom Zentrum, Tel. 01445/712 497, www.charlestonhouse.co.uk. Ostern–Okt. Fischhändlerhaus des 18. Jh. am Ufer der Flowerdale Bay, geschmackvolles Haus mit ein paar Antiquitäten, Restaurant s. u. DZ 64–84 £.

The Old Inn: am südlichen Stadtrand an der A 832, Tel. 01445/712 006, Fax 01445/712 445, www.theoldinn.net. Geschmackvolle Zimmer, teils mit Four Poster-Betten, beliebte Wanderungen führen von hier durch das Flowerdale Valley. DZ 50–84 £.

Kerrysdale House: off A 832 etwas südlich, Tel./Fax 01445/712 292, www.kerrysdalehouse.co.uk. Farmhaus des 18. Jh., Frühstücksraum im Mackintosh-, Zimmer im Laura Ashley-Stil. DZ 44–52 £.

Rua Reidh Lighthouse: s. Tipp.

Creel Restaurant: im Charleston House (s. o.). Gemütliches Restaurant mit unverputzten Steinwänden, schlicht und perfekt zubereitete Speisen mit Betonung auf Fisch und Rind. Dinner 25 £.

The Old Inn: s. o. Alter Inn mit Real Ales, Whiskyauswahl und deftig-schottischen Bar Meals im preisgekrönten Pub (ab 9 £), auch Zimmer.

Mountain Coffee Co.: Strath Square, Tel. 01445/712 316, März–Dez. tgl. 10–18 Uhr. Alternativ-rustikales Wintergartenbistro mit Büchern und allerlei Wanderer-Schnickschnack, deftige Snacks und Kaffee/Kuchen. Ca. 7 £.

Die frische Brise wird gut genutzt: Gairloch

Gairloch Chandlery: Pier Road, Tel. 01445/712 458, www.seafishing-scotland.co.uk. Angelgenehmigungen, -ausrüstung, -bootsfahrten und Wildlife Cruises.
Gairloch Golf Club: Tel. 01445/712 407, www.golfhighland.vom. 9-Loch-Dünenplatz, Besucher willkommen.

12 Inverewe Gardens

Die Inverewe Gardens bei Poolewe gelten zu Recht als die schönsten Gärten Schottlands. Osgood Mackenzie, der den exotischen Garten mit Pflanzen aus Amerika und Japan im milden Seeklima anlegte, lief jeden Morgen nackt auf einem heute ausgeschilderten Weg zum Schwimmen ans Meer. Ein eineinhalbstündiger Rundgang führt durch den entzückenden *Walled Garden* mit blühenden Stauden und Gemüsen aus dem Cottage-Garten, durch Rhododendronalleen, die von Mai bis Juni farbenprächtig blühen, oder zum bei Kindern beliebten ›Baum mit der behaarten Achselhöhle‹. An mehreren Stellen kann man den Garten verlassen und zum Strand des Loch Ewe hinuntergehen. Der Pinewood Trail führt in 45 Minuten über einen nahen Berghang, der 12 km lange Kernsary Path relativ eben in die Wildnis des Letterawe Estate (Garten: ganzjährig 9.30–16, Ostern–Okt. bis 21 Uhr; Besucherzentrum und Restaurant: Ostern–Sept. tgl. 9.30–17, Okt. bis 16 Uhr; kostenlose Führung Mitte Mai–Anfang Sept. Mo–Fr 13.30 Uhr).

Loch Broom

Die runde Gruinard Bay ist mit Inselchen und Fischfarmen durchsetzt. Durch eine romantisch einsame Moorlandschaft gelangt man zur Corrieshalloch Gorge mit den 45 m hohen Falls of Measach, eine unglaublich steile Klamm, die vor etwa 10 000 Jahren von abfließendem Gletscherwasser in den Fels gekerbt wurde. Die schwingende Brücke über die Schlucht darf man zurzeit aus Sicherheitsgründen leider nicht betreten. Kurz danach ergeben sich fantastische Blicke auf das von sanften Berghängen eingefasste Tal am Kopfende des Loch Broom, einem der schönsten Hochlandseen, und später vom Ostufer aus den lang gestreckten Loch entlang in Richtung Ullapool (s. S. 310f.).

Die südwestlichen Highlands

Reiseatlas S. 8, 11

In Argyll, der Heimat des Clans Campbell, liegen einige der schönsten Seen wie Loch Awe und Loch Fyne und der schönsten Burgen Schottlands wie Castle Stalker und Kilchurn Castle. Vom Ferienzentrum Oban, dem georgianischen Inveraray und dem Fischer- und Seglerort Tarbert aus lassen sich die grandiosen Berg- und Küstenlandschaften erkunden.

Oban und Umgebung

Reiseatlas: S. 8, D/E 2/3

Oban

Das 7000 Einwohner zählende Oban gleicht Fort William insofern, als es selbst nicht von besonderer Schönheit ist, dafür aber eine vom Massentourismus geprägte Infrastruktur sowie eine landschaftlich reizvolle Lage aufweist. Der beste Blick reicht vom geschäftigen Fischerei- und Fährhafen den Hang hinauf zu **MacCaig's Tower** – unvollendete *folly* und Arbeitsbeschaffungsmaßnahme eines sozial gesinnten Obaner Bankiers am Ende des 19. Jh. – und von hier, der leeren Hülle einer Kolosseumskopie mit Spitzbögen, hinab über den Sund auf die Berge von Mull. An die Riviera erinnern die steilen Gässchen und Treppen unterhalb des nie gebauten ›Turms‹ und die viktorianischen Villen mit Palmen in den Gärten. In der Nähe des betriebsamen North Pier kann man die **Oban Distillery** besuchen (März–Nov. Mo–Sa 9.30–17, Juli–Sept. Mo–Sa 9.30–19.30, So 12–17, Dez.–Feb. Mo–Fr 12.30–16 Uhr).

Oban ist vor allem ein Fährhafen. Liebhaber einsamer, vom Tourismus fast unberührter Inseln und weiter Sandstrände setzen von hier mit den Calmac-Fähren zum stillen **Colonsay** über, nach **Coll** mit dem trutzigen Breachacha Castle oder zum flachen, baumlosen **Tiree,** Schottlands Windsurferzentrum. Wichtigstes Ziel ist Mull mit Iona und Staffa (s. S. 396f.), weitere Fähren setzen nach Lismore, Barra und South Uist über.

Eine gute Viertelstunde spaziert man von der Jugendherberge am Strand entlang nordwärts zu den efeuüberwachsenen Ruinen von **Dunollie Castle.** Sie gehören zu einer ehemaligen MacDougall-Burg aus dem 13. Jh. Von hier hat man einen fantastischen Blick auf Mull und die vorgelagerte Insel Kerrera. Vor allem Kinder kommen im **Rare Breeds Farm Park** in Glencruitten auf ihre Kosten: Der noch arbeitende Bauernhof zeigt seltene Haustierrassen und hat eine Streichelscheune mit Angorakaninchen und Hängebauchschweinen (Ostern–Okt. tgl. 10–18, Nov./Dez. 11–16 Uhr).

Tourist Information: Boswell House, Argyll Square, Tel. 08707/200 630, wwwvisitscottishheartlands.org und www.oban.org.uk, Mo–Sa 9–17, So 12–16 Uhr, im Sommer länger.

Die zahllosen Hotels/Guest Houses direkt am Hafen und an der Esplanade Richtung Dunollie Castle sind weniger zu empfehlen.

The Manor House: Gallanach Road, Tel. 01631/562 087, Fax 01631/563 053, www.manorhouseoban.com. Gemütliche Zimmer in einem Herrenhaus am Meer, Gourmetrestaurant, nette Bar. DZ 140–260 £.

Oban Caledonian: Station Square, Tel. 0871/222 3415, Fax 0871/222 3416, www.obancaledonian.com. Edel-zeitgenössisch renoviertes Luxushotel – allein die Bäder! Bar, Restaurant. DZ 85–165 £.

Hawthornbank Guest House: Dalriach Road, Tel. 01631/562 041, www.smoothhound.co.uk/hotels/hawthorn.html. Geschmackvolle viktorianische Villa über der Stadt, einige Four Poster-Betten. DZ 52–72 £.

Beechgrove: Croft Road, Tel. 01631/566 111, www.smoothhound.co.uk/hotels/beech grove.html. Viktorianische Villa mit Ensuite-B & B. DZ ab 48 £.

Dungrianach: Pulpit Hill, Tel./Fax 01631/562 840, www.dungrianach.com. Komfortables B & B mit Ensuite-Zimmern in Obans schönerem Teil. DZ 48–52 £.

Oban Youth Hostel: Esplanade, Tel. 0870/004 1144, www.shya.org.uk. Schönes viktorianisches Haus am Meer, auch 2-Bett- und Familienzimmer. Bett 10,50–13,30 £.

Oban Backpackers: Breadalbane Street, Tel. 01631/562 107, www.sctlands-top-hostels.com. März–Okt. Hostel mit Internet, Party und Musik. Bett im Schlafsaal 10–12 £.

Oban Caravan & Camping Park: Gallanachmore Farm, Gallanach Road, 4 km südl., Tel. 01631/562 425, Fax 01631/566 624, www.obancaravanpark.co.uk. 4 Sterne, schön auf einem Hügel über dem Meer gelegen. 9–10 £, Ferienwohnungen 140–370 £/Woche (auch pro Nacht zu mieten).

Eeusk Fish Café: North Pier, Tel. 01631/565 666, tgl. 12–15, 18–22 Uhr. Zeitgenössisch gestyltes Bistro, auf zwei Ebenen Inselblicke durch hohe Glasfenster, Seafood mit fernöstlichem Touch. Hauptgericht 16 £.

Waterfront Restaurant: 1 The Waterfront, The Pier, Tel. 01631/563 110, 10.30–14, 17.30–21.30 Uhr. Minimalistisches Bistro in ehemaliger Seemannsmission am Railway Pier, innovatives Seafood. Hauptgericht 16 £.

The Studio Restaurant: Craigard Road, Tel. 01631/562 030, 17–22 Uhr. Dinner im Kerzenlicht fernab vom ›Tourihafen‹, angenehm altmodisch sind Küche und Ambiente, unbedingt vorbestellen! 3-Gang-Dinner 13,95 £.

Oban Inn: Stafford Street, am Hafen, Mo–Sa 10–23, So 12.30–23 Uhr. Traditioneller Pub mit großer Malt- und Ale-Auswahl, Pub Grub ab 6 £.

McTavish's Kitchen: 34 George St., Tel. 01631/563 064, Mai–Sept. 20–22 Uhr. Schottischer Abend im Karoklischee, mit Fiddle, Sang und Tanz, ebensolches Essen, das aber kein Muss ist.

Cooler Club@Mondo: 60 George St., Do–Sa 22–2 Uhr. Nightclub mit Disco, Livemusik.

West Highland Yachting Week: Ende Juli/Anfang Aug., www.whyw.co.uk. Seglertreff, Hunderte von Yachten, in den Kneipen Skipper und Crews.

Argyllshire Gathering: letzter Mi und Do im Aug. Eines der größten Highland Games.

Mit der Autorin unterwegs

Sehenswert

Riesige Turbinen, eine gigantische Maschinenhalle im hohlen Berg – das Wasserkraftwerk **Ben Cruachan** sollten Sie unbedingt besichtigen (s. S. 329)! **Port Appin** ist ein reizender Fischerort für einen magischen Abend am Meer (s. S. 331). Old World-Charme verbreitet der **Crinan Canal** mit seinen 15 Schleusen (s. S. 333f.). Im wundervollen **Kilmartin Glen** trifft man auf eine einzigartige Ansammlung prähistorischer Denkmäler (s. S. 334f.). Schöner kann das Ende der Welt nicht sein als auf dem **Mull of Kintyre:** Klippen, Spuren eines Heiligen und Paul McCartneys Ohrwurm ... (s. S. 337).

Für Kinder

Rund um Oban: Rare Breeds Farm (s. S. 326), Sea Life Sanctuary (s. S. 330) und Whale Watching-Bootsausflüge begeistern selbst anspruchsvolle Kids (s. S. 330).

Segeln und Radeln

Auf der **Yacht ›Corryvreckan‹** bringen Ihnen zwei passionierte Segler das Segeln bei (s. Tipp S. 328). Die Insel **Gigha,** die von den Bewohnern gekauft wurde, lässt sich prima per Rad erkunden (s. S. 337).

Oban, ein Highland-Ort mit guter touristischer Infrastruktur

Ausflüge: Es empfiehlt sich, Iona und Staffa im Rahmen einer organisierten Fähr-/Bus-/Bootstour zu besichtigen, z. B. Bowman's, 3 Stafford St., Tel. 01631/563 221, oder Gordon Grant Marine, Railway Pier, Tel. 01631/562 842. Buchungen und Infos, auch für Mull-Touren, im Tourist Office.

Radfahren: Oban Cycles, 28 Lochside St., Tel. 01631/566 996. Verleih. Das Tourist Office hält Informationen zu Fahrradtouren bereit.

Tauchen: Oban ist ein Zentrum des Tauchsports, mit vielen Wracks vor der Küste und den Inseln. Puffin Dive Centre, Port Gallanach, Tel. 0800/542 8181. Ausrüstungsverleih, Kurse, auch zum ›Schnuppern‹ für Anfänger.

Yacht ›Corryvreckan‹: Wenn Sie segeln, schlemmen und die atemberaubende Westküste vom Wasser aus kennen lernen wollen, sollten Sie sich den erfahrenen Seglern Douglas und Mary Lindsay anvertrauen, die bis zu zehn Gäste auf ihrer eleganten Yacht als Segelgehilfen anlernen und exzellent verköstigen. Man wählt zwischen 3-, 6- und 12-Tage-Trips (Dal an Eas, Kilmore, Tel./Fax 01631/770 246, http://freespace.virgin.net/yacht.corryvreckan, z. B. 6 Tage 530–560 £).

Bahn: Bahnhof am Station Square. Endstation des westlichen Abzweigs der West Highland Line, 3 x tgl. Züge nach Glasgow.

Schiff: Calmac-Büro: Reservierungen Tel. 01631/566 688, Fax 01631/566 588; Autofähren nach Castlebay (Barra, 5 Std.) und Lochboisdale (South Uist, weitere 2 Std.) 1 x tgl. Mo–So; nach Colonsay (gut 2 Std.) Mo, Mi, Fr; nach Coll (3 Std.) und Tiree (noch mal 1 Std.) Mo–Mi, Fr, Sa; nach Lismore (50 Min.) mehrmals tgl. Mo–Sa; nach Craignure (Mull, 40 Min.) fast stdl. Mo–So.

Bus: Busbahnhof gegenüber dem Bahnhof, 2–4 x tgl. Scottish Citylink-Verbindungen

nach Glasgow über Inveraray, nach Fort William und Perth. West Coast Motors, Tel. 01631/570 500, mehrmals tgl. über Kilmartin Glen nach Lochgilphead.
Mietwagen: Hazelbank Motors, Lynn Road, Tel. 01631/566 476, auch Fahrräder.

Loch Etive

Dunstaffnage Castle liegt auf einer Landzunge im lang gezogenen Loch Etive, einem von Schottlands reizvollsten Seen. Ein massiver Mauerring des 13. Jh. umschließt einen Wohnturm aus dem 17. Jh., in dem Flora MacDonald kurzfristig gefangen gehalten wurde (25. März–Sept. tgl. 9.30–18.30, Okt.–24. März Sa–Mi 9.30–16.30 Uhr). Zu Füßen der MacDougall-Burg dümpeln friedlich die Boote der Marina.

Die Ruinen und skulptierten Grabsteine der mittelalterlichen **Ardchattan Priory** bilden mit dem ›angebauten‹ Herrenhaus – eines der ältesten bewohnten Häuser Schottlands –, den erholsamen Gärten, einer Farm und einem gemütlichen kleinen Café ein besinnliches Ensemble an den hier noch relativ flachen Ufern des Loch (jederzeit zugänglich). Er zieht sich weit in nordöstlicher Richtung in immer höhere Hochlandberge hinein.

Von **Taynuilt** am gegenüberliegenden Ufer werden Kreuzfahrten auf Schottlands ›*most scenic*‹ Loch veranstaltet. Im Inverawe Smokehouse kann man geräucherten Gourmetlachs, -forellen und -wild kaufen und im Café probieren. Der angrenzende Park lädt zu Spaziergängen auf Naturpfaden ein und hat auch einen Kinderspielplatz.

Wide Mouthed Frog Restaurant with Rooms: in Dunstaffnage, über der Marina, Tel. 01631/567 005, Fax 01631/567 044, www.widemouthedfrog.com. Kinderfreundliches Haus mit schlichten, netten Zimmern, im Restaurant deftiges Seafood ohne Schnickschnack. DZ ab 40, Familienzimmer ab 50 £.
Ardanaiseig Hotel: Kilchrenan, bei Taynuilt, Tel. 01866/833 333, Fax 01866/833 222, www.ardanaiseig.com. Individuell mit Antiquitäten und leuchtenden Farben dekorierte Zimmer. DZ 90–290 £, auch Feriencottage.

Kreuzfahrten auf dem Loch Etive: Taynuilt, Ostern–Okt. So–Fr um 12 Uhr 1,5-stündige Tour zu Seehundkolonien, um 14 Uhr 3-stündige Tour zu Seehunden und dem Lochende, Tel. 01866/822 430.
Inverawe Fisheries: der Räucherei angeschlossen, Tel. 01866/822 777. Forellen- und Fliegenangeln, Kurse.
Falconry Adventures: Yarak Lodge, Otter Creek, Kilchrenan Road, Taynuilt, Tel. 01866/822 037, www.falconry-adventures.co.uk. Falknerei, auch als halbtägiges ›Schnupperangebot‹.

Loch Awe

In den ›hohlen Berg‹ einfahren: Das ist bei dem 1126 m hohen **Ben Cruachan** möglich. Im Bauch des Bergs arbeitet das 1965 von der Queen eingeweihte Speicherwasserkraftwerk, das Wasser aus einem Stausee über Turbinen in den Loch Awe stürzen lässt und mit Hilfe dieser Turbinen, die auch in umgekehrter Richtung einzusetzen sind, wieder in den Stausee hochpumpt. In der in den Berg gehauenen Maschinenhalle, wo der 37 m hohe Londoner Tower problemlos Platz fände, hat man 305 m soliden Felsgesteins über sich – nichts für Klaustrophobiker (Ostern–Nov. tgl. 9.30–17, Aug. bis 18 Uhr, per Führung vom Besucherzentrum).

Am Kopf des 39 km langen Loch Awe, Schottlands längstem See, wo dieser in einem Riedsumpf verlandet, stehen die vortrefflich erhaltenen Ruinen des pittoresken **Kilchurn Castle,** eine Festung der Breadalbane Campbells von etwa 1450, Ende des 17. Jh. um Militärbaracken erweitert. Weite Blicke reichen landeinwärts zu den wilden Bergen der Glens Strae, Orchy und Lochy, bekrönt vom Ben Lui. Von Lochawe fährt ein Dampfer im Sommer zur Burg, die man nur auf diesem Weg besichtigen kann (April–Nov. tgl. 10–17 Uhr, Tel. 01866/833 333).

Seil

Die vermutlich meistfotografierte Brücke Schottlands, die 1791 von Thomas Telford gebaute Clachan Bridge, mit dem populäreren Namen **Bridge over the Atlantic,** verbindet in einem hohen Dreiecksbogen die kleine Insel Seil mit dem Festland. Im Frühsommer ist das graue Gemäuer über und über mit lila blühenden alpinen Pflanzen bedeckt: *Erinus alpinus*. Im alten, verräucherten Tigh-an-Truish Inn, dem ›Hosen-Gasthof‹, tauschten 1745 aufständische Jakobiten ihre Hosen gegen den verbotenen Kilt.

Sea.fari Adventures: Ellenabeich Pier, Easdale, Tel. 01852/300 003, www.seafari.co.uk, ganzjährig tgl., vorher anrufen. Familientaugliches, umweltfreundliches Erlebnis, in Hochgeschwindigkeits-Schlauchbooten mit Sicherheitsausrüstung verschiedene Touren zu Wal- und Delfinbeobachtung, durch den Corryvreckan-Mahlstrom mit Landung auf Jura (s. S. 405).

Benderloch

Auf der Halbinsel zwischen Loch Creran und Loch Etive lockt das **Scottish Sealife Sanctuary.** Nicht nur Kinder werden sich an den dem natürlichen Lebensraum nachempfundenen Aquarien erfreuen, in denen kleine Haie, Lachse, Seeanemonen, Hummer und alles, was vor Schottlands Küsten kreucht und schwimmt, zu sehen ist. Haben Sie schon einmal die mit Widerhaken besetzte Schleifpapierhaut eines Rochens gestreichelt? Hier können Sie es nachholen. Otter kann man unter Wasser beobachten, Seehunde schwimmen sehen, in der Aufzuchtstation werden ausgesetzte Heuler großgezogen (Mitte Feb.–Nov. tgl. 10–17, Juli/Aug. bis 18 Uhr, im Winter vorher anrufen Tel. 01631/720 386).

Doppelt schön: Loch Linnhe mit dem Castle Stalker

Dun Na Mara: Benderloch, Seafront, Tel. 01631/720 233, www.dunnamara.com. Große edwardianische Villa, luxuriöse Zimmer mit Meer- oder Bergblick, abwechslungsreiches Frühstück – eine Traumadresse. DZ 70–90 £, Cottage pro Woche 225–450 £.

Appin

Auf der Appin-Halbinsel mit Hochlandbergen im Binnenland und zahllosen Inseln im Lynn of Lorn zeigt Argyll sich von seiner reizvollsten Seite. Vor grandioser Bergkulisse thront **Castle Stalker** auf einem Inselchen im Loch Linnhe – das gälische *stalcair* bedeutet Jäger oder Falkner. Das Tower House der Stewarts of Appin, um 1450 in seiner heutigen Form gebaut und in den 1970ern und 1980ern von seinem Besitzer Stewart Allword eigenhändig restauriert, ist der Inbegriff unzugänglicher, herb-schöner Hochlandromantik (Besichtigung nach Anmeldung, nicht durchgängig Juni–Anfang Sept., Tel. 01631/740 306, 01631/730 354, 01631/730 234).

Vom verträumten Pier in **Port Appin,** einem winzigen Fischerdorf mit geschmackvoll renovierten viktorianischen Villen und gemütlichen Cottages, setzt das ganze Jahr hindurch etwa alle zwei Stunden eine Personenfähre in 5 Minuten zum **Lismore Island** über. Zahlreiche Wanderungen führen in die verlassene Hügellandschaft, an den Klippen entlang und zu Broch-, Kirchen- und Burgruinen – eine Insel für Reisende mit Entdeckermentalität. Sie ist auch gut mit dem Rad zu erkunden, das man auf die Fähre mitnehmen kann. Oder man bleibt im Pierhouse Hotel (s. S. 332), einem

sehr individuellen Haus im ehemaligen Hafenmeistergebäude, lässt sich heiße Austern in Mornay-Sauce oder Jakobsmuscheln in Knoblauch und das göttliche Nachtischbüfett munden. Jazzklänge ertönen, die Hummer werden vom Fischerboot in die Küche gebracht, die Sonne geht über Lismore unter ...

Der nahe **Leuchtturm Sgeir Bhuidhe** hat es sogar in die BBC-Nachrichten geschafft. Scherzbolde oder Protestler gegen einen drohenden Abriss bemalten ihn 2001 rosa mit gelben Tupfern, er wurde wieder geweißt. Im Oktober 2005 erhielt er über Nacht einen gelben Anstrich mit rosafarbenen Tupfen.

Pierhouse Hotel: Tel. 01631/730 302, Fax 01631/730 400, www.pierhousehotel.co.uk. Komfortable Four Poster-Zimmer mit Meerblick, Fahrradverleih, Angeln, Wasserski wird vom Hotel organisiert. DZ 65–85 £.

Pierhouse Hotel: s. o. Lebhafter, netter Pub, Restaurant mit rauen weißen Wänden und großen Spiegeln. 3-Gang-Menü 33 £.

Lettershuna Riding Centre: Lettershuna, Tel. 01631/730 227, lettershunarc@aol.co. Reitzentrum, Ausritte vom Anfänger aufwärts, auch halbstündiges Ponyreiten für kleine Kinder.

Mid Argyll

Reiseatlas: S. 8, D/E 3/4

Inveraray

Pittoresk reihen sich die glänzend weiß und schwarz gestrichenen georgianischen Häuser von Inveraray am Ufer des Loch Fyne. Passend zum Schloss ließ der Herzog von Argyll um 1750 das Plantation Village anlegen, nachdem er das alte Dorf hatte abreißen lassen. Für einen guten Überblick steigt man auf den **Bell Tower** der All Saints Church (Mai–Sept. tgl. 10–13, 14–17 Uhr). Der Dreimaster **›Arctic Penguin‹** am Pier beherbergt in seinem schlanken Rumpf die Ausstellung ›Maritime Experience‹, audiovisuell und zum Anfassen und Ausprobieren animierend (April–Sept. tgl. 10–18, Okt.–März 10–17 Uhr). Ein ähnliches Konzept liegt dem sehenswerten Gefängnismuseum des **Inveraray Jail** zugrunde: Der Besucher kann die Hängematten der Gefangenen ausprobieren, wird von der Gefängnismutter in einen Gitterverschlag gesperrt und über die Anstaltsregeln belehrt. Die original eingerichteten Gebäudetrakte des alten und neuen Gefängnisses aus dem 19. Jh., eine informative Ausstellung zur Strafgeschichte und ein nachgestellter Prozess im großen Gerichtssaal sind die Hauptattraktionen (April–Okt. tgl. 9.30–18, Nov.–März 10–17 Uhr).

Inveraray Castle, der Stammsitz der Herzöge von Argyll, ist ein prächtiger Gebäudeklotz mit runden Ecktürmen und zentralem Turm, Mitte des 18. Jh. im Stil des Gothic Revival errichtet. Das Märchenschloss besitzt ein nicht minder prächtiges, französisch anmutendes Interieur. Unter den vielen Familienfotos vermissen wir jenes pikante der Herzogin Margaret, Gattin des 11. Duke, Gesellschafts- und Skandalkönigin der Nachkriegsära, das sie, nur mit einer Perlenkette bekleidet, in flagranti zeigt. Der Vater des jetzigen Herzogs ließ sich daraufhin scheiden. Die Herzöge sind auch Clanchefs, Träger des Titels MacCailein Mor, des ›großen Campbell‹. Als das Obergeschoss des Schlosses 1975 abbrannte, erbrachte eine Spendensammlung von Clanangehörigen aus der ganzen Welt die nötigen Millionen für den Wiederaufbau (Juni–Sept. Mo–Sa 10–17.45, So 13–17.45, April/Mai, Okt. Mo–Do, Sa 10–13, 14–17.45, So 13–17.45 Uhr).

Tourist Information: Front Street, Tel. 08707/200 616, www.visitscottishheartlands.org, www.inveraray-argyll.com, April–Okt. Mo–Sa 9–17, So 12–17, Nov.–März Mo–Fr 10–15, So 11–15 Uhr.

Loch Fyne Hotel and Leisure Club: Tel. 01499/302 148, Fax 01499/302 348, www.crerarhotels.com. Moderne Standardzimmer, Pluspunkte sind der Pool und der Fitnessraum. DZ 125–145 £.

George Hotel: Main Street, Tel. 01499/302 111, www.thegeorgehotel.co.uk. Landgasthof in zwei 1770 errichteten Häusern, im Erdgeschoss befanden sich früher zwei Kirchen, Zimmer teilweise mit Bruchsteinmauern, stilvollem Tartan und Four Poster-Betten (60–100 £), besonders empfehlenswert ist der Merchant's Room mit barockem Goldtouch und Jacuzzi im Zimmer (120 £), offene Kamine und viel Highland-Kolorit in der Bar, Biergarten.
Inveraray Youth Hostel: Dalmally Road, Tel. 0870/004 1125, www.shya.org.uk, April–Okt. 3 Sterne, auch Familienzimmer, modernes Gebäude. Bett 11–11,50 £.
Argyll Caravan Park: 4 km südl. am Fyne-Ufer, Tel. 01499/302 285, Fax 01499/302 421, www.argyllcaravanpark.com, April–Okt. Luxuriöse Ausstattung. 12–15 £.

Loch Fyne Whiskies: Main Street West, Mo–Sa 10–17 Uhr. Whisky-Auswahl.

Highland Games: Traditionsveranstaltung im Juli.

Ostufer des Loch Fyne

Für den Räucherfisch und die Muscheln der **Loch Fyne Smokery** und die Bar am Kopf des Loch Fyne fahren die Kunden meilenweit. Immer sturmumtost ist der Pass **Rest and Be Thankful** mit seinem großartigen Panoramablick auf den Ben Arthur. Die Straße wurde 1748 vom 24. Regiment Lord Ancrum gebaut, und einst stand die Aufforderung zu Ruhe und Dankbarkeit auf einem Stein, den auch die völlig durchnässten Reisenden Dr. Johnson und Boswell (s. S. 74) missmutig lasen. Die B 828/839 führt durch den aufgeforsteten Argyll Forest Park und das wilde Hell's Glen an den Loch Fyne zurück.

Thistle House: St. Catherine's, am Fyne-Ufer, Tel. 01499/302 209, Fax 01499/302 531, www.thistlehouseguesthouse.com. Edles viktorianisches Guest House inmitten eines Parks, elegante Ensuite-Zimmer. DZ 60–80 £.

The Creggans Inn: Strachur, Tel. 01369/860 279, Fax 01369/860 637, www.creggans-inn.co.uk. Berühmter Highland Inn, Zimmer arg blumig, aber mit Seeblick, Restaurant, Bar (s. u.). DZ 100–140 £.

The Creggans Inn: s. o. Gediegenes Restaurant mit schottischer Küche, 3-Gang-Dinner 32 £, preiswerter ist das Essen in der gemütlichen Bar.
Loch Fyne Oyster Bar: Clachan, Tel. 01499/600 264, tgl. 9–20.30 Uhr. Laden mit fantastischem Räucherfisch und -muscheln, begehrtes schlicht-rustikales Seafood-Bistro, reservieren oder warten. Hauptgericht 13 £!

Westufer des Loch Fyne

Im sehenswerten **Auchindrain Old Highland Township** wurde ein komplettes, originales Dorf zum Heimatmuseum umfunktioniert. Rund 20 strohgedeckte Bauernhäuser mit frei herumlaufenden Hühnern lassen das Hochlandleben vor den Clearances lebendig werden (April–Sept. tgl. 10–17 Uhr). Durch die für ihre Rhododendren im Mai und die alten Bäume berühmten **Crarae Gardens** führen markierte, schattige Wege. An Wasserfällen in dem schmalen Bachtal, zwischen Eukalyptus und Azaleen, wähnt man sich im Himalaya (Besucherzentrum: Ostern–Okt. tgl. 10–17, Nov.–Ostern Mo–Fr 10–15, Gärten: ganzjährig 9.30 Uhr bis Sonnenuntergang).

Crinan

Crinan mit seinem hübschen rot-weißen Leuchtturmstumpen und der Marina an der letzten, der 15. Schleuse des Crinan Canal ist ein winziger, wunderschöner Ort. Auf dem Treidelpfad entlang des Kanals, der Ende des 18. Jh. als Alternative zur gefährlichen Umseglung des Mull of Kintyre von Ardrishaig nach Crinan gebaut wurde, spaziert man in einer guten Stunde von Crinan nach **Cairnbaan** mit seinen adretten Cottagereihen entlang weiterer Schleusen. Die Gegend besitzt einen so unverfälschten Old World-Charme, dass hier die beliebte BBC-Fernsehserie ›Para Handy‹ um den Skipper des Clyde-Kutters ›Vital Spark‹ gedreht wurde.

Ein Traum für jeden Skipper: eine Fahrt auf dem Crinan Canal

Cairnbaan Hotel: Cairnbaan, Tel. 01546/603 668, Fax 01546/606 045, www.cairnbaan.com. In alter Postkutschenstation, gemütlicher Pub, das zeitgenössisch dunkelblau und weiß gestylte Restaurant (Hauptgericht 16 £) steht im Kontrast zu den angenehmen, aber rosig-blümeligen Zimmern. DZ 92–145 £.

Kilmartin Glen

Von Cairnbaan bis Kilmartin und darüber hinaus erstreckt sich das Tal von Kilmartin. Es ist für seine ca. 350 prähistorischen und mittelalterlichen Denkmäler bekannt. Radfahren und Wandern ist gleichermaßen angesagt. Im Mhoine Mhor-Naturschutzgebiet sind Stege durch ein Moor angelegt, in dem man Wollgras und Sonnentau entdecken kann.

Ein kurzer, steiler Anstieg bringt einen aufs windumtoste, geschichtsträchtige **Dunadd Fort,** die mit Felswällen gesicherte Hügelfestung der Könige von Dalriada aus der Zeit um 500. Der Fußabdruck unterhalb der Spitze, dem Platz des Königspalasts, spielte wohl eine Rolle bei den Inaugurationsriten in den *Dark Ages.* Auf dem verwunschenen Friedhof der **Kilmichael Glassary** sucht man die skulptierten spätmittelalterlichen, halb im Boden versunkenen Grabsteine. Auf einem umfriedeten Fels wenige Meter die Straße hinauf stößt man auf eine seltene Ansammlung von prähistorischen Napf- und Ringmarkierungen.

Wie Perlen auf einer Schnur reihen sich nicht weniger als fünf stein- und bronzezeitliche Cairns im stillen, grünen Glen – ein einzigartiger linearer Friedhof aus der Vorzeit. Zahlreiche *Standing Stones* in der friedlichen Agrarlandschaft und der Steinkreis von Templewood vervollständigen dieses prähistorische Denkmalensemble, einst eine bedeutende Kultstätte.

In der Kirche des Örtchens **Kilmartin,** in einem kleinen Anbau daneben und auf dem

Friedhof, von dem der Blick ins Tal gleitet, kann man hervorragende Reliefsteine bewundern: Kreuze und Grabplatten, u. a. die Portalloch Stones aus dem 14./15. Jh. Als kriegerische Herren in Helm und Kettenhemd und mit Claymore-Schwert ließen sich die Clanchefs der westlichen Highlands im Spätmittelalter darstellen. Die keltischen Muster dieses Regionalstils sind deutlich von Irland beeinflusst.

Das preisgekrönte Besucherzentrum Museum of Ancient Culture gibt eine spannende Einführung in die Archäologie des Tals. Pläne helfen beim Auffinden der oft etwas versteckten Denkmäler. Man kann sich beim Steinpolieren versuchen und im Café nette Snacks und Heidebier zu sich nehmen (tgl. 10–17.30 Uhr).

Carnasserie Castle ließ sich John Carswell, *Bishop of the Isles,* im 16. Jh. bauen, der John Knox' Katechismus ins Gälische übersetzte. Der Bau, ursprünglich ein Mittelding zwischen bequemem Renaissancepalast und mittelalterlicher Festung, ist heute nur noch eine Ruine (jederzeit zugänglich).

Bellanoch House: Lochghilphead (4 km südl. von Cairnbaan), Crinan Canal am Meer, Tel. 01546/830 149, www.bellanochhouse.co.uk. Das von außen etwas streng wirkende neogotische Gebäude war Kirche, Schule und Gefängnis für die napoleonischen Kriegsgefangenen, die den Crinan Canal bauten. 2002 wurde es völlig neu gestaltet, zeitgenössisch-elegant, Zimmer mit gelben Wänden und neogotisierendem Touch 70–90 £.
Cairnbaan Hotel: s. S. 334.

Bellanoch House: s. o. 4-Gang-Dinner 25 £.
Cairn Restaurant: Main Street, Tel. 01546/510 254, Mi–Mo 17–22 Uhr. Alteingesessenes Bistro, schottisch-mediterrane Küche. Hauptgericht 13 £.
Café im Museum of Ancient Culture: zu Museumsöffnungszeiten, im Sommer auch Do–Sa 18.30–21.30 Uhr (vorbestellen unter Tel. 01546/510 278).

Kintyre

Reiseatlas: S. 11, B/C 1/2
Gäbe es die 2 km schmale Landenge zwischen West Loch Tarbert und Loch Fyne nicht, wäre Kintyre eine weitere Hebrideninsel. Das gälische *ceann tire* bedeutet ›Ende des Landes‹, und tatsächlich hat das landschaftlich sehr reizvolle Kintyre dieses Flair einer Halbinsel am Ende der Welt. Mit ihren fruchtbaren, sanften Hügeln klingt Schottland still und unspektakulär aus.

Tarbert

Das kleine Tarbert ist ein entzückender Fischerhafen, umringt von bunten Häuschen, bekrönt von den efeuüberwachsenen Ruinen einer Burg von Robert the Bruce. Die Segler der Marina sorgen für eine gute Infrastruktur mit einigen Restaurants und Galerien. Wie andere Orte in Schottland trägt Tarbert den Isthmus oder, wörtlich, das ›Herübertragen der Schiffe‹ im gälischen Namen: *Tairbeart.* Der norwegische König Magnus Barfuß praktizierte es 1098, Bruce tat es ihm nach: Hier sollte man seine Zelte aufschlagen.

Tourist Information: Harbour Street, Tel. 08707/200 624, www.visit.scottishheartlands.org, April–Okt. Mo–Sa 10–17, So 12–17 Uhr. Über das Büro lassen sich B & B buchen, die fast alle keine Privatbäder, aber dafür Meerblick haben. Websites: www.tarbertlochfyne.com und www.kintyre.org.

Stonefield Castle Hotel: 4 km südl., Tel. 01880/820 836, Fax 01880/820 929, www.stonefieldcastle.co.uk. Neobaronialer Prachtbau mit üppigen Gärten, kinderfreundlich, wundervolle Meerblicke aus dem Wintergarten-Restaurant. Nur Halbpension, pro Person 90–125 £.
The Columba Hotel: East Pier Road, Tel./Fax 01880/820 808, www.columbahotel.com. Gemütliche Bar mit 1970er Jahre Kunstlederpolsterung, beliebt bei Seglern und Einheimischen, Restaurant (s. S. 336). DZ 78–94 £.
Struan House: The Quay, Tel. 01880/820 190, www.struan-house-lochfyne.co.uk. Net-

te B & B-Zimmer, nicht *ensuite*, aber mit Meerblick. DZ ab 40 £.

The Columba Hotel: s. S. 336. 3-Gang-Dinner im Seafood-Restaurant 20,50 £.
The Anchorage: Hafen, Tel. 01880/820 881, April–Okt. tgl. 12.30–14.30. 18 Uhr bis spät, Nov.–März Sa/So 18.30 Uhr bis spät. Frisch gefangener Fisch, helles, in schlichten Linien mit ›Mockintosh‹-Stühlen renoviertes Bistro. Hauptgericht 14–17 £.

Loch Fyne Gallery: Harbour Street, April–Okt. tgl. 10–17 Uhr, im Winter kürzer. Gegenständliche, nicht gerade avantgardistische Bilder, Skulpturen, Drucke hinter schöner alter Holzfront.

The Scottish Series: Ende Mai. Zweitgrößte britische Regatta.
Seafood-Festival: erstes Juliwochenende, www.seafood-festival.com.
Musikfestival für Folk: Mitte Sept., mit einem *ceilidh* (s. S. 50f.) auf einem Schiff, www.auqn74.dsl.pipex.com.

Marina: The Harbour Master, Tel. 01880/820 344.
Wandern: Im Ort beginnt ein 14 km langer, ca. 4–5 Std. dauernder Waldweg zum Skipness Castle, Infos beim Tourist Office.
Highland Horse Riding: Tel. 01880/820 333, www.highlandhorseriding.co.uk. Ausritte.

Die Ostküste

Die beeindruckenden Ruinen von **Skipness Castle** gehören zu einer Festung der *Lords of the Isles* (s. S. 371), deren früheste Teile aus dem 13. Jh. stammen. In der dachlosen St. Brendan's Chapel ein Stück weiter unterhalb am Meer gibt es schön skulptierte Grabsteine. Von hier führt eine kurvenreiche Single Track Road entlang der fast unberührten, wildromantischen Ostküste von Kintyre: kleine Farmen, Küstenweiden, Ausblicke über den Sund auf die Berge von Arran.

Der freundliche Ferienort **Carradale** hat einen fotogenen kleinen Hafen und an der gleichnamigen südlich gelegenen Bucht einen riesigen Sandstrand. Im Rücken des Strandes erstreckt sich ein romantisches Naturschutzgebiet aus Rhododendron, Heide und Sumpf. Im Torrisdale Castle stellt die Grogport Tannery, eine Öko-Gerberei, Schottlands angeblich beste Schaffelle her – garantiert ohne chemische Ausdünstungen.

Von der Abtei von **Saddell** blieben fast nur die spätmittelalterlichen Reliefgrabsteine mit spitzhelmigen Kriegern, Galeeren, Speeren und Jagdszenen übrig. Der Sandstrand unterhalb des Saddell Tower House ist nur einer von vielen Flecken auf Kintyre, wo man in paradiesischer Stille baden oder picknicken kann.

Torrisdale Castle: 2 km südl. von Carradale, Tel. 01583/431 233, www.torrisdalecastle.com. Mit Antiquiäten eingerichtete Ferienapartments in prächtigem Neobaronialschloss von 1815. Woche 200–370 £, Minimum 3 Nächte. Grogport Tannery (s. o.).
Carradale Bay Caravan Site: Tel. 01583/431 665, www.carradelebay.com. April–Sept. Gute Ausstattung und schöne Lage am Sandstrand, Vermietung von Holzhäusern und Caravans. Zelt 9–14 £.

Campbeltown

Das noch großteils viktorianisch geprägte Campbeltown schmiegt sich in eine weite Bucht, in der Davaar Island und ihr Leuchtturm aufragen. Von den ehemals 34 Destillerien arbeiten nur noch zwei. Die 1822 gegründete **Springbank Distillery** ist die einzige in Schottland, die alle Arbeitsvorgänge vom Mälzen bis zum Abfüllen an Ort und Stelle vornimmt (Führungen April–Sept. Mo–Do nur nach vorheriger Anmeldung, Tel. 01586/552 085).

Für archäologisch Interessierte lohnt sich ein Besuch von **Campbeltown Museum and Library** mit seiner berühmten bronzezeitlichen Jadekette in einem spektakulären viktorianischen Gebäude (Di–Sa 10–13, 14–17 Uhr). Seit 2002 sitzt eine Bronzestatue der verstorbenen Beatles-Gattin mit einem Lamm auf dem Schoß im angrenzenden **Lady Linda McCartney Memorial Garden** – sie hat hier lange Zeit gelebt und fotografiert. In der ehemaligen *Tartan Kirk* klärt das **Campbeltown Heritage Centre** über Whisky, Fischfang und frühchristliche Asketen auf (April–Okt. Mo–Sa 11–17, So 12–17 Uhr).

Tourist Information: MacKinnon House, The Pier, Tel. 08707/200 609, www.visitscottishheartlands.org, April–Okt. Mo–Sa 10–17, So 12–16, Nov.–März Mo–Fr 9–16 Uhr. Infos zu Destillerien-Touren und den Gezeitentafeln, die man braucht, um bei Ebbe eine Tageswanderung auf das unbewohnte Davaar Island zu unternehmen.

Guest House: Dell Road, Tel./Fax 01586/553 660. Kleines viktorianisches Haus, ruhig gelegen. Ensuite-Zimmer 42–48 £.

Machrihanish: an der Atlantikküste, 4 km westlich von Campbeltown: 6 km langer, von hohen Dünen gesäumter Sandstrand. Von hier bis Westport erstreckt sich ein beliebtes Windsurfergebiet.
Golf: Machrihanish Golf Course, Tel. 01586/810 213. Anspruchsvoller Dünenplatz.

Mull of Kintyre

Hier im Süden liegen große, reiche Gehöfte inmitten ganz unhochländischer satter Rinderweiden und Kornfelder. Eine an Ausblicken reiche Küstenstraße führt zum kleinen Friedhof am **Keil Point** mit einigen halb versunkenen Reliefgrabsteinen und eineinhalb Fußabdrücken (auf einer Felsplattform am oberen Ende der Treppe hinter der mittelalterlichen Kapellenruine) – der hl. Columban soll sie hinterlassen haben, als er erstmalig schottischen Boden betrat.

Die ganze Zeit haben wir es schon im Ohr, Paul McCartneys eingängiges ›Mull of Kintyre‹. Eine waghalsige Passstraße windet sich durch den felsigen Südwestzipfel des **Mull of Kintyre** zu einem Parkplatz hinauf, von wo es eine Meile zu Fuß zu dem grandios über einer 100 m hohen Klippe stehenden Leuchtturm geht. Das Kap ist ein notorischer Wolkenfänger: Es kommt vor, dass eine undurchdringliche Nebelfront auf dem Mull hockt, während die restliche Halbinsel unter blauem Himmel in der Hitze stöhnt. 1994 kam hier in solchem Nebel bei einem Hubschrauberabsturz die gesamte Führungselite der britischen Antiterroreinheiten ums Leben.

Jugendstil-Kino: Falls Ihnen der Sinn nach Kino steht, sollten Sie das denkmalgeschützte Lichtspielhaus Wee Pictures an Campeltowns Hafenpromenade besuchen, das 1912 gebaut und mit Märchenpark-ähnlichen Blendlogen ausgestattet wurde.

Westküste und Isle of Ghiga

Die ausgebaute A 83 verläuft entlang der eher langweiligen Westküste, zwischen grünen Hügeln und Wohnwagenkolonien, am Horizont die dunstverhangenen Paps of Jura. In 20 Minuten setzt die Fähre von Tayinloan auf das relativ flache **Gigha** über. 2002 kauften die Einwohner als Trust die 12 km lange und einen knappen Kilometer breite Insel, und tatsächlich scheint der Bevölkerungsrückgang nun gestoppt (www.gigha.org.uk). Mit einem am Isle of Gigha gemieteten Rad erkundet man die Insel, die für ihre Rhododendren berühmten **Achamore Gardens,** die mit Spendengeldern erneuert werden sollen (geöffnet von der Morgen- bis zur Abenddämmerung), die Ruinen der Kilchattan Chapel oder den Creag Bhan, den höchsten Berg und Aussichtspunkt.

Achamore House: Tel. 01583/505 385, www.achamorehouse.co.uk. Im 1884 gebauten strahlend weißen Herrenhaus inmitten des Parks, an dem der junge Mackintosh mitwirkte, traumhafte Zimmer mit Antiquitäten, Billardraum, wundervolle Bibliothek und Lounge. Ensuite-Doppelzimmer 96, DZ mit Gemeinschaftsbad 64 £.
Gigha Hotel: Tel. 01583/505 254, Fax 01583/502 244, www.gigha.org.uk. Einfache Zimmer im vom Trust geführten Hotel; Fahrradverleih. DZ *ensuite* ab 60 £.

Fähre: im Winter Mo–Sa 9, 10, 11, 12, 14, 16, 17, im Sommer Mo–Sa 9–12, 14–18 Uhr zu jeder vollen Stunde.

Isle of Skye: der Leuchtturm am Neist Point

Kapitel 6

Die Inseln

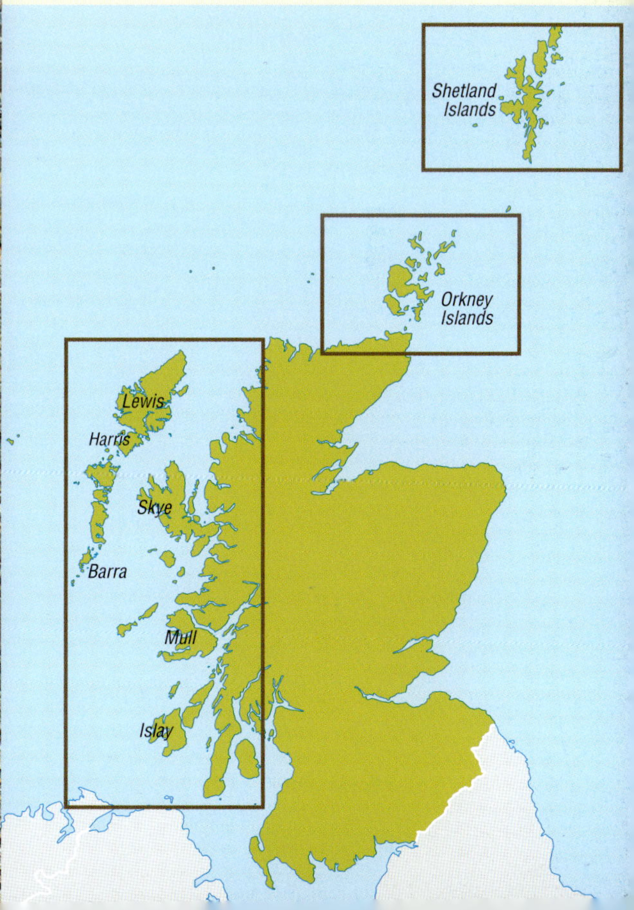

Auf einen Blick: Die Inseln

Orkney

Das aus 17 bewohnten und 50 unbewohnten Inseln bestehende Orkney liegt 10 km vom Festland entfernt zwischen Nordsee und Atlantik. Die 347 m hohen Sandsteinklippen von Hoy mit der berühmten Felsnadel Old Man of Hoy sind Großbritanniens höchste Steilklippen. Ihre Kehrseite sind die grünen, von einem Gletschertal durchzogenen Berge von Hoy. Das übrige Orkney ist flach oder hügelig.

Shetland

Etwa 100 Inseln stemmen sich – 350 km von Aberdeen sowie vom norwegischen Bergen und von den Faröern entfernt – gegen die rauen Wellen von Atlantik und Nordsee. Auf 18 von ihnen wohnen die rund 23 000 Shetländer. Zentrum des Archipels ist die alte Hafenstadt Lerwick auf der baum- und strauchlosen Hauptinsel Mainland.

Die Hebriden

Der Archipel vor Schottlands Westküste besteht aus 500 kleinen und großen Inseln und gliedert sich in die 50–100 km vom Festland entfernten Äußeren Hebriden, zu denen Lewis und Harris, North und South Uist, Benbecula und Barra gehören, sowie die Inneren Hebriden, von denen die größeren Arran, Bute, Islay, Jura, Mull, Tiree, Coll, Rhum und Skye sind. Rund 420 Inseln sind unbewohnt.

Highlights

13 **Orkney:** Die Steinkreise von Stenness und Brodgar, das Grab Maes Howe und das Steinzeitdorf Skara Brae gehören zum UNESCO-Weltkulturerbe (s. S. 342ff.).

14 **Callanish:** Geheimnisvoll stehen die Standing Stones of Callanish auf der rauen Hebrideninsel Lewis (s. S. 376f.).

15 **Trotternish-Halbinsel:** Sie ist die abwechslungsreichste Region der ›Nebelinsel‹ Skye (s. S. 384ff.).

Empfehlenswerte Route

Golden Road: Die einspurige Panoramaküstenstraße auf Süd-Harris führt durch eine fantastische Einöde aus Felsschären, Meerarmen und kleinen Gehöften, in denen noch einige Tweed-Weber arbeiten (s. S. 384ff.).

Reisezeit und Feste

Die Hauptreisezeit für alle Inseln sind die wärmeren Monate Mai bis September, wenn alle Sehenswürdigkeiten geöffnet sind, man die vielgestaltige Landschaft bei Wanderungen entdecken kann und Bootstouren angeboten werden. Außerdem bieten sich auch besondere Festtage und Events für eine Reise an.

Für Individualisten ist ein Besuch der Ba Games auf **Orkney** zu Weihnachten und Neujahr ein absoluter Geheimtipp, allerdings fegen im Januar auch die heftigsten Atlantikstürme über die Inseln. Das St. Magnus Festival im Juni ist ein guter Reiseanlass, doch muss man recht lange vorbuchen.

Die Up Helly Aa-Feste Ende Januar auf den **Shetland-Inseln** sind eine Art nordischer Karneval und eine ganz besonders vergnügliche Art der Annäherung an die Inselkultur.

Auf **Islay** lockt Ende Mai/Anfang Juni das gleichnamige Festival, das zeitgleich mit dem Whisky-Festival stattfindet.

Ornithologen zieht es wegen der überwinternden Gänse auch in der kalten Jahreszeit nach **Jura,** im Winter wird außerdem gejagt, so dass der bescheidene Tourismus hier ganzjährig stattfindet. Während der Hauptjagdsaison Juli bis Februar kann es zu Beschränkungen für Wanderer kommen. Das auch als Touristeninformation fungierende Jura Hotel erteilt nähere Auskünfte (s. S. 405).

Hinweis zur Sonntagsruhe

Die Überfahrt nach **Lewis** und **Harris** kann man nicht für einen Sonntag buchen, denn die calvinistische Bevölkerung ehrt den Tag des Herrn mit eiserner Strenge: Abgesehen von Bibelstudium und gälischsprachiger Messe in einer der scheunenähnlichen Kirchen, ruhen alle Geschäfte. Auch auf **North Uist** und **Benbecula** sind Museen, Pubs, Touristeninformation, Tankstellen u. Ä. geschlossen. Auf **South Uist** und **Barra** herrscht dagegen das katholische Bekenntnis vor, und so fahren die Fähren hier auch sonntags.

Richtig Reisen-Tipps

Hoy-Wanderung: Eine Tagestour durch die Natureinsamkeit der gebirgigen Orkney-Insel zur Felsnadel Old Man of Hoy und zum Steinzeitgrab Dwarfie Stane (s. S. 350).

Isbister – das ›Grab der Adler‹: Steinzeit zum Anfassen mit Museum, bronzezeitlichem Jagdplatz, neolithischem Grab und Klippenspaziergang auf der südlichsten Orkney-Insel South Ronaldsay (s. S. 358).

Mousa, ein Broch und viele Tiere: Einen halben Tag dauert der Bootsausflug zu der kleinen Shetland-Insel, zu dem perfekt erhaltenen Broch, Seehunden, Seevögeln und vielleicht sogar Ottern und Tümmlern (s. S. 367).

Wanderung durch das Glen Ulladale: Eine fünfstündige Tour auf Harris durch ein einsames Tal, an Wasserfällen, Bächen und Seen vorbei (s. S. 375).

13 Orkney

Karte S. 346

Nur zwei Fährstunden trennen Orkney vom schottischen Festland, und doch ist es, als beträte man eine andere Welt. Neben den einzigartigen neolithischen Denkmälern Maes Howe, Ring of Brodgar, Skara Brae, weiteren Gräbern und Steinkreisen sowie netten Inselorten findet man eine reiche Vogelwelt und sanfte Heide- und Klippenwege vor.

Der Shetländer ist ein Fischer mit einem Stück Land, heißt es, der Orkadier aber ein Bauer mit einem Boot. Schon in der Steinzeit bestellten die Menschen hier die relativ fruchtbaren Äcker, züchteten Vieh, und bis heute hat sich an dem bäuerlichen Charakter der Orkney-Inseln nicht viel geändert. Eine Klimaverschlechterung zwischen 1250 und 600 v. Chr. beendete die beinah paradiesischen Zustände der Steinzeit, führte zu Nahrungsknappheit, Krieg und den Verteidigungsbauten der Brochs. Nach den Pikten, die der Insel ihren Namen gaben – *orc* heißt ›Eber‹ –, besiedelten die Wikinger ab dem 8. Jh. Orkney und Shetland. Ihr *Orkneyjar* bedeutet ›Insel der Seehunde‹. Die ›Orkneyinga Saga‹, um 1200 geschrieben, kündet von den großen Jarls, den norwegischen Herrschern, wie Thorfinn Schädelspalter, Einar Trockenmund oder Rognvald Kali, unter denen die Inseln eine Blütezeit erlebten; nominell gehörten sie zum Königreich Dänemark/Norwegen.

Ab der Mitte des 13. Jh. gewannen die schottischen Könige zunehmend an Einfluss, ein Prozess, der in der Verpfändung der Inselgruppen 1468/69 gipfelte. Theoretisch könnten die Skandinavier die Inseln wieder einlösen. Als die Orkadier und Shetländer 1986 die ›Erklärung von Wyre‹ gegen die Wiederaufbereitungsanlage in Dounreay aufsetzten, richteten sie diese bezeichnenderweise an die Herrscher von Norwegen und Dänemark. Sprache, Kultur und politisches Bewusstsein sind stark skandinavisch geprägt, was einen Sonderstatus der Inseln innerhalb Schottlands bedingt, der partikularistische Bestrebungen fördert. Mit eigenen Regionalverwaltungen für die beiden Archipele Orkney und Shetland ist seit 1975 ein erster Schritt in Richtung größerer Eigenständigkeit getan.

Die schottischen Earls – Maria Stuarts Bothwell war der erste Herzog von Orkney – beuteten ihre Untertanen im Gegensatz zu den skandinavischen Jarls rücksichtslos aus, wobei sich vor allem die Stuart-Earls hervortaten, illegitime Abkömmlinge James' V. Hanseatische Kaufleute hatten schon im 16. Jh. den Fischreichtum der Archipele erkannt, die Hudson Bay Company benutzte sie als Brückenkopf für ihre Unternehmungen in Nordamerika, und im 19. Jh. setzte dann der große Boom der Heringsfischerei ein. Die Weltkriege, während derer Zehntausende von Soldaten auf beiden Inselgruppen stationiert waren, haben ihre Spuren hinterlassen.

Haupteinnahmequelle der Bewohner von Orkney ist, wie schon in der Steinzeit, die Landwirtschaft: Rinder- und Schafzucht, Getreideanbau, z. B. von *bere,* einer alten schottischen Gerstenart, betrieben auf 1200 großteils noch familiengeführten Farmen. Daneben tragen Fischerei und Fischzucht, ein sanfter Tourismus und vor allem das Öl zur Inselökonomie bei. Blutrot oder pastellrosa färben die Abfackelanlagen des Ölstützpunkts auf der Insel Flotta allabendlich den Himmel über Orkney. Hier werden 15 % der britischen Ölförderung, über 300 000 Barrels täglich, gereinigt und bis zur Verschiffung gelagert, nachdem das Öl zwei Tage lang durch Pipelines von den 200 km entfernten Ölfeldern der Nordsee herbeigeflossen ist.

Orkney scheint Kulturschaffende magisch anzuziehen. Nicht nur, dass zahlreiche Künstler und Kunsthandwerker ihre Ateliers auf den Inseln haben. Auch internationale Prominenz ist vertreten. So lebt über den Klippen von Hoy der Komponist Sir Peter Maxwell Davies, kurz PMD, Begründer des alljährlich im Juni stattfindenden St. Magnus Festival, das sich zum zweitwichtigsten Musik- und Theaterfest Schottlands nach dem Edinburgh International Festival entwickelt hat (s. S. 53f.). Er war befreundet mit George Mackay Brown (1921–1996), dem großen Schriftsteller der Orkneys. Brown schöpfte die Inspiration zu seinen kunstvoll-schlichten, hintergründigen Erzählungen aus der Natur und der Lebenswelt der Menschen des nördlichen Archipels. Auch der Maler Stanley Cursiter, die Schriftsteller Eric Linklater und Edwin Muir sowie der junge Dramatiker Duncan McLean leb(t)en und arbeite(te)n auf den Orkney-Inseln.

Kirkwall und Umgebung

Die alte Bischofsstadt **Kirkwall** 1 – das nordische *Kirkjuvagr* bedeutet ›Kirchbucht‹ – mit ihren 7400 Einwohnern eignet sich perfekt als Standort zur Erkundung der Hauptinsel Mainland. Die Hauptverkehrsader der Stadt bilden die mit großen Steinplatten gepflasterten Straßen Victoria, Broad, Albert und Bridge Street, von denen verschwiegene Gässchen wie The Strynd oder Fraser's Close abzweigen. Die aus Repräsentationsgründen mit dem Giebel zur Straße stehenden Häuser sind mit kleineren Steinplatten gedeckt.

In zahlreichen Juwelier- und Kunsthandwerkerläden, Galerien und Boutiquen lassen sich Strick- und Töpferwaren sowie Silberschmuck mit steinzeitlichen und wikingischen Motiven erwerben – ein Renner ist der kleine Drache aus Maes Howe. Am Abend kann man zum Hafen mit seiner ansprechenden Häuserfront spazieren.

Mit der Autorin unterwegs

Sehenswert

Kirkwall, die Hauptstadt der Orkney-Inseln besitzt eine imposante romanische Kathedrale, viele Kunsthandwerkerläden und herben Charme (s. links). Zum ›Steinzeit-Pflichtprogramm‹ gehören **Maes Howe** (s. S. 349f.), **Ring of Brodgar** (s. S. 351), die **Standing Stones of Stenness** (s. S. 351) und **Skara Brae** (s. S. 353). Im Juni, wenn es bis Mitternacht hell bleibt, hat man bei Sonnenuntergang die Steinkreise für sich. Zur ›Steinzeit-Kür‹ gehört ein Besuch von **Isbister** (s. S. 358). Der weniger besuchte **Wideford Hill Cairn** ist ein perfektes Beispiel für ein Ganggrab (s. S. 349).

Musik- und Kunstgenuss

Mitte bis Ende Juni lockt das **St. Magnus Festival,** bei dem sowohl Orkney-Kinderchöre als auch Weltstars auftreten. Es gibt auch Theater- und Tanzveranstaltungen u. v. m. (s. links).

Aktivurlaub

Bei einer Rundwanderung auf der spektakulären Halbinsel **Brough of Deerness** werden Sie das rege Seevogelleben am Mull Head beobachten können, auf einen Gloup (eine durch Unterspülung entstandene Höhle) und windgepeitschte Ruinen stoßen (s. S. 357). **Baden auf Schottisch:** Wer an den Sandstränden oder Felsbadewannen (z. B. bei Birsay, s. S. 356) ins Wasser steigen will, muss die Zähne zusammenbeißen, aber es ist ein wunderbares Erlebnis. Zu den Wracks von **Scapa Flow** kann man tauchen oder man schaut sich bei einem Schiffsausflug Bilder an, die ein Unterwassergefährt übermittelt (s. S. 359).

Spartipp

Der regionale Sammelpass für Orkney gewährt Zutritt zu allen von Historic Scotland betreuten Sehenswürdigkeiten (Maes Howe, Skara Brae u. v. m.; Erw. 12, Kinder 3,50, Familien 24 £, erhältlich an allen Sehenswürdigkeiten sowie unter www.historic-scotland.gov.uk, Infos: Tel. 0131/668 8797).

St. Magnus Cathedral

In warmem, mit Beige abgesetztem Sandsteinrot strahlt die romanische Kathedrale mit dem Grün ihres Kirchhofs um die Wette. Gemauerte Rundpfeiler trennen die Schiffe der 1137 von Jarl Rognvald Kali Kolsson als Grabkirche für seinen Onkel Magnus gegründeten Kreuzbasilika. Die Skelette der beiden später heilig gesprochenen Herrscher wurden in der Neuzeit in Chorpfeilern entdeckt, und der Schädel des Magnus wies wirklich jene Axtverletzung auf, von der die ›Orkneyinga Saga‹ berichtet. Das in sanftes Licht getauchte Kircheninnere mit dem normannischen Dekor wirkt wuchtig, aber wunderschön. Die vielen Grabsteine aus dem 17./18. Jh. zeigen vor allem Frauen mit wallenden Haaren und Totenköpfe (April–Sept. Mo–Sa 9–18, So 14–18, Okt.–März Mo–Sa 9–13, 14–17 Uhr).

Die Paläste

Den beeindruckenden gelblichen Renaissancebau des **Earl's Palace** mit seinen bauchigen Erkern ließ sich der berüchtigte Earl Patrick zu Beginn des 17. Jh. von seinen Untertanen in Fronarbeit errichten.

Einen farbenfrohen Kontrast bildet der rötliche Sandstein des wesentlich schlechter erhaltenen **Bishop's Palace** gegenüber. Vom Turm der größtenteils aus dem 16. Jh. stammenden Ruine hat man einen schönen Blick (beide 25. März–Sept. tgl. 9.30–18.30 Uhr).

Tankerness House Museum

Gegenüber der Kathedrale liegt hinter einer Toreinfahrt das ehemalige Stadtpalais (16. Jh.) der Kaufmannsfamilie Baikie von Tankerness. Es beherbergt das historische Museum, das einen lebendigen Einblick in das Alltagsleben der Orkadier von der Steinzeit bis heute vermittelt. Besondere Attraktionen sind die neolithischen Exponate und das 1991 auf Sanday gefundene wikingische ›Schiffsbegräbnis‹ – ein Schiff, das als Sarg diente (Okt.–März Mo–Sa 10.30–12.30, 13.30–17, April–Sept. Mo–Sa 10.30–17, Mai–Sept. auch So 14–17 Uhr).

Grain Earthhouse

2 Die im schottischen Festland-Norden und auch auf Orkney häufig anzutreffenden *Earthhouses* (ein weiteres ist das von Rennibister westlich des Wideford Cairn) stammen aus dem 1. Jt. v. Chr. Die feuchte Unterwelt des

Inmitten eines zauberhaften Friedhofs erhebt sich Kirkwall Cathedral

Kirkwall im Ausnahmezustand

Thema

Auf welcher Seite des Marktkreuzes von Kirkwall man geboren wurde, entschied im Mittelalter, ob man zu den Doonies, den Männern des Königs, oder den Uppies, den Männern der Kirche, gehörte. Bis heute finden an Weihnachten und Neujahr zwischen diesen beiden Mannschaften die Kirkwall Ba' Games statt: ein regelloses Raufspiel für ›echte‹ Männer.

Im Tankerness House Museum kann man sich Fotografien und Kassetten mit Aufnahmen der Ba' Games ansehen. Und das ist auch die sicherste Art, einen Eindruck von den Spielen zu gewinnen. Auf den ersten Blick sieht man nichts als eine dicht gedrängte Traube von jungen Männern, aus der hier und da Arme und Köpfe mit verzerrten Gesichtern herausragen. Der Ball – etwa kopfgroß, lederbezogen – ist selten auszumachen, und doch ist er es, um den sich die beiden Mannschaften, insgesamt vielleicht 300 Kämpfer, prügeln.

Vor jedem Spiel wird abgemacht, wohin die Doonies und wohin die Uppies den Ball bringen müssen, um zu gewinnen. In der Mitte zwischen den beiden Zielen wirft jemand den Ball hoch, und dann geht es los. Das heißt, zunächst ist nicht viel Bewegung zu sehen. Das gegenseitige Drücken führt zu einer Art Stillstand. Ein älterer, erfahrener Mann aus jeder Mannschaft thront irgendwo oben auf Schultern und dirigiert die schwitzenden, keuchenden, im Gedränge nahezu blinden Massen.

Regeln: keine. Schiedsrichter: Fehlanzeige. Dauer: Stunden – so lange, bis es zu Ende ist. Zuschauer: kaum, denn man könnte in das Getümmel geraten, vor allem keine Alten, Kranken, Schwangeren. Spielfeld: das ganze mit Brettern verrammelte, von Autos und Dreirädern frei geräumte Städtchen inklusive der Dächer, denn über die führt oft der siegreiche Weg.

Hinterher haben die Ärzte zu tun, Brüche, Prellungen, ausgeschlagene Zähne müssen behandelt werden. Seit Aufzeichnungen existieren, ist noch keiner umgekommen. Zu Zeiten der Wikinger – sie spielten angeblich mit einem Feindeskopf – wird es brutaler zugegangen sein. Kulturarchäologen glauben, dass Ba' der Vorläufer aller rauen Mannschaftssportarten ist, doch selbst Rugby und das gälische Shinty nehmen sich im Vergleich dazu harmlos aus. Die jahrhundertealte Tradition wurde nur zweimal ausgesetzt: während der beiden Weltkriege.

Vor dem Männer-Ba' wird morgens ein Jungen-Ba' abgehalten. Nach dem Zweiten Weltkrieg, in dem die Frauen an der Heimatfront ein vorher nie gekanntes Selbstbewusstsein entwickelt hatten, wurde sogar Frauen-Ba' gespielt. Barbara Yule hieß die Siegerin 1945 und 1946. Danach rauften sich die Orkadierinnen nie mehr um den Ball. Das sei denn doch zu brutal, lautete die einhellige Meinung.

Die Familie Gibson führt die Ruhmesannalen des Kirkwall Ba' eindeutig an: In ihrem Haus hängen die beiden Bälle von Papa Gary Gibson und die drei seiner Söhne. Der Veteran hält deshalb auch nichts von einem drohenden Verbot des Spiels durch die Verwaltung, die Schadenersatzklagen verletzter Teilnehmer fürchtet. Schließlich sind es zwei verschiedene Paar Schuhe, den Raufspaß abzulehnen oder ihn zu verbieten.

›Erdhauses‹ von Grain liegt im Gewerbegürtel am Stadtrand von Kirwall. Wozu die mit Trockenmauerwerk und stämmigen, pilzähnlichen Stützsäulen in die Erde gebauten Räume dienten, bleibt ungewiss: Fluchthöhle, Grab, Wohnstätte, Viehstall oder Vorratslager?

Highland Park Distillery

3 Die Highland Park Distillery vor den Toren Kirkwalls mit Malztenne, Torffeuerofen, Pagodentürmen und geschwärzten Lagerhäusern ist die nördlichste der schottischen Destillerien und wegen ihrer Atmosphäre eine der beeindruckendsten (Holm Road, Tel. 01856/874 619, www.highland park.co.uk, April, Sept. Mo–Fr 10–17, Mai–Aug. Mo–Fr 10–17, Sa 10–17, So 12–17 Uhr, Führungen jede halbe Stunde, Nov.–März Mo–Fr 13–17 Uhr, Führung 14 Uhr).

Shapinsay

Von Kirkwall Harbour aus gelangt man nach ca. 25 Minuten Fährfahrt auf die Insel Shapinsay, die vor allem wegen des viktorianischen **Balfour Castle** 4 ein lohnendes Ziel ist. 1848 wurde das neobaroniale Schloss vollendet, 1960 starben die Balfour-*lairds* aus, und der polnische Offizier Tadeusz Zawadski und seine schottische Frau übernahmen das Anwesen. Heute kann man das ganze Jahr über wahrhaft fürstlich im nördlichsten Schlosshotel der Welt wohnen oder im Sommer die noch mit den orginalen Wandfarben und Tapeten ausgestatteten Räume besuchen. Im Ausflugspreis enthalten sind Fährfahrt, der Besuch des Anwesens und der Gärten sowie Tee mit Küchlein im ehemaligen Dienstbotentrakt (Mai–Sept. So nachmittags, Buchung: Tel. 01856/711 282).

Tourist Information: 6 Broad St., Tel. 01856/872 856, www.visitorkney.com, April–Sept. tgl. 8.30–20, Okt.–März Mo–Sa 9.30–17 Uhr. Broschüren zu Wanderungen, Fahrradtouren, zu den äußeren Inseln und zum Craft and Artists' Trail (Kunsthandwerker und Künstler; www.visitorkney.com/creative).

Das Tourist Office vermittelt mehrere, teils recht schlichte B & B in modernen Bungalows.

Ayre Hotel: Ayre Road, Tel. 01856/873 001, Fax 01856/876 289, www.ayrehotel.co.uk. Adrettes Gebäude am Hafen, einige Zimmer mit Meerblick zu 108 £ (ohne 98 £), Hauptgericht im Restaurant 16 £ (Bar preiswerter).

Balfour Castle: Shapinsay, Tel. 01856/711 282, Fax 01856/711 283, www.balfourcastle.co.uk. Wahrhaft fürstliche Zimmer mit exquisiten, geschnitzten Baldachinbetten auf kannellierten Holzsäulen. Pro Person mit 3-Gang-Dinner 100–120 £.

Foveran Hotel: St. Ola, Tel. 01856/872 389, Fax 01856/876 430, www.foveranhotel.co.uk. Flaches, modernes Gebäude mit Ausblick auf Scapa Flow, informell, skandinavisch angehaucht, helle Zimmer, sehr beliebtes Restaurant (Hauptgericht 14–16 £). DZ 93–98 £.

Orkney Hotel: 40 Victoria St., Tel. 01856/873 477, Fax 01856/872 767, www.orkneyhotel.co.uk. Freundliches, familiengeführtes Hotel im Zentrum, im Kern aus dem 17. Jh., komplett neu möbliert, gutes Restaurant, nettes Ferienhaus um die Ecke. DZ 70–100 £.

Kirkwall Youth Hostel: Old Scapa Road, Tel. 870/004 1133, www.shya.org.uk. 2 Sterne, 15 Min. zu Fuß von der Stadt, 3- und 4-Bett-Zimmer, gute Küche. Bett 9,25–11,50 £.

The Pickaquoy Centre Caravan & Camping Perk: Pickaquoy Road, Tel. 01856/879 900, Fax 01856/879 901, www.pickaquoy.com. Neben dem Leisure Centre mit zahlreichen Sportmöglichkeiten, recht stadtnah. Zelt 7 £.

Ayre und **Foveran Hotel:** s. o.

Busters Diner: 1 Mounthoolie Place, Tel. 01856/876 717, Mo–Sa 12–14, 16–22 Uhr. Pizzen, Burger, Tapas 6–9 £.

Quoyburray Inn: Tankerness, Tel. 01856/861 255, 9 km südöstlich an der A 960, tgl. 12–15, 17.30–21 Uhr. Gutes Bar Food, lebhafter Pub mit guter Stimmung, Livemusik. Im Restaurant Hauptgericht 12, im Pub 6 £.

Mustard Seed Café: 86 Victoria St., Tel. 01856/871 596, tgl. 9.30–17.30 Uhr. Selbst gebackene Kuchen, Snacks zum Lunch.

Judith Glue: 25 Broad St., tgl. 9–18, im Sommer länger. Kunsthandwerk, Strickwaren, z. B. die berühmten Runenpullis, Delikatessen, aber auch viel Massenware.

Traditional Orkney Crafts: Rope Walk, vorher anrufen Tel. 01856/875 110. Orkney Chairs, Schemel, Tische, auch im Mackintosh-Stil.

Aurora Workshop: Old Finstown Road, St. Ola, Tel. 01856/871 861, Juni–Sept. Mo–Fr 9–17, Sa 11–16 Uhr. Von historischen Motiven inspirierter Schmuck.

Ortak Visitor Centre: Hatston Industrial Estate, Tel. 01856/872 224, Mo–Fr 9–13, 14–17, im Sommer auch Sa/So. Nach historischen Vorbildern gefertigter Schmuck.

Traditionell und gemütlich sind die Bars des Albert Hotel, Mounthoolie Lane, sowie des West End Hotel, Main Street. An den Wochenenden wird in den Bars des Orkney Hotel (s. o.) und des Ayre Hotel (s. o.) sowie Mo–Sa 10–23, So 12.30–23 Uhr im Pomona Inn, Finstown, Folkmusik gespielt.

Orkney

Ba' Games: 25. Dez. und 1. Jan. (s. S. 345).
St. Magnus Festival: Mitte/Ende Juni, www.stmagnusfestival.com.
Orkney Science Festival: Anfang Sept., Tel. 01856/876 214, www.oisf.org.uk. Rund 100 Events zu vielen Themen der Wissenschaft, international, auch an anderen Orten auf Orkney.

Segeln: Neue Marina in Kirkwall, Piermaster Tel. 01856/872 292, www.orkneymarinas.co.uk, www.sailorkney.co.uk.
Cycle Orkney: Tankerness Lane, Tel. 01856/875 777. Fahrradverleih.
The Pickaquoy Centre: Muddisdale Road, Mo–Fr 10–22, Sa/So 10–20 Uhr. Wellness-Behandlungen in der Health Zone (Tel. 01856/888 733), Fitness Centre, Kino etc.

Flugzeug: Regionalflughafen Kirkwall Airport, 5 km südöstl. an der A 960, Tel. 01856/886 210. Flüge nach Glasgow, Edinburgh, Aberdeen, Inverness sowie Flüge zwischen den Inseln (Loganair Tel. 01856/872 494, www.loganair.co.uk).
Schiff: Tgl. Autofähren vom Festland nach Orkney. Mit brandneuen, ziemlich schaukelsicheren Luxusschiffen wie der ›MS Hamnavoe‹ mit Restaurant, Fernsehen und Kinderspielecke besorgt Northlink Ferries seit 2002 den Fährverkehr zu den nördlichen Inseln. Hauptbüro: Kiln Corner, Ayre Road, Kirkwall, Orkney, Scotland, KW15 1QX. Reservierungen: Tel. 0845/600 0049, Fax 01856/879 588, www.northlinkferries.co.uk. Mo–Sa 3 x, Sa/So 2 x von Stromness nach Scrabster bei Thurso, die Überfahrt dauert 90 Minuten und führt an den atemberaubenden roten Sandsteinklippen von Hoy vorbei. Aberdeen-Lerwick-Fähre mit wöchentlich 4 x Zwischenstopps in Kirkwall (s. S. 348). **Zu den anderen Orkney-Inseln:** Genaue Fahrpläne beim Tourist Office oder Orkney Ferries Ltd. (Shore Street, Kirkwall, Tel. 01856/872 044, Fax 01856/872 921, www.orkneyferries.co.uk), die für alle Autofähren zwischen den Inseln zuständig ist. Buchungen und Tickets nur bei den unten aufgeführten Fährbüros. **Rousay, Egilsay, Wyre:** Mai–Sept. tgl. Autofähre von Tingwall Terminal, Evie, Tel. 01856/751 360. **Shapinsay:** tgl. Autofähre von Kirkwall Terminal, Tel. 01856/872 044. **Hoy, Graemsay, Flotta:** Autofähren von Houton Terminal, Orphir, Tel. 01856/811 397; Personenfähren von Steven Mowat Hoy Sailings von South Pier Steps (Tel. 01856/850 624), Stromness, nach Hoy, Moaness Pier und Graemsay, 2–3 x tgl. **Eday, Stronsay, Sanday, Westray, Papa Westray, North Ronaldsay:** Autofähren von Kirkwall Terminal (s. o.).
Bus: Orkney Coaches, Tel. 01856/870 555, www.rapsons.co.uk, verbindet die Orte auf Mainland und South Ronaldsay mehrmals tgl. Mo–Sa. Fahrplan beim Tourist Office.
Mietwagen: Orkney Car Hire, James D. Peace, Junction Road, Kirkwall, Tel. 01856/872 866, www.orkneycarhire.co.uk.

Im Zentrum von Mainland

Zwischen Loch of Harray und Loch of Stenness westlich von Kirkwall konzentrieren sich die bedeutendsten neolithischen Denkmäler Orkneys.

Die roten Sandsteinklippen von Hoy mit der markanten Felsnadel ›Old Man of Hoy‹

Wideford Hill Cairn

5 Ein von der Straße ausgeschilderter 20-minütiger bzw. 2 km langer, abfallender Weg über federndes, nasses Moorland – zurück wird es relativ steil – führt unterhalb der Kuppe des Wideford Hill zum gleichnamigen Cairn, einem Gemeinschafts-Kammergrab von ca. 3000 v. Chr. Hier, wie in allen Denkmälern der Inseln, kann man, von Historic Scotland mit Taschenlampen und Infotafeln ausgestattet, auf mehr oder weniger sportliche Art (mal eine Eisenleiter, oft ein niedriger Kriechgang) ins Grabinnere gelangen. Den schönen Blick auf das Patchwork aus Feldern, Weiden, Wasserflächen und Gehöften, zusammengehalten durch die Nähte der Trockensteinmauern, werden schon die steinzeitlichen Erbauer genossen haben. Soweit nicht anders vermerkt, sind die archäologischen Denkmäler jederzeit frei zugänglich.

Cuween Hill Cairn

6 In der Grabkammer des ähnlichen, aber leichter zugänglichen Cuween Hill Cairn aus der gleichen Zeit fand man neben Knochen von acht Menschen 24 Hundeschädel. Die Forscher glauben, dass es sich hierbei um eine Art Totemtier der Sippe handelte. Im Cairn ist es absolut dunkel, feucht und eng.

Wandern: In Finstown beginnt ein hin und zurück 6 km langer, markierter Wanderweg. Er führt zunächst durch die Waldpflanzungen des Binscarth House, dann durch Heide und an Grabhügeln vorbei zum Loch of Wasdale, auf demselben Weg geht es zurück.

Maes Howe

7 Gegenüber der renovierten Tormiston Mill mit ihrem Restaurant, wo man auch die Eintrittskarten erhält, erhebt sich der mächtigste Grabhügel Orkneys und eines der bedeutendsten Megalithgräber der Welt: Maes Howe. Beeindruckend sind die riesigen Steinplatten, die den 11 m langen Gang bilden. So dicht sind sie gefugt, dass man nicht einmal eine Messerklinge dazwischen treiben könnte. Die große, hohe zentrale Grabkammer mit drei hakenförmigen Seitennischen wird von einem makellosen, ohne Mörtel geschich-

Richtig Reisen-Tipp: Tageswanderung auf Hoy

Die hin und zurück 20 km lange markierte Tageswanderung über die gebirgigste Orkney-Insel ist ein Erlebnis, an das man sich lange erinnern wird. Der Nordteil, durch den der Weg führt, ist fast unbesiedelt, die Bevölkerung konzentriert sich im Weiler Moaness Pier und im Süden um die Militärbasis Lyness.

Um die ca. 7 Stunden dauernde Wanderung zu schaffen, muss man die frühe Personenfähre von Stromness-Hafen nehmen (Mo–Fr 7.45, Sa/So 9.30 Uhr). Von Moaness fährt sie täglich um 16.30 Uhr zurück, 7. Mai–25. Sept. Sa/So zusätzlich um 18.30 Uhr. Man bucht im Voraus bei Stevie Mowat, Tel. 01856/850 624, www.orkneyferries.co.uk.

Schon während der 25 Minuten dauernden Überfahrt sieht man die fast 500 m hohen Berge aufragen, durch deren vom Schiff aus rechtes Tal der Hinweg führt. Von **Moaness Pier** geht man die Straße geradeaus in Richtung dieses Tals zwischen den grandios zerklüfteten Bergen **Ward Hill** links und **Cuilags** rechts hoch. Bald führt ein Pfad im Talgrund weiter. Das Wäldchen zur Rechten nach ca. 5 km am Fluss im **Berriedale** ist der nördlichste Wald Großbritanniens, ein niedriger Birken- und Haselwald, wie er schon in neolithischer Zeit verbreitet war.

Nach ca. 6 km Einsamkeit kommen die Häuser von **Moorfea** in Sicht, wo man, sich rechts haltend, bergauf läuft. Dieses Stück ist teilweise steil, aber nicht sonderlich schwierig. Bald hat man einen fantastischen Blick auf die Klippen der Nordwestküste mit einem Wasserfall. Die Felsnadel des **Old Man of Hoy,** Ziel der Wanderung, sieht man lange über der Hochebene, bevor man ankommt.

Bis Moorfea geht es auf demselben Weg zurück, man kann einen Abstecher zum Weiler Rackwick in herrlicher Lage über einer weiten Bucht machen. Zurück geht man auf der fast unbefahrenen **Straße von Rackwick** nach Moaness durchs Tal des South Burn, diesmal rechts vom Ward Hill.

An einem Parkplatz nach gut 5 km auf der Straße führt ein Pfad rechts zum **Steinzeitgrab Dwarfie Stane** unterhalb einer Felsklippe. Seine Grabkammern sind, anders als sonst auf Orkney, komplett in den Stein gehauen. Nach einem weiteren knappen Kilometer sieht man rechts ein wieder eines der ursprünglichen Birken- und Haselwäldchen.

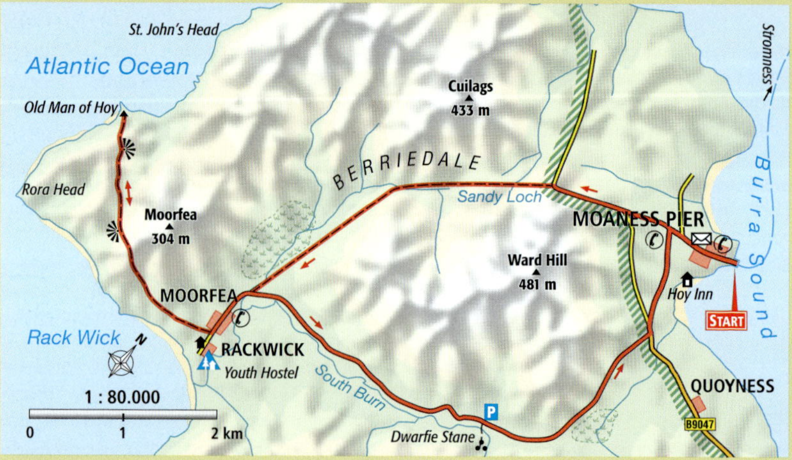

teten, so genannten falschen Gewölbe überkuppelt.

Gruselig fanden es die 16 wikingischen Männer und eine Frau (Hjilf, die Köchin), die, von der ›Orkneyinga Saga‹ bezeugt, hier im 12. Jh. überwinterten. Zwei der hartgesottenen Kämpen wurden wahnsinnig. Die anderen vertrieben sich die Zeit mit dem Ritzen von Graffitis, so dass Maes Howe heute die größte in Stein geritzte Runensammlung aller Zeiten aufweist. Was man so ritzte?»Ingigerth ist die Schönste«, »Nur Hakon hat etwas von dem Schatz abbekommen«, »Ich bin der beste Runenritzer«. Ein Schatz wurde nie gefunden (nur mit Führung, Karten: Tormiston Mill, 25. März–Sept. tgl. 9.30–18.30, Okt.–24. März Mo–Sa 9.30–16.30, So 14–16.30 Uhr).

Holland House: Harray, Tel. 01856/771 400, www.hollandhouseorkney.co.uk. Kürzlich renovierte romantische Villa in eigenen *grounds,* in der Lounge Bücher über Orkney, geschmackvolle Ensuite-Zimmer 56–60 £, 3-Gang-Dinner aus Orkney-Produkten 14 £.

Merkister Hotel: Harray (Ostufer des Sees), Tel. 01856/771 366, Fax 01856/771 515, www.smoothhound.co.uk/hotels/merkister.html. Am Ufer des Loch Harray, mit gutem Wintergarten-Restaurant. DZ 50–100 £.

The Mill of Eyrland: Stenness, Tel. 01856/850 136, Fax 01856/851 633, www.millofeyrland.co.uk. In ansprechend renovierter alter Mühle mit erhaltenem Mühleninventar, toll der Mill Burn Room mit Antiquitäten und Four Poster-Bett, auch Essen. DZ 48–60 £.

Fursbeck Pottery: Harray, Tel. 01856/771 419, April–Dez. Mo–Sa 10–18, So 14–17.30 Uhr. Tonwaren, z. T. nach neolithischen Vorbildern hergestellt.

Naturführungen: Wildabout, 5 Clouston Corner, Stenness, Tel. 01856/851 011, www.norsecom.co.uk/wildabout.

Barnhouse

Das stille, flache Terrain zwischen dem Frischwasser des Loch of Harray und dem Brackwasser des Loch of Stenness (berühmt bei Anglern für seine braunen Wildforellen) muss um die Mitte des 3. Jt. v. Chr. das politische und kultische Zentrum der Insel gewesen sein, denn hier findet sich eine unvergleichliche Fülle bedeutender megalithischer Denkmäler. **Barnhouse Neolithic Settlement** 8 markiert den Übergang vom Gemeinschaftsdorf à la Skara Brae zum Einzelgehöft und vom von allen zelebrierten Ritual zu dem nur von wenigen ausgeführten Kult im Tempel, dem größten überdachten steinzeitlichen Haus auf Orkney. Hoch ragen die drei flachen, mehr als doppelmannshohen Steinplatten der **Standing Stones of Stenness** 9 auf, Überreste eines Steinkreises, und der 5,5 m hohe einsame ›Watch Stone‹ auf der Landbrücke zwischen dem Stenness-Kreis und dem Ring of Brodgar.

Webcam: Am 21. Dezember, dem Tag der Wintersonnenwende, fällt ein Sonnenstrahl durch den Gang direkt in die Grabkammer von Maes Howe. Wer zu dieser Zeit nicht hier ist, kann mittels einer Webcam (Nov.–Ende Jan.) zuschauen: www.maeshowe.co.uk.

Ring of Brodgar

10 Der gewaltige Steinkreis ist das jüngste der hiesigen Monumente. Von seinen ursprünglich 60 Monolithen stehen noch 21 in einem von Erdwall und Graben umschlossenen Kreis mit einem Durchmesser von fast 110 m. Acht Männern, so fand man jüngst in Experimenten heraus, kann es mit Hilfe einer Holzrampe gelingen, einen Monolithen aufzurichten. Wie verloren stehen die rätselhaften Steine in dem flachen Heide- und Seegebiet.

Unstan Cairn

11 Der Megalithfan wird sich nun noch das Unstan-Ganggrab mit seiner langen, von Steinplatten wie Pferdeboxen unterteilten Kammer an der Spitze einer kleinen Landzunge im Loch of Stenness ansehen. Runen und eine kleine Ritzzeichnung eines Vogels zeigen, dass auch hier die Wikinger waren.

Stromness

12 Stromness, die lange graue Stadt am Meer, ist das Hamnavoe in den Werken George Mackay Browns, der bis zu seinem Tod 1996 in dem norwegisch anmutenden 2100-Seelen-Ort wohnte. Stromness' große Zeit kam im 18./19. Jh. – als Brückenkopf der Hudson Bay Company und als Zentrum der Heringsfischerei und -verarbeitung. 5000 Menschen strömten in der Heringssaison in den Ort, Fischer und Frauen, die in Hütten am Stadtrand hausten und die Heringe ausnahmen und verpackten. Die denkmalgeschützte Stadtanlage ist die besterhaltene auf Orkney: eine lange Front Road am Hafen, von der schmale Gassen und Stiegen den Hang hinauf zur Back Road führen, an der Front Road ins Meer hinausgebaute Häuschen mit Speicher, Helling und Pier.

In einem solchen typischen, dem Meer und seinen Schätzen zugewandten grauen Gebäude zeigt heute das **Pier Arts Centre** die formschönen Skulpturen von Barbara Hepworth, Gemälde ihres Mannes Ben Nicholson, Werke Eduardo Paolozzis und andere zeitgenössische Kunst (Di–Sa 10.30–12.30, 13.30–17 Uhr). Durch die Drehtür des viktorianischen Stromness Hotel könnten noch heute die britischen Offiziere und Soldaten des hier einst stationierten Heereskommandos marschieren, so wenig scheint sich seit dem Zweiten Weltkrieg verändert zu haben.

Schlendern Sie an den Häusern mit ihren steinernen Meerblickterrassen vorbei, an Bötchen im Hintergarten, Quergassen mit gerundeten Nischenecken wie Khyber Pass und Puffer's Close und dem pittoresken Ensemble des Melvin Place. Je weiter nach Süden man geht, desto weniger touristisch, desto charmanter werden die grauen Häuschen mit den bunten Fenster- und Türrahmen.

Im angenehm altmodischen, aber renovierungsbedürftigen **Stromness Museum** ste-

Die beste Möglichkeit, keltische Musik kennen zu lernen, ist das Folkfestival im Mai

hen ausgestopfte Tiere neben Objekten zur Erinnerung an den Heringsboom, an den Polarforscher John Rae (1813–1893) und die Bergung der deutschen Flotte in Scapa Flow (Mai–Sept. tgl. 10–17, Okt.–April Mo–Sa 11–15.30 Uhr).

Wenn man von hier – dem südlichen Ortsrand – weiter zum Meer geht, stößt man auf einen 3 km langen, leichten, markierten **Küstenwanderweg,** der an Klippen und Militärstellungen vorbei bis zur Warebeth-Bucht führt. Die dortigen Strände sind für Fischfossilien berühmt. Anschließend geht man denselben Weg wieder zurück.

i **Ferry Terminal:** Tel.01856/850 716, www.visitorkney.com, April–Okt. Mo–Fr 8–17, Sa 9–16, So 10–15, Nov.–März Mo–Fr 9–17 Uhr.

Stromness Hotel: The Pier Head (Hafen), Tel. 01856/850 298, Fax 01856/850 610, www.stromnesshotel.com. Altbritisches Traditionshaus, komplett neu eingerichtet, Kinder unter 14 Jahren übernachten kostenlos im Zimmer der Eltern. DZ 80–90 £.
Ferry Inn: John Street, Tel. 01856/850 280, Fax 01856/851332, www.ferryinn.com. Einfacher Gasthof mit nautischem Flair, Zimmer teils *ensuite,* lebhafter Nachbarschafts-Pub mit Essen. DZ 40–60 £.

Hamnavoe Restaurant: 35 Graham Pl., Tel. 01856/850 606, April–Sept. Di–Sa 19–23 Uhr. Schlichter, gemütlicher Raum mit offenem Kamin, viel Seafood. 3-Gang Dinner 26 £.

Folkfestival: Ende Mai, Tel. 01856/851 331, www.orkneyfolkfestival.co.uk. Ganz Stromness feiert mit Konzerten, *ceilidhs,* Workshops, zu hören sind auch Interpreten aus anderen keltischen Ländern.

Tauchen: Scapa Cuba, 13 Ness Rd., Stromness, Tel. 01856/851 218, www.scapascuba.co.uk. Verleih von Tauchausrüstung, u. a. Schnupperkurse für Anfänger in den weltberühmten Scapa-Tauchgründen.

Nord-Mainland

Marwick Head

13 Das Naturschutzgebiet Marwick Head lässt sich gut auf einem 4 km langen markierten Rundweg erkunden. Von April bis August brüten Tausende von Seevögeln in den Klippen unterhalb des Kitchener Memorial. An Land sitzen die Vogelliebhaber mit Ferngläsern (in Marwick off B 9056 zum ausgeschilderten Parkplatz). Von hier kann man mit ein wenig Entdeckergeist oder einer Karte 7 km entlang der Küste zur Skaill-Bucht unterhalb von Skara Brae wandern.

Skara Brae

14 Hauptsehenswürdigkeit der Insel ist das besterhaltene Steinzeitdorf Nordeuropas: Skara Brae. Die von 3100 bis 2500 v. Chr. bewohnten, in wärmespendende Kompostwälle gebetteten und noch größtenteils eingerichteten Steinhäuser, die aus zwei Siedlungsphasen stammen, lagen jahrtausendelang unter einer schützenden Sanddüne begraben, bis der große Sturm von 1850 sie freilegte. Heute nimmt man nicht mehr an, dass die Bewohner ihr Dorf nach einem verheerenden Sandsturm verließen, sondern dass sie es freiwillig im Verlauf eines längeren Zeitraums aufgegeben haben.

Im besterhaltenen, mit einem Glasdach geschützten Haus Nr. 7 bestaunt man den zentralen Herd, an der Stirnseite die regalähnliche ›Anrichte‹, an den Seiten die Kistenbetten und die kleinen Vorratsnischen in der Wand. Alles besteht aus Stein, vor allem jenen leicht splitternden Platten, die überall entlang der Orkney-Küsten vorrätig waren und sind. Die Gänge bzw. ›Straßen‹ des Dorfs waren einst überdacht.

Das Besucherzentrum mit interessanter multimedialer Technik vermittelt einen exzellenten Einblick in das Alltags- und Kultleben der neolithischen Bauern. Im authentisch nachgebauten Replicahaus kann man sich in ein Steinbett legen und an den Herd setzen (25. März–Sept. tgl. 9.30–18.30, Okt.–24. März Mo–Sa 9.30–16.30, So 14–16.30 Uhr).

Leben und Sterben in der Steinzeit

Im 4. und 3. Jt. v. Chr. lag das Paradies auf Orkney. Es herrschte ein milderes Klima als heute, was den jungsteinzeitlichen Bauern den Anbau von Gerste und Weizen ermöglichte. Die Toten wurden in mächtigen Gemeinschaftsgräbern bestattet, mit denen die einzelnen Sippen ihren Zusammenhalt zum Ausdruck brachten.

Die neolithische Speisekarte lässt einem noch heute das Wasser im Mund zusammenlaufen. Geschickt wurden die Ressourcen des Landes genutzt: Es gab domestizierte Rinder, Schweine, Schafe und Ziegen, Hirsche, Wildenten, Tölpel, Möwen, Wale, Seehunde, Kabeljau, Muscheln, Austern, Krabben, Beeren, Nüsse, Wildkräuter und -pflanzen.

Die Häuser waren mit durchschnittlich 36 m^2 für eine Familie recht geräumig. Aus den vor Ort im Überfluss vorhandenen Steinplatten ließen sich Möbel fertigen, z. B. eine ›Anrichte‹. Auf ihr erblickte der eintretende Gast vielleicht die Kostbarkeiten der Familie, etwa Tonschalen oder besonders schön gefertigte Feuerstein- oder Knochenwerkzeuge. Der harte Stein, der allein überdauert hat, wurde mit leicht vergänglichen Materialien gepolstert: Felle dienten als Teppiche und Decken, Farnkraut als Matratzenfüllung, Walfischknochen als Dachbalken, Grassoden als Dachziegel. Sogar eine Art Toilette scheint es gegeben zu haben, wie Abflusskanäle vermuten lassen, die man in Skara Brae fand (s. S. 353f.).

Vor unseren Augen entsteht das Bild einer satten, friedlichen Bauerngemeinschaft, in der trotz aller Konformität des Lebens, wie sie z. B. die Gleichförmigkeit der Hausgrundrisse nahe legt, Platz für eine gewisse Privatsphäre blieb, für Muße und Kunst. So wurden würfelähnliche Gegenstände gefunden, abstrakte Ritzdekorationen, Ockerfarbe, polierte Jadeknöpfe, prächtig verzierte Kultäxte oder Ketten, Anhänger und Nadeln aus Knochen. Man schätzt, dass die Männer nicht mehr als zwei Tage pro Woche für ihren Lebensunterhalt arbeiten mussten, die Frauen, die durchschnittlich jünger starben, vermutlich mehr. Abgekaute Zähne lassen darauf schließen, dass sie Felle und Pelze weich kauten.

Was man nicht fand, sind Waffen. Und keines der Gebeine aus dem Isbister Cairn (s. S. 358) lässt auf irgendeine Form der Gewaltanwendung schließen.

Jede Sippe, die aus zehn bis 20 Familien bestand, errichtete sich ein Gemeinschaftsgrab, das Prestigeobjekt, Symbol des Zusammenhalts und des Besitzanspruchs auf ein bestimmtes Ackerland und Stätte der Kultausübung war. 76 sind auf den Orkney-Inseln bekannt, entweder Kammergräber wie Maes Howe (s. S. 349f.) mit Nischen um eine zentrale Kammer oder Ganggräber wie Unstan (s. S. 351) mit einer langen, durch Steinplatten unterteilten Grabkammer.

Die Toten wurden vor der Beisetzung im Grab entfleischt – ähnlich wie auf den parsischen ›Türmen des Schweigens‹. Sodann wurden unter Beachtung uns unbekannter Riten und Tabus bestimmte Knochen, Schädel, große Arm- und Beinknochen, nie jedoch ganze Skelette, zusammen mit verbrannten Tonscherben, kleinen Grabbeigaben und Tierknochen in dem Grab gestapelt. Die den Gebeinen der Ahnen beigegebenen Tierknochen – Seeadler in Isbister, Hunde in Cuween

Thema

Schöner wohnen in der Steinzeit: Skara Brae

(s. S. 349), Singvögel und Kormorane in anderen Gräbern – lassen sich als die Totemtiere der jeweiligen Gemeinschaften interpretieren.

Die Menschen waren muskulös und nur geringfügig kleiner als wir – durchschnittlich 1,64 m die Frauen, 1,74 m die Männer –, und sie litten an Verschleißerscheinungen wie Arthritis und Rheuma. Die Kindersterblichkeit war hoch, die Lebenserwartung niedrig: Über 50 war keiner der Toten im Isbister Cairn.

Um die Mitte des 3. Jt. v. Chr. scheinen ›moderne‹ Ideen dem alten egalitären Ideal, der Balance von Gemeinschaft und Individuum, den Todesstoß versetzt zu haben. Einzelbegräbnisse in kleinen Steinkisten, die endgültige und absichtliche Versiegelung des Isbister Cairns, die Aufgabe des Dorfes von Skara Brae, dessen Bewohner von nun an in verstreuten Einzelgehöften lebten: All das deutet auf einen neuen ›Individualismus‹ hin.

Gleichzeitig entstand jedoch der Steinkreis von Brodgar (s. S. 351), der gewaltige gemeinschaftliche Anstrengungen erforderte. Das lässt darauf schließen, dass die Sippenstruktur durch eine umfassendere, hierarchische Gesellschaftsordnung abgelöst wurde. Zum mächtigsten Stamm hatten sich um 2500 v. Chr. die Erbauer von Maes Howe aufgeschwungen, deren Führer wohl so etwas wie ein Häuptling aller lokalen Gruppen war. Etwa 200 000 Arbeitsstunden, die unmöglich ohne Mithilfe der Unterstämme aufgebracht worden sein können, wird der Bau verschlungen haben, Höhepunkt der Gemeinschaftsgrabkultur und Beginn ihres Niedergangs.

Richtig Reisen-Tipp: Isbister – das ›Grab der Adler‹

Möchten Sie einmal den Schädel eines vor fünf Jahrtausenden verstorbenen Mannes in den Händen halten? Oder lieber ein neolithisches Messer? In dem Privatmuseum auf der Isbister Farm am Südzipfel von South Ronaldsay können Sie beides. Ronald Simison, Farmbesitzer und autodidaktischer archäologischer Entdecker, grub 1976 ein steinzeitliches Gemeinschaftsgrab auf seinem Land nach allen Regeln der archäologischen Zunft aus. Tonscherben und Tierknochen holte er aus dem Grab, beinerne Perlen, eine polierte Steinaxt, einen primitiven Pflug, Adlerskelette, einen geheimnisvollen, annähernd würfelförmigen Stein und die vorher entfleischten und nur teilweise ins Grab gelegten Gebeine von 342 Individuen.

Nach dem Tod seiner Frau Morgan haben nun Robert Simisons Töchter Kathleen und Freda und die Enkelinnen das vergrößerte Museum übernommen. Kenntnisreich erklären sie den Besuchern die Geheimnisse ihrer schon so lange kultivierten Scholle. Spielzeug regt die Kinder zum Ausprobieren an, und anhand eines Webstuhls wird gezeigt, wie die Sippe der ›Adlerleute‹ hier ihre groben Stoffe gefertigt haben könnte. Ein kleiner Shop mit Kaffeeautomat rundet das Erlebnis ab.

Ronald Simison steht meist am Little Burnt Mound, in dessen fast 1000 l fassendem Steinbecken bronzezeitliche Jäger ihre Beute mit Hilfe im Feuer erhitzter Steine garten. Das dazugehörige Rundhaus wurde von dem Archäologen John Hedges ausgegraben, der ein aufschlussreiches Buch über das ›Tomb of the Eagles‹ verfasst hat.

1000 m geht man zum steinzeitlichen Adlergrab, dem Isbister Chambered Tomb. Um 3150 bis 2950 v. Chr. baute sich die hiesige, vielleicht 50 Individuen umfassende bäuerliche Sippe ihr Gemeinschaftsgrab in atemberaubender Lage über den Felsklippen. Benannt wurde das Grab nach den in der Kammer gefundenen Adlerknochen.

Auf einem fürsorglich bereitgestellten Rollbrett rutscht man in die von Steinplatten unterteilte längliche Grabkammer. Sie besteht aus fünf von hohen Steinplatten abgetrennten Kompartimenten, von denen drei Seitenkammern abgehen. Aus ihnen schauen einen einige der originalen Schädel an. Das ganze Grab ist so nach Ost-Nordosten ausgerichtet, dass die Sonne im Frühjahr und im Herbst durch den Grabgang, der ursprünglich wesentlich länger war als heute, in die Grabkammer fällt.

Man sollte sich mindestens zwei Stunden Zeit nehmen für diesen einzigartigen Besuch, den man mit einem Klippenspaziergang vom Grab entlang des lang gestreckten Ham Geo zur Farm zurück abschließen kann. Und wenn Sie wissen möchten, wie die Adlerleute gelebt und geliebt haben, lesen Sie den Steinzeitkrimi ›Lasra und das Lied der Steine‹ (s. S. 75).

Öffnungszeiten: März tgl. 10–12, April–Okt. 9.30–18 Uhr, Nov.–Feb. n. Vereinbarung Tel. 01856/831 339, www.tomboftheeagles.co.uk.

Fortgeschrittene ab 1 Std., deutschsprachig, auch für Kinder ab 5 Jahre.

Churchill Barriers

Nachdem die Versenkung der ›Royal Oak‹ durch ein deutsches U-Boot 1939 die Verwundbarkeit der britischen Kriegsflotte in Scapa Flow bewiesen hatte, ließ Winston Churchill von italienischen Kriegsgefangenen die **Churchill Barriers** 24 bauen, vier aus Betonquadern aufgeschichtete Dämme, die heute Mainland, die winzigen Eilande Lamb und Glims Holm sowie Burray und South Ronaldsay verbinden.

Die Tristesse ihrer Situation versuchten die Gefangenen unter der Leitung von Domenico Chiocchetti durch den Bau der **Italian Chapel** 25 auf Lamb Holm zu mildern. Aus einer

Nissenhütte und anderen Militärmaterialien entstand das anrührende Kirchlein, mediterraner Madonnenkitsch im rauen Norden.

Scapa Flow

26 Neben den Churchill Barriers, nahe den allgegenwärtigen Lachszuchtfarmen, ragen verrostete Wracks aus dem Wasser – sie dienten als provisorische Sperre, doch das deutsche U-Boot konnte damals zwischen ihnen hindurchschlüpfen. Nach Westen, in der annähernd runden Bucht von Scapa Flow zwischen Hoy, Mainland und Burray/South Ronaldsay, ruhen auf dem Meeresgrund noch immer einige nicht geborgene Schlachtschiffe der kaiserlichen Kriegsmarine – »Europe's best dive«, wirbt die Tourismusbranche. Konteradmiral Ludwig von Reuter hatte am 21. Juni 1919 nicht an zukünftige Taucher gedacht, sondern an die Ehre seines Kaisers, als er den Befehl zur Selbstversenkung der deutschen Hochseeflotte gab. Die erbosten Briten erschossen auf den weiß beflaggten Rettungsbooten neun deutsche Matrosen, sie waren die letzten Toten des Ersten Weltkriegs. Was sich im Nachhinein als Missverständnis herausstellte – Reuter hatte die Nachricht von der Verlängerung des Waffenstillstands nicht rechtzeitig erhalten –, verschaffte den Inselbewohnern Arbeitsplätze, denn die mittlerweile muschelverkrusteten Giganten der Meere wurden bis auf sieben Kreuzer des enormen Schrottwerts wegen von einer Privatfirma mit Pressluft gehoben (zur Erkundung s. S. 357).

St. Margaret's Hope

27 St. Margaret's Hope mit seinen tristen grauen Häusern scheint seines Namens zu spotten, denn 1290 soll hier Margaret, die ›Maid of Norway‹, nach beschwerlicher Seereise an Land gegangen und gestorben sein. Mit dem Tod dieser Tochter des norwegischen Königs Erik II. und der schottischen Prinzessin Margaret starb die Malcolm-Dynastie aus, begannen die Nachfolge- und Unabhängigkeitskriege gegen England und der Aufstieg von Robert the Bruce.

Kinder spielen die Hauptrolle beim alljährlich im August veranstalteten *Boys' Ploughing Match,* bei dem sich die Mädchen als Pferde verkleiden und die Jungen mit einem Minipflug ein Stück Sand pflügen – uralte, auf heidnische Fruchtbarkeitskulte zurückgehende Folklore.

Shoreside: South Ronaldsay, zwischen St. Margaret's Hope und der 4. Barrier, Tel. 01856/831 560, Fax 01856/831 436, www.orkneyholiday.com. Luxuriöse En-suite-Zimmer am Wasser, frisch gefangene Hummer ab 25 £. DZ 50–70 £.
The Creel: s. u. Drei Ensuite-Zimmer zu 90–100 £.
Orcadian Wildlife: s. ›Aktivitäten‹.

Creel Restaurant: Front Road, Tel. 01856/831 311, www.thecreel.co.uk, tgl. 18–22 Uhr. Das beste Restaurant der Inseln, familiär, Orkney-Kunst an den Wänden, Seafood, auch Fleisch. Hauptgericht 18 £.

Hoxa Tapestry Gallery: Neviholm, Hoxa, Tel. 01856/831 395, April–Sept. Mo–Fr 10–17.30, Sa/So 14–18 Uhr. Wandteppichgalerie (Eintritt), auch Drucke mit mythischen Anklängen.

Festival of the Horse and Boys Ploughing Match: Aug., St. Margaret's Hope, www.clik.to/boysploughing.co.uk.

Wandern: Sands of Wright (ca. 4 km westlich von St. Margaret's Hope), ca. 6 km durch Heide, Kieselstrand und Feuchtbiotope, ein wundervolles Naturerlebnis: versumpfende Seen, Gezeitenstrände, brütende Vögel. Hoxa Head Footpath: ein markierter, 2,5 km-Rundweg auf dem äußersten Nordwestzipfel South Ronaldsays an Bunkeranlagen der beiden Weltkriege vorbei.
Orcadian Wildlife: Gerraquoy, Tel. 01856/831 240, www.orcadianwildlife.co.uk. Naturführungen von den Profis Steve und Sarah, 1 Woche inkl. Unterkunft und Essen auf dem Biobauernhof der beiden 750 £.

Pentland Ferries: Autofähre von Gills bei John o'Groats nach St. Margaret's

Hope, Pier Road, Tel. 01856/831 226, www.pentlandferries.co.uk. Überfahrt 1 Std., Juni–Aug. 4 x, Sept.–Mai 3 x tgl.

Northern Isles

Reiseatlas: S. 2, E/F 2
Wer einen längeren Urlaub auf Orkney verlebt, wird mit Flugzeug oder Fähre auch andere Orkney-Inseln besuchen. *Alle* sind sehenswert, auf allen gibt es interessante Denkmäler, vor allem aus neolithischer Zeit, und Unterkünfte. Unabdingbar für Inselausflüge sind die Broschüre ›The Islands of Orkney‹ des Tourist Office und die Karte ›Orkney. Northern Isles, Landranger 5‹. Hier drei Vorschläge für Tagestouren.

Rousay

Die Insel ist mit der Autofähre von Tingwall Terminal leicht zu erreichen und ein lohnendes Ziel für einen Tagesausflug. Wie an einer Perlenschnur aufgereiht liegen die neolithischen Gemeinschaftsgräber auf halber Höhe des südlichen Hügelkamms: das zweistöckige **Taversoe Tuick, Blackhammer Cairn**, **Knowe of Yarso** und **Midhowe,** mit 14 von Steinplatten abgetrennten Kompartimenten der längste *stalled cairn* der Inseln. Daneben, über einem klippengesäumten Felsfjord, steht **Midhowe Broch,** ein ausnehmend gut erhaltenes eisenzeitliches Beispiel für eine Festung.

Wer die Rundtour um die ganze Insel unternimmt, sieht von der Ostküste aus die Nachbarinsel **Egilsay** wie eine flache grüne Flunder daliegen, aus der sich die normannische St. Magnus Kirk mit dem charakteristischen Rundturm erhebt. Auf dem kleinen **Wyre** gegenüber dem Pier steht Cubbie Roo's Castle, die Festung eines Wikingerfürsten aus dem 12. Jh.

Arts, Bikes & Crafts: am Pier, Tel. 01856/821 398. Fahrradverleih. Die Tour bis Midhowe und zurück schafft man gut an einem Tag. Wer allerdings einmal um die ganze Insel will, sollte das Auto nehmen.

Wandern: Markierte Moor-Wanderung durch das RSPB-Naturschutzgebiet, ausgehend von dem Hostel/Campingplatz ein Stück westlich vom Pier, Dauer: 0,5 Std. oder 2 Std.

Autofähre: Pendelverkehr der Autofähre von Orkney Ferries zwischen Rousay, Egilsay, Wyre: mehrmals tgl. von Tingwall Terminal, Evie, Tel. 01856/751 360.

Papa Westray

Der Weg auf die kleine Insel vor dem größeren Westray ist fast schon das Ziel: Mit einer Propellermaschine, die mit einem Flug schon mal Luftsichtungen für Archäologen verbindet, ›hüpft‹ man von Kirkwall nach Westray und von dort nach Papa Westray. Man landet auf Graspisten. British Airways stellt ein Zertifikat für den laut Guinness-Buch kürzesten Linienflug der Welt von Westray nach Papa Westray aus.

Unmittelbar südlich vom Flugfeld liegen zwei ausgegrabene neolithische Häuser des **Knap of Howar:** Die ältesten noch stehenden Häuser Nordeuropas stammen aus der Zeit von 3800 bis 2800 v. Chr. Eine etwa dreistündige Wanderung führt an der Holland Farm vorbei, dann um den Loch of St. Tredwell herum zur Bay of Moclett mit dem New Pier für die Autofähre und dann mehr oder weniger nördlich an der Küste entlang zum Old Pier. Von hier setzt einen ein Boot zwischen spielenden Seehunden hindurch zum **Holm of Papa Westray** über, einer Schäre mit mehreren neolithischen Gräbern (Infos beim nahen Community Centre mit Café, wo man das Gemeinschaftsgefühl dieser Insel besonders stark spürt). Das größte Grab ist ein *stalled cairn* mit mehreren Seitenkammern. Sie sind so niedrig, dass nur ein Kind hineinkriechen kann. Mehr Inselhopping geht nicht: vom schottischen ›Festland‹ nach Mainland, von Mainland nach Westray, von Westray nach Papa Westray, von Papa Westray zum Holm of Papa Westray.

Wer bis zum Rückflug noch Zeit hat, findet bei der uralten **St. Boniface Church** nördlich des Flugfelds einen Wikingergrabstein und jede Menge Atmosphäre.

Loganair: Tel. 01856/872 494, www.loganair.co.uk, Mo–Fr 3 Flüge, Sa 2 Flüge, So nur 1 Flug, so dass ein Tagesausflug dann nicht machbar ist.
Autofähre: Orkney Ferries von Kirkwall Harbour, Tel. 01856/872 044, Fax 01856/872 921, www.orkneyferries.co.uk., tgl. nach Westray, Papa Westray nur Di, Fr.

Eday

Auf der in der Taille zu einem weniger als 1 km schmalen Isthmus geschnürten Insel erzählen verlassene Bauernhäuser von den Abwanderungsproblemen der Inselgemeinden. Am Naturschutzgebiet Mill Loch mit einem Beobachtungsposten für *Red throated Divers* beginnt der markierte, 4,5-stündige Heritage Walk, den man aber auch gut abkürzen kann, so dass er nur zweistündig ist. Er führt bergauf, zunächst zum **Stone of Setter,** dem größten Stehenden Stein der Inseln – handgleich, mit tiefen Verwitterungsrillen. Man passiert das offene Megalithgrab Braeside Chambered Cairn und den gut erhaltenen **Vinquoy Cairn** mit einer kleinen, kaminähnlichen hohen Zentralkammer. Durch einsame Moor- und Heidehänge geht es hinauf zum höchsten Punkt, der einen fantastischen Ausblick bietet.

Am Fährpier gibt es einen urigen Pub. Geht man um die kleine Landzunge südlich des Piers herum, kommt man zu einem Strand, vor dem eine Seehundkolonie lebt.

Sui Generis: Redbanks (Nähe Pier), Tel./Fax 01857/622 219, www.suigenerisfurniture.co.uk. Ensuite-DZ mit origineller Holzeinrichtung 90 £, 3-Gang-Dinner 15 £; Atelier des Holzmöbelkünstlers in demselben netten Cottage.

Eday Explorer Tours: Tel. 01857/622 206, mobil 0772/026 6289, www.orkney.com/edayschool/tourism/minibustour. Mr. Stewart fährt Sie im Sommer Mo, Mi, Fr nach Anlegen der Fähre im Range Rover über die Insel zu Tieren und Sehenswürdigkeiten, die Routen lassen sich individuell variieren.

Autofähre: von Kirkwall Harbour tgl., Tel. 01856/872 044, www.orkneyferries.co.uk.

Seit der Steinzeit sind die Orkney-Inseln Bauernland

Shetland

Reiseatlas S. 1

Der raue, baum- und strauchlose, vielerorts noch fast unberührte Archipel ist ein Paradies für Natur- und Nordland-Liebhaber. Die meisten verbinden Seevögel, Seehunde, Shetlandponys und Strickwaren mit den Inseln. Doch das ist nicht alles: Die prähistorischen Sehenswürdigkeiten der skandinavisch geprägten ›Ultima Thule‹ gehören zur Extraklasse.

Die achtstündige Überfahrt mit der Fähre von Stromness nach Lerwick ist bei Sonnenschein schöner als eine Mittelmeerkreuzfahrt. Auf halbem Weg ragen die steilen Klippen der **Fair Isle,** der ›schönen Insel‹, aus dem Wasser, einem Eldorado für Vogelkundler (s. S. 364) und eingefleischte Individualisten. Schon wenn das Schiff den grünen Südzipfel Mainlands, Sumburgh Head, umkurvt, sieht man, dass Shetland gebirgiger und schroffer ist als Orkney. Alles auf Shetland scheint lang gestreckt und gerade zu sein: die Inseln, die Bergketten und Täler, die tief ins Land schneidenden, fjordähnlichen *Voes,* die länglichen Bauernhäuser und die wegen der Ölwirtschaft gut ausgebauten Straßen.

Die Shetländer sind ein widerstandsfähiger, sturer Menschenschlag mit einem starken Gemeinschaftsgefühl, geprägt von ihrer harten Umwelt. Ihre Seele sei in Ölzeug eingewickelt, sagte Winston Churchill bei seinem Shetland-Besuch im Zweiten Weltkrieg. Stärker noch als auf Orkney macht sich der skandinavische Einfluss bemerkbar. Die bunten Holzhäuser, die nordisch anmutende Fjordlandschaft, der harte Klang des shetländischen Schottisch lassen spüren, dass Großbritannien hier zu Ende geht, Skandinavien beginnt: Ultima Thule. Die skandinavische Herrschaft dauerte von ca. 800 bis 1469, als Christian I. von Norwegen und Dänemark Shetland für die Mitgift seiner Tochter Margaret verpfändete, die James III. von Schottland heiratete.

Etwa 10 000 Wörter blieben im Sprachschatz der Shetländer zurück, vor allem auf den Gebieten Ackerbau, Wetter sowie Pflanzen- und Tiernamen. 50 000 nordische Ortsnamen kommen dazu, z. B. *ay* (Insel), *bister* (Farm), *fell* (Hügel), *grind* (Tor), *holm* (kleine Insel), *how* (Erdhügel), *kirk* (Kirche), *lax* (Lachs), *noup* (Kap), *setter* (Farm), *voe* (Meeresarm), *wick* (Bucht). Bis etwa 1770 wurde auf dem Archipel noch ein Dialekt des Altnordischen gesprochen.

Beim Mittwinterfest *Up Helly Aa* mit Umzug, Fackelträgern und verkleideten Wikingern wird am Ende ein nachgebautes Langschiff verbrannt. Spätviktorianischer Vandalismus, behaupten Forscherinnen, die sich an dem strikten Frauenverbot bei diesem farbenprächtigen Spektakel stießen und herausfanden, dass die ›altnordische Tradition‹ erst 1880 geschaffen wurde. Wie dem auch sei: Über 800 als Wikinger verkleidete Männer mit Fackeln sowie der ›Jarl‹ (Wikingerhäuptling) ziehen um 19.30 Uhr mit der über der Town Hall abgeschossenen Signalrakete los. Eine halbe Stunde später kommen sie bei dem Replica-Wikingerschiff an, das dann in Brand gesetzt wird. 24 Stunden bis zum nächsten Morgen sind sie unterwegs bei Privatpartys und in einigen Festsälen, führen Sketche, Tanzeinlagen etc. auf. Der ›Jarl‹ muss mit mindestens einer Frau auf jeder Party tanzen – und viel trinken. Danach finden weitere acht ›Feuerfeste‹ in anderen Teilen Shetlands statt, die, anders als das in Lerwick, teilweise auch Frauen zulassen.

Lerwick und Umgebung

Lerwick

Abends ist das graue Lerwick, die altnordische ›Schlammbucht‹, wie ausgestorben. Die Jugendlichen, die nicht im Captain Flint ein Bier trinken, lungern in ihren Autos am Hafen oder am pittoresken Häuserensemble des **Market Cross** herum. Tagsüber, wenn die steingepflasterte Hauptstraße der Fußgängerzone von kaufwilligen Einheimischen, Touristen und fremden Ölarbeitern überquillt, zeigt Lerwick sein anderes Gesicht.

Von der am Hafen verlaufenden Front Road zweigen steile, schmale Gassen und Treppen den Hügel hinauf ab, gesäumt von alten Häusern, aber auch von gelungenen Neubauten im lokalen Baustil. Vom georgianischen **Fort Charlotte** auf halber Höhe bietet sich ein schöner Blick auf den Hafen. Das fünfseitige Artilleriefort mit vorspringenden Bastionen wurde 1673 von den Holländern niedergebrannt und 1781 wieder aufgebaut. Oben, an der Back Road, befindet sich das Verwaltungszentrum des Ortes. Im **Rathaus,** einem neogotischen Schlösschen, kann man die große Halle mit Holzdecke und bunten Glasfenstern (19. Jh.) zur shetländischen Geschichte besichtigen.

Wer nicht zur allwinterlichen Schiffsverbrennung auf den Shetland-Inseln ist, kann sich in der **Up Helly Aa Exhibition** einen Eindruck von diesem rauen Fest verschaffen (St. Sunniva Street, Mitte Mai–Mitte Sept. Di 14–16, 19–21, Fr 19–21, Sa 14–16 Uhr).

Die erste Erwähnung von Shetland-Strickerzeugnissen stammt aus dem 18. Jh. und bezieht sich auf die Fair Isle, wo das geometrische, in Streifen angeordnete Design erfunden wurde, so das berühmte OXO-Muster. Der Prince of Wales und spätere Edward VIII. machte es salonfähig, als er beim Golfen in St. Andrews einen Fair Isle-Pullover trug. In Lerwicker Geschäften wie Jamieson's oder in kleinen Privatläden auf der ganzen Insel kann man Wollsachen kaufen, die das Signet der 1983 gegründeten Handelsgenossenschaft tragen: garantiert aus der Wolle der Shetland-Schafe hergestellt, mit traditionellen geometrischen Mustern und in Farben, die von der Natur der Shetlands inspiriert sind.

Ein Spaziergang führt zum geschäftigen **Hafen,** zu Victoria Pier und Yachthafen. An der Commercial Street südlich des Queen's Hotel liegen die alten, grauen **Lodberries,** einst Lagerhäuser und Geschäfte, heute Wohnhäuser, die ihren Giebel zum Meer wenden und den gemauerten Helling und Pier ins Wasser strecken. In winzigen Badebuchten zwischen den Steinhäusern plätschern die Wellen, liegen bunte Holzboote auf dem Sand, stromern Katzen umher: ein rundum verzauberter Ort.

Mit der Autorin unterwegs

Reise in die Vergangenheit

Clickhimin Broch (s. S. 363f.) und **Mousa Broch** (Richtig Reisen-Tipp!) gehören zu den besterhaltenen Brochs Schottlands und lohnen wegen ihrer einzigartigen Atmosphäre einen Besuch. Am **Old Scatness Broch** können Sie den Archäologen bei der Ausgrabung einer eisenzeitlichen Siedlung zuschauen und sich von Schauspielern in längst vergangene Zeiten zurückversetzen lassen (s. S. 366). Der **Jarlshof** ist der bedeutendste Ausgrabungskomplex Shetlands – hier lässt sich baulich die Geschichte von der Steinzeit bis zu den tyrannischen Earls of Stuart des Spätmittelalters (s. S. 366) nachvollziehen.

Shetland für die Ohren

Den ganzen Sommer über ist traditionelle Folkmusik in den Pubs zu hören. Echte Fans dieser Musik kommen besonders im April beim Folk- und im Oktober beim Fiddle- und Akkordeon-Festival (s. S. 365) auf ihre Kosten.

Clickhimin Broch

Shetlands wirtschaftliche Potenz zeigt sich in den modernen Stadtrandsiedlungen, die dem Ölboom zu verdanken sind. Zwischen Bungalows und Freizeitzentrum scheint der Clickhimin Loch fast zu ersticken. Auf einer Landzunge im See liegt einer der besterhaltenen

Fair Isle Lodge & Bird Observatory: Die wilde Natur und die guten Bedingungen für die Vogelbeobachtung machen den Reiz eines Aufenthalts in der Lodge aus. Es gibt einen Ranger Service und man kann am Observatorium mitarbeiten (Tel./Fax 015 95/760 258, www.fairislebirdsobs.co.uk, April–Okt. Schlafsaal 30, DZ 37, EZ 42 £, Vollpension).

Brochs Schottlands, der Clickhimin Broch. Seine trutzigen Mauern stehen bis zu 5 m hoch. Ein annähernd rechteckiges *Blockhouse,* ein nur auf Shetland anzutreffender Wehrbau, bewacht den Eingang der eisenzeitlichen Siedlung (jederzeit zugänglich).

Hay's Dock

Das Hafengebiet Hay's Dock, das aus den 1830er Jahren stammt, wird nun mit Geldern der schottischen Regionalregierung saniert. Hier soll im Sommer 2006 das neue **Shetland Museum** in einem interessanten modernen Gebäude eröffnen, einer Art quadratischem Broch. Das alte Museum zeigte neben einer originellen Kloschüsselsammlung heimatgeschichtliche Exponate, prähistorische Ausgrabungsfunde und alte Strickwaren.

Industriehafen

Im großen modernen Hafen und Gewerbegebiet im Norden der Stadt steht ein aus dem 17./18. Jh. stammendes hanseatisches Handelshaus, die **Böd of Gremista.** Das Geburtshaus des Kaufmanns Arthur Anderson, der mit dem Engländer Brodie Wilcox 1837 die Pentland and Oriental-Reederei gründete, ist heute ein Museum (Mai–18. Sept. Mi–So 10–13, 14–17 Uhr). Ganz in der Nähe legen die zeitgenössischen Fähren an und ab, die aber seit 2002 nicht mehr von P & O, sondern von Northlinkferries betrieben werden.

Vor den Öltanks, noch weiter nördlich, ankern, wie überall vor der Küste, die gefährlich verrosteten, grauen und uniformen *Klondijkers,* wie Perlen an einer Schnur aufgereiht. Die aus Osteuropa stammenden schwimmenden Fabriken folgen den Fischschwärmen von Nordatlantik und Nordsee. Während der Heringssaison im September legen die hiesigen Fischerboote an den Seelenverkäufern an und laden ihre Fracht aus, die direkt an Bord verarbeitet wird – ›Fischrausch‹ auf Shetländisch.

Noss

Ein Bootsausflug von Lerwick führt um die 180 m hohen Felsklippen, um die Felstürme und -bögen der Insel Noss. In dem Naturschutzgebiet nisten Zehntausende von Möwen, Papageitauchern und Eissturmvögeln – eine wahre Kakophonie. Die ›Dunter III‹ legt vom 15. April bis 15. September um 9.30 und 14 Uhr vom Victoria Pier Slipway in Lerwick zu der Exkursion ab (Dauer: 3 Std., Reservierung: Tel. 01595/693 434, mobil 07831/217 042). Jeden Abend um 18 Uhr wird eine zweistündige Fahrt angeboten, auf der ein Mini-U-Boot Bilder von der Unterwasserwelt an Bord sendet.

i **Tourist Information:** Market Cross, Lerwick, Tel. 0871/999 440, www.visitshetland.com, April–Okt. Mo–Fr 8–18, Sa/So 8–16, Nov.–März Mo–Fr 9–17 Uhr; am Sumburgh Airport ganzjährig Mo–Fr 9–17 Uhr. Infos zu See- und Meeresangeln, Segeln, Tauchen, Fähren, *Böds* (s. S. 86).

Kveldsro House Hotel: Greenfield Pl., Tel. 01595/692 195, Fax 01595/696 595, www.shetlandhotels.com. Komfortables Hotel mit Hafenblick, die Lerwicker essen hier gern. DZ 75 £.

Breiview Guest House: 43 Kantersted House, Tel./Fax 01595/695 956, www.breiviewguesthouse.co.uk. Komfortables, modernes Haus Nähe Clickhimin Broch. DZ 50–60 £.

Islesburgh House: King Harald Street, Tel. 01595/692 114, Fax 01595/696 470, www.islesburgh.org.uk, April–Sept., im Winter nur Gruppen. Top-Hostel (5 Sterne), schönes, komplett renoviertes viktorianisches Haus, nettes Café, Schlafsäle, Gruppen- und Familienzimmer. Bett 15–16 £.

Clickhimin Caravan & Camping Site: Tel. 01595/741 000, Fax 01595/741 001, mail@srt.org.uk, Mai–Sept. Neben Clickhimin Freizeitzentrum, 4 Sterne, 6,50–9,90 £.

Monty's Bistro: 5 Mounthooly St., Lerwick, Tel. 01595/696 555, Mo 18.30–21, Di–Sa 12–14, 18.30–21 Uhr. Schmackhafte frische Lokalprodukte mit mediterranem Touch, Holzfußboden, Bistrotische. Hauptgericht 15 £.

Osla's Café: 88 Commercial St., Tel. 01595/696 005, Mo–Mi 8.30–19, Do–Sa bis 21, So 11–17 Uhr. Sehr gutes, kinderfreundliches Café, Snacks wie Suppen, Pfannkuchen, gefüllte Brötchen. Ab 6 £.

Blue Rock Café: im Islesburgh Community Centre, King Harald Street, Tel. 01595/692 114, Mo–Sa 10–17, So 14–17 Uhr. Ansprechend mit viel Holz eingerichtetes Café.

Jamieson's Knitwear: 93/95 Commercial St., Mo–Sa 10–17.30 Uhr. Traditionelle Wollwaren zu fairen Preisen.

Ninian: 110 Commercial St., Mo–Sa 9–17.30 Uhr. Leicht alternativ angehauchte Strickwaren und Souvenirs örtlicher Designerinnen.

The Lounge: 4 Mounthoolie St., Mo–Sa 10–23, So 12.30–23 Uhr. Bester Pub in Lerwick, häufig Livemusik.

Captain Flint: 2 Commercial Rd., Mo–Sa 10–23, So 12.30–23 Uhr. Pub für die Jugend und für Touristen, häufig Livemusik.

Up Helly Aa: letzter Di im Jan. Tel. 01595/695 515. Wichtigstes Inselfest, u. a. Fackelumzüge (s. S. 362).

Folkfestival: Ende April. Eine Institution mit Musikern und Besuchern aus aller Welt, Festival Club im Islesburgh Community Centre, Tel. 01595/694 757, www.sffs.shetland.co.uk.

Fiddle- und Akkordion-Festival: Mitte Okt., Tel. 01595/694 001, www.shetland-music.com. Gemeinschaftstänze, Fiddlemusik.

Grantfield Garage: North Road, Lerwick, Tel. 01595/ 692 709. Fahrradverleih.

Clickhimin Leisure Complex: Lochside, Tel. 01595/741 000, www.srt.org.uk. Freizeitzentrum mit Spaß-Pool, Babybecken, Außenpool, Fitness, Bowling, Squash.

Lerwick Port Authority: Albert Building, Tel. 01595/692 991. Hafenmeister für die Yachten.

Shetland Wildlife Tours: Longhill, Maywick, Tel. 01950/422 483, www.shetlandwildlife.co.uk. Preisgekrönte Natur- und Archäologieführungen von einem halben bis zu sieben Tagen, dem Ökotourismus verpflichtet.

Elma Johnson's Island Trails: Eine ältere Dame im Kostüm des 18. Jh. führt Sie zu Fuß durch Lerwick, Infos bei der Tourist Information, Tel. 01595/693 434.

Flugzeug: Regionalflughafen Sumburgh Head, 2–3 x tgl. Flüge von Aberdeen, 1 x von Inverness, je 2 x von Edinburgh und Glasgow mit BA, Tel. 0870/850 9850, www.ba.com. Flüge zwischen den Inseln (nach Fair Isle, Foula, Papa Stour, Out Skerries) werden von Loganair betrieben, Tel. 01595/840 246, www.loganair.co.uk, teils von Sumburgh, teils von Tingwall.

Fähre: Northlinkferries, Tel. 0845/600 0449, www.northlinkferries.co.uk, Head Office Orkney (s. S. 348), hat moderne Autofähren mit Kabinen, Restaurant etc., die Di, Do, Sa, So 19 und Mo, Mi, Fr 17.30 Uhr nach Aberdeen fahren, Mo, Mi und Fr über Kirkwall. Jeden Morgen 7.30 Uhr kommt die Fähre aus Aberdeen in Lerwick an.

Smyril Line: Holmsgarth Terminal, Lerwick, Tel. 01595/690 845, www.smyril-line.com. Mai–Anfang Sept. Autofähren nach Dänemark, Norwegen, Island.

Bus: Mehrere lokale Busanbieter. Info-Tel. 01595/694 100. ›Shetland Transport Timetable‹ mit sämtlichen Verkehrsverbindungen der Inseln gegen geringe Gebühr beim Tourist Office.

Mietwagen: Star Rent-a-Car, 22 Commercial Rd., Tel. 01595/692 075, www.starcar.co.uk, auch am Flughafen.

Taxi: Allied Taxis, Tel. 01595/690 069.

Folkmusik, auch die von mehreren Geigern bis hin zu einem ganzen Orchester gespielte Fiddlemusik, ist im Sommer im Islesburgh Community Centre zu hören. Abends wird in den Pubs, z. B. The Lounge Bar, Livemusik (›Simmerin' Sessions‹) geboten.

Süd-Mainland

Auf dem schmalen Südzipfel der Insel Mainland liegen die bedeutendsten Sehenswürdigkeiten Shetlands, Jarlshof und Broch of Mousa. Der Norden ist etwas für ausgeprägte Individualisten und Naturliebhaber, die den elegisch-skandinavischen Flair einer Ultima Thule am Rande der Welt zu schätzen wissen.

Shetland Crofthouse Museum

Im strohgedeckten Shetland Crofthouse Museum tritt man in ein aus den beiden Zimmern *bottom end* und *bed end* bestehendes altes Farmhaus, in dem ein würzig duftendes Torffeuer prasselt. Die Museumswärterin hat ihren zentralgeheizten Bungalow in Lerwick verlassen, um in der Nähe wieder ein Cottage mit *Peat*-Kamin zu bewohnen. Mitten in idyllischen Wiesen liegt eine kleine Mühle hinter dem Bauernhaus (16. April–Sept. tgl. 10–13, 14–17 Uhr).

Jarlshof

Jarlshof, einer der bedeutendsten archäologischen Komplexe Schottlands, war wie Skara Brae lange Zeit unter Sand verschüttet. Den romantischen Namen verdankt er Sir Walter Scott. Grundmauern zeugen von bronzezeitlichen Häusern des 2. Jt. v. Chr., wikingische Langhäuser und das Tower House der Stuart-Earls aus dem 17. Jh. von fortgesetzter Besiedlung. Die spektakulärsten Reste sind die eisenzeitlichen *Wheelhouses* aus dem 2./3. Jh. v. Chr., runde, wegen der Unterteilungen im Innern an Wagenräder erinnernde Wohnhäuser (25. März–Sept. tgl. 9.30–18.30 Uhr).

Die kleinen, dickfelligen und langmähnigen Shetlandponys der nahen Sumburgh Farm grasen um Jarlshof. Knapp 20 Gestüte züchten auf Shetland die zähen, wetterfesten Arbeits- und Reittiere, die zwischen 71 und 107 cm Risthöhe haben und laut Zuchtstammbuch »draußen gefohlt werden, draußen leben und draußen sterben«. Noch heute grasen sie teils auf dem *scattald,* dem uneingezäunten Gemeinschaftsland, wie sie das wohl – eine Darstellung auf dem piktischen ›Bressay Stone‹ legt es nahe – schon in vornormannischen Zeiten taten.

Sumburgh Hotel: Tel. 01950/460 201, Fax 01950/460 394, www.sumburghhotel.com. Neu möbliertes Herrenhaus von 1867 am Flughafen, das Restaurant bietet gutes Essen und weite Blicke, Zimmer teils mit Four Poster-Betten. DZ 75–86 £.

Old Scatness Broch Excavations

Westlich des Flughafens, in Quendale bei Virkie, können Sie Archäologen beim Ausgraben einer bedeutenden prähistorischen Stätte über die Schulter schauen. Sie buddeln am und um den Old Scatness Broch mit bis zu 4 m hohen Mauern. In dem späteisenzeitlichen Dorf drumherum gibt es Häuser, von denen noch der erste Stock steht. *Wheelhouses* und piktische Steinritzungen von einem Eber wurden gefunden. Im Sommer beleben Laienschauspieler den *dig* (Mai–Okt. So–Do 10–17.30 Uhr, am besten vorher anrufen: Tel. 01595/694 688, Besucherzentrum).

Sumburgh Head

Eine kleine Piste führt zum **Sumburgh Head** mit dem strahlend weißen Leuchtturm, Shetlands erstem (1821), der von einem Stevenson-Ingenieur gebaut wurde. Das RSPB-Naturschutzgebiet bietet optimale Beobachtungsmöglichkeiten für Seevögel: Kormorane, Eissturmvögel, Möwen und vor allem Papageitaucher, die von Mai bis Anfang August in den Felsspalten der Klippen brüten.

Am Strand entlang wandert man von Jarlshof, um die dünenbewehrte Sandbucht herum, zum südwestlich gelegenen **Ness of Burgi,** einem befestigten eisenzeitlichen Blockhaus auf einer Felszunge im Meer, das einem Broch ähnelt. Man muss beim Kraxeln über die Felsen gut aufpassen.

Quendale

An den Klippen hinter der Sandbucht von Quendale, an Garth's Ness, lief 1993 die ›Braer‹ auf Grund. *Calamity Bay* – Katastrophenbucht – nennen die Einheimischen die

Richtig Reisen-Tipp: Mousa, ein Broch und viele Tiere

Vom pittoresken Pier in Leebitton bei Sandwick legt die ›Solan IV‹ bei gutem Wetter zur Insel Mousa ab. Seit 1971 betreibt die Familie von Tom Jamieson und Frau Cynthia das Unternehmen. Die Aufenthaltsdauer beträgt ca. 2,5 Stunden, was ausreicht, um die Insel auf einer Rundwanderung zu erkunden.

Mit seinem nahtlos gefugten Trockenmauerwerk wirkt der **Broch of Mousa,** der besterhaltene Broch Schottlands, wie ein prähistorischer Kühlturm. Um die Zeitenwende erbaut, steht er noch in seiner ursprünglichen Höhe von 13,3 m auf einer Grundfläche mit 15 m Durchmesser. Auf Mausezahn-Stiegen klettert man im hohlen Innern auf die Spitze. Zwei wikingische Liebespaare, in Egils und Orkneyinga Saga bezeugt, brachten hier ihre sündige Haut in Sicherheit.

Verhalten Sie sich rücksichtsvoll in diesem Naturschutzgebiet, wo Wildkatzen, Otter und Igel leben, die man allerdings selten zu Gesicht bekommt. Eine Vielzahl von Seevögeln wie Krähenscharben, Papageitaucher oder der Blaue Sturmvogel, Großbritanniens kleinster Seevogel, brütet hier.

Nach der Küstenwanderung zum Broch biegt man östlich ins Inselinnere ab, denn an der seichten Meeresbucht des West Pool tummelt sich meist eine wohl hundertköpfige Seehundkolonie. Auch auf den Uferfelsen, an denen Mr. Jamieson zum Abschluss meist entlangfährt, aalen sich die Tiere. Im Mousa-Sund lassen sich auch häufig Tümmler beobachten (am besten Juni–Sept.). Sie bekommen im Sommer ihre Jungen und ernähren sich vorwiegend von Sandaalen. Ihrer Eigenart, schnaufend aufzutauchen, verdanken die ›Meerschweine‹ sowohl ihren lateinischen Namen *Porcus piscus* (Schweinefisch) als auch den nordischen *Neesicks* von *nisa*, ›niesen‹.

Von Ende Mai bis Mitte Juli finden mittwochs und samstags um 23 Uhr Spezialausflüge zu den brütenden Sturmschwalben statt (unbedingt reservieren!). Die kleinen schwarzen Vögel mit dem weißen Bauch, von den Shetländern *Alamootie* genannt, flitzen bei der Nahrungssuche dicht übers Wasser. Sie nisten am Strand, unter Felsen oder im Broch, verlassen jedoch bei Störungen ihre Nester. Gegen 0.30 Uhr geht es zurück.

Hinfahrt: April, Mai, Sept. tgl. 14 Uhr, Fr, So auch 12.30 Uhr hin, Juni–Aug. zusätzlich Mo, Mi, Do 12.30 Uhr. **Rückfahrt:** jeweils 3 Stunden später. **Fahrtdauer:** 15 Min. **Infos:** Tel. 01950/431 367, www.mousaboat trips.co.uk.

Bucht seither, das Wrack kann man noch sehen. Tausende von Seevögeln verendeten, alle Lachsfarmen in der 50-km-Gefahrenzone um den Havaristen mussten ihren Bestand vernichten. Die Muschelfischerei war für zehn Jahre weitgehend lahmgelegt, denn das Gift lagert sich über längere Zeiträume in Schalen- und Krustentieren ab. Trotzdem hatten die Shetland-Inseln noch einmal Glück im Unglück, denn der Sturm, der die Bergungsarbeiten behinderte, sorgte auch für eine schnelle Verquirlung des Öls, das zerstäubt aufs offene Meer getrieben wurde und so weniger Schaden als erwartet anrichtete.

St. Ninian's Isle

In Boddam verlassen wir die fast schnurgerade ›Öl-Autobahn‹ A 970/A 968, die Sumburgh im Süden mit Sullom Voe im Norden verbindet. Kleine Single Track Roads führen durch die einsame, bäuerlich geprägte Küstenlandschaft. Die heute unbewohnte grüne Schafweide der **St. Ninian's Isle** lädt zu stillen, windumtosten Spaziergängen ein. 1958 entdeckte ein Junge in den verfallenen Kirchenruinen den Silberschatz St. Ninian's-Hort (um 800). Ein Naturwunder ist die 800 m lange, uhrglasförmige Tombolo-Sandverbindung zwischen Mainland und der ›unechten‹ Insel: Von beiden Seiten hat hier das Meer auf eine Kiesunterlage eine mehr als 1 m dicke Muschelsandschicht angeschwemmt.

Zentrum und Norden von Mainland

Scalloway

Das verschlafene Scalloway war die einstige Hauptstadt und ist heute die zweitgrößte Stadt Shetlands. Es hat einen Yacht- und einen Fischerhafen, große Fischverarbeitungshallen, den postmodernen Bau des North Atlantic Fisheries College – und die Shetland Woollen Company mit großer Strickwarenauswahl. Von Montag bis Samstag, jeweils 9.30 bis 17 Uhr, bietet sie auch Zugang zu der beeindruckenden Burgruine von 1600, einem Renaissancebau des Tyrannen Patrick Stuart (am So Schlüssel beim

Die Fischerboote sind die Existenzgrundlage vieler Inselbewohner und müssen gut instand gehalten werden

Royal Hotel). ›Bucht der Hütten‹ bedeutet der altnordische Name, denn in Scalloway logierten die shetländischen Wikinger, um am lang gestreckten Loch of Tingwall ein Stück weiter nördlich das Allting zu besuchen, die gesetzgebende Versammlung der rechtsfähigen Männer.

Da Haaf: North Atlantic Fisheries College, Port Arthur, Scalloway, Tel. 01595/880 747, Mo–Fr 12.30–14, 17–20 Uhr. Kantine mit frischestem, traditionell zubereitetem Seafood, guter Hafenblick. Hauptgericht 11 £.

Tingwall

Vom Friedhof der schlichten Tingwall Church von 1790 sieht man den stillen, geschichtsträchtigen Ort. Im gruseligen Grabgewölbe scheinen gemeißelte Hände und Herzen auf den alten *Laird*-Grabsteinen der Auferstehung zu harren. In der Starboard Tack-Bar des Herrislea Hotel geht einem an Livemusikabenden der Rhythmus der shetländischen *Fiddle music* in Blut und Bein. Bevor im frühen 18. Jh. die moderne Violine von holländischen Fischern aus Italien nach Shetland gebracht wurde, spielte man hier auf der primitiveren *gue.* Die Shetländer lieben Tanz und Fiddlemusik von alters her – Tom Anderson hat die alte Tradition mit der Gründung der Shetland Fiddlers' Society 1960 erfolgreich wiederbelebt.

Herrislea House Hotel: Veensgarth, Tel. 01595/840 208, Fax 01595/840 630. Neu eingerichtetes Country House, leuchtend rot gestrichen, schöne Lage, Restaurant, gutes Essen in der bis 23 Uhr offenen Bar mit Kinderspielareal. DZ 80–90 £.
The Westings Inn: Whiteness, 3 km nördlich am Whiteness Voe, Tel. 01595/840 242, Fax 01595/691 029, www.westings.shetland.co.uk. Moderner Gasthof, Restaurant, gute Bar, alle Zimmer mit Meerblick. Ensuite-DZ 75 £.

Weisdale Mill

Durch heidebewachsene, von den Torfstichkanten geäderte Hügel verläuft die Straße nach Norden. Stahlblau schimmern die lang gestreckten Wasserflächen des Whiteness Voe zur Linken, des bei Seeforellenanglern beliebten Loch of Strom zur Rechten, des grandiosen Weisdale Voe. Die 1855 gebaute Mühle Weisdale Mill beherbergt die Bonhoga Gallery mit sehenswerten Ausstellungen shetländischer Künstler (8. Jan.–23. Dez. Di–Sa 10.30–16.30, So 12–16.30 Uhr). Man kann auch die Sammlung shetländischer Textilien im Untergeschoss besuchen, Spinn-, Knüpf- und Webvorführungen erleben oder sich in dem angeschlossenen Café stärken.

Shetland Jewellery: Soundside, Weisdale, Mo–Fr 9–17, Juni–Aug. auch Sa 10–17, So 14–17 Uhr. Silber- und Goldschmuck, keltisch-wikingisch angehaucht.

West Mainland

Eine einsame Halbinsel aus Moor und Heide, mit einer spektakulären Küstenlandschaft zwischen dem Hafenort Walls und dem Crofter-Ort Sandness: das ist die *Westside.* 6 km südwestlich von Bixter wurde der faszinierende neolithische Komplex **Staneydale ›Temple‹** ausgegraben, ein von wesentlich kleineren Häusern umgebener Kult- oder Versammlungsbau auf U-förmigem Grundriss. Allein der mit schwarz-weißen Pfählen von der A 971 aus markierte nasse Heidespaziergang von einem knappen Kilometer ist ein Erlebnis.

Burrastow House: 3 km südwestl. von Walls, Tel. 01595/809 307, Fax 01595/809 213, burr.hs@zetnet.co.uk. Kleineres georgianisches Haus, gutes *home cooking,* geschmackvolle alte Möbel und Kamin, einsam am Veila Sund gelegen. DZ 70 £.

Lunna

Die lang gestreckte Halbinsel im Osten mit dem Ort Lunna hat eine ganz besondere, ein wenig melancholische Atmosphäre. Man sieht Bauern, die in Pferchen das Schlachtvieh aussondern, das am nächsten Markttag verkauft werden soll. Sie treiben die Schafe auch schon mal mit dem Kleinlaster über die Straße, und der Hütehund sitzt auf dem Beifahrersitz. Die hübsche, strahlend weiße Lunna Kirk mit ihren lackierten hölzernen Säulen und dem Gestühl für die Kirchenältesten liegt in grandioser Einsamkeit neben Ruinen. 1753 gebaut, ist sie das älteste noch benutzte Gotteshaus des Archipels. Stolz thront Lunna House, das Herrenhaus der Hunters, auf einem nahen Hügel. Von hier operierte zu Beginn des Zweiten Weltkriegs, bevor er nach Scalloway ›umzog‹, der *Shetland Bus* (norwegisch für ›größeres Schiff‹), eine Widerstandsorganisation, die Flüchtlinge von der norwegischen Küste hierher und Waffen und Sabotagegerät auf den Kontinent schaffte.

Sullom Voe

Sullom Voe, so heißen der lange Fjord und Europas größtes Ölterminal; es versteckt sich vornehm hinter einer Landzunge. Von der Straße sieht man nur ein paar Tanks und Anlegepiers, eine Abfackelflamme, den Zuliefererhafen von Sella Ness und den Flughafen Scatsta Ness. ›Vorsicht: Otter kreuzen‹, mahnen Schilder an der Zufahrtsstraße zum Terminal.

Den besten Blick auf den Ölkraken hat man auf der Höhe von Mangaster nach Norden ins Voe hinein. Noch vor Mangaster passiert man **Mavis Grind,** die eng geschnürte, kaum mehr als straßenbreite Taille der Insel. Rechts die Wellen der Nordsee, links die des Atlantik, der wie ein Binnensee wirkt: einer der schönsten Ausblicke Shetlands.

Hillswick

World's End-Atmosphäre herrscht auf der Northmavine-Halbinsel, in Hillswick, wo die Straße sich hinter dem Smithy-Gehöft im Nirgendwo verliert. Außen wie innen holzverschalt ist das **St. Magnus Hotel,** das in Norwegen für die Glasgower Weltausstellung 1896 vorgefertigt wurde. Aus unerfindlichen Gründen vermittelt der skandinavische Blockhausstil an diesem Ort eine herbe Ladung Tristesse. Etwas ganz Besonderes ist das **Booth Restaurant & Café:** Weniger, weil es eine historische ehemalige *Böd* ist, also eine Niederlassung der Hanse, die auch hier lukrativen Handel zu treiben verstand. Schon eher, weil es keine Preise hat. Sie geben tagsüber für Kaffee, Lunch, Snacks und Kuchen und abends für das Dinner so viel Sie mögen. Die Erlöse gehen in das kleine Otter- und Seehund-Refugium in der Nähe.

St. Magnus Hotel: s. o. Tel. 01806/503 372, Fax 01806/503 373, mit Restaurant. DZ 50–70 £.

Booth Restaurant & Café: s. o. Tel. 01806/503 348, Mai–Okt. tgl. Café-Betrieb 11–18, Dinner 19 Uhr bis spät. Da *not licensed,* dürfen Sie ihre alkoholischen Getränke mitbringen.

Eshaness

Die Landschaft ist nach Norden hin zunehmend gebirgiger, moorig und beinah menschenleer. Im **Tangwick Haa Museum,** dem früheren Herrenhaus aus dem 17. Jh., erfahren Sie etwas über das harte Leben auf diesem Außenposten Europas und sehen die Moorleiche des Gunnister Man (Mai–Sept. Mo–Fr 13–17, Sa/So 11–19 Uhr). Die Küste der Halbinsel Eshaness besteht aus schroffen rötlichen Basaltfelsen. Die tief ins Land getriebenen **Holes of Scraada** sind ›überdacht‹, aber es kann – in geologischen Zeitspannen gedacht – nicht mehr lange dauern, bis die *blowholes* der Gewalt der westlichen Elemente nachgeben, einstürzen und später zu *sea stacks* werden. Der Parkplatz mit Infotafeln am sturmumtosten Leuchtturm und dem unterspülten Felsbogen des **Dore Holm** ist Ausgangspunkt für Küstenspaziergänge.

Busta House Hotel: Brae, Tel. 01806/ 522 506, Fax 01806/522 588, www.bustahouse.com. Mit Antiquitäten ausgestattetes Landhaus aus dem 18. Jh. in traumhafter Lage, edel die Bibliothek und der Speisesaal, preiswerter isst man in der gemütlichen Bar mit viel Holz und großer Whisky-Auswahl, auch für *non-residents*. DZ 100–140 £.
Mrs. H. Williamson: Almara, Upper Uraforth, Hillswick, Tel./Fax 01806/503 261, almara@zetnet.co.uk. Komfortable B & B-Zimmer in einem Bungalow, Essen möglich. DZ 50 £.

Western Isles – Die Äußeren Hebriden

Reiseatlas S. 3

Lewis und Harris, North und South Uist, Benbecula und Barra liegen wie Bollwerke gegen die Brecher des Atlantiks vor der Nordwestküste. Sie sind eine letzte Bastion der gälischen Kultur und Sprache. Einsame Sandstrände und Hochlandtäler, Tweedweber und die prähistorischen Denkmäler von Callanish und Dun Carloway gilt es hier zu entdecken.

Hav bred ey, ›Inseln am Rand des Meeres‹, nannten sie die Wikinger, zu deren Königreich Man sie gehörten. Die vielen Ortsnamen auf *-ay* (Insel) oder *-bost* (von Nordisch *bólstadr,* Gehöft) zeugen von der wikingischen Vergangenheit. 1156 vertrieb der Held der Hebriden, der keltowikingische Kriegsherr Somerled Mac Gille Bride, die Nordmänner, bevor er 1164 im Kampf gegen den schottischen König fiel. Von ihm stammten die MacDonalds *Lords of the Isles* ab, deren ›Quasi-Königreich‹ von Islay bis Lewis reichte. Diese *Rí Innse Gall* waren Schutzherren und Mäzene einer urkonservativen, in sich abgeschlossenen gälischen Gesellschaft und hochentwickelten Kultur. 1493 bereitete der Stuart-König James IV. nach langen Kämpfen der gälischen Eigenständigkeit ein gewaltsames Ende.

Auf den Hebriden wird noch – und wieder – Gälisch gesprochen. Auch wenn sie ihre Heimat lieben, müssen viele Menschen wegen mangelnder Arbeitsmöglichkeiten abwandern. Jene, die bleiben, ernähren sich bescheiden von Fischerei und Fischfarmen, Crofting und zunehmend vom Tourismus, denn die intakten Insellandschaften sind ein Paradies für Vogelliebhaber, Fahrradfahrer, Wanderer und Freunde ruhiger Naturferien.

Die von Nord nach Süd etwa 200 km lange Inselkette besteht hauptsächlich aus grauem Lewis-Gneis, einem der ältesten Gesteine der Welt, das vor etwa 1500 Mio. Jahren entstand. Auf einem Dutzend der zahlreichen Inseln und Schären leben rund 26 000 Menschen.

Lewis

Stornoway

Knapp 6000 Einwohner zählt die geschäftige Inselmetropole Stornoway, ein guter Ort für ein Standquartier, zieht man nicht die Natureinsamkeit eines Farmhauses oder Landhaushotels vor. Auf der Rückseite des unansehnlichen See- und Fährhafens, in einer geschützten kleinen Bucht, ankert die Fischfangflotte von Lewis. Schöne Spazierwege sind im Park unterhalb des neogotischen Lews Castle, heute ein College, möglich, den man über eine Brücke hinter dem Fischerhafen erreicht.

Das Heimatmuseum **Museum Nan Eilean** widmet sich der Kultur und dem Alltagsleben auf den Inseln (April–Sept. Mo–Sa 10–17.30, Okt.–März Di–Fr 10–17, Sa 10–13 Uhr). Im **Lewis Loom Centre,** einem umgebauten ehemaligen Kornspeicher, kann man sich über die Tweedherstellung informieren und den ›Stoff der Hebriden‹ auch kaufen. Das Kulturzentrum **An Lanntair Arts Centre** neben der neogotischen Town Hall wurde jüngst erweitert und bietet in funktionalen, modernen Räumen Ausstellungen, Konzerte, Workshops u. v. m. (Tel. 01851/703 307, www.lanntair.com, Mo–Sa 10–17.30 Uhr).

i **Tourist Information:** 26 Cromwell St., Tel. 01851/703 088, www.witb.co.uk, www.visithebrides.com, April–Mitte Okt. Mo–Fr 9–18, Sa 9–17, Mitte Okt.–März Mo–Fr 9–17 Uhr.

Mit der Autorin unterwegs

Geheimnisvolle Steine
Die faszinierenden Steinsetzungen von **Callanish** (Highlight!) gehören zum prähistorischen Kulturerbe der Welt. Von den dicken Steinmauern des eisenzeitlichen Festungsturms **Dun Carloway Broch** bietet sich ein weiter Blick auf die einsame Moor- und Berglandschaft von Lewis (s. S. 375f.).

Im Museumsdorf wohnen
Von Enthusiasten wiederaufgebaut, ist das *Black House*-Dorf **Garenin** heute eine lebendige Mischung aus Hostel, Ferienwohnungen, Café und Aktivitätszentrum (s. S. 375).

Wandernd die Inseln erkunden
Besonders schön ist es an der Felsküste des **Butt of Lewis** und dem Sandstrand von **Port of Ness** (s. S. 373). Bei Wanderungen entlang der Traumstrände **Tràigh Luskentyre** und **Tràigh Seilebost** auf Harris bekommt man das typische Machair zu sehen (s. S. 378f.). Eine lange Tour führt durchs einsame **Glen Ulladale** (Richtig Reisen-Tipp!).

Royal Hotel: Cromwell Street, Tel. 01851/702 109, Fax 01851/702 142, www.calahotels.com. Das beste aller Hotels im Ort, die Zimmer sind sehr unterschiedlich (vorher ansehen), Restaurant und Bistro. DZ 78–110 £.

Stornoway Park Guest House: 30 James St., Tel. 01851/702 485, Fax 01851/703 482, www.witb.co.uk/Links/parkguesthouse.html. Viktorianische Villa, im Anbau große, moderne Zimmer, gutes Restaurant (Di–Sa 18–21.30 Uhr, 3-Gang-Dinner 26 £), rundum empfehlenswert. DZ 64–76 £.

Laxdale Holiday Park: 6 Laxdale Lane, Tel. 01851/706 966, www.laxdaleholidaypark.co.uk. Kleiner, gut ausgestatteter familiengeführter Platz, 3 km von Stornoway off A 857, Bungalows und Caravans zur Miete, Zelt April–Okt. 5,50–11 £, Schlafsaalunterkunft 10–11 £ pro Bett (ganzjährig).

Stornoway Park Guest House: s. o.

The Boatshed: s. o.

Thai Café: 27 Church St., Tel. 01851/701 811, Mo–Sa 12–14.30, 17–23 Uhr. Authentische thailändische Küche, großartige Atmosphäre (reservieren!). Hauptgericht 7 £.

Tea Room: in der An Lanntair Gallery.

Breanish Tweed: Adressen für den Einkauf dieses Stoffs s. S. 374.

Woodlands Centre: Lews Castle, Mo–Sa 10–17. Waldlehrpfade, Ranger Service, Café.

Alex Dan's Cycle Centre: 67 Kenneth St., Tel. 01851/704 025, www.hebrideancycles.co.uk. Fahrradverleih- und -reparatur.

Hebridean Surf: 28 Francis St., Tel. 01851/705 862, www.hebrideansurf.co.uk. Von Könnern organisierte Surfferien, Hostel-ähnliche Unterbringung.

Hebridean Celtic Festival: Mitte Juli, Tel. 01851/621 234, www.hebceltfest.com. Eines der bedeutendsten Festivals mit keltischer Musik, Hauptbühne im Lews Castle, Stornoway, Events auf der ganzen Insel.

Flugzeug: British Airways Express-Flüge Mo–Sa 1–2 x tgl. von Glasgow und Inverness nach Stornoway (Lewis) und Benbecula, von Glasgow auch nach Barra, British Airways, 0870/850 9850 (aus dem Ausland Tel. 0044/141/222 2222). Highlandairways fliegt von Stornoway nach Benbecula, Stornoway, Tel. 01851/701 282, www.highlandairways.co.uk.

Schiff: Calmac-Büro Stornoway, Tel. 01851/702 361, Fax 01851/705 523, Autofähren Mo–Sa 2–3 x tgl. von Ullapool, Fahrtdauer: 3,5 Std. (s. S. 311).

Bus: Verbindungen zu allen größeren und kleineren Orten, meist über Stornoway, Mo–Sa 3–6 x tgl. bis ca. 18.15 Uhr, der ›Sky and Western Isles Travel Guide‹ (Fahrplan) ist bei den Touristeninformationen erhältlich.

Mietwagen: Lewis Car Rentals, 52 Bayhead St., Stornoway (Lewis), Tel. 01851/7703 760, www.lewis-car-rental.co.uk.

Zum Butt of Lewis

Das Landesinnere des weitgehend flachen Lewis ist eine nur von Schafen bewohnte, von zahllosen Tümpeln, Sümpfen, Lochs und Flüsschen bewässerte Mooreinöde. Entlang der Straßen reihen sich die Einzelhöfe und Crofter-Streusiedlungen mit den grau verputzten, bescheidenen Häuschen und dem obligatorischen Torfstapel vor der Tür – kostenloses Heizmaterial, das die Insel im Überfluss bereithält. 15 000 Torfstücke verfeuert ein Vier-Personen-Haushalt im Durchschnitt – 1000 kann ein guter Mann pro Tag stechen, doch meist arbeiten alle Nachbarn zusammen. Die vielen verlassenen Häuser zeigen, dass nicht alle den harten Überlebenskampf bestehen konnten.

5,7 m hoch und ein wenig schief ragt der flechtenbewachsene **Clach an Trushal,** der größte *Standing Stone* der Inseln auf. Die steinzeitliche **Steinacleit-Stätte** – ein in sich zusammengefallener Grabhügel und eine große Setzung aus winzigen Steinen – erreicht man nach einem Spaziergang über eine friedliche Schafweide. Der stille Charme der Landschaft und die frische Seeluft verleihen den archäologischen Denkmälern auf den Hebriden einen besonderen Reiz.

Etwa 1300 überwiegend Gälisch sprechende Menschen leben in der weitflächigen Ness-Gemeinde, gälisch *nis*. In **Habost** (gälisch *Tabost)* steht ein weiß getünchtes altes Haus, das ihr Kulturzentrum Taigh Dhonnchaidt beherbergt. Hier widmet man sich der Pflege und Erhaltung von traditioneller gälischer Musik, Sprache und Tanz. Besucher können Livemusikabende erleben, besonders Ende Juli beim gälischen Musikfest Ceol Nis (www.taighdhonnchaidt.com, Tel. 01851/810 166).

Wie so viele Leuchttürme in Schottland errichteten David und Thomas Stevenson (s. S. 320) auch jenen am **Butt of Lewis,** der nördlichsten Spitze der Hebriden. Man wandert an Klippen aus Lewis-Gneis entlang, die aussehen, als seien sie von einem Riesen zusammengeknüllt und ins Meer geworfen worden, beobachtet im Frühling die brütenden Möwen – und vielleicht, Seehunde und Austernfischer.

Die wiederaufgebaute, aus einem einzigen Raum bestehende **Steinkirche des hl. Molua,** gälisch *Teampall Mholuidh,* stammt aus dem 16. Jh. und gehört heute der Episkopalkirche. Im kleinen **Port of Ness** erstreckt sich hinter dem winzigen Hafen ein weitläufiger Sandstrand, dessen dicht an dicht mit Schnecken, Muscheln, Algen und Seepocken besiedelte Felsen bei Ebbe trocken fallen.

Galson Farm Guest House: South Galson, Tel./Fax 01851/850 492, www.galsonfarm.co.uk. Alte Farm mit mauerumwehrtem Garten und Meerblick, Dinner mit Zutaten vom eigenen Hof, nach Absprache auch für *non-residents* 19 £. Ensuite-DZ 66–80 £.

Arnol

In der Crofter-Gemeinde Arnol stehen neben den neuen Häusern, wie häufig auf der Insel, noch die teils als Schuppen genutzten Ruinen der alten *Black Houses* mit den zur besseren Windableitung gerundeten Ecken. Der Begriff, gälisch *tigh dubh,* geht wohl nicht auf den ›geschwärzten‹ Innenraum zurück, sondern entstand um 1850, um die alte Bauweise von jener der neuen, verputzten ›weißen‹ Häuser abzugrenzen.

Die No. 42, gegen 1875 erbaut und bis 1964 bewohnt, ist das **Black House Museum:** ein einziger langer Wohnraum, der *aig an teine* (›am Feuer‹), der nahtlos in den Stall übergeht, wodurch die Viehwärme optimal genutzt wurde; düstere Nischenbetten, ein einziges kleines Fenster, ein mit Schnüren und Steinen festgezurrtes Strohdach über einer Holzkonstruktion. Die Wände bestehen aus zwei mit Torf und Erde gefüllten Steinhüllen. Da dieser Hebriden-spezifische Haustyp keinen Kamin besitzt, war der Raum ständig von beißendem Qualm erfüllt. Auch heute brennt immer ein Torffeuer am *cagailt,* der zentralen Herdstelle. Früher versammelten sich hier abends die Nachbarn zum *ceilidh,* tauschten Neuigkeiten aus, erzählten Geschichten, sangen – Augenzeugenberichte aus der guten alten Zeit heben den engen sozialen Zusammenhalt der Crofter hervor (25. März–Sept. Mo–Sa 9.30–18.30, Okt.–24. März Mo–Sa 9.30-16.30 Uhr).

Die Farben der Hebriden: Tweed

Thema

Auf Lewis und Harris dringt an vielen Ecken aus Wohnwagen oder Wellblechschuppen ein monotones Klacken. Es kommt von den Webstühlen, an denen meist alte Leute Tweed fertigen. Die gedämpften Farben des berühmten Stoffes – steingrau, moosgrün, heidelila, stechginstergelb, meerblau – sind von der wilden Hebridenlandschaft inspiriert.

Etwa 60 m schafft ein Tweed-Weber pro Woche, für den Meter zahlt man beim Hersteller etwa 10 £. Echt ist nur der aus der Wolle von Hebriden-Schafen hergestellte und früher mit Pflanzenfarben eingefärbte Harris-Tweed mit der *Orb Mark.* Dieses Zeichen – eine rote, von einem Malteserkreuz bekrönte Erdkugel – legte sich die Harris-Tweed Association bei ihrer Gründung 1907 zu. Das Markenzeichen stammt aus dem Wappen einer Hebriden-Landbesitzerin, der Gräfin von Dunmore, die um die Mitte des 19. Jh., als Schottisches bei Hofe in Mode kam, den Tweed bei den Gentlemen-Jägern Englands salonfähig machte. Ihre Untertanen nutzten den Wasser und Wind abweisenden Stoff als Arbeitskleidung.

1920 führte der Wohltäter der Hebriden, Lord Leverhulme, den Hattersley-Webstuhl ein. Für die heutigen Bedürfnisse jedoch arbeiten die alten Webstühle zu langsam, und sie produzieren zu schmale Stoffbahnen; die modernen Laserschneidemaschinen der Textilindustrie können sie nicht verwerten. Nachdem 1996 ein neuer Webstuhl eingeführt wurde, der 150 cm breite und leichtere Stoffe produziert, ist ein regelrechter Boom zu verzeichnen.

Im Lewis Loom Centre in Stornoway, einem rustikal eingerichteten Gebäude von 1799, kann man die verschiedenen Wollsorten und Pflanzenfarben studieren und alte Webstühle, u. a. auch einen *Hattersley Loom,* in lautstarker Aktion sehen (The Old Grainstore, 3 Bayhead St., Mo–Sa 10–17 Uhr).

Der Löwenanteil des von etwa 400 Heimwebern produzierten Tweeds – die Harris Tweed Company ist Sammelpunkt und Hauptvermarkter – geht an Hersteller klassischer Bekleidung in den USA, Australien, Europa und Japan. Doch auch avantgardistische Couturiers schätzen und verarbeiten ihn zunehmend. Der Trend geht zu leichterem, farbenfrohem Tweed mit Fischgrät- oder getüpfelten Mustern. »Aus Harris-Tweed«, sagt Vivienne Westwood, »kann man kein schlechtes Jackett machen.«

Tweedkauf: Tweeds & Knitwear, Katie Campbell, 4 Plockropool, Drinishader, Isle of Harris, Tel./Fax 01858/511 217, www.harristweedproducts.co.uk, katiecampbell@amserve.com, Mo–Sa 9–17 Uhr. In einem typischen Hebridenhaus verkauft Katie Campbell Pullover, Socken und Skimützen aus Harris-Wolle, Schals aus Harris-Tweed und Harris-Tweed am Meter. Gern zeigt Katie an ihrem traditionellen Webstuhl, wie sie das weltberühmte Tuch in den Farben der Hebriden fertigt.

Breanish Tweed, 1A Melbost (bei Stornoway), Isle of Lewis, Tel./Fax 01851/701 524, www.breanishtweed.co.uk, Mo–Fr 10–17 Uhr, vorher anrufen. Ian Sutherland, Tweed-Weber in der dritten Generation, fertigt einen leichten Harris-Tweed mit fantasievoller Farbgebung, der nicht nur Traditionalisten, sondern auch junge Modedesigner begeistert. Er betreibt daneben eine Maßschneiderei und verkauft Kaschmir- und Lambswool-Artikel.

Hebridean Replicas: 15 A Arnol, Tel. 01851/710 562, www.hebrideanreplicas.com. Repliken der in Süd-Harris gefundenen Schachfiguren *Lewis Chessmen* aus der Wikingerzeit (im Museum of Scotland, Edinburgh), ›keltische‹ Schachbretter u. v. m.
Morven Gallery: Barvas, Tel. 01851/840 216, www.morvengallery.com. Galerie der auf den Hebriden lebenden Künstler Gareth Wilson, Vega und Simon Rivert, Drucke.

Shawbost

In der alten Schule von Shawbost, einer ehemaligen Kirche, gibt es ein Heimatmuseum mit einer Sammlung von Gegenständen aus dem Inselalltag vor 100 Jahren, darunter ein Webstuhl. Die inzwischen ein wenig verblichenen Objekte wurden in den 1970er Jahren von einer Schülerinitiative zusammengetragen (April–Sept. Mo–Sa 9–18 Uhr).

Garenin

Garenin liegt wunderschön in einem grünen Tal über einer kleinen Meeresbucht. Der Gatliff Trust hat das Dorf aus verfallenen *Black Houses* behutsam und nahezu authentisch wieder aufgebaut und ihm neues Leben eingehaucht: Es gibt eine Jugendherberge, Ferienhäuser, ein Café, ein Souvenirgeschäft und ein Besucherzentrum sowie Freizeitangebote. Man hört das Klacken der Webstühle, erblickt im Tal die schmalen, langen Feldstreifen des alten Runrig-Feldsystems – und fühlt sich auf magische Weise in die Vergangenheit zurückversetzt.

Garenin Blackhouse Village: Tel. 01851/643 416, Fax 01851/643 488, www.gearrannan.com. 4 sehr schön und luxuriös eingerichtete Ferienhäuser. 322–532 £/Woche, 110–173 £/Tag.
Jugendherberge: Kein Telefon, aber: www.gatliff.org.uk. Sehr einfache 14 Betten zu 8 £, Camping 4 £.

Dun Carloway Broch

Bis zu 9 m hoch stehen die Mauern des Dun Carloway Broch, der eines der besterhaltenen Exemplare dieses eisenzeitlichen Typus von Fluchtburgen ist. Um die Zeitenwende gebaut, besteht er aus zwei konzentrischen Trockenwerkmauern. Der traumhafte Blick reicht über East und West Loch Roag und die steinige

Schafzüchter auf Lewis. Dank der Markierungen können sie ihre Schafe erkennen

Hochmoorlandschaft des gebirgigeren Westzipfels von Lewis. In einiger Entfernung dokumentiert das Besucherzentrum in einem reetgedeckten Bau anschaulich das frühere Leben in dem Broch (Juni–Sept. Mo–Sa 10–18 Uhr).

14 The Standing Stones of Callanish

Wo reiche steinzeitliche Sippen sich vor 5000 Jahren eine Kultstätte von gewaltigen Ausmaßen errichteten, ist das Land flacher, sanfter, wie es die Megalithiker weltweit liebten. Mehr als 20 durch Sichtlinien miteinander in Beziehung stehende Steinkreise und *Standing Stones* machten die Archäologen im Halbinsel- und Wasserlabyrinth um Callanish aus. Bewusst haben die Erbauer die Wirkung der Landschaft in die Anlage der Kultstätte einbezogen, bewusst haben sie die Steinreihen auf die Position des Mondes bei Winter- und Sommersonnenwende bzw. die Tagundnachtgleichen ausgerichtet.

Die Hauptanlage in Form eines keltischen Kreuzes, **Callanish I,** sucht ihresgleichen: Von dem Kreis aus mehr als 3 m hohen Steinen mit einem 4,7 m aufragenden zentralen Monolithen und einem kleinen bronzezeitlichen Ganggrab führen eine lange, doppelte Steinallee nach Norden und drei kürzere, einfache Reihen nach Osten, Westen und Süden. Quarzadern, vielleicht Symbole eines Sonnenkults, durchziehen den grauen Lewis-Gneis. War dies der große Sonnentempel der geheimnisvollen Hyperboreer, den Herodot erwähnt? Das Besucherzentrum wurde mit Gespür für die Magie des Orts außer Sichtweite gebaut (April–Sept. Mo–Sa 10–18, Okt.–März Mi–Sa 10–16 Uhr, Denkmäler jederzeit).

Die Steinkreise von Callanish gehören zum UNESCO-Weltkulturerbe

Vom kleineren, aber ebenfalls beachtenswerten **Trusach Circle** oder von **Callanish III** an der Straße hat man einen guten Blick auf die Steinspitzen des etwas höher gelegenen Hauptkreises.

Black House Café: Standing Stones of Callanish, Mo–Sa 10–17 Uhr. Ausgezeichnetes Café in einem reetgedeckten *Black House.*

Uig

Die Halbinsel ist das wohl abgelegenste und verlassenste, gleichzeitig aber grandioseste Stück Natur, das man sich vorstellen kann: ein Labyrinth aus kleinen Seen, Fjorden, Moor, Heide und Klippen. Der wohl schönste der ›goldenen‹ Strände von Lewis ist der **Tràigh Uuige** bei Timsgarry. Bei Ebbe zieht sich das Wasser kilometerweit zurück.

Eshcol Guest House: 21 Breascleit (auf der durch einen Fahrdamm zu erreichenden Insel Great Bernera), Tel./Fax 01851/621 357, www.eshcol.com. Modernes Gästehaus mit Blick auf den Callanish-Steinkreis, gute Küche (nur für Gäste). Ensuite-DZ 58–66, Dinner 20 £.
Baile na Cille Guest House: bei Timsgarry, Tel. 01851/672 242, Fax 01851/672 241, rand jgollin@compuserve.com, Ostern–Okt. Altes Pfarrhaus mit herrlichem Blick auf den Tràigh Uuige-Strand, kinderfreundliche Gastgeber – hier haben schon die Blairs gewohnt, etwas für Einsamkeitsfanatiker und Gourmets (auch *non-residents*). DZ 48–78 £.

Boneventure: Aird, Tel./Fax 01851/672 474, www.bonaventurelwis.co.uk, Feb., Nov. geschl., Di–Sa. Feinschmeckerküche franko-schottischer Richtung, nautische Atmosphäre, das Ganze in einer ehemaligen Airforce-Basis, die Kasernen sind teils neu mit Holz verkleidet (vorbestellen!). 3-Gang-Dinner 24 £ (auch Ensuite-DZ zu 55 £).

Out & About Tours: 25 Valasay, Great Bernera, Tel. 01851/612 288, www.hebridean-holidays.co.uk. Naturführungen und geführte Wanderungen durch einen ausgebildeten Western Isles Tour Guide.
Island Cruising: 1 Erista, Uig, Tel. 01851/672 381, www.island-cruising.com. Tauchen, Naturexkursionen, Vogelbeobachtung auf Bootstouren, z. B. nach St. Kilda.

Crofter-Denkmal

Hinter dem Kopfende des langen Loch Erisort erinnert rechts der Straße ein Denkmal an die Crofter, die sich 1887 – vergeblich – gegen Pläne der Landbesitzerin Lady Metheson gewehrt hatten, genau dort eine Rotwildjagd einzurichten, wo die Höfe der von ihrem Vater während der Clearances enteigneten Rebellen lagen. Kurz vor der unsichtbaren Grenze zu Harris wird es gebirgiger; man hat fantastische Blicke auf Seaforth Loch.

Harris

Tarbert

Das kleine Tarbert, Hauptort von Harris und Fährhafen für Lochmaddy auf North Uist und Uig auf Skye, führt, wie der gleichnamige Ort auf Kintyre, den Isthmus im Namen (s. S. 335). Es liegt auf steilen Terrassen, die vom Hafen aus den Berg hinaufführen.

Tourist Information: Pier Road, Tel. 01859/502 011, www.witb.co.uk, www.visithebrides.com, April–Okt. Mo–Sa 9–17 Uhr, im Winter kürzer, dafür geöffnet, wenn die Abendfähren ankommen.

Ardhasaig House: Tel./Fax 01859/502 066, Fax 01859/502 077, www.ardhasaig.co.uk Fantastische Meerlage, gut ausgestattete Ensuite-DZ und preisgekröntes Frühstück 110 £, nahebei gibt es darüber hinaus eine außergewöhnliche Suite in einer toprestaurierten Scheune; Bar, gutes Restaurant (auch für *non-residents,* Dinner ab 30 £).
Ceol na Mara Guest House: 7 Direcleit (ca. 2 km von Fähre), Tel. 01859/502 464, www.ceolnamara.com. Pension mit ›Meeresmusik‹ im Namen und vor der Haustür, Ensuite-DZ 55 £, am besten Lemon Master Bedroom 60 £.

Rockview Bunkhouse: Main Street, Tel. 01859/502 081, Fax 01859/502 211, imacaskill@al.com. Unabhängiges Hostel, Fahrradverleih. Bett im Schlafsaal 10 £.

Schiff: Calmac-Büro Tarbert, Tel. 01859/502 444, Fax 01859/502 017, Autofähren nach Lochmaddy (North Uist, gut 1,5 Std.) Mo–Sa 2 x tgl. – ein Tagesausflug nach North Uist ist mit diesen Fähren nicht möglich; nach Uig (Skye, 1.45 Std.) Mo–Sa 2 x tgl.

Westküste

In Süd-Harris sind die Berge niedriger als in Nord-Harris. Die Westküste ist eine Kette weiter, von hohen Dünenkämmen gesäumter Sandstrände und türkisblauer Wasserflächen: die ›Côte d'Azur der Hebriden‹. Eine Besonderheit der schottischen Westküste ist hier gut zu erkennen: der *machair,* ein wasserdurchzogener Streifen Weideland aus angewehtem Muschelsand hinter dem Strand. Hier gedeihen Salzmarschpflanzen, die im Frühjahr einen bunten Blütenteppich bilden.

Die von einem langen Dünenfinger getrennten Riesenstrände **Tràigh Luskentyre** und **Tràigh Seilebost** (*tràigh* = Strand) laden zu einsamen Spaziergängen auf pastellfarbenem Muschelsand ein. Vorbei am MacLeod Standing Stone auf einer Schafweide, dem unscheinbaren Scarista House, dem besten Country House Hotel der Insel, und dem Gezeitenstrand Tràigh Scarasta gelangt man nach **Leverburgh,** dem Hafen für Fähren nach Berneray und North Uist.

Mrs. M. Bennett: Scaristavore, Tel. 01859/550 222, Fax 01859/550208, www.borvemor.zetnet.co.uk. Ferienwohnung in authentisch rekonstruiertem *Black House,* luxuriös. 320–445 £/Woche.

Scarista House: Scarista, Tel. 01859/550 238, Fax 01859/550 277, www.sacristahouse.com. Schlichtes Herrenhäuschen in einsamer Naturlage, mit gutem Restaurant, auch für *non-residents* (Dinner 38 £), viele Bücher, nahe Sandstrände und Golf. DZ 140–180 £, 2 Ferienhäuser 300–650 £/Woche.

Jugendherberge: Am Bothan, Brae House, Ferry Road, Leverburgh, Tel./Fax 01859/520 251, www.ambothan.com. Persönlich geführt, modernes Gebäude mit viel Holz. Bett im Schlafsaal ca. 13 £.

Harris Cycle Hire: Sorrel Cottage, 2 Glen Kyles, Leverburgh, Tel. 01859/520 319, www.sorrelcottage.co.uk. Fahrradverleih für die ganze Familie (vorbestellen).

Schiff: Calmac-Autofähren Mo–Sa mehrmals tgl. vom Leverbugh-Anleger nach Ardmaree auf Berneray. Von hier sind alle südlichen Inseln mit Ausnahme von Barra mit Straßenverbindungen versehen.

Infos im Internet (auch auf Deutsch) zu Golf, Angeln, Wandern und Outdoor-Aktivitäten findet man auf www.golfhebrides.com, www.fishhebrides.com, www.walkhebrides.com und www.outdoorhebrides.com, zum Tierleben auf www.wildlifehebrides.com und zum kulturellen Leben (Highland Games, Bootsfeste etc.) auf www.culturehebrides.com.

Rodel

Die kreuzförmige, Mitte des 16. Jh. errichtete St. Clement's Church in Rodel ist das bedeutendste Gotteshaus der Äußeren Hebriden. Hoch erhebt sich ihr mächtiger, quadratischer Turm über einem stillen Friedhof. Drei breitschultrige, stämmige MacLeods, die einstigen Inselherren, ruhen in Kettenhemd und Spitzhelm, aus glitzerndem, schwarzem Stein gehauen, auf ihren Steingräbern. Über dem prächtigsten, dem des Kirchengründers Alexander MacLeod, wölbt sich ein Bogen aus qualitätvollen Reliefs, z. B. eine Jagdszene, eine Galeere und eine Burg, vielleicht Dunvegan Castle auf Skye. Auch außen am Turm befinden sich Reliefs, so an der Südseite eine Frau, die ihr Baby stillt und dem Betrachter ihre Genitalien zeigt – die alte keltische Darstellung der fruchtbaren *sheela na gigs* sollte Böses bannen.

Der Blick von den Klippen oberhalb des Piers fällt auf eine Hebriden-typische Fels-

Richtig Reisen-Tipp: Wanderung durch das Glen Ulladale

Von der A 859 zweigt die abenteuerliche Single Track Road B 887 ab, die am Nordufer des West Loch Tarbert bis zum wunderbaren Sandstrand der Hushinish Bay verläuft. Man passiert die Überreste einer alten Walverarbeitungsstation mit einem markanten Backsteinschornstein. Vor dem neogotischen, nicht zu besichtigenden Amhuinnsuidhe Castle zweigt ein Sträßchen rechts ab. Man parkt vor einem Gatter, geht auf einem asphaltierten Weg bis zu dem kleinen Kraftwerk am ersten See und weiter neben einer Wasserpipeline bis zum Staudamm des zweiten Sees, den man auf deutlich sichtbarem Pfad rechts umrundet. Wasserfälle und kleine Bäche rauschen zu Tal. Um den dritten See geht es links herum, und wenig später steht man staunend über dem weiten, grandiosen Glen Ulladale. Bis hierher sind es etwa 6 km bzw. zwei Stunden.

Über den hohen Talkamm steigt man hinunter und wandert beliebig lange auf gut sichtbarem Pfad durch das von Flüsschen und dem See durchzogene Tal. (Geht man bis ans Ende des Tals zum Loch Ulladale und wieder zurück, so sind es insgesamt 14 km bzw. fünf Stunden.) So stark ist der Eindruck von Verlassenheit, dass man sich nicht wundern würde, Dinosaurierherden über den feuchten Talgrund stampfen zu sehen. Wahrscheinlicher ist allerdings, dass man Adler und Rotwild sichtet.

küste und Bucht. 1995 erteilten die Einwohner von Harris einem Steinbruchprojekt an der Südspitze der Insel eine deutliche Abfuhr: Die Zerstörung der Natur wog in ihren Augen schwerer als die versprochenen Arbeitsplätze, die diese abgelegene Region eigentlich so dringend benötigt.

Rodel Hotel: Tel. 01859/520 210, Fax 01859/520 219, www.rodelhotel.co.uk. Jahrzehntelang eine Ruine, wurde das kleine Hotel mit den fantastischen Skye-Blicken komplett renoviert. DZ 100 £. Dinner im Gastropub aus frisch zubereiteten lokalen Produkten auch für *non-residents* ab 15 £.

Route: The Golden Road

Den krönenden Abschluss eines Hebriden-Aufenthalts bildet die Fahrt über die einspurige Golden Road entlang der felsigen, schroffen Ostküste, eine Mondlandschaft mit wie hingeworfen wirkenden Felsbrocken aus grauem Lewis-Gneis. Die wenigen Crofter, die hier noch ausharren, und die zugezoge-

Ideal, um Seehunde zu beobachten: die Golden Road auf Harris

nen Einsamkeitsfanatiker aus Deutschland oder Südengland wohnen in bunten kleinen Häusern meist am Meer. In Cottages oder Wohnwagen an der Golden Road, konzentriert am Straßenabschnitt südlich von Tarbert, kann man den berühmten Harris-Tweed direkt beim Hersteller kaufen.

Joan MacLennan: 1 A Drinishadder, an der Golden Road, Tel. 01859/511 266, Mai–Okt. Mo–Sa. Handgewebter Harris-Tweed, Strickwaren.
The Isle of Harris Knitwear Company: Grosebay, Golden Road, Tel. 01859/511 240, ganzj. Mo–Sa. Harris-Tweed, Strickwaren.
Tweeds & Knitwear: s. S. 374.

Die südlichen Inseln

Reiseatlas: S. 3, A/B 3/4, S. 7, A/B 1/2

North Uist, Benbecula, South Uist

Durch schmale Landzungen und Straßendämme sind die drei Haupt- und unzähligen kleineren Eilande der lang gestreckten Inselkette miteinander verbunden. Die Bevölkerung, zahlenmäßig noch geringer als auf Lewis und Harris, konzentriert sich an der flachen Westküste mit einem fast durchgehenden Sandstrand. Der Osten ist völlig menschenleer, größtenteils gebirgig, umspült von Fjorden und kleinen, torfbraunen Seen, den *Lochans.*

In **North Uists** Hauptort **Lochmaddy** veranstaltet das Kulturzentrum Taigh Chearsabhagh in einem umgebauten Kaufmannshaus aus dem 18. Jh. exzellente Ausstellungen zeitgenössischer Kunst (Café, Shop, Mo–Sa 10–17 Uhr). Hier beginnt der Uist Sculpture Trail, der über alle Inseln führt. Schon das erste Etappenziel, Chris Drurys ›Both nam Faileas‹, verbindet auf unnachahmliche Weise zeitgenössische Kunst und Natur.

Von den vielen neolithischen Stätten lohnen der beeindruckende, aber zusammengebrochene Ganggrab-Cairn **Barpa Langass** und der **Pobull Fhinn**-Steinkreis einen Besuch. Das Vogelschutzgebiet **Balranald** ist für seine Population von Wiesenknarren berühmt. Eine zweistündige markierte Wanderung führt durch den Machair.

Benbecula, zwischen North und South Uist, ist völlig flach und von Militärstützpunkten überzogen. Im Rücken von **South Uists** wundervollen, einsamen Sandstränden wie dem bei Howmore kann man stundenlang durch den blühenden Machair wandern. Das **Kildonan Museum** besitzt mit dem Clanranald Stone aus dem 16. Jh. ein schön geschnitztes Denkmal des hiesigen herrschenden Clans. Es hat sonntags geöffnet, woran man erkennt, dass man sich hier im katholischen Süden befindet (April–Sept. Mo–Sa 10–17, So 14–17 Uhr). Ganz in der Nähe wurde die Skye-Heroine Flora MacDonald (s. S. 391) geboren.

Vor dem Eiland **Eriskay** erlitt 1941 die ›SS Politician‹ samt Whiskyladung Schiffbruch – ein Ereignis, das den Stoff für Compton Mackenzies 1948 von Alexander Mackendrick verfilmten Roman ›Whisky Galore‹ lieferte.

Tourist Information: Pier Road, Lochmaddy, Tel. 01876/500 321; Pier Road, Lochboisdale, Tel. 01878/700 286, www.visithebrides.com, Ostern–Mitte Okt. Mo–Sa 9–17 Uhr.

Polochar Inn: Pollachar, 2 km südlich von Lochboisdale, South Uist, Tel. 01878/700 215, Fax 01878/700 768, www.macinnesbros.co.uk. Gutbürgerlicher, traditioneller Gasthof mit ausgezeichneten Blicken und gutem Restaurant. DZ 70 £.

North Uist Riding Centre: Griminish, North Uist, Tel. 01876/580 211. Ponyreiten für Anfänger und Fortgeschrittene.
Rothan Cycles: 9 Howmore, North Uist, Tel. 01870/620 283, www.rotahn.com. Fahrradverleih und -reparatur.
Uist Outdoor Centre: Lochmaddy, North Uist, Tel. 01876/500 480, www.uistoutdoor centre.co.uk. Tauchen, Kayak durch Felsspalten fahren, Felsklettern und Abseilen an den Klippen, Nachtexpeditionen, Unterbringung in Schlafsälen im Zentrum.

Schiff: Calmac, in Lochmaddy, North Uist, Tel. 01876/500 337, www.calmac.co.uk. Von Lochmaddy nach Uig, Skye, 2 x tgl. (auch So); in Lochboisdale, South Uist, Tel. 01878/700 288, Pendelverkehr zwischen Lochboisdale, Castlebay, Barra und Oban an der Westküste 1–2 x tgl. (auch So). Vom Eriskay-Pier nach Aird Mhor, Barra, tgl. 4–5 x (auch So), Buchung in Lochboisdale.

Barra

Den südlichen Abschluss der Western Isles bildet das runde, kleine, magische Barra mit seinen von Machair umgebenen Stränden. Im Hauptort Castlebay steht auf einer kleinen Insel das mittelalterliche **Kisimul Castle,** zu dem Boote übersetzen. Ursprünglich eine Wikingerfeste des 11. Jh., war die um 1950 wiederaufgebaute Burg der Clansitz der MacNeils (25. März–Sept. tgl. 9.30–18.30 Uhr). Gut zu bewältigende Wanderwege führen an den Stränden und auf den 384 m hohen Heaval über Castlebay.

Tourist Information: Main Street, Castlebay, Tel. 01871/810 336, www.visithebrides.com, April–Okt. Mo–Sa 10–13, 14–17 Uhr. Infos zu Wanderungen und prähistorischen Denkmälern.

Castlebay Hotel: Tel. 01871/810 223, Fax 01871/810 455, www.castlebay-hotel.co.uk. Informelles Familienhotel über dem Hafen, die kommunikative, gemütliche Bar mit gelegentlicher Livemusik ist der Inseltreff, 17.30–20.30 Uhr Seafood im Restaurant (ab 15 £). DZ 78, mit Meerblick 95 £.

Barra Cycle Hire: 29 St. Brendan's Rd., Tel. 01871/810 284. Fahrradverleih, auch Kinderräder.

Flugzeug: Mo–Sa je 1 x tgl. von Glasgow (British Airways). Die Maschine landet auf dem einzigen regulären gezeitenabhängigen Flugplatz der Welt, dem Tràigh Mhòr oder Cockle Strand – die ›Piste‹ besteht nicht aus Asphalt, sondern aus Millionen von Herzmuschelschalen. Die Flugzeiten variieren, denn bei Flut kann nicht gelandet werden.
Schiff: Fähre aus Lochboisdale und Oban am Pier in Castlebay; Fähre von Eriskay in Aird Mhor im Nordosten.

Die Inneren Hebriden

Reiseatlas S. 3/4, 7/8, 11

Felsmassive wie Quiraing und Cuillins, Klippen und der blühende ›Garten‹ im Süden begründen den landschaftlichen Reiz von Skye. Von Mull, ebenfalls mit Naturschönheiten gesegnet, führt ein Ausflug zum ›heiligen‹ Iona und auf die Basaltinsel Staffa. Arran gilt als ›Schottland im Kleinen‹, Islay ist für seine Whisky-Destillerien berühmt.

Skye

Karte: S. 385

Ein großer Hummer, den Schwanz dicht am Festland von Lochalsh, die Scheren der Trotternish- und Waternish-/Duirinish-Halbinseln in Richtung Western Isles ausgestreckt – das ist Skye, ›die Geflügelte‹, die größte, dank der Skye Bridge am leichtesten erreichbare und wohl schönste Hebriden-Insel. Folkmuseen, das Dudelsackzentrum in Borreraig, Dunvegan Castle, der Mac-Donald Clansitz in Armadale und der Mythos von Flora MacDonald (s. S. 391) setzen die kulturellen Akzente.

Skye ist die einzige Hebriden-Insel mit wachsender Bevölkerung. Dafür sorgen die von den Einheimischen nicht gerade liebevoll *White Settlers* genannten Zugezogenen aus den Lowlands oder England: Althippies, ausgestiegene Börsianer oder Geschäftsleute, die Skyes touristische Infrastruktur durch Hotels, Restaurants oder Kunstgewerbeläden verbessern halfen. Nach einem Gesetz von 1976 durften Crofter ihr Haus frei verkaufen. Reiche ›weiße Siedler‹ erwarben sie. Junge Skye-Familien konnten sich die schnell steigenden Preise für ein Haus nicht mehr leisten. Viele Einheimische machten ihr *Two-up-two-down* (zwei Zimmer oben, zwei unten, das klassische Crofter-Haus) zu Geld und hausen nun in Wohnwagen. Die *Misty Isle,* wie die Einheimischen Skye nennen, ist für ihre Regenschauer, Nebelbänke und das unwirkliche, milchig-strahlende Licht berühmt.

Portree

1 Wenn die tief hängenden Wolken sich heben und der erste Sonnenstrahl auf die von hübschen bunten Cottages gesäumte Hafenfront von Portree fällt, auf die vielen Boote, die auf dem stahlgrauen Meer dümpeln, spürt man etwas von der Magie dieser Insel. Das quirlige *Port na Righ,* ›Hafen des Königs‹ genannt wegen eines Besuchs James' V. 1540, ist die Inselhauptstadt und ein guter Standort. Wer sich einen Überblick über Skye und seine Geschichte verschaffen will, wird das auf modernste Museumstechnik setzende **Aros Experience** besuchen (tgl. 9–18 Uhr). Beachtenswerte Ausstellungen, einen netten Shop und eine Café-Bar bietet das Kunst- und Kulturzentrum **An Tuirean Arts Centre** (April–Okt. Mo–Sa, Nov.–März Di–Sa 10–17 Uhr).

i **Bayfield House:** Tel. 0845/225 5121, www.visithighlands.com, www.skye.co.uk, April–Okt. Mo–Sa 9–20, So 10–16, Nov.–März Mo–Sa 9–17.30 Uhr.

Skeabost House Hotel: 6 km nördlich an Dunvegan Road, Tel. 01470/532 202, Fax 01470/532 454, www.skeabostcountryhouse.com. Ansehnliches Herrenhaus in eigenen *grounds* mit 9-Loch-Golfplatz und Lachsangeln in Loch und River Snizort, eichengetäfeltes Restaurant, im Bistro modernere Fusionküche, DZ 180–350 £.
Viewfield House Hotel: Tel. 01478/612 217, Fax 01478/613 517, www.viewfieldhouse.

com. Herrenhäuschen mit viktorianischem Interieur, Antiquitäten, offene Kamine, vorzügliches Dinner an der großen Tafel, MacDonald-Gastfreundschaft, DZ 80–100 £.
Mrs. Campbell: Balloch, Viewfield Rd., Tel. 01478/612 093, www.balloch-skye.co.uk. Moderner Bungalow, altmodische, aber angenehme Ensuite-DZ 40–56 £.
Torvaig Caravan & Camping Park: 2 km nördlich an der A 855, Tel. 01478/611 849, April–Okt. 3 Sterne, sehr einfach. 4 £.

Harbour View: 7 Bosville Terrace, Tel. 01478/612 069, März–Okt. 12–16 Uhr in der Wine Bar, Hauptgericht 12 £, Dinner 17–22 Uhr, Hauptgericht 17 £. Cottagerestaurant mit viel Seafood, Kerzenlichtdinner.
An Tuirean Arts Centre and Café Innean: Struan Road, Tel. 01478/613 306, Mo–Sa 10–16.30 Uhr. Alternative Café-Bar im Kunstzentrum, auch viele vegetarische Speisen. Suppen, Lunch ab 5 £.
Granary Bakery: Somerled Street, Mo–Sa 8.30–17 Uhr. Bäckereicafé, vom Frühstück über Lunch (ca. 4 £) bis Kuchen.

Over the Rainbow: Quay Brae, Mo–Sa 10–18 Uhr. Kunsthandwerk, Design-Strickwaren, ausgefallen, nicht billig.

The Isles Inn: Somerled Square, Mo–Sa 10–23, So 12.30–23 Uhr. Jakobitische Themenbar mit Steinböden, Holz, offenen Kaminen, traditioneller Musik, Pub Grub.
Pier Hotel Bar: Quay St., Mo–Sa 10–23, So 12.30–23 Uhr. Beliebter Fischer-Pub am Hafen, an den Wochenenden Livemusik.
Tongadale Bar: Wentworth Street, Mo–Sa 10–23, So 12.30–23 Uhr. Bei den jungen Einheimischen und Reisenden beliebte Hotelbar.

Portree Highland Games: Anfang Aug., auf dem Lump, dem Hügel über dem Hafen.

Skye Mountain Guides: 4D Wentworth St., Tel. 01478/612 682, www.skye-mountain-guides.co.uk. Von *guides* geleitete Wanderungen z. B. in den Cuillins.

Mit der Autorin unterwegs

... auf Skye

Dunvegan Castle ist ein Clan-Sitz mit jahrhundertelanger Tradition (s. S. 389). Im traumhaften Fischerort **Stein** lockt das Lochbay Restaurant mit köstlichem Hummer (s. S. 389). Relativ leichte Wanderungen führen durch das berühmte **Quiraing-Massiv** (s. S. 384), anspruchsvollere durch die grandiosen **Cuillins** (s. S. 386ff.). Klippen, ein alter Leuchtturm und der weite Blick aufs Meer – die kurze Wanderung zum **Neist Point** lohnt sich (s. S. 389). Die Universität **Sabhal Mòr Ostaig** vermittelt in Sommerkursen Kenntnisse der gälischen Sprache und Kultur (s. S. 392).

... auf Mull

Besonders sehenswert sind **Torosay Castle** mit herrlichen Gärten (s. S. 392) und **Duart Castle,** die Clanfeste der MacLeans (s. S. 392).

... auf Iona

Iona Abbey, einst Grablege der schottischen Könige, ist ein Muss (s. S. 396). Und auch ein Bootsausflug zur Basaltinsel **Staffa** – vielleicht mit Mendelssohn Bartholdys ›Hebridenouvertüre‹ im Ohr – gehört zum Inselbesuch einfach dazu (s. S. 396f.).

... auf Arran

In der wilden Heidelandschaft von **Machrie Moor** trifft man auf megalithische Gräber und Steinkreise (s. S. 400). Der **Arran Coastal Way** führt rund um Arran (s. S. 397). Wahrlich ›geschmackvoll‹ präsentiert sich die Insel auf dem **›Taste of Arran Trail‹** (s. Tipp S. 397).

... auf Islay und Jura

Etwas Besonderes ist eine **Destillerien-Tour** per Schlauchboot (s. S. 404f.). Auf Islay stehen das **Kidalton Cross,** Schottlands schönstes keltisches Kreuz (s. S. 401), und die schlichte Rundkirche **Bowmore Church** (s. S. 402). Eine Tageswanderung führt auf Jura zu dem schäumenden **Corryvreckan Whirlpool** und George Orwells Farm **Barnhill** (s. S. 405).

Skye Riding Centre: 2 Suledale (westl. off A 850), Tel. 01470/582 419, www.skyeriding centre.co.uk. Ausritte auf Pferden und Ponys, für Anfänger, Fortgeschrittene, Kinder.
Island Cycles: The Green, Portree, Tel. 01478/ 613 121, www.isbuc.co.uk. Fahrradverleih und -reparatur.
Isle of Skye Falconry: Kirklee, Kensaleyre, Tel. 01470/532 489, www.isleofskye-falconry. co.uk. Ganzjährige Falknereikurse.

Bus: Bushaltestelle Somerled Square, Highland Country Busses, Tel. 01478/ 612 622, Verbindungen zwischen den größeren Orten, Rover Ticket für 1 oder 3 Tage.
Mietwagen: Ewen MacRae, West End Garage, Dunvegan Road, Portree, Tel. 01478/ 612 554.

15 Trotternish-Halbinsel

Eine Rundfahrt auf der Trotternish-Halbinsel gehört zu den schönsten Panoramatouren der Hebriden. Den Fährhafen **Uig** 2 rahmen die grünen Hügel einer Bucht wie ein Amphitheater ein.

Im **Museum of Island Life** 3 in Kilmuir vermitteln strohgedeckte Cottages einen lebendigen Eindruck vom harten Crofterleben in vergangenen Zeiten (April–Okt. Mo–Sa 9–17.30 Uhr). Darüber ruht – unter gleißend weißen, neuen Steinen und inmitten sanfter Schafweiden – die Highland-Heroine Flora MacDonald. Das alte Grabdenkmal, das ihr Sohn 1832 errichten ließ, demontierten Andenkenjäger Steinchen für Steinchen.

Auch von der MacDonald-Feste **Duntulm Castle** 4 blieb nicht viel übrig, doch der Ausblick ist famos. Nur nachts trifft man den Spukgeist jenes Babys an, das seine unachtsame Amme von den Klippen fallen ließ.

Nahe des Crofter-Dorfs **Staffin** 5, unter den Klippen des Quiraing, lässt es sich im Flodigarry Country House Hotel gut leben: Selbst wenn Sie nicht in den mit Tartan-Stoffen und viktorianischen Bädern ausstaffierten Cottages von 1750 wohnen, die nach den sieben Kindern der Highland-Heroine Flora MacDonald benannt sind, selbst wenn Sie nicht Hummer, Wild und echte schottische *puddings* im auch *non-residents* offen stehenden Restaurant essen. Die gemütliche Bar – *victorian meets orient* – ist ein Treffpunkt für die Menschen der Umgebung. In den Gärten stehen die Reste eines eisenzeitlichen Brochs, und an der einladenden flachen Küste lässt sich wunderbar spazieren.

Hinter Staffin mit seinem schönen Strand windet sich ein Sträßchen zum **Quiraing-Massiv** 6 empor, das man zuvor schon von allen Seiten bewundern durfte. Vom Parkplatz einige hundert Meter hinter dem Friedhof geht es auf ebenem, viel benutztem und daher matschigem, erodiertem Pfad zu den steil aufragenden Basaltzacken mit den sprechenden Namen ›Nadel‹ und ›Gefängnis‹ und zum flachen ›Tisch‹ dazwischen, wo einst das Vieh versteckt wurde. Hier kann man problemlos auf gut sichtbaren Pfaden herumklettern, arktische Pflanzen, wilde Orchideen und mit Glück Goldadler entdecken. Eineinhalb Stunden dauert das Minimalprogramm, das fantastische Blicke auf steile grüne Hänge, die bräunlich schimmernden Trotternish-Berge, Lochs und das Meer verspricht.

Ein beinah unglaublicher Anblick: Gischt sprühend stürzen die **Mealt Falls** 7 über den Klippenrand 40 m tief auf den Strand. Die halbrunde Basaltsäulenformation nördlich davon ist der Kilt Rock, der seinen Namen der angeblichen Ähnlichkeit mit dem Schottenrock verdankt. An dieser Küste fand man einen Dinosaurierfußabdruck und Schottlands ersten Dinosaurierknochen. Falls Ihre Kinder fragen: Die wenig spektakulären Splitter sind im Glasgower Hunterian Museum zu sehen (s. S. 158).

An den **Lealt Falls** 8 und ihrer beeindruckenden, tief ins Land schneidenden Schlucht vorbei gelangt man unter die düstere schwarze Felsfassade des Storr-Massivs mit der 49 m hohen, scheinbar gefährlich schiefen Felsnadel des **Old Man of Storr** 9. Eine Verschiebung der unteren Sedimentschichten ließ vor Millionen Jahren die Basaltdecke aufbrechen und die spektakulären Felsnadeln von Storr und Quiraing absplittern. Auf einem morastigen Waldpfad steigt man vom Parkplatz an der A 855 durch

eine Sitkafichtenpflanzung zum Fuß des Old Man. Eine endlose Treppe führt am Wasserkraftwerk zum Meer und dem für seine Fossilien berühmten Strand hinunter.

Mrs. S. Phelps: Kilmuir House, Uig, Tel. 01470/542 262, Fax 01470/542 461, www.kilmuir-skye.co.uk. Altes Pfarrhaus, einfache Zimmer, Verköstigung. DZ 44 £.

Flodigarry Country House Hotel: bei Staffin, Tel. 01470/552 203, Fax 01470/552 301, www.flodigarry.co.uk. Relaxtes Landushotel, Zimmer im Haupthaus kleiner und älter, geräumig in den Flora MacDonald Cottages, großes Sport- und Aktivitätenprogramm. DZ 51–110 £, 3-Gang-Dinner 30 £.

Dun Flodigarry Hostel: Tel./Fax 01470/552 212, hostel@flodigarry.f9.co.uk. Freundliches Hostel mit viel Holz beim o. g. Hotel, neben dem Broch. Bett 8–10 £.

Whitewave, Skye's Outdoor Centre: 19 Linicro, Kilmuir, Tel. 01470/542 414, www.white-wave.co.uk, April–Okt. Outdoor-

Je nach Wetter zeigt die Insel ein anderes Gesicht: die Ostküste bei Portree

Sportarten wie Kayak, Kanu, Felsklettern, Wandern, Bogenschießen.
Staffin Bay Cruises: Keepers Cottage, Staffin, Tel. 01470/562 217, www.trotternish.co.uk. Das kleine Boot ›MV Eagle‹ fährt an Kilt Rock vorbei und zur Seehundkolonie auf Flodigarry Island.

Schiff: Calmac-Büro, Uig, Tel. 01470/542 219, Fax 01470/542387, nach Tarbert (Harris, knapp 2 Std.) Mo–Sa 2 x tgl., nach Lochmaddy (North Uist, knapp 2 Std.) Mo–So 2 x tgl. Tagesausflüge mit kombinierter Bustour auf Lewis/Harris im Sommer.

Cuillins

Es gibt drei klassische Möglichkeiten, die Cuillins zu erkunden: Von Sligachan Bridge, von Glenbrittle oder mit dem Boot von Elgol aus.

Sligachan Bridge 10 mit seinem urig-traditionellen Komplex aus Hotel, Hostel, Bar und Campingplatz ist ein Basislager der Bergsteiger, die sich der Herausforderung der Cuillins stellen: bizarre Felszacken, ein subalpines Habitat, Geröllhänge, Hochtäler, Lochans, nackter Fels. Hier beginnen mehrere relativ leichte Wanderungen. Die viktorianischen Gentlemen-Bergsteiger in karierten Capes und Kniehosen wollten allerdings die Gipfel ›einsacken‹, wobei sie sich klugerweise der Hilfe lokaler *guides* wie John MacKenzies bedienten, des legendären Luis Trenker der Cuillins. Jeder, der heute so hoch hinaus will, tut gut daran, ebenfalls auf geführte Wanderungen zurückzugreifen. Ansonsten sollten ›Laien‹ die höheren Bergregionen meiden. Seit der Gurka-Soldat Thapa vom Hotel in 55 Minuten auf den nahen, 775 m hohen Glamaig und wieder zurück rannte, feiert das

jährliche Glamaig Hill Race diese skurrile Begebenheit.

Über die alte Brücke am Hotel, die nutzlos und verloren neben der neuen steht, schaut man in das weite Hochlandtal Glen Sligachan, das eine beliebte, ca. 13 km lange Wanderung bietet. Zur Linken erheben sich die rundkuppigen Red Hills oder Roten Cuillins, zur Linken die noch höheren, schrofferen, basaltenen Schwarzen Cuillins. Über 20 Munros sind hier versammelt. Der Gipfelprimus Sgurr Alasdair (993 m) gilt als einer der schwierigsten Munros, die ›unbezwingbare Felszacke‹ Sgurr Dearg (978 m) wurde Sir Hugh T. Munro zum Waterloo, der Sgurr na Banachdich (965 m) soll dagegen einfacher zu bezwingen sein.

Einen näheren, unmittelbaren Blick auf die Cuillins gewinnt man vom Bergsteigerdorf **Glenbrittle** 11 mit seinem schönen Strand. Die Black Cuillins gehören dem derzeitigen Clanoberhaupt John MacLeod of MacLeod, der sie seit 2000 für ein paar Millionen Pfund verscherbeln möchte – um das Dach von Dunvegan Castle reparieren zu können, wie er sagt. Doch bisher hat sich noch kein Käufer gefunden.

Elgol 12 am Kap der Strathaird-Halbinsel erreicht man über eine Straßenverbindung von Broadford. Über den Loch Scavaig gleitet der Blick auf die Cuillins, und kleine Boote bringen einen im Sommer zum romantisch-düsteren Gletschersee Loch Coruisk, den Scott bedichtete und Turner malte.

Sligachan Hotel: Sligachan, Tel. 01478/650 204, Fax 01478/650 207, www.sligachan.co.uk. Gemütliches, klassisch schottisches Hotel mit wunderbarer Lounge, von der aus man auf die Schwarzen Cuillins schaut, DZ 100–120 £. Außerdem Schlafsaalunterkunft im *bunkhouse,* Bett 10 £, und in Ferienhäuschen. Deftiges schottisches Essen im Restaurant, tgl. 12–14, 19–21 Uhr, Hauptgericht 16 £. Seamus Bar, Essen tgl. 8–21 Uhr. Hallenähnliche, dennoch gemütliche Bar mit offenem Kamin, Real Ales, Pub Grub; Spielecke/Spielplatz.

Mrs. Shead, Rowan Cottage: 9 Glasnakille, 4 km von Elgol, Tel./Fax 01471/866 287, www.rowancottage-skye.co.uk. Komfortables B & B in weiß gestrichenem Cottage, gutes *home cooking* (außer Di, Fr nur für Gäste). Ensuite-DZ 56–70 £.

Old Inn: Carbost, am Meer Nähe Talisker-Destillerie (s. S. 388), Tel. 01478/640 205, Fax 01478/640 325, www.carbost.f9.co.uk. Einfacher, bei Wanderern beliebter Gasthof, Bar Food. DZ 53–58, Schlafsaalbetten 8 £.

Glenbrittle Youth Hostel: Tel. 0870/004 1121, www.shya.org.uk, März–Sept. Relativ einfache Schlafsaalunterkunft, Bergwanderer-Treff. Bett 11,50 £.

Glenbrittle Campsite: ca. 2 km südlich am Meer, Tel. 01487/640 404, April–Okt. Sehr einfach. Zelt 4 £, Bergwanderer-Treff.

Camping: Gegenüber vom Hotel Sligachan, Tel. 01478/650 333, April–Okt. Sehr einfach. Zelt 4,50 £.

Die schroffen, einsamen Cuillins sind ein anspruchsvolles Wandergebiet

Wandern: Steile, aber auch von Nicht-Profis zu bewältigende 3–4-stündige Rundwanderung vom Campingplatz Glenbrittle ins Hochtal Coire Lagan, wo ein kleiner Bergsee (an ganz wenigen Tagen im Jahr) zum Baden einlädt (insgesamt 8 km).

Klettern: Die Felsen im Bereich des Coire Lagan sind bei Kletterern beliebt.

Cuillin Guides: Stac Lee, Glenbrittle, Tel. 01478/640 280, www.cuillin-guides.co.uk. Ganzjährig Führer für Bergwanderungen und Klettertouren.

Bella Jane Boat Trips: Elgol, Tel. 0800/731 1089, www.bellajane.co.uk, März–Okt. Bootsausflüge zu einer Seehundkolonie und Loch Coruisk (vorher anrufen).

Talisker Distillery: am Loch Harport, Ostern–Okt. Mo–Sa 9.30–17.30, Nov.–Ostern Mo–Fr 14.30–16.30 Uhr. Führungen, Probetrunk, Shop.

Duirinish-Halbinsel

Liebevoll von Privathand eingerichtet ist das **Colbost Croft Museum** 13 mit seinen *taigh dubh*-Häusern und einer alten illegalen Whisky-Destillerie (Ostern–Okt. 10–18.30 Uhr). Kritisch wird hier erläutert, wie die Free Presbyterian Church in puritanischem Eifer die gälische Alltagskultur zerschlug, indem sie die traditionellen Festrituale – Besäufnisse, Musik und Schlägereien – verbot, und wie sie sich bis heute gegen jegliche Entwicklung und vor allem gegen neue Pubs stemmt.

Ein verträumtes grünes Tal, gesprenkelt mit den weiß gestrichenen Cottages auf 147 Crofter-Parzellen, das ist **Glendale** 14, die einzige Crofter-Gemeinde in den Highlands, deren Land ganz den Kleinbauern gehört. Zu verdanken haben sie das den berüchtigten Crofter-Aufständen (1890) ihrer Ahnen. In jüngster Zeit haben jedoch viele ihre Häuser an Engländer verkauft, so dass Glendale heute den Spitznamen *Little England* trägt.

Am Ende der Duirinish-Halbinsel, am **Neist Point,** stürzen Wasserfälle aus den grandiosen Klippen und bieten sich weite Ausblicke übers Meer. Zum alten **Leuchtturm** 15 geht es in rund 40 Minuten über bizarr gefaltete Basaltsäulen; der Rückweg ist sehr steil.

In **Borreraig** 16, fast am Ende des Sträßchens zu den schroffen Klippen von Dunvegan Head, lag bis ins 18. Jh. die *Piping School* der MacCrimmons, der Dudelsackspieler des MacLeods-Clanchefs. *Piper* war eine Position, die vererbt wurde. Jeden Juni zieht eine Piper-Prozession mit dem Clanchef zu dem Memorialcairn mit weitem Ausblick auf den Loch Dunvegan. Dudelsackschule und -museum in dem winzigen Crofter-Dorf halten die alten Traditionen aufrecht (Borreraig Park Piping Centre tgl. 10–18 Uhr).

Three Chimneys Restaurant & House Over-By: Colbost neben dem Folkmuseum, Tel. 01470/511 258, Fax 01470/511 358, www.threechimneys.co.uk, April–Okt. Mo–Sa 12–14, ganzjährig tgl. 18–22 Uhr. Geschmackvolle Zimmer, Lunch, exzellentes Dinner in dem schon legendären Restaurant englischer ›Einwanderer‹, trotz aller Rustikalität etwas *snobby*. 7-Gang-Menü 48 £.

Skye Silver: The Old School, Ende März–Okt. tgl. 10–18 Uhr, www.skyesilver.com. Geschmackvolles Kunsthandwerk, keltisch inspirierter Silberschmuck.

Dunvegan Castle

Auf dem kleinen Friedhof von Kilmuir bei Dunvegan liegen MacCrimmon-Musiker und MacLeod-Clanchefs begraben. Kleine Boote tuckern vom Gartensteg unterhalb des wehrhaften, grauen **Dunvegan Castle** 17 zu den nahen, garantiert besetzten Seehundfelsen. Im Schloss blicken würdige Clanoberhäupter, u. a. Dame Flora, die 28. Chefin, auf die zahlreichen Besucher aus Übersee und die immer mit einer blutigen Anekdote verbundenen Erbstücke herab: jakobitische Reliquien, Clandevotionalien und die siegbringende *Fairy Flag,* ein verschlissenes syrisches Stück Stoff aus dem 7. Jh. (Ostern–Okt. tgl. 10–17.30, Nov.–Ostern 11–16 Uhr). Im August lädt der *Clanchief* der MacLeods zum Dudelsackwettbewerb auf die Stammburg. Als Auszeichnung winkt der *Silver Chanter,* eine moderne Kopie des Mundstücks, das eine Feenkönigin dem nicht nur musikalisch begabten ersten MacCrimmon geschenkt haben soll.

Edinbane Pottery: Edinbane (14 km östlich von Dunvegan), Ostern–Okt. tgl. 9–18 Uhr: Atelier und Keramik-Ausstellung.

Dudelsackwettbewerb: im Aug., Dunvegan Castle (s. o.).

Waternish-Halbinsel

An der **Fairy Bridge** 18 entschwand besagter MacCrimmon dudelsackpfeifend ins Feenreich. Eine herrliche Panormastraße entlang der Klippen führt zur romantisch gelegenen Ruine der mittelalterlichen **Trumpan Church** 19. 1578 war die Kirche Schauplatz eines furchtbaren Gemetzels zwischen den Clans MacLeod und MacDonald, bei dem zunächst die gesamte Kirchgemeinde und sodann die Angreifer umkamen. Heute ist es ganz friedlich und still am Waternish Point.

In dem im 18. Jh. planmäßig gegründeten Fischerdorf **Stein** 20 mit den noch heute ausnehmend pittoresken weißen Cottages sollte man abends ankommen, dann erlebt man einen magischen Sonnenuntergang am Pier.

Lochbay Seafood Restaurant: 1/2 MacLeod's Terrace, Tel. 01470/592 235, Ostern–Okt., Silvesterwoche Mo–Sa 11–14, 18.30 Uhr bis spät. Fantastisches Seafood in gemütlicher, freundlicher Atmosphäre, vorbestellen, Hummer 25–36, Scholle 10,50 £.
Stein Inn: MacLeods Terrace, Tel./Fax 01470/592 362, www.steininn.co.uk. Traditionsreicher Gasthof, unten ältester Pub der Insel, (oben kleine, nette Ensuite-DZ 50–66 £).

Broadfoard-Region

Von Sconser legen die Fähren zur landschaftlich reizvollen Insel **Raasay** 21 ab. Das Outdoor Centre bietet vielfältige Möglichkeiten, die heidebedeckte, nur von 200 Menschen bewohnte Insel zu erkunden. Hier erhalten Sie auch genaue Infos zu der leichten, 10 km langen Wanderung auf den höchsten Berg der Insel, den 444 m hohen Dun Caan.

Das private **Luib Folk Museum** 22, ein weiteres nach Torfrauch duftendes Bauernhausmuseum, zeichnet Prinz Charlies Flucht über die Hebriden minuziös nach. Hier findet man auch Infos zu einem jüngst entdeckten Wikingerbauernhof (April–Okt. tgl. 9–18 Uhr).

Mrs. MacMillan: Berabhaigh, 3 Limepark, Tel./Fax 01471/822 372, www.isleofskye.net/berabhaigh. März–Okt. Geschmackvoll renovierte Ensuite-Zimmer in einem alten Crofter-Haus. DZ 40–52 £.
Broadford Youth Hostel: Tel. 0870/004 1106, www.shya.org.uk. März–Okt. Einfach, Bett im Schlafsaal ab 12,50 £, Fahrradverleih.

Creelers: Tel. 01471/822 281, tgl. 12–21 Uhr. Kleines Seafood-Restaurant und Takeaway. Ab 6 £.

Raasay Outdoor Centre: Raasay House, Raasay, Tel. 01478/660 266, Fax 01478/660 200, www.raasay-house.co.uk, April–Okt. Segeln, Windsurfen, Felsklettern, Wandern, auch schlichte Unterkunft im 250 Jahre alten Herrenhaus. DZ 36, Camping 6 £.
Skye Serpentarium: Harrapool, Broadford, Ostern–Okt. Mo.–Sa 10–17, Juli/Aug. auch So. Terrarium mit Schlangen und Reptilien.
Fairwinds Bicycle Hire: Fairwinds, Elgol Road, Broadford, Tel. 01471/822 270, Mo–Sa 9–17 Uhr. Fahrradverleih und -reparatur.

Boote: Von Sconser auf die Insel Raasay (15 Min.), Ferry Master Raasay, Tel. 01487/660 226, Mo–Sa bis zu 7 x tgl., So 2 x.

Um Kyleakin

Kyleakin 23 (sprich: Kallákin), wo die Ruinen des spätmittelalterlichen Castle Moil auf die neue Brücke blicken, ist ein Treffpunkt für Rucksacktouristen. Vom Bright Water Visitor Centre fährt man mit Booten zur Eilean Ban-Insel, wo ein Stevenson-Leuchtturm, Gavin Maxwells (s. S. 395) restauriertes Cottage, das Grab des berühmten Otters Tarka – und Otter zu sehen sind (April–Okt. Mo–Fr 10–17 Uhr).

Noch mehr Otter sieht man mit Glück und Fernrohr im **Kylerhea-Otterreservat** 24 (sprich: Kilerey). 10 Minuten sind es zu Fuß zu einem Beobachtungshäuschen.

Kyleakin Youth Hostel: Main St., Tel. 0870/004 1134, www.syha.org.uk. Modernes 3-Sterne-Haus mit Meerblick, auch Doppelzimmer. Bett ab 13 £.
Skye Backpackers: Kyleakin, Tel. 01599/534 510, www.scotlands-top-hostels.com. Unabhängiges Hostel. Bett im Schlafsaal 10–14 £.

Schiff: Kylerhea-Glenelg-Autofähre (s. S. 321, Glenelg).

Sleat

Die Station des gälischen Fernsehsenders Abu-tele in Duisdale und vor allem die brandneu ausgebaute gälische Universität von Schottland, das Sabhal Mòr Ostaig bei Armadale, weisen darauf hin, dass Sleat, die Halbinsel im äußersten Süden, das Zentrum der gälischen Renaissance auf Skye ist.

Zu Recht trägt Sleat mit seinen feuchten Wäldern, den lila blühenden Rhododendronwällen und den prächtigen Gärten des Schlosses von **Armadale** 25 den Namen ›Garden of Skye‹. Viele Quadratmeilen dieses ›Gartens‹ gehören mittlerweile wieder den MacDonalds, die altes Clanland durch einen Trust aufkaufen. Im Museum of the Isles neben dem verfallenen Armadale Castle werden die MacDonalds mit modernster audiovisueller Technik als die wahren Champions der gälischen Kultur im Kampf gegen ein anglisiertes Schottland gepriesen. Durch die Gärten und Wälder drumherum führen viele Wege. Zum Clan Donald Visitor Centre gehören darüber hinaus Ahnenforschungszentrum, exquisite Ferienapartments und die an eine mittelalterliche Sängerhalle erinnernde Cafeteria in den

Flora MacDonald – Heldin der Highlands

Thema

Ein gut aussehender Jüngling in Hochlandtracht wartet in einem Bauernhaus nahe Milton auf der Insel South Uist. Wir schreiben den 20. Juni 1746. Der junge Mann ist Charles Edward Stuart, der Thronprätendent, und eine Highländerin wird ihm das Leben retten: Flora MacDonald.

Bonnie Prince Charlie hat nach der verlorenen Schlacht von Culloden fünf Monate abenteuerlicher Flucht vor den Häschern Georges II. hinter sich. 30 000 £, ein Vermögen, sind auf seinen Kopf ausgesetzt. Es scheint nur eine Frage der Zeit zu sein, wann er gefangen genommen wird. Er muss Schottland verlassen.

Die 24-jährige Flora MacDonald ist eine Verwandte des Clanoberhaupts, des MacDonald von Clanranald, jakobitisch wie die meisten Highländer in jener Zeit. Sie erklärt sich bereit, den als ihre Dienstmagd Betty Burke verkleideten Stuart-Prinzen in einem Boot nach Skye zu bringen, von wo er nach Frankreich fliehen kann. Das Husarenstück gelingt, obwohl die Hebriden vor englischen Soldaten wimmeln und der Prinz mit 1,85 m eine auffallend große Dienstmagd abgibt.

Ein Stoff für Balladen, auch wenn Flora und Charlie schon am 1. Juli wieder Abschied voneinander nehmen. Keine tragische Liebesgeschichte, sondern eine Mär von Highland-Tapferkeit und Galanterie. Obwohl Flora bald danach verhaftet und für einige Monate ins Gefängnis gesteckt wird, avanciert sie im sensationshungrigen London bald zu einem gesellschaftlichen ›Ereignis‹. Sogar der Thronfolger besucht sie im Kerker, 1747 wird sie amnestiert.

Die tüchtige Flora schließt drei Jahre später eine glückliche, in der Folgezeit mit sieben Kindern gesegnete Ehe mit ihrem Verwandten Allan MacDonald. Sie wandert nach Kanada aus, kehrt aber später nach Skye zurück, wo sie 1790 hoch geachtet stirbt. Der Stuart-Prinz, der ihr beim Abschied die erwiesene Freundlichkeit zu vergelten versprochen hatte, meldete sich nie wieder bei ihr.

Der ›englische Goethe‹ Dr. Johnson (s. S. 74), der auf seiner Hebridenreise mit Boswell am 12. September 1773 der immer noch berühmten Flora MacDonald einen Besuch abstattete, übernachtete in jenem Bett, das auch der exilierte Thronanwärter benutzt hatte. Johnson's Lob auf die Heroine der Highlands wird gern zitiert. Es schmückt Floras Grabstein in Kilmuir auf der Insel Skye: »Ihr Name wird in der Geschichte erwähnt werden, und zwar mit Ehren, wenn Mut und Treue Tugenden sind.«

Abschied am 1. Juni 1746 in Portree auf der Insel Skye

ehemaligen Ställen (April–Okt. tgl. 9.30–17.30 Uhr).

Kinloch Lodge: Sleat, Tel. 01471/833 333, Fax 01471/833 277, www.kinloch-lodge.co.uk. Luxuriös wohnt man in den mit Antiquitäten ausgestatteten Zimmern im Herrenhaus des MacDonald-Clanchiefs, seine Frau, Lady Claire, ist eine berühmte Köchin und veranstaltet Kochkurse. DZ 170–260 £.

Sabhal Mòr Ostaig: Teangue, Ostaig, Tel. 01471/880 000, www.smo.uhi.ac.uk. Die gälische Universität bietet auch Sommerkurse und preiswerte Übernachtung in netten, modernen und funktionalen DZ und EZ an. Den ganzen Sommer über gibt es Wettbewerbe, Musikabende und *ceilidhs* mit traditioneller Musik.

Armadale Youth Hostel: Ardvasar, Tel. 0870/004 113, www.shya.org.uk, März–Sept. Einfach. Bett 11,25 £. Fahrradverleih.

Ragamuffin: am Pier, ganzjährig tgl. 10–18 Uhr. Riesenauswahl an leicht alternativen, meist weit geschnittenen Design-Wollsachen.

Dudelsackwettbewerb: im Juni, um den Donald MacDonald Quaich, Clan Donald Centre.

Fèis an Eilean: 2. Juli-Hälfte, Tel. 01471/844 207, www.skyefestival.com. 10 Tage traditionelle Musik, Tanz etc., Skyes größtes Festival, im Sabhal Mòr Ostaig.

West Highland Heavy Horses: Armadale, Tel. 07769/588 565, www.westhighlandheavyhorses.com. Ausritte auf den wunderschönen Kaltblütern für Anfänger und Fortgeschrittene, von Armadale Castle werden Kutschfahrten angeboten.

Sea.fari, Armadale Pier: Tel. 01471/833 316, www.seafari.co.uk. Mit Schnellbooten zur Seehund-, Wal- und Vogelbeobachtung.

Schiff: Calmac-Büros: Armadale, Tel. 01471/844 248, Fax 01471/844212. Nach Mallaig (s. dort; 30 Min.), Ostern–Okt. bis zu 7 x tgl., Mitte Mai–Ende Sept. auch So.

Mull

Reiseatlas: S. 7/8, C/D 2/3

Craignure und Umgebung

Wer mit der Fähre von Oban in Craignure landet, sieht vor lauter Reisebussen die Insel nicht mehr. Der Rummel verläuft sich aber bald. Eine Schmalspureisenbahn dampft von Craignure zum 1856 im schottischen Neobaronialstil errichteten **Torosay Castle.** Die berühmte Statuenallee, ein italienischer Terrassengarten und ein japanischer Garten sind die Highlights der sehenswerten, sanft zum Meer abfallenden Parkanlagen. Manchmal grasen die auf der Torosay Farm gezüchteten Highlandrinder auf den Weiden um das Schloss (Schloss Ostern–Okt. tgl. 10.30–17, Gärten ganzjährig, Sommer 9–19 Uhr, Winter bis Sonnenuntergang). Wer die Strecke zu Fuß geht, kann auf dem ca. 30 Min. dauernden Küstengang mit etwas Glück Otter sichten.

Schon vom Terrassengarten aus sieht man **Duart Castle,** die spätmittelalterliche, 1911 wiederaufgebaute Clanfeste der MacLeans, auf einer strategisch günstigen Landzunge liegen. Der Clan führt sich auf ›Gillean mit dem Kriegsbeil‹ zurück, der im 13. Jh. Mull für die *Lords of the Isles* regierte. Im mittelalterlich anmutenden Café kann man sich mit *home bakery* und Snacks stärken (Ostern, 25.–31. März tgl. 11–16.20, April So–Do 11–16, Mai–9. Okt. tgl. 10.30–17.30 Uhr).

Tourist Office: Pier, Tel. 08707/200 610, www.visitscottishheartlands.com, April–Sept. tgl. 9–17, Juli/Aug. länger, Okt.–März Mo–Sa 10–17, So 12–17 Uhr.

Shieling Holidays: David Gracie, in Craignure, Tel. 01680/812 496, www.shielingholidays.co.uk. 5 Sterne, am Meer, luxuriös ausgestattet. Zelt 10,50 £, Hostel-Bett ab 10 £ im DZ, Vermietung von Cottages.

Nostalgieeisenbahn: Dampf- und Dieselloks ziehen Schottlands einzigen Schmalspur-Passagier-Zug, 20 Min. Aussichtsfahrt, Mull Rail vom Old Pier, Craignure, nach Torosay Castle Ostern–Mitte Okt., mehrmals tgl. 11–17 Uhr, Buchungen: Tourist Office oder Tel. 01680/812 494.

Schiff: Calmac-Büro Craignure, Tel. 01680/812 343, Fax 01680/812 433, www.calmac.co.uk, Autofähren von Oban (40 Min.) Mo–Sa bis zu 8 x tgl. Autofähre Fishnish (8 km nördl. von Craignure) nach Lochaline, Ardnamurchan, 15 Min. Überfahrt, nur im Sommer, mehrmals tgl., keine Reservierung.

Tobermory

Am landschaftlich reizvollen Sound of Mull entlang verläuft die Küstenstraße zur Inselhauptstadt Tobermory, mit immerhin 800 Einwohnern. Strahlend bunte zweistöckige Häuser säumen den Hafen. Am Pier landen die Fischer täglich ihren Krabbenfang an.

Das **An Tobar Arts Centre** in einer ehemaligen viktorianischen Schule oberhalb des Hafens ist *der* Kunsttreff Mulls. Jedes Jahr arbeitet ein anderer *artist in residence* hier, dessen Arbeit dann die Insel und ihre Natur auf vielfältige Weise reflektiert. Es gibt ausgezeichnete zeitgenössische Ausstellungen, Konzerte und ein Café mit Ledersofas unter Spitzbogenfenstern (tgl. Di–So 10–16 Uhr).

Der **Hebridean Whale and Dolphin Trust** informiert kindgerecht über Wale und Delfine (April–Okt. tgl. 10–17, Nov.–März Mo–Fr 11–17 Uhr).

Tourist Information: Main Street, Tel. 08707/200 625, www.visitscottisheartlands.com, www.holidaymull.org, April–Okt. Mo–Fr 10–17, Sa/So 12–17 Uhr.

Highland Cottage: Breadalbane Street, Tel. 01688/302 030, Fax 01688/302 727, www.highlandcottage.co.uk. Über dem Hafen, individuelle gemütliche Zimmer, Bar, Feinschmeckerrestaurant auch für *non-residents* (reservieren!). DZ 120–150 £.
Baliscate Guest House: Salen Road, Tel. 01688/302 048, Fax 01688/302666, www.baliscate.com. Komfortable Pension in eigenem Park. Ensuite-DZ 50–54 £.
The Mishnish: s. ›Nachtleben‹. DZ ab 50 £.
Tobermory Youth Hostel: Main Street, Tel. 0870/004 1151, www.syha.org.uk. 3 Sterne, Hafenblick in schönen Cottage-Häusern, auch Familienzimmer. Bett 11–12 £.

Highland Cottage: s. o. März–Nov. tgl. 19–21 Uhr. Hauptgericht 17 £.
The Anchorage: Main Street, Tel. 01688/302 313, 10–15.30, 18–21 Uhr. Traditionelles Fischrestaurant, dessen Besitzer selbst Fischer sind. Hauptgericht 12 £.
An Tobar Arts Centre: Argyll Street, Tel. 01688/302 211, tgl. 10–16.45 Uhr. Café, s. o.
The Glass Barn: Sgriob Ruadh Farm, 3 km außerhalb off Dervaig Road, Tel. 01688/302 235, Ostern–Mitte Okt. Mo–Fr 10–16 Uhr. Hausmannskost, Kaffee, in einer gewächshausähnlichen Scheune.

Isle of Mull Cheese, Sgriob Ruadh Farm (The Glass Barn): s. o. Bei der Herstellung des preisgekrönten Farmhouse Cheese zusehen, kosten und kaufen.
Mull Pottery: Baliscate Estate, Salen Road, Tel. 01688/302 347. Handgefertigte Keramik, Verkaufsgalerie und Atelier, nettes Café.

The Mishnish: im Mishnish Hotel, Main St., Tel. 01688/302 009, www.mishnish.

Glengorm Castle: Das neobaroniale Schloss von 1860 (8 km nordwestl. von Tobermory) liegt herrlich am Meer in einem Park. Man wohnt in luxuriösen, spätviktorianischen bis edwardianischen B & B-Zimmern mit antiken Badewannen und darf u. a. die holzgetäfelte Bibliothek mitbenutzen. Der Weg lohnt, selbst wenn man nicht hier wohnen will: In der Steadings Art Gallery kann man Kunst kaufen, im Shop Wild, Chutneys oder Mull-Räucherfisch. Das Café in den früheren Ställen bietet Snacks und Kuchen aus hauseigener Produktion an sowie Ostern–Mitte Okt. 12–16.30 Uhr Speisen (Mr. & Mrs. Nelson, Tel. 01688/302 321, Fax 01688/302 738, www.glengormcastle.co.uk, DZ 120–180 £, auch Ferienwohnungen und Cottages für Selbstversorger).

co.uk, Mo–Sa 10–23, So 12.30–23 Uhr. Traditioneller Pub mit Kaminfeuer, das Zentrum von Mulls ›Nachtleben‹, oft traditionelle Livemusik, gelegentlich Disco, sehr gutes Essen.

Mull Music Festival: Letztes April-Wochenende. Keltische Musik.
Tobermory Highland Games: Ende Juli.

Fahrradverleih: Jugendherberge, s. o.
Naturführungen: Sea Life Surveys, Ledaig, Tel. 01688/400 223, www.sealifesurveys.com. Tgl. 1–6-stündige Bootsfahrten zur Wal-, Delfin- und Seehundsichtung, Fahrten zu den Treshnish Isles, Staffa oder Coll.

Schiff: Calmac-Büro, Tel. 01688/302 017, www.calmac.co.uk. Autofähre von Tobermory nach Kilchoan (Ardnamurchan, 35 Min.), ohne Reservierung, Mo–Sa ganzjährig etwa 7 x tgl., Juni–Aug. auch So.
Bus: Bowman's Busses, Tel. 01680/812 313, Verbindungen zwischen Hauptorten und Fähren, Mo–Sa bis zu 6 x, So 2 x.
Mietwagen: Mackay's Garage, Ledaig, Tel. 01688/302 103.

Nord-Mull

Die einspurige Passstraße windet sich von Tobermory durch verlassene Moorlandschaft an Lochs vorbei nordwärts. Das hübsche Dörfchen **Dervaig,** an einer Schärenküste mit Strand und Machair gelegen, ist neben Tobermory die einzige richtige Siedlung auf Mull. Das Heimatmuseum im urigen Old Byre zeigt Filme über Mulls Tierleben, und Dioramen von Nick Hesketh ermöglichen den Besuchern eine Zeitreise durch Mulls Geschichte. Im Tea Room kann man sich exzellent stärken, im Shop stöbern oder im liebevoll renovierten Old Bothy preiswert unterkommen (April–Okt. Mi–So 10.30–18.30, Tel. 01688/400 229, www.old-byre.co.uk).

Der Sandstrand von **Calgary** liegt in einer weiten, geschützten Bucht, umgeben von den für Mull und den ganzen Südwesten so typischen moosbewachsenen Eichenwäldern. Der zur Gestirnsbeobachtung benutzte Cillchrosid Menhir aus neolithischer Zeit steht einsam und mit wunderschönen Ausblicken hinüber nach Rhum auf einer Weide (500 m westl. von Calgary, B 8073 Richtung Caliach Farm, nach 1,5 km taucht er rechts auf).

Blick von Mull nach Iona – Strände fast wie in der Karibik

Über die Klippen am Loch Tuath schaut man zur **Isle of Ulva** hinüber, heute in Privatbesitz, auf der nur noch 16 Menschen leben. Im Café des *boathouse* kann man Ulva-Austern probieren, sich über die markierten Wanderwege informieren und das kleine Heimatmuseum mit Sheila's Cottage besichtigen (Ostern–Okt. Mo–Sa 9–17 Uhr, Juli/Aug. auch So). Die ›Wolfsinsel‹ ist berühmt für ihr Tierleben: Rotwild, Seehunde, Adler.

Unter einer Brücke schäumt der **Eas Fors-Wasserfall,** von knorrigen Eichenstämmen flankiert, in drei Stufen ins Meer. Ein Ort, an dem man sich an Gavin Maxwells paradiesisches, einsiedlerisches Otterheim Camusfeàrna erinnert fühlt: ›Ring of Bright Water‹ spielt in dieser Gegend von Mull.

Druimard Country House: Dervaig, Tel./Fax 01688/400345, www.druimard.co.uk. Kleines viktorianisches Haus mit exquisiter, teils antiker Einrichtung, renommiertes Restaurant (s. u.), Bar. DZ 90–125 £.
D. & D. Aitken, Ciun Lodge: Dervaig, Tel. 01688/400 346, www.cuin-lodge.mull.com. B &B, Wintergarten mit Meerblick. DZ 66 £.
Calgary Hotel: oberhalb Calgary Beach, Tel./Fax 01688/400 256, www.calgary.co.uk. Helle Kiefernholzzimmer, zwei Ferienwohnungen, kinderfreundlich. DZ 60–88 £.

Druimard Country House: s. o. 5-Gang-Dinner 31,50 £.
Dovecote Restaurant: im Calgary Hotel (s. o.). Ostern–Nov. tgl. 18.30–20.30 Uhr. In cool umgebauter ehemaliger Scheune, beliebtes Gourmetrestaurant mit viel Seafood. Hauptgericht 17 £.
Carthouse Gallery: im Calgary Hotel (s. o.). Ostern–Okt. tgl. 11–16 Uhr. Kaffee und Kuchen sowie Lunch in beliebtem Galerie-Café. Lunch 9 £.

Vogelbeobachtung: Von Ulva Ferry im Sommer Bootsausflüge (5–6 Std.) zum unbewohnten Vogelparadies Threshnish Isles, am besten zur Brutzeit von Papageitauchern, Krähenscharben, meist auch nach Staffa, Turus Mara: Pat & Ian Morrison, Penmore Mill, Dervaig, Tel. 01688/400 242.
Fahrradvermietung: On Yer Bike, Salen, Tel. 01680/300 501.

Fähre von Ulva Ferry nach Ulva nach Bedarf, Mo–Fr 9–17, Juli/Aug. auch So, Tel. 01688/50 02 26.

Süd-Mull

Die Strecke Craignure–Fionnphort durch die menschenleere Berglandschaft Süd-Mulls lernt man auch auf der kombinierten Bus-/Fährexkursion nach Iona und Staffa ab Oban kennen. Abseits der Busroute kann man stille Küstenlandschaften auf Abstechern nach **Lochbuie** entdecken. Nahe der Ruinen von Moy Castle steht ein bronzezeitlicher Steinkreis. Von Lochbuie kann man ca. 7 km an der Küste mit dem Adnunan Stack entlang und durch Wald nach Carsaig wandern.

Vom Pier in Carsaig führt der recht anspruchsvolle, 9 km lange Küstenpfad unter grandiosen hohen Klippen weiter nach Westen zur **Nun's Cave** – der ›Nonnenhöhle‹, wo sich während der Reformation aus Iona vertriebene Nonnen versteckt gehalten haben sollen – und dann zu den **Carsaig Arches,** zwei spektakulären Felsbögen im Meer. Vor allem der eine, 36 m hohe, mit zinnenähnlichen Auswüchsen und einem 20 m hohen ›Schlüsselloch‹, ist eine einzigartige Naturplastik.

Die ›Hauptstraße‹ führt durch die grüngrauen Hänge des Glen More mit seinen sanften Lochs: eines der schönsten Hochlandtäler Schottlands. Neben den Gipfeln von Skye, thront der einzige Insel-Munro, der abweisende, kahle **Ben More** (967 m) über dem Tal. In etwa sechs Stunden steigt man hinauf (Beginn in Disheig am Nordufer des Loch Scridain).

Tiroran House: Tiroran, Nordufer des Loch Scridaig off B 8035, Tel. 01681/705 232, Fax 01681/705 240, www.tiroran.com. Völlig abgeschieden gelegenes, kinderfreundliches Landhaushotel, charmante Zimmer, man wird exzellent mit Zutaten von den eigenen Ländereien verwöhnt. DZ 90–108 £, Dinner 27,50 £.

Iona

Reiseatlas: S. 7, C 3

Im geschäftigen Fährhafen **Fionnphort** auf Mull gibt das kleine Besucherzentrum Columba Centre Einblick in Ionas Geschichte (April–Sept. tgl. 11–17 Uhr). An Küstenfelsen entlang, die in dem traumhaften, als Baustoff begehrten rosa Granit der Gegend schimmern, gleitet eine Calmac-Fähre über den schmalen Sund zur Insel Iona mit ihrem hübschen Hafen. Die 130 Köpfe starke Inselgemeinschaft verkraftet die Busladungen von Tagesbesuchern erstaunlich gut, ohne ihren geruhsamen Lebensrhythmus aufzugeben.

Im Jahr 563 gründete der irische Heilige Columban hier ein Männerkloster – weibliche Wesen, auch der Spezies Schaf oder Rind, waren strikt verbannt. Von dieser frühen Hüttensiedlung blieb nichts erhalten außer dem Tòrr an Aba, dem Felsen vor der Kathedrale, wo des Heiligen Klause stand. Um 1200 gründete Reginald, Sohn von Somerled, auf Iona eine Benediktinerabtei, **Iona Abbey,** und ein Augustinerinnenkloster, dessen stimmungsvolle romanische Ruinen man sich auf dem Weg vom Hafen zur Abtei ansehen sollte.

Die 1938 von Reverend George MacLeod gegründete ökumenische Iona Community baute die verfallene Ruinenanlage des Männerklosters wieder auf. Die vorwiegend jungen Leute der an Taizé erinnernden Gemeinschaft leben für einige Wochen in der Abtei, meditieren, beten und stellen ihre Arbeitskraft kostenlos der Gemeinschaft zur Verfügung.

Ein Rundgang führt durch die Abteigebäude: vorbei an den großen keltischen Schaukreuzen des St. Martin's und einer Replik des St. John's Cross aus dem 8. Jh., zum St. Columba's Shrine aus dem 9./10. Jh., dem ältesten Gebäude; zu der exquisiten Sammlung frühchristlicher Grabsteine des 6.–12. Jh. im Infirmary Museum, durch den ebenfalls mit spätmittelalterlichen Grabsteinen geschmückten Kreuzgang und in die großartige Kathedrale mit ihren Grabsteinen und Skulpturen.

Über die ›Straße der Toten‹, vorbei an der romanischen St. Oran's Chapel, wurden die verstorbenen schottischen Könige vom 9. bis 11. Jh. zu ihrer Grablege getragen, dem *Reilig Odhrain*. Hier harrten unter anderen Königen und Clanchefs Duncan und Macbeth der Auferstehung. Kein individuelles Grab, kein Denkmal ist mehr auszumachen von »Colmekill, dem heil'gen Beinhaus seiner Ahnen« (Shakespeare, ›Macbeth‹). (25. März–Sept. tgl. 9.30–18.30, Okt.–24. März tgl. 9.30–16.30, Café, Souvenirgeschäft).

Argyll Hotel: zwischen Fähre und Abtei am Meer, Tel. 01681/700 334, Fax 01681/700 510, www.argyllhoteliona. co.uk. Feb.–Nov. Sehr schöner Gasthof mit gemütlichen Zimmern, gute, aus den Schätzen des Meeres und des eigenen Biogartens zubereitete Speisen. DZ 48–64 £.

Iona Community: Tel. 01681/700 781, www. iona.org.uk. Einfache Gemeinschaftsunterkunft mit Teilnahme am Gemeinschaftsleben.

Seaview Guest House: Fionnphort, Tel. 01681/700 235, www.seaview-mull.co.uk. Fahrradverleih, Mai–Aug. tgl. um 12.10 Uhr Bootsausflüge zum Vogelparadies Treshnish Islands.

Schiff: Tgl. Calmac-Fähre Fionnphort–Iona, häufig, Fahrtdauer ca. 5 Min.

Staffa

Reiseatlas: S. 7, C 3

Von Fionnphort tuckern die Ausflugsboote nach Staffa, an dessen kleinem Betonpier sie jedoch nur bei gutem Wetter anlegen. Auf rutschigen Basaltsäulen schliddert man zur 70 m langen, 20 m hohen **Fingal's Cave.** Wie Orgelpfeifen ragen die erstarrten Lavapfeiler auf – Staffa ist altnordisch und bedeutet ›Säulen‹. Die schwappenden Wellen tief unten in der Höhle produzieren einen dumpfen Ton, dem die ›musikalische Insel‹ ihren gälischen Namen *An Uaimh Binn* verdankt. Mag sein, dass diese ›Wassermusik‹ den Komponisten Felix Mendelssohn Bartholdy zu seiner ›Hebriden-Ouvertüre‹ inspirierte. In vertikalen und horizontalen Lagen, schräg oder gewunden, schließen sich die Basaltformationen wie riesige Gewandfalten um das Felseiland. Ein zehnminütiger Spaziergang auf das Inseldach führt zu einer Papageitaucherkolonie.

Staffa-Bootsausflüge: Staffa Trips, Tel. 01681/700 358, mehrere Anbieter von Fionnphort und Iona.

Arran

Karte: S. 399

Gleichsam vor den Toren Glasgows gelegen, erfreuen sich die Badeorte von Arran mit ihrem etwas verblichenen Brighton-Charme großer Beliebtheit bei Ausflüglern. Auch unter Gourmets hat sich die Insel einen Namen gemacht. Bei Starköchen stehen das Fleisch der frei grasenden Aberdeen-Angus-, Shorthorn- oder Luing-Rinder und der auf den Bergen halbwild aufwachsenden Blackface-Schafe sowie die geräucherten und frischen Hummer, Jakobsmuscheln und Forellen hoch im Kurs. Exzellent ist auch der Käse, z. B. der Arran Dunlop.

Arran gilt auch als ›Schottland im Kleinen‹, denn mitten durch das Eiland verläuft die Highland Boundary Fault und teilt es in das nördliche Highland und das südliche Lowland. Bei Wanderern ist die Insel, vor allem die Gipfelregion um den Goat Fell, ausgesprochen beliebt. Mit Brodick Castle und den Steinkreisen von Machrie Moor hat sie auch kulturell Interessantes zu bieten.

Am besten fährt man mit dem Auto oder Fahrrad von Brodick aus, wo die Fähren anlegen, einmal um die ganze Insel. Oder man wandert auf dem insgesamt etwa 100 km langen und nicht besonders anspruchsvollen Arran Coastal Way (insgesamt 7 Tage, es lassen sich aber gut Teilstrecken wandern; www.coastalway.co.uk).

Brodick und Umgebung

Der Fährhafen und Badeort **Brodick** 1 ist unbestritten die Inselmetropole. Elegant reihen sich die Häuser an der von Bergen eingerahmten Bucht entlang. Das konventionelle **Isle of Arran Heritage Museum** in weißen Cottages zeigt eine recht zusammengewürfelte Ausstellung: ein bronzezeitliches Steinkistengrab, einen neolithischen Schädel, Farmhaus, Milchhaus, Schmiede, Relikte aus den Weltkriegen und Geologisches (Ostern–Okt. tgl. 10.30–16.30 Uhr).

Etwas weiter nördlich kann man auf der **Home Farm** bei der Herstellung von Arran-Käse zuschauen, verschiedene Sorten probieren und Käse kaufen. Hier, in der Gegend um Cladach – am Aufstieg zum Goatfell – entsteht eine Art neues Siedlungszentrum.

Nach Hopfen und Malz duftet es in der jungen **Arran Brewery,** die blonde und dunkle Designerbiere braut. Im Besucherzentrum kann man einen Blick auf die unterschiedlichen Herstellungsprozesse werfen – und Bier kaufen (20. Sept.–Ostern Mo, Mi–Sa 10–15.30, Ostern–19. Sept. Mo–Sa 10–17, So 12.30–17 Uhr).

Im Norden ragt das rötliche **Brodick Castle** 2 auf, ein im 19. Jh. im Neobaronialstil erweitertes Tower House aus dem 13. Jh. Die erstaunliche Kunstsammlung zeigt, dass die Herzöge von Hamilton nicht nur exquisite Renaissancekabinette, das übliche Porzellan und die üblichen Ahnenporträts, sondern vor allem Darstellungen von Pferden und Boxern liebten. Von den Gärten mit ihrer bunten Rhododendronpracht hat man weite Ausblicke auf die Bucht. Der ebenfalls dem National Trust unterstehende Naturpark erstreckt sich bis zum Goatfell. Mit den Karten und Infos des Countryside Centre versorgt, gelangt man zu Naturpfaden, Wasserfällen und versteckten viktorianischen Sommerhäuschen. Kids können sich auf einem Abenteuerspielplatz austoben. Außerdem gibt es einen ausgezeichneten Tea Room und Shop (Schloss Ostern–Sept. tgl. 11–16.30, Okt. 11–15.30, Shop, Garten, *Walled Garden* zusätzlich Nov.–Dez. Fr–So 10–15.30 Uhr, Landschaftspark immer).

Taste of Arran Trail: Die Route führt zu Käsereien, Eisherstellern und anderen Lebensmittelproduzenten (www.taste-of-arran.co.uk, Infomaterial beim Tourist Office).

Tourist Information: The Pier, Brodick, Tel. 01770/303 774, www.ayrshire-arran.com, Okt.–April Mo–Sa 9–17, im Sommer länger und So 10–17 Uhr. Infos, Karten, Büchlein zu den zahlreichen Wanderungen.

The Auchrannie: Country House Hotel and Country Club, 2 km nördl., Tel. 01770/302 234, Fax 01770/302 812, www.auchrannie.co.uk. Einstiges Witwenhaus der Herzogin von Hamilton, Wellnesszentrum, Pool, Indoor-Tennis, Restaurant. DZ ab 99 £.
Rosaburn Lodge: Neben dem Heimatmuseum, Tel./Fax 01770/302 383. Geschmackvoll eingerichtete Zimmer (DZ ab 54 £), besonders die Suite mit Buchtblick (ab 70 £), in historischem Haus mit Park.
Glencloy Farm: Glencloy Road, nördl. im gleichnamigen Tal, Tel. 01770/302 351, www.smoothhound.co.uk/hotels/glencloy. Altes Farmhaus in großem Park mit frei laufenden Hühnern, geschmackvoll-schlicht mit Designertouch eingerichtet. DZ 46, *ensuite* 56 £.

Creelers Seafood: Home Farm, Tel. 01770/302 797, Ostern–Okt. Di–So 12–14, 18–22 Uhr. Informelles, mit Kunst geschmücktes Bistro, schmackhafte Meeresfrüchte und Fisch, auch aus eigenem Räucherhaus. Hauptgericht 14 £.

Brodick Bar: Main Street, Mo–Sa 10–23, So 12.30–23 Uhr. Pub Nähe Post, gutes Essen bis 22 Uhr.

Goatfell Race: Mai. Geländerennen.
Folkfestival: Anfang Juni.
Highland Games: Anfang Aug.

Arran Adventure Company: Ormidale Park, Tel. 01770/302 244. Bergwandern, Powerboat, Verleih von Mountainbikes.

Arran Golf Pass: Mit dem beim Tourist Office oder den Golfclubs erhältlichen Pass (80 £) kann man eine Runde auf jedem der sieben Inselplätze spielen.

Wandern: Beliebte Talwanderungen (rund 10 km) führen durch das Glen Rosa westlich von Brodick Castle und das Glen Sannox 3 km nördlich von Corrie. Beinn Nuis und Bein Tarsuinn am Ende von Glen Rosa sind die Hauptreviere für Felskletterer.

Schiff: Autofähre von Lochranza nach Claonaig 7 x tgl., von Brodick nach Ardrossan (55 Min.) bis zu 6 x tgl. Calmac-Büro, Brodick Pier, Tel. 01770/302 166, Fax 01770/302 618, www.calmac.co.uk.

Nord-Arran

Nimmt man die Küstenstraße A 841 Richtung Norden, bieten sich zur Linken schöne Blicke auf die Berge Nord-Arrans, zur Rechten, an der Landzunge Merkland Point, erspäht man häufig Seehunde.

Über den adretten Cottages des kleinen Orts Corrie erhebt sich die felsige Doppelspitze des **Goatfell** 3. Er ist mit 874 m Höhe Arrans höchster Gipfel und wegen des hochlandgleichen Habitats bei Bergwanderern besonders beliebt (ca. 5 Std. hin und zurück ab Corrie oder Brodick Castle).

In **Lochranza** 4 an der Nordspitze der Insel fahren die Fähren nach Claonaig ab. Heimelig wirkende Häuschen und eine Tower House-Ruine aus dem 16. Jh. liegen verstreut um den verschlafenen Hafen. Die Isle of Arran Destillery bietet Werksrundgänge sowie Whiskyproben an und hat ein empfehlenswertes, preiswertes Restaurant. Verkauft werden neben dem Single Malt auch Holy Isle Cream Liqueur (Mitte März–Okt. tgl. 10–18 Uhr, sonst anrufen Tel. 01770/830 264).

Apple Lodge: Tel./Fax 01770/830 229. Ehemaliges Pfarrhaus, stilvolle edwardianische Einrichtung, vom ›Michelin‹ empfohlene Hausmannskost. DZ 68–78 £.
Castlekirk: Gegenüber der Burg, Tel. 01770/830 202, www.castlekirkarran.co.uk. B & B in umgebauter Kirche (19. Jh.). DZ ab 50 £.
Lochranza Youth Hostel: An der A 841, Tel./Fax 0870/004 1140, www.shya.org.uk, März–Okt. 3 Sterne, für Selbstversorger, auch Familienzimmer. Ab 12 £.

Arran

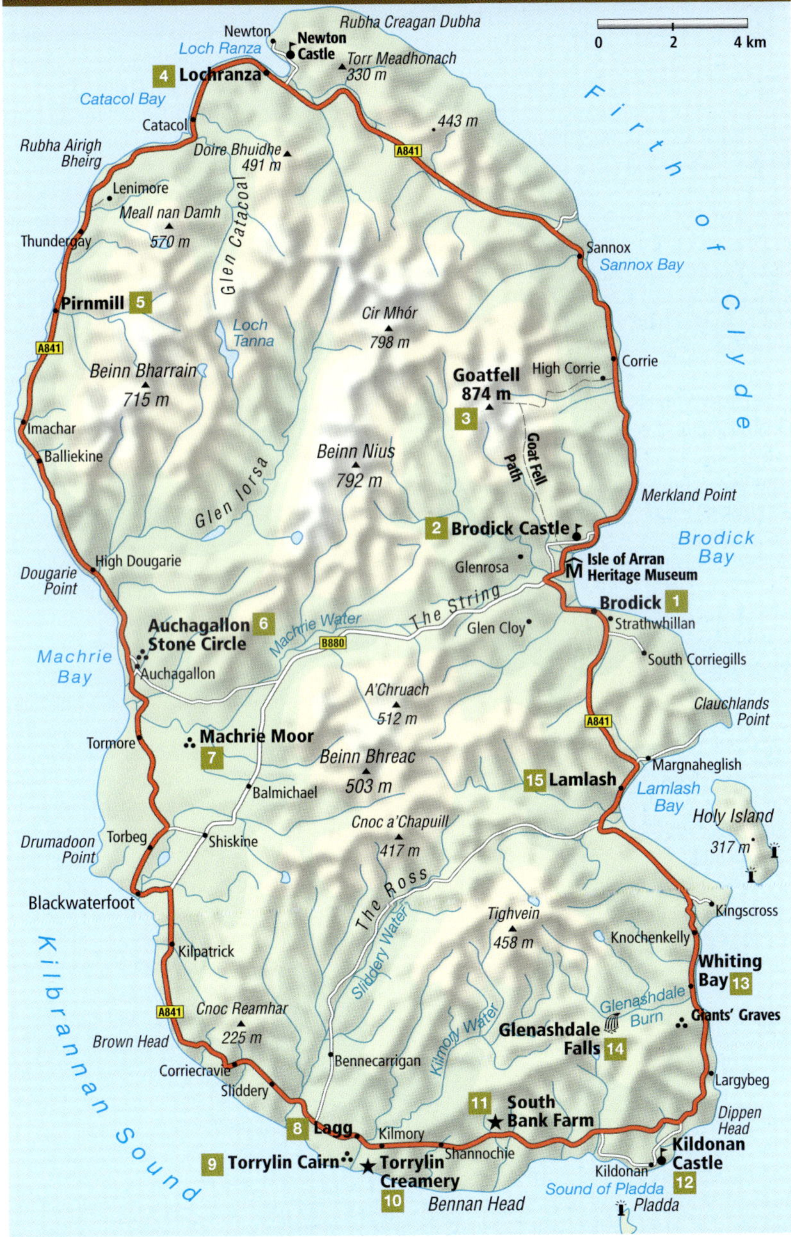
0 2 4 km
Rubha Creagan Dubha
Newton
Newton Castle
Loch Ranza
Torr Meadhonach 330 m
4 Lochranza
Catacol Bay
Catacol
443 m
A841
Rubha Airigh Bheirg
Doire Bhuidhe 491 m
Firth of Clyde
Lenimore
Meall nan Damh 570 m
Glen Catacoal
Thundergay
Sannox
Sannox Bay
Pirnmill 5
Loch Tanna
Cir Mhór 798 m
Beinn Bharrain 715 m
Goatfell 874 m
3
High Corrie
Corrie
Imachar
Balliekine
Beinn Nius 792 m
Goat Fell Path
Glen Iorsa
Merkland Point
2 Brodick Castle
Brodick Bay
Glenrosa
Isle of Arran Heritage Museum
High Dougarie
Dougarie Point
Brodick 1
Strathwhillan
The String
Auchagallon Stone Circle 6
Machrie Water
Glen Cloy
B880
South Corriegills
Machrie Bay
Auchagallon
A'Chruach 512 m
Clauchlands Point
Tormore
Machrie Moor
7
Beinn Bhreac 503 m
Margnaheglish
15 Lamlash
Balmichael
Lamlash Bay
Holy Island
Cnoc a'Chapuill 417 m
317 m
Drumadoon Point
Torbeg
Shiskine
Blackwaterfoot
The Ross
Kingscross
Tighvein 458 m
Sliddery Water
Knochenkelly
Kilpatrick
Whiting Bay 13
Kilbrannan Sound
Glenashdale Burn
Giants' Graves
Cnoc Reamhar 225 m
Kilmory Water
Glenashdale Falls 14
Brown Head
Bennecarrigan
Corriecravie
Largybeg
Sliddery
11 South Bank Farm
Dippen Head
8 Lagg
Kilmory
Kildonan Castle
Shannochie
9 Torrylin Cairn
Torrylin Creamery
10
Kildonan
12
Sound of Pladda
Bennan Head
Pladda

Lochranza Golf: Tel. 01770/830 273, Fax 01770/830 600, www.lochgolf.co.uk. April–Okt., 3 Sterne, Caravan- und Camping neben Golfplatz, recht komfortabel, Shop.

North Sannox Pony Trekking: North Sannox (5 km nördl. von Corrie), Tel. 01770/810 222. Ponyausritte.
Golf: s. Tipp S. 398

Westküste

In **Pirnmill** 5 kann man im Lighthouse Tea Room an Erkerplätzen mit schöner Aussicht sehr gute zeitgenössische Küche genießen (s. u.), was in dem kleinen Crofter-Ort vielleicht ein wenig überrascht.

Inmitten der rötlichen Megalithen des **Auchagallon Stone Circle** 6 oberhalb eines Golfplatzes liegt ein kleiner bronzezeitlicher Cairn. Ein halbstündiger Fußmarsch auf einem Farmtrack, vorbei an weiteren megalithischen Zeugnissen, führt von hier zu den insgesamt sechs Steinkreisen auf der windumtosten Hochebene von **Machrie Moor** 7. Der seltene Doppelkreis – runde, niedrige Granitblöcke oder hohe, flache Sandsteinplatten mit fantastischen Erosionsmustern – ist ein bedeutender Überrest eines jungsteinzeitlichen Kultzentrums.

The Lighthouse: s. u. Hostel. Bett im Schlafsaal 11 £.

The Lighthouse Tea Room & Bunkhouse: Pirnmill, Tel. 01770/850 240, tgl. 9–20, im Sommer bis 21 Uhr. Maritim-funkige Einrichtung, fantastische Ausblicke nach Kintyre, zeitgenössische Bistroküche. Hauptgericht 8 £.

Cairnhouse Riding Centre: The Stables, Blackwaterfoot, Tel. 01770/860 466. Reitzentrum mit Schule, Ausritte.

Südküste

Das kleine **Lagg** 8 liegt, geschützt vor dem ständig wehenden Wind, in einer Talmulde. Das weiß-schwarze Gasthaus, eine beliebte Einkehrmöglichkeit für die vielen Fahrradfahrer, das gepflegte *bowling green,* die adretten Häuschen und die Brücke bilden das beinah archetypische Ensemble eines schottischen Weilers. Ein Spaziergang führt zu den frei liegenden Resten eines neolithischen Gemeinschaftsgrabs, dem **Torrylin Cairn** 9.

In der nahen **Torrylin Creamery** 10 kann man zuschauen, wie der berühmte cheddarähnliche Arran-Käse hergestellt wird, und ihn auch kaufen (Kilmory, So–Fr 10–16 Uhr).

Kinder kommen im Kuschelzoo der **South Bank Farm** 11 auf ihre Kosten. Es gibt Zwergziegen, zottelige Highlandrinder und dienstags, donnerstags und samstags um 14.30 Uhr *Sheepdog*-Vorführungen. Über die Farm führt ein angelegter Rundweg (East Bennan, Ostern–Sept. So–Fr 10–16.30 Uhr).

Grüne, zum Meer abfallende Weiden und sanfte Klippen charakterisieren die Südküste. Über den spärlichen Ruinen von **Kildonan Castle** 12 ragen im Meer der Leuchtturm von Pladda Island und weit draußen der Zuckerhutkegel der Ailsa Craig auf.

Ab der Ashdale-Brücke im großen Badeort **Whiting Bay** 13 führt ein ausgeschilderter, steiler Treppenpfad zu den **Giants' Graves,** einem weiteren neolithischen Grab mit weiten Ausblicken über die Bucht. Von der Brücke aus gelangt man auch auf einer insgesamt zweistündigen Wanderung durch das landschaftlich reizvolle Glenashdale Burn zu den **Glenashdale Falls** 14 an seinem Ende.

Kurz vor dem Badeort **Lamlash** 15 erblickt man am Fuß eines Berges den weißen Leuchtturm von **Holy Island.** Im Sommer setzen täglich Fähren zur Insel über. Im dortigen, 2004 eröffneten Peace Centre kann man u. a. Yoga- und Tai Chi-Kurse besuchen und meditieren (auch Übernachtung), das buddhistische Kloster selbst ist nicht zu besichtigen.

Bevor man mit der Fähre aufs Festland zurückkehrt, sollte man das Abschiedspanorama mit der schönen Brodick Bay genießen.

Burlington Hotel: s. S. 401. DZ 60–78 £.
The Shore: Shore Road, Lamlash, Tel./Fax 01770/600 764, www.arran-shore.co.uk. Skandinavisch anmutendes blaues Holzobergeschoss auf einem modernen

Steinhaus, tolle Blicke aufs Meer durch die Glasfensterfront, einfache helle Ensuite-DZ 56–60 £.

Peace Centre: s. S. 400. Tel. 01770/601 100, Fax 01770/601 101, www.holyisland.org. Übernachtung inkl. drei vegetarischen Mahlzeiten EZ 50, DZ 65–75, Bett 25 £.

Seal Shore Camping & Touring Site, Kildonan: Tel./Fax 01770/820 320, www.isleofarran.freeserve.co.uk, März–Okt. 4 Sterne, gute Lage an der Küste. Ab 5 £.

Burlington Hotel-Restaurant: Shore Road, Whiting Bay, Tel. 01770/700 255, Fax 01770/700 232, www.burlingtonarran.co.uk, Ostern–Sept. tgl. 12–14, 18–21 Uhr. Der Koch ist ein renommierter Vertreter der Slow Food-Bewegung. 3-Gang-Dinner 25 £.

Flying Fever: Kildonan, Tel. 01770/820 292, www.flyingfever.net. Paragliding.

Whiting Bay Hires: Silverhill, Whiting Bay, Tel. 01770/700 382. Fahrradverleih.

Islay

Reiseatlas: S. 11, A/B 1/2

Die kleine Insel mit dem klangvollen Namen (sprich: *Aila*) ist Whiskykennern ein Begriff. Viele Forscher glauben, dass die Whisky-Herstellung im Mittelalter über Islay in Schottland Einzug hielt. *Peaty* sind die Malts der acht Destillerien auf der Insel. Sie befinden sich alle in pittoresken, weiß getünchten Gebäuden direkt am Meer und können besichtigt werden. Mit der Destillerie auf Jura wurden sie vom Tourist Office zum ›Islay and Jura Whisky Trail‹ zusammengefasst.

Die Inseln Islay und Jura galten lange als Geheimtipp, werden jetzt aber vom Tourismus entdeckt. Sie locken mit unberührten Heidelandschaften, Sandstränden und einem reichen Vogelleben. Über 250 Vogelarten, sowohl ständig hier lebende als auch Zugvögel, sind die Objekte ornithologischer Begierde. Zahlenmäßig übertreffen sie die rund 3000 Köpfe zählende Homo sapiens sapiens-Population beider Inseln um ein Vielfaches.

Port Ellen und die Südküste

In dem kleinen Hafen- und Fischerort **Port Ellen** mit seinen adretten weißen Cottages, die für die gesamte Insel charakteristisch sind, legen die Calmac-Fähren aus Kennacraig (Kintyre) an. Jenseits des quadratischen Leuchtturms von 1832 liegt der Traigh Bhán-Strand, einer der wundervollen Sandstrände Islays.

Drei der Islay-Destillerien finden Sie kurz hintereinander an der A 846 östlich von Port Ellen: Die **Laphroaig Distillery,** ein pittoresker Komplex weiß getünchter Gebäude, hat mit Prinz Charles einen königlichen Gönner gefunden (Tel. 01496/302 418, Führungen Mo–Fr 10.15, 14.15 Uhr, Juli/ Aug. geschl.).

Knappe 2 km weiter an der Südküstenstraße kann man sich eine weitere Werksführung gönnen. Neben der **Lagavulin Distillery** stehen die romantisch anmutenden Ruinen des mittelalterlichen Tower House Dunyvaig Castle (Mo–Fr Führung nach Vereinbarung, 10, 11.30, 14.30 Uhr, Tel. 01496/ 302 400, www.discoveringdistilleries.com).

In der **Ardbeg Distillery** wird der gleichnamige Whisky gebrannt. Die weißen Gebäude mit Pagodendächern stehen rund um eine kleine Felsbucht. In der ehemaligen Torfdarre ist ein nettes Café-Restaurant untergebracht (Tel. 01496/302 244, Sept.–Mai Mo–Fr 10–16, Juni–Aug. tgl. 10–17 Uhr).

Die bescheidene mittelalterliche Kidalton Chapel ist vor allem wegen des **Kidalton Cross** (8. Jh.) auf ihrem Friedhof bekannt, Islays bedeutendstem Kunstschatz. Eine Seite des Kreuzes ist mit biblischen Szenen geschmückt – Maria und das Kind, die Ermordung Abels durch Kain, das Isaaksopfer und Davids Kampf gegen den Löwen –, die andere zeigt ein keltisches Muster, Bossen und vier Tierdarstellungen, ähnlich wie man sie von Piktensteinen kennt. Spätmittelalterliche Grabsteine mit Schwertern und keltischen Mustern erinnern daran, dass Islay in dieser Zeit der Sitz der mächtigen *Lords of the Isles* war.

Westlich von Port Ellen erstreckt sich die windumtoste **Oa-Halbinsel** (sprich: Oh), wo man gute Chancen hat, Goldadler, wilde Ziegen und Seehunde zu sichten. Vom **American Monument** bietet sich ein weiter Blick.

Schon im 18. Jh. wurde in der Bowmore Distillery Whisky produziert

Das Rote Kreuz errichtete das leuchtturmähnliche Mahnmal zum Gedenken an die Opfer zweier Schiffbrüche in den letzten Tagen des Ersten Weltkriegs.

Glenmachrie Farmhouse: Zwischen Port Ellen und Bowmore, Tel./Fax 01496/302 560, www.glenmachrie.com. Komfortable Farm mit gutem *home cooking*. DZ mit Frühstück 80, mit Dinner 140 £.

Kintra Farm Site: Kintra Beach, Port Ellen, Tel. 01496/30 20 51, www.kintrafarm.co.uk. Idyllisch gelegene Farm am Meer, im Sommer B & B (33 £), Zeltplätze (8 £), Cottages (225–450 £/Woche), alles einfach.

Golf: Machrie Golf Hotel, Tel. 01496/302 310, Fax 01496/302 404, www.machrie.com. Golfhotel (DZ 70–108 £) mit anspruchsvollem, windumtostem Dünenplatz 7 km nordwestlich von Port Ellen.

Port Ellen Playing Fields, Ramsay Hall: Pitch & Putt, Bowling, Fahrradverleih.

Flugzeug: Loganair/British Airways Mo–Sa 2 x von Glasgow zum Flughafen Glenegedale 5 km nördlich von Port Ellen, Tel. 01496/302 022, www.british-airways.com. Mietwagen: D & N Mackenzie, Flughafen, Tel. 01496/302 300.

Schiff: Calmac-Büro Port Ellen, Tel. 01496/302 209, Fax 01496/302 557. Autofähren von hier und Port Askaig nach Kennacraig. Eine Fährverbindung von Prestwick nördlich von Ayr (s. S. 180f.) ist geplant.

Bowmore

Bowmore (800 Einw.) mit reizenden weißen Häuserreihen ist einer der im 18. Jh. planmäßig von den Landherren gegründeten Orte auf Islay. Aus dieser Zeit stammt die **Rundkirche,** ein seltenes georgianisches Kleinod. Im holzgetäfelten Inneren mit Galerie und zentraler Säule sollte der Teufel – so lautet die Legende – keine Ecken zum Verstecken finden (tgl. 9 Uhr bis Sonnenuntergang).

1779 gegründet, ist die **Bowmore Distillery** die älteste (legale) Islay-Destillerie. Mit ihrer Abwärme wird das örtliche Schwimmbad beheizt (School Street, Tel. 01496/810 671, www.morrisonbowmore.co.uk, Führungen Mo–Fr 10.30, 12.30, Mai–Sept. Mo–Fr 10.30,

11.30, 14, 15, Sa 10.30, Okt.–April Mo–Fr 10.30, 14 Uhr).

Tourist Information: The Square, Tel. 08707/200 617, April–Okt. Mo–Sa 10–17, Mai–Aug. auch So 12–17, Nov.–März Mo–Fr 12–16 Uhr, www.isle-of-islay.com und www.visitscottishheartlands.org. Das einzige Tourist Office auf der Insel gibt einen Verkehrsplan mit den Busverbindungen zwischen den größeren Inselorten heraus.

Harbour Inn: s. u. Ensuite-Zimmer 95–110 £.

Lochside Hotel: Shore Street, Tel. 01496/810 244, Fax 01496/810 390, www.lochside-hotel.co.uk. Historisches Gasthaus, Ensuite-Zimmer mit weißen Wänden und Kiefernholzmöbeln ab 80 £, Restaurant, Bar.

Harbour Inn: Tel. 01496/810 330, Fax 01496/810 990, www.harbour-inn.com, tgl. 12–14, 18–22 Uhr. Wintergarten-Bistro mit maritimem Flair und Meerblick, Hummer, Jakobsmuscheln, Lamm, Rotwild von Jura, traditionelle Kochkunst mit zeitgenössischem Touch, Bar. Hauptgericht 16 £.

Pub im Lochside Hotel: s. o. Mo–Sa 10–23, So 12.30–23 Uhr. Traditioneller Pub, riesige Malt-Whisky-Auswahl.

Port Charlotte

Port Charlotte am Loch Indaal, eine Ansammlung von adretten weißen Häuschen an einer Sandbucht, wurde wie alle anderen Inselorte planmäßig von einem Grundbesitzer gegründet, und zwar 1828 von einem Campbell, der die Siedlung nach seiner Mutter benannte. Das **Museum of Islay Life** in einer ehemaligen Kapelle zeigt Heimatgeschichtliches. Angeschlossen ist kleines ›Museum der Kindheit‹ u. a. mit Spielen für Kids (Ostern–Okt. Mo–Sa 10–17, So 14–17 Uhr). Für Kinder sind außerdem die interaktiven Einrichtungen interessant und das kleine Meerwasseraquarium im **Wildlife Information Centre,** das über die Flora und Fauna der Insel informiert (Ostern–Okt. So–Fr 10–15, Juli/Aug. tgl. 10–17 Uhr).

Die 1881 gegründete, später mehrfach – zuletzt 1995 – geschlossene **Bruichladdich Distillery** wurde 2001 von wahren Whisky-Enthusiasten wieder in Betrieb genommen. Sie ist die einzige nicht einem Brauimperium angeschlossene Destillerie Islays. Das alte viktorianische Equipment wurde fast vollständig übernommen (Tel. 01496/850 221, www.bruichladdich.com, Ostern–Okt. Führungen Mo–Fr 10.30, 11.30, 14.30, Sa 10.30, 14.30, Okt.–Ostern Mo–Fr 11.30, 14.30, Sa 10.30 Uhr).

Port Charlotte Hotel: Tel. 01496/850 360, Fax 01496/850 361, www.portcharlottehotel.co.uk. Renoviertes viktorianisches Gasthaus, Ensuite-Zimmer mit Blick auf Loch Indaal, Wintergarten, Garten, Sandstrand, Restaurant (s. u.). Bar. DZ 115 £.

Islay Youth Hostel: Port Charlotte, Tel. 0870/004 1128, www.shya.org.uk, April–Okt. In ehemaliger Destillerie, recht komfortables Haus, 3 Schlafsäle. Bett 11,50 £.

The Croft Kitchen: Gegenüber dem Museum, Tel. 01496/850 230, März–Okt. 10–20.30 Uhr. Entspanntes Bistro. 3-Gang-Dinner 16 £.

Port Charlotte Hotel: s. o. Das beste Essen auf Islay, Fleisch von vor Ort gezogenem Rind, Lamm und Geflügel. Hauptgericht 15 £.

Fahrradverleih: Polly Taylor, gegenüber dem Port Charlotte Hotel, Tel. 01496/850 488.

Islay Birding: Jeremy Hastings, The Old Byre, Main Street, Tel. 01496/850 010, mobil 0774/8687 656, www.islaybirding.co.uk. Tages- oder Halbtagestouren zur Vogelbeobachtung, auch für Behinderte, Familienaktivitäten, Wanderungen – preisgekrönte Naturführungen mit Schwerpunkt Vögel.

Rhinns of Islay

Ein Stück vor dem Crofterort **Port Wemyss** auf der kleinen Insel Orsay schickt das 1825 von Robert Louis Stevensons Vater erbaute Rhinns of Islay Lighthouse seine lebensrettenden Lichtsignale an die Schiffe auf See. Außer-

Festivals: Ende Mai/Anfang Juni finden zeitgleich das Islay Festival und das Whisky-Festival statt. Dann stehen traditionelle Musik- und Tanzabende *(ceilidhs),* Führungen durch Destillerien sowie Whiskyproben auf dem Programm (www.islayfestival.org).

halb von **Portnahaven** steht das Wellenkraftwerk Limpet 500 *(land-installed marine-powered energy transformer),* ein Prototyp, der 500 kW produziert. Kraftwerke dieses Typs könnten in Zukunft vielerorts an der für diese Art von Stromgewinnung geeigneten schottischen Atlantikküste die lokale Energieversorgung sicherstellen.

Auf dem Friedhof der verfallenen **Kilchoman Church** stößt man auf ein üppig mit keltischen Rankenmustern und einer Kreuzigungsdarstellung verziertes Steinkreuz aus der zweiten Hälfte des 14. Jh. Auf dem **Otranto War Cemetery** in der Nähe sind 75 von über 300 Matrosen der ›SS Otranto‹ beerdigt, die 1918 nach einer Schiffskollision wenige hundert Meter vor der Küste ertranken.

In der je nach Wetter mal beruhigend, mal deprimierend wirkenden Gegend findet ein interessantes Whisky-Experiment statt. Auf der Rockside Farm bei Kilchoman nahm 2005 die **Kilchoman Distillery,** Islays einzige Bauernhofdestillerie, den Betrieb auf. Im 19. Jh. gab es über ein Dutzend Bauernhofdestillerien, ein Produktionsmodell, das Whiskyliebhaber wiederbeleben wollten. Die Gerste wird vor Ort angebaut und der Whisky weitgehend ökologisch produziert. Sich bei dieser, Schottlands westlichster Destillerie für eine in 12 Jahren fertige Cask-Abfüllung vormerken zu lassen, ist möglicherweise eine lohnende Investition (Shop, Besucherzentrum, Café Mai, Juni, Sept. Mo–Sa 10–17.30, Juli/Aug. tgl., Okt.–Dez. Mo–Fr, Touren stets 11, 15 Uhr, www.kilchomandistillery.com).

Die herrlichen Sandstrände von **Machir Bay** und **Saligo Bay** an der Nordwestküste hat man meist für sich allein. Sie bestehen aus Sand, niedrigen grasbewachsenen Dünen und felsigen Einschlüssen.

Loch Gruinart

Der Meeresarm Loch Gruinart ist ein bei Ornithologen auf der ganzen Welt bekanntes Vogelschutzgebiet. Von Beobachtungsständen im **RSPB Nature Reserve** kann man von Mitte September bis Ende April Zehntausende von Bläss- und vor allem Ringelgänsen sehen, die auf den Sand- und Wattflächen ideale Überwinterungsbedingungen vorfinden (Besucherzentrum tgl. 10–17 Uhr).

Die Kirche in **Kilnave** am Ufer des Loch birgt ein keltisches Kreuz aus dem 8. Jh., nicht ganz so üppig reliefiert wie das von Kidalton.

Port Askaig und Umgebung

In Port Askaig legen die Autofähren nach Kennacraig, Jura und Colonsay ab. Am Ortsrand lädt die **Caol Ila Distillery** (sprich: kalliela) zu Destillenrundgang und Whiskyprobe ein (Tel. 01496/840 207, April–Okt. Mo–Do 9.30, 10.45, 13.45, Fr 9.30, 10.45 Uhr). Die **Bunnahabhain Distillery** (sprich: bannehäwinn) liegt grandios am Sund mit Blicken nach Jura, produziert jedoch nur einige Monate im Jahr (Tel. 01496/840 646, Führungen nach Voranmeldung Mo–Do 10.30, 13, 15 Uhr, Fr 10.30, Shop Mo–Fr 10–16 Uhr).

Lohnender ist der Besuch des riedbewachsenen, idyllischen **Loch Finlaggan.** Das gleichnamige Castle auf der kleinen Insel Eilean Mor war vom 12. bis ins 16. Jh. der Sitz der *Lords of the Isles*, deren Inselkönigreich sich bis nach Irland erstreckte. Nur niedrige Ruinen sind erhalten geblieben, Grabsteine und ein Kreuz.

Kilmeny: Mrs. Margaret Rozga, Ballygrant (südl. des Fähranlegers), Tel./Fax 01496/840 668, www.kilmeny.co.uk. Reizende alte Farm im Grünen, jedes Zimmer ist in einer anderen Grundfarbe gehalten und elegant mit Antiquitäten eingerichtet. DZ mit Frühstück 98 £, mit 3-Gang-Dinner (Mo–Fr 19 Uhr) 150 £.

Islay Sea Safari: Nicol MacKinnon, Laoigen Pl., Keills, Port Askaig, Handy 07768/450 000, www.islayseasafari.co.uk.

Touren in orangefarbenem Schnellboot zu den Destillerien, dem Corryvreckan Whirlpool und zur Tierbeobachtung, die Ausflüge lassen sich individuell je nach Interesse gestalten.

Jura

Reiseatlas: S. 7, C/D 4, S. 11, B 1

›Hirschinsel‹, *dy oer*, nannten die Wikinger die lang gezogene Insel, auf der auch heute deutlich mehr Hirsche (über 5000) als Menschen (weniger als 250) leben. Eine einzige Straße führt vom Fähranleger Feolin Ferry die Ostküste hoch. Der Westteil ist unbewohnt, eine baum- und weglose Naturlandschaft, aus der die von Gletschern abgeschliffenen **Paps of Jura,** drei markante konische Quarzitkegel, aufragen. Auf einer anstrengenden Tagestour kann man sie erklimmen. Es geht aber auch schneller: Der Rekord beim jährlichen ›Bergrennen‹ am letzten Mai-Wochenende liegt bei drei Stunden.

Die Landbesitzer leben von zahlenden Gästen, die auf ihren riesigen Ländereien auf die Hirschjagd gehen, Forellen angeln oder Hasen, Otter, Wiesel und Goldadler beobachten wollen. Das Leben auf Jura muss der Gesundheit sehr zuträglich sein, denn auf den Friedhöfen liegen Inselbewohner, die in hohem Alter verstorben sind, z. B. Mary MacCrain, die 128 Jahre alt wurde, oder ihr Vorfahr Gillour, der sogar 180 geworden sein soll. Das Rezept für langes Leben lautet: zwei Whisky täglich und eine Whisky-Abreibung für Neugeborene – so der Volksmund.

Im Park und dem reizenden mauerumwehrten Garten von **Jura House** gedeihen aufgrund seiner geschützten Lage Pflanzen, die gewöhnlich viel weiter südlich wachsen. Im ›Teezelt‹ bekommt man in den Sommermonaten nicht nur Snacks, sondern auch Souvenirs und Gartenpflanzen (tgl. 9–17 Uhr). Einfache Wanderungen von ein bis zwei Stunden führen von hier an der Küste entlang.

Craighouse ist das Zentrum des Insellebens mit dem einzigen Laden, der einzigen Kirche, der einzigen Dorfhalle, wo die *ceilidhs* stattfinden, dem einzigen Pub (in dem einzigen Hotel) und der einzigen Destillerie (Tel. 01496/820 344, www.isleofjura.com, Besichtigung nach Voranmeldung). Das Jura Hotel bietet nicht nur Wanderern, Jägern und Vogelbeobachtern Unterkunft, sondern fungiert auch als Nachrichtenbörse und inoffizielles Touristenbüro. Von hier lassen sich Fahrten nach Barnhill, Jagd- und Angelausflüge organisieren, und Wanderinfos sind erhältlich.

In der **Lowlandman's Bay** tummelt sich eine Seehundkolonie. 5 km hinter **Inverlussa** mit seinem stimmungsvollen Friedhof endet bei Lealt die Straße.

Zum **Corryvrecken Whirlpool** zwischen dem Nordende von Jura und Scarba kommt man nur zu Fuß. Vom Straßenende ist es ein Marsch von 10 km auf einem unwegsamen Track nach Kinuachdrach Harbour und von dort noch etwa 3 km zum Aussichtspunkt Craignish Point. Die schäumenden Gezeitenstrudel der Meerenge, von der Royal Navy als unschiffbar eingestuft, sind das Grab so manchen Schiffes. Wenn die Flut ihren Höchststand erreicht hat, ist er angeblich leicht zu passieren. George Orwell wäre beinahe in dem Mahlstrom ertrunken. 1946–48 lebte er mit seinem dreijährigen Adoptivsohn Richard auf der nahen **Barnhill Farm** in völliger Abgeschiedenheit und schrieb ›1984‹. Das weiße Farmgebäude steht noch, ist aber nicht von innen zu besichtigen. Auf dem Weg zum Whirlpool kommt man an Barnhill in der Nähe des Nordkaps vorbei.

Jura Hotel: Craighouse, Tel. 01496/820 243, Fax 01496/820 249, www.jurahotel.co.uk. Einfaches, sehr freundliches Familienhotel, DZ 70, mit Bad 82–110 £, buchen Sie ein Zimmer mit Meerblick; die Bar ist das Zentrum des sozialen Lebens, Spezialiät Wildpastete. Man kann hinter dem Hotel campen. Einige Fahrräder stehen bereit.

Autofähre: Port Askaig-Feolin Ferr, Tel. 01496/840 681, im Winter Mo–Sa 7.45–18.30 Uhr stdl. und öfter, So 2 x; im Sommer Mo–Sa wie Winter, zusätzlich Spätfahrten, Voranmeldung erforderlich, So 6 x.

Im Hafen von Stornoway auf der Hebrideninsel Lewis

NORTHERN STAR

Register

H = Hebriden
O = Orkney
S = Shetland

Atlantic Ocean
North Sea
1
Unst
Mainland
Shetland Islands
Fair Isle
2
Orkney Islands
Mainland
Hoy
Outer Hebrides
3 / 4
5 / 6
Lewis
Harris
North Uist
South Uist
The Minch
Skye
Portree
Ullapool
Thurso
Wick
Helmsdale
Moray Firth
Fraserburgh
Elgin
Peter-head
Inverness
Inverurie
7 / 8
9 / 10
Barra
Sea of the Hebrides
Inner Hebrides
Invergarry
Fort William
Aviemore
Aberdeen
Stonehaven
Tiree
Isle of Mull
Oban
Jura
Dundee
Arbroath
Perth
Firth of Tay
St. Andrews
Stirling
Firth of Forth
Airdrie
Edinburgh
11 / 12
13 / 14
Islay
Glasgow
Kintyre
Arran
Ayr
Galashiels
IRELAND
NORTHERN IRELAND
Belfast
North Channel
Stranraer
Dumfries
Carlisle
Newcastle
ENGLAND

Legende

- Autobahn mit Anschlussstelle (M80)
- Schnellstraße
- Fernstraße mit Nummer (68)
- Hauptstraße
- Nebenstraße
- Straße in Bau
- Straße für Kfz gesperrt
- Tunnel
- Eisenbahn
- Fähre, Schiffsverbindung
- Nationalpark; Naturpark
- Römischer Wall
- Sperrgebiet
- Europastraßennummer (E 16)
- Internationaler Flughafen
- Nationaler Flughafen
- Sehenswürdigkeit
- Archäologische Stätte
- Kloster; Kirche, Kapelle
- Schloss, Burg; Burgruine
- Leuchtturm; Turm
- Museum
- Badestrand
- Wasserfall; Höhle
- Berggipfel
- Pass, Joch
- Aussichtspunkt
- Campingplatz; Jugendherberge

Reiseatlas Schottland

A
B
C
1
2
3
4
Atlantic Ocean
North Sea
Shetland Islands
Saxo Vord
285 m
Hermaness
Lamba Ness
Tonga Stack
Burrafirth
Haroldswick
Baltasound
Balta
Unst
968
Greenbank
Uyeasound
Belmont
Gutcher
Nev of Stuis
Point of Fethaland
Øya
Mid Yell
Oddsta
Fetlar
Yell Sound
Yell
Colgrave Sound
North Roe
968
West Sandwick
Funzie
The Snap
970
Holes of Scraada
North Roe
Ronas Hill
450 m
Eshaness
Northmaven
Eastwick
Ulsta
Burravoe
Stenness
Hillswick
Toft
Dore Holm
Sullom Voe Terminal
Out Skerries
Bruray
Button Hills
252 m
968
Long Head
Lunna
St. Magnus Bay
Brae
Lunnasting
Mavis Grind
970
Laxo
Vidlin
Papa Stour
Muckle Roe
Voe
Whalsay
Symbister
Dury Voe
Biggins
West Burrafirth
Scalla Field
281 m
Nesting
The Keen
Sound of Papa
Sandness
Weisdale Mill
South Nesting Bay
Pund Head
Aith
Sandness Hill
249 m
Mainland
Bixter
971
Staneydale
Walls
Sandsting
Tresta
970
Tingwall
Braga Ness
Vaila
Whiteness
Maryfield
Wester Skeld
The Deeps
Lerwick
Isle of Noss
Ham
Foula
Scalloway
Bressay
Hamnavoe
Easter Quarff
West Burra
East Burra
Cunningsburgh
Helli Ness
South Havra
Dunrossness
Mousa
Broch of Mousa
Bigton
St. Ninian's Isle
970
The Ords
283 m
Boddam
Shetland Crofthouse Museum
Quendale
Jarlshof
Grutness
Ness of Burgi
Sumburgh Head

1 cm = 8,5 km 1 : 850.000
0
15 km
30 km
D
E
F
1
2
3
4
Atlantic Ocean
North Sea
Orkney Islands
North Ronaldsay
Hollandstoun
Linklet Bay
North Ronaldsay Firth
Papa Westray
Bow Head
Papa Sound
Holland
Piero-wall
Westray
Skelwick
The North Sound
Midbea
Rapness
Point of Huro
Westray Firth
Scar
Start Point
Newark
Sanday
Kettletoft
Tres Ness
Braeswick
Sanday Sound
Calfsound
Eday
Veness
Rousay
Wasbister
Skaill
Egilsay
Westness
Brinian
Brough of Birsay
Feaval
Stenso
Broch of Gurness
Wyre
Gairsay
Stronsay Firth
Whitehall Village
Aith
Stronsay
Dishes
Twatt
Mainland
Skara Brae
Skaill
Dounby
Tingwall
Breck of Cruan
Balfour
Edmonstone
Shapinsay
Shapinsay Sound
Wide Firth
Voy
Finstown
Ring of Brodgar
Standing Stones of Stenness
Maes Howe
Kirkwall
Mull Head
Ward Hill
269 m
Stromness
Quoyburray
Graemsay
Orphir
Round Church
100 m
Gritley
Copinsay
Linksness
Houton
Ward Hill
481 m
Scapa Flow
St. Mary's
Italian Chapel
St. John's Head
Cava
Old Man of Hoy
Dwarfie Stane
Fara
Howe of Hoxa
Barray
Lyness
Bow
St. Margaret's Hope
Flotta
Hoy
Longhope
South Ronaldsay
Melsetter
South Walls
103 m
Tomb of the Eagles
Swona
Burwick
Pentland Firth
Island of Stroma
Dunnet Head
Castle of Mey
114 m
Scarfskerry
Gills Bay
Dunnet Bay
Brough
Mey
Huna
John o'Groats
Stacks of Duncansby
St. Mary's Chapel
Scrabster
Dunnet
Dounreay
Thurso
Castletown
Freswick
Portskerra
Buldoo
Loch Calder
Reay
Nybster
Roadside
Golval
Halkirk
Kirk
Sinclair's Bay
Calder Mains
Noss Head
290 m
Keiss
Castle Girnigoe and Sinclair
Halladale R.
Dalhaivaig
Olgrinmore
Thurso
Watten
Wick
Mybster
Westerdale
Castle of Old Wick
Altnabreac
Grey Cairns of
966
967
986
965
964
961
960
836
99
882
9
A 961
6
2

A
B
C
1
2
3
4
Atlantic Ocean
Butt of Lewis
Tabost
Port of
Sgiog
50 m
857
Shader
Clach an Trushnal
Steinacleit
Muirneag
248 m
Barvas
858
Arnol
North Tols
Shawbost
857
Garenin
Carloway
Dun Carloway Broch
Upper Coll
Back
Uig
Braescleit
Breasclete
Stornoway
Portnagur
Timsgarry
Miavaig
Callanish
Tràigh Uuige
Standing Stones of Callanish
Garynahine
866
858
Eye Penins
574 m
Achmore
859
Brenish
Leurbost
Crossbost
Ballalan
Lewis
Crofter Monument
Kintarvie
Ulladale
859
Lemreway
Hushinish
Tirga Mór
679 m
Crionaig
467 m
West Loch Tabert
Taransay
Tarbert
Tràigh Luskentyre
Luskentyre
Carnach
Shiant Islands
MacLeod Standing Stone
Scalpaigh
Toe Head
Borve
Scarista Standing Stone
Golden Road
Cluer
Northton
Pabbay
Sound of Harris
859
Leverburgh
Harris
Rodel
Berneray
Eilean Trodday
Borgh
Renish Point
North Uist
Port nan Long
Rubha Hunish
Kilmaluag
Malacleit
865
Kilmuir
Flora Mac-Donald
Hogha Gearraidh
Skye Mus. of Islan
543 m
Staffin
Lochmaddy
Waternish Point
Quiraing
Bahranald
Flodigarry
867
Elishad
Barpa Langass
Waternish
Loch Snizort
Uig
611 m
Mealt
Clachan a Luib
Pobull Fhinn
248 m
Earlish
855
Bail Uachdraich
Trumpan
Trotternish
Monach Islands
Dunvegan Head
Isay
The Storr
719 m
Nunton
Piping Centre
Old Ma of Stor
Boreraig
Dunvegan Castle
850
Edinbane
87
Benbecula
865
Colbost
Borve
Creagorry
Milovaig
Dunvegan
Broc
Kildonan Museum
Folk Museum
266 m
Roskhill
Portree
Raa
Ramasaig
489 m
417 m
Duinish
Durinish
Loch Bracadale
Bracadale
Camastianavaig
Clac
Lochskipport
Idrigill Point
Wiay
863
Skye
Peinchorra
Fiskavaig
Drynoch
Howmore
Sco
Merkadale
Beinn Mhór
620 m
Talisker Distillery
Sligachan Bridge
South Uist
Minginish
Cuillins
865
Glenbrittle House
Loch Coruisk
Daliburgh
Lochboisdale
Sgurr Alasdair
993 m
881

7

1 cm = 8,5 km 1 : 850.000
0
15 km
30 km
D
E
F
1
2
4
5
8
Cape Wrath
Mor Cliffs
Balnakeil Church
Balnakeil Bay
Durness
Cave of Smoo
Torrisdale
Eilean
Midfield
467 m
Keoldale
408 m
Strathnaver Museum
Tongue
Kinlochbervie
Eriboll
Kyle of Tongue
Rhiconich
Foinaven
908 m
Loch Hope
Ben Hope
927 m
765 m
Loch Loyal
Tarbet
Laxford Bridge
Handa Island
Dun Dornaigil Broch
Alltnacaillich
North Minch
Scourie
Loch Stack
Rosail Clearance Village
Eddrachillis Bay
Reay Forest
Oldany Island
Point of Stoer
Kylestrome
Kinloch
Altnaharra
Loch Naver
Culkein
Drumbeg
Unapool
Ben Klibreck
962 m
Old Man of Stoer
Newton
Eas a Chual Aluinn
Stoer
252 m
Skiag Bridge
Crask Inn
Achmelvich
Loch Assynt
Ardvreck Castle
Lochinver
Ben More Assynt
998 m
367 m
459 m
Inchnadamph
Duchally
Loch Shin
Rubha Réidh
95 m
847 m
Reiff
Cul Mòr
849 m
Elphin
Ledmore
Datchork
204 m
Achiltibuie
Inverpolly Nature Reserve
Lairg
Coigach
Summer Isles
Culnacraig
Drumrunie
373 m
201 m
Invercassley
Fall of Shin
Priest Island
Strath Kanaird
Oykel Bridge
Oykel
Loch Broom
Inveran
Gruinard Bay
146 m
412 m
Carbisdale Castle
Culrain
Rubha Mòr
Badluarach
East Rhidorroch
Croick
Rua Reidh Lighthouse
Mellon Charles
Ullapool
Badcaul
Braemalearoch
Ardgay
Carron
Tighnafiline
273 m
Dundonnell
Ardcharnich
Deanich Lodge
647 m
Fearn Lodge
296 m
Loch Ewe
An Teallach
1062 m
Beinn Dearg
Melvaig
Tournaig
1081 m
Loch Vaich
Kildermorie Lodge
Midtown
Inverewe Gardens
387 m
Poolewe
Fionn Loch
Corrieshalloch Gorge
Big Sand
Wester Ross
Falls of Measach
Longa Island
Gairloch
Wyvis Lodge
Easter Ross
237 m
Loch Gairloch
Kerrysdale
859 m
An Coileachan
Alness
923 m
Ben Wyvis
1046 m
Loch Maree
Loch Fannich
Eileanach Lodge
Victoria Falls
Cromarty
Redpoint
680 m
Torridon-
Beinn Eighe Nature Reserve
Achanalt
Gorstan
Loch Torridon
Lower Diabaig
Kinlochewe
Garve
Dingwall
Fearnmore
Massiv
Strathpeffer
256 m
Liathach
Rogie Falls
Conon Bridge
Island of Rona
1053 m
Achnasheen
Milton
Contin
550 m
679 m
Marybank
Tore
Shieldaig
Torridon
Scardroy
Meig
Orrin
41 m
Muir of Ord
Beauly Priory
Beauly
Beauly Firth
Inner Sound
Lair
Kilmorack
Inverness
Sgurr a'Choire Ghlais
992 m
Applecross
863 m
Loch Monar
Beauly
500 m
Bealach-Na-Ba
Lochcarron
Strathcarron
Struy
Balnafain
Toscaig
Ardarroch
Attadale House
Farrar
676 m
Dores
Loch Carron
Sgurr na Lapaich
Glass
Ness
Crowlin Islands
Plockton
Stromeferry
Loch Mullardoch
1150 m
Cannich
Milton
Loch Ness Monster Centre
899 m
Erbusaig
Duirinish
879 m
Cannich
Drumnadrochit
Urquhart Castle
Balmacara
Carnach
Carn Eige
Kyleakin
Kyle of Lochalsh
Dornie
1183 m
Glen Affric
Tomich
678 m
Eilean Donan Castle
Loch
Broadford
Morvich
539 m
Foyers
Skulamus
Kylerhea
Affric
1082 m
Invermoriston
Glenelg
Shiel Bridge
Five Sisters of Kintail
Dun Trodden
1068 m
1120 m
687 m

Inverness, Elgin, Peterhead

1 cm = 8,5 km 1 : 850.000
0
15 km
30 km
D
E
F
2
1
2
3
4
North Sea
John o'Groats
Stacks of Duncansby
Noss Head
Castle Girnigoe and Sinclair
Castle of Old Wick
Stones
Troup Head
Rosehearty
Fraserburgh
Findochty
Portknockie
Cullen
Portsoy
Crovie
Pennan
Mid Ardlaw
St. Combs
Buckie
Banff
Macduff
Gardenstown
Rathen
Strathbeg Bay
Broadley
Fordyce
Duff House
Ladysford
Rattray Head
Kirktown of Deskford
Craigston Castle
Strichen
Industrial Estate
Fochabers
Gordonstown
New Pitsligo
Denhead
Strathisla Distillery
Keith
Aberchirder
Cuminestown
Deer Abbey
Mintlaw
Peterhead
Farmtown
Turriff
Delgatie Castle
Old Deer
366 m
Bogniebrae
68 m
New Deer
Boddam
Auchnagatt
Castle Trail
Bullers of Buchan
Glenfiddich Distillery
Huntly Castle
Fyvie Castle
Methlick
Torry
Huntly
Badenscoth
Fyvie
Cruden Bay
Slains Castle
Rothienorman
Haddo House
Toll of Birness
Auchindoun Castle
Kirkton of Culsalmond
Ellon
Tolquhon Castle
Pitmedden Garden
Rhynie
Oldmeldrum
Pitmedden
Newburgh
Cabrach
Leith Hall
Insch
487 m
Bennachie
528 m
Inverurie
Kinkell Church
Newmachar
Mossat
Howe of Alford
Kemnay
Balmedie
Kildrummy Castle
Kintore
Castle Trail
Dyce
Denmore
Glenkindie
Blackburn
Bridge of Don
Tillyfourie
Craigievar Castle
Castle Fraser
Dunecht
10
98
97
947
95
950
981
90
96
920
952
948
975
941
944

A
B
C
1
2
3
4
3
11
Daliburgh
Lochboisdale
865
Pollachar
Ludag
Eriskay
Scurrival Point
Cleat
Barra
888
Castlebay
Kisimul Castle
Vatersay
Sandray
Mingulay
Sgurr Alasdair
993 m
Coruisk
Loch Scavaig
Soay
Elgol
Prince Charles' Cave
211 m
Magnetic Hill
Sanday
Canna
Kinloch Castle
Sound of Canna
Askival
812 m
Rhum
Sound of Rhum
Cleada
394 m
Eigg
Muck
Point of Ardnamurchan
Achosnich
Kilchoan
Coll
Sorisdale
Arnabost
Ballyhaugh
Arinagour
Arileod
Glengorm Castle
Caliach Point
Tobermory
292 m
Dervaig
Calgary
Calgary Bay
256 m
Achleck
Clachan Mór
Caoles
Scarinish
Tiree
Hynish
Treshnish Isles
Loch Tuath
Eas Fors
424 m
155 m
313 m
Gometra
Ulva
Inchkenneth Chapel
Fingal's Cave
Staffa
Loch na Keal
Balnahard
Ardmeanach
The Burgh
Iona Abbey
Fionnphort
Baile Mór
376 m
Bunessan
Iona
Ross of Mull
Sound of Iona
Erraid
125 m
Carsaig Arches
Atlantic Ocean
Firth of Lorn
148 m
Kiloran Gardens
Colonsay
Scalasaig
93 m
Oronsay
Rubha a'mhail
Bunnahabhain Distillery
Islay
288 m
Kilnave
Loch Gruinart
Port Askaig
Sanaigmore
Finlaggan Castle
RSPB Nature Reserve
Ballinaby
848
Feolin Ferry
Paps of Jura
785

1 cm = 8,5 km 1 : 850.000
0 15 km 30 km

A
B
C
5
Fort Augustus
Coignafearn Lodge
Aviemore
Inverdruie
Glenmore Lodge
Corgarff Castle
Colnabaich
Garragie Lodge
Monadhliath Mountains
Highland Wildlife Park
Loch Morlich
Cairngorm Railway
Cairngorm
1245 m
Loch an Eilein
Kincraig
Carn Ban
941 m
645 m
Kingussie
Gairnshiel Lodge
Invergarry
Loch Oich
Newtonmore
Ben Macdui
1309 m
1196 m
Crathy Church
Balmoral Castle
Braemar
Melgarve
Drumgask
Feshie
Brae Roy Lodge
Spey
593 m
Glenfeshie Lodge
Beinn Bhrotain
1157 m
Dee
Inverey
859 m
1005 m
616 m
570 m
Glen Roy
Creag Meagaidh
1128 m
Dalwhinnie
Gaick Lodge
An Sgarsoch
1006 m
Clunie Water
Glas Maol
1068 m
Loch Laggan
Tulloch Station
Roybridge
Moy Lodge
941 m
Devil's Elbow
932 m
Spean Bridge
Beinn a'Chlachair
1088 m
Ben Alder Lodge
Beinn Dearg
1008 m
Loch Treig
Stob Choire
1176 m
Glen Shee
Loch Ericht
1148 m
Forest of Atholl
564 m
Blair Atholl
Blair Castle
Beinn a Ghlò
1120 m
Auchavan
Lodge
116 m
Dalchalloch
Pass of Killiecrankie
Edradour Distillery
Enochdu
Mt. Blair
744 m
Grampian Mountains
892 m
Clachan
Tressait
Kirkmichael
Blacklunans
Kinlochleven
524 m
Killichonan
Tummel Bridge
Queen's View
Pitlochry
Kinloch Rannoch
Loch Tummel
Blackwater Reservoir
Rannoch Station
Schiehallion
1083 m
Ballinluig
Ardle
Netherton
Clach Leathad
1098 m
Castle Menzies
Aberfeldy
Gorge of the Ericht
Blairgowrie
Alyth
Innerwick
Fortingall
Kenmore
Dunkeld
Rattray
Loch Tulla
Acharn
690 m
Birnam
Ben Lawers
1214 m
Lyon
Loch Tay
Milton
Meikleour
1079 m
Loch Lyon
Bridge of Orchy
1032 m
Milton Morenish
Bankfoot
Tay
Orchy
623 m
Ardeonaig
Stanley
Killin
938 m
Falls of Dochart
Creag Gharbh
884 m
Ben Chonzie
929 m
Buchanty
Tyndrum
Ben Lui
1130 m
Crienlarich
1074 m
Lochearnhead
St. Fillans
Glenturret Distillery
Almond
Methaven
Scone Palace
Balbeggie
Perth
Fowlis Wester
Huntingtower Castle
Loch Lomond and The Trossachs National Park
Balquhidder
Loch Earn
Comrie
Crieff
Elcho Castle
Newburgh
Inverlochlarig
Loch Voil
Ben Vorlich
965 m
Drummond Castle Gardens
Innerpeffray Library
Kinkell Bridge
Bridge of Earn
Strathyre
Muthill
Round Tower
281 m
Auchtermuchty
Dalchruin
Dunning
Ardlui
Loch Lubnaig
665 m
Auchterarder
Ben Ledi
878 m
Rob Roy & Trossachs Visitor Centre
Braco
Roman Fort
Sidlaw Hills
Stronachlachar
Arrochar
Ben Lomond
974 m
Inveruglas
Loch Katrine
Trossachs
Lendrick
Callander
Greenloaning
497 m
Glendevon
Kinross
522 m
Ben Ime
1011 m
Port of Menteith
Teith
Ochill Hills
Yetts o'Muckhart
Loch Leven
Kinlochard
Doune
Dunblane
Castle Campbell
Dollar
Lochgoilhead
Rowardennan Lodge
Aberfoyle
Thornhill
Blair Drummond Safari Park
Bridge of Allan
Alva
Kelty
Lochgelly
Balling
734 m
Loch Lomond
Forth
Kippen
Wallace Monument
Tillicoultry
Alloa
Cowdenbeath
Luss
Buchlyvie
Stirling
Bannockburn
Cowie
Airth
Dunfermline
Burntisland
Rossdhu House
Drymen
Balfron
Fintry
The Pineapple
Culross
Helensburgh
Loch Lomond Visitor Centre
Killearn
Carron Valley Res.
Denny
Larbert
Grangemouth
Inverkeithing
Aberdour
202 m
Kilcreggan
Alexandria
Netherton
Kilsyth
Falkirk
Bo'ness
Hopetoun House
Gourock
Dumbarton
Antonine Wall
Kirkintilloch
Cumbernault
Linlithgow
EDINBURGH
Greenock
Bearsden
Slamannan
Avonbridge
Broxburn
Port Glasgow
Renfrew
Bathgate
Currie
Wemyss Bay
GLASGOW
Coatbridge
Armadale
Blackburn
Livingston
Clydebank
Airdrie
Whitburn
West Calder
Johnstone
Paisley
Rutherglen
13
Shotts
Penicuik
8

D
E
F
6
1
2
3
4
14
ABERDEEN
Denmore
Bridge of Don
Dyce
Blackburn
Dunecht
Westhill
Echt
Castle Fraser
Tillyfourie
Glenkindie
Craigievar Castle
619 m
Tarland
Morven
872 m
Stone Circle
Torphins
Midmar Castle
Peterculter
Drum Castle
Bieldside
Girdle Ness
Dinnet
Aboyne
Ballater
Crathes Castle
Banchory
Crathes
Kirkton of Marydulter
170 m
Cammachmore
Muchalls Castle
Bridge of Muchalls
Strachan
Kerloch
635 m
Stonehaven
Dunnottar Castle
Mount Keen
939 m
Auchronie
Tarfside
Loch Lee
Glen Esk
Cairncross
Fasque House
Fordoun
217 m
Howe of the Mearns
Arbuthnot
Todhead Point
Fettercairn
Hill of Wirren
403 m
Laurencekirk
Inverbervie
Rottal
Edzell Gardens
Edzell
481 m
Tigerton
Marykirk
Johnshaven
Lochside
Brechin
House of Lion
Montrose
Dykehead
Finavon
Kirkton of Kingoldrum
Aberlemno
Boddin Point
Lunan
Lunan Bay
Forfar
Letham
Redcastle
Glamis Castle
Glamis
Friockheim
Red Head
North Sea
50 m
Kirkbuddo
Auchmithie
Gallow Hill
455 m
259 m
Arbroath
Kellie Castle
Balgray
DUNDEE
Carnoustie
Monifieth
Claypotts Castle
Broughty Ferry
Newport-on-Tay
Tayport
Leuchars
Earlshall Castle
St. Andrews Bay
Dairsie or Osnaburgh
Cupar
St. Andrews
Pitscottie
Hill of Tarvit
Fife Ness
Crail
Largoward
Kellie Castle
Kirkton of Largo
Cellardyke
St. Monans
Anstruther
Pittenweem
East Neuk
Leven
Elie
Isle of May
Methil
Buckhaven
Firth of Forth
Kirkcaldy
North Berwick
Tantallon Castle
Gullane
Dirleton
Aberlady Bay
Auldhame
Whitekirk
Belhaven Bay
Aberlady
Drem
Dunbar
Longniddry
Museum of Flight
Preston Mill
Hailes Castle
Thorntonloch
Pitcox
319 m
Cockburnspath
Musselburgh
Haddington
Fast Castle
Tranent
Garvald
Oldhamstocks
St. Abb's Head
Craigmillar Castle
Lennoxlove House
Grantshouse
Coldingham
Pencaitland
Gifford
Lammermuir Hills
Lady Victoria Collery
Lammer Law
529 m
Reston
Burnmouth
Crichton
Abbey St. Bathans
Soutra Mains
Ellemford
Lamberton
Borthwick Castle
Chirnside
90
92
93
957
944
980
97
928
932
933
934
935
937
930
914
91
917
915
916
955
198
1
E 15

A
B
C
1
2
3
4
7
Islay
Rubha a'mhàil
Bunnahabhain Distillery
Kilnave
Loch Gruinart
288 m
Port Askaig
Sanaigmore
RSPB Nature Reserve
Ballinaby
Finlaggan Castle
848
Kilchoman
847
Bridgend
Bruichladdich
Loch Indaal
Port Charlotte
Bowmore
Beinn Bheigeir
491 m
Portnahaven
232 m
846
Port Wemyss
Rinns Point
Glenegedale
347 m
Laggan Bay
Kintra
Ardbeg
Ardtalla
Kidalton Cross
Port Ellen
Dunyvaig Castle
Lagavulin Distillery
Lower Killeyan
The Oa
Laphroaig Distillery
American Monument
Mull of Oa
50 m
Sound of Islay
Loch Tarbert
Lagg
Paps of Jura
Beinn an Oir
785 m
Feolin Ferry
Keils
Lowlandman's Bay
Craighouse
Jura House Gardens
Sound of Jura
Keillmore
Loch Sween
Castle Sween
St. Columba's Cave
Loch Caolisport
Cretshengan
Kilberry Stones
213 m
Ardpatrick Point
Knapdale
130 m
466 m
Otter Ferry
83
Inverneil Ho
Loch Fyne
Tarbert
466 m
Skipness
Skipness Point
Clachan
Claonaig
Crossaig
101 m
Ardminish
Sound of Gigha
Achamore Gardens
Rhunahaorine
Tayintoan
Kilbrannan Sound
83
Glenbarr
Glenacardoch Point
MacAlister Clan Centre
Dippen
Beinn an Tuirc
454 m
Carradale
Saddell
Kintyre
Kilchenzie
Machrihanish
Campbeltown
Machranish Bay
Stewarton
Feochaig
447 m
240 m
Beinn na Lice
Southend
428 m
St. Columba's Footsteps
Mull of Kintyre
Sanda Island
200 m
Rathlin Island
Botanic Gard
458 m
507 m
Colintraive
278 m
Millhouse
886
Portavadie
Towa
844
Rothesay
Isle of Bute
Ardlamont Point
Inchmarnock
845
844
Mount Stuart
Kingarth
146
Garroch Head
Cock of Arran
Lochranza
841
Pirnmill
Corrie
Goatfell
874 m
Arran
Brodick Cas
Brodick
Auchagallon
Stone Circle
Lamlash
Clauch Point
Holy I.
Drumadoon Point
Blackwaterfoot
Whiting
225 m
Dippin
841
Kilmory
Kildonan
Ailsa Cruig
Benbane Head
Rathlin Sound
Ballintoy
Ballycastle Bay
Fair Head
Ballycastle
Bushmills
2
Derrykeighan
Knocklayd
517 m
382 m
Dervock
Armoy
Cushendun
NORTHERN IRELAND
Stranocum
Red Bay
26
Drumdallagh
Cushendall
Ballymoney
44
Trostan
554 m
Glenariff
Antrim Mountains
Rasharkin
Newtown-Crommelin
Carnlough
Clogh
Glenarm
43
The Sheddings
Bann
Cullybackey
42
2
Ballygalley
M2
Broughshane
Black Cave Tunnel
Ballymena
476 m
Larne
Portglenone
54
Ahoghill
Moorfields
8
Island Magee
Bellaghy
Lough Beg
Main
Kells
36
Kilwaughter
Glynn
The Gobbins
354 m
E 18
E 01
26
Ballynure
Toome
Randalstown
Ballyclare
Ballycarry
Whitehead
6
M22
Round Tower
Antrim
57
M2
8
Carrickfergus
Newtownabbey
Belfast Lough
Helen's Bay
Copeland Island
Lough Neagh
Bangor
Donaghadee
52
Holywood
219 m
Crumlin
26
BELFAST
Dundonald
Newtownards
Glenavy
North Channel
Irish
Lenda
Bennane Head
Ballantrae
Glenapp Castle Gardens
77
Milleur Point
99 m
Corsewall Point
Cairn
Kirkcolm
Loch Ryan
718
Leswalt
Rhins of Galloway
Stranraer
77
Portpatrick
Dunskey Castle
Sandhead
Ardw
Ardwell House Gardens
Logan Botanic Gardens
16

D
E
F
8
13
1
2
3
4
Kilcreggan
Alexandria
Netherton
Kilsyth
Falkirk
Bo'ness
Hopetoun House
EDINBURGH
Gourock
Dumbarton
Antonine Wall
Kirkintilloch
Cumbernauld
Linlithgow
Broxburn
Greenock
Port Glasgow
Bearsden
Renfrew
Slamannan
Avonbridge
Bathgate
Zoo
Wemyss Bay
GLASGOW
Coatbridge
Armadale
Livingston
Currie
Loanhead
Clydebank
Johnstone
Paisley
Rutherglen
Airdrie
Whitburn
Blackburn
West Calder
Penicuik
Largs
Lochwinnoch
Barrhead
David Livingstone Centre
Shotts
Motherwell
Fauldhouse
Howgate
Kilbirnie
Beith
Neilston
Hamilton
Wishaw
Newmains
Forth
Pentland Hills
West Linton
Fairlie
West Kilbride
Lugton
East Kilbride
Chatelherault
Larkhall
Carluke
Stonypath
Dunsyre
Mountain Cross
Burnhouse
Dalry
Dunlop
Carstairs
Carnwath
Seamill
Stewarton
Corse Hill 376 m
360 m
Lanark
Blyth Bridge
Drochil Castle
Ardrossan
Kilwinning
Rowallan Castle
Fenwick
Strathaven
Libberton
Elsrickle
Stevenston
Saltcoats
Irvine
Dean Castle
Kilmarnock
Drumclog
Lesmahagow
New Lanark
Biggar
Neidpath Castle
Broughton
Tinnis Castle
Irvine Bay
Dundonald Castle
Galston
Middleyard
522 m
Stockbriggs
Clyde
Drumelzier
Troon
Prestwick
Bogend
Monkton
Mauchline
Catrine
Muirkirk
Douglas
Uddington
Lamington
Tweedsmuir
Broad Law 840 m
Ayr
Tarbolton
Kyle
Auchinleck
Crawfordjohn
Abington
Meggethead
Alloway
Trabbochburn
Cumnock
Cairn Table 511 m
Elvanfoot
White Coomb 822 m
Grey Mare's Tail
Dunure
Hollybush
New Cumnock
Nith
Wanlockhead
Museum of Scottish Leadmining
Devil's Beef Tub
Dalrymple
Maybole
Patna
Kirkconnel
Sanquhar
Moffat
Culzean Castle
Crossraguel Abbey
Dalleagies
Dalmellington
Lowther Hills
Kirkoswald
Souter Johnnie's Cottage
Straiton
Carrick
Enterkinfoot
Beattock
Turnberry
Daily
554 m
Drumlanrig Castle
Morton Castle
Annandale
Girvan
Craiglee
Cairnsmore of Carsphairn 798 m
Carsphairn
Carronbridge
Thornhill
Barr
523 m
Loch Doon
Closeburn
Moniaive
Maxelton House
Dinwoodie
565 m
The Glenken
Knowehead
Parkgate
Pinwherry
Merrick 643 m
St. John's Town of Dalry
432 m
Dunscore
Ellisand Farm
Amisfield Town
Lochmaben
Barrhill
Glenn Trool Lodge
Glenkiln Reservoir Sculptures
Locharbriggs
Dumfries
Lockerbie
Collin
Hightae
Clatteringshaws Loch
New Galloway
Corsock
Drumlamford House
285 m
325 m
Dee
Parton
Crocketford
Carrutherstown
Kirkpatrick
Galloway
Loch Ken
Beeswing
New Abbey
Ruthwell
271 m
Haugh of Urr
Blackshaw
New Luce
Newton Stewart
Threave Gardens
Sweetheart Abbey
Criffel 569 m
Cummertrees
710 m
Laurieston
Castle Douglas
Caerlaverock Castle
Port Carlisle
Kennedy
Glenluce Abbey
Kirkcowan
Creetown
Threave Castle
Dalbeattie
Kirkbean
Glenluce
Cardoness Castle
Gatehouse of Fleet
Ringford
Palnackie
Southerness
Silloth
Torhouse Stone Circle
Wigtown
Orchardton Tower
Kippford (Scaur)
Solway Firth
Backfoot
Abbeytown
Cairn Holy
Kirkcudbright
183 m
Auchencairn
Dundrennan
Mote of Druchtag
Whauphill
Garlieston
Allonby
Aspatria
Luce Bay
Mochrum
Borness
Wigtown Bay
Allonby Bay
Port William
Whithorn
Isle of Whithorn
Maryport
Gilcrux
146 m
Wordsworth House
St. Ninian's Cave
Burrow Head
Broughton
Cockermouth
Mull of Galloway
Workington
Sea
Distington
Lamplugh

A
B
C
1
2
3
4
9
12
Dumbarton
Kilsyth
Kirkintilloch
Antonine Wall
Cumbernauld
Bo'ness
Hopetoun House
EDINBURGH
Linlithgow
Broxburn
Zoo
Dalkeith
Leith
Bearsden
Renfrew
Port Glasgow
GLASGOW
Clydebank
Johnstone
Paisley
Coatbridge
Bathgate
Avonbridge
Slamannan
Armadale
Blackburn
Livingston
Currie
Loanhead
Airdrie
Whitburn
West Calder
Rutherglen
David Livingstone Centre
Penicuik
Howgate
Shotts
Motherwell
Fauldhouse
Lochwinnoch
Barrhead
Neilston
Hamilton
Wishaw
Newmains
Pentland Hills
West Linton
Beith
East Kilbride
Chatelherault
Larkhall
Carluke
Forth
Stonypath
Dunsyra
Mountain Cross
Burnhouse
Lugton
Dunlop
Dalry
360 m
Corse Hill
376 m
Carnwath
Carstairs
Blyth Bridge
Drochil Castle
Peebles
Stewarton
Kilwinning
Rowallan Castle
Fenwick
Strathaven
Lanark
Libberton
Elsrickle
Stevenston
Dean Castle
Irvine
Kilmarnock
Drumclog
New Lanark
Lesmahagow
Stockbriggs
Biggar
Neidpath Castle
Broughton
Dundonald Castle
Galston
Middleyard
522 m
Uddington
Tinnis Castle
Drumelzier
Bay
Bogend
Troon
Prestwick
Monkton
Mauchline
Muirkirk
Douglas
Lamington
Catrine
Tarbolton
Ayr
Kyle
Auchinleck
Crawfordjohn
Abington
Tweedsmuir
Broad Law
840 m
Mountbenger
Rodono Hotel
Meggethead
Tibbie Shiels Inn
Alloway
Trabboch
Cumnock
Cairn Table
511 m
Elvanfoot
White Coomb
822 m
Grey Mare's Tail
Ramsey
Hollybush
Dalrymple
New Cumnock
Nith
Wanlockhead
Museum of Scottish Leadmining
Devil's Beef Tub
Maybole
Patna
Kirkconnel
Sanquhar
Lowther Hills
Moffat
Crossraguel Abbey
Dalleagies
Dalmellington
Southern Johnnie's Cottage
Straiton
Doon
Carrick
Enterkinfoot
554 m
Beattock
Drumlanrig Castle
Morton Castle
Cairnsmore of Carsphairn
798 m
Carsphairn
Carronbridge
Thornhill
Annandale
Eskdalemuir
Craiglee
523 m
Loch Doon
Nithsdale
Closeburn
Boreland
565 m
Cree
The Glenken
Moniaive
Knowehead
Maxelton House
Parkgate
Dinwoodie
Merrick
643 m
St. John's Town of Dalry
432 m
Dunscore
Ellisand Farm
Amisfield Town
Lochmaben
Glenn Trool Lodge
Lochanbriggs
Lockerbie
New Galloway
Glenkiln Reservoir Sculptures
Dumfries
Collin
Hightae
Clatteringshaws Loch
Corsock
Crocketford
Ecclefechan
285 m
325 m
Dee
Parton
Carrutherstown
Kirkpatrick-Fleming
Galloway
Loch Ken
Beeswing
New Abbey
Blackshaw
Ruthwell
Gretna Green
Newton Stewart
710 m
Laurieston
Threave Gardens
Haugh of Urr
Sweetheart Abbey
Cummertrees
Annan
Criffel
569 m
Caerlaverock Castle
Port Carlisle
Castle Douglas
Threave Castle
Dalbeattie
Kirkcowan
Creetown
Cardoness Castle
Gatehouse of Fleet
Ringford
Palnackie
Kirkbean
Kirkbride
Torhouse Stone Circle
Wigtown
Orchardton Tower
Southerness
Silloth
Kippford (Scaur)
Cairn Holy
Whauphill
Kirkcudbright
183 m
Auchencairn
Dundrennan
Backfoot
Abbeytown
Solway Firth
Red Dial
Mote of Druchtag
Mochrum
Garlieston
Borness
Allonby
Aspatria
Mealsgate
Port William
Wigtown Bay
Allonby Bay
Whithorn
Isle of Whithorn
Bothel
146 m
Maryport
Gilcrux
Wordsworth House
St. Ninian's Cave
Broughton
Burrow Head
Cockermouth
Workington
Lorton
Distington
Lamplugh
Keswick
Glenluce
Luce Bay
Dalry
M8
M73
M74
E 05
E 16
E 18
70
71
72
73
75
76
77
82
595
596
591
594
66
701
702
703
704
706
709
710
711
712
713
714
719
721
723
726
735
736
737
745
746
750
761
762
803
809
81